コンメンタール
消費者裁判手続特例法

日本弁護士連合会消費者問題対策委員会 [編]

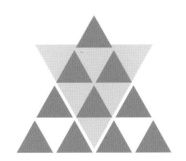

発行 民事法研究会

『コンメンタール消費者裁判手続特例法』の刊行に寄せて

　日本弁護士連合会が、2009年10月に「『損害賠償等消費者団体訴訟制度』要綱案」を公表するなど、長年にわたって立法を提言し取り組んできた集団的消費者被害回復訴訟制度を導入するための「消費者裁判手続特例法」が成立し、2016年10月に施行されることになった。
　この法律は、情報力や交渉力の格差などから救済がされずに放置されることが少なくない消費者被害について、限定された類型のみを対象とするものではあるが、特定適格消費者団体が提起する訴えに基づき、被害を受けた消費者の時間と費用の負担の軽減をできる限り図ることによって、被害回復の実現をより容易にしようとするものである。
　民事裁判を通じて真の権利救済がなされるようにすることは、頼りがいのある民事司法の実現の観点から極めて重要なことであり、当連合会においても2008年11月に集合的権利保護訴訟制度プロジェクトチームを発足させるなどして、制度実現に向けて最大限の取組みを行ってきた。私はこのプロジェクトチームの初代座長を務めたこともあり、ようやく集団的消費者被害回復訴訟制度が実現に至ったことは、非常に感慨深いものがある。
　立法の過程において、「要綱案」と比較し、消費者被害救済の立場からは後退したものとなったとはいえ、消費者被害の救済を容易にするこの法律が十分に活用され、消費者利益の擁護が図られることが大いに期待される。そのため、当連合会では、この法律の立法経過を踏まえた逐条解説が、特定適格消費者団体関係者、弁護士、裁判官はもとより企業の実務担当者や消費者被害救済に携わる全ての方々に利用されることを期待して、本書を刊行することとなった。本書が幅広く活用されることを希望する。
　2016年10月

日本弁護士連合会会長　中本　和洋

コンメンタール消費者裁判手続特例法
目　次

第1部　消費者裁判手続特例法の概要および立法の経緯

Ⅰ　立法の背景 ··· 1
1　消費者のための実効的な被害回復手段の必要性 ····················· 1
2　集団的な消費者被害回復のためのアプローチ ························· 3

Ⅱ　立法の経緯 ··· 7
1　消費者契約法の制定 ··· 7
2　司法制度改革における議論 ·· 8
3　差止請求制度の導入 ·· 10
4　消費者庁設置 ·· 11
5　消費者基本計画 ·· 13
6　内閣府・消費者庁における検討 ·· 15
7　日弁連における検討 ·· 21
8　与党審査 ·· 24
9　国会審議の経緯 ·· 26
10　施行準備 ·· 27

Ⅲ　消費者裁判手続特例法の概要 ··· 31
1　消費者裁判手続特例法の特徴 ·· 31
2　消費者裁判手続特例法による手続の概要 ······························ 32

第2部　逐条解説　消費者裁判手続特例法

第1章　総則
◆第1条　目的 ··· 36
◆第2条　定義 ··· 38

目　次

第2章　被害回復裁判手続
第1節　共通義務確認訴訟に係る民事訴訟手続の特例
- ◆第3条　共通義務確認の訴え ……………………………… 61
- ◆第4条　訴訟の目的の価額 ………………………………… 101
- ◆第5条　訴状の記載事項 …………………………………… 103
- ◆第6条　管轄及び移送 ……………………………………… 110
- ◆第7条　弁論等の必要的併合 ……………………………… 120
- ◆第8条　補助参加の禁止 …………………………………… 122
- ◆第9条　確定判決の効力が及ぶ者の範囲 ………………… 123
- ◆第10条　共通義務確認訴訟における和解 ………………… 126
- ◆第11条　再審の訴え ………………………………………… 131

第2節　対象債権の確定手続
第1款　簡易確定手続
第1目　通則
- ◆第12条　簡易確定手続の当事者等 ………………………… 133
- ◆第13条　任意的口頭弁論 …………………………………… 141

第2目　簡易確定手続の開始
- ◆第14条　簡易確定手続開始の申立義務 …………………… 142
- ◆第15条　簡易確定手続開始の申立期間 …………………… 144
- ◆第16条　簡易確定手続開始の申立ての方式 ……………… 146
- ◆第17条　費用の予納 ………………………………………… 148
- ◆第18条　簡易確定手続開始の申立ての取下げ …………… 149
- ◆第19条　簡易確定手続開始決定 …………………………… 150
- ◆第20条　簡易確定手続開始決定の方式 …………………… 151
- ◆第21条　簡易確定手続開始決定と同時に定めるべき事項 …… 152
- ◆第22条　簡易確定手続開始の公告等 ……………………… 154
- ◆第23条　重複する簡易確定手続開始の申立ての禁止 …… 156
- ◆第24条　届出期間又は認否期間の伸長 …………………… 157

第3目　簡易確定手続申立団体による通知及び公告等
- ◆第25条　簡易確定手続申立団体による通知 ……………… 158
- ◆第26条　簡易確定手続申立団体による公告等 …………… 167

目次

◆第27条　相手方による公表 ……………………………… 171
◆第28条　情報開示義務 …………………………………… 175
◆第29条　情報開示命令等 ………………………………… 180

第4目　対象債権の確定

◆第30条　債権届出 ………………………………………… 185
◆第31条　簡易確定手続についての対象消費者の授権 … 193
◆第32条　説明義務 ………………………………………… 198
◆第33条　簡易確定手続授権契約の締結及び解除 ……… 203
◆第34条　公平誠実義務等 ………………………………… 206
◆第35条　届出書の送達 …………………………………… 209
◆第36条　不適法な債権届出の却下 ……………………… 210
◆第37条　簡易確定手続における和解 …………………… 213
◆第38条　時効の中断 ……………………………………… 215
◆第39条　債権届出の内容の変更の制限 ………………… 219
◆第40条　債権届出の取下げ ……………………………… 220
◆第41条　届出消費者表の作成等 ………………………… 222
◆第42条　届出債権の認否 ………………………………… 223
◆第43条　認否を争う旨の申出 …………………………… 226
◆第44条　簡易確定決定 …………………………………… 228
◆第45条　証拠調べの制限 ………………………………… 230
◆第46条　異議の申立て等 ………………………………… 234
◆第47条　認否を争う旨の申出がないときの届出債権の確定等 … 241

第5目　費用の負担

◆第48条　個別費用を除く簡易確定手続の費用の負担 … 243
◆第49条　個別費用の負担 ………………………………… 247

第6目　補則

◆第50条　民事訴訟法の準用 ……………………………… 253
◆第51条　送達の特例 ……………………………………… 263

第2款　異議後の訴訟に係る民事訴訟手続の特例

◆第52条　訴え提起の擬制等 ……………………………… 265
◆第53条　異議後の訴訟についての届出消費者の授権 … 269

目 次

　　◆第54条　訴えの変更の制限等 ……………………………………… 276
　　◆第55条　異議後の判決 ……………………………………………… 278
　第3節　特定適格消費者団体のする仮差押え
　　◆第56条　特定適格消費者団体のする仮差押え ………………… 279
　　◆第57条　管轄 ………………………………………………………… 299
　　◆第58条　保全取消しに関する本案の特例 ……………………… 302
　　◆第59条　仮差押えをした特定適格消費者団体の義務 ………… 306
　第4節　補則
　　◆第60条　訴訟代理権の不消滅 …………………………………… 315
　　◆第61条　手続の中断及び受継 …………………………………… 316
　　◆第62条　関連する請求に係る訴訟手続の中止 ………………… 319
　　◆第63条　共通義務確認訴訟の判決が再審により取り消された
　　　　　　　場合の取扱い ……………………………………………… 321
　　◆第64条　最高裁判所規則 ………………………………………… 323
第3章　特定適格消費者団体
　第1節　特定適格消費者団体の認定等
　　◆第65条　特定適格消費者団体の認定 …………………………… 324
　　　●消契法第30条　帳簿書類の作成及び保存 …………………… 377
　　　●消契法第31条　財務諸表等の作成、備置き、閲覧等及び
　　　　　　　　　　　提出等 …………………………………………… 383
　　◆第66条　特定認定の申請 ………………………………………… 393
　　◆第67条　特定認定の申請に関する公告及び縦覧 ……………… 397
　　◆第68条　特定認定の公示等 ……………………………………… 398
　　◆第69条　特定認定の有効期間等 ………………………………… 400
　　◆第70条　変更の届出 ……………………………………………… 402
　　◆第71条　合併の届出及び認可等 ………………………………… 404
　　◆第72条　事業の譲渡の届出及び認可等 ………………………… 407
　　◆第73条　業務廃止の届出 ………………………………………… 410
　　◆第74条　特定認定の失効 ………………………………………… 411
　第2節　被害回復関係業務等
　　◆第75条　特定適格消費者団体の責務 …………………………… 416

5

目次

- ◆第76条　報酬 …………………………………………………… 421
- ◆第77条　弁護士に追行させる義務 …………………………… 423
- ◆第78条　他の特定適格消費者団体への通知等 ……………… 426
- ◆第79条　個人情報の取扱い …………………………………… 430
- ◆第80条　秘密保持義務 ………………………………………… 433
- ◆第81条　氏名等の明示 ………………………………………… 435
- ◆第82条　情報の提供 …………………………………………… 435
- ◆第83条　財産上の利益の受領の禁止等 ……………………… 437
- ◆第84条　区分経理 ……………………………………………… 441

第3節　監督
- ◆第85条　適合命令及び改善命令 ……………………………… 442
- ◆第86条　特定認定の取消し等 ………………………………… 444
- ◆第87条　手続を受け継ぐべき特定適格消費者団体の指定等 ……… 449

第4節　補則
- ◆第88条　消費者契約法の特例 ………………………………… 461
- ◆第89条　官公庁等への協力依頼 ……………………………… 464
- ◆第90条　判決等に関する情報の公表 ………………………… 465
- ◆第91条　特定適格消費者団体への協力等 …………………… 468
- ◆第92条　権限の委任 …………………………………………… 472

第4章　罰則
- ◆第93条　罰則① ………………………………………………… 475
- ◆第94条　罰則② ………………………………………………… 478
- ◆第95条　罰則③ ………………………………………………… 480
- ◆第96条　罰則④ ………………………………………………… 481
- ◆第97条　罰則⑤ ………………………………………………… 483
- ◆第98条　罰則⑥ ………………………………………………… 484
- ◆第99条　罰則⑦ ………………………………………………… 486

附則
- ◆附則第1条　施行期日 ………………………………………… 490
- ◆附則第2条　経過措置 ………………………………………… 492
- ◆附則第3条　検討等① ………………………………………… 495

- ◆附則第 4 条　検討等②　496
- ◆附則第 5 条　検討等③　500
- ◆附則第 6 条　検討等④　501
- ◆附則第 7 条　検討等⑤　508
- ◆附則第 8 条　登録免許税法の一部改正　508
- ◆附則第 9 条　民事訴訟費用等に関する法律の一部改正　510
- ◆附則第10条　民事執行法の一部改正　512
- ◆附則第11条　消費者契約法の一部改正　517

第 3 部　消費者裁判手続特例法の課題

Ⅰ　制度上の課題　520
 1　手続追行主体　520
 2　対象となる事案　520
 3　共通義務確認訴訟において確認を求めることができる事項　525
 4　共通義務確認訴訟における和解　525
 5　二段階目の手続（簡易確定手続）における通知・公告　526
 6　情報開示命令違反の効果　527
 7　異議後の訴訟における費用負担　528
 8　証拠収集制度の拡充　528
 9　オプト・アウト型の総額判決制度の併用　529

Ⅱ　運用面での課題　530
 1　対象消費者への説明　530
 2　事件の選定に対する監督　531
 3　異議後の訴訟等の報酬および費用の基準　532
 4　相手方事業者が行う公表に関する留意事項　532

Ⅲ　特定適格消費者団体および特定認定をめざす適格消費者団体に対する支援　533
 1　支援の必要性　533
 2　必要な支援の内容　534

目 次

  3　想定されている支援策 ……………………………………………… 535

資　料

① 消費者の財産的被害の集団的な回復のための民事の裁判手続の特例
 に関する法律 ………………………………………………………… 538
② 消費者の財産的被害の集団的な回復のための民事の裁判手続の特例
 に関する法律新旧対照条文 ………………………………………… 578
③ 消費者の財産的被害の集団的な回復のための民事の裁判手続の特例
 に関する法律施行令 ………………………………………………… 587
④ 消費者の財産的被害の集団的な回復のための民事の裁判手続の特例
 に関する法律施行規則 ……………………………………………… 590
⑤ 諸外国の制度 ………………………………………………………… 602

・事項索引 ………………………………………………………………… 618
・執筆者一覧 ……………………………………………………………… 623

凡 例

1 法令等

〈消費者裁判手続特例法関係〉

法、本法、消費者裁判手続特例法	消費者の財産的被害の集団的な回復のための民事の裁判手続の特例に関する法律

※引用の際に法令名を付していないものは、原則として本法のもの。

施行令、消費者裁判手続特例法施行令	消費者の財産的被害の集団的な回復のための民事の裁判手続の特例に関する法律施行令
規則、消費者裁判手続特例法規則	消費者の財産的被害の集団的な回復のための民事の裁判手続の特例に関する法律施行規則
最高裁規則	消費者の財産的被害の集団的な回復のための民事の裁判手続の特例に関する規則
ガイドライン、消費者裁判手続特例法ガイドライン	特定適格消費者団体の認定、監督等に関するガイドライン

〈その他〉

ADR法	裁判外紛争解決手続の利用の促進に関する法律
e-文書法	民間事業者等が行う書面の保存等における情報通信の技術の利用に関する法律
金融商品販売法	金融商品の販売等に関する法律
刑訴法	刑事訴訟法
景表法	不当景品類及び不当表示防止法
国民生活センター法	独立行政法人国民生活センター法
個人情報保護法	個人情報の保護に関する法律
ゴルフ会員権適正化法	ゴルフ場等に係る会員契約の適正化に関する法律
消費者庁設置法	消費者庁及び消費者委員会設置法

凡　例

消契法	消費者契約法
組織犯罪処罰法	組織的な犯罪の処罰及び犯罪収益の規制等に関する法律
独占禁止法	私的独占の禁止及び公正取引の確保に関する法律
特商法	特定商取引に関する法律
犯罪収益移転防止法	犯罪による収益の移転防止に関する法律
犯罪被害者権利保護法	犯罪被害者等の権利利益の保護を図るための刑事手続に付随する措置に関する法律
振り込め詐欺救済法	犯罪利用預金口座等に係る資金による被害回復分配金の支払等に関する法律
民訴費用法	民事訴訟費用等に関する法律
民訴法	民事訴訟法
民執法	民事執行法
消契法施行令	消費者契約法施行令
ｅ‐文書法施行規則	内閣府の所管する消費者庁関係法令に係る民間事業者等が行う書面の保存等における情報通信の技術の利用に関する法律施行規則
消契法規則	消費者契約法施行規則
民執規則	民事執行規則
民訴規則	民事訴訟規則
消契法ガイドライン	適格消費者団体の認定、監督等に関するガイドライン

2　報告書等

専門調査会報告書	消費者委員会集団的消費者被害救済制度専門調査会「集団的消費者被害救済制度専門調査会報告書」（平成23年8月）
ガイドライン等検討会報告書	特定適格消費者団体の認定・監督に関する

凡 例

	指針検討会「特定適格消費者団体の認定、監督に関する指針等について」（平成27年4月）
官民連携調査報告書	消費者委員会消費者行政における新たな官民連携の在り方ワーキング・グループ「消費者行政における新たな官民連携の在り方に関する調査報告書～行政のスリム化・効率化をこえて～」（平成27年8月）
支援検討会報告書	消費者庁「消費者団体訴訟制度の実効的な運用に資する支援の在り方に関する検討会報告書」（平成28年6月）

3　文献

一問一答	消費者庁消費者制度課編『一問一答 消費者裁判手続特例法』（商事法務、2014年）
条解最高裁規則	最高裁判所事務総局民事局監修『条解　消費者の財産的被害の集団的な回復のための民事の裁判手続の特例に関する規則』（法曹会、2016年）
消契法コンメンタール	日弁連消費者問題対策委員会編『コンメンタール消費者契約法〔第2版増補版〕』（商事法務、2015年）
消契法逐条	消費者庁消費者制度課編『逐条解説消費者契約法〔第2版補訂版〕』（商事法務、2015年）
山本・解説	山本和彦『解説　消費者裁判手続特例法〔初版〕』（弘文堂、2015年）
町村・使い方	町村泰貴『消費者のための集団裁判～消費者裁判手続特例法の使い方』（大学図書、2014年）

凡例

4　判例集・法律雑誌

民集　　　　　　　　　　最高裁判所民事判例集
刑集　　　　　　　　　　最高裁判所刑事判例集
下民集　　　　　　　　　下級裁判所民事裁判例集
曹時　　　　　　　　　　法曹時報
判時　　　　　　　　　　判例時報
判タ　　　　　　　　　　判例タイムズ
自正　　　　　　　　　　自由と正義
ジュリ　　　　　　　　　ジュリスト
金判　　　　　　　　　　金融・商事判例
金法　　　　　　　　　　金融法務事情
法セ　　　　　　　　　　法学セミナー

5　日弁連意見書

2004年3月19日付日弁連意見書　「実効性のある消費者団体訴訟制度の早期実現を求める意見書」
2005年7月14日付日弁連意見書　「『消費者団体訴訟制度の在り方について』に対する意見書」
2006年1月20日付日弁連意見書　「『消費者団体訴訟制度』に関して公表された法案骨子に対する意見書」
2008年6月19日付日弁連意見書　「消費者被害の集団的救済に関する法整備を求める意見書」
2009年10月20日付日弁連意見書　「『損害賠償等消費者団体訴訟制度』要綱案」
2010年11月17日付日弁連意見書　「損害賠償等消費者団体訴訟制度（特定共通請求原因確認等訴訟型）要綱案」
2011年5月13日付日弁連意見書　「『集団的消費者被害救済制度』の検討にあたっての意見」
2011年6月3日付日弁連意見書　「新たな集合訴訟制度の訴訟追行主体についての意見」

凡　例

2011年9月29日付日弁連意見書	「消費者委員会集団的消費者被害救済制度専門調査会報告書に対する意見書」
2011年12月22日付日弁連意見書	「『集団的消費者被害回復に係る訴訟制度の骨子』に対する意見書」
2012年8月31日付日弁連意見書	「『集団的消費者被害回復に係る訴訟制度案』に対する意見書」
2015年5月7日付日弁連意見書	「『特定適格消費者団体の認定・監督に関する指針等検討会』報告書に対する意見書」
2015年7月2日付日弁連意見書	「消費者の財産的被害の集団的な回復のための民事の裁判手続の特例に関する法律の施行に伴う政令（案）、内閣府令（案）、ガイドライン（案）等に対する意見書」
2016年9月8日付日弁連意見書	「『消費者契約法施行規則及び消費者の財産的被害の集団的な回復のための民事の裁判手続の特例に関する法律施行規則の一部を改正する内閣府令（案）』等に対する意見」
2016年9月16日付日弁連意見書	「消費者団体訴訟制度の実効的な運用に資する支援の在り方に関する検討会報告書についての意見書」

6　その他

日弁連	日本弁護士連合会
国民生活センター	独立行政法人国民生活センター
ガイドライン等検討会	特定適格消費者団体の認定・監督に関する指針等検討会
支援検討会	消費者団体訴訟制度の実効的な運用に資する支援の在り方に関する検討会
PIO-NET	全国消費生活情報ネットワークシステム

第1部　消費者裁判手続特例法の概要および立法の経緯

Ⅰ　立法の背景

1　消費者のための実効的な被害回復手段の必要性[1]

(ⅰ)　消費者被害に対する救済手段の限界

　消費者取引の特徴の1つは多数の消費者と事業者との間で同種の取引が同時に行われることにあり、事業者の提供する消費財やサービスに問題があった場合、同種の被害が同時に多数生じうる構造を持つ。国民生活センターおよび各地の消費生活センターに寄せられた消費者被害に関する相談件数は、2008年度に100万件を下回ったものの、引き続き90万件前後の水準で推移しており、近年は若干の増加傾向にある（国民生活センター「消費生活年報2015」8頁以下）[2]。消費生活センター等に相談が寄せられていない被害も多数存在することを考慮すれば、消費者被害の発生状況は極めて深刻である。

　しかし、消費者の多くは、事業者との取引において何らかの被害を受けたと感じても訴訟提起までは考えない。

　実際、消費者庁が2011年1月に行った調査[3]によれば、半数以上の消費者が仮に被害を受けた場合は30万円以下の被害額でも訴訟等の手段を考えると回答しつつ（Q13）、実際に被害を受けたと感じた消費者のうち現実に訴訟を提起したと回答した者は0.8％にすぎず、被害金額も100万円以上の者に限られていた（Q6）。さらに、被害を受けたと感じた消費者のうち44.6％の者

---

(1)　日弁連「『損害賠償等消費者団体訴訟制度』要綱案」（2009年9月18日）。
(2)　なお、2014年度の消費相談件数は95万4591件であった。
(3)　消費者庁「『消費者被害についての意識調査』について（平成22年度第1回消費生活ウォッチャー調査）」（2011年）〈http://www.caa.go.jp/planning/pdf/110722survey.pdf〉（2016年9月12日最終確認）。

第1部　消費者裁判手続特例法の概要および立法の経緯

は誰にも相談をせず（Q9）、誰かに相談をした消費者であっても39.0％の者は特に行動をとらなかったと回答している（Q6）。

　このように被害を受けた消費者が多数存在するにもかかわらず、その被害の回復が妨げられているのは、事業者と消費者間の情報力や交渉力の格差からくる消費者の権利行使の困難性に加え、消費者自身の弱さや負担転嫁能力の欠如という消費者の特性（日弁連『消費者法講義〔第4版〕』（日本評論社、2013年）21頁以下）によるものである。これに加えて、わが国におけるこれまでの司法的救済システムは個人のイニシアティブに基づく個別救済を基本としていることから、被害を受けた消費者が救済を求めるために費用・時間・手続等の面で負担を強いられる場合には、被害者が被害回復を希望していても、なんらの被害回復手段も利用することなく被害を受けたままで放置されてしまうことが少なくない。

　この結果、わが国では消費者被害の多くが回復されず、事業者の利得として残ってしまっている現状にある[4]。このような状況を社会システムとして放置することは、悪質な事業者を利するのみであって、極めて不適切である。

(ii) **消費者被害に対する集団的な救済手段の必要性と消費者裁判手続特例法の意義**

　とはいえ、これまでのような個別救済を基本とする現行の民事訴訟制度の基本的な枠組みを前提とする限り、このような消費者被害救済における現状を改善することは基本的に不可能と考えられる。現在の消費者被害救済における限界は、現行の司法的救済システムの限界そのものだからである。

　すなわち、消費者被害を実効的に救済するためには、現行の民事訴訟制度の枠組みを超えて、個別の被害者の費用・時間・手続の負担を最小化した集団的な被害救済制度を導入することがどうしても必要不可欠である。この点で、消費者被害を集団的に救済するという我が国にこれまでなかった訴訟制

---

[4] 消費者庁が公表した「平成27年版国民生活白書」によれば2014年度における消費者被害に伴う消費者の損失額は全国で約6.7兆円に上ると推計されている（126頁以下）。この消費者の損失の大半は事業者の利得となっているものと考えられる。

度を実現する消費者裁判手続特例法は、我が国における消費者問題の歴史において画期的なものとして意義深い。

2　集団的な消費者被害回復のためのアプローチ

(i)　集団的な消費者被害回復のためのさまざまなアプローチ[5]

　消費者被害をどのように効果的に救済していくのかということは、どの国でも生じている普遍的な問題である[6]。また、消費者被害の効果的な救済のためには、集合的な手続が必要との認識も共通のものとなりつつある[7]。しかし、そのためのアプローチについては、さまざまなものがあり得る。とりわけ裁判所の手続を利用したアプローチについては、大きく分けて以下の2つのタイプがある。

①　オプトアウト方式

　ある代表者が共通した利害関係を有する「クラス」を代表して訴訟を提起することができ、「クラス」に属する当事者は当該訴訟からの除外（オプトアウト）を積極的に申し出ない限り、当該代表者の追行する訴訟の結果に有利にも不利にも拘束されるという訴訟手続のことをいう。アメリカ合衆国におけるクラスアクション手続が最も代表的なものであり[8]、主に英米法体系

---

(5)　諸外国の集団的消費者被害救済制度を比較検討したものとして、内閣府国民生活局『集団的消費者被害回復制度等に関する研究会報告書』（平成21年8月）16頁以下がある。

(6)　「消費者の紛争解決及び救済に関するOECD理事会勧告（Recommendation of the Council on Consumer Dispute Resolution and Redress）」（2007年7月12日採択）においては、「加盟国において存在する仕組みや法文化の多様性に関わらず、効果的な消費者紛争解決及び救済措置の主要な特性を設定する共通の原則の必要性について、意見の一致がある」（内閣府国民生活局消費者企画課国際室仮訳）との認識が指摘されている。

(7)　EUにおいては、2013年6月、加盟各国に対して集団的救済制度をEU全体の共通原則に準じるよう求める勧告を欧州委員会が採択した。その勧告の概要については、大高友一「集合的救済制度に関する2013年6月11日欧州委員会勧告について」消費者法ニュース 98号（2014年）108頁以下参照。

(8)　アメリカ合衆国のクラスアクション手続に関する文献としては、上原敏夫『団体訴訟・クラスアクションの研究』（商事法務研究会、2001年）、大村雅彦＝三木浩一編『アメリカ民事訴訟法の理論』（商事法務、2006年）などがある。クラスアクション手続の実務運用を紹介するものとしては、日弁連・京都弁護士会「アメリカ合衆国クラスアクション調査報告書」（2007年12月）、近畿弁護士会連合会「米国クラスアクション実務調査報告書～クレームアドミニストレーターによる消費者への効果的な通知と分配～」（2016年8月）がある。

第1部　消費者裁判手続特例法の概要および立法の経緯

の国の一部において導入がされている(9)、(10)。

　このオプトアウト方式の訴訟手続においては、対象となる被害者は積極的に訴訟手続に参加しなくとも訴訟の結果として得られる利益を享受することができるため、事業者と消費者間の情報力や交渉力の格差からくる消費者の権利行使の困難性を最も効果的に克服することができる。その一方で「クラス」に属する当事者が濫用的に訴訟を提起するなどの弊害もあると指摘されており（山本・解説44頁以下）、前記の国々以外においてはほとんど採用されていないのが現状である。

　② **オプトイン方式**

　オプトアウト方式とは逆に、ある代表者が共通した利害関係を有する「クラス」を代表して訴訟を提起することができるが、「クラス」に属する当事者が積極的に当該訴訟への参加（オプトイン）を積極的に申し出た場合に限り、当該代表者の追行する訴訟の結果に拘束されるという訴訟手続のことをいう。

　オプトアウト方式とは異なって積極的に当該訴訟への参加を積極的に申し出た当事者のみが救済の対象となるため、オプトアウト方式のような濫用的な事例が生じるおそれは相対的に低い。このオプトイン方式は主として欧州を中心として導入されているが(11)、単純なオプトイン方式の場合、被害救済の前提として被害者に手続への参加を求めることとなる以上、手続参加へのハードルが高いままであれば個別訴訟による被害救済と同様の状況が生じる

---

(9)　オプトアウト方式による集団的な訴訟手続を有する主な国としては、カナダとオーストラリアがある。このうち、カナダについては後記2段階型のクラスアクション手続であるが、オーストラリアについてはアメリカ合衆国と同じ1段階のようである（山本・解説46頁以下参照）。

(10)　カナダに関する文献としては、大村雅彦「カナダ（オンタリオ州）のクラスアクション制度の概要(上)(下)」NBL911号・912号（2009年）、同「カナダ（ブリティッシュ・コロンビア州）のクラスアクションの概要(上)(下)」NBL966号・967号（2011年）、日弁連「カナダにおけるクラスアクションの実情調査報告書～ブリティッシュコロンビア州における実務を中心として～」（2010年12月）などがある。

(11)　ドイツの法的サービス法による集束的請求、フランスの共同代位訴権、オーストラリアの代表訴訟、スウェーデンの集団訴訟手続などがある。日本の選定当事者制度もこのタイプの集団的救済制度に分類できる。

おそれがある⑿。特に少額事件ではそのおそれが強いといえよう。

(ii) **2方式を糾合しようとするアプローチ**

前記のとおり、オプトアウト方式・オプトイン方式にはそれぞれ利点もあるが、弊害やマイナス面もある。諸外国の中には、この2つの方式を組み合わせたり、修正したりすることによって、2つの方式の利点を糾合しようとする試みもある。

① **併用型**

オプトイン方式を基本としつつ、少額事件など一定の要件を満たすものについては、オプトアウト方式とすることを認め、オプトイン方式の短所を補おうとするものである。欧州の一部の国で導入されている⒀。

② **2段階型**

訴訟手続を大きく2段階に分け、まず代表者が提起した訴えに基づいて、事業者の責任原因等の「共通争点」を先行して審理し（1段階目の手続）、その審理の結果、事業者に責任が認められた場合には、対象となる消費者への通知公告を行って手続への参加を募り、手続に参加してきた個々の対象消費者の個々具体的な事情（「個別争点」）について個別に審理をして個々の請求権の存否および損害額を確定させるというものである（2段階目の手続）。

この2段階型の訴訟手続においては、被害を受けた消費者は、事業者の責任の有無に関する確定的判断が出た後に訴訟手続に参加することが可能となるから、オプトイン方式であってもより多数の請求権行使が期待できることになる。

これまでカナダ⒁やブラジル⒂において導入されていたが、我が国のほか、フランス⒃においても導入されており、今後、導入を図る国の拡大が期待されている。

⑿ 評価はさまざまであるが、フランスの共同代位訴権のように、ほとんど活用されていないと評価せざるを得ないものもあるようである（国民生活局・前掲注(5)23頁）。
⒀ ノルウェーやデンマークで導入されている。
⒁ カナダについてはオプトアウト方式であるクラスアクション手続と組み合わされている。詳細については、前掲注⑽参照。

ⅲ 集団的消費者被害回復のための訴訟手続を行う主体

民事訴訟手続を利用して集団的な消費者被害回復を行う場合において誰がその手続のイニシアティブをとるかについても、以下のとおり、各国の手続にはいくつかの類型がみられる。

① 被害者が主体となる類型

アメリカ合衆国クラスアクション手続のように、被害者の1人または複数の者が被害者全体の代表となって訴訟手続を追行する類型である。アメリカ合衆国以外に英米法系国でクラスアクション手続を採用している国（カナダ、オーストラリア）のほか、北欧の集合訴訟制度においても被害者が主体となって訴訟提起が可能となっている[17]。

② 消費者団体が主体となる類型

アメリカ合衆国クラスアクション手続とは異なり、欧州各国をはじめとする大陸法系における集合訴訟制度においては、その集合訴訟において問題となる集団的利益擁護の担い手となる団体を、集団的消費者被害回復のための訴訟手続を行う主体とする例が多い。フランスのグループ訴権やブラジルのクラスアクションが代表例である。

③ 公的機関が主体となる類型

上記2類型のほか、行政機関等に集団的消費者被害回復のための訴訟手続を行う権限を認める国もある。アメリカ合衆国では、州の司法長官に州の住

---

[15] ブラジルの制度の詳細については、日弁連・京都弁護士会「ブラジル・集団的権利保護訴訟制度調査報告書」（2009年7月）、三木浩一「ブラジルにおけるクラスアクション（集団訴訟制度）の概要」NBL961号（2011年）48頁以下、財団法人比較法研究センター「アメリカ、カナダ、ドイツ、フランス、ブラジルにおける集団的消費者被害の回復制度に関する調査報告書〔平成21年度消費者庁請負調査〕」125頁以下など参照。

[16] 2014年3月に成立したHAMON法により、グループ訴権（l'action de groupe）が導入された。制度の概要については、荻野奈緒「フランスにおける『グループ訴権』導入をめぐる動向」瀬川晃ほか『ダイバーシティ時代における法・政治システムの再検証』（成文堂、2014年）、京都弁護士会「ギリシャ・フランスにおける集団的消費者被害回復訴訟制度の運用状況に関する調査報告書」（2014年）〈https://www.kyotoben.or.jp/files/houkokusyo2.pdf〉（2016年9月12日最終確認）26頁以下を参照。

[17] ただし、北欧の集合訴訟制度においては、被害者以外にも消費者団体や公的機関にも訴訟提起権限が認められている。

民である被害者を代表してオプトアウト方式の訴訟を提起する権限を認めている（父権訴訟制度）。また、ブラジルや北欧各国の集合訴訟制度においても、被害者や消費者団体等に加えて、政府や地方自治体などの公的機関に訴訟提起権限を認めている例がある。

Ⅱ 立法の経緯

1 消費者契約法の制定

日本にクラスアクション制度が紹介され、集合訴訟制度の導入が議論された歴史は古い。1996年に制定された現行の民事訴訟法の立案過程においてもクラスアクションについては議論がなされている。もっとも、内閣府および消費者庁において、消費者の請求に限った集合訴訟制度を立案するための検討が開始されたきっかけは、消費者契約法制定にある。

消費者契約法の制定は、1994年以来、国民生活審議会で議論されてきた（消契法逐条5頁）。国民生活審議会消費者政策部会報告「消費者契約法（仮称）の立法に当たって」は、消費者契約法の意義を次のように述べる[18]。

「国民の自由な選択を基礎とした公正で自由な競争が行われる市場メカニズム重視の社会の実現を目指して、規制緩和を中心とする構造改革が推進されている。……規制緩和の時代にふさわしい『消費者のための新たなシステムづくり』を行うことが大きな課題となっている。……消費者契約（消費者が事業者と締結した契約）に係る紛争の公正かつ円滑な解決に資する、消費者契約に係る民事ルール（消費者契約法（仮称）。以下「消費者契約法」という。）を整備することは、『消費者のための新たなシステムづくり』の上で最も重要な緊急の課題となっている」。

そして同報告では、民事ルールである消費者契約法は、裁判における紛争処理規範であることから、裁判制度が国民にとって利用しやすいものである

---

[18] 国民生活審議会消費者政策部会「消費者契約法（仮称）の立法に当たって」1頁（1999年12月）。なお、消契法逐条600頁以下に収録されている。

第1部　消費者裁判手続特例法の概要および立法の経緯

ことが必要であるとしている。少額訴訟の活用、本人訴訟をバックアップする取組みの拡大を期待し、司法制度改革のための審議に期待を寄せている。そのほか、消費者団体等に差止訴権を付与することについて、検討の必要性を述べている（国民生活審議会消費者政策部会・前掲注(18) 5 頁・ 6 頁）。

このように、裁判制度が消費者にとって利用しやすいものでなければならないということは、消費者契約法の立法時から認識されていた。そして、この点は国会においても、認識されることとなった。

消費者契約法制定の際の衆議院商工委員会の附帯決議（2000年 4 月14日）の 3 項は、以下のように述べる。

> 紛争の究極的な解決手段である裁判制度を消費者としての国民に利用しやすいものとするという観点から、司法制度改革に係る検討に積極的に参画するとともに、その検討を踏まえ、本法の施行状況もみながら差し止め請求、団体訴権の検討を行うこと。

また、参議院経済・産業委員会の附帯決議（2000年 4 月27日）の 5 項は、以下のように述べている。

> 紛争の最終的な解決手段である裁判制度が消費者にとって利用しやすいものとなるよう、司法制度改革の動向及び本法の施行状況を踏まえ、差止請求に係る団体訴権について検討すること。

2　司法制度改革における議論

消費者契約法の制定の議論がされているのと同時期に司法制度改革の議論が行われていた。1999年 7 月から2001年 6 月にかけて司法制度改革審議会が開催された。同審議会でも、少額多数被害の救済について議論がされていた。

第22回会議においては、法曹三者にヒアリングがされており、ヒアリング項目には、その他として「懲罰損害倍賠償制度、クラスアクション制度、団体訴権制度についての考え方」があげられている（第22回司法制度改革審議会

Ⅱ　立法の経緯

配布資料別紙2「法曹三者へのヒアリング項目」)。日弁連は、クラスアクション制度について、前向きに検討するに値するとしている。また、クラスアクション制度は、法の支配の実現を一般市民の側から貫徹するという理念から構築されるべきである。それによって、泣き寝入りに終わっていた個々の被害を救済し、違法行為を抑制することを期待できるとしている。具体的には、悪徳商法や欠陥商品の事例をあげている[19]。また、23回会議においてもクラスアクション制度について議論がされている。

司法制度改革審議会意見書[20]においては以下のとおり規定された。

> 我が国における団体訴権の導入、導入する場合の適格団体の決め方等については、法分野ごとに、個別の実体法において、その法律の目的やその法律が保護しようとしている権利、利益等を考慮して検討されるべきである。なお、クラス・アクション制度に関しては、新民事訴訟法において、選定当事者の制度を拡充し、クラス・アクションに類似する機能を果たしうるように改めたところであり、選定当事者制度の運用状況を見定めつつ、将来の課題として引き続き検討すべきである。

これを受けて、2002年3月に閣議決定された司法制度改革推進計画では、以下のように記載された[21]。

> いわゆる団体訴権の導入、導入する場合の適格団体の決め方等について、法分野ごとに、個別の実体法において、その法律の目的やその法律が保護しようとしている権利、利益等を考慮した検討を行う。(内閣府、公正取引委員会及び経済産業省)

---

[19]　第22回司法制度改革審議会配布資料、日弁連「『国民が利用しやすい司法の実現』及び『国民の期待に応える民事司法の在り方』について」36頁(2000年6月13日)
[20]　「司法制度改革審議会意見書──21世紀の日本を支える司法制度」34頁(2001年6月12日)「Ⅱ　国民の期待に応える司法制度」の「第1　民事司法制度の改革」の「7．裁判所へのアクセスの拡充」の「(4)　被害救済の実効化」の「イ　少額多数被害への対応」として検討されている。
[21]　「司法制度改革推進計画」(平成14年3月19日閣議決定)「Ⅱ　国民の期待に応える司法制度の構築」の「第1　民事司法制度の改革」の「7　裁判所へのアクセス拡充」の「(4)　被害救済の実効化」の「イ　少額多数被害への対応」に記載されている。

第1部 消費者裁判手続特例法の概要および立法の経緯

このように、団体訴権の導入については、司法制度改革の一環として、裁判所へのアクセス拡充のための課題として位置づけられたものの、その実施は、個別の実体法の改正で行うこととなり、その法律の所管官庁が主体となって行うことが確認された。このことにより、内閣府における団体訴権の検討が加速されることとなった。

3 差止請求制度の導入

消費者契約法制定時の附帯決議や司法制度改革推進計画を受けて、2004年4月から国民生活審議会消費者政策部会消費者団体訴訟制度検討委員会において、消費者団体訴訟制度の検討が開始された（消契法逐条35頁）。

この審議においても、消費者団体が個々の被害者に代わって損害賠償を請求する制度の導入の必要性が指摘された。もっとも、差止請求制度の実現を優先し、選定当事者制度の改善や司法アクセスの改善（少額訴訟制度の上限引上げ、訴訟費用の見直し、裁判の迅速化、法曹人口の拡大、法律扶助の拡大、ADRの活性化）などの手法の展開を注視して、消費者団体が損害賠償等を請求する制度の導入の必要性も含めて慎重に検討されるべきであるとされた[22]。

2006年の消費者契約法改正案の審議においては、民主党の菊田真紀子議員他3名から、損害賠償等団体訴訟制度を含む消費者契約法改正案が提出された。この法案における損害賠償等団体訴訟制度の仕組みは以下のようなものである。登録制の適格消費者団体が、消費者の意思に基づかずに一定の範囲の消費者を代表して損害賠償請求権その他の金銭債権を請求する訴えを提起することができる。そして、裁判所の許可を受けると、別に除外の申出をしなかった消費者に対し判決の効力が及ぶ。適格消費者団体が配当計画を定めて裁判所の認可を受けて、裁判所の監督の下で配当するという、オプトアウト型の訴訟制度である。

国会審議の中で、消費者被害の救済のために集合訴訟制度が必要であることは再確認された。衆議院内閣委員会の附帯決議（2006年4月28日）の3項

---

[22] 国民生活審議会消費者政策部会消費者団体訴訟制度検討委員会「消費者団体訴訟制度の在り方について」4頁（2005年6月23日）。なお、消契法逐条630頁以下に収録されている。

は、以下のように述べる。

> 消費者被害の救済の実効性を確保するため、適格消費者団体が損害賠償等を請求する制度について、司法アクセスの改善手法の展開を踏まえつつ、その必要性等を検討すること。

また、参議院内閣委員会の附帯決議（2006年5月30日）の8項は、以下のように述べる。

> 消費者被害の救済の実効性を確保するため、適格消費者団体が損害賠償等を請求する制度について、司法アクセスの改善手法の展開や犯罪収益剥奪・不当利益返還の仕組みの検討を踏まえつつ、その必要性等を検討すること。

4　消費者庁設置

(i)　行政のあり方総点検

2007年10月、福田総理は、所信表明演説において、消費者保護のための行政機能の強化に取り組むことを表明した。11月には岸田国民生活担当大臣に消費者生活者の視点から行政・法律・制度などの総点検を指示した（森雅子監修『消費者庁設置関連三法』（第一法規、2009年）366頁以下）。

これを受けて、国民生活審議会総合企画部会は調査審議を行い、報告書をとりまとめた。「消費者団体訴訟制度の損害賠償請求への拡大」という項目を設け、以下のように述べる[23]。

> 消費者契約法の消費者団体訴訟制度について、適格消費者団体に対して損害賠償請求権を付与することについて、海外の事例を参考に、実現に当たっての障害やその解決策を具体化する等の検討を進めるべきである。

---

[23] 国民生活審議会総合企画部会「『生活安心プロジェクト』行政のあり方の総点検」52頁（2008年3月27日）「第3章　消費者・生活者の安全・安心確保に向けた実効性ある個別施策の展開」の「2．実効性のある体制と柔軟かつ迅速・機敏に対応できる仕組み」の「(4)実効性を確保する多様なツールの整備」の「③行政が被害救済に直接関与する制度の創設等被害者の金銭的救済等」の中に位置づけられている。

(ii) 消費者行政推進計画

2008年1月の福田総理の施政方針演説では、消費者行政を統一的・一元的に推進するための強い権限を持つ組織を発足させることが表明された。2月には、新組織のあり方を検討するために、消費者行政推進会議が設置された。

第4回消費者行政推進会議では、上記国民生活審議会の行政のあり方の総点検について報告がなされた。消費者行政推進会議とりまとめでは、2カ所で被害救済制度について言及がされた。新組織が満たすべき6原則中の「原則2：消費者・生活者がメリットを十分実感できる」において、「さらに、父権訴訟、違法収益の剥奪等も視野にいれつつ、被害者救済のための法的措置の検討を進める」と明記された。また、「4．消費者庁（仮称）の設置とその機能」の「(3) 消費者被害の防止やすき間事案への対応等のための新法」において、「上記の新法に加え、父権訴訟、違法収益のはく奪等も視野に入れつつ、被害者救済のための法的措置の検討を進めることも重要である」と記載された（消費者行政推進会議「消費者行政推進会議とりまとめ」（2008年6月13日）4頁・10頁）。消費者行政推進計画でも同様に定められた（「消費者行政推進基本計画」（平成20年6月27日閣議決定）4頁・10頁）。

そこで、内閣府国民生活局では、被害救済制度について具体的な検討を開始することとなった。もっとも、検討すべき課題が多いため、消費者庁関連3法案には盛り込まないこととされた。

(iii) 消費者庁関連3法案の国会審議

消費者庁関連3法案の国会審議においては、被害救済のための制度を消費者庁設置に合わせて立法できないのかが問題となった。民主党の小宮山洋子議員ほか2名が消費者団体訴訟法案を提出した。この法案は、2006年の消費者契約法改正案の審議の際に提出された法案と同様のものであった。ただし、枝野幸男議員ほか2名が提出した消費者権利院法案では、国会の議決を経て内閣が任命する消費者権利院の長たる消費者権利官の申立てにより、裁判所が、消費者問題により多数の消費者に生じた損害賠償請求権その他の金銭債権を保全するために、財産保全命令を発することを定めていた。そし

て、消費者あるいは適格消費者団体が損害賠償等団体訴訟を提起して裁判所に債権を届け出ることにより、届け出られた債権に保全の効果が生じるというものであった。

消費者庁関連3法案の修正により、消費者庁設置法案は消費者庁及び消費者委員会設置法となり、附則に検討条項が加えられた。附則6項には以下のように規定された。

> 政府は、消費者庁関連3法の施行後3年を目途として、加害者の財産の隠匿又は散逸の防止に関する制度を含め多数の消費者に被害を生じさせた者の不当な収益をはく奪し、被害者を救済するための制度について検討を加え、必要な措置を講ずるものとする。

なお、衆議院消費者問題に関する特別委員会の附帯決議23項では、「消費者庁関連3法の附則各項に規定された見直しに関する検討に際しては、消費者委員会の意見を十分に尊重し、所要の措置を講ずるものとすること」とされた。参議院消費者問題に関する特別委員会の附帯決議31項では以下のように述べ、附則6条の内容を敷衍している。

> 加害者の財産の隠匿又は散逸の防止に関する制度を含め多数の消費者に被害を生じさせた者の不当な収益をはく奪し、被害者を救済するための制度の検討に当たっては、いわゆる父権訴訟、適格消費者団体による損害賠償等団体訴訟制度、課徴金制度等の活用を含めた幅広い検討を行うこと。

また、33項では、「消費者庁関連3法の附則各項に規定された見直しに関する検討に際しては、消費者委員会による実質的な審議結果を踏まえた意見を十分に尊重し、所要の措置を講ずるものとすること」とされた。

5 消費者基本計画

消費者庁設置後初めてとなる消費者基本計画は、2010年3月30日に閣議決定された。重点的な取組みとして、消費者被害の救済のための制度の創設に向けた検討が記載され、具体的施策として、施策番号110に以下のように述

第1部　消費者裁判手続特例法の概要および立法の経緯

べられている[24]。

> 具体的施策：加害者の財産の隠匿又は散逸の防止に関する制度を含め多数の消費者に被害を生じさせた者の不当な収益をはく奪し、被害者を救済するための制度について、いわゆる父権訴訟、適格消費者団体による損害賠償等団体訴訟制度、課徴金制度の活用を含めた幅広い検討を加え、消費者委員会の意見を聞きながら、必要な措置を講じます。
> 実施時期：平成22年夏を目途に論点の整理を行い、平成23年夏を目途に制度の詳細を含めた結論を得ます。

2011年7月には、実施時期について、「平成23年夏を目途に制度の詳細を含めた結論を得た上、平成24年常会への法案提出を目指します」と記載された（消費者基本計画（平成23年7月8日一部改定）40頁）。

2012年7月には、実施時期について、「集団的消費者被害回復に係る訴訟制度について、できる限り早期に成案を得て、国会へ法案を提出することを目指します」と記載された（消費者基本計画（平成24年7月20日一部改定）43頁）。

2013年6月には、消費者基本計画の構成が変更され、重点施策という項目ができ、「①国会提出中の消費者の財産的被害の集団的な回復のための民事の裁判手続の特例に関する法律案（以下、「消費者裁判手続特例法案」という。）について、成立後円滑な施行に向けて必要な準備を行うとともに、制度の周知・広報に取り組みます」と記載された[25]。

2014年6月には、重点施策の表題が「消費者裁判手続特例法の施行準備」となり、「消費者裁判手続特例法について、特定適格消費者団体の認定・監督に関する指針等について附則に基づく検討を行うなど円滑な施行に向けた必要な準備を行うとともに、制度の周知・広報に取り組みます」と記載され

---

[24] 消費者基本計画（平成22年3月30日閣議決定）6頁・37頁。重点的取組みとしては、「1　消費者の権利の尊重と消費者の自立の支援」の「（5）消費者の被害等の救済と消費者の苦情処理・紛争解決の促進」に位置付けられている。

[25] 消費者基本計画（平成25年6月28日一部改定）16頁・61頁「①消費者の自助・自立の促進を図る『消費者力向上の総合的支援』」の中の「8．消費者被害救済制度」として位置付けられた。

た（消費者基本計画（平成26年6月27日一部改定）18頁・67頁）。

　2015年3月には新たな消費者基本計画が策定された。ここでは、「消費者被害の未然防止・拡大防止の役割を担っている適格消費者団体及び消費者被害の回復の役割を担う特定適格消費者団体については、差止請求関係業務及び被害回復関係業務の遂行に必要な資金の確保その他の支援の在り方について見直しを行い、必要な施策を実施するとともに、消費者裁判手続特例法の円滑な施行に向けて、消費者団体訴訟制度の周知・広報を進める」と記載された[26]。KPI（重要業績評価指標：Key Performance Indicators）として、「適格消費団体、特定適格消費者団体の設立、活動の状況」が記載された。さらに、消費者基本計画工程表には、「消費者裁判手続特例法について、政令・内閣府令／ガイドラインの検討・公布等を平成27年度中に行うとともに、……適格消費者団体及び特定適格消費者団体に対する支援の在り方の検討会を開催し、検討結果を踏まえた支援策を実施する」とされた（「消費者基本計画工程表」（平成27年3月24日消費者政策会議決定）59頁・61頁）。KPIとしては、適格消費者団体、消費者団体訴訟制度の認知度とともに、消費者裁判手続特例法に基づき事業者が現実に弁済した総額が定められている。

6　内閣府・消費者庁における検討

(i)　集団的消費者被害回復制度等に関する研究会

　国民生活審議会における行政のあり方総点検において、消費者団体訴訟制度の損害賠償請求への拡大について検討を進めるべきとされたこと、消費者行政推進計画において、被害者救済のための法的措置の検討を進めるとされたことなどから、集団的消費者被害回復制度等に関する研究会が、国民生活局長が開催する研究会として2008年12月から2009年8月まで、12回開催された。

　この研究会においては、集団的消費者被害の回復に関連する選定当事者制

---

[26]　消費者基本計画（平成27年3月24日閣議決定）31頁「第4章　5年間で取り組むべき施策の内容」の「5　消費者の被害救済、利益擁護の枠組み整備」の「(1)被害救済、苦情処理及び紛争解決の促進」として位置づけられている。

第1部　消費者裁判手続特例法の概要および立法の経緯

度などの民事訴訟手続、被害回復給付金支給制度などの刑事訴訟に関連する手続、課徴金制度および緊急停止命令、振り込め詐欺救済法などの現行法上の諸制度についてその運用状況や問題点を調査・検討をした。また、アメリカ、カナダ、ノルウェー、デンマーク、スウェーデン、ブラジルのクラスアクション、米国におけるパレンス・パトリー、オランダの集合的和解制度、オーストラリアの代表手続および代表訴訟、米国FTC、SECが運用するディスゴージメント等の被害者救済制度、ドイツの団体訴訟制度、フランスのグループ訴権の検討中の法案など集団的消費者被害の回復のために使われうる諸外国の制度の内容、運用状況、課題について幅広く調査をした。

　そして、制度設計に向けて検討しなければならない論点として、集合訴訟制度に関しては、対象事案、権利を行使する主体の選択、オプトアウト型を採用する場合等の判決の効力が第三者に拡張することとする場合の手続保障、損害賠償額の認定、分配手続、和解の規律、訴訟追行者の体制整備、訴訟追行費用の確保のための仕組みなどがあげられた。

(ii)　**集団的消費者被害救済制度研究会**

　消費者庁設置法附則6項および消費者基本計画を受けて、前記の研究会の成果を踏まえて、被害救済制度に関して考えられる選択肢を提示し論点の整理を行うため、消費者庁長官が開催する研究会として、集団的消費者被害救済制度研究会が、2009年11月から2010年8月にかけて13回開催された。

　この研究会においては、財産保全制度を検討するうえで参考になる現行法上の制度に関して、民事保全法、破産法、会社解散命令制度、組織犯罪処罰法の没収保全手続、犯罪収益移転防止法、国税徴収法の保全差押え、振り込め詐欺救済法における口座凍結、預金保険機構の財産調査などの運用状況や問題点を調査検討した。さらに、米国におけるRICO法の没収、民事没収の制度の内容・運用状況・課題について調査した。

　また、2010年3月には意見募集を行い、第9回会議において、関係団体（全国消費者団体連絡会、日本消費生活アドバイザーコンサルタント協会、日本弁護士連合会、L＆G被害対策弁護団、消費者機構日本、京都消費者契約ネットワーク）からのヒアリングを行ったうえ、集合訴訟および経済的不利益賦課制

度それぞれについて論点整理を行った。

　集合訴訟制度に関しては、A案からD案までの手続モデルを提示し、それぞれの制度設計上の課題および手続モデル案のメリット・デメリットの比較検討、制度の詳細を示すために今後検討すべき論点を提示した。A案は、2段階型で、消費者に不利な判決の効力が消費者に及ばない制度、B案は、2段階型で、1段階目にオプトアウトをすることができるが、判決効は消費者に有利にも不利にも及ぶという制度、C案は、1段階型で、オプトアウトすることができるが判決効は消費者に有利にも不利にも及ぶという制度、D案は、1段階型で、オプトインした者にだけ判決効が有利にも不利にも及ぶという制度を提案していた。

　現実に立案された被害回復裁判手続はA案によるものであるところ、A案に関しては、1段階目の手続における当事者適格の根拠、1段階目の手続と2段階目の手続をどのように接続させるか、1段階目の判決の効力をどのように説明するのか、多数性、共通性、手続追行主体の適切性などの要件、対象事案などが制度設計上の課題として提示されている。また、制度の詳細を示すために今後検討すべき論点として、手続追行主体、手続追行主体の適格性の判断方法、通知・公告の主体、方法、内容、通知対象特定の方法、手続追行のために必要な費用の負担の方法、和解・取下げの規律、時効中断などの論点があげられている。

　研究会の報告書が公表されたのちに、2010年9月15日から10月15日まで意見募集が行われた。

(iii) 海外調査

　これらの研究会に先立ちまたは並行して、内閣府および消費者庁は海外調査を行った。

　2006年度は、財団法人比較法研究センターに委託し、ドイツ、フランス、アメリカ、オーストラリアにおける金銭的救済手法の動向調査を行った[27]。ドイツについては、不正競争防止法上の利益剥奪請求制度、法律相談法上の金銭的請求制度、フランスについては、消費者団体訴訟制度とグループ訴権制度の導入についての議論、アメリカについては、クラスアクション適正化

17

第1部　消費者裁判手続特例法の概要および立法の経緯

法、オーストラリアについては、取引慣行法における損害賠償請求制度と競争・消費者委員会の役割について調査した。

　2008年度は、株式会社クロスインデックスに委託し、諸外国における集団的消費者被害の回復制度に関する調査を行った[28]。アメリカでは、メリーランド州とコネチカット州の州司法長官によるパレンス・パトリーとディスゴージメント、ノルウェーのオプトインとオプトアウトの併用型のクラスアクション、スウェーデンのクラスアクションについて調査した。

　2009年度は、財団法人比較法研究センターに委託し、アメリカ、カナダ、ドイツ、フランス、ブラジルにおける集団的消費者被害の回復制度に関する調査を行った[29]。具体的には、アメリカについては、FTCやSECが主体となって行うディスゴージメント、カナダについては大陸法システムを採用するケベック州における集団訴訟制度、ドイツについては、不正競争防止法上の利益剥奪請求権制度、投資家保護のためのムスタ手続制度、フランスについては、消費者団体訴訟制度とグループ訴権制度の導入についての議論、ブラジルについては、クラスアクション制度について調査をした。

　2010年度は、ワールドインテリジェンスパートナーズジャパン株式会社に委託し、アメリカ、韓国、ポルトガル、イギリスにおける集団的消費者被害救済制度の運用実態等に関し調査を行った[30]。具体的には、アメリカについては、民事制裁金、民事没収、未請求資産管理制度、韓国については、訪問

---

[27]　財団法人比較法研究センター「ドイツ、フランス、アメリカ、オーストラリアにおける金銭的救済手法の動向調査」（2007年）。「消費者の窓」（旧内閣府国民生活局が運用していたウェブサイトであり、消費者庁設立以前の資料が現在も多数掲載されている）に掲載されている〈http://www.consumer.go.jp/seisaku/caa/soken/seido/sonota/sonota.html〉（2016年7月26日最終確認）。

[28]　株式会社クロスインデックス「『諸外国における集団的消費者被害の回復制度に関する調査』報告書」（2009年）。「消費者の窓」に掲載されている〈http://www.consumer.go.jp/seisaku/caa/soken/seido/sonota/sonota.html〉（2016年7月26日最終確認）。

[29]　財団法人比較法研究センター「アメリカ、カナダ、ドイツ、フランス、ブラジルにおける集団的消費者被害の回復制度に関する調査」（2010年）〈http://www.caa.go.jp/planning/21torimatome.html〉（消費者庁のウェブサイトでは掲載が終了したので、国会図書館のインターネット資料収集保存事業〈http://warp.da.ndl.go.jp/〉参照）。

販売法等の課徴金、集団的調停制度、オプトアウト型の証券訴訟制度、ポルトガルについては、オプトアウト型の集合訴訟制度、イギリスについては民事回復制度、没収制度について調査をした。

(iv) 専門調査会

消費者基本計画において、集団的消費者被害救済制度について、2011年夏を目途に制度の詳細を含めた結論を得るとされたことから、集団的消費者被害救済制度研究会での検討を踏まえ、消費者委員会に2010年8月に集団的消費者被害救済制度専門調査会が設置された。同専門調査会は、2010年10月から2011年8月まで15回開催された。報告書においては、以下のような制度枠組みが提案された。すなわち、新たな認定を受けた適格消費者団体が、共通争点について確認を求める訴えを提起し、裁判所は共通争点について確認する判決を行う。判決は、2段階目の手続に加入した対象消費者に対しても効力が及ぶものとする。1段階目の手続の認容判決が確定した場合には、原告であった適格消費者団体が2段階目の手続開始の申立てをする。当該団体が、対象消費者に通知公告をし、対象消費者が加入し、簡易な手続の審理により債権を確定させる。異議申立てがあった場合には、通常訴訟手続により審理判決をするという制度が提案された。

対象事案については、消費者と事業者とが契約関係にある場合を中心とし、また、契約関係にある場合に類する場合も対象とする。支配性の要件を欠く事案が多いと考えられる類型については、対象事案の類型として列挙しないこととする。多数の消費者の事業者に対する請求権であって、①契約を締結する場面に関する虚偽または誇大な広告・表示に関するもの、②同一の方法による不当勧誘、契約の解消に関するもの、③契約内容の不当性に関するもの、④同一の瑕疵が存在する場合や同一の履行態様による事業者の提供する商品・役務の品質に関するものについて、不当利得返還請求権、債務不

---

(30) ワールドインテリジェンスパートナーズジャパン「『アメリカ、韓国、ポルトガル、イギリスにおける集団的消費者被害救済制度の運用実態等に関する調査』報告書」(2011年)(消費者庁ウェブサイトでは掲載が終了したので、国会図書館インターネット資料収集保存事業参照)。

第1部　消費者裁判手続特例法の概要および立法の経緯

履行、瑕疵担保、不法行為による損害賠償請求権、金銭債権である法定の損害賠償請求や契約上の履行請求権のうち、上記の基準に該当するものを列挙するとされた。

　通知公告の費用については、原則として団体が負担することとしつつ、一定の場合に相手方事業者に負担させる手続を設けることが考えられるとされた。

　事業者に対する情報提供命令、公告義務を規定することとされた。

　また、適格消費者団体が報酬および費用を消費者から受けることができるとした。

　消費者委員会は、2011年8月26日に、専門調査会の報告を踏まえて制度の具体的な仕組みづくりを進めることを求める「集団的消費者被害救済制度の今後の検討に向けての意見」を公表した。

(v)　**集団的消費者被害回復に係る訴訟制度の骨子**

　消費者委員会の意見を受けて、消費者庁において立案作業が行われた。2011年12月には、「集団的消費者被害回復に係る訴訟制度の骨子」(以下、「骨子」という)が公表され、12月9日から12月28日までの間、意見募集された。

　骨子においては、専門調査会で提案された手続の枠組みに基づき、より詳細な検討がされている。まず、特定適格消費者団体の認定要件や責務規定・行為規範が詳細に定められた。

　対象事案については、消費者契約の不存在、無効、取消しもしくは解除がされたことに基づく不当利得返還請求権、履行請求権、消費者契約の締結または履行に際してされた民法上の不法行為に基づく損害賠償請求権、債務不履行・瑕疵担保に基づく損害賠償請求権が掲げられ、契約の目的に生じた損害に係るものに限定され生命身体損害を除くとされた。また、相手方事業者も勧誘者、履行を補助する事業者など一定の者に限定するとされた。

　和解について、1段階目において個々の消費者から授権を受けて個々の消費者の請求権に関する和解をすることができるとされた。

　簡易な手続について、届出→認否→認否に対する異議の申出→決定→決定に対する不服申立てというプロセスを経ることが明らかにされ、決定には、

仮執行宣言を付することができるとされた。

保全については、消費者から授権を受けて仮差押命令の申立てをすることができるとされた。

(vi) 集団的消費者被害回復に係る訴訟制度案

2012年の常会に法案提出することをめざして立案作業が行われたものの、諸般の事情から困難となり、これまでの検討結果についてまとめる形で集団的消費者被害回復に係る訴訟制度案（以下、「制度案」という）が2012年8月に公表され、8月7日から9月6日までの間、意見募集がされた。

制度案では、骨子に比べていくつか重要な変更がされている。1段階目の訴えを事業者が消費者に対して負う金銭の支払義務を確認するものであるとしたこと、支配性を欠くことによる却下制度を設けたこと、1段階目において個々の消費者から授権を受けて個々の消費者の請求権に関する和解をする制度の制度化を見送ったこと、通知公告費用について事業者に負担させる制度を見送ったこと、対象債権および対象消費者の範囲並びに対象債権の総額を明らかにして、消費者の授権を得ずに仮差押えをすることができるとされたことなどがある。

7　日弁連における検討

(i)　差止請求制度の導入時の対応

日弁連では、内閣府・消費者庁における検討が具体化する以前から、損害賠償請求など金銭的請求ができる制度の検討を求めていた。

国民生活審議会消費者政策部会消費者団体訴訟制度検討委員会において、消費者団体訴訟制度の検討が開始されるのに先立ち、2004年3月に、消費者団体訴訟制度について意見書を公表している。そこでも、差止請求のみならず金銭的請求ができる制度の創設を求めていた（2004年3月19日付日弁連意見書2頁）[31]。さらに、消費者団体訴訟制度検討委員会の報告書に対する意見書において、消費者団体が個々の被害者に代わって損害賠償請求する制度について、引き続き緊急な課題として検討が行われるべきであると意見を表明している（2005年7月14日付日弁連意見書8頁）。また、法案骨子に対する意見

第1部　消費者裁判手続特例法の概要および立法の経緯

書において、損害賠償請求など金銭的請求ができる制度の検討のために、附則に見直し規定を設けるべきとの意見を表明している（2006年1月20日付日弁連意見書4頁）。

(ii)　海外調査（アメリカ）

さらに、消費者団体が個々の被害者に代わって損害賠償請求する制度について立法提言をするため、2007年には、消費者問題対策委員会消費者契約法部会が京都弁護士会と共同で企画し、アメリカのクラスアクション制度について調査をした[32]。

また、2008年には、日弁連民事裁判手続に関する委員会が企画し、アメリカのクラスアクション制度について調査をした。この頃、同委員会も、民事司法改革の観点から集合訴訟制度への関心を持っていたのである。

(iii)　集団的消費者被害回復制度等に関する研究会への対応

内閣府で「集団的消費者被害回復制度等に関する研究会」が開催され、検討が開始されるのに先立ち、日弁連では2008年6月に、集合訴訟制度の提言を行った（2008年6月19日付日弁連意見書）。これは、行政や適格消費者団体が主体となるもので、オプトアウトの1段階型の訴訟制度を提言するものである。

上記提言は、消費者問題対策委員会が中心となって検討していたものである。しかし、課題が重要であり、消費者問題の観点からのみならず、民事司法改革の観点も含め、日弁連内で組織横断的に検討する必要があることが認識された。そこで、立法対策センターのプロジェクトチームとして、日弁連は、2008年11月に「集合的権利保護訴訟制度プロジェクトチーム」（座長：中本和洋）を設置した。構成員は、民事裁判手続に関する委員会および消費

---

[31]　この意見書では、団体固有の損害賠償請求権を行使する方式を一次的に提言しているが、消費者団体が、被害者から委任を受け（委任型）、あるいは受けずに（クラスアクション型）、事業者に対し、被害者の被った損害を請求し、これを被害者に分配する内容の損害賠償制度についての検討の必要性もあわせて指摘をしている。

[32]　日弁連・京都弁護士会「アメリカ合衆国クラスアクション調査報告書」（2007年）〈http://www.nichibenren.or.jp/library/ja/committee/list/data/2007amerika_tyousa_report.pdf〉（2016年7月30日最終確認）。

者問題対策委員会の委員を中心に選任された。

　2009年7月には、日弁連は、「不当な収益のはく奪・集合訴訟に関する検討ワーキンググループ」（座長：中本和洋）を設置した。これは、立法対策センターの前記プロジェクトチームを発展的に解消し、集合訴訟に加えて違法収益の剥奪に関する事項も所管するため、新たに委員会等に所属しない独立したワーキンググループを設置したものである。なお、2011年4月には、中本座長の日弁連副会長就任に伴い、佐々木幸孝が同ワーキンググループの座長に就任した。

ⅳ　集団的消費者被害救済制度研究会への対応

　日弁連は、集団的消費者被害救済制度研究会に先駆けて、2009年10月に「損害賠償等消費者団体訴訟制度」要綱案（2009年10月20日付日弁連意見書）を公表した。これは、適格消費者団体によるオプトアウト型の訴訟制度を提起していた。同研究会には日弁連からも委員が参加した。前記ヒアリングにおいても、消費者団体訴訟制度の対象となる事実に基づく損害賠償請求権にとどまらず、取引・表示・安全に関する消費者被害に関する不法行為による損害賠償請求権や債務不履行の損害賠償請求権など幅広い事案を対象事案として、オプトアウト型の集合訴訟制度を求めた。

　日弁連では、同研究会での議論を踏まえ、2段階型の訴訟制度に関しても、2010年11月に、損害賠償等団体訴訟制度（特定共通請求原因確認等訴訟型）要綱案（2010年11月17日付日弁連意見書）を公表した。

　また、専門調査会には、日弁連からも委員が参加した。日弁連としては、新たに認定を受けた適格消費者団体のほかにも訴訟追行主体を広げるべきこと、幅広い事案を対象にすべきことなど積極的に意見を展開した。

　専門調査会中にも、日弁連は、2011年5月に、「集団的消費者被害救済制度」の検討にあたっての意見（2011年5月13日付日弁連意見書）、同年6月に、新たな集合訴訟制度の訴訟追行主体についての意見（2011年6月3日付日弁連意見書）を公表した。専門調査会の報告書が公表されたのちには、同年9月に、同報告書に対する意見書を公表した（2011年9月29日付日弁連意見書）。

　日弁連では、2011年12月に、集団的消費者被害回復に係る訴訟制度の骨子

第 1 部　消費者裁判手続特例法の概要および立法の経緯

が公表されると、骨子に対する意見書（2011年12月22日付日弁連意見書）を公表した。また、2012年 8 月に、集団的消費者被害回復に係る訴訟制度案が公表されると、制度案に対する意見（2012年 8 月31日付日弁連意見書）を公表した。

　(v)　海外調査（ブラジル、カナダ）

　消費者庁での検討に対応し日弁連として意見を述べるために、日弁連でも海外調査を行っている。これらの調査の報告書も消費者庁に提供され、消費者庁における検討において活用された。2009年には、京都弁護士会と共同で、ブラジルのクラスアクション制度について調査[33]をした。また、2010年には、カナダ・ブリティッシュコロンビア州におけるクラスアクションについて調査[34]をした。

8　与党審査

　2013年 2 月20日自民党消費者問題調査会において、消費者庁から法案の骨子について説明がされた。この説明では、施行は公布後 2 年以内となっていた。この際、議員からは濫訴の懸念が指摘され、施行前の事案について適用することがないようにすべき、そのような意見を出している団体とも議論する必要があるとの意見が出された。

　2 月27日の同調査会においては、全国消費者団体連絡会、日本生活協同組合連合会、全国消費生活相談員協会、日本経済団体連合会、全国地域婦人団体連絡協議会、日本消費生活アドバイザーコンサルタント協会、日本消費者協会、全国消費者行政ウオッチねっと、日弁連、消費者機構日本、日本商工会議所、日本司法書士会連合会、主婦連合会からヒアリングがなされた。日

---

[33]　日弁連・京都弁護士会「ブラジル・集団的権利保護訴訟制度調査報告書」（2009年）〈http://www.nichibenren.or.jp/library/ja/committee/list/data/2009brasil_tyousa_honbun.pdf〉（2016年 7 月30日最終確認）。

[34]　日弁連「カナダにおけるクラスアクションの実情調査報告書〜ブリティッシュコロンビア州における実務を中心として〜」（2010年）〈http://www.nichibenren.or.jp/library/ja/committee/list/data/2010canada_tyousa_honbun.pdf〉（2016年 7 月30日最終確認）。

Ⅱ　立法の経緯

弁連からは、諸外国の制度や状況もよく検討されており、事業者の負担にも考慮したバランスのとれた制度であること、制度施行前の事案について適用されることについて、あるべきコンプライアンスが確保されていれば事業者にとって問題となることはないはずであるとの意見を述べている。

この際、議員から、ヒアリングに在日米国商工会議所を呼ばなかったことについて異議が出され、施行前の事案についての適用は認められないとの意見が出された。

3月5日の同調査会では、日本経済団体連合会、経済同友会、日本商工会議所、在日米国商工会議所にもヒアリングがされた。在日米国商工会議所からは、施行前の事案について適用することがないようにすべきとの意見が出された。

一方、消費者庁は、施行前事案についても適用することについて理解を求めていた。

そして、条文審査に入るにあたり、調査会から消費者庁に対して、①本制度が、消費者が安心して経済活動をできるようにするものであり経済の健全な発展に寄与することを目的とすることを条文上明記すること、②周知期間を公布から3年とすること、③施行後5年の見直し条項を入れることが指示された。

なお、これらの会議は、関係団体には公開して行われた。

3月15日には自民党消費者問題調査会・内閣部会合同会議において条文審査がされ、さらに4月5日の自民党消費者問題調査会・内閣部会合同会議において法案が了承された。

公明党においては、3月13日に公明党消費者問題対策本部・内閣部会合同会議において条文審査がされ、4月8日の公明党消費者問題対策本部・内閣部会合同会議において条文審査がされて了承された。

この条文審査の過程において、附則2条が追加され、施行前事案について適用制限がされることとなった。

その後、4月9日には与党審査が終わっており、その直後に閣議決定されるのが通常であるが、本法案については異例な経過をたどり閣議決定がされ

第1部　消費者裁判手続特例法の概要および立法の経緯

たのは4月19日であった。

9　国会審議の経緯

　2013年6月4日、衆議院本会議において趣旨説明および趣旨説明に対する質疑があり、消費者問題に関する特別委員会で6月13日・20日に審議された。

　臨時国会では、消費者問題に関する特別委員会で10月30日および31日に審議され、修正のうえ可決され、11月1日に衆議院本会議で可決された。

　11月6日、参議院本会議において趣旨説明および趣旨説明に対する質疑が行われ、11月27日・29日・12月3日に消費者問題に関する特別委員会で審議・可決され、12月4日に参議院本会議で可決され成立し、12月11日に公布された。衆議院消費者問題に関する特別委員会での審議時間は16時間25分、衆議院消費者問題に関する特別委員会での審議時間は7時間20分であった（一問一答ⅲ頁）。

　衆議院では、3つの修正案が提出された。自民党・公明党・民主党からは、事業者の事業活動に不当な影響を及ぼさないようにするための方策の検討（附則3条）、特定適格消費者団体の支援の検討（附則4条）の条項新設、検討条項について、施行後5年を3年とし（附則5条2項）、検討にあたって考慮すべき事項を例示し、業務の適正な遂行を確保するための措置、対象となる請求および損害の範囲を検討事項として例示したうえで法律の規定について検討を加えることを明記すること（附則5条1項）、施行前事案についての国民生活センターの行う重要消費者紛争解決手続などのADRの利用の促進（附則6条）、この法律の趣旨および内容についての周知（附則7条）の条項を新設する修正案が提出されて、可決された。なお、共産党からは、附則3条の追加を除いた、附則の修正を内容とする修正案が提出されたが否決された。また、みんなの党からは、共通義務確認の訴えについては対象消費者の授権が必要であることとし、附則2条を不法行為に基づく損害賠償の請求についても施行前に締結された消費者契約に関する請求は適用除外とすることとし、附則の検討条項について施行後5年を3年とし、共通義務以外の事

項を含めた柔軟な和解を可能とする方策について検討を加えることを明記することなどを内容とする修正案が提出されたが否決された。

10 施行準備

(ⅰ) 特定適格消費者団体の認定・監督に関する指針等検討会

附則3条の趣旨を踏まえ、ガイドライン等の策定のあり方について検討するため、消費者庁長官の検討会として、「特定適格消費者団体の認定・監督に関する指針等検討会」が、2014年5月から2015年3月にかけて13回開催された。第2回に適格消費者団体へのヒアリングが行われ、その後認定・監督の指針について検討され、第9回では、新経済連盟、全国銀行協会、全国中小企業団体中央会、第10回では、適格消費者団体からヒアリングがされた。検討会では、「不当な目的でみだりに」の具体的内容など特定適格消費者団体の責務、認定要件、通知および公告の方法、内容、報酬および費用の基準などについて議論がされた。また、相手方による公表の方法についても議論がされた。

そして、2015年6月10日から7月10日までの間、政令案、内閣府令案、ガイドライン案等について意見募集が行われた。

その後、2015年11月11日に、施行令、施行規則、消契法規則の改正、e文書法施行規則の改正が公布され、消費者裁判手続特例法ガイドライン、消契法ガイドラインの改訂、「消費者裁判手続特例法第27条の規定に基づく相手方による公表に関する留意事項について」が公表された。

これらについては、逐条解説の関連する条項の部分において詳説する。

(ⅱ) 最高裁規則

法は、簡易確定手続開始の申立ての申立書の記載事項（16条）、債権届出の届出書の記載事項（30条2項3号）、届出消費者表の記載事項（41条2項）について最高裁規則に委任するほか、被害回復裁判手続に関し必要な事項は最高裁規則で定めるとしている（64条）。

そのため、最高裁規則の整備が必要となった。最高裁判所では事務総局において原案が作成され、2014年10月7日に最高裁裁判所民事規則制定諮問委

員会の準備会が開催された。責務規定、請求の客観的併合時における順位づけの要否、仮差押えがなされた場合の本執行の扱いおよび59条の平等取扱いの内容などについて議論がされた。

さらに、2014年12月9日に第2回準備会が開催された。ここでも前記の問題が議論された。

その後、2015年3月10日に最高裁判所民事規則制定諮問委員会が開かれ、規則案が審議された。そして、同年6月29日に「消費者の財産的被害の集団的な回復のための民事の裁判手続の特例に関する規則」が制定された。この内容については、逐条解説の関連する条項の部分において詳説する。

(ⅲ) **支援検討会**

附則4条の趣旨を踏まえ、被害回復関係業務等の適正な遂行に必要な資金の確保、情報の提供その他の支援のあり方に関する事項について検討を行うため、消費者庁長官の検討会として、2015年10月から2016年6月までの間、「消費者団体訴訟制度の実効的な運用に資する支援の在り方に関する検討会」が、8回開催された。第2回では、適格消費者団体に対するヒアリングが行われ、その後、PIO-NET端末配備等の情報提供、申請書類の簡素化や会計基準、特定適格消費者団体のする仮差押えの担保提供などについて議論がされた。

しかし、附則で明記された資金の確保については、ほとんど議論がなされないなど、不十分な検討にとどまった。

(ⅳ) **日弁連における検討**

① **国会審議への対応**

消費者裁判手続特例法案の国会提出後の2013年6月に、日弁連は、従前のワーキンググループを廃止し、「集団的消費者被害回復訴訟制度ワーキンググループ」（座長：大髙友一）を設置した。違法収益剥奪制度の検討は消費者問題対策委員会で継続的に行うこととし、消費者裁判手続特例法の施行準備等の課題に対応するための組織として再設置したものである。

日弁連では、2013年12月4日の本法の可決・成立に際し、会長声明（日弁連「『消費者の財産的被害の集団的な回復のための民事の裁判手続の特例に関する

法律』の成立に関する会長声明」）を発表し、施行前事案の対応のため国民生活センターの裁判外紛争解決手続の充実を図ること、特定適格消費者団体の負担軽減策の検討、政令や最高裁規則の検討にあたっては適格消費者団体や消費者の意見を十分に踏まえることを求めた。

　② 　ガイドライン等検討会への対応

特定適格消費者団体の認定・監督に関する指針等検討会には、日弁連から、委員が参加し、制度の実効性を確保する観点から積極的に意見を述べた。また、「特定適格消費者団体の認定・監督に関する指針等検討会報告書」に対する意見書（2015年5月7日付日弁連意見書）を公表した。

そして、2015年6月10日から7月10日までの間に行われた、政令案、内閣府令案、ガイドライン案等についての意見募集に対し、日弁連では、意見書（2015年7月2日付日弁連意見書）を公表した。

　③ 　民事規則制定諮問委員会への対応

民事規則制定諮問委員会は、日弁連は事務総長が構成員になっており加えてこの問題に関して見識のある弁護士が加わり、幹事には、事務次長ほかが構成員になっている。

最高裁規則の制定過程では、日弁連は主として以下の点について問題提起をしていた。

① 　訴状の記載事項について、対象消費者の人数が相当多数であることを訴状の記載事項とする必要はなく仮に記載事項とするとしても、確定的な人数の記載を求めるべきではないこと
② 　請求の客観的併合について、共通義務確認の訴えや簡易確定手続開始の申立ての段階で、選択的あるいは予備的併合とすることを義務付けるべきではないこと
③ 　簡易確定手続開始の申立ての申立書に記載すべき事項としては、形式的な事項にとどめ、添付書類としても判決正本等の書面に限るべきであること
④ 　裁判所が定めうる債権届出期間の範囲を規則に規定するべきではないこと

第1部　消費者裁判手続特例法の概要および立法の経緯

　　⑤　債権届出の際の授権を受けていることの証明の方法について、インターネット等を活用したシステムを踏まえたものとすべきこと
　　⑥　相手方が認否のための証拠書類の送付を求めることができるものとすることは、濫用のおそれや団体の事務負担の観点から適当でないこと。
　　⑦　相手方の認否においては理由を具体的に明らかにすべきこと
　　⑧　認否を争う旨の申出に際して多くの事項の記載を求めるのは1カ月の不変期間があることを踏まえると現実的ではないこと
　　⑧　簡易確定決定に対する異議には、異議の理由を明らかにすべきこと

　④　支援検討会への対応
　このような作業を終え、2015年5月、集団的消費者被害回復訴訟制度ワーキンググループは設置期間満了に伴い廃止された。支援検討会への対応は、消費者問題対策委員会消費者契約法部会において対応することとされた。
　支援検討会については、日弁連からも、委員が参加し、制度の実効性を確保する観点から積極的に意見を述べた。

　⑤　海外調査（ギリシャ、アメリカ）
　消費者裁判手続特例法が成立してからも、施行準備に対応することや将来の制度改善の提言に資するため、海外調査は継続して行われている。
　京都弁護士会では、2014年にはフランスで新たに立法された消費者団体を主体とした2段階型の訴訟制度およびギリシャの集団訴訟制度について調査を行っている[35]。さらに、2016年には、近畿弁護士会連合会が、アメリカのクラスアクションにおけるクラス構成員への分配作業の実務を中心に実情を調査した。

---

[35]　京都弁護士会・前掲注(16)「ギリシャ・フランス調査報告書」(2014年)。

Ⅲ 消費者裁判手続特例法の概要

1 消費者裁判手続特例法の特徴

　消費者裁判手続特例法は消費者被害を集団的に回復するための新たな民事訴訟制度を導入するものであるが、以下のような3つの特徴を指摘することができる。

(i) 2段階型の訴訟手続であること

　前記のとおり、消費者被害は、個々の被害は比較的低額なものにとどまることが多く、また消費者側に情報力や交渉力が不足していることなどから、消費者が法的な権利行使をすることに対してさまざまな障壁があり、その被害の回復については必ずしも十分ではないとされる。

　消費者裁判手続特例法においては、このような消費者被害の特性を踏まえて手続を大きく2段階に分け、まず特定適格消費者団体が提起した訴えに基づいて事業者の「共通義務」（2条4号）の有無を先行して審理し（1段階目の手続、共通義務確認訴訟）、その後、被告事業者に責任が認められた場合には、対象となる消費者（対象消費者）に対する通知公告を行って手続への参加を募り、手続に参加してきた対象消費者について具体的事情を個別審理して請求権の存否および内容を確定させることとしている（2段階目の手続、対象債権の確定手続）。消費者裁判手続特例法が採用したこの手続は、比較法的にみて2段階型と呼ばれるものであり（前記Ⅰ2(ii)②参照）、被害を受けた消費者は、事業者の責任の有無に関する確定的判断が出た後に訴訟手続に参加することが可能となることから、その請求権行使がより容易になるものと見込まれている。

(ii) 特定適格消費者団体のみが共通義務確認訴訟を提起できること

　本制度による共通義務確認の訴えを提起することができるのは、すでに消費者団体訴訟制度における適格消費者団体として認定されている団体のうちから、さらに集団的消費者被害の救済を適正に遂行できる体制や能力、経理的基礎等も備えていると内閣総理大臣によって認定された団体（「特定適格消

費者団体」）に限られる（2条10号・3条・65条）。詳細な認定要件等については、消費者庁よりガイドラインが公表されている。

　立法の検討段階では、被害救済弁護団等のアドホックな団体等にも提訴権を付与すべきとの議論もあったが、その具体的な要件、認定の主体・手続等についてさらに検討する必要があるものとして、これらの団体への提訴権付与については見送られた（専門調査会報告書14頁）。

(ⅲ) **救済対象となる事案が、対象消費者と被告となる事業者との間に消費者契約があり、かつ定型的な金銭損害が生じている場合が基本となること**

　本制度による救済対象となるのは、消費者契約に関して相当多数の消費者に生じた財産的被害において事業者が消費者に対して負う金銭の支払義務であって、以下の5類型である（2条4号・3条1項）。なお、事業者側からの予測可能性の確保を求める意見に配慮し、本制度の救済対象となるのは原則として本制度の施行日以降に締結された消費者契約に関して生じた金銭の支払義務に限られており（附則2条）、いわゆる遡及的適用はされない。

① 消費者契約に基づく履行請求（3条1項1号）
② 不当利得に基づく請求（同項2号）
③ 契約上の債務不履行による損害賠償請求（同項3号）
④ 瑕疵担保責任による損害賠償請求（同項4号）
⑤ 不法行為に基づく民法の規定による損害賠償の請求（同項5号）

　③から⑤までの類型の請求においては、事業者側の被請求額の予測可能性を確保するなどの観点から、いわゆる拡大損害や逸失利益、人身損害や精神的苦痛に対する損害については本制度による救済の対象には含まれないこととされ（3条2項）、結果として、本制度の救済の対象となるのは定型的な金銭損害が生じた場合が中心となる。

2　消費者裁判手続特例法による手続の概要

(ⅰ) **共通義務確認訴訟（1段階目の手続）**

　特定適格消費者団体が提起した共通義務確認の訴え（3条1項）に基づい

Ⅲ 消費者裁判手続特例法の概要

て事業者の共通義務（2条4項）の有無を先行して審理する。原則として通常の民事訴訟と同様の手続により審理が行われ、必要があれば証人尋問等の証拠調べも行われる。

この共通義務確認訴訟の判決に対しては、共通義務の有無を終局的に確定させるため、不服のある当事者は上訴して争うことが可能であり、かつ共通義務確認訴訟の判決が確定するまでは2段階目となる対象債権の確定手続は行われない（12条）。

一方、共通義務確認訴訟の判決が確定すれば、その判決の効力は、訴訟当事者だけでなく、その後の対象債権の確定手続において請求権を届け出た対象消費者にも及ぶ（9条）。すなわち、共通義務確認訴訟で敗訴した事業者は、その後の対象債権の確定手続において、届出消費者との関係では共通義務確認訴訟で確定した共通義務の有無をさらに争うことはできない。逆に、共通義務確認訴訟において事業者が勝訴した場合においては、対象債権の確定手続は行われないこととなるから、当該判決によって対象消費者の個別の請求権の行使は妨げられないこととなる。

特定適格消費者団体は、共通義務確認訴訟において、共通義務の存否に関して訴訟上の和解をすることができる（10条）。事業者側に共通義務があることを認める内容の和解であれば、簡易確定手続の開始原因となる（12条）。

(ⅱ) 対象債権の確定手続（2段階目の手続）

① 手続の概要

共通義務確認訴訟において事業者の共通義務の存在が確定した場合には、2段階目の手続である対象債権の確定手続に移行し、まず簡易確定手続が行われる（12条）。この簡易確定手続においては、特定適格消費者団体が対象消費者に対して通知・公告を行って対象消費者より授権を受け（25条・26条・31条）、対象消費者の対象債権の届出を行う（30条）。そのうえで、届出された対象消費者の対象債権（届出債権）について個々に存否および内容を審理して確定をする。具体的な審理手続については、破産手続における債権確定手続に類似した簡易な手続と通常の訴訟手続を組み合わせた仕組みが設けられ、個々具体的な事情についての適切な審理を確保しながら同時に迅速

第1部　消費者裁判手続特例法の概要および立法の経緯

な解決が可能な仕組みとなっている。

②　対象消費者への通知・公告

特定適格消費者団体は、簡易確定手続開始後、対象消費者からの授権を促すため、知れたる対象消費者に対して相当な方法で個別に通知をするとともに、インターネットの利用その他の相当な方法により公告をする（25条・26条）。なお、対象消費者に対する通知を実効化するため、事業者は対象消費者の個人情報提供など必要な協力をする義務がある（28条以下）。

③　対象消費者からの授権、債権届出

対象消費者は、裁判所が定めた請求届出期間内に特定適格消費者団体に授権を行い（31条）、特定適格消費者団体を通じて対象債権の届出を行う（30条）。

④　簡易確定手続における審理手続

簡易確定手続の審理手続は大きく3段階に分けられる。まず、特定適格消費者団体から届出のあった対象債権（届出債権）につき被告事業者が認否を行う（42条1項）。被告事業者において届出債権の内容の全部を認めた対象消費者の届出債権については、そのまま届出の内容で確定する（42条3項）。争いのない対象消費者の請求権については早期に確定をさせることにより、その後の審理手続における訴訟資源を争いのある対象消費者の請求権に集中させようとするものである。

次に、被告事業者が届出債権の内容の全部を認めなかった対象消費者の届出債権については、特定適格消費者団体が認否を争う旨の申出をすることができ（43条1項）、この場合、裁判所は双方を審尋したうえで債権の存否および内容について決定を行う（44条1項、簡易確定決定）。特定適格消費者団体が認否を争う旨の申出をしなかったときは、届出債権の内容は、届出債権の認否の内容により確定する（47条1項）。

簡易確定決定は、争いのある債権については最終的に通常の訴訟手続（異議後の訴訟）によって審理がなされることとなるものの、破産手続における債権確定手続と同様、通常の訴訟手続に移行させる前に簡易な審理によって裁判所の一定の判断を示し、争いのある債権についても一定の迅速な解決を

III 消費者裁判手続特例法の概要

図ろうとするものである。

この裁判所の簡易確定決定に対して異議が述べられなければ、当該対象消費者の債権の内容は決定の内容どおりに確定する（46条6項）。

⑤ 異議後の訴訟

一方、裁判所の簡易確定決定に対して不服がある場合には、相手方事業者、特定適格消費者団体のほか、当該対象消費者も独自に異議を申し立てることができる（46条1項・2項）。この場合、決定は効力を失い（決定に仮執行宣言が付せられた場合を除く。46条5項）、通常の訴訟手続（異議後の訴訟）に移行する（52条1項）。異議後の訴訟に移行した後は、共通義務確認訴訟で確定した共通義務の拘束力を除き、証拠調べも含めて通常訴訟と同様の審理が行われ、判決により債権の存否および内容が最終的に確定する（55条）。

(iii) 強制執行

異議後の訴訟における確定判決のみならず、確定した対象消費者の債権が記載された対象消費者表・簡易確定決定についても確定判決と同一の効力を有するものとされており（42条5項・46条6項）、相手方事業者が任意に履行をしないときは強制執行を行うことが可能である。

(iv) 仮差押え

特定適格消費者団体は、取得する可能性のある債務名義に係る対象債権の実現を保全するため、民事保全法の規定により、仮差押命令の申立てをすることができる（56条1項）。この仮差押命令の申立てにおいては、被保全権利として、「対象債権及び対象消費者の範囲並びに当該特定適格消費者団体が取得する可能性のある債務名義に係る対象債権の総額」を明らかにすれば足りるものとされており（同条3項）、特定適格消費者団体において将来授権を受ける可能性のある対象債権の総額について包括的に民事保全をすることが可能となっている。

第2部　逐条解説　消費者裁判手続特例法

◆第1条　目的

> 第1条　この法律は、消費者契約に関して相当多数の消費者に生じた財産的被害について、消費者と事業者との間の情報の質及び量並びに交渉力の格差により消費者が自らその回復を図ることには困難を伴う場合があることに鑑み、その財産的被害を集団的に回復するため、特定適格消費者団体が被害回復裁判手続を追行することができることとすることにより、消費者の利益の擁護を図り、もって国民生活の安定向上と国民経済の健全な発展に寄与することを目的とする。

Ⅰ　趣　旨

本条は、本法の目的を示したものである。

Ⅱ　解　説

1　消費者被害の実情

　消費者被害の特性として、同種の被害が多発・拡散すること、消費者と事業者との間における情報や交渉力の非対称性が構造的に存在すること、個々の消費者が自ら訴えを提起して被害の回復を図ることを断念しがちであること（被害が少額であること）等があげられる。
　たとえば、少額の被害の場合、被害に遭ったとしても、裁判にかかる費用を考えて諦めてしまう消費者がいたり、被害を受ける消費者が高齢であったり認知症を患っていたりするなど、社会的弱者である場合もある。また、そ

もそも被害に遭った際に、訴訟を提起するという対応を行う消費者は少数である。被害の実効的な回復を図るには、被害者に代わって、被害回復の手続を追行する主体が必要と考えられる。

　このような消費者被害の特性から、消費者被害が発生しても、既存の訴訟手続を前提とした場合、訴訟によって被害の回復を試みようとする消費者は一般に少ないことが予想され、その結果、事業者が、違法な行為によって得た利益の大部分を保持できる結果となってしまう。これは、正義に反する事態であるとともに、将来の違法行為を助長するおそれがある（山本・解説3頁）。そこで、特別の訴訟手続の創設が導かれた。

2　立法目的と消契法との関係

　2000年に定められた消契法は、「消費者と事業者との間の情報の質及び量並びに交渉力の格差」が構造的に存在することを認め、「消費者の利益の擁護を図り、もって国民生活の安定向上と国民経済の健全な発展に寄与する」ことを目的とした（同法1条）。同法1条に定められている文言は、本法1条に引き継がれている。消契法1条に定める目的規定は、消費者取引において事業者と消費者との間に構造的な格差が存在していることを正面から認めたこと（消契法コンメンタール18頁）に意義があったが、これは本法においても同様である。

　このように、消費者契約法および本法は、消費者と事業者との間の情報の質および量並びに交渉力の「格差」を是正するという共通の目的を有する。この点、情報の質および量並びに交渉力の格差は、消費者と事業者との間のあらゆる局面において存在する。

　このうち、消契法は、契約締結場面において現れる格差あるいは事業者が定めた不当な契約条項について適用されるものであった。

　本法は、消費者が実際に被害を受けた後の被害回復局面において適用されるものであり[1]、より実効的に消費者と事業者との間の格差が是正されることが期待される。被害回復が実現すれば、被害回復を受けた消費者が新たな消費をすることにより、健全な事業者への需要を喚起し、ひいては経済の成

長を促すことにもなる（一問一答2頁）。

3　本法の概要

本法は、「被害回復裁判手続」（第2章）を、「共通義務確認訴訟に係る民事訴訟手続の特例」（同章第1節）および「対象債権の確定手続」（同章第2節）からなる2段階型の訴訟制度とし、これらの手続を追行する主体となる「特定適格消費者団体」（第3章）について規律を設けている。

4　解釈指針としての本条の重要性

上述したように、消費者と事業者との間の情報の質および量並びに交渉力の格差は、消費者と事業者との間のあらゆる局面において存在する。したがって、被害回復局面においても、構造的格差のある消費者の保護を図り、被害回復の実効性を確保することは、本法の基本的な考え方というべきである。2条以下の各条文の解釈においても、本条の趣旨および本条で示された立法目的を基本的かつ最も重要な解釈指針とし、消費者保護の視点に立った解釈をすべきである。

◆第2条　定義

> 第2条　この法律において、次の各号に掲げる用語の意義は、当該各号に定めるところによる。
> 一　消費者　個人（事業を行う場合におけるものを除く。）をいう。
> 二　事業者　法人その他の社団又は財団及び事業を行う場合における個人をいう。
> 三　消費者契約　消費者と事業者との間で締結される契約（労働契約を除

---

(1)　消費者基本法は、「消費者と事業者との間の情報の質及び量並びに交渉力等の格差にかんがみ」、「消費者の利益の擁護及び増進に関する総合的な施策の推進を図り、もつて国民の消費生活の安定及び向上を確保することを目的と」し（同法1条）、「消費者に被害が生じた場合には適切かつ迅速に救済されることが消費者の権利であることを尊重する」としており（同法2条）、本法は消費者基本法の目的および基本理念を具体化したものといえる。

く。）をいう。
四　共通義務確認の訴え　消費者契約に関して相当多数の消費者に生じた財産的被害について、事業者が、これらの消費者に対し、これらの消費者に共通する事実上及び法律上の原因に基づき、個々の消費者の事情によりその金銭の支払請求に理由がない場合を除いて、金銭を支払う義務を負うべきことの確認を求める訴えをいう。
五　対象債権　共通義務確認の訴えの被告とされた事業者に対する金銭の支払請求権であって、前号に規定する義務に係るものをいう。
六　対象消費者　対象債権を有する消費者をいう。
七　簡易確定手続　共通義務確認の訴えに係る訴訟（以下「共通義務確認訴訟」という。）の結果を前提として、この法律の規定による裁判所に対する債権届出に基づき、相手方が認否をし、その認否を争う旨の申出がない場合はその認否により、その認否を争う旨の申出がある場合は裁判所の決定により、対象債権の存否及び内容を確定する裁判手続をいう。
八　異議後の訴訟　簡易確定手続における対象債権の存否及び内容を確定する決定（以下「簡易確定決定」という。）に対して適法な異議の申立てがあった後の当該請求に係る訴訟をいう。
九　被害回復裁判手続　次に掲げる手続をいう。
　イ　共通義務確認訴訟の手続、簡易確定手続及び異議後の訴訟の手続
　ロ　特定適格消費者団体が対象債権に関して取得した債務名義による民事執行の手続（民事執行法（昭和54年法律第４号）第33条第１項、第34条第１項、第35条第１項、第38条第１項、第90条第１項及び第157条第１項の訴えに係る訴訟手続（第61条第１項第３号において「民事執行に係る訴訟手続」という。）を含む。）及び特定適格消費者団体が取得する可能性のある債務名義に係る対象債権の実現を保全するための仮差押えの手続（民事保全法（平成元年法律第91号）第46条において準用する民事執行法第33条第１項、第34条第１項及び第38条第１項の訴えに係る訴訟手続（第61条第１項第１号において「仮差押えの執行に係る訴訟手続」という。）を含む。）
十　特定適格消費者団体　被害回復裁判手続を追行するのに必要な適格性を有する法人である適格消費者団体（消費者契約法（平成12年法律第61号）第２条第４項に規定する適格消費者団体をいう。以下同じ。）として第65条の定めるところにより内閣総理大臣の認定を受けた者をいう。

I 趣　旨

本条は、本法で用いられる用語の定義を定めたものである。

なお、4号は、本制度の中核的な規定であるため、別に項目を設けて解説することとし、ここでは、1号から3号までおよび5号から10号までを解説する。

II 解　説

1　1号（消費者）

消費者とは、「事業を行う場合におけるものを除く個人」をいう。「事業」とは、一定の目的をもってされる同種の行為の反復継続的遂行をいい、営利目的および公益性を問わない。「事業を行う場合」とは、自らの事業として、または事業のために行う場合のことを指す。個人事業者であっても、事業を行うのではなく、日常生活のために活動する場合には、消費者に当たる。

たとえば、個人商店を営む者がその事業とは無関係に健康食品を購入した場合や、毎朝ジョギングをしている人がマラソンシューズを購入した場合は、本号の消費者に当たるが、料理教室を開設している個人事業主が、当該料理教室で使用するための調理器具を購入した場合は、本号の消費者に当たらない[2]。

消契法は、消費者と事業者との間で締結される契約に関する規律であるか

---

[2] 齋藤雅弘「消費者契約法の適用範囲」法セ549号18頁は、「本法〔筆者注：消契法〕が『自然人』とせずにわざわざ『個人』という文言を用いているのは、個人と同視できる小会社等の場合には、本法の類推適用の余地を残す趣旨と解される」としている。消契法の消費者概念と本法の消費者概念は、契約関係を取り込んでいない点を除き、同義のものと考えられるため、本法でも同様のことが指摘できよう。なお、権利能力なき社団である大学のスポーツクラブチームと宿泊業者との宿泊契約が問題となった事例（東京地判平23・11・17判タ1380号235頁）において、裁判所は、権利能力なき社団である大学のスポーツクラブチームは、一定の構成員により構成される組織であっても、消費者との関係で情報の質および量並びに交渉力において優位に立っていると評価できないため、「消費者」に該当すると判断した。

ら、同法2条1項は、消費者概念を「事業として又は事業のために契約の当事者となる場合におけるものを除く個人」と定義するが、契約関係を盛り込んでいない点を除けば、本号は、消契法に定める定義と同義のものと考えられる（山本・解説94頁）。

なお、同一の局面において、同時に事業者かつ消費者であるという事態は生じない（山本・解説94頁）。

2　2号（事業者）

事業者とは、「法人その他の社団又は財団及び事業を行う場合における個人」をいう。事業者は、営利を目的としている必要はなく、慈善事業のみを行っている法人その他の社団または財団を含み、国、地方公共団体、独立行政法人等の公法人を含む。

本号は、消契法2条2項に定める「事業者」とは、基本的には同義のものと考えられる。異なるのは、本号の「事業者」には契約関係に入っていない者も含まれる点である。

(ⅰ)　法人その他の社団または財団

「法人」には、国、地方公共団体、独立行政法人等の公法人が含まれる。法人の経営者や従業員等は法人の業務に従事する者であり、事業者そのものではない。これは、法人の経営者、代表者、取締役等の個人を被告とすることはできないということを意味している（町村・使い方61頁）。ただし、法人格否認の法理により代表者等が事業者とみなされれば、被告となりうる（一問一答31頁）。

消契法では「団体」との表現がとられているが、本号は「社団又は財団」という表現が使われている。この両者に質的な差異はないと解され、「その他の社団又は財団」には、法人の他、いわゆる権利能力なき社団が含まれているものとみられる[3]。これは、事業者が共通義務確認訴訟の被告になることに鑑み、民訴法上の当事者能力を有する団体（同法29条）と同様の表現が

---

(3)　この意味で、前掲東京地判平23・11・17は、事例判断というべきである。

されたものと思われる（山本・解説93頁）。

　本法において、権利能力なき社団が「消費者」に該当するのか「事業者」に該当するのかは、当該共同体に「消費者」としての保護を及ぼすのが適切か否かという規範的判断とならざるを得ないと思われるが（落合誠一『消費者契約法』（有斐閣、2001年）51頁）、前掲東京地判平23・11・17は、大学のクラブチームは個々の消費者の集まりにすぎないのであるから、消費者としての保護を及ぼすべきとの評価をしたものと考えられる。

(ⅱ) **事業を行う場合における個人**

　事業を行う場合とは、自らの事業を行う場合という趣旨である。法人の経営者や従業員等は、法人の事業に従事しているのであり、自らの事業を行っているわけではないから、事業者そのものではない（一問一答31頁）。

　また、本号は、「事業を行う個人」ではなく、「事業を行う場合における個人」と定める。前記1のとおり、当該個人が事業を行う者であったとしても、この手続において問題となる場面（金銭の支払義務を負った場面）が当該事業の対象となるものでなければ、ここでいう「事業を行う場合における個人」には含まれない（山本・解説93頁）。

　なお、本条においては、消費者の定義および事業者の定義の双方に、「事業」の文言が使われているが、消費者を定義する際の「事業性」概念と事業者を定義する際の「事業性」概念とは、必ずしも一致する必要はなく、消費者の定義においては事業性を比較的狭く考え、事業者の定義においては事業性を比較的広く考えてはどうかとの見解がある（消契法コンメンタール34頁）。「事業を行う場合」に該当するか否かは、「事業」該当性と同様、この手続において問題となる場面で、両当事者間の情報・交渉力に格差があるか、消費者としての保護を及ぼすべきかどうか、という規範的判断を行う必要がある。

3　3号（消費者契約）

　消費者契約とは、消費者と事業者との間で締結される契約であって、労働契約を除くものをいう。したがって、消費者と消費者の間の契約や事業者と

第 2 条　定義

事業者との間の契約は除かれる。これは、消契法2条3項に定める消費者契約の定義と同義である。

　労働契約が本制度から除かれているのは、労働契約が資本主義社会における労働者保護法規の発展とともに確立された労働法分野の概念であり、その特殊性に鑑み、消費者契約の定義から除外されたものである。もっとも、除外される労働契約の意義について、法は特に定義を設けておらず（山本・解説96頁）、解釈に委ねられている。

4　4号（共通義務確認の訴え）

　4号については、後記2条4号において解説をする。

5　5号（対象債権）

　対象債権とは、共通義務確認の訴えの被告とされた事業者に対する金銭の支払請求権であって、共通義務（2条4号に規定する義務）に係るものである。

　共通義務確認の訴えとは、消費者契約に関して相当多数の消費者に生じた財産的被害について、事業者が、これらの消費者に対し、これらの消費者に共通する事実上および法律上の原因に基づき、個々の消費者の事情によりその金銭の支払請求に理由がない場合を除いて、金銭を支払う義務を負うべきことの確認を求める訴えである（2条4号）。共通義務の確認の訴えの対象となる請求は、消費者契約に関する請求のうち、契約上の債務の履行の請求、不当利得に係る請求、契約上の債務の不履行による損害賠償の請求、瑕疵担保責任に基づく損害賠償の請求、不法行為に基づく損害賠償の請求（民法の規定によるものに限る）並びにこれらの請求に附帯する利息および損害賠償の請求である（3条1項）。

　そのため、対象債権とは、共通義務確認の訴えの被告である事業者が、消費者に対して、消費者契約に関する3条1項各号に掲げる請求に係るものについて、共通の事実上および法律上の原因に基づき負う金銭の支払義務に係る請求権を意味する。

たとえば、学納金返還請求に関する事案では、在学契約という消費者契約に関して、在学契約を解除したにもかかわらず授業料の返還を受けられなかったという相当多数の消費者に生じた財産的被害について、一定の時期までに在学契約を解除したという事実上の原因および授業料不返還条項が消契法に違反し無効であるという法律上の原因に基づき、特定適格消費者団体が当該学校を被告として一定の時期までに在学契約を解除した者に対し不当利得として授業料を返還する義務を負うべきことの確認を求めることとなる。この共通義務確認の訴えにおける、在学契約を解除したことを理由として、対象消費者が被告である当該学校に対して有する不当利得返還請求権が対象債権ということとなる。

6　6号（対象消費者）

対象消費者とは、対象債権を有する消費者である。

対象債権とは、共通義務確認の訴えの被告である事業者が、消費者に対して、消費者契約に関する3条1項各号に掲げる請求に係るものについて、共通の事実上および法律上の原因に基づき負う金銭の支払義務に係る請求権を意味する。

そのため、対象消費者とは、共通義務確認の訴えの被告である事業者に対して、消費者契約に関する3条1項各号に掲げる請求に係るものについて、共通の事実上および法律上の原因に基づき負う金銭の支払請求権を有する者である。

なお、共通義務確認の訴えは、個々の消費者の事情によりその金銭の支払請求に理由がない場合を除いて、事業者が金銭を支払う義務を負うべきことを確認するものであるが、個々の消費者の事情は、簡易確定手続（2条7号）において判断される。そのため、個々の消費者の事情により請求に理由がない場合であっても、共通義務確認の訴えにおける事実上および法律上の原因を共通する者は対象消費者ということとなる。

たとえば、学納金返還請求に関する事案では、在学契約という消費者契約に関して、在学契約を解除したにもかかわらず授業料の返還を受けられなか

ったという相当多数の消費者に生じた財産的被害について、一定の時期までに在学契約を解除したという事実上の原因および授業料不返還条項が消契法に違反し無効であるという法律上の原因に基づき、特定適格消費者団体が当該学校を被告として一定の時期までに在学契約を解除した者に対し不当利得として授業料を返還する義務を負うべきことの確認を求めることとなる。この共通義務確認の訴えにおける、在学契約を解除したことを理由として、当該学校に対して有する不当利得返還請求権を有する者が、対象消費者ということとなる。なお、個別交渉により授業料の返還を受けたという個別事情を有する消費者であったとしても、一定の時期までに在学契約を解除していた場合には対象消費者には含まれることとなる。

7　7号（簡易確定手続）

(i)　簡易確定手続の定義

本制度は2段階型訴訟制度であるが、2段階目は、本条4号の共通義務確認の訴えに係る訴訟（共通義務確認訴訟）において、共通義務を確認する判決の確定または請求の認諾（共通義務が存することを認める和解を含む）を前提として開始される手続で、第2章第2節において「対象債権の確定手続」として規定され、簡易確定手続と異議後の訴訟からなる。

このうち簡易確定手続は、共通義務確認訴訟（後記2条4号の解説参照）の結果を前提として、その後になされる裁判所に対する債権届出に基づき、相手方が認否をし、その認否を争う旨の申出がない場合はその認否により、その認否を争う旨の申出がある場合は裁判所の決定（簡易確定決定）により、対象債権の存否および内容を確定するまでの裁判手続をいう、と本号で定義され、12条～45条に定める手続で構成される。

(ii)　簡易確定手続の概要

簡易確定手続は、共通義務確認訴訟において、個々の消費者の事情によりその金銭の支払請求に理由がない場合を除いて、事業者は金銭を支払う義務を負うべきことが確認されていることが前提であり、原則的にはその具体的な金額を確定すれば足りるため、消費者が簡易・迅速に被害回復を得られる

第 2 部　逐条解説　消費者裁判手続特例法

ように簡素化された審理によって、対象債権の存否および具体的な金額その他内容を確定する手続である。具体的には以下のような手続となる。

① 簡易確定手続は、共通義務確認訴訟の終了時に当事者であった特定適格消費者団体が、同じく当事者であった事業者を相手方（以下、「相手方」という）として、共通義務確認訴訟の第 1 審の終局判決をした裁判所に申し立て（12条）、同裁判所の決定により開始される（19条）。

② 簡易確定手続の申立てをした特定適格消費者団体（以下、「簡易確定手続申立団体」という）が、共通義務確認訴訟の結果や債権届出の方法等について、知れている対象消費者に対して個別に通知する（25条 1 項）とともに、簡易確定手続申立団体のウェブサイトに掲載する方法など相当な方法により公告する（26条 1 項）。

　こうした情報提供により、簡易確定手続が開始されたこと、簡易確定手続に加入する場合には簡易確定手続申立団体に授権する必要があることなどを対象消費者に周知する。

　また、相手方も簡易確定手続申立団体に求められた場合には公表義務（27条）や情報開示義務（28条 1 項）を負う。

③ 簡易確定手続申立団体が、対象消費者から授権を受けて、裁判所が定めた届出期間内に、裁判所に対して対象債権の届出を行う（30条 1 項・31条 1 項）。これ以降、債権届出団体と呼ばれる。

④ 相手方は、届出債権の内容について、裁判所が定めた認否期間内に、認否を行う（42条 1 項）。相手方が認否期間内に認否をしなかったときは、相手方において、届出債権の内容の全部を認めたものとみなされる（同条 2 項）。

　なお、相手方が届出債権の内容の全部を認めたときは、届出債権の内容は、確定する（同条 3 項）。

⑤ 債権届出団体は、相手方が認否した内容に不服があれば、認否期間の末日から 1 カ月の不変期間内に、認否を争う旨の申出をする（43条 1 項）。

　なお、適法な認否を争う旨の申出がないときは、届出債権の内容は、

相手方の認否の内容により確定する（47条1項）。
⑥　裁判所は、適法な認否を争う旨の申出があったときは、債権届出団体および相手方の双方を審尋したうえで、届出債権の存否および内容について簡易確定決定をする（44条1項・2項）。簡易確定決定のための審理においては、証拠調べは書証に限りすることができるなど、証拠調べに制限がある（45条）。

　なお、裁判所は、必要があると認めるときは、届出債権の支払いを命ずる簡易確定決定について、仮執行宣言を付すことができる（44条4項）。
⑦　簡易確定決定に不服がある債権届出団体、相手方および届出消費者は、簡易確定決定の決定書の送達から1カ月の不変期間内に異議の申立てをすることができる（46条1項・2項）。

8　8号（異議後の訴訟）

　異議後の訴訟は、簡易確定手続とともに「対象債権の確定手続」を構成するもので、簡易確定手続における簡易確定決定に対して異議を申し立てることによって、訴訟手続に移行した以降の手続と定義される。

　簡易確定決定に対し適法な異議の申立てがあったときは、債権届出の時に債権届出団体または届出消費者を原告として、簡易確定決定をした地方裁判所に訴えの提起があったものとみなされ（52条1項前段）、異議後の訴訟が開始される。

　異議後の訴訟においては、民訴法の規定が適用されるが、原告は訴えの変更（届出消費者または請求額の変更を内容とするものを除く）をすることができず（54条1項）、被告は反訴を提起することができない（同条2項）。

9　9号（被害回復裁判手続）

(i)　概　要

　被害回復裁判手続とは、第2章（3条～64条）で規定されている手続全般を指すもので、特定適格消費者団体が消費者被害の回復のために行うことが

できる裁判上の手続を網羅した概念ということができる。

(ii) 被害回復裁判手続の内容等

本号は、被害回復裁判手続の内容として、①いわゆる2段階型の訴訟制度を構成する共通義務確認訴訟の手続、簡易確定手続および異議後の訴訟の手続（9号イ）をあげる。さらに、②特定適格消費者団体が対象債権に関して債務名義を取得した場合の民事執行の手続（執行文付与の訴え（民執法33条1項）、執行文付与に対する異議の訴え（同法34条1項）、請求異議の訴え（同法35条1項）、第三者異議の訴え（同法38条1項）、配当異議の訴え（同法90条1項）、取立訴訟（同法157条1項）における訴訟手続（61条1項3号では「民事執行に係る訴訟手続」という）を含む）、③特定適格消費者団体が取得する可能性のある債務名義に係る対象債権の実現を保全するための仮差押手続（民事保全法46条で準用している民執法の執行文付与の訴え、執行文付与に対する異議の訴え、第三者異議の訴えにおける訴訟手続（61条1項1号において「仮差押えの執行に係る訴訟手続」という）を含む）を包含するものであることを規定している。

本法では「被害回復関係業務」という用語も用いられているが、これは被害回復裁判手続に、その遂行に必要な被害情報を収集する業務、および裁判手続に付随する対象消費者への情報提供、金銭その他の財産の管理に係る業務を加えたものをいう（65条2項）。

なお、被害回復裁判手続に関しては、本法に定めるもののほか、必要な事項に関して最高裁規則で定めることになっている（64条）。

10　10号（特定適格消費者団体）

特定適格消費者団体とは、被害回復裁判手続（2条9号）を追行するために適格消費者団体のうち65条に基づき内閣総理大臣の認定を受けた者をいう。

適格消費者団体とは、不特定かつ多数の消費者の利益のために消契法の規定による差止請求権を行使するのに必要な適格性を有する法人である消費者団体（消費者基本法8条の消費者団体をいう）として消契法13条の定めるところにより内閣総理大臣の認定を受けた者である（消契法2条4項）。

適格消費者団体による差止請求権は、消費者団体が実体法上の権利とともに訴権を有するものである（消契法コンメンタール337頁〜340頁）。差止請求訴訟における当事者は適格消費者団体と事業者のみであり、被害回復裁判手続における共通義務確認訴訟と共通する。しかし、被害回復裁判手続の手続追行主体は、簡易確定手続において個別の消費者から授権を受けて手続を追行するなど差止請求訴訟とは異なる新たな業務を担うこととなる。そのため、適格消費者団体のうちさらに内閣総理大臣の認定を受けた者を特定適格消費者団体として本制度の手続追行主体としたものである。

◆第２条第４号　定義——共通義務確認の訴え

> 第２条
> 　四　消費者契約に関して相当多数の消費者に生じた財産的被害について、事業者が、これらの消費者に対し、これらの消費者に共通する事実上及び法律上の原因に基づき、個々の消費者の事情によりその金銭の支払請求に理由がない場合を除いて、金銭を支払う義務を負うべきことの確認を求める訴えをいう。

I　趣　旨

　いわゆる消費者被害には同種の被害が多数発生することが多いという特徴がある一方、個々の被害は比較的低額なものにとどまることが多く、また消費者側に情報力や交渉力が不足していることなどから、消費者が法的な権利行使をすることに対してさまざまな障壁があり、その被害の回復については必ずしも十分ではないのが現状である。

　本制度は、このような消費者被害の特性を踏まえて手続を大きく２段階に分け、まず特定適格消費者団体が提起した訴えに基づいて、相当多数の消費者に生じた財産的被害について、事業者が、これらの消費者に対し、これらの消費者に共通する事実上および法律上の原因に基づき、個々の消費者の事情によりその金銭の支払請求に理由がない場合を除いて、金銭を支払う義務

を負うべきことの確認をし、その是非について裁判所が確定的な判断を下す（共通義務確認の訴え、1段階目の手続）。その後、被告事業者に責任が認められた場合には、被害者に対する通知公告を行って手続への参加を募り、個々の被害者の事情を個別に審理して個々の請求権の存否および損害額を確定させるというものである（簡易確定手続、2段階目の手続）。

本号は、このような2段階型訴訟手続を採用する本制度において1段階目の手続に当たる共通義務確認の訴えを定義するものである。

II 解 説

1 共通義務確認の訴えの法的性質

(i) 共通義務確認の訴えの訴訟物

共通義務確認の訴えは、一応は給付訴訟や形成訴訟ではなく確認訴訟の類型に属するものと考えられる。しかし、共通義務確認の訴えには、一般的な確認訴訟とは異なる側面がある。

たとえば、共通義務確認の訴えは、相当多数の消費者に生じた財産的被害について、事業者が、これらの消費者に対し、これらの消費者に共通する事実上および法律上の原因に基づき、個々の消費者の事情によりその金銭の支払請求に理由がない場合を除いて、金銭を支払う義務を負うべきことの確認を求めるものであって、一般的な確認訴訟とは異なって、個々の対象消費者が有する具体的な金銭支払請求権の存否を確定するものではない[4]。加えて、共通義務確認の訴えにおいて原告となる特定適格消費者団体は、抽象的であっても確認の対象となる金銭を支払う義務を負うべき相手方ではなく、確認対象となる権利義務関係の直接の当事者でもない。このように、共通義務確認の訴えには、具体的な当事者間における具体的な権利義務関係が問題となる通常の確認訴訟とは異なり、さまざまな個別事情を有する相当多数の

---

(4) 個々の対象消費者が有する具体的な金銭支払請求権の存否は、2段階目である簡易確定手続およびそれに続く異議後の訴訟を通じて確定される。

消費者の請求権を潜在的に糾合した性質を有する共通義務の存否につき確認を求めるという特徴がある。

本来、確認訴訟において確認の対象となるべき具体的な権利義務関係が特定されていない場合、もしくは確認対象となる金銭請求権の金額を特定しない場合[5]、訴訟要件を欠く訴えとして却下されるべきところである。この点に関して、本法は、共通義務確認の訴えの訴状においては、対象債権および対象消費者の範囲を記載して請求の趣旨と原因を特定しなければならないものとした（5条）。このように、本法は、共通義務確認の訴えにおいて請求権の主体や請求金額の特定を求めない代わりに、訴状に対象消費者の範囲と対象債権の記載を求めることによって、審理の対象となる権利義務関係につき具体的な当事者（権利者）および請求金額の点を除いて明確にさせ、被告となる事業者の攻撃防御の利益を侵害しないようにしたものと考えられる。

そうすると、共通義務確認の訴えの訴訟物については、一応、「対象消費者の範囲および対象債権の記載により（抽象的に）特定された相当多数の対象消費者に対し、これらの消費者に共通する事実上および法律上の原因に基づき、個々の消費者の事情によりその金銭の支払請求に理由がない場合を除いて、金銭を支払う義務を負うべき地位」の確認ということができよう。具体的な請求金額が明示されておらず、その後の簡易確定手続を通じて確定することが予定されているという点で、具体的な権利関係でも抽象的な権利関係でもない、いわば留保付きの「地位」を確認するものといえる。本法は、消費者被害の集団的回復という法目的（1条）からこのような特別な権利義務関係の確認を求める地位を特定適格消費者団体に対して創設的に認めたものと考えられる[6]。

(ii) **共通義務確認の訴えにおける訴訟物の異同**

通常の確認訴訟における訴訟物については原告が主張する権利義務関係そのものとなり、本制度の対象となる金銭債権の確認訴訟については、権利の

---

(5) 最判昭27・12・25民集6巻12号1282頁は、訴訟物が金銭債権である場合には、請求の趣旨において債権額を特定することが必要であり、このことは給付の訴えであるか確認の訴えであるかにより差異はないとして、請求額を特定しない訴えを不適法なものとした。

第 2 部　逐条解説　消費者裁判手続特例法

主体と対象、権利の種類、請求権の発生原因により訴訟物が特定される（司法研修所編『民事判決起案の手引〔10訂〕』（法曹会、2006年）16頁参照）。一方、共通義務確認の訴えにおいては、前記のとおり、請求権の主体や請求金額の特定を求めない代わりに、訴状に対象消費者の範囲と対象債権の記載を求めることによって、審理の対象となる権利義務関係を明確化している。このようなことから、共通義務確認の訴えにおいては、金銭債権に関する確認訴訟において訴訟物を特定するための要素のうち権利の主体に代わるものとして「対象消費者の範囲」により、また権利の対象、権利の種類および請求権の発生原因に代わるものとして「対象債権」すなわち多数の対象消費者に共通する実体法上の権利の内容により、訴訟物を特定することになるものと考えられる。

とすると、共通義務確認の訴えにおける訴訟物の異同については、共通義務確認の訴えにおける訴訟物の特定要素となる「対象消費者の範囲」および「対象債権」の異同により、これを判断するのが基本的な考え方ということになろう。

たとえば、以下の【事案 1】においては、当初の請求は「平成28年10月30

---

(6) なお、共通義務確認の訴えの法的性格および特定適格消費者団体の当事者適格をどのように理解するかについては、すでにさまざまな考え方が提案されている。八田卓也「消費者裁判手続特例法の当事者適格の観点からの分析」千葉恵美子ほか編『集団的消費者利益の実現と法の役割』（商事法務、2014年）398頁は、2段階目における債権届出による授権を停止条件とする一種の停止条件付きの任意的訴訟担当という理論構成を示唆する。一方、三木浩一「消費者集合訴訟制度の構造と理論」伊藤眞先生古稀祝賀『民事手続の現代的使命』（有斐閣、2015年）600頁以下は、「他人の実体法上の権利について、その成立要件の一部に付いてではあるが、管理権の部分的な法的授権があるとみることができるので（処分権の法定授権はない）、一種の法定訴訟担当と考えるべき」とする。また、山本和彦「集団的利益の訴訟における保護」民商148巻 6 号（2013年）626頁以下は、「請求権の中身を分断して、他の被害者と共通する権利として切り分けられる部分（いわゆる共通義務）を取り出し、その部分については一種の固有権として団体に確認訴権を認めたものということができる」とする。さらに、伊藤眞「消費者被害回復裁判手続の法構造——共通義務確認訴訟を中心として」判時66巻 8 号（2014年）2048頁以下は、他人間の法律関係を訴訟物と捉えることを基本とし、個々の消費者の金銭支払請求権の基礎となるべき共通の法律関係（概括的法律関係たる共通義務）の確認訴訟と位置づける。上原敏夫「集団的消費者被害回復手続の理論的検討」伊藤眞先生古稀祝賀『民事手続の現代的使命』（有斐閣、2015年）30頁以下は、端的に共通義務確認の訴えは他人間の法律関係の確認訴訟と位置づける。

第 2 条 定義

日開催のセミナーに参加してYと契約した者全員を対象消費者の範囲とする、不当利得返還請求権に基づく支払い義務の確認」であり、追加しようとする請求は「平成28年10月以降にYより当該健康食品を購入した者を対象消費者の範囲とする、債務不履行責任による損害賠償請求権に基づく支払い義務の確認」であるから、両者は「対象消費者の範囲」も「対象債権」も全く異なっており、異なる訴訟物であるということができる[7]。

【事案1】
　特定適格消費者団体Xは、ある健康食品販売業者Yが平成28年10月30日に行った勧誘のためのセミナーにおいて当該健康食品に薬効があるかのような不実告知を行ったとして、当該セミナーに参加してYと契約した者全員を対象消費者の範囲とし、不当利得返還請求権に基づく支払義務の確認を求める共通義務確認の訴えを提起した。その後の審理を経る中で、Yが平成28年10月以降に販売した当該健康食品には表示された成分すらも全く含有しないものであることが新たに判明した。そのため、特定適格消費者団体Xは、当該健康食品は債務の本旨に合致しないものとして、平成28年10月以降にYより当該健康食品を購入した者を対象消費者の範囲とし、債務不履行責任による損害賠償請求権に基づく支払義務の確認を追加しようと考えた。

一方、以下の【事案2】のようなケースについて共通義務確認の訴えの訴訟物に異同が生じるかについては、【事案1】とは異なって、若干の検討を要する。

【事案2】
　特定適格消費者団体Xは、ある健康食品販売業者Yが平成28年10月30日に行った勧誘のためのセミナーにおいて当該健康食品に薬効があるかのような不実告知を行ったとして、当該セミナーに参加してYと契約した者全員を対象消費者の範囲とし、不実告知により契約を取り消したことによる不当利得

[7] したがって、【事案1】における特定適格消費者団体Xによる確認対象の追加は、追加的訴えの変更となる。

53

返還請求権に基づく支払義務の確認を求める共通義務確認の訴えを提起した。その後の審理を経る中で、Yが、当該セミナーにおいて参加した者が退去の意思を示したにもかかわらず、参加者を退去させないなどの行為を行っていたことが明らかとなった。そこで、特定適格消費者団体Xは、同じく当該セミナーに参加してYと契約した者全員を対象消費者の範囲とし、退去妨害により契約を取り消したことによる不当利得返還請求権に基づく支払義務の確認請求を追加しようとした。

【事案2】においては、当初の請求（以下、「当初請求」という）と追加しようとした請求（以下、「追加請求」という）における「対象消費者の範囲」は、いずれも「当該セミナーに参加してYと契約した者」となり、完全に同一である。また、「対象債権」についても、根拠となる社会的事実や法的構成は異なるものの、多数の対象消費者に共通する実体法上の権利としては、同じくYに対する不当利得返還請求権である。

仮に【事案2】の事例において、当該セミナーに参加した者が個別にYに対する支払済代金の返還請求訴訟を提起した場合、訴訟物はあくまでYに対する不当利得返還請求権であり、その根拠事由となる取消原因が複数あろうとも、いずれも同一の訴訟物に関する攻撃防御方法にすぎないというのが一般的理解である。共通義務確認の訴えにおいてもこれと同様に考えるものとすると、【事案2】における追加請求は当初請求と同一の訴訟物ということになるから、Xとしては訴えの変更をしようとしたのではなく、単に退去妨害による契約取消しという新たな攻撃防御方法を提出したにすぎないものと理解することになろう[8]。

このような共通義務確認の訴えにおける訴訟物の異同の捉え方は、訴訟物に関する従来の一般的な考え方に整合するものではある。しかし、以下の理由から、共通義務確認の訴えにおいて、このような捉え方をすることは必ずしも適切ではない。

---

(8) このような見解に立つものとして、伊藤・前掲注(6)2049頁以下、町村泰貴「消費者裁判手続特例法の共通義務確認の訴えと訴訟物」北大法学論集65巻3号57頁。

本制度の簡易確定手続において対象消費者が特定適格消費者団体に授権をして債権を届け出るにあたっては、共通義務確認の訴えにおいて認められた事実上および法律上の原因を前提とする債権でなければならない（30条2項2号カッコ書）。そうすると、【事案2】のように「対象消費者の範囲」を同じくし、かつ多数の対象消費者に共通する実体法上の権利についても同一であったとしても、その根拠となる法的構成が複数存在するような場合においては、それぞれの法的構成ごとに裁判所の判断が示されるようにしておかなければ、対象消費者の中に本制度による救済を受けられない者が出てくるおそれがある。

すなわち、【事案2】の対象消費者である「当該セミナーに参加した者」の中にはYの行った不実告知により誤認をしなかった者や退去妨害行為により困惑をしなかった者が存在する可能性があるところ、根拠事由となる取消原因が複数あろうともこれらは訴訟物に関する攻撃防御方法にすぎないものとすれば、共通義務確認の訴えの判決において判断をされなかった法的構成によってしか救済を受けられない対象消費者については2段階目の手続への参加自体ができないこととなってしまうのである。

消費者裁判手続特例法が、簡易確定手続に参加できる対象消費者の範囲を共通義務確認の訴えにおいて認められた事実上および法律上の原因を前提とする債権を有する者に制限する30条2項2号カッコ書のような規定を置いたことからすれば、「対象消費者の範囲」を同じくし、かつ多数の対象消費者に共通する実体法上の権利についても同一であったとしても、その根拠となる法的構成が複数存在するような場合においては、それぞれの法的構成ごとに別個の請求すなわち訴訟物として扱うことを予定したものと考えるのが自然であろう[9]。

このように解した場合、社会的には同一事案であっても原告である特定適格消費者団体の選択した法的構成等により訴訟物を異にしうることにもな

---

(9) したがって、【事案2】においても、特定適格消費者団体Xによる確認対象の追加は、追加的訴えの変更によることになる。

り、二重提訴や既判力の及ぶ範囲との関係で被告となる事業者に不当な負担を生じさせるおそれも考えられる。しかし、消費者被害の集団的回復という法目的（1条）からすれば、対象消費者の救済の余地を狭くするような解釈をとることは適切ではない。このような事業者に対する不当な負担のおそれに対しては、訴訟物を広く捉えることにより対処するのではなく、行政監督等の特定適格消費者団体に対する適切なコントロールにより対処されるべきであろう。

2 消費者契約に関して相当多数の消費者に生じた財産的被害

共通義務確認の訴えは、消費者契約に関して相当多数の消費者に財産的被害が生じた場合に限り提起することができる。これは、本制度が同種の被害を受けた消費者の請求を糾合することによって審理の効率化を図り、消費者の権利行使に伴う負担を軽減することによって被害回復の実現を促進するためのものであることから、個別訴訟と比較して本制度を活用した方が審理の効率化が期待できる程度の人数の案件であることが求められるためと考えられる。もっとも、数十人程度の人数がいれば、そのような本制度による審理の効率化が一般に期待できるものと考えられ、「相当多数」の消費者に財産的被害が生じたものと評価しうるものというべきである[10]。

---

[10] 一問一答17頁、大高友一「集団的消費者被害回復に係る新しい訴訟制度について」自正63巻11号35頁。なお、山本・解説141頁は、個々の消費者の損害に共通性が大きく、消費者の個別訴訟の提起が特に困難と認められる事情があれば、10人内外でも多数性を認めてもよい場合があり得るとする。本制度が同種の被害を受けた消費者の請求を糾合することによって審理の効率化を図り、消費者の権利行使に伴う負担を軽減することによって被害回復の実現を促進するためのものであることを考慮すると、基本的に妥当な見解といえよう。一方、伊藤・前掲注(6)2061頁以下は、「相当多数」とは、社会通念から見て、不特定多数の消費者の利益保護を活動目的とする特定適格消費者団体の訴権の行使を正当化する程度に対象消費者の範囲が広がっていることを意味すると解すべきとする。しかし、客観的要件である「多数性」の判断にこのような規範的要素を持ち込むことは適切ではないであろう。仮にこのような考え方に立つものとしても、個別訴訟と比較して本制度を活用した方が審理の効率化が期待できる程度の人数がある案件であれば、特定適格消費者団体の訴権の行使を基本的に正当化しうるものといえよう。

3 これらの消費者に共通する事実上および法律上の原因

(i) 概　説

　本制度の1段階目の手続である共通義務確認の訴えにおいては、事業者が、被害を受けた消費者に共通する事実上および法律上の原因に基づき、金銭を支払う義務を負うべきかどうかを審理する。これは、同種の被害を受けた消費者が相当多数存在する場合において、これらの消費者が事業者に対して権利行使するにあたって共通して問題となる事実上および法律上の争点があれば、この共通する事実上および法律上の争点を先行して審理し確定したうえで消費者からの権利行使を求めることとすれば、審理の効率化が期待できるだけでなく、消費者の権利行使がより容易になり、消費者の被害回復の実現が促進されることが期待されるからである（大高・前掲注(10)参照）。

　ここでいう「共通する事実上及び法律上の原因」とは、個々の消費者の事業者に対する請求を基礎づける事実関係が主要な部分において共通であり、かつ、その基本的な法的根拠が共通であることを意味する（一問一答18頁）。些末な争点のみが共通していても、そのような事案については、本制度による審理の効率化は期待できず、本制度の意義を発揮することができないものと思われるからである。もっとも、個別争点の存在により本制度による審理の効率化が期待できない事案については支配性（3条4項）の要件によって却下されることになることから、「共通する事実上及び法律上の原因」が主要であるかどうかについてはそれほど厳格に解すべきではないであろう[11]。また、請求原因のみならず抗弁以下が一部共通する場合であっても「共通する事実上及び法律上の原因」となり得るものと理解すべきである[12]。一方、損害額や因果関係に関しては、もとより2段階目の手続において個別に審理されることが予定されているため、必ずしも共通している必要はない（一問

---

[11]　伊藤・前掲注(6)2062頁も、支配性の要件欠缺を理由として訴えの全部または一部を却下するのは、あくまで例外的な場合にとどまるものとする。

[12]　たとえば、さまざまな保険契約を取り扱っている保険会社が全保険契約に共通する不当な約款条項により一律に保険金支払いを拒否しているような事案などが想定される。

一答18頁）[13]。

(ⅱ) **原告の主張する「対象消費者の範囲」の全部または一部につき、その主張する「共通する事実上及び法律上の原因」が存在しないことが明らかとなった場合の措置**

「対象消費者の範囲」に属する消費者に「共通する事実上及び法律上の原因」の存在することが共通義務確認の訴えが認められるための要件であるから、「対象消費者の範囲」に属する消費者に「共通する事実上及び法律上の原因」を欠くことが明らかとなった場合には、その訴えは訴訟要件を欠くものとして却下されることになる。

この点に関して注意を要するのは、この共通性の要件は、原告となる特定適格消費者団体が主張する請求内容において、「対象消費者の範囲」に属する消費者に「共通する事実上及び法律上の原因」があるかどうか、すなわち原告によって設定された「消費者のまとまり（＝対象消費者の範囲）」が、被告とされた事業者との関係において、共通義務の存否の判断をするのに十分なだけ一律性を有するかどうかの問題であって、その主張する「共通する事実上及び法律上の原因」が事実として認定できるかどうかを問題とするものではないということである。

したがって、原告となる特定適格消費者団体が主張する請求内容において、「対象消費者の範囲」に属する消費者に「共通する事実上及び法律上の原因」があれば裁判所としては本案の審理に入るべきであり、訴訟における審理の結果、原告の主張する「対象消費者の範囲」に属する消費者に「共通する事実上及び法律上の原因」が存在しないことが明らかになったとしても、当該訴えを共通性の要件を欠くものとして却下するのではなく、請求を棄却すべきこととなる。たとえば、ある事業者Aの開催したセミナーにおいて退去妨害行為がなされたとして、当該セミナーに参加して事業者Aと契約した消費者を「対象消費者の範囲」とし、契約を退去妨害によって取り消し

---

[13] もっとも、薬害の集団訴訟事件など、疫学的な観点からの因果関係の有無を議論したうえで個別の事情も検討していたようなケースについては、疫学的な観点からの因果関係を「共通する事実上及び法律上の原因」と捉えることも可能であろう。

たことに基づく不当利得返還請求権を「対象債権」として訴えが提起されたものの、審理の結果、退去妨害行為自体が存在しなかったことが明らかになった場合には、「共通する事実上及び法律上の原因」が存在しないとして訴えを却下するのではなく、請求を棄却すべきこととなる。

　一方、原告の主張する「対象消費者の範囲」に属する消費者の一部につき「共通する事実上及び法律上の原因」が存在しないことが明らかとなった場合については、以下のように取り扱うべきである。

　まず、「共通する事実上及び法律上の原因」が存在するものと認められる「対象消費者の範囲」が特定できる場合は、その「共通する事実上及び法律上の原因」が存在するものと認められる「対象消費者の範囲」について請求を認容し、「共通する事実上及び法律上の原因」が存在しないことが明らかになった「対象消費者の範囲」については訴えを棄却することになろう。前記事例でいえば、審理の結果、当該セミナーで退去妨害行為があったことは認められるものの、一部の参加者は退去妨害行為がなされる前にセミナー会場を退出していたことが明らかになった場合については、「対象消費者の範囲」を「当該セミナーの終了まで会場にいて事業者Ａと契約した消費者」のように縮小したうえで請求を認容し、その余については請求を棄却すべきことになる[14]。

　逆に、「共通する事実上及び法律上の原因」が存在するものと認められる「対象消費者の範囲」が特定できない場合、一部認容をすることが原告となった特定適格消費者団体の意思に反するような場合（当該団体が一部認容を明示的に拒否している場合等）には、「対象消費者の範囲」全体について「共通する事実上及び法律上の原因」の存否が明らかではないというほかないから、原告の請求全体について棄却せざるを得ないことになろう。

---

[14] なお、「共通する事実上及び法律上の原因」の存在が認められない「対象消費者の範囲」に係る請求については訴えを却下すべきとの考え方もありうるが、原告の主張内容としては「共通する事実上及び法律上の原因」に欠くことがない以上、訴えの却下は妥当ではない。もっとも、実際の審理においては、裁判所の適切な求釈明により、原告において適切に「対象消費者の範囲」の変更ないし補正がなされることになるのが通常であろう。

(iii) 「共通する事実上及び法律上の原因」の具体例
　① 不当利得返還請求
　ネズミ講や原野商法等の暴利商法事案等、そもそも契約自体が公序良俗に反して無効となるような事案については、契約者の契約すべてが公序良俗に反している点において事業者に対する請求を基礎づける事実関係が主要な部分において共通であり、かつ、基本的な法的根拠についても公序良俗違反による無効（民法90条）に基づく支払済代金等の不当利得返還請求という点で共通するものと考えられる。
　また、訪問販売業者が契約者に交付していた特商法上の「契約書面」に不備があってクーリング・オフが可能となるような事案については、特商法上の「契約書面」に不備があったという点において事業者に対する請求を基礎づける事実関係が主要な部分において共通であり、かつ、基本的な法的根拠についてもクーリング・オフによる契約解除（同法9条）に基づく支払済代金等の不当利得返還請求という点で共通するものと考えられる。
　② 不法行為に基づく損害賠償請求
　商法自体が破綻必至にもかかわらず契約を締結させられた事案（不法行為に基づく損害賠償請求事案）については、「被告事業者が、破綻必至の商法について、虚偽の事実を告げて勧誘し契約を締結させ、対象消費者に金銭を支払わせたこと」という点で請求を基礎づける事実関係がその主要部分において共通であり、基本的な法的な根拠としても「上記事業者の行為が不法行為に当たり、不法行為に基づく損害賠償請求権が生じたこと」という点で共通であると考えられる（一問一答18頁）。
　③ 債務不履行に基づく損害賠償請求
　見本写真と大きく異なったおせち料理を顧客に提供して社会問題化した事案のように一定の範囲の顧客に対して債務の本旨に従ったとは言えないような履行をしたような事案については、「見本写真と大きく異なったおせち料理を一定の範囲の顧客に提供した」という点で事業者に対する請求を基礎づける事実関係が主要な部分において共通であり、かつ、基本的な法的根拠についても債務の本旨に従った履行の提供がされず、債務不履行に基づく損害

賠償請求権が生じたという点で共通するものと考えられる。

④ 瑕疵担保責任に基づく損害賠償請求

マンションの耐震偽装事案では、「購入したマンション（一室）に、共通した工法に起因する耐震上の問題があること」という点で、請求を基礎づける事実関係がその主要部分において共通であり、基本的な法的な根拠としても「耐震上の問題により当該マンションが通常有すべき性質を有しないために、瑕疵担保責任に基づく損害賠償請求権が生じたこと」という点で共通であると考えられる（一問一答19頁）。

4 個々の消費者の事情によりその金銭の支払請求に理由がない場合

「個々の消費者の事情によりその金銭の支払請求に理由がない場合」とは、個々の消費者との関係で、請求原因事実が認められない場合や事業者側の抗弁が認められる場合をいう（一問一答20頁）。

具体的には、事業者が、売買目的物について真実と異なる事実を告げて勧誘したが、消費者は当該目的物について熟知していて誤認していない場合（請求原因事実が認められない場合）や、事業者による弁済、消滅時効の援用などがあった場合（事業者側の抗弁が認められる場合）がこれに当たるものと考えられる（一問一答20頁）。

◆第3条第1項　共通義務確認の訴え①

> **第3条**　特定適格消費者団体は、事業者が消費者に対して負う金銭の支払義務であって、消費者契約に関する次に掲げる請求（これらに附帯する利息、損害賠償、違約金又は費用の請求を含む。）に係るものについて、共通義務確認の訴えを提起することができる。
> 一　契約上の債務の履行の請求
> 二　不当利得に係る請求
> 三　契約上の債務の不履行による損害賠償の請求
> 四　瑕疵担保責任に基づく損害賠償の請求

第2部　逐条解説　消費者裁判手続特例法

> 五　不法行為に基づく損害賠償の請求（民法（明治29年法律第89号）の規定によるものに限る。）

○民法の一部を改正する法律の施行に伴う関係法律の整備等に関する法律案による改正後の3条1項
（共通義務確認の訴え）
第3条　特定適格消費者団体は、事業者が消費者に対して負う金銭の支払義務であって、消費者契約に関する次に掲げる請求（これらに附帯する利息、損害賠償、違約金又は費用の請求を含む。）に係るものについて、共通義務確認の訴えを提起することができる。
一　契約上の債務の履行の請求
二　不当利得に係る請求
三　契約上の債務の不履行による損害賠償の請求
四　不法行為に基づく損害賠償の請求（民法（明治29年法律第89号）の規定によるものに限る。）

○民法の一部を改正する法律の施行に伴う関係法律の整備等に関する法律案
（消費者の財産的被害の集団的な回復のための民事の裁判手続の特例に関する法律の一部改正に伴う経過措置）
第103条　施行日前に締結された消費者契約（前条の規定による改正前の消費者の財産的被害の集団的な回復のための民事の裁判手続の特例に関する法律（以下この条において「旧消費者裁判手続法」という。）第2条第3号に規定する消費者契約をいう。）に関する請求（旧消費者裁判手続法第3条第1項第5号に掲げる請求については、施行日前に行われた加害行為に係る請求）に係る金銭の支払義務についての共通義務確認の訴え（旧消費者裁判手続法第2条第4号に規定する共通義務確認の訴えをいう。）については、前条の規定による改正後の消費者の財産的被害の集団的な回復のための民事の裁判手続の特例に関する法律（次項において「新消費者裁判手続法」という。）第3条及び第6条第2項の規定にかかわらず、なお従前の例による。

第3条第1項　共通義務確認の訴え①

I　趣　旨

　3条1項は、特定適格消費者団体は、消費者が事業者に対して有する請求に係る金銭の支払義務について、共通義務確認の訴えを提起することができることを定めるものである。そして、対象となる請求を1号から5号まで列挙している。

　なお、民法の一部を改正する法律案が成立した場合には、瑕疵担保責任に関する民法の規定が改正され、目的物が種類または品質に関して契約の内容に適合しない場合の債務不履行に基づく損害賠償の請求にすぎないことになるため、4号が削除され、5号が4号となることになる。これについては、民法の一部を改正する法律の施行に伴う関係法律の整備等に関する法律案103条1項に経過措置が設けられている。このため、民法の一部改正の施行前に締結された消費者契約については、民法の一部を改正する法律の施行に伴う関係法律の整備等に関する法律による改正後も、瑕疵担保責任に基づく損害賠償の請求について、共通義務確認の訴えを提起することができる。

II　解　説

1　対象事案を定める考え方

(i)　列挙方式の趣旨

　本法は、消費者契約に関する請求のすべてをこの制度の対象とするものではなく、その請求権の発生原因に応じて、対象となる請求を限定的に列挙する形をとっている。その趣旨は、制度の適用対象を明確化すること、すなわち、具体的事案において当該請求が制度の対象となるかどうかについての紛争を避け、審理の複雑化・長期化を避ける点にあるとされている（山本・解説97頁）。

(ii)　対象事案選定の考え方

　そして、本法で対象事案を限定するにあたっての考え方は、以下のようなものであると考えられる。

すなわち、本制度は、多数の消費者の債権を集めて手続を追行し、消費者1人あたりの費用・労力を低減させ、手続に参加しやすくして被害回復を図るものである。そのような制度の対象とする事案は、情報の質および量や交渉力の格差等により制度的対応が必要な消費者と事業者との間の紛争についてのものであることが必要である[15]。

また、多数の消費者の債権を集めた場合に、簡易迅速に債権の存否および内容を判断することができるように、簡易確定手続において活用するに足りる事項を共通義務確認の訴えにおいて確認する必要がある。そうすると、相当多数の消費者に共通する事実上および法律上の原因に基づき、個々の消費者の事情によりその金銭の支払請求に理由がない場合を除いて、金銭を支払う義務を負うべきことを確認し（多数性、共通性）、これが確認されれば、簡易確定手続で対象債権の存否および内容を適切かつ迅速に判断することが困難でないこと、すなわち、相当程度の審理が必要な個別争点が残されていないこと（支配性）が必要となる[16]。

さらに、共通義務確認の訴えの結果を消費者が活用できるようにする反面、事業者としては共通義務確認の訴えにおいて十分な攻撃防御を尽くすことができることが必要であるが、被告としては、仮に敗訴した場合に最大限どの程度の金額の支払義務を負うことになるのかを勘案し、それに見合った費用・労力をかけて応訴をするのが通常であるところ、最大限どの程度の金銭の支払義務を負うことになるかがわかれば適切な防御方針を立てることができると考えられることから、係争利益の把握がおおむね可能であることが必要である[17]。また、被告の応訴の負担にも配慮する必要がある。

---

[15] 山本・解説84頁も、最も救済を必要とする消費者の事業者に対する金銭支払義務の請求に絞る形で制度を構築したとする。

[16] 一問一答26頁、山本・解説91頁・276頁も、この手続の例外性から、共通部分が大部分を占め、それを解決すれば事件の大半が解決される場合に限定されるとする。そして、いわゆる契約モノは、個別審理を要する争点は相対的に少ないと考えられるので、制度の対象とすることは原則として合理的であるとする。

[17] 一問一答26頁、山本・解説90頁・276頁も、簡易確定手続に加入した消費者に共通義務確認の訴えの判決の効力を及ぼすことを正当化するためには、経済的不利益の予見可能性が必要であるとする。

第3条第1項　共通義務確認の訴え①

以上を踏まえ、本制度の対象事案を明確にする観点から、対象となる請求を列挙することとしていると考えられる（一問一答26頁）。すなわち、制度的対応が必要な消費者紛争であるということから、消費者が事業者に対してする請求として、消費者契約に関する基本的な請求を列挙することとし（1項）、支配性の観点から、金銭の支払請求に限りつつ（1項）[18]、損害賠償に関しては、一定の損害に限定することとし（2項）、事案に応じ裁判所が適切に訴えを却下することができることとしたと考えられる（4項）。

また、被告については、消費者契約に関する財産被害に係る事案を対象とする本制度では、基本的には契約当事者である事業者が被告とされるべきであるが、不法行為責任を追及する場合に被告を契約当事者に限ると、消費者の実効的な被害救済が図れないおそれがある。そこで、契約当事者以外の者についても一定の範囲で被告とすることができるようにする必要がある。こうした被害救済の実効性を確保しつつ、係争利益がおおむね把握できるという観点や被告の応訴の負担にも配慮し、契約の当事者のほか、契約の締結または履行過程に直接的または密接に関与している事業者を類型化して規定したと考えられる（3項）。

(iii) 請求額の限定を設けない趣旨

なお、個々の消費者の請求について請求額の限定は設けられていない。この理由としては、多様な消費者被害の実情に鑑みると上限を設定するのが困難であり、悪質な事案では取引額が大きいものもあり得、そのような消費者被害も対象とする必要があることがあげられる。また、上限が設けられると、上限を超える部分は個別に別訴が提起されることとなってしまい、できる限り紛争の1回的解決を図るという本制度の趣旨に合わないためと考えられる[19]。

---

[18] 山本・解説94頁も、金銭の支払義務に限った理由として、物やサービスの給付義務の履行を問題にすると、消費者ごとに違いが生じてこの手続に馴染みにくいとする。また、最終的には損害賠償などの形で金銭の支払義務に還元することができ、被害救済を図りうるとする。

[19] 一問一答24頁、山本・解説90頁は、簡易確定手続に加入した消費者に共通義務確認の訴えの判決の効力を及ぼすことを正当化するため、対象消費者による個別後訴のおそれをできるだけ少なくする必要があるとし、少額請求に限定しなかったことについて、理論的にはやや不徹底さは否定できないとしつつ、現実の制度構成としてはやむを得ない選択であったとする。

(iv) 法人の役員等は被告となりうるか

　立案過程においては、実効的な被害救済を図るために、法人である事業者の役員、構成員等や実質的な事業運営主体である者についても被告とすることが検討された（専門調査会報告書15頁）。しかし、実質的な事業運営主体の定義が困難であったことおよび被告の応訴負担を考慮して見送られた[20]。すなわち、共通義務確認の訴えで特定適格消費者団体が勝訴した場合には、その後、簡易確定手続に参加した対象消費者に対して被告は共通義務を争うことができないことから、場合によっては巨額の請求が認められることがあり得、相当の応訴負担を伴うことから、被告は事業者に限定することとされたようである。なお、法人格が形骸にすぎない場合や法人格が濫用されている場合には、いわゆる法人格否認の法理の適用により、代表者などの個人が事業者とみなされて、その者が被告となることは考えられる（一問一答31頁）。

2 対象事案の定め方の問題点

(i) 対象事案選定の考え方の問題点

　しかし、前記1(ii)のような考え方には、以下のように問題がある。まず、本法の対象とする事案が、情報の質および量や交渉力の格差等により制度的対応が必要な消費者と事業者との間の紛争についてのものであることが必要であるとしても、一方で、簡易確定手続において活用するに足りる事項を共通義務確認の訴えにおいて確認する必要から、多数性・共通性・支配性の要件を設けているのであるから、請求を限定列挙するまでの必要性はないと考えられる。

　さらに、支配性の観点から、損害賠償に関して、一定の損害に限定することとした（2項）のは、行き過ぎであると考えられる（2012年8月31日付日弁連意見書10頁）[21]。一定の損害に限定するのであれば、4項のような規定を置

---

[20] 一問一答31頁、山本・解説136頁・277頁も、簡易確定手続に加入した消費者に共通義務確認の訴えの判決の効力を及ぼすという負担を個人にまで課すのは相当でないという配慮により被告適格を限定したとする。

[21] 拡大損害についても一括解決の要請はあり、生命身体に対して損害が及んだときには、迅速な解決も強く要請されるので、制度の対象とすべきとする。

いて、さらに事案によって訴えを却下する余地を残す必要があるのか疑問がある。

(ii) **被告を契約の当事者に限定したことの問題点**

係争利益の把握の観点から被告を契約の当事者である事業者に限定した点も、疑問がある。係争利益の把握は、応訴態度を決めるに必要な程度におおむね把握できればよいのであるから、契約の締結または履行過程に直接的または密接に関与しているといえなくても、係争利益はおおむね把握可能ではないかと考えられる。たとえば、製品の欠陥については製造業者の不法行為責任が追及されることがあるところ、製品の出荷数は、製造業者は把握しており、製品事故の原因等からおおよその発生頻度が推測できる場合もあると考えられる。また、有価証券報告書の虚偽記載があった場合の発行者の責任についても、発行者は、有価証券の発行数は知っており、株券のようにその有価証券の保有者の変動も一定把握できる場合もあるから、おおよその損害額が推測できる場合もあるであろう。

(iii) **法人の役員等を被告としない問題点**

また、事業者に限定し、法人である事業者の役員、構成員等や実質的な事業運営主体である者については被告としなかった点も疑問がある（2012年8月31日付日弁連意見書11頁）[22]。実体法上、消費者はこれらの者に責任追及ができる場合であっても、訴訟に要する費用・労力の点から、実質上請求が困難であることは、事業者に対する請求と何ら変わらない。被害救済の実効性を確保するためには、法人である事業者の役員、構成員等や実質的な事業運営主体である者についても被告とすることができるようにすべきである。

(iv) **検討条項**

これらの点については、施行後3年を経過した場合の検討において、十分な検討がされるべきである（附則5条）。

---

[22] 役員等の事業者以外の第三者の責任を追及すべき事案の請求権も対象とすべきとする。

3 1項柱書関係

(i) 対象となる請求

対象となる請求としては、消費者契約に関する基本的な請求として、①契約上の債務の履行の請求、②不当利得に係る請求、③契約上の債務の不履行による損害賠償の請求、④瑕疵担保責任に基づく損害賠償の請求、⑤不法行為に基づく損害賠償の請求（民法（明治29年法律第89号）の規定によるものに限る。）を掲げている。

このように限定したことにより、たとえば、民法565条の数量不足または物の一部滅失の場合における売主の担保責任など瑕疵担保以外の担保責任に基づく損害賠償の請求は対象にならない。また、不法行為でも債務不履行でもない個別法で認められた法定責任は対象にならなくなる。ただし、同時に不法行為に基づく損害賠償の請求がなしうる場合に、不法行為に基づく損害賠償の請求をすることは妨げられない。

これと異なり、商法577条の運送人の損害賠償責任のように、契約上の債務の不履行による損害賠償の請求が、民法以外の法律で規定されていることがあるが、その請求の性質が債務不履行による損害賠償請求である以上は、本制度の対象となる。また、消費者契約に関している限り、商法583条1項により荷受人が損害賠償請求する場合でも同様である。商法578条のように債務不履行責任について特則を特別法で設けている場合であっても、その特則も適用される。

(ii) 「消費者契約に関する」

対象となる請求は、消費者契約に関する請求でなければならないが、請求権自体が消費者契約に基づいて生じたものである必要はない。このことは、不法行為に基づく損害賠償の請求が掲げられていることからも明らかである。消費者契約「に係る」とはせずに、消費者契約「に関する」としていることからも、広く消費者契約に関連する請求を含む趣旨であると考えられる[23]。

(iii) 行為態様を列挙しない趣旨

なお、立法過程においては、「契約を締結する場面に関する虚偽又は誇大な広告・表示」、「同一の方法による不当勧誘・契約の解消の勧誘」など、行為態様を列挙する方式も検討されたが（専門調査会報告書17頁）、請求を列挙する方式が採用された。請求を列挙する方式は、行為態様を列挙する方式よりも、包括的に事案を画することができ、消費者保護に資するとともに、いかなる行為がその行為態様に当てはまるのかという解釈上の疑義が生じ訴訟要件として争われることを避けることができるため、適切であると考えられる。

(iv) 外国法を準拠法とする請求

また、外国法が準拠法となる請求についてはどのようにすべきか問題となる。外国法が準拠法となる場合でも、その性質が、契約上の債務の履行の請求、不当利得に係る請求、契約上の債務の不履行による損害賠償の請求といえるのであれば、対象となるであろう。しかし、不法行為に基づく損害賠償の請求については、民法の規定によるものに限定していることから、対象とするのは困難であろう。

4 1号関係

(i) 対象となり得る請求

「契約上の債務の履行の請求」とは、消費者契約上の金銭債務の直接の履行請求を指す（山本・解説98頁）。契約上の債務の履行であればよく、契約の存続中の債務の履行であるか、契約の解除や期間満了その他の理由による契約の終了により契約上、債務が発生する場合の債務の履行であるかを問わない。たとえば、敷金契約における敷金の返還請求、保険契約における保険金の請求、ゴルフ会員権契約における預託金の返還請求などがあげられる[24]。

---

[23] 山本・解説96頁は、消費者契約に関するかどうかは、消費者契約に関連する請求に限定して被害者の救済の実効化を図った本制度の趣旨を踏まえて、個別に判断されるべきとする。

[24] 一問一答11頁は、ゴルフ会員権の預り金の返還請求をあげる。山本・解説98頁は、一定の保険事故に基づく保険金の集団的な不払いがあった場合をあげる。町村・使い方75頁は、ゴルフ場の預託金返還請求、保険金請求のほか、敷金返還請求をあげる。

性質上、契約上の債務の履行に当たるものは、民法その他の特別法に特別の規定がある場合でも対象となる。たとえば、ファンドに関する投資について民法上の組合や匿名組合が用いられることがあるところ、組合員の脱退の場合の持分の払戻し（民法681条）、組合の解散の場合の残余財産の分割（同法688条3項）、匿名組合契約の終了に伴う出資の価額の返還（商法542条）などである。

(ⅱ) **対象とならない請求**

しかし、金銭の支払義務でなければならないから、物品の売買契約の目的物引渡請求権などは対象とならない。また、消費者契約に関する請求でなければならないから、年金が契約関係でない場合の年金の請求権や事業者間の契約に関する請求を消費者が譲り受けているような場合は対象にならない。

なお、事業を営んでいるとはいえない個人間での取引における履行の請求も、消費者契約に関するものではないから対象とならない。もっともこの場合は多数性の要件を満たさないであろう。

5 2号関係

(ⅰ) **「不当利得に係る請求」**

「不当利得に係る請求」とは、典型的には民法703条・704条などの請求をいう。性質上、不当利得に当たるものは、民法その他の特別法に特別の規定がある場合でも対象となる。たとえば、解除の場合の原状回復義務（民法545条1項）や民法の一部を改正する法律案による改正後の民法121条の2の無効な行為に基づく債務の履行を受けた場合の原状回復義務、訪問販売においてクーリング・オフをした場合の原状回復義務（特商法9条6項）などがある[25]。

(ⅱ) **発生原因**

不当利得に係る請求が発生する原因は問わない。典型的には、消費者契約

---

[25] 一問一答28頁、町村・使い方76頁も、解除の場合に生じる原状回復請求権は、その性質は不当利得返還請求権と位置づけられるとする。

の無効、取消し、解除を理由とするものがある。

　消費者契約の無効は、公序良俗違反などで契約全体が無効になる場合であるか、契約の一部が無効になる場合であるかを問わない。無効の理由は、民法上のものであるか、特別法上のものであるかは問わない（一問一答28頁）。特別法上のものとしては、たとえば、高金利を定めた金銭消費貸借契約の無効（貸金業法42条1項）、無登録業者による未公開有価証券の売付け等に係る契約の無効（金融商品取引法171条の2第1項）、高利の利息、損害金、保証料の条項の一部の無効（利息制限法1条・7条1項・8条1項）、平均的損害を超える解除に伴う損害賠償の額を予定する条項（消契法9条1号）が無効になる場合などがある。

　契約の取消しも、民法上の詐欺取消しなどのほかに、不実告知（消契法4条1項）、訪問販売における契約の申込みまたはその承諾の意思表示の取消し（特商法9条の3第1項）など特別法上のものも含まれる（一問一答28頁）。

　また、契約の解除の理由は債務の不履行によるものである必要はなく、契約上のものでも、特別法上のものであってもよい[26]。たとえば、請負契約における注文者の解除（民法641条）、委任契約の解除（同法651条1項）、特定継続的役務提供契約の解除（特商法49条1項）、特商法・宅地建物取引業法・保険業法・ゴルフ会員権適正化法などによるクーリング・オフなどがある。

　具体的には、たとえば、組織的な原野商法で、価値の小さな不動産を消費者に対して不当な高額で売りつけた場合に、錯誤無効や詐欺取消しを理由としてする不当利得返還請求、消契法9条1号で無効となる学納金の返還請求、語学学校の受講契約を解約した際の清算に関する請求、布団のモニター商法が公序良俗に違反して無効とされる場合の不当利得返還請求などがある（山本・解説98頁、一問一答11頁）。

(iii) 契約不成立の場合の取扱い

　いわゆるワンクリック詐欺や送り付け商法など、そもそも契約が成立した

---

[26] 一問一答28頁・11頁では、学納金返還請求と語学学校の受講契約を解約した際の清算金に関する事案が挙げられているが、約定による解除の場合もあれば、特商法49条1項による解除の場合もあるであろう。

とはいえないとして、代金名目で支払いをさせられた金銭の返還を求める場合や、クーリング・オフが契約の申込みの撤回である場合など契約が不成立を理由とした不当利得に係る請求も「不当利得に係る請求」に含まれる[27]。これについては、本法附則2条が、消費者契約の締結の時期により適用対象を区分していることから、消費者契約の締結がない場合を「消費者契約に関する」請求として想定していないのではないかということが問題となる[28]。

　消費者契約が無効である場合や、取り消されたことによって初めから無効であったものとみなされた場合は、「消費者契約に関する」請求であるところ、契約が不成立の場合も実質的には同じであること、契約が成立していないと争う余地があるような理由のない詐欺的請求について、契約が成立したことを前提にして主張をすることを強いるのは合理的とは思われないことからみて、契約の不成立を理由とした不当利得に係る請求も「不当利得に係る請求」に含まれると解すべきである。

　なお、本法施行前に、送り付け商法やワンクリック詐欺などがあり代金名目で支払いをしている場合や、クーリング・オフが申込みの撤回としてなされる場合であっても、共通義務確認の訴えをすることができる。附則2条の文言上、消費者契約が成立していない以上「施行前に締結された消費者契約に関する請求」に当たらない。本来、実体法上違法である行為をしていた事業者をそれほど強く保護する必要性はない[29]。また、通常、手続法においては、その手続を行う時の法令を適用するのが通常であり、そのことを前提として、附則2条が本法を適用する場合を記載するのではなく、適用しない場合を記載したことからみて、附則2条の経過措置については、限定的に解釈

---

[27] 山本・解説98頁も消費者契約の不成立を理由とする不当利得返還請求も対象となるとする。
[28] 一問一答159頁は、クーリング・オフについて、不当利得に係る請求をするには、金銭を支払っていることが必要となり、金銭を受け取った事業者との間では契約の締結に至っていると認められることが多いものと考えられ、クーリング・オフを理由とする不当利得返還請求についても契約の締結時を基準として判断可能であるとする。もっとも、訪問販売や電話勧誘販売において、末端の従業員に契約締結権限が与えられていない場合には、必ずしもそのようにいえないのではないかという疑問がある。
[29] 山本・解説108頁注41も、適用制限の趣旨について、手続法の基本的な原則を動かすほどのものであるのか立法論として疑問であるとする。

されるべきであるからである。

6　3号関係

「契約上の債務の不履行による損害賠償請求」とは、事業者の債務不履行によって消費者の被害が発生する場合において、消費者側が金銭による損害の賠償を求める場合を指す（山本・解説99頁）。

本号が対象とする請求としては、債務の履行に代えて損害賠償を求める場合や、契約上の付随義務に反して発生した損害の賠償を請求する場合などがこれに含まれる。具体的には、インターネット販売等で事業者が粗悪な商品を組織的に頒布していたような場合において、消費者が当該商品に代えて他の商品を買い入れたときは、買入代金額に相当する損害賠償請求権が発生するものと考えられ、そのような賠償請求は本手続の対象となる。また、商品販売等の際に組織的な説明義務違反があったような場合、それに基づき生じた損害賠償の請求も、対象となりうる場合があると考えられる（山本・解説99頁）。

7　4号関係

本号の「瑕疵担保責任に基づく損害賠償の請求」とは、民法570条に定められた「売買の目的物に隠れた瑕疵があったとき」の損害賠償請求権を指す（町村・使い方76頁）。たとえば、ある事業者が販売した自動車や住宅に隠れた瑕疵が集団的に存在したような場合には、当該瑕疵に基づく損害賠償としての金銭支払義務が共通義務として確認の対象となる。具体的には、耐震基準に違反したマンションの販売の事例があげられる[30]。

なお、瑕疵の程度が消費者ごとに異なっている場合には、簡易確定手続において結局一人ひとりの消費者の瑕疵の存否・程度を審理しなければならないことになり、3条4項の支配性の要件が欠けると解されるという見解も存在する（町村・使い方77頁）。しかし、その場合でも、商品の一定範囲のもの

---

[30]　いわゆる設計上の瑕疵や情報提供上の瑕疵などすべての消費者について共通に存在する瑕疵になることが多いと考えられる（山本・解説99頁）。

にすべて瑕疵があるという場合であれば、支配性の要件は、満たされると考えられる。また、商品ごとに異なるという場合でも、簡易確定手続において書面によりその瑕疵の有無を判定できる場合であれば、支配性の要件が満たされると解する余地がある（町村・使い方77頁）。

8　5号関係

(i)　「不法行為に基づく損害賠償の請求」

「不法行為に基づく損害賠償の請求」とは、民法の不法行為に基づく損害賠償請求を指す。

いわゆる悪質商法の事案を中心に、事業者の行為が不法行為と法的に評価される場合も多い。たとえば、消費者契約を締結するに際して、組織的に情報提供義務の違反等があり、不法行為に基づく損害賠償請求権が発生している場合などがこれに含まれる。未公開株や金地金の現物まがい商法の事案などもこれに含まれる。また、消費者契約締結後に加害行為がなされたような事案も対象に含まれるので、たとえば、建築請負契約において契約内容を履行できない状態になったにもかかわらず、意図的に虚偽の説明をして追加の代金を支払わせたような事案なども適用対象となりうる（山本・解説100頁）。

不当勧誘行為が大規模に行われた場合も、本手続の対象となると考えられる。不当勧誘行為については、個々のセールストークが不当であるという限りでは共通性の要件を満たすか問題になる場合もあると考えられるが、たとえば、説明会を用いた催眠商法などを大規模に行っているという場合などは多数性・共通性を満たすと考えられる（町村・使い方76頁）。

なお、「不法行為に基づく損害賠償の請求」については、およそ契約と関係なく成立することがあり得るものであるが、本制度では、「消費者契約に関する」ものである必要がある点には注意を要する。もっとも、消費者契約の成立に至っている場合に限らず、契約締結上の過失を問題とするものや、ウェブサイト上でクリックしたことで契約が締結されたとして、事業者が真実は成立していない消費者契約の代金を徴収した場合などは本号の適用対象となる（一問一答26頁〜27頁）。

(ii) 「民法（明治29年法律第89号）の規定によるものに限る」とされている点についての検討

なお、本号は、不法行為に基づく損害賠償の請求につき、民法の規定によるものに限っている。その趣旨は、消費者被害の回復という制度目的の達成のために必要かつ十分な範囲で制度の対象を画する必要があると説明されている（一問一答29頁）。このように、金融商品取引法、金融商品販売法、保険業法、独占禁止法等の特別法の規定に基づく損害賠償の請求については本制度の対象とならないが、これらの規定が問題としている事案について、民法の不法行為、使用者責任の規定に基づく損害賠償請求をなし得る場合には、当該請求について本制度の対象となる（一問一答29頁）。その場合、特別法における特則（証明責任の転換、損害の推定等）は直接には適用されないが（山本・解説101頁）、特別法に定められた特則の趣旨は民法の不法行為の解釈として考慮されるべきであり、本法が特別法上の不法行為を対象としていないとしても、民法の不法行為の解釈として特別法に定められた特則が考慮されることは何ら妨げられない。

(iii) **有価証券報告書等の虚偽記載等に係る事案**

前述のように、本号は、不法行為に基づく損害賠償の請求につき、民法の規定によるものに限っているが、複数の消費者に、その消費者たる立場ゆえに、ある事業者の特定の事業活動に起因して被害が生じている場合に、当該被害相当額の請求権として想定されるものは、本来、本制度による救済の対象とされるべきである。

この点、有価証券報告書等の虚偽記載等に係る事案については、消費者と事業者との間に直接の契約関係は存在しないことや、無過失責任を規定する金融商品取引法による損害賠償請求が行えないことから、本制度の対象とならない場合があると解される。

しかし、ライブドア[31]、石川島播磨重工[32]、東芝[33]の虚偽報告事件などでは、訴訟を提起した一部の株主を除き、大多数の株主が被害回復のための権

---

[31] 旧株式会社ライブドアが、虚偽の有価証券報告書を提出したため、同社の株価が暴落したことにより、多くの機関投資家が損害を被った（最判平24・3・13判時2146号33頁）。

第2部　逐条解説　消費者裁判手続特例法

利行使を断念しているのが現実であり、金融商品取引法や金融商品販売法による投資家の保護では不十分であることは明白である。このように形式的な保護制度の存在を理由に本制度の適用を否定することは、本制度の意義を大きく損なうことになる。消費者に有利な無過失責任や損害額の推定を規定した金融商品取引法の損害賠償請求権等も本制度の対象としたほうが、より実効的に消費者被害を救済でき、金融商品取引法が不法行為の特則を設けた趣旨にも合致するはずである。そこで、将来的には、有価証券報告書等の虚偽記載等に係る事案は本制度の対象となるよう、同事案に関する損害賠償請求権は対象となる権利に加えるべきである（2011年12月22日付日弁連意見書8頁・9頁、2012年8月31日付日弁連意見書8頁・9頁）。

なお、有価証券報告書等の虚偽記載等に係る事案であっても、消費者に対して直接発行された社債や株式に関連する問題については、会社と消費者との間に契約関係が想定されるので、民法上の不法行為に基づく損害賠償請求によるものである限り、本制度の適用対象となる。

(iv)　**製品の安全性を欠く事案**

製品の安全性を欠く事案については、近年の製品の大量生産体制からすると、共通の責任原因に基づく消費者被害が多数発生している可能性が高い。

したがって、製品事故は本来的には本制度に馴染むものである。製品事故では製造者を被告として責任追及することが最も真相究明に資する。また、販売者が多数いる場合は、個々の販売者の瑕疵担保責任を追及するよりも製造者の責任を追及するほうが紛争の一挙解決になる。これらのことからすれば、製造者に対して直接に責任追及する場合にも本制度を利用できるようにすべきである。さらに、製品の安全性を欠いて損害が発生した場合は、立証責任が軽減された製造物責任法に基づく損害賠償請求が可能であるところ、これを本制度の対象としない理論的な根拠は存在しない。むしろ、本制度の

---

(32)　造船・重機大手の旧石川島播磨重工業が有価証券報告書に虚偽記載をしたことで、株価が下がり損失が生じたとして、同社の株主ら192名が約4億1900万円の損害賠償を求めた（東京地判平26・11・27証券取引被害判例セレクト49巻1頁）。

(33)　株式会社東芝が、粉飾決算を行ったことにより同社の株価が下落し、多くの機関投資家が損害を被った。

対象とすることが製造物責任法の趣旨に合致するはずである。

したがって、将来的には、製品の安全性を欠く事案はすべて本制度の対象となるよう、同事案に関する損害賠償請求権は、被告が消費者契約の相手方等である場合と否とを問わず対象となる権利に加えるべきである（2011年12月22日付日弁連意見書9頁、2012年8月31日付日弁連意見書9頁・10頁）。

　(ⅴ)　**虚偽または誇大な広告・表示に関する事案**

虚偽または誇大な広告・表示に関する事案につき、本制度では特に範囲を限定していない。したがって、消費者契約の相手方となった事業者が虚偽または誇大な広告・表示をした場合は、本制度の適用対象となる。しかし、たとえば消費者に対する小売業者ではなく出荷者が産地を偽装した場合など、消費者とは契約関係にない事業者が虚偽または誇大な広告・表示をする場合があり、この場合に本制度の適用がないのでは、本制度の実効性を損なうことになる。したがって、将来的には、虚偽または誇大な広告・表示に関する事案は全て本制度の対象となるよう、同事案に関する損害賠償請求権は、被告が消費者契約の相手方等である場合と否とを問わず対象となる権利に加えるべきである（2011年12月22日付日弁連意見書10頁、2012年8月31日付日弁連意見書10頁）。

◆第3条第2項　共通義務確認の訴え②

第3条
2　次に掲げる損害については、前項第3号から第5号までに掲げる請求に係る金銭の支払義務についての共通義務確認の訴えを提起することができない。
　一　契約上の債務の不履行、物品、権利その他の消費者契約の目的となるもの（役務を除く。以下この号及び次号において同じ。）の瑕疵又は不法行為により、消費者契約の目的となるもの以外の財産が滅失し、又は損傷したことによる損害
　二　消費者契約の目的となるものの提供があるとすればその処分又は使用により得るはずであった利益を喪失したことによる損害

三　契約上の債務の不履行、消費者契約の目的となる役務の瑕疵又は不法行為により、消費者契約による製造、加工、修理、運搬又は保管に係る物品その他の消費者契約の目的となる役務の対象となったもの以外の財産が滅失し、又は損傷したことによる損害

四　消費者契約の目的となる役務の提供があるとすれば当該役務を利用すること又は当該役務の対象となったものを処分し、若しくは使用することにより得るはずであった利益を喪失したことによる損害

五　人の生命又は身体を害されたことによる損害

六　精神上の苦痛を受けたことによる損害

○民法の一部を改正する法律の施行に伴う関係法律の整備等に関する法律案による改正後の3条2項

第3条

2　次に掲げる損害については、前項第3号及び第4号に掲げる請求に係る金銭の支払義務についての共通義務確認の訴えを提起することができない。

一　契約上の債務の不履行又は不法行為により、物品、権利その他の消費者契約の目的となるもの（役務を除く。次号において同じ。）以外の財産が滅失し、又は損傷したことによる損害

二　消費者契約の目的となるものの提供があるとすればその処分又は使用により得るはずであった利益を喪失したことによる損害

三　契約上の債務の不履行又は不法行為により、消費者契約による製造、加工、修理、運搬又は保管に係る物品その他の消費者契約の目的となる役務の対象となったもの以外の財産が滅失し、又は損傷したことによる損害

四　消費者契約の目的となる役務の提供があるとすれば当該役務を利用すること又は当該役務の対象となったものを処分し、若しくは使用することにより得るはずであった利益を喪失したことによる損害

五　人の生命又は身体を害されたことによる損害

六　精神上の苦痛を受けたことによる損害

> ○民法の一部を改正する法律の施行に伴う関係法律の整備等に関する法律案
> （消費者の財産的被害の集団的な回復のための民事の裁判手続の特例に関する法律の一部改正に伴う経過措置）
> **第103条** 施行日前に締結された消費者契約（前条の規定による改正前の消費者の財産的被害の集団的な回復のための民事の裁判手続の特例に関する法律（以下この条において「旧消費者裁判手続法」という。）第2条第3号に規定する消費者契約をいう。）に関する請求（旧消費者裁判手続法第3条第1項第5号に掲げる請求については、施行日前に行われた加害行為に係る請求）に係る金銭の支払義務についての共通義務確認の訴え（旧消費者裁判手続法第2条第4号に規定する共通義務確認の訴えをいう。）については、前条の規定による改正後の消費者の財産的被害の集団的な回復のための民事の裁判手続の特例に関する法律（次項において「新消費者裁判手続法」という。）第3条及び第6条第2項の規定にかかわらず、なお従前の例による。

I 趣　旨

　3条2項は、契約の目的となるもの以外の財産が滅失損傷したことによる損害や逸失利益、生命身体が害されたことによる損害についての損害賠償の請求に係る金銭の支払義務についての共通義務確認の訴えは、提起することができないことを定めるものである。

　本制度の対象となる請求は、その特質に鑑み、①簡易確定手続において対象債権の存否および内容を適切かつ迅速に判断することが困難であるとはいえない請求（支配性のあるもの）、②共通義務確認訴訟の審理において、被告事業者が、対象債権の確定手続で争われる消費者の被害額についておおよその見通しを把握でき、十分な攻撃防御ができる請求（係争利益がおおむね把握可能であるもの）、である必要があるとされている（一問一答30頁）。

　本項は、損害賠償請求（3条1項3号～5号）について、その範囲が無制限なものとならないよう、対象とされない損害を明示的かつ個別的に除外す

るものであり、損害の範囲を限定する趣旨としては、本制度の対象となる請求に求められる上述の2つの必要性を損なわないよう、①第2段階（簡易確定手続）における審理の煩雑を避けるという趣旨、②被告事業者側の予測可能性を確保するという趣旨、の2点が指摘されている（山本・解説101頁〜102頁）。

なお、民法の一部を改正する法律案が成立した場合には、瑕疵担保責任に関する民法の規定が改正され、目的物が種類または品質に関して契約の内容に適合しない場合の債務不履行に基づく損害賠償の請求にすぎないことになるため、1号・3号中の「消費者契約の目的となるもの」の瑕疵についての記述が削除され、所要の改正をすることが必要になる。また、3条1項と同様に、経過措置が定められている。

II 解　説

1　いわゆる拡大損害（1号・3号）

本項の趣旨に鑑み、いわゆる拡大損害が対象から除外される。条文上は、消費者契約が物を目的とする場合（下記(i)参照）と役務（サービス）を目的とする場合（下記(ii)参照）とで書き分けられているが、それは、その両者で適用が排除される損害財産の中味が異なってくるためであり、その実質的趣旨において差異はないとされている（山本・解説102頁）。

消費者の下で損害が拡大しているとしても、事業者の手持ちの契約関係資料だけでは損害の有無や額を判断できず、予測可能性がないことに加えて、簡易確定手続の段階では、各消費者のそれぞれについてどのような拡大損害が生じたか、それと事業者の行為等と因果関係が認められるかなどについて証拠調べをせざるを得なくなるおそれがあり、類型的に支配性を欠くと考えられたものであろう（山本・解説102頁）。

(i)　「契約の目的となるもの以外の財産が滅失し、又は損傷したことによる損害」（1号）

契約上の債務の不履行、消費者契約の目的物の瑕疵または不法行為によ

る、当該目的物以外の財産の滅失・損傷による損害である。

「契約の目的となるもの」とは、契約で合意された給付の内容をいい、契約の類型ごとに異なるが、売買契約や賃貸借契約では売買・賃貸の目的となるもの（物品に限らず不動産や無体物や権利である場合もあり得る）である。

「契約の目的となるもの」の判断は、条文の文言に「契約の目的となる主たるもの」などの限定がないこと、損害賠償の範囲は民法によって個別具体的に決められるものであること等に鑑み、「契約の目的となるもの」に生じたか否か形式的に割り切れるものではないことに留意し[34]、「契約の目的となるもの」とは、契約の目的となる「主たるもの」に限らず「契約の目的となるものに付随するもの」も含めて考えるべきである。

以下の具体的な事例において、それぞれの費用を損害として本制度の対象にできるか否か検討する。なお、以下の設例における損害は、いずれも相当因果関係のある損害であると仮定する。

① **購入した自動車に瑕疵があったことに基づく損害賠償請求として、以下の損害を請求する場合**

(a) **自動車の修理費用**

購入した自動車に瑕疵があったため、当該自動車の修理に要した費用は、「契約の目的となるもの」に生じた損害であるから、本制度の対象となる。

(b) **通勤に自動車を利用できなかったため、通勤のために支出したタクシー代金**

「契約の目的となるもの」である自動車を利用できない期間における代替品利用のための費用であり、「契約の目的となるもの」に生じた損害として、本制度の対象にできると解する。

(c) **通勤に自動車を利用できなかったため、通勤のために費消したタクシ**

---

[34] 山本・解説101頁では、「確かに『消費者契約に関する』という文言で限定されていると解する余地もあるが、たとえば、債務不履行によって提供された物によって生じた火災で他の財産の消失や居住者の死亡負傷等が生じた場合には、それらの損害も消費者契約に関する債務不履行あるいは不法行為による損害に該当すると解する余地はありうるであろう」と指摘されている。

ーチケット（消費者がもともと所持していたもの）

　「契約の目的となるもの」の代替品利用のために要した費用であり、現金で支払う場合と、もともと所持していたタクシーチケットを利用する場合とで、当該消費者に損害が生じるという点では異ならないから、(b)と同様、本制度の対象にできると解する。

　　(d)　中古車の修理期間中、レンタカー会社から借りた同車種のレンタカー代金

　「契約の目的となるもの」を利用できない期間における代替品利用のための費用であり、(b)と同様、本制度の対象にできると解する。

　　(e)　当該自動車の発火により、当該自動車とともに消失したトランク内の高級ゴルフバッグ

　瑕疵が原因で当該自動車が発火した場合、トランク内の高級ゴルフバッグは、「契約の目的となるものに付随するもの」とも解し難いため、本制度の対象にはできないと解する。

　　(f)　購入後、当該自動車に取り付けた部品・改造等に要した費用

　自動車の瑕疵が原因で取り付けた部品・改造等が滅失損傷した場合、これらに要した費用は、「契約の目的となるものに付随するもの」に生じた損害として、本制度の対象になると解する。

　他方、自動車の瑕疵とは無関係に当該自動車に取り付けた部品・改造等に要した費用は、(e)と同様、「契約の目的となるものに付随するもの」とも解し難いため、本制度の対象にはならないと解する。

　　(g)　自動車が故障したのが旅行予定日であったため、旅行に予定どおり出発できなかったため旅行会社に急遽支払ったキャンセル料、観光ガイドブック料

　自動車で旅行に予定どおり出発できなかった結果生じたキャンセル料や観光ガイドブック料は、「契約の目的となるものに付随するもの」とも解し難いため、本制度の対象にはならないと解する。

　　②　メーカーの事情により購入した自動車の引渡時期が遅れたことに基づく債務不履行請求において、引渡までの期間、通勤に自動車を利

第3条第2項　共通義務確認の訴え②

用できなかったため、通勤のために費消したタクシーチケット

履行遅滞に基づく損害賠償請求においても、「契約の目的となるもの」を利用できない期間における代替品利用のための費用は、「契約の目的となるものに付随するもの」に生じた損害として、本制度の対象にできると解する。

③　無価値の商品について、「高額で転売可能である」等の虚偽説明により売りつけた不法行為の損害賠償請求において、当該商品の購入代金（100万円）

無価値の商品の購入代金は、「契約の目的となるもの」が無価値であるにもかかわらず、その商品の対価として支払われたものであるから、「契約の目的となるもの」に生じた損害として、本制度の対象になると解する。

④　物品購入契約締結後の顧客情報流出（不法行為、債務不履行）において、業者に提供していたカード情報・パスワードが漏洩したことにより、預金引落し・カード債務負担が生じた場合

顧客情報（カード情報・パスワード）は、「契約の目的となるもの」には当たらないが、物品購入契約に付随して提供されたものとして「契約の目的となるものに付随するもの」に当たると解することができれば、物品購入契約締結後の顧客情報流出において、業者に提供していたカード情報・パスワードが漏洩したことによる損害は、本制度の対象になると解する。

(ⅱ)　「**役務の対象となったもの以外の財産が滅失し、又は損傷したことによる損害**」（3号）

契約上の債務の不履行、消費者契約の目的となる役務の瑕疵または不法行為による、製造、加工、修理、運搬または保管に係る物品など役務の対象となったもの以外の財産の滅失・損傷による損害である（山本・解説103頁）。

「役務の対象となったもの」の判断については、条文の文言に限定がないこと、損害賠償の範囲は民法によって個別具体的に決められるものであること等に鑑みれば、「役務の対象となったもの」に生じたか否かという形式的に割り切れるものではないことに留意すべきである。

民法では、目的物の瑕疵に起因して給付目的物以外の債権者の法益に損害

が発生した場合、債権者の生命・身体・財産への侵害を回避すべき保護義務（不可侵義務）を観念し、保護義務違反に関する帰責事由があるときは、拡大損害についても損害賠償義務を負うとされている（奥田昌道『債権総論〔増補版〕』（悠々社、1992年）161頁・163頁）。

3号の「役務の対象となったもの」については、「契約された役務の主たる目的物」に限定せず、「契約された役務の保護義務の対象となるもの（契約された役務の対象となったものに付随するもの）」も含めて考えるべきである。

以下の具体的な事例において、それぞれの費用を損害として本制度の対象にできるか否か検討する。なお、以下の設例における損害は、いずれも相当因果関係のある損害であると仮定する。

① 旅客運送契約（新幹線や飛行機）の債務不履行に基づく損害賠償請求において、予定どおり目的地に行けなかったことによるキャンセル料、無価値となった支払い済みホテル代

鉄道会社や航空会社が契約上負う義務は、顧客を安全かつ運行予定どおりに目的地へ移動させることである。予定どおり目的地に行けなかった場合、キャンセル料や無価値となった支払い済みホテル代は、「役務の対象となったもの」に生じた損害として本制度の対象になると解する。

② 株取引のアドバイス等を行うことを内容とする顧問契約の債務不履行に基づく損害賠償請求において、明白な虚偽情報の提供を受けたことにより、不合理な取引を行った結果生じた損害（ある金融商品を不当に高額で購入した場合、または、反対に不当に低額で売却した場合）

株取引のアドバイス等を行うことを内容とする顧問契約では、顧客に正確な情報を提供することが主たる義務の内容となる。明白な虚偽情報の提供により、不合理な取引を行った結果生じた損害は、「役務の対象となったもの」に生じた損害として本制度の対象になると解する。

③ パソコンの修理（役務）を依頼したところ、修理の際に債務不履行等があった場合の損害賠償請求において、当該パソコンに保管されていたカード情報・パスワードが、業者の不注意より外部に漏洩してし

まい、預金引落し・カード債務負担が生じた額

　パソコンの修理という役務提供契約における保護義務の対象は、修理のために預かったパソコンのみならず、当該顧客のカード情報・パスワードも含めて考えるべきである。業者の不注意により修理のため預かっていたパソコンからカード情報・パスワードが外部に漏洩した結果、預金引落しやカード債務負担が生じた場合、当該引落しやカード債務負担額は、「役務の対象となったもの」に生じた損害として本制度の対象になると解する。

　④　消費者が預金口座を有する銀行（インターネットバンキングを含む）において顧客情報が流出し（不法行為、債務不履行）、口座番号と暗証番号（パスワード）が漏洩したことにより、預金が引き出された場合

　消費者が銀行に預貯金口座を有する場合、銀行は消費寄託契約に基づく義務を負う。そして、顧客から提供された顧客情報（口座番号・暗証番号（パスワード））は、銀行取引（消費寄託契約）の目的物に直結する重要なものであるから、銀行取引（消費寄託契約）における保護義務の対象となると解するべきである。よって、銀行における顧客情報流出において、口座番号・暗証番号（パスワード）が漏洩したことによる損害は、「役務の対象となったもの」に生じた損害として本制度の対象になると解する。

　⑤　インターネットでダウンロードしたソフトに瑕疵（ウィルスに感染）が存したことに基づく損害賠償請求において、当該ソフトをダウンロードしたパソコンがウィルスにより使用不可能になった場合のパソコン時価相当額

　インターネットでソフトをダウンロードし、当該ソフトがダウンロードしたパソコンで使われる場合、ダウンロードしたソフトが使われるパソコンにも保護義務が及ぶと解することができれば、当該ソフトに瑕疵が存在しウィルスに感染していた場合、当該ソフトをダウンロードしたパソコンがウィルス感染により使用不可能になった場合のパソコン相当額は、「役務の対象となったもの」に生じた損害として、本制度の対象になると解する。

　⑥　家屋の修理契約における債務不履行に基づく損害賠償請求におい

て、修理に用いた素材（建材）が不良であったため、雨漏りにより家財道具に生じた損害

　家屋の修理契約（請負契約）において、雨漏りにより家財道具に損害が生じた場合、修理対象の家屋以外のものにも保護義務が及ぶと解することができれば、雨漏りにより家財道具に生じた損害は、「役務の対象となったもの」に生じた損害として、本制度の対象になると解する。

2　いわゆる逸失利益（2号・4号）

　条文上は、消費者契約が物を目的とする場合（下記(i)参照）と役務（サービス）を目的とする場合（下記(ii)参照）とで書き分けられているが、それは、その両者で適用が排除される損害の中味が異なってくるためであり、その実質的趣旨において差異はないとされている（山本・解説103頁）。

　このような場合、失われた利益は消費者の下で発生するものであるため、そのような損害の発生の有無や額が債権者（消費者）側の資料がないと判断できず、事業者側の予測可能性を害することになるし、個々の消費者の利用・処分の方法や市場の状況など外部的事情により、利益の存否・金額がまちまちになり、簡易確定手続において、かなりの個別的証拠調べ等が必要になるおそれがあり、類型的に支配性を欠くと考えられたものであろう（山本・解説103頁、一問一答30頁）。

(i)　「その処分又は使用により得るはずであった利益を喪失したことによる損害」（2号）

　この場合、目的となる物自体に係る損害賠償請求は当然対象に含まれるが、その処分等によって得られるはずであった利益は制度の適用対象から除外される。

　たとえば、購入した自動車に瑕疵があったことに基づく損害賠償請求として、自動車が故障したのが商談成立日であったため、商談の場所に行けなかったが、その商談が成立していれば得られるはずであった利益は、本号に当たり、本制度の対象にはならないと解される。

(ii)　「消費者契約の目的となる役務の提供があるとすれば当該役務を利用

すること又は当該役務の対象となったものを処分し、若しくは使用することにより得るはずであった利益を喪失したことによる損害」（4号）

この場合、契約の目的となる役務自体に係る損害賠償請求は当然対象に含まれるが、その利用や役務対象物の処分等によって得られるはずであった利益は適用対象外となる。

たとえば、インターネット上の株の売買契約のシステム不具合による損害賠償請求において、消費者による売買指令（発注）を予定どおりに処理することができた場合に、消費者が得られた転売利益は、本号に当たり、本制度の対象にはならないと解される。

3　生命・身体損害（5号）

「人の生命又は身体を害されたことによる損害」も本制度の対象から除外されている。

その理由は、生命・身体障害が発生したかどうかを事業者の側では十分に把握することができないことも多いと思われるし、それによってどのような損害が生じるかも被害者の収入・年齢・障害の度合い等によって千差万別であり、共通義務確認訴訟の段階で、その損害額を予想することも困難である。また、簡易確定手続の段階では、障害の程度や逸失利益の額等をめぐって、個々の消費者ごとに証拠調べが行われる必要性が定型的に想定される。したがって、この手続の対象とするには馴染まないと考えられたものである（山本・解説104頁）。

たとえば、食料品、医薬品、化粧品を購入し、それを使用したところ、身体に異常が生じた場合、当該商品の代金は請求できるが、身体に生じた異常に関する治療費は、本号により、本制度の対象にはならないと解される。

4　精神的損害（6号）

「精神上の苦痛を受けたことによる損害」も本制度の対象から除外されている。

その理由について、慰謝料は、主に生命・身体・自由・名誉の侵害の場合

に認められるものであり、逸失利益との間に相互補完性がある場合もあり、損害が契約の目的となるもの以外に生じている点で、いわゆる拡大損害と同質のものであるとされる（一問一答30頁）。たとえば、前項と同じく、食料品、医薬品、化粧品を購入し、それを使用したところ、身体に異常が生じた場合、慰謝料は請求できないとされている。

　また、当該行為によって消費者に精神的な損害が発生したかどうかやその損害の額は、同一の行為であっても個別の消費者によって異なり、共通義務確認訴訟の段階でその損害額を予想することも困難であるし、簡易確定手続の段階で別途の審理の必要性が生じるという点では、精神的損害と拡大損害とは同質性を有するからという説明もある（山本・解説105頁）。

　しかし、消費者被害の特徴として、①一般に、被害金額が大きくない場合が多いこと、②被害回復の当否について、事実認定や法の適用にあたり判断の困難性を伴う場合が多いこと、③被害が拡散している場合も多いことなどがあげられるところ（山本・解説1頁〜3頁）、実効的な消費者被害の救済を図るため、新たに特別の訴訟手続として創設されたのが本制度である。

　このような本制度の立法趣旨を実現するためには、慰謝料についても本制度を利用できるようにして被害救済が図られるべきである。

　しかも、実際の裁判手続において、慰謝料額というものは、ある程度定額的な処理がされており（山本・解説105頁）[35]、一定の予測可能性を確保し、第2段階手続の審理を単純化することが可能な場合もある。その意味で、立法論としては、慰謝料（少なくともその一部）を対象に含める政策的判断も全くあり得ないことではなかったであろうという指摘もある（山本・解説105頁）。

　慰謝料について定型的な処理が可能な場合として、たとえば、いわゆる個人情報流出事案は、共通の原因によって多数の消費者が定型的な被害を受ける典型例であり、個人情報が流出したことによる精神的苦痛に関する損害や、当該個人情報が悪用されたことにより生じた損害を賠償請求することに

---

[35] 裁判実務において、交通事故の慰謝料は、定型的な処理がなされる一例といえる。

なる。ここで、個人情報の流出による精神的苦痛の損害評価は、ある程度定型的な判断が可能であると考えられるところであり、まさに本制度にふさわしい事案であるといえる。この点については、専門調査会報告書においても「個人情報流出事案については、基本的には、本制度の対象となるものと考えられる」とされていた（専門調査会報告書17頁）。

しかも、個人情報流出に係る事案で発生する損害は、必ずしも慰謝料に限られるものではない。すなわち、個人情報の漏洩により、当該情報を不正に利用して、銀行から預金が引き出されたり、クレジットカードが使用されて新たな債務が発生するなど、慰謝料のみならず、消費者に現実の財産的損害が発生する場合が容易に予想されるところである。

よって、個人情報流出に係る事案については、すべて本制度の対象となるよう見直しが図られるべきである（2012年8月31日付日弁連意見書8頁）。

5 損害賠償の請求について、損害のうち一定のものに限定した場合の取扱い

被害者が損害賠償請求をする通常の民事訴訟においても、損害賠償請求について、訴訟費用の節減などの理由から、損害のうち一定のものを明示的に限って請求することができる。この場合、訴訟の判決が確定しても、請求をしない部分には既判力が及ばないものとして、当初請求しなかった部分を別訴訟で請求することも認められている。

本制度においても、このような考え方を踏まえて、損害のうち一定のものに限った請求について訴えを提起することとしており、これは、従来の民事訴訟一般の考え方を変えるものではない。また、消費者は、対象から除外された損害に係る賠償請求について自ら別訴を提起することも可能である。対象から除外された損害に係る損害賠償請求を自ら別訴提起できれば、消費者にとって酷なことにはならないし、むしろ、そうすることが適切と考えられる。

第2部　逐条解説　消費者裁判手続特例法

◆第3条第3項　共通義務確認の訴え③

第3条
3　次の各号に掲げる請求に係る金銭の支払義務についての共通義務確認の訴えについては、当該各号に定める者を被告とする。
　一　第1項第1号から第4号までに掲げる請求　消費者契約の相手方である事業者
　二　第1項第5号に掲げる請求　消費者契約の相手方である事業者若しくはその債務の履行をする事業者又は消費者契約の締結について勧誘をし、当該勧誘をさせ、若しくは当該勧誘を助長する事業者

○民法の一部を改正する法律の施行に伴う関係法律の整備等に関する法律案による改正後の3条3項
第3条
3　次の各号に掲げる請求に係る金銭の支払義務についての共通義務確認の訴えについては、当該各号に定める者を被告とする。
　一　第1項第1号から第3号までに掲げる請求　消費者契約の相手方である事業者
　二　第1項第4号に掲げる請求　消費者契約の相手方である事業者若しくはその債務の履行をする事業者又は消費者契約の締結について勧誘をし、当該勧誘をさせ、若しくは当該勧誘を助長する事業者

○民法の一部を改正する法律の施行に伴う関係法律の整備等に関する法律案（消費者の財産的被害の集団的な回復のための民事の裁判手続の特例に関する法律の一部改正に伴う経過措置）
第103条　施行日前に締結された消費者契約（前条の規定による改正前の消費者の財産的被害の集団的な回復のための民事の裁判手続の特例に関する法律（以下この条において「旧消費者裁判手続法」という。）第2条第3号に規定する消費者契約をいう。）に関する請求（旧消費者裁判手続法第3条第1項第5号に掲げる請求については、施行日前に行われた加害行為に係る請求）に係る金銭の支払義務についての共通義務確認の訴え（旧消費者裁

> 判手続法第2条第4号に規定する共通義務確認の訴えをいう。）については、前条の規定による改正後の消費者の財産的被害の集団的な回復のための民事の裁判手続の特例に関する法律（次項において「新消費者裁判手続法」という。）第3条及び第6条第2項の規定にかかわらず、なお従前の例による。

I　趣　旨

　本項は、金銭の支払義務についての共通義務確認の訴えの被告を、①契約上の債務の履行の請求、不当利得に係る請求、契約上の債務の不履行による損害賠償の請求および瑕疵担保責任に基づく損害賠償の請求については、契約の相手方である事業者に、②不法行為に基づく損害賠償の請求については、契約の相手方事業者もしくはその債務の履行をする事業者または勧誘に関与した事業者に限定することを規定するものである。

　なお、民法の一部を改正する法律案が成立した場合には、瑕疵担保責任に関する民法の規定が改正され、目的物が種類または品質に関して契約の内容に適合しない場合の債務不履行に基づく損害賠償の請求にすぎないことになるため、3条1項4号を削除し、5号を4号とすることになる。これに伴い、本項も改正される。また、3条1項と同様に、経過措置が定められている。

II　解　説

1　本条の目的

　消費者契約に関する財産被害に係る事案を対象とする本制度では、基本的には契約当事者である事業者が被告とされるべきであるが、不法行為責任を追及する場合に被告を契約当事者に限ると、消費者の実効的な被害救済が図れないおそれがある。そこで、契約当事者以外の者についても一定の範囲で被告とすることができるようにする必要がある。

3条3項は、こうした被害救済の実効性を確保しつつ、係争利益がおおむね把握できるという観点や被告の応訴の負担にも配慮し、原則として契約の当事者を被告とし（同項1号）、不法行為責任を追及する場合には、被害救済の観点から、契約の当事者に加えて、契約の締結または履行過程に直接的または密接に関与している事業者を類型化して規定した（同項2号）と考えられる。

2　被告の範囲

3条3項は、不法行為に基づく損害賠償請求以外の請求について、「消費者契約の相手方である事業者」と規定し（1号）、不法行為に基づく損害賠償請求について、「消費者契約の相手方である事業者」もしくは「その債務の履行をする事業者」または「消費者契約の締結について勧誘をし、当該勧誘をさせ、若しくは当該勧誘を助長する事業者」と規定している（2号）。

「事業者」については、法人が「事業者」に該当する場合、その法人の代表者や従業員は、法人の業務に従事しているにすぎず、自らの事業を行っていないことから、「事業者」に該当しないこととなる（一問一答31頁）。

「消費者契約の相手方である事業者」（1号・2号）とは、外形上存在する消費者契約の相手方であれば足り、私法上契約が成立しているか、有効であるかは問わず、また、契約が解除されまたは約定の期間が経過したため終了した場合の相手方事業者や契約締結過程にある相手方事業者も含まれる（一問一答32頁）。なお、消費者が販売店から購入した物品についてメーカーが保証書を提供している場合に、メーカーと消費者との間で契約が成立しているかどうかが問題となるところ、この場合に契約の成立はなく、メーカーによるサービスとしての無償修理がされるとも考えうるが、消費者は保証の存在を前提に買うかどうかを決める実態からすると単なるサービスといえるのか疑問である。そこで、販売店がメーカーの代理人となって消費者との間で無償修理契約が締結されたものであると考え、メーカーに被告適格を認める結論を導くことも可能である（山本・解説137頁）。

「債務の履行をする事業者」（2号）としては、たとえば、消費者が事業者

と請負契約をした場合において、その事業者が他の事業者に下請けをさせたときの下請事業者があげられる（一問一答32頁）。

「勧誘をする事業者」（2号）としては、たとえば、保険の代理店や不動産仲介業者があげられる（一問一答32頁）。

「勧誘をさせる事業者」（2号）は、自らは消費者を勧誘しているとはいえないが、他人に勧誘をさせている事業者であり、たとえば、連鎖販売取引の統括者（特商法33条2項）があげられる（一問一答33頁）。

「勧誘を助長する事業者」（2号）とは、消費者契約を締結するについての勧誘を容易ならしめる行為をいい、たとえば、未公開株式の販売事案において、客観的には財産的価値の乏しい自社の株式が事情を知らない不特定多数の消費者に高額で販売されることを知りながら、販売業者に株式を譲渡した事業者があげられる（一問一答33頁・35頁）。

なお、「勧誘」とは、消費者の契約締結の意思の形成に影響を与える程度の勧め方をいう。

「勧誘」には、広告など不特定多数向けのもの等客観的に見て特定の消費者に働きかけ、個別の契約締結の意思の形成に直接影響を与えているとは考えられない場合は、勧誘に含まれないとの見解もある（一問一答34頁）。しかし、当初の勧誘から、その後の契約締結に至るまでの事業者の一連の行動について、消費者の最終的な契約締結意思に実質的な影響を与えるかどうかを判断すべきであって、「勧誘」をそのように限定する必然性はない（消契法コンメンタール71頁）。また、パンフレット等が消契法4条の「勧誘」に当たることを前提とした裁判例もある[36]。そこで、「勧誘」は、口頭の説明に限らず、商品・包装・容器に記された表示、パンフレット・説明書・契約書面

---

[36] 東京地判平20・7・29判タ1291号273頁、同控訴審である東京高判平20・12・24判例集未登載（国民生活センター「消費者問題の判例集、オペラ公演における指揮者の変更について、主催者の責任が否定された事例」（2011年）〈http://www.kokusen.go.jp/hanrei/data/201110_1.html〉（2016年9月12日最終確認））、神戸簡判平14・3・12判例集未登載（判例体系データーベース ID28220987）、京都簡判平14・10・30判例集未登載（判例体系データーベース ID28232077）、東京簡判平20・1・17判例集未登載（判例体系データーベース ID28213252）などがある。

の交付、電話、書状、インターネット等の通信手段による伝達等、事業者が用いる手段を広く対象とすべきである（消契法コンメンタール69頁）。

◆第3条第4項　共通義務確認の訴え④

> **第3条**
> 4　裁判所は、共通義務確認の訴えに係る請求を認容する判決をしたとしても、事案の性質、当該判決を前提とする簡易確定手続において予想される主張及び立証の内容その他の事情を考慮して、当該簡易確定手続において対象債権の存否及び内容を適切かつ迅速に判断することが困難であると認めるときは、共通義務確認の訴えの全部又は一部を却下することができる。

I　趣　旨

　本項は、本制度の対象から除外（3条2項）されない請求であって、多数性・共通性の要件を満たす場合であっても、裁判所の判断によって、例外的に、本制度の適用対象外となる場合を定めるものである。いわゆる共通義務確認の支配性の要件である。

　本制度は、1段階目の共通義務確認訴訟において、相当多数の消費者に共通する事実上および法律上の原因に基づく金銭の支払義務を確認したうえ、2段階目の簡易確定手続から対象消費者に債権を届け出る形で参加してもらい、簡易迅速に消費者の請求権の存否および内容を確定し、消費者の請求権の実効性を確保しようとするものである。

　そのため、2段階目において個々の消費者の損害や損失、因果関係の有無等を判断するにあたり、個々の消費者ごとに相当程度の審理を要すると考えられる場合には、簡易迅速な手続により消費者の請求権の存否および内容を確定することが困難となるため、支配性の要件を欠くものとして、裁判所の判断により、例外的に、本制度の適用対象外とすることにされたものである（一問一答36頁）。

◆第３条第４項　共通義務確認の訴え④

Ⅱ　解　説

1　支配性の要件を満たすか否かの考慮要素

「当該簡易確定手続において対象債権の存否及び内容を適切かつ迅速に判断することが困難であると認めるとき」は、支配性の要件を欠くとして、本項により訴え却下となる。

支配性の要件を満たすか否かの考慮要素の例示として、法は、「事案の性質、当該判決を前提とする簡易確定手続において予想される主張及び立証の内容その他の事情」をあげている。

具体的には、支配性の要件が、対象消費者の権利を簡易迅速に確定するために設けられたことからすると、簡易確定手続において、個々の対象消費者ごとに相当程度の審理が必要と考えられる個別争点が残されているような場合[37]には、支配性の要件を欠くと考えられることになろう。

もっとも、対象となる債権に基本的に限定がない中で、支配性（優越性）の要件でもって、集団訴訟としての審理を認めるか否かの振り分けをしている諸外国の制度[38]とは異なり、本法は、支配性の観点から、あらかじめ政策的に一定の請求を本制度の対象外と定めていることから（3条2項）、本項に基づき裁判所の判断により支配性を欠くとして却下される事案は、極めて限定されたものになると考えられる[39]。

また、簡易確定手続で相当程度の審理が必要と考えられる個別争点がある事案であっても当該個別争点の影響を受けることなく対象債権の存否および内容の確認が可能な対象消費者が相当数いる場合や、複数の請求がされてい

---

[37]　山本・解説106頁は、簡易確定手続において個別事案の詳細な審理を必要として迅速な判断が期待できない場合や、簡易な手続（書面手続等）では適切な判断が期待できない場合などをあげ、このような場合には、消費者自身も、個別の審理における主張立証が相当程度必要になるのであれば、結局、第２段階への加入を躊躇するおそれが大きく、被害救済の実効性も疑われると指摘している。

[38]　たとえば、アメリカのクラスアクションがその代表である。連邦民事訴訟規則23条(b)(3)タイプの類型では、共通争点の優越性、すなわち、共通性を有する争点が個別争点に対して優越性を有することを要件としている（優越性のほうがやや広いが、本制度の支配性の要件とほぼ同じ考え方に基づくものである）。

る場合にそのうち1つの請求でも簡易確定手続で相当程度の審理を必要とすることなく対象債権の存否および内容の確認が可能と考えられる場合には、全部の却下ではなく、一部を却下することとなる。

2 具体例

簡易確定手続において、証拠調べは書証に限定されており、証人尋問や当事者尋問、鑑定、検証といった証拠調べを行うことはできない（45条1項）。したがって、個々の対象消費者につき、因果関係や損害の有無を判断するにあたり、こうした書証以外の証拠調べを経なければ対象債権の存否および内容の確認が困難であると考えられるような場合には、支配性の要件を欠くと判断されることになろう。

しかし、前記のとおり、本制度は、諸外国の制度とは異なり、あらかじめ政策的に一定の請求（生命・身体損害や精神的損害等）を対象外として排除しており、書証以外の証拠調べを経なければ判断できないような請求権の大半はもともと共通義務確認訴訟の対象にもならないこと、また、簡易確定手続において人証調べ等を経ることなく判断できるような工夫が一定程度可能であること[40]、[41]からすると、支配性の要件を欠くとして全部ないし一部の却

---

[39] 伊藤眞「消費者被害回復裁判手続の法構造——共通義務確認訴訟を中心として」曹時66巻8号（2014年）29頁も、支配性の要件は、多数性や共通性の要件と異なり、共通義務確認訴訟手続そのものというよりは、後続の簡易確定手続の審理の状況を想定したものであるから、支配性の要件の欠缺を理由として訴えの全部または一部を却下するのは、あくまで例外的な場合にとどまるだろうと指摘している。

[40] たとえば、いわゆる悪質商法の事案で、違法な勧誘が問題となる場合、個々の対象消費者に対してどのような勧誘トークがなされたかという比較的個別性の強い事情によって判断が左右される場合には、支配性の要件を満たすかどうかが問題になると考えられる。しかし、こうした勧誘トークが問題となるような事案が一般的類型的に支配性の要件に欠けると判断されるわけではなく、勧誘マニュアルが作成されており、当該勧誘マニュアルに沿って、組織的に勧誘が実施されていたというような事案にあっては、簡易確定手続において、どのような勧誘を受けて契約するに至ったのか、勧誘マニュアルの記載内容を反映したチェック方式の陳述書を利用する等工夫をすれば、簡易確定手続において、相当程度の審理を必要とすることなく対象債権の存否および内容を確認することも可能と考えられる。

[41] なお、支配性の要件を満たすかどうかが問題となる事案であっても、共通義務確認訴訟において、簡易確定手続の債権届出に際しどのような条件を満たせば債権を認めるのか、和解条項に定めたうえで、和解することも考えられる。

◆第３条第４項　共通義務確認の訴え④

下となる事案は極めて例外的なものになると考えられる。

　立法者は、支配性の要件を欠くと考えられる場合の１事例として、「ある商品の不具合が瑕疵に当たり、事業者が瑕疵担保責任に基づく損害賠償義務を負うことを確認したとしても、個々の消費者の購入した商品に当該不具合があるかどうかの認定判断が困難な場合」をあげている（一問一答36頁）。

　しかし、製造時期や製造工場、出荷先、製造番号等から不具合が発生している商品が特定可能な場合も考えられ、そのような場合であれば、購入場所や購入時期（購入時の領収書等により証明が可能）、製造番号等から、対象消費者が購入した商品に不具合があったと判断することも可能であるから、こうした事案が一般的に支配性の要件を欠くことになるものではない[42]。

　さらに、立法者があげる支配性の要件を欠くと考えられる場合の１事例として、「過払金返還請求において、みなし弁済が成立せず、事業者が不当利得返還義務を負うことを確認したとしても、個々の消費者ごとの貸し借りの内容やどの範囲の取引を一体のものとみて充当計算するかについて認定判断が困難な場合」があげられている（一問一答36頁）。その理由として、立法者は、貸し借りの具体的な内容（いつ、いくらの金額を借り入れ、または返済したか）がわからなければ、過払金額を算定することができないこと、どの範囲の取引が一体のものとみられるかにより、過払金の額が異なるほか、過払金返還請求権（不当利得返還請求権）の消滅時効の起算点が異なることをあげている。

　しかし、個々の消費者の貸し借りの具体的な内容（取引履歴）については、貸金業者が帳簿として保管している。簡易確定手続において、対象消費者が推定計算に基づき債権届出をすれば、それに対して貸金業者が取引履歴に基づき認否を行う形になるため、債権届出団体が、貸金業者が行った認否に対して争うかどうかを判断するため、認否の根拠となった取引履歴の提出

---

[42]　町村・使い方67頁でも、特定のロットの商品がすべて瑕疵があるということであれば、個々の消費者の購入した商品に瑕疵があるかどうかの認定判断が困難とはいえないと指摘している。また、商品の一部に瑕疵があるという場合でも、瑕疵の存在を信頼のおける検査機関などが発行した証明書によって証明できる場合には、支配性の要件に欠けることはないと考えることもできるとの指摘もある。

を求めることが可能であり（最高裁規則29条）、簡易確定手続において過払金額の算定が困難とはいえない[43]。

　また、取引の一体性（連続性）の問題についても、判断基準については判例の積み重ねがあるところであり、貸金業者は取引履歴をもとに認否を行うことになるため、債権届出団体（届出消費者）においても、取引履歴を確認したうえで、裁判例に照らし、認否を争う旨の申出をするかどうかを判断することが可能である。その後の簡易確定決定に対して異議の申立てをするかどうかについても同様である。

　いずれにせよ、本制度が利用できなければ、対象消費者は貸金業者に対して個別訴訟を提起していく形となるため、可能な限り、本制度を利用して1つの裁判所で包括的な訴訟指揮により解決するほうが、訴訟経済に資することとなる。

　また、立法者は、「損害保険金不払いの事案で、保険事故が生じているかどうかの認定判断が困難な場合」も支配性の要件を欠くと考えられるとしている（一問一答36頁）。

　もっとも、本制度の対象となるのは、多数性と共通性の要件を満たしている場合であるから、保険事故が発生しているにもかかわらず多数の消費者に共通する事実上および法律上の原因に基づき保険会社が支払いに応じないケースということになるが、そもそも、個々の消費者について保険事故の発生の有無が争われるような事案について共通義務確認訴訟が提起されるとは考え難い[44]。

　さらに、立法者は、「勧誘方法が詐欺的なものであり、事業者が不法行為に基づく損害賠償義務を負うことを確認したとしても、その違法性の程度が

---

[43] 町村・使い方69頁も、基本的には計算上の問題であり、取引履歴は事業者側においてその記録を保有している限り、書面による確認が可能であるから、むしろ原則として支配性の要件を満たす類型であると指摘している。

[44] 町村・使い方69頁も、損害保険金不払いで多数の対象消費者が被害を受けている場合とは、多数の保険事故発生が認められるのに保険会社が全部または一部の保険金支払いに応じない場合であり、損害算定基準が不当であったり、特約の適用を怠っているなどの事例が考えられ、そのような場合にも支配性の要件が欠けると解すべき例示ではないと指摘している。

◆第3条第4項　共通義務確認の訴え④

それほど重大なものでないため、過失相殺が問題になる場合であって個々の消費者ごとの過失相殺についての認定判断が困難な場合」も、契約締結に至る経緯や被害者の属性などの個別事情により判断が左右されることがあり得るとして、支配性の要件を欠くと考えられる場合の1事例としてあげている（一問一答36頁）。

しかし、共通義務確認訴訟は、多数の消費者に共通する事実上および法律上の原因に基づく請求であるから、仮に消費者の過失相殺が問題となる場合であったとしても、共通義務確認訴訟の段階で、過失相殺の割合を一律認定することも可能と考えられる。過失相殺の可能性があるからといって、一般的に支配性の要件を欠くと解すべきではない(45)。債務不履行や不法行為に基づく損害賠償請求では、性質上、常に過失相殺の可能性があることになるが、そうした事案のほとんどが支配性を欠くこととなってしまっては、結局、本制度を利用することなく、多数の個別訴訟が提起される結果にもなり、かえって訴訟経済を損ねるうえ、本制度が創設された意義が失われることにもなる。

いずれにせよ、過失相殺を基礎づける事実は事業者側に証明責任があるところ、多数の対象消費者に共通して過失相殺を基礎づけるような事情があるのであれば、共通義務確認訴訟の中で判断を求めることが可能であるし、特殊な個別事情に基づくものについては、簡易確定手続で認否を行う際に書証で立証することとなるが、そのような対象消費者の数は、多数性・共通性の要件を満たす必要がある本制度においてそう多くはないと考えられるうえ、いずれにせよ不服があれば異議訴訟で争うことが可能であり、支配性の要件を欠くとして訴えの全部または一部を却下するまでもないと考えられる。

3　特定適格消費者団体の責務との関係

特定適格消費者団体は、不当な目的でみだりに共通義務確認の訴えの提起

---

(45)　町村・使い方70頁も、過失相殺の可能性があるというだけで直ちに支配性の要件が欠けると解すべきではないとする。

その他の被害回復関係業務を実施してはならない（75条2項）。共通義務確認の訴えが、不適法であるとして却下されもしくは請求に理由がないとして棄却されることが明らかなとき、またはこれが容易に見込まれるときであり、かつ、特定適格消費者団体がこれを知りながら、または容易に知り得たにもかかわらず特段の根拠なくあえて訴えを提起する場合には「不当な目的でみだりに共通義務確認の訴えの提起その他の被害回復関係業務を実施する場合」に該当すると考えられており（ガイドライン4.(6)イ）、これに違反した場合、特定適格消費者団体は、特定認定が取り消されるおそれがある（86条1項4号）。

　上記に該当する場合の具体例として、ガイドラインには、「特定の製品について、その製造過程において僅少な割合で不可避的に発生する瑕疵に由来する不具合が発生するという事案において、個々の製品に当該瑕疵が存在するか否かを客観的に判断することが困難であるために、『簡易確定手続において対象債権の存否及び内容を適切かつ迅速に判断することが困難である』ときにもかかわらず、特段の根拠なくあえて共通義務確認の訴えを提起する場合」があげられている。

　もっとも、不当な目的でみだりに共通義務確認訴訟を提起したと評価されるのは、「特段の根拠なく」提訴した場合に限定されており、上記ガイドラインの事例でいえば、製造番号や製造時期、納品時期、販売時期等から瑕疵が発生している製品の特定が一定程度可能と考えて提訴したのであれば、不当な目的でみだりに共通義務確認の訴えを提起したと評価されることにはならないと考えられる。

　いずれにせよ、特段の根拠の有無については柔軟に解釈すべきであり、特定適格消費者団体が訴えの提起を躊躇するような解釈・運用は、本制度の実効性を著しく損なうものである。

4　効　果

　支配性の要件に欠けると判断される場合、裁判所は、共通義務確認の訴えの全部または一部を却下することができる。

「却下することができる」と規定されているが、これは権限規定の趣旨と解され、却下するか否かについて、裁判所に裁量が認められるわけではない（一問一答38頁）。したがって、支配性の要件に欠けると判断される場合には、裁判所は、必ず訴えを却下すべきことになる。

もっとも、訴訟物を切り離すことが可能であれば、全ての訴えについて却下するのではなく、一部の却下にとどめることが可能と考えられる（山本・解説107頁）[46]。

また、支配性の要件の欠缺を理由とする訴え却下の判決が確定した場合、訴訟当事者である特定適格消費者団体と事業者との間に既判力が生じる。

その効果が、当該特定適格消費者団体のみならず、他の特定適格消費者団体にも及ぶかどうかであるが、9条において、共通義務確認訴訟の確定判決は当事者に効力が及ぶとする民訴法115条1項の規定にかかわらず、当該共通義務確認訴訟の当事者以外の特定適格消費者団体に対しても効力を有すると規定されていること、他の特定適格消費者団体があらためて共通義務確認訴訟を提起したとしても同様に支配性の要件を欠くと判断される可能性が高く、あえて既判力を遮断する実益にも乏しいことからすると、訴え却下の確定判決についても、他の特定適格消費者団体に既判力が拡張されることになると考えられる（伊藤・前掲注(39)29頁）。

◆第4条　訴訟の目的の価額

> 第4条　共通義務確認の訴えは、訴訟の目的の価額の算定については、財産権上の請求でない請求に係る訴えとみなす。

---

[46] たとえば、損害保険金の不払いについては個別事情の認定が必要であるが、解約返戻金の不払いについてはそのような認定が不要であれば、前者に係る訴えのみを却下することなども考えられるとする。

第2部　逐条解説　消費者裁判手続特例法

I　趣　旨

　本条は、共通義務確認の訴えの訴訟の目的の価額の算定について、財産上の請求でない請求に係る訴えとみなすものである。
　これにより、訴訟の目的の価額は160万円とみなされ（民訴費用法4条2項）、訴え提起の手数料は1万3000円となる（同法3条1項・別表1第1項）。

II　解　説

　訴え提起の際、原告が裁判所に納める手数料は、訴訟の目的の価額（訴額）に応じて算定される（民訴費用法3条1項）。そして、訴訟の目的の価額とは、原告の請求が全面的に認められ、その内容が実現された場合に直接もたらされる経済的利益をいうとされている。
　共通義務確認の訴えは、事業者が消費者に対して負う金銭の支払義務の確認を求めるものであって、その内容が実現されても原告である特定適格消費者団体に経済的利益はもたらされない。
　また、対象消費者に何らかの経済的利益があると考えられるとしても、共通義務確認の訴え提起時には、その経済的利益を算定することは困難である。
　そこで、解釈上の疑義が生じないよう、本条において、共通義務確認の訴えにおける訴訟の目的の価額の算定については財産権上の請求でない請求に係る訴えとみなすことが規定された。これにより、訴訟の目的の価額は160万円とみなされ（民訴費用法4条2項）、訴え提起の手数料は1万3000円となる（同法3条1項・別表第1・1）。
　なお、民訴費用法4条1項は、「別表第1において手数料の額の算出の基礎とされている訴訟の目的の価額は、民事訴訟法第8条第1項及び第9条の規定により算定する」とし、民訴法9条1項は、「1の訴えで数個の請求をする場合には、その価額を合算したものを訴訟の目的の価額とする。ただし、その訴えで主張する利益が各請求について共通である場合におけるその各請求については、この限りでない」と規定している。

したがって、1つの訴えで複数の請求をする場合には、その価額を合算したものを訴訟の目的の価額とするのが原則であるが（民訴法9条1項本文）、たとえば、未公開株式の販売事業者と未公開株式発行会社を被告として不法行為に基づく損害賠償請求に関する共通義務確認の訴えを提起する場合や、1つの事業者を被告とする訴えで、主位的請求として不法行為に基づく損害賠償請求に関する共通義務確認を求め、予備的請求として契約上の債務の履行請求に関する共通義務確認を求める場合などは、利益が各請求について共通であると考えられることから、価額は合算せず、160万円となると解される（民訴法9条1項ただし書）[47]。

また、1つの訴えにおいて複数の原告により共同提起された場合の訴額は原告の各請求の訴額を合算するのか否かについて争いがあるが[48]、1つの訴えで複数の特定適格消費者団体が同一の確認請求をする場合、その訴えで主張する利益は各請求について共通であるため、価額は合算せず、160万円となると考えられている（民訴費用法4条1項、民訴法9条1項ただし書）。

◆第5条　訴状の記載事項

> 第5条　共通義務確認の訴えの訴状には、対象債権及び対象消費者の範囲を記載して、請求の趣旨及び原因を特定しなければならない。

I　趣　旨

本条は、共通義務確認の訴え（2条4号・3条）の訴状には、「対象債権及び対象消費者の範囲」を記載して、請求の趣旨および原因（民訴法133条2項）

---

[47] 賀集唱ほか編『基本法コンメンタール民事訴訟法1〔第3版追補版〕』（日本評論社、2012年）54頁は、併合される請求相互間に利益共通関係がある場合には、①占有正権原の確認請求と同権利に基づく引渡（明渡）請求、②登記できる権利の確認請求と同権利についての登記手続請求、③全部義務を負担する複数の債務者に対する各債務の履行請求、④主位請求と予備的請求、⑤類似必要的共同訴訟があるとしている。

[48] 賀集ほか編・前掲注[47]55頁参照。

を特定しなければならないことを定めるものである。

Ⅱ 解説

1 民訴法における訴状の記載事項

　本法は、消費者被害の集団的な回復を図るために民事裁判手続の特例を定める法律であるところ、民訴法上、訴状には、当事者および法定代理人のほか、請求の趣旨および原因を記載しなければならない（民訴法133条2項）とされている。

　請求の趣旨とは、訴訟上の請求の結論（原告が裁判所に対して求める判決の結論）をいい、請求の原因とは、原告が訴訟上の請求として主張する権利または法律関係の発生原因となる事実をいう。請求の原因は、請求の趣旨のみでは審判対象となる訴訟物が特定できない場合に、これを補充して請求を特定するものであり、訴訟物は、請求の趣旨および原因によって特定されることになる。

2 共通義務確認の訴えにおける訴状の記載事項（5条）

（i）概　説

　共通義務確認の訴え（2条4号）における訴訟物は、「（事業者が）対象債権及び対象消費者の範囲の記載により（抽象的に）特定された相当多数の対象消費者に対し、これらの消費者に共通する事実上及び法律上の原因に基づき、個々の消費者の事情によりその金銭の支払請求に理由がない場合を除いて、金銭を支払う義務を負うべき地位」の確認ということができるところ、事業者がどの消費者に対して何を原因として金銭を支払う義務を負うべきなのかは、対象債権（2条5号）および対象消費者（2条6号）の範囲が明らかになってはじめて特定されるのであるから、「対象債権及び対象消費者の範囲」は、訴訟物の特定のために必要不可欠な要素である（2条4号の解説参照）。

　そして、「対象債権及び対象消費者の範囲」は、消費者にとって、自身が

対象消費者になり得るかを知るために不可欠な情報であるとともに、事業者にとっても最大限どの程度の金銭の支払義務を負うことになるかを把握し、防御の指針を立てるために不可欠な情報でもある。また、共通義務確認訴訟が係属すると、事業者と対象消費者の範囲に含まれる消費者との間の他の訴訟が中止される場合がある（62条1項）など、消費者・事業者の双方の利害に影響する。このように、消費者と事業者の予測可能性を担保する意味でも、対象債権および対象消費者の範囲は、訴え提起の段階から明らかにされる必要がある。

そこで、本条は、共通義務確認の訴えの訴状には、請求の趣旨および原因を特定するために、「対象債権及び対象消費者の範囲」を記載すべきことを特に規定したものである[49]。

(ii) **本条違反の効果**

本条により、「対象債権及び対象消費者の範囲」の記載がない訴状は不適法となるため、裁判長による補正命令（民訴法137条1項）の対象となり、これに従わない場合は訴状却下命令がなされることになる（同条2項）。

(iii) **訴状において「対象債権」「対象消費者」が記載される効果**

共通義務確認の訴えの訴状に記載された「対象債権及び対象消費者の範囲」は、共通義務確認判決の内容を画するとともに、これに続く簡易確定手続開始決定において記載される対象債権および対象消費者（20条）は、共通義務確認判決で共通義務が認められた対象債権および対象消費者と同一の範囲となり、簡易確定手続に参加できる消費者の範囲を画することとなる[50]。

なお、特定適格消費者団体による共通義務確認の訴えの提起は、対象消費者が簡易確定手続において債権届出をしたときは当該消費者の請求権の時効中断の効果を有することから（38条）、訴状における対象債権および対象消費者の範囲の特定が時効中断効を受けることができる範囲を画することにも

---

[49] 山本・解説146頁は、本条の規律の理論的な意味につき、確認規定の意味にとどまるとする考え方と、創設規定としての意味を持つという見方の2つの考え方がありうるとしている。

[50] なお、簡易確定手続開始決定に記載された対象債権および対象消費者は、その官報公告（22条1項2号）および申立団体による通知・公告（25条1項3号・26条1項）にも記載される。

なる点は、実務上、留意が必要であろう。

3 対象債権および対象消費者の範囲の記載方法（最高裁規則2条1項）

「対象債権及び対象消費者の範囲」は、消費者にとって、自身が対象消費者となり得るかを知るために不可欠な情報であり、共通義務確認の訴えの訴状および判決書（民訴法253条1項）に記載されるほか、簡易確定手続においては、簡易確定手続開始決定の決定書（20条）、簡易確定手続開始の官報公告（22条1項2号）、簡易確定手続申立団体による通知および公告（25条1項3号・26条1項）に記載されて、消費者に周知される。そのため、その記載は、消費者にとって自らが対象消費者に含まれるか否かを容易に判断できるようなものである必要がある。

また、共通義務確認訴訟の判決の効力は対象消費者の範囲に属する届出消費者にも及ぶことから（9条）、「対象債権及び対象消費者の範囲」は、事業者が、共通義務確認訴訟の結果によって簡易確定手続において行使されることが予想される債権の内容とその総額（係争利益）を把握し、十分な攻撃防御を尽くすことができるようなものである必要がある（一問一答51頁、条解最高裁規則7頁）。

以上からすると、「対象債権及び対象消費者の範囲」は、ある者が対象消費者に該当するかどうかの判断が可能となる程度に客観的に特定されることが必要である（一問一答42頁）。

この点、最高裁規則2条1項は、法5条の規定による「対象債権及び対象消費者の範囲」の具体的な記載方法につき、消費者契約の年月日、物品、権利、役務その他の消費者契約の目的となるものの内容、その対価その他の取引条件、勧誘の方法その他の消費者契約に係る客観的な事実関係をもってしなければならない旨規定している。

「対象債権及び対象消費者の範囲」を客観的に特定すべきことは制度の性質上、当然のことであるが、この記載の重要性に鑑み、最高裁規則においても、消費者契約に係る客観的な事実関係をもってしなければならないことに

ついて確認的に規定が設けられたものである（条解最高裁規則7頁）。

なお、最高裁規則2条は、客観的な事実関係として記載されるべき事項として、①消費者契約の年月日、②消費者契約の目的となるもの（物品、権利、役務等）の内容、③消費者契約の目的となるものの対価その他の取引条件および④勧誘の方法をあげているが、勧誘の方法が問題とならない事例や対象消費者の範囲を特定するうえで具体的な代金（対価）まで必要となることは必ずしも多くないと考えられることからも明らかなように、あくまで例示であって（条解最高裁規則7頁）、これらの事実を全て記載しなければならないというわけではない。また、訴状の記載事項を定める5条の規定を前提としたものであるため、この最高裁規則2条により、「対象債権及び対象消費者の範囲」として、「請求の趣旨及び原因」を特定する以上に詳細な記載が求められるものでもない（条解最高裁規則9頁注1）[51]。

4 その他の訴状の記載事項（最高裁規則2条2項）

最高裁規則2条2項は、共通義務確認訴訟の訴状には、請求の趣旨および請求の原因をはじめとする民訴規則53条1項および4項に規定する事項のほか、「対象消費者の数の見込み」（1号）および関連する他の共通義務確認訴訟の係属裁判所並びに事件の表示（2号）を記載しなければならない旨規定している[52]。

(i) 「対象消費者の数の見込み」（最高裁規則2条2項1号）

最高裁規則において、「対象消費者の数の見込み」を訴状に記載すべきこととしたのは、共通義務確認訴訟は、対象消費者が「相当多数」存在することが訴訟要件とされており（2条4項）、対象消費者が一定数以上と見込まれる場合には管轄の特例が定められていること（6条3項・4項）との関係

---

[51] なお、提訴の段階では特定適格消費者団体が具体的な契約の内容等を十分に把握できない可能性があることに照らせば、少なくとも訴訟手続の当初の段階においては、被告の防御に支障がない範囲で（また個別消費者の請求権について時効中断の効果が生じることにも鑑みて）特定がされていれば、訴状は適法として扱われるべきであろう（山本・解説148頁参照）。

[52] なお、最高裁規則で記載を求められる事項は民訴法所定の記載事項ではないので、記載がなくとも訴状却下命令の対象とはならない。

のほか、手続の円滑な進行のためにも受訴裁判所において把握しておくことが必要な事項であるためとされる（条解最高裁規則8頁）。

　しかし、対象消費者が「相当多数」存在すること（多数性要件）は共通義務確認の訴えが認められるための前提として訴訟要件となるものではあるが、共通義務確認の訴えを認めるための前提としては「相当多数」といえる人数以上の対象消費者が存在することが確認できれば十分であって、具体的な人数まで明らかにする必要性まではないものというべきである。したがって、6条3項および4項に基づく管轄を主張する場合はともかくとして、「見込み」であっても、これを訴状の必要的記載事項とする必要性が認められるのか疑問がある。また、対象消費者の数は特定適格消費者団体が把握することは困難な事項であり、これを訴え提起の段階で明らかにしなければならないとすれば、特定適格消費者団体に過重な負担を課すことになり、訴え提起を著しく抑制するおそれもある。また、手続の円滑な進行のため対象消費者の数の規模をある程度把握しておくことが有用な場合があるものとしても、必ずしも訴状に記載がなくても、訴え提起後に双方当事者、特に対象消費者の数の具体的な情報を有する被告事業者に対して照会することで足りるはずである。

　以上からすると、「対象消費者の数の見込み」を訴状の必要的記載事項とする本規則の妥当性には疑問があると言わざるを得ない。

　なお、この点、最高裁も、ここで記載を求める「対象消費者の数の見込み」は訴訟要件そのものではなく、具体的な数を特定して記載しなければならないものでもなく、訴え提起時点において概括的な記載しかできない事案においては、「〇人程度」や「少なくとも〇人以上」といった概括的な記載をすれば足りるとしているものの（条解最高裁規則8頁）、情報の少ない特定適格消費者団体の検討によるこの程度の記載がどこまで有用なのか疑問であり、かえって訴訟進行についての計画を誤らせるおそれもないとはいえないため、結局のところ、実務的には被告事業者に対して照会する等の運用がなされるものと考えられる。

(ii) 関連する他の共通義務確認訴訟の係属裁判所および事件の表示（最高裁規則2条2項2号）

①請求の内容および相手方が同一である共通義務確認訴訟または②事実上および法律上同種の原因に基づく請求を目的とする共通義務確認訴訟がすでに係属しているときは、当該共通義務確認訴訟の係属裁判所および当該共通義務確認訴訟に係る事件の表示[53]を訴状に記載しなければならない（最高裁規則2条2項2号）。

①の弁論および裁判は併合しなければならず（7条1項）、②が他の裁判所に係属している場合に当該他の裁判所への移送が認められていることから（6条6項）、手続進行の参考となるよう、記載を求めることとされたものである（条解最高裁規則8頁）。

5 訴状の添付資料（最高裁規則2条3項）

共通義務確認訴訟の訴状には、「対象消費者の数の見込み」の根拠となる資料を添付しなければならない（最高裁規則2条3項）。

「対象消費者の数の見込み」は訴訟要件そのものではなく、立証が常に必要となるものではないが、裁判所が訴訟進行について計画を立てるにあたっての判断資料とするために根拠資料の提出を求めることにしたものである（条解最高裁規則9頁）。

なお、最高裁は、ここでいう根拠資料の具体例としては、原告となる特定適格消費者団体への相談件数、国民生活センター等から提供を受けた相談に関する情報（いわゆるPIO-NET情報。91条1項参照）、被告事業者が公表した情報および一般に報道された情報に関する資料等が考えられるとしている（条解最高裁規則10頁注2）。

この点、たとえば明らかに不当に高額なキャンセル料条項が用いられているものの、新しい類型の取引であることなどから、まだ消費者にはその不当

---

[53] 「事件の表示」とは、当該共通義務確認訴訟に係る事件の事件番号をいう（条解最高裁規則9頁）。

性が認識されておらず、被害の認識に乏しいような場合[54]は、取引の種類・内容に照らせば、対象消費者が相当多数存在することは明らかであるにもかかわらず、必ずしも訴え提起の段階では消費者からの相談や情報が寄せられていないか、少数にとどまることも考えられる。最高裁が例示するような当該事業者に係る具体的な資料を添付することはできないからといって、共通義務確認訴訟を提起できないというのは不合理であり、前述の「対象消費者の数の見込み」を訴状の必要的記載事項とすることと同様に疑問がある。少なくとも、その取引の種類・内容に照らして相当多数の対象消費者の存在が明らかな場合には、当該取引の内容を示す資料（契約書、パンフレット等）でも足りるとするなど、実態に即した柔軟な運用が必要であろう。なお、実際に被害や問題に直面した消費者が公的な相談窓口等に相談するなどの行動に出る割合は必ずしも多いとはいえないことを示す各種調査結果等（専門調査会報告書4頁参照）[55]を活用することも考えられる。

◆第6条　管轄及び移送

第6条　共通義務確認訴訟については、民事訴訟法（平成8年法律第109号）第5条（第5号に係る部分を除く。）の規定は、適用しない。
2　次の各号に掲げる請求に係る金銭の支払義務についての共通義務確認の訴えは、当該各号に定める地を管轄する地方裁判所にも提起することができる。
　一　第3条第1項第1号から第4号までに掲げる請求　義務履行地
　二　第3条第1項第5号に掲げる請求　不法行為があった地
3　対象消費者の数が500人以上であると見込まれるときは、民事訴訟法第4

---

[54] 大学等の学納金不返還条項など、長年、その不当性が一般の消費者に認知されないまま慣行として受け入れられていた契約類型は多い。

[55] たとえば、被害や問題に遭った者が問題処理行動においてどのような過程をたどったかについて調査した例で、商品・サービスに関連して問題経験があった者を1000とした場合、「弁護士などに相談・依頼」した割合は37となり、「裁判所手続」に至った割合は9となっていることからすれば（村山眞雄＝村松良之編『紛争行動調査基本集計書』（有斐閣学術センター、2006年））、1件でも相談事例があればその背景には相当多数の同種問題を抱えた消費者がいると考えられよう。

第6条　管轄及び移送

条第1項若しくは第5条第5号又は前項の規定による管轄裁判所の所在地を管轄する高等裁判所の所在地を管轄する地方裁判所にも、共通義務確認の訴えを提起することができる。
4　対象消費者の数が1000人以上であると見込まれるときは、東京地方裁判所又は大阪地方裁判所にも、共通義務確認の訴えを提起することができる。
5　民事訴訟法第4条第1項、第5条第5号、第11条第1項若しくは第12条又は前3項の規定により2以上の地方裁判所が管轄権を有するときは、共通義務確認の訴えは、先に訴えの提起があった地方裁判所が管轄する。ただし、その地方裁判所は、著しい損害又は遅滞を避けるため必要があると認めるときは、申立てにより又は職権で、当該共通義務確認の訴えに係る訴訟の全部又は一部を他の管轄裁判所に移送することができる。
6　裁判所は、共通義務確認訴訟がその管轄に属する場合においても、他の裁判所に事実上及び法律上同種の原因に基づく請求を目的とする共通義務確認訴訟が係属している場合において、当事者の住所又は所在地、尋問を受けるべき証人の住所、争点又は証拠の共通性その他の事情を考慮して相当と認めるときは、申立てにより又は職権で、当該共通義務確認訴訟の全部又は一部について、当該他の裁判所に移送することができる。

○民法の一部を改正する法律の施行に伴う関係法律の整備等に関する法律案による改正後の6条2項
第6条
2　次の各号に掲げる請求に係る金銭の支払義務についての共通義務確認の訴えは、当該各号に定める地を管轄する地方裁判所にも提起することができる。
　一　第3条第1項第1号から第3号までに掲げる請求　　義務履行地
　二　第3条第1項第4号に掲げる請求　　不法行為があった地

○民法の一部を改正する法律の施行に伴う関係法律の整備等に関する法律案（消費者の財産的被害の集団的な回復のための民事の裁判手続の特例に関する法律の一部改正に伴う経過措置）
第103条　施行日前に締結された消費者契約（前条の規定による改正前の消費

第2部 逐条解説 消費者裁判手続特例法

> 者の財産的被害の集団的な回復のための民事の裁判手続の特例に関する法律（以下この条において「旧消費者裁判手続法」という。）第2条第3号に規定する消費者契約をいう。）に関する請求（旧消費者裁判手続法第3条第1項第5号に掲げる請求については、施行日前に行われた加害行為に係る請求）に係る金銭の支払義務についての共通義務確認の訴え（旧消費者裁判手続法第2条第4号に規定する共通義務確認の訴えをいう。）については、前条の規定による改正後の消費者の財産的被害の集団的な回復のための民事の裁判手続の特例に関する法律（次項において「新消費者裁判手続法」という。）第3条及び第6条第2項の規定にかかわらず、なお従前の例による。

I　趣　旨

　本条は、共通義務確認訴訟の特殊性に鑑み、同訴訟に係る管轄および移送に関する特則を規定している。

　なお、民法の一部を改正する法律案が成立した場合には、瑕疵担保責任に関する民法の規定が改正され、目的物が種類または品質に関して契約の内容に適合しない場合の債務不履行に基づく損害賠償の請求にすぎないことになるため、3条1項4号を削除し、5号を4号とすることになる。これに伴い、本条2項も改正される。また、3条1項と同様に、経過措置が定められている。

II　解　説

1　土地管轄

(i)　普通裁判籍（民訴法4条）

　民訴法においては、被告の利益を重視して、被告の活動の根拠地の裁判所に管轄権が生じるものとしており、共通義務確認の訴えにおいてもこれが維持されている。

　すなわち、共通義務確認の訴えの管轄に関しては、民訴法4条が適用さ

れ、訴えは、被告の普通裁判籍の所在地を管轄する裁判所の管轄に属することとなる。

事業者が自然人の場合、普通裁判籍は、住所により、日本国内に住所がないときまたは住所が知れないときは居所により、日本国内に居所がないときまたは居所が知れないときは最後の住所により定まる（民訴法4条2項）。

また、事業者が法人の場合、普通裁判籍は、その主たる事務所または営業所により、事務所または営業所がないときは代表者その他の主たる業務担当者の住所により定まる（民訴法4条4項）。なお、外国の法人の場合は、日本における主たる事務所または営業所により、日本国内に事務所または営業所がないときは日本における代表者その他の主たる業務担当者の住所により定まる（同条5項）。

(ii) **特別裁判籍（民訴法5条5号、法6条2項1号・2号）**

民事訴訟においては、原告の訴え提起の便宜や当事者間の公平、裁判所の審理の便宜から、特別裁判籍として独立裁判籍（民訴法5条）が規定されているが、本制度では、民訴法5条5号を除いて同条の規定の適用が排除され、代わりに法6条2項1号・2号が置かれた。

6条2項1号は、対象債権が不法行為に基づく損害賠償以外の場合は義務履行地、同項2号は、対象債権が不法行為に基づく損害賠償の場合は不法行為地を管轄する地方裁判所に訴えを提起できるとしている。なお、本制度では多数性が訴訟要件となっていることから、被害者の多数が管轄地（義務履行地、不法行為地等）にいなければいけないのではないかという議論があるが、訴訟を起こすのは特定適格消費者団体であり、当該適格消費者団体がその後の訴訟追行を見据えたうえで、いずれの管轄地を選択するかを判断すべきであり、管轄地に消費者が多数いる必要はないと考えるべきである。

また、民訴法5条5号は、日本国内に住所（法人にあっては、事務所または営業所）がない者または住所が知れない者に対する財産権上の訴えについては、請求もしくはその担保の目的または差し押さえることができる被告の財産の所在地を管轄する裁判所に訴えを提起することができるとしている。

(iii) 当事者による管轄裁判所の決定（民訴法11条1項・12条）

当事者の意思により管轄裁判所を決定することができる。

すなわち、当事者は、第1審に限り、合意により管轄裁判所を定めることができる（合意管轄、民訴法11条1項）。

また、事物管轄がない裁判所に訴えが提起された場合であっても、被告が第1審裁判所において管轄違いの抗弁を提出しないで本案について弁論をし、または弁論準備手続において申述をしたときは、その裁判所は、管轄権を有する（応訴管轄、民訴法12条）。

2　大規模事件の特則（6条3項・4項）

大規模な消費者被害が生じた事案では、対象消費者が多数となる場合がある。

共通義務確認の訴え自体は特定適格消費者団体と事業者との間でなされるが、共通義務確認の訴えに係る手続の審理を行った地方裁判所は対象債権の確定手続における管轄裁判所となり（12条）、多数の対象消費者の対応をしなければならないため、大規模事件の共通義務確認の訴えを、多数の対象消費者に対応できる規模を有する裁判所に提起することができれば便宜である。

そこで、対象消費者の数が500人以上であると見込まれるときは、民訴法4条1項もしくは同法5条5号または法6条2項の規定による管轄裁判所の所在地を管轄する高等裁判所の所在地を管轄する地方裁判所にも、共通義務確認の訴えを提起することができるとされた（6条3項）。

さらに、対象消費者の数が1000人以上であると見込まれるときは、東京地方裁判所または大阪地方裁判所にも、共通義務確認の訴えを提起することができるとされた（6条4項）。

なお、「対象消費者の数の見込み」は訴状の必要的記載事項とされ（最高裁規則2条2項1号）、また、その根拠となる資料を添付しなければならないとされている（同条3項）。

3　複数の管轄裁判所がある場合の措置（6条5項）

以上の管轄の定めにより、同一の事件につき、2つ以上の地方裁判所が管

轄権を有することになり、異なる地方裁判所に共通義務確認の訴えが提起されることがありうる。そこで、6条5項は、同一事件につき異なる地方裁判所に共通義務確認の訴えが提起された場合に、先に訴えの提起があった地方裁判所のみが管轄権を有することとした。なお、原告である特定適格消費者団体が別の団体であっても、請求の内容および相手方が同一である共通義務確認訴訟は、同一の消費者・事業者間の共通する事実上および法律上の原因に基づく金銭支払義務の確認を求める訴えであるため、「同一の事件」である（7条参照）。たとえば、①X_1特定適格消費者団体が、Y事業者を被告として、Y事業者の営業所を管轄するA裁判所に瑕疵担保責任に基づく損害賠償請求に関する共通義務確認の訴えを提起し、②X_2特定適格消費者団体が、Y事業者を被告として、義務履行地を管轄するB裁判所に、①と同一の瑕疵についての瑕疵担保責任に基づく損害賠償請求に関する共通義務確認の訴えを提起する場合、①の事件と②の事件は同一事件である。

　6条5項により後に訴えの提起があった地方裁判所には管轄権がないこととなるため、後訴事件は先に訴えの提起があった地方裁判所に移送され（民訴法16条1項）、弁論および裁判が併合されることになる（7条1項）。

　ただし、先に訴えの提起があった裁判所で審判をすることが必ずしも最良であるとは限らないことから、先に訴えの提起があった地方裁判所は、著しい損害または遅滞を避けるため必要があると認めるときは、申立てによりまたは職権で、当該共通義務確認の訴えに係る訴訟の全部または一部を他の管轄裁判所に移送することができるとされた（6条5項ただし書）。

4　裁量移送（6条5項ただし書・6項）

(i)　同一事件の移送

　民訴法17条は、裁判所は、訴訟の著しい遅滞を避け、または当事者間の衡平を図るため必要があると認めるときは、訴訟の全部または一部を他の管轄裁判所に移送することができるとしているが、共通義務確認の訴えでは、6条5項本文により、先に訴えの提起があった地方裁判所のみが管轄権を有するため、他の裁判所に管轄権があることを前提とする民訴法17条は適用され

る余地がない。

しかし、共通義務確認の訴えでも他の裁判所の方が適切に事案を処理できる場合がありうることから、6条5項ただし書は著しい損害・遅滞を避けるための移送を規定した。

すなわち、上記のとおり同一事件につき異なる地方裁判所に共通義務確認の訴えが提起された場合、先に訴えの提起があった地方裁判所は、著しい損害または遅滞を避けるため必要があると認めるときは、申立てによりまたは職権で、当該共通義務確認の訴えに係る訴訟の全部または一部を他の管轄裁判所に移送することができるとした（6条5項ただし書）。

ここで、「著しい損害」とは、当事者の利益（原告・被告双方の損害）を意味し、「著しい遅滞」とは、公益（円滑な審理の便宜等）を意味するものとみられ、実質的には民訴法17条の裁量移送の場合と同様の基準となると考えられる。ただし、6条5項ただし書が破産事件の移送（破産法7条柱書）と同一の文言を使用していることから、共通義務確認の段階だけではなく、簡易確定手続の進行の便宜をもにらんだ判断を認める趣旨であるとも考えられ、対象消費者が多く所在する他の管轄裁判所があれば、そこへの移送もありうるとする考えもある（山本・解説153頁）。

(ii) **同種事件の移送**

また、裁判所は、事業者が異なるなど「同一事件」の場合でなくても、同種事件の一体処理の便宜を図るために、他の裁判所に同種事件が係属する場合には、移送することができる（6条6項）。

すなわち、他の裁判所に事実上および法律上同種の原因に基づく請求を目的とする共通義務確認訴訟が係属している場合において、当事者の住所または所在地、尋問を受けるべき証人の住所、争点または証拠の共通性その他の事情を考慮して相当と認めるときは、申立てによりまたは職権で、当該共通義務確認訴訟の全部または一部について、当該他の裁判所に移送することができる（6条6項）。移送を受けた裁判所は、裁量により弁論を併合することができる（民訴法152条）。

事実上同種の原因に基づく共通義務確認訴訟としては、たとえば敷金特約

で同種の約款を用いている複数の事業者に対する訴訟があげられ、法律上同種の原因に基づく共通義務確認訴訟としては、たとえば学納金について同様の授業料不返還特約をもつ複数の大学に対する訴訟などがあげられる（山本・解説153頁）。

移送の可否を判断する際の考慮要素として「当事者の住所又は所在地、尋問を受けるべき証人の住所、争点又は証拠の共通性」があげられており、これらは当事者の利益や審理の便宜を考慮すべきとするものであるが、第2段階の手続をも考慮して、対象消費者の手続参加の便宜も斟酌される余地があるとする考えがある（山本・解説154頁）。

5　国際裁判管轄

(i)　民訴法の適用

共通義務確認の訴えには、民訴法が適用される。これは、共通義務確認の訴え（3条）が、第2章第1節「共通義務確認訴訟に係る民事訴訟手続の特例」として定められていることから明らかである。そのため、民訴法3条の2以下の国際裁判管轄の規定が適用される。

具体的には、被告となる事業者の住所、主たる事務所または営業所が日本国内にあるとき、事務所または営業所がない場合などは代表者その他の主たる業務担当者の住所が日本国内にあるときには日本に国際裁判管轄がある（民訴法3条の2第1項・3項）。また、日本国内にある事務所または営業所における業務に関するものであるとき、日本において事業を行う者の日本における業務に関するものであるときにも日本に国際裁判管轄が認められる（同法3条の3第4号・5号）。

(ii)　義務履行地が日本国内の場合

民訴法3条の3第1号の義務履行地の国際裁判管轄について、共通義務確認の訴えに適用されるかどうか問題となる。共通義務確認の訴えは、共通義務の確認を求めるもので、対象債権についての訴えではない。そのため、民訴法3条の3第1号の定める「契約上の債務の履行の請求を目的とする訴え」等に該当するというのは困難であるとも考えられる。もっとも、共通義

務確認の訴えは、消費者契約に関する法3条1項に列挙する請求に係る事業者が消費者に対して負う金銭の支払義務を確認するものであり、一定の金銭債権の請求を前提としている。そして、対象債権の確定手続で債権届出がされる対象債権の確定のために共通義務を確認しているものであるから、「契約上の債務の履行の請求を目的とする訴え」等に当たるものと解すべきである[56]。

(iii) 財産所在地が日本国内の場合

　民訴法3条の3第3号の「財産権上の訴え」についてはどうか。共通義務の確認は、対象債権の請求そのものではないが、対象債権の請求の手続について集団的な請求を容易にするため、手続を二段階に分けて共通部分を審理する民事訴訟を新たに創設したものである。共通義務の確認は、財産権上の請求であるところの金銭債権である対象債権の請求のために行うもので、「財産権上の請求」といいうる。法4条は、共通義務確認の訴えについて、「財産権上の請求でない請求に係る訴えとみなす」としており、本質的には財産権上の請求であることを前提とした上で、そうでないとみなしていると考えられる。そこで、裁判管轄との関係では、財産権上の訴えであると考えられ、民訴法3条の3第3号の適用はあると考えられる。

　そうすると、「請求の目的が日本国内にあるとき」、「当該訴えが金銭の支払を請求するものである場合には差し押さえることができる被告の財産が日本国内にあるとき」には、日本に国際裁判管轄が認められる。たしかに、共通義務確認の訴えは、共通義務を確認するものであり、それ自体で、金銭の支払いを請求するものではない。しかし、共通義務確認の訴えは、消費者契約に関する法3条1項に列挙する請求に係る事業者が消費者に対して負う金銭の支払義務を確認するものであり、一定の金銭債権の請求を前提としている。そして、認容判決の場合には対象債権の確定手続が開始され（14条）、金銭の支払いの請求がなされることが制度的に予定されているのであるから「金銭の支払いを請求するものである場合」に当たると解すべきである。そ

---

[56] 山本・解説154頁は、民訴法3条の3第1号の適用があるとする。

のため、差押可能な被告の財産が日本に存在すれば、日本に国際裁判管轄が認められると考えられる[57]。

これに対し、営業所が日本国にある場合や日本において事業を行う場合には日本に裁判管轄が認められるのであるから、それ以上に日本に裁判管轄を認めることに必要性が乏しく、管轄が広すぎて海外事業者に不利益にすぎること、国内管轄についてではあるが法6条1項が民訴法3条の3と同趣旨の規定である民訴法5条について4号の財産権上の訴えに関する規定について適用しないとしていることから、民訴法3条の3第3号の管轄を認めるべきではないという見解もあり得る。

しかし、たとえば、主として日本人を相手としている日本語による案内をする現地のツアー会社は、世界の主要都市に存在しており、また、留学や海外派遣で一時的に海外に居住している日本人向けに、日本語による各種サービスを提供する事業者が世界の主要都市には存在している。そのため、消費者がこれらの事業者とトラブルに巻き込まることもあり得る。このような場合には、外国で日本語のサービスを提供しているという特徴から、日本に生活の本拠を置く者が顧客になることが当然に予見でき、また、事業者も日本企業の子会社等日本と何らかのかかわり合いがある場合も多く、日本で訴訟に巻き込まれることが想定外であるとか不当に不利益であるとは言い難いと考えられる。

法6条1項が民訴法5条4号を適用しないとしたのは、国内管轄を定めるにあたっては、義務履行地や不法行為地については別途規定を置いており（6条2項）、それに加えて、請求の目的や差押財産の所在地による必要はないと考えたためであり、国際裁判管轄とはおのずと性質が異なる。

また、たまたま日本人が旅行先で海外の企業と取引をしたような場合にまで日本に裁判管轄を認めることは広すぎると思われるような場合には、民訴法3条の9による調整も可能である。

よって、3号の管轄が認められると考えられる。

---

[57] 山本・解説154頁は、民訴法3条の3第3号の適用があるとする。

(iv) 不法行為地が日本国内の場合

民訴法3条の3第8号の不法行為に関する訴えはどうか。不法行為に基づく損害賠償の請求に係る共通義務の確認の訴えは、不法行為に関するものではあるので、本号の管轄が認められると考えられる（山本・解説154頁）。

なお、本号に関しても、日本に裁判管轄を認めることに必要性が乏しく、管轄が広すぎて海外事業者に不利益にすぎるので、8号の管轄を認めるべきではないという見解もあり得る。しかし、本号の場合、「外国で行われた加害行為の結果が日本国内で発生した場合において、日本国内におけるその結果の発生が通常予見することのできないものであったときを除く」とされているから、日本で訴訟に巻き込まれることが想定外であるとか不当に不利益であるとは言い難いと思われる。

(v) 消費者契約に関する訴えの管轄

民訴法3条の4の消費者契約に関する訴えの管轄権については、特定適格消費者団体は消費者ではないから、共通義務確認の訴えは、「消費者からの事業者に対する訴え」に該当するというのも困難であると考えられる（山本・解説155頁）。

◆第7条　弁論等の必要的併合

> **第7条**　請求の内容及び相手方が同一である共通義務確認訴訟が数個同時に係属するときは、その弁論及び裁判は、併合してしなければならない。
> 2　前項に規定する場合には、当事者は、その旨を裁判所に申し出なければならない。

I　趣　旨

1項は、請求の内容および相手方が同一の共通義務確認訴訟が数個同時に係属する場合に、弁論および裁判を併合することにより、重複審理を回避し、また判決が各訴訟ごとに矛盾することがないようにするためのものである。

2項は、裁判所は、請求の内容および相手方が同一の共通義務確認訴訟が数個同時に係属するかどうかについて、必ずしも知りうるとは限らない一方で、当事者は、これについて知りうる立場にあるため、当事者に請求の内容および相手方が同一の共通義務確認訴訟が数個同時に係属する旨を裁判所に申し出るよう規定したものである。

II 解 説

1 必要的併合（1項）

すでに共通義務確認訴訟が係属しているのに、他の特定適格消費者団体により、当該訴訟と請求の内容および相手方が同一の共通義務確認訴訟が裁判所に提起されることが起こりうる。

請求の内容および相手方が同一である共通義務確認訴訟の審判の対象は同一であるにもかかわらず、そのような複数の訴訟をすることは不経済であり、被告事業者にとっても負担となる。

また、共通義務確認訴訟の確定判決の効力は、当該共通義務確認訴訟の当事者以外の特定適格消費者団体および当該共通義務確認訴訟に係る対象消費者の範囲に属する30条2項1号に規定する届出消費者に対してもその効力を有するとされており（9条）、確定判決の主文に包含する判断が矛盾した場合には、再審（民訴法114条1項・338条1項10号）により解決しなければならない結果となる。

そこで、このような重複審理および矛盾判決を防止するため、請求の内容および相手方が同一である共通義務確認訴訟が数個同時に係属するときは、その弁論および裁判は、併合してしなければならないと規定された。

なお、請求の内容および相手方が同一の共通義務確認訴訟が別の地を管轄する裁判所に提起された場合には、原則として、先に訴え提起があった裁判所に移送される（6条5項本文、民訴法16条1項）。

2 当事者の申出（2項）

　請求の内容および相手方が同一である共通義務確認訴訟が数個同時に係属するときは、その弁論および裁判は、併合してしなければならないが（7条1項）、裁判所は、請求の内容および相手方が同一の共通義務確認訴訟が数個同時に係属するかどうかにつき、必ずしも知りうるとは限らない。

　その一方で、これにつき、被告事業者は他の共通義務確認訴訟の当事者であることから自らのこととして知り、原告特定適格消費者団体は団体相互の通知（78条1項1号～7号・12号）によって知りうる立場にある。

　そこで、7条1項の趣旨を徹底するため、当事者に、請求の内容および相手方が同一の共通義務確認訴訟が数個同時に係属する旨を裁判所に申し出させることとされた。

◆第8条　補助参加の禁止

> **第8条**　消費者は、民事訴訟法第42条の規定にかかわらず、共通義務確認訴訟の結果について利害関係を有する場合であっても、特定適格消費者団体を補助するため、その共通義務確認訴訟に参加することができない。

Ⅰ　趣　旨

　共通義務確認の訴えにおいては、特定適格消費者団体は特別に当事者適格を与えられたものであるから、消費者が、当該特定適格消費者団体を補助するために共通義務確認訴訟に参加することができない旨を規定している。

Ⅱ　解　説

　3条1項において、特定適格消費者団体に共通義務確認の訴えの当事者適格を認めているが、本法は、共通義務確認の訴えについては、多数の消費者の利益を代表して訴訟行為が期待される者として、特別に特定適格消費者団

体にのみ当事者適格を与えたものである。

　これは、特定適格消費者団体をもって、多数の消費者を代表して訴訟追行させることにより手続を効率化させ消費者の負担の軽減を図り、もって紛争の１回的解決を図りつつ、消費者の被害の回復を実効的に行おうとしたものである。

　本条の「利害関係を有する」とは、民訴法42条の「利害関係を有する」と同義であり、利害関係とは法律上の利害関係でなければならないところ、対象消費者は当然に利害関係を有する。しかし、対象消費者は、共通義務確認の訴えが提起されていても、別途訴えを提起することが可能であるから、対象消費者に共通義務確認訴訟への参加を認める必要性は乏しい。対象消費者に共通義務確認訴訟への参加を認めれば、かえって、争点の拡散や期日指定の困難、送達手続の煩雑化などの問題が生じて、法の趣旨に反することになりかねない。

　したがって、対象消費者は当事者として共通義務確認の訴えに参加することはできず、補助参加という形でも訴訟追行は認められないものと規定された。もっとも、本条によっても対象消費者が事業者側に補助参加することは禁止されていない。

◆第９条　確定判決の効力が及ぶ者の範囲

> **第９条**　共通義務確認訴訟の確定判決は、民事訴訟法第115条第１項の規定にかかわらず、当該共通義務確認訴訟の当事者以外の特定適格消費者団体及び当該共通義務確認訴訟に係る対象消費者の範囲に属する第30条第２項第１号に規定する届出消費者に対してもその効力を有する。

I　趣　旨

　本条は、共通義務確認訴訟の確定判決の効力[58]が、当事者以外の特定適格

---

[58]　民訴法115条１項は、当事者やその口頭弁論終結後の承継人などに確定判決の効力が及ぶことを定める。

第2部　逐条解説　消費者裁判手続特例法

消費者団体および対象消費者の範囲に属する届出消費者にも拡張されることを規定している。

II　解　説

1　当事者以外の特定適格消費者団体への判決効の拡張

共通義務確認の訴えは、制度の実効性確保の観点から、各特定適格消費者団体はそれぞれ単独で共通義務確認の訴えを提起することができるとしつつ、同一事件に係る共通義務確認の訴えについては、合一にのみ確定させる必要があるため、共通義務確認の訴えに係る確定判決の効力は、当事者以外の特定適格消費者団体にも拡張されることとした。かかる訴訟類型は、類似必要的共同訴訟に当たると考えられる。

なお、判決の効力が及ぶといっても、当事者でなかった特定適格消費者団体は簡易確定手続を追行できない[59]（12条）。

2　対象消費者の範囲に属する届出消費者への判決効の拡張

本制度は、2段階型の訴訟制度を創設し、もって、消費者被害の実行的回復および紛争の1回的解決を図ろうとするものである。

かかる制度の本質から、共通義務確認の訴えの判決効は、その結果を活用するため、対象消費者の範囲に属する者が対象債権の確定手続における債権届出をした場合には、その者に対しても判決の効力を及ぼさなければならない[60]。判決効が拡張されるのは、「対象消費者の範囲に属する」「届出消費者」である必要があるので、債権届出をしていない対象消費者や、債権届出はしたが対象消費者該当性を満たさない届出消費者には、共通義務確認の訴えの判決効は及ばない。

---

[59] したがって、請求認容判決の場合、「他の特定適格消費者団体への判決の効力の拡張は、実質的には特に意味を持たない」（三木浩一「消費者集合訴訟制度の構造と理論」伊藤眞先生古稀祝賀『民事手続の現代的使命』（有斐閣、2015年）611頁）。

3　判決効拡張の根拠

　他の特定適格消費者団体にも判決効が拡張されるのは、①他の団体に対する提訴の通知等がされ（78条）、他の団体も提訴の事実を知ることができ、②共同訴訟参加等によって原告団体の訴訟追行に参加できること、③馴れ合い訴訟等不当な結果については既判力の排除が可能であることから正当化される。

　かかる制度は、被告たる事業者が、共通義務確認の訴えの審理において、2段階目の手続で行使されることが想定される債権の内容およびその総額についておおよその見通しを把握でき、十分な攻撃防御を尽くすことができるような制度設計とすることにより許容される（一問一答51頁）。

　共通義務確認の訴えでは、対象債権および対象消費者の範囲を特定し、対象となる請求を消費者契約に関するものに限定し、損害賠償請求の場合の損害の範囲について拡大損害、逸失利益、人身損害および慰謝料を除外している。これらの限定をすることによって、事業者は、その訴訟に係る経済的利益について予測が可能になる。このような予測可能性が働く範囲で判決効を及ぼしても、被告に酷とはいえない（山本・解説274頁）。

4　請求棄却判決の効力

　請求棄却判決が確定した場合も、本条により、当事者以外の特定適格消費者団体および対象消費者の範囲に属する届出消費者に対して判決効が及ぶ。すなわち、本条は、事業者に対し、同一事項について複数回提訴されることはない地位を保障するものである。

---

(60)　この点、山本・解説163頁は「判決効の一種の片面的拡張である」とする。しかし、簡易確定決定までの手続の当事者は、原則として共通義務確認訴訟の当事者と同一であり（12条）、簡易確定決定に対する異議申立てにより訴訟手続が行われる場合も、債権届出団体が届出消費者の授権に基づいて訴訟追行する（53条参照）限りでは、やはり、共通義務確認訴訟と同一の当事者間での訴訟であるから、判決効の拡張の問題は生じないという見解がある（上原敏夫「集団的消費者被害回復手続の理論的検討」伊藤眞先生古稀祝賀『民事手続の現代的使命』（有斐閣、2015年）33頁）。

もっとも、簡易確定手続は、共通義務確認訴訟の請求を認容する確定判決もしくは請求認諾または共通義務が存在することを認める和解によって訴訟が終了した場合に申立てによって開始するものであるから、共通義務確認訴訟における全部棄却判決は、簡易確定手続が開始されないため、結果的に当事者および他の特定適格消費者団体にしか効力が及ばないことになる（一問一答52頁）。すなわち、請求棄却判決の場合に判決効が拡張されるのは、他の特定適格消費者団体に対してのみである。

なお、一部認容判決に基づいて簡易確定手続が開始された場合には、届出消費者には、棄却部分について確定判決の効力が及ぶ。そのため、共通義務の不存在が判断された部分についても届出消費者に既判力が及び、消費者に不利に働く場合がある[61]。

◆第10条　共通義務確認訴訟における和解

> 第10条　特定適格消費者団体は、共通義務確認訴訟において、当該共通義務確認訴訟の目的である第2条第4号に規定する義務の存否について、和解をすることができる。

I　趣　旨

本条は、特定適格消費者団体は、共通義務確認訴訟の目的である2条4号に規定する義務の存否について、訴訟上の和解をすることができることを定める。特定適格消費者団体は、事業者を被告として共通義務確認の訴えを提起することができるが（3条1項）、その被告に対して何らの実体法上の請求権を有するわけではないため、訴訟上の和解の可否に疑義が生じる。しか

---

[61] この点を捉えて、既判力は、片面的ではなく双面的に拡張されるとする見解がある（三木・前掲注(59)612頁）。同見解によれば、原告側が勝訴した場合に、その既判力は2段階目で勝訴者側に有利に利用できるのに対し、被告側が勝訴した場合には、その既判力を2段階目で被告側に有利に利用する方途はないが、それは被告事業者のための2段階目の手続が設けられていないからであり、既判力の片面的拡張によるものではないという（同612頁）。

第10条　共通義務確認訴訟における和解

し、共通義務確認訴訟に関与しない対象消費者の手続保障や不適正な和解の防止策が設けられており、同手続における和解を一切禁止すべき理由はない。そこで、共通義務確認訴訟の目的については、訴訟上の和解ができることを確認的に規定した。

また、訴訟上の和解は、簡易確定手続開始の原因となっており、手続の促進と早期救済のため、本和解の成立が期待される。

特定適格消費者団体は、簡易確定手続について消費者から授権を得る前に、個別の消費者の実体法上の権利について裁判外で和解をする権限は与えられていない。しかし、一般の消費者団体として裁判外の和解をすることは、本条の枠外の行為であり（一問一答56頁）、一般的に許容される。また、和解の要件および効果は実体法の規律による。

II　解　説

1　和解事項[62]

（i）共通義務の存否についてする和解

和解事項は、「当該共通義務確認訴訟の目的である第2条第4号に規定する義務の存否について」であり、「第2条第4号に規定する義務の存否」とは、相手方が対象消費者に対して負う支払義務の存否それ自体ではなく、「個々の消費者の事情によりその金銭の支払請求に理由がない場合を除いて、金銭を支払う義務を負うべきこと」である。

---

[62]　和解の際に明らかにすべき事項として、最高裁規則5条は、対象債権および対象消費者の範囲（1号）、事実上および法律上の原因（2号）を明らかにするよう定める。
　1号については、共通義務確認の訴えの訴状および判決書に記載されるほか、簡易確定手続開始申立書および簡易確定手続開始決定の必要的記載事項とされている（16条・20条、最高裁規則11条1項5号）。
　2号については、債権届出の際に届出書に記載できる請求の原因が「共通義務確認訴訟において認められた義務に係る事実上及び法律上の原因を前提とするもの」に限定されている（30条2項2号カッコ書）ことを受けて、当事者が共通義務が存することを認める旨の和解をするにあたって、合意された共通義務がどのような「事実上及び法律上の原因」を前提とするものかを明らかにすべきことを定める（条解最高裁規則16頁）。

たとえば、特定適格消費者団体が、事業者Xを被告とし、XにはAおよびBの義務があるのにそれを怠ったとして、債務不履行に基づく損害賠償義務の存否を争う場合に、Aの債務不履行のみを認めて損害賠償義務を認める和解をする場合などである。

(ii) 共通義務の存否について定めない和解

共通義務確認訴訟において、共通義務の存否について合意をせずに、消費者の事業者に対する実体法上の権利を処分する内容の訴訟上の和解をすることはできない（一問一答54頁）。よって、特定適格消費者団体と事業者との間で、個々の対象消費者が事業者に対して持つ債権の存否および内容について、団体が一定の処分をする和解（たとえば、対象消費者は、一定の解決金を受領する代わりに、本件について金銭請求をしないといった内容の和解）をしたとしても、その和解に対象消費者が拘束されることはない（一問一答54頁）。なぜなら、本法は、特定適格消費者団体に対して、共通義務確認訴訟において対象消費者の実体法上の権利を処分する権限までは付与していないからである。

しかし、特定適格消費者団体は、一般の消費者団体として裁判外の和解をすることが許容されているところ、消費者の実体法上の権利を処分する内容を含まず、事業者が消費者に一定の金銭を支払う旨の和解をすることは可能である[63]。この場合、特定適格消費者団体は、第三者のためにする契約（民

---

[63] 共通義務確認訴訟において、対象消費者全員に相手方事業者が金銭を支払うとの和解をした場合には、当該和解内容に特定適格消費者団体が簡易確定手続を行わないという条項も定められると思われるところ、当該条項が「被害回復裁判手続の追行に関」するものであるから、特定適格消費者団体が相手方事業者から当該和解金を受け取ることができるのかどうか（83条1項1号参照）、また、当該和解に基づき、相手方事業者が直接対象消費者に金銭を支払うことができるかどうか（同条3項参照）問題となりうる。

前者については、83条1項1号に定める「和解」は、共通義務確認訴訟での和解を含むすべての和解のことを指すため、特定適格消費者団体が和解金を受領することに問題はない。

後者については、83条が、制度の公正性、適正性および信頼性を確保する観点から定められているものであるため、これらを害するものでない限り、事業者が対象消費者に直接和解金を支払う和解条項を定めても問題はない。このような和解金の支払いは、被害回復裁判手続を追行したことまたは追行しなかったことの対価として支払われるものではないため、「被害回復裁判手続の追行に関し」てされた場合には該当しない（ガイドライン4.(8)）。

法537条1項）としての和解契約を締結したこととなる。

　また、和解内容に、共通義務確認訴訟を終了させる合意（請求の放棄や訴えの取下げ）を含めた場合、それによって共通義務確認訴訟は終了すると考えられるものの[64]、和解の内容として共通義務が存することを認める条項がなければ簡易確定手続は開始しない（一問一答54頁）。

(iii) 共通義務の存否とともにそれ以外の事項についてする和解

　共通義務確認訴訟を提起できるのは特定適格消費者団体のみであるため、対象消費者は、共通義務確認訴訟には本質的にかかわることができない。したがって、共通義務の存否とともにそれ以外の事項について和解をする場合、それができるかどうかは、あわせて合意しようとしている内容によることとなる。

　すなわち、合意しようとしている事項が、共通義務に付随するものであり対象消費者の権利義務に直接かかわらない事項であれば、あわせて合意することができるものと考えられる。たとえば、共通義務について定めた和解による紛争解決の実効性を確保するため、事業者が謝罪したり、問題となった約款の事後の不使用を合意したりする場合である。

　また、対象消費者を害することのない和解、たとえば、偏頗性が見られない和解（対象消費者全員に一定の金銭を支払う旨の和解や支払金額の計算方法を定める旨の和解）（町村・使い方93頁）は、対象消費者を害するものではないことから、本条によっても禁止されておらず、特定適格消費者団体と被告事業者との間で、事業者の作為義務を定めたものとして、効力が生じるというべきである。

　他方、前記(ii)のとおり、合意しようとしている事項が、個々の消費者の事業者に対する実体法上の権利を処分する内容を含むものであれば、合意できない[65]。

---

[64] 共通義務確認訴訟は、特定適格消費者団体のみが訴訟追行できるものであるから（3条1項）、同訴訟を終了させる合意をしても、消費者の実体法上の権利を侵害することにならない。

2 手続的規律および行政監督

共通義務確認訴訟における和解は、簡易確定手続における対象債権の判断の基礎となるものであり、第三者である対象消費者に与える影響も大きいことから、和解の適正性を確保する必要がある。

そこで、手続的規律として、特定適格消費者団体は、和解をしようとするときは、遅滞なく、その旨を他の特定適格消費者団体に通知するとともに、その旨およびその内容を内閣総理大臣に報告しなければならない（78条1項7号）。

また、他の特定適格消費者団体は、共同訴訟参加をすることができ、特定適格消費者団体の相互牽制が図られることになる。

さらに、馴れ合いによる裁判上の和解がされた場合、再審事由に当たる瑕疵があるといえるため、かかる瑕疵は当該裁判上の和解の効力の無効原因となると考えられる（11条の解説参照）。

なお、相手方と通謀して対象消費者の利益を害する内容の和解をすることなど不適正な和解をした特定適格消費者団体に対しては、特定認定の取消しまたは適格認定の取消し（86条2項1号）等の行政監督が定められている。

3 和解の効力

和解により共通義務確認訴訟が終了する。また、調書に記載されれば、その記載は確定判決と同一の効力を有する（民訴法267条）ため、当事者以外の特定適格消費者団体および対象消費者の範囲に属する届出消費者に対してもその効力を有する（9条）。

---

(65) この点、一問一答55頁は、「個々の消費者に対する支払額など、個々の消費者の被告である事業者に対する債権の存否及び内容といった実体法上の権利を処分するものである場合には、……対象消費者の実体法上の権利を処分する権限がないことから、することができ」ないとする。しかし、特定適格消費者団体が、事業者との間で「個々の消費者に対する支払」を含む内容の和解をしたとしても、それが一律に対象消費者の実体法上の権利を処分するものとは解されない。個々の消費者に対する支払を含む内容の和解が、第三者のためにする契約としての和解と理解されることについては、前記(ii)で述べたとおりである。

4　簡易確定手続との関係

2条4号に規定する義務の存在を認める旨の和解は、簡易確定手続の開始原因となる（12条）。

5　裁判外の和解

実際には、特定適格消費者団体は、共通義務確認訴訟を提起する前に、相手方事業者に対し、書面による申入れを行うことが予想される。当該交渉の途中で、特定適格消費者団体と相手方事業者との間で、対象消費者に金銭を支払う旨の合意を行うことは本条によっても禁止されていない（民法695条）。また、その場合の和解内容は、金銭の支払義務に限定されない。たとえば、相手方事業者が、平成〇年〇月〇日から平成〇年〇月〇日の間に製造した製品を購入した消費者に対し代替品の給付を行う、といった内容の和解が考えられる[66]。

◆第11条　再審の訴え

> **第11条**　共通義務確認の訴えが提起された場合において、原告及び被告が共謀して共通義務確認の訴えに係る対象消費者の権利を害する目的をもって判決をさせたときは、他の特定適格消費者団体は、確定した終局判決に対し、再審の訴えをもって、不服を申し立てることができる。

---

[66] 町村・使い方93頁は、「対象消費者の一部のみが利益を受けることとなる和解は、それ以外の対象消費者の利益を害することになりかねず、法75条1項に照らして問題がある」と指摘する。しかし、特定適格消費者団体は、共通義務確認訴訟に先立ち、事業者との間で事前の交渉を行うことが予想され、交渉段階においては、限られた資料（ほとんどが事業者が任意に開示した資料と考えられる）から対象消費者の範囲を判断せざるを得ない。できるだけ迅速に消費者の被害回復を図ることも本法の目的であるところ、特定適格消費者団体が、予想されうる最大の対象消費者の範囲よりもその範囲を一部限定し、和解契約を締結せざるを得ないこともあり得よう。この場合には75条1項の問題は生じないというべきである。

I 趣　旨

　共通義務確認の訴えにおいて、原告と被告が共謀して、対象消費者の権利を害する目的をもって判決をさせたときは、当事者でなかった特定適格消費者団体は、確定した終局判決に対して、再審の訴えをもって、不服を申し立てることができる旨を規定している。

II 解　説

1 不適切な訴訟追行を防止する方策

　共通義務確認の訴えにおいては、当事者でない他の特定適格消費者団体も、共同訴訟参加（民訴法52条1項）して自ら訴訟行為を行うことができるため、対象消費者の権利を害する目的をもってするような原告の訴訟行為を防止することができる。この実効性を確保するために、78条1項7号において、特定適格消費者団体は、共通義務確認訴訟において和解をしようとする場合には、遅滞なく、他の特定適格消費者団体にその旨を通知しなければならないと規定している。また、86条2項1号において、特定適格消費者団体が被害回復裁判手続において相手方と通謀して請求の放棄または対象消費者の利益を害する内容の和解をしたときその他対象消費者の利益に著しく反する訴訟その他の手続の追行を行ったと認められるときは、特定適格消費者団体の認定等を取り消すことができると規定し、そのような特定適格消費者団体の訴訟追行を抑止するための規定が設けられている。

　しかし、当事者でない他の特定適格消費者団体は、原告である特定適格消費者団体の訴訟追行を信頼し訴訟参加しないことも考えられ、また、共同訴訟参加をしても必ずしも訴訟追行が適正になされるとは限らないことから、馴れ合いによる判決が確定した場合に不服を申し立てることができるようにする必要がある。そこで、対象消費者の権利を害する目的をもってされた確定判決に対しては再審の訴えをもって不服を申し立てることができるとされた（詐害再審。会社法853条1項参照）。

2　本条による再審の要件と方法

　再審の特則として認められた本条の要件は、①共通義務確認訴訟の原告と被告との間の共謀の存在と、②対象消費者の権利を害する目的である。申立適格は、他の特定適格消費者団体とされており、対象消費者には認められていない。

　申立ての手続としては、当該特定適格消費者団体が、再審の対象となる訴訟に共同訴訟参加等（共同訴訟的補助参加も可能と考えられる）をして再審の申立てをすることになると解される（山本・解説172頁）。

3　不適切な和解等への対応

　上記趣旨からすると、対象消費者の権利を害する目的をもって判決をさせたときだけに限らず、対象消費者の権利を害する目的をもってされた馴れ合いによる請求の放棄、上訴の取下げ、裁判上の和解についても再審事由に当たる瑕疵があるといえるため、かかる瑕疵は当該請求の放棄、上訴の取下げおよび裁判上の和解の効力の無効原因となると考えられる。

　たとえば、馴れ合いによる和解等がされた場合、当該訴訟の馴れ合い当事者以外の他の特定適格消費者団体が参加していれば、その特定適格消費者団体は、当該和解等が馴れ合いによるもので、再審事由に該当することなどを主張して期日指定の申立てをし、それによって開かれる口頭弁論期日で無効原因について審理を行い、無効と判断されれば審理を続行するという方法が考えられる。また、当該訴訟の当事者以外の特定適格消費者団体は、新たな共通義務確認の訴えの提起をしたうえで、その手続の中で、対象消費者の権利を害する目的をもってされた当該和解等の効力を争うことが考えられる（一問一答58頁）。

◆第12条　簡易確定手続の当事者等

　第12条　簡易確定手続は、共通義務確認訴訟における請求を認容する判決が

確定した時又は請求の認諾（第2条第4号に規定する義務が存することを認める旨の和解を含む。以下この款において同じ。）によって共通義務確認訴訟が終了した時に当事者であった特定適格消費者団体（第87条第2項の規定による指定があった場合には、その指定を受けた特定適格消費者団体）の申立てにより、当該判決が確定した時又は請求の認諾によって当該共通義務確認訴訟が終了した時に当事者であった事業者を相手方として、共通義務確認訴訟の第1審の終局判決をした地方裁判所（第1審において請求の認諾によって共通義務確認訴訟が終了したときは、当該共通義務確認訴訟が係属していた地方裁判所）が行う。

I 趣　旨

　本条は、簡易確定手続は、共通義務確認訴訟における請求認容判決の確定時および和解による終了時または被告による請求の認諾によって共通義務確認訴訟が終了した時に当事者であった特定適格消費者団体の申立てにより、同じく当該共通義務確認訴訟が終了した時に当事者であった事業者を相手方として、共通義務確認訴訟の第1審の終局判決をした地方裁判所が行う旨を規定している。

II 解　説

1　簡易確定手続とは

　簡易確定手続は、共通義務確認訴訟で確認された被告である事業者の共通義務（消費者契約に関して相当多数の消費者に生じた財産的被害について、事業者がこれらの消費者に対し、これらの消費者に共通する事実上および法律上の原因に基づき金銭を支払う義務（2条4号））を前提として、対象債権の存否および内容を、簡易な手続によって確定していくものである。

2　簡易確定手続開始の申立てができる場合

　簡易確定手続開始の申立てができるのは、共通義務確認訴訟における請求を認容する判決が確定したときまたは被告が請求の認諾（消費者契約に関し

て相当多数の消費者に生じた財産的被害について、事業者がこれらの消費者に対して、これらの消費者に共通する事実上および法律上の原因に基づき金銭を支払う義務があることを認める裁判上の和解も含む）によって共通義務確認訴訟が終了したときである。認容判決確定時のみならず、請求の認諾（金銭の支払義務を認める和解も含む）によって共通義務確認訴訟が終了したときを含めているのは、被告による請求の認諾等があれば、判決が確定した場合と同様、被告である事業者の責任原因が明らかとなっており、簡易確定手続においてその責任原因を前提として対象消費者の請求権の存否および内容を判断することができるからである。

3　申立人

簡易確定手続は、共通義務確認訴訟における請求認容判決の確定時または請求の認諾によって共通義務確認訴訟が終了した時に当事者であった特定適格消費者団体が申立人となって申立てを行う。なお、87条2項の規定による指定を受けた特定適格消費者団体[67]も申立てをすることができる。

また、簡易確定手続開始の申立てをすることができる特定適格消費者団体が複数となる場合、当該複数の特定適格消費者団体すべてに申立権が認められる。この場合、特定適格消費者団体が個別に申立てをすることもできるし、複数の特定適格消費者団体が共同で申立てをすることもできる。なお、14条は、12条に規定する特定適格消費者団体は、正当な理由がある場合を除き、簡易確定手続開始の申立てをしなければならないとして、共通義務確認訴訟終了時に当事者であった特定適格消費者団体に簡易確定手続開始の申立義務があると規定している。他方、23条では、簡易確定手続開始決定がされた事件については、特定適格消費者団体は、さらに簡易確定手続開始の申立てをすることができないとして、重複する簡易確定手続開始の申立てを禁止して

---

[67]　87条2項の規定による指定を受けた適格消費者団体とは、14条の規定により簡易確定手続開始の申立てをしなければならない特定適格消費者団体が、その特定適格消費者団体の認定が失効し、もしくは、取り消されるとき、またはすでに失効していたり、もしくは、すでに取り消されているときに内閣総理大臣から指名された他の特定適格消費者団体をいう。

いる。これらの規定からすると、共通義務確認訴訟終了時に当事者であった特定適格消費者団体が複数であったときに、そのうちの1つの特定適格消費者団体さえ申立てをすれば、対象消費者はその手続の中で進めることができるため、その他の特定適格消費者団体は14条の「正当な理由がある場合」に当たり、簡易確定手続開始の申立義務を免れる扱いになると考えられる。

4 相手方

当該共通義務確認訴訟における請求認容判決確定時および和解による終了時または請求の認諾によって当該共通義務確認訴訟が終了した時に当事者であった事業者が常に相手方となる。なお、相手方は、共通義務確認訴訟終了時に当事者であった事業者と規定されているが、共通義務確認訴訟の判決確定等の後に当該事業者が合併や会社分割等を行った場合には、合併先の会社および当該事業を引き継いだ分割先会社が相手方となると考えられる。

5 管轄裁判所

簡易確定手続の管轄裁判所は、共通義務確認訴訟の第1審の終局判決をした地方裁判所（第1審において請求の認諾によって共通義務確認訴訟が終了したときは、当該共通義務確認訴訟が係属していた地方裁判所）の専属管轄である。

簡易確定手続は、前提として、先行する共通義務確認訴訟が必ずあり、多数の対象消費者の対象債権を迅速かつ効率的に審理することが要請されるため、異議後の手続に進んだ場合における審級の利益を保障する観点から、常に、共通義務確認訴訟を審理した第1審の裁判所が専属管轄とされた。なお、共通義務確認訴訟の管轄については、6条3項において、対象消費者の数が500人以上であると見込まれるときは、管轄裁判所の所在地を管轄する高等裁判所の所在地を管轄する地方裁判所にも訴え提起できること、同条4項において、対象消費者の数が1000人以上であると見込まれるときは、東京地方裁判所または大阪地方裁判所にも訴え提起できることを定め、共通義務確認訴訟の段階で対象消費者の人数に対応した裁判管轄の特例を認めているが、共通義務確認訴訟提起時の見込み以上に対象消費者が多数であることが

判明した場合でも、本条により、簡易確定手続の管轄裁判所は常に共通義務確認訴訟を審理した第1審裁判所になる。

6 共通義務確認訴訟で異なる共通義務が認められた場合の申立方法

(i) 異なる共通義務が認められる場合

共通義務確認訴訟において、異なる対象債権について共通義務の確認を求めている場合にいずれも認容された場合、同一の対象債権であるが異なる共通義務の確認を認めている場合にいずれも認容された場合など、異なる共通義務が認められることがある[68]。この場合に、どのように簡易確定手続開始の申立てをするのかが問題になる。

(ii) 対象債権が異なる場合

簡易確定手続が多数の届出債権を簡易迅速に確定するために特に設けられた手続であることからすると、極力、手続を単純化するため、多様な届出債権を単一の手続に取り込まない方がよい。一方で、異なる対象債権について実質的に択一的な関係にある場合（たとえば、同一の不当勧誘事案で、消契法による取消しを理由とした不当利得に係る請求と不法行為に基づく損害賠償の請求が認められた場合には、取消しを理由とした不当利得が返還されれば損害がなくなり、損害が賠償されれば損失が塡補されることが多いので、両方の請求をすることはできない）がある。また、最高裁規則19条1項は、同一の事業者に対して、請求の基礎となる消費者契約および財産的被害を同じくする数個の請求がされた場合において、そのうち2以上の請求に係る共通義務について簡易確定手続開始決定がされたときには、1つの対象消費者の1つの財産被

---

[68] 共通義務確認の訴えをする場合に、同一の事業者に対して請求の基礎となる消費者契約および財産的被害を同じくする数個の請求については、できる限り単純併合ではなく、選択的併合または予備的併合とすべきで、そもそもそのような事態を避けるべきとの考え方がある（条解最高裁規則51頁注2）。しかし、対象債権や共通義務の内容によって、そもそも、対象消費者の範囲が異なったり、認められる請求額が異なったりすることがあるので、社会的な紛争としては一連のものとみられる消費者被害を解決するために、被害救済の観点から、異なる対象債権や共通義務を認容する必要もあり得る。

害についてはできる限り1つの対象債権に限り債権届出をしなければならないとしている。また、同条2項は、数個の対象債権の債権届出をするときには、順位を付してまたは選択的なものとしてしなければならないとしている。そうすると、1つの手続の中で、数個の対象債権の債権届出をすることとした方が、重複届出の有無を確認することや、順位をつけることが容易であろう。

そうすると、異なる対象債権について共通義務が認められた場合でも、1個の簡易確定手続とした方がよいと考えられる[69]、[70]。

(iii) 対象債権が同一で共通義務が異なる場合

また、同一の対象債権であるが異なる共通義務が確認された場合（たとえば、同一の不当勧誘事案で、不当利得に係る請求をしているが、契約の仕組み自体が公序良俗に反し無効であることを理由とする共通義務と、勧誘に際して、契約内容に関する不実告知があったとして消契法に基づく取消しを理由とする共通義務とがある場合が考えられる）には、30条2項2号は、債権届出の請求の原因については、共通義務確認訴訟において認められた義務に係る事実上および法律上の原因を前提とするものに限るとしているので、いかなる共通義務を前提とする債権届出か明らかにする必要がある。しかし、複数の共通義務に基づく請求が認められる対象消費者であっても、届出債権としては1個であるから、同一の簡易確定手続において処理しなければ、重複した債権届出が生じて手続が混乱しかねない。そうすると、同一の対象債権であるが異なる共通義務の確認を認めている場合も1個の簡易確定手続としたほうがよいと考えられる。

---

[69] 仮に、対象債権ごとに1個の簡易確定手続が成立するという考え方に立っても、50条は民訴法136条を準用しているから、併合することは可能であると考えられる。

[70] 共通義務確認の訴えの訴訟物については、いくつかの考え方があり得るが、少なくとも対象消費者の範囲が異なる場合、対象債権が異なる場合には訴訟物は異なるという考え方が多いと思われるから、共通義務確認の訴えの訴訟物の考え方と簡易確定手続の個数は一致しないことになる。そもそも、共通義務確認の訴えと簡易確定手続とでは審理の対象も異なり（共通義務か個別の債権か）、手続の性格（限定された共通部分を確定させるものか、多数の債権を短期間に迅速に確定させるものか）が異なるから、その目的に応じて異なる考え方が許されると考えられる。

(iv) 申立ての手数料

なお、この問題は、簡易確定手続の個数をどのように考えるかという問題でもあり、簡易確定手続開始の申立ての手数料にかかわってくる。異なる対象債権について共通義務が認められた場合や同一の対象債権であるが異なる共通義務の確認を認めている場合でも、1個の簡易確定手続になるので、申立手数料は1000円ということになる（附則9条による改正後の民訴費用法別表第1・16イ）。

7 共通義務確認訴訟の当事者が複数である場合の申立方法

(i) 原告が複数である場合

共通義務確認訴訟において原告（特定適格消費者団体）が複数である場合については、法律上特にその点が念頭に置かれており、開始決定後の重複申立てが禁止されている（23条）から、1つの手続において複数の特定適格消費者団体が共同して手続を追行することが念頭に置かれている。そして、対象消費者は1つの特定適格消費者団体に限り授権をすることができる（31条2項）とされており、複数の特定適格消費者団体があっても、重複した債権届出が起きないようにされている。そのため、共通義務確認訴訟において原告が複数である場合でも、1つの手続で行われる必要がある。

もっとも、当事者が別である以上は別個の手続と言わざるを得ないであろうから、特定適格消費者団体ごと別の手続であるとして、50条が民訴法38条を準用していることから、併合されていると考えるべきである。

なお、申立手数料は各特定適格消費者団体が1000円を納付する必要があると考えられ、1通の申立書で複数団体が共同で申し立てたとしても、数個の申立てがあると見ざるを得ないと考えられる。

(ii) 被告が複数である場合

それでは、共通義務確認訴訟で被告が複数である場合にはどうか。たとえば、不当勧誘事案において勧誘者が契約当事者と異なり、勧誘者と契約当事者との双方に請求がなされている場合、債務不履行事案で現実の履行者が契約当事者と異なり、現実の履行者と契約当事者との双方に請求されている場

合などが考えられる。この場合も、当事者が別である以上は別個の手続と考えるべきである。

　このような場合について、最高裁規則19条のような特別の規定はない。また、簡易確定手続が多数の届出債権を簡易迅速に確定するために特に設けられた手続であることからすると、手続を単純化するため多様な届出債権を単一の手続に取り込まないほうがよい場合もある。また、相手方により認否の方針も大きく異なることがあるから、手続の進行が異なることが考えられる。

　しかし、相手方が異なると、異なる対象債権となるものの連帯債務関係となる場合（たとえば、同一の不当勧誘事案で、勧誘者と契約当事者との双方について共同不法行為とされて、不法行為に基づく賠償請求が認められる場合）や実質的に択一的な関係にある場合（たとえば、同一の不当勧誘事案で、勧誘者に対しては不法行為に基づく損害賠償請求、契約当事者に対しては消契法による取消しを理由とした不当利得に係る請求が認められた場合には、取消しを理由とした不当利得が返還されれば損害がなくなり、損害が賠償されれば損失が塡補されることが多いので、両方の請求をすることはできない）がある。

　そのため、相手方が複数の場合には、原則として1つの手続で行うことが適当であると考えられる[71]、[72]。なお、最高裁規則13条1項は、簡易確定手続開始の申立書には相手方の数と同数の写しを添付するとしているが、共通義務確認訴訟で複数の被告がいた場合に、簡易確定手続を併合してすることを念頭に置いていると考えられる。

8　共通義務確認訴訟において、一部判決がされた場合の申立方法

(i)　一部判決が生じる場合

　共通義務確認訴訟には民訴法が適用されるから、弁論が分離されることや（民訴法152条1項）、訴訟の一部について判決がなされることがある（同法243

---

[71] 山本・解説175頁は、事業者が複数ある場合には、各別に簡易確定手続を行うことも、併合することも可能と考えられるとする。
[72] もっとも、債務名義となり得る届出消費者表（41条1項・42条5項）は、債務者となり得る相手方ごとに別々に作成するほうが便利な場合があり、別々に作成されることがあり得る。そうすると、相手方ごとに別々に債権届出の届出書を作成することもあり得る。

条2項)。そうすると、同一の事業者に対する関連する請求に係る共通義務確認の訴えが係属している間に、一部判決について確定することがあり得る。一部について和解や請求認諾がされたときにも同様の状況が生じる。このような場合、一部について簡易確定手続を進行させるかが問題となる。

(ii) **一部について簡易確定手続が開始する**

15条は、請求を認容する判決が確定した日または請求の認諾によって共通義務確認訴訟が終了した日から1カ月の不変期間内に簡易確定手続開始の申立てをしなければならないとしている。そして、一部判決でも、請求を認容する判決に該当するし、一部認諾や一部和解でも、その部分については、共通義務確認訴訟は終了するから、簡易確定手続開始の申立期間は進行するので、一部について簡易確定手続を進行させざるを得ないと考えられる。

判決の場合には、裁判所がその後の簡易確定手続を見据えて、一部判決をするか否か決定できるのに対し、請求の一部認諾の場合には、被告が自由になしうるので、場合によっては、関連する請求の一部のみの手続が進行し、不都合が生じることもあり得る。もっとも、訴訟外において、事業者は、全く利益状況が同じ消費者について恣意的に一部の消費者の債権のみを認めて任意に支払いをすることすらできるので、一部認諾により不都合が生じてもやむを得ないものと考えられる。

◆第13条　任意的口頭弁論

> **第13条**　簡易確定手続に関する裁判は、口頭弁論を経ないですることができる。
> 2　前項の規定により口頭弁論をしない場合には、裁判所は、当事者を審尋することができる。

Ⅰ　趣　旨

本条は、簡易・迅速な審理の実現の観点から、簡易確定手続の審理方式については、口頭弁論を経ないですることができる（いわゆる任意的口頭弁論の

方式による）ことを定めている。

II 解説

　本条1項は、簡易確定手続に関する裁判がいわゆる任意的口頭弁論の方式によることを規定する。任意的口頭弁論とは、裁判所が口頭弁論を開くか否かを定める方式である（民訴法87条1項ただし書）。「簡易確定手続に関する裁判」とは、簡易確定決定（44条）、簡易確定手続開始決定または簡易確定手続開始の申立てを却下する決定（19条）、情報開示命令の申立てについての決定（29条）などである。なお、口頭弁論を開く場合であっても、簡易確定決定のための審理における証拠調べは、書証に限られる（45条）。

　本条2項は、簡易確定手続に関する裁判において口頭弁論をしない場合に、裁判所は当事者を審尋することができることを規定する。「審尋」とは口頭弁論のような方式によらずに、当事者その他の関係人に、書面または口頭によって陳述の機会を与える手続である。なお、簡易確定決定のための審理における証拠調べが書証に限られることは、審尋の場合も同様である（45条）。

　口頭弁論を開くか否か、審尋をするか否かは、裁判所の裁量に委ねられる。

　ところで、簡易確定決定をする場合には当事者双方を（44条2項）、情報開示命令の申立てについて決定をする場合には相手方を（29条4項）審尋しなければならない（必要的審尋）。これらの場合に裁判所が口頭弁論を開けば、当然に必要的審尋の要求をも満たしたことになる。

◆第14条　簡易確定手続開始の申立義務

> **第14条**　第12条に規定する特定適格消費者団体は、正当な理由がある場合を除き、簡易確定手続開始の申立てをしなければならない。

第14条　簡易確定手続開始の申立義務

I　趣　旨

　本制度において、簡易確定手続の申立てができるのは、共通義務確認訴訟における請求を認容する判決が確定した時または請求の認諾（2条4号に規定する義務が存することを認める旨の和解を含む）によって共通義務確認訴訟が終了した時に当事者であった特定適格消費者団体に限られており（12条）、同条に規定する特定適格消費者団体が簡易確定手続開始の申立てをしなければ、同手続は開始されないことになる。そうなれば、対象消費者の被害の回復を図る本制度の趣旨が実現されないばかりか、時効中断の遡及効（38条）を見越して個別訴訟の提起をしなかった対象消費者にとっては、請求権を行使する機会を喪失することになりかねず、本制度に対する信用も害される。また、共通義務確認訴訟の相手方であった事業者の応訴負担および手続もすべて無駄になる。

　そこで、本制度の実効性および信頼性を確保するとの観点から、12条に規定する特定適格消費者団体に対し、簡易確定手続開始の申立てを義務付けることとした。

II　解　説

　共通義務確認訴訟における請求を認容する判決が確定した時または請求の認諾（2条4号に規定する義務が存することを認める旨の和解を含む）によって共通義務確認訴訟が終了した時に当事者であった特定適格消費者団体（12条）は、簡易確定手続開始の申立義務を負う。同条の規定により簡易確定手続開始の申立てをすることができる特定適格消費者団体が複数となる場合は、いずれの特定適格消費者団体も申立義務を負うことになる。

　もっとも、本条の趣旨は本制度の実効性および信頼性を確保することにあるから、同趣旨を害さないような「正当な理由がある場合」には申立義務は課されない。たとえば、複数の特定適格消費者団体が簡易確定手続開始申立義務を負う場合において、いずれかの特定適格消費者団体の申立てによって簡易確定手続開始決定がされた場合などである（このような場合に、他方の特

143

定適格消費者団体が重ねて簡易確定手続開始の申立てをしても、23条によって申立ては却下されるだけであり、新たに簡易確定手続開始の申立てをさせる必要はないからである）（一問一答63頁）。

なお、消費者裁判手続特例法ガイドラインでは、簡易確定手続開始決定の申立てを理事会の専決事項としているが（2.(3)ア⑥）、簡易確定手続開始の申立ては、共通義務確認訴訟で勝訴判決を得た場合等には、正当な理由がある場合を除き、1カ月の不変期間内に行わなければならないとされており（14条・15条1項）、申立てを行うことが原則であることから、特定の理事等への委任を禁止する意義に乏しく、理事会の承認は不要とすべきである（2015年5月7日付日弁連意見書9頁）。

◆第15条　簡易確定手続開始の申立期間

> 第15条　簡易確定手続開始の申立ては、共通義務確認訴訟における請求を認容する判決が確定した日又は請求の認諾によって共通義務確認訴訟が終了した日（第87条第2項の規定による指定があった場合には、その指定を受けた日）から1月の不変期間内にしなければならない。
> 2　前条の規定により簡易確定手続開始の申立てをしなければならない特定適格消費者団体がその責めに帰することができない事由により前項の期間を遵守することができなかった場合には、その事由が消滅した後2週間以内に限り、簡易確定手続開始の申立てをすることができる。

I　趣　旨

簡易確定手続開始の申立てにあたって、特定適格消費者団体に準備のための猶予期間を付与するとしても、それが無制約であれば、対象消費者の被害回復が遅れてしまうことになる。また、簡易確定手続における債権届出があったときは、対象債権についての時効の中断効が共通義務確認の訴えが提起された時にさかのぼる（38条）が、簡易確定手続の申立てがなされなければ、本制度に基づく時効中断の遡及効を見越して個別の訴訟の提起をしなか

った対象消費者にとっては、請求権を行使する機会を喪失することになる。そこで、簡易確定手続開始の申立期間が法定された。

また、申立人の責めに帰することができない事由により申立期間が遵守できなかった場合には、その事由が消滅した後、所定の期間内であれば追完も認めるべきところ（民訴法97条1項）、本制度においては、共通義務確認訴訟が終了した時に当事者であった特定適格消費者団体の特定認定の失効や取消しにより、内閣総理大臣が他の特定適格消費者団体を14条の申立義務者として指定し（87条2項）、同指定を受けた特定適格消費者団体が申立てをするなど準備に時間を要する場合も想定されることから、民訴法97条1項（追完期間1週間）の特則として、追完期間を2週間以内とすることとした。

II 解 説

1 申立期間

申立期間は、共通義務確認訴訟における請求を認容する判決が確定した日または請求の認諾（2条4号に規定する義務が存することを認める旨の和解を含む）によって共通義務確認訴訟が終了した日から1カ月の不変期間である。ただし、87条2項の規定による指定があった場合には、その指定を受けた日から1カ月の不変期間である。

この期間内に、特定適格消費者団体は、簡易確定手続開始決定後の手続追行に向けた準備（たとえば、対象消費者への通知や公告を速やかに行うための文案作成や費用調達、対象消費者からの連絡を受ける受付体制の整備、申立権を有する特定適格消費者団体が複数となる場合の団体間協議など）を行うこととなる。

なお、15条2項の場合を除き、簡易確定手続開始の申立てが申立期間内に行われなかった場合には、同申立てが全く行えなくなる[73]。そのため、正当な理由がないのに簡易確定手続開始の申立てを怠った特定適格消費者団体には、100万円以下の過料の制裁が定められている（97条1号）。

2　申立期間経過後の申立ての追完

「その責めに帰することができない事由」とは、通常期待される注意を尽くしても避けることができないと認められる事由である。たとえば、郵便が予期し得ない事情により遅延したため、適時に発せられた簡易手続開始の申立書が申立期間経過後に到達した場合などが考えられる。

◆第16条　簡易確定手続開始の申立ての方式

> **第16条**　簡易確定手続開始の申立ては、最高裁判所規則で定める事項を記載した書面でしなければならない。

I　趣　旨

簡易確定手続開始の申立ては簡易確定手続開始の契機となる基本的かつ重要な申立てである。したがって、その申立てで明らかにすべき内容を明確に定めておくことが必要であることから、申立てを書面ですべきことおよび最高裁判所規則で定める事項を記載しなければならないことが法定された。

II　解　説

1　記載事項

簡易確定手続開始の申立書には、簡易確定手続開始の申立てをする特定適格消費者団体の名称および住所並びに代表者の氏名、相手方の氏名または名

---

(73) 申立期間を徒過した場合の申立てを却下してしまうと、第２段階の手続が行われなくなり、結果的に対象消費者が損害を受けることになる。特定適格消費者団体が申立義務を怠った場合に、過料の制裁を科され、(最終的に) 特定適格消費者団体の認定取消しに至ることはやむを得ないとしても、その手続を信頼していた対象消費者の権利が保護されなくなるのは不当であると考えられる。そのため、申立期間を徒過してされた申立ての場合でも、申立団体に過料の制裁が科されるが、申立自体が不適法になるのではなく、裁判所は、他の要件を満たしている限り、開始決定をすることになるとの見解がある（山本・解説180頁）。

第16条　簡易確定手続開始の申立ての方式

称および住所並びに法定代理人の氏名および住所、申立ての趣旨、簡易確定手続開始の原因となる事実、対象債権および対象消費者の範囲を記載しなければならない（最高裁規則11条1項各号）。

また、申立書には、届出期間についての申立てをする特定適格消費者団体の意見、申立てをする特定適格消費者団体または代理人の郵便番号および電話番号（ファクシミリの番号を含む）、12条に規定する特定適格消費者団体が2以上あるときは、他の特定適格消費者団体による簡易確定手続開始の申立ての見込みも記載する（最高裁規則11条2項各号）。

さらに、申立てをする特定適格消費者団体の意見の記載に際しては、できる限り、届出消費者の数の見込み（具体的な数を特定する必要はなく、概括的な記載をすれば足りる[74]）、予定している通知（25条1項）および公告（26条1項）の方法並びにこれらに要する期間、および、情報開示命令の申立てをするかどうかの見込みを、できる限り、明らかにしなければならない（最高裁規則11条3項）。

2　添付書類

簡易確定手続開始の申立書には、共通義務確認訴訟における請求を認容する判決についての判決書または民訴法254条2項の調書の謄本および当該判決の確定についての証明書、または請求の認諾の調書の謄本を添付しなければならない（最高裁規則12条）。

3　申立書の写しの添付

簡易確定手続開始の申立書には、相手方の数と同数の写しを添付しなければならない（最高裁規則13条1項）。

---

[74]　共通義務確認訴訟の訴状には、対象消費者の数の見込みを記載しなければならないが（5条、最高裁規則2条2項1号）、その記載に当たっては、具体的な数を特定して記載しなければならないものではなく、訴え提起時点において概括的な記載しかできない事案においては、「〇人程度」や「少なくとも〇人以上」といった概括的な記載で足りるとされている（条解最高裁規則8頁）。

4 本条に違反した場合

本条に違反した場合、裁判長は、相当の期間を定め、その期間内に不備を補正すべきことを命じなければならない（50条、民訴法137条１項）。その不備が補正されない限り、簡易確定手続開始の申立ては不適法であるため、裁判所は、簡易確定手続開始の申立てを却下することになる（19条１項）。

なお、民訴費用法の規定に従って申立手数料を納付しない場合も同様である（50条、民訴法137条１項）。

◆第17条　費用の予納

> **第17条**　簡易確定手続開始の申立てをするときは、申立てをする特定適格消費者団体は、第22条第１項の規定による公告及び同条第２項の規定による通知に要する費用として裁判所の定める金額を予納しなければならない。

I　趣　旨

特定適格消費者団体が、簡易確定手続開始の申立てをするときは、費用の予納義務を負う旨定めた規定である。予納義務の対象となるのは、公告（22条１項）・通知（同条２項）に要する費用として裁判所の定める金額である。裁判所は、簡易確定手続開始決定をしたときは、その旨を公告し、通知しなければならない（22条）ため、あらかじめその費用の納付を求めるものである。

II　解　説

裁判所が、簡易確定手続開始決定をしたのに、費用不足のためにその公告等ができないと困るため、特定適格消費者団体が、裁判所の定めた金額を予納しない場合には、裁判所は、簡易確定手続開始の申立てを却下する決定をすることになる（19条１項）。

◆第18条　簡易確定手続開始の申立ての取下げ

> **第18条**　簡易確定手続開始の申立ては、裁判所の許可を得なければ、取り下げることができない。
> 2　民事訴訟法第261条第3項及び第262条第1項の規定は、前項の規定による申立ての取下げについて準用する。

I　趣　旨

　民訴法の処分権主義から、訴えの取下げは、原則として自由にすることができる（民訴法261条1項）。しかし、簡易確定手続申立団体が、簡易確定手続開始の申立てをした後に、自由に申立てを取り下げることができるとすると、簡易確定手続開始の申立てを特定適格消費者団体に義務付け、対象消費者の被害回復の実効性を確保した趣旨が失われることとなる。また、対象消費者や相手方事業者の地位を不安定にして手続に対する信頼を損なうことになってしまう。

　そこで、これらの不都合を生じさせないために、簡易確定手続申立団体が、簡易確定手続開始の申立てを取り下げるためには、裁判所の許可を要することとされた。

　本条1項が簡易確定手続開始の申立ての取下げを裁判所の許可制にし、本条2項が民訴法261条2項を準用していないことから、本条の趣旨は、裁判所に、取下げが不当でないかを後見的にチェックさせることにある。したがって、裁判所の許可の要件は特に規定されておらず、裁判所の裁量に委ねられている。裁判所が、取下げの許可をするに際しては、当事者の意見を聴取する必要もない。

第2部　逐条解説　消費者裁判手続特例法

II　解　説

1　許可が得られる場合

　裁判所の許可が得られる場合としては、共通義務確認判決後、相手方事業者がすべての対象債権に係る債務について弁済等を行い、残存する対象債権が存在しない場合や、相手方事業者が破産した場合など、これ以上手続を追行する必要がないと判断される場合であろう。

2　取下げの方式および効果

　申立ての取下げは、原則として書面によらなければならない（18条2項による民訴法261条3項の準用）。

　申立てが取り下げられると、簡易確定手続は、初めから係属していなかったものとみなされるため（18条1項による民訴法262条1項の準用）、届出債権の認否による確定や簡易確定決定の効力は失われる。

　裁判所による官報公告（22条）や簡易確定手続申立団体による通知・公告（25条・26条）等がなされた後に取下げによって手続が終了した場合などには、簡易確定手続申立団体は、対象消費者に対して、適宜、その旨を情報提供するように努めることが必要と考えられる（82条）。

◆第19条　簡易確定手続開始決定

> **第19条**　裁判所は、簡易確定手続開始の申立てがあった場合には、当該申立てが不適法であると認めるとき又は第17条に規定する費用の予納がないときを除き、簡易確定手続開始の決定（以下「簡易確定手続開始決定」という。）をする。
> 2　簡易確定手続開始の申立てを却下する決定に対しては、即時抗告をすることができる。

第20条　簡易確定手続開始決定の方式

I　趣　旨

　本条1項は、簡易確定手続の申立適格を有する特定適格消費者団体は、正当な理由がある場合を除き、簡易確定手続開始の申立義務を負う（14条）とされ、消費者の被害救済を図ろうとした本法の趣旨を没却させないため、申立てが不適法であると認めるときまたは裁判所の定める金額を予納しないときを除き、簡易確定手続開始の決定をするとしたものである。

　本条2項は、簡易確定手続の開始要件は、一般に明白なものが多く、いったん開始決定がされた場合にはもはやその点の争いは認めず、迅速な対象消費者の救済を政策的に優先しようとしたものである。

II　解　説

1　1項

　申立権の欠缺、確定判決等の不存在など申立ての適法要件が欠如している場合または費用の予納が懈怠された場合は、簡易確定手続開始の申立ては却下され、それ以外の場合には、簡易確定手続開始の決定がされることとし、適法要件を満たす場合に、なお手続を開始しないという裁量権は、裁判所には認められていない。

2　2項

　裁判所による簡易確定手続開始申立ての却下決定に対しては、特定適格消費者団体は、即時抗告をすることができる。これに対し、相手方事業者は、手続開始決定に対しては、不服申立てをすることはできない（即時抗告のみならず、通常抗告も許されないと解される（民訴法328条1項））。

◆第20条　簡易確定手続開始決定の方式

第20条　簡易確定手続開始決定は、対象債権及び対象消費者の範囲を記載し

151

た決定書を作成してしなければならない。

I　趣　旨

簡易確定手続開始の申立てに際して、特定適格消費者団体は、対象債権および対象消費者の範囲を明示しなければならないとされている（16条、最高裁規則11条1項5号）ことの帰結として、裁判所が、簡易確定手続開始決定をする際も、対象債権および対象消費者の範囲を記載した決定書を作成しなければならないとして、明確化を図ろうとした。

II　解　説

簡易確定手続開始決定の方式は、必ず開始決定書という書面によることとされ、決定書の記載事項は、対象債権および対象消費者の範囲を含まなければならないとした。対象債権および対象消費者の範囲は、原則として、共通義務確認判決に含まれている対象債権・対象消費者と同一の範囲になる。

◆第21条　簡易確定手続開始決定と同時に定めるべき事項

第21条　裁判所は、簡易確定手続開始決定と同時に、当該簡易確定手続開始決定に係る簡易確定手続開始の申立てをした特定適格消費者団体（第87条第1項の規定による指定があった場合には、その指定を受けた特定適格消費者団体。以下「簡易確定手続申立団体」という。）が第30条第2項に規定する債権届出をすべき期間（以下「届出期間」という。）及びその債権届出に対して簡易確定手続の相手方（以下この款において単に「相手方」という。）が認否をすべき期間（以下「認否期間」という。）を定めなければならない。

第21条　簡易確定手続開始決定と同時に定めるべき事項

I　趣　旨

　本条は、裁判所は、簡易確定手続開始決定と同時に、届出期間および認否期間を定めるべきことを規定するものである。
　届出期間および認否期間は、事案に応じて柔軟に設定することが適当であることから、あらかじめ一律の法定期間を設定するのではなく、裁判所が事案ごとに定める。

II　解　説

1　届出期間

　届出期間は、簡易確定手続開始決定がされた場合において簡易確定手続開始の申立てをした特定適格消費者団体が債権届出をすべき期間である。裁判所は、事案の規模等を踏まえ、適当な期間を定めることになる。簡易確定手続開始の申立書には、申立てをする特定適格消費者団体による届出期間についての意見が記載事項となっており（最高裁規則11条2項1号）、当該期間を定める際には、裁判所は、当事者[75]に対し、届出期間および認否期間についての意見を聴くことができると定める（最高裁規則13条3項）[76]。
　なお、簡易確定手続開始の申立てをした特定適格消費者団体を「簡易確定手続申立団体」と定義している。
　実際にどの程度の長さの届出期間を定めるかは、破産債権届出期間（2週間以上4カ月以下。破産規則20条1項1号）が参考になるが、本手続は、債権者がすべて個人である消費者であること、通知・公告（25条・26条）にある程度の期間がかかること、情報開示（28条）にも時間がかかること、対象消費者が通知や公告に呼応して行動を起こすのに時間がかかること[77]、簡易確

---

[75]　簡易確定手続開始の申立てをする特定適格消費者団体および相手方のこと（条解最高裁規則36頁）。
[76]　裁判所が届出期間および認否期間を当事者から聴いた後に、さらに他方当事者から意見を聴取することもありうる（条解最高裁規則36頁）。

定手続申立団体に対する授権の手続を行う期間等を考慮して、対象消費者の権利救済に遺漏のないように余裕のある期間を定める必要があろう（山本・解説185頁）。

2　認否期間

認否期間は、債権届出に対して簡易確定手続の相手方が認否をすべき期間である。

認否期間は、対象消費者にとっては紛争解決に要する期間を推測する参考となるものであり、相手方にとっても認否に向けた準備の目安となる。

3　審理方式

裁判所は、必要に応じ、口頭弁論または審尋をすることができる（13条）。

4　不服申立て

届出期間および認否期間は、裁判所の適切な裁量によって定められるべき事項であり、即時抗告の対象としていない。

もっとも、当事者には期間の伸長決定の申立権があり（24条1項）、伸長の必要があると考えるときは伸長決定の申立てをすることができる。

◆第22条　簡易確定手続開始の公告等

> 第22条　裁判所は、簡易確定手続開始決定をしたときは、直ちに、官報に掲載して次に掲げる事項を公告しなければならない。
> 一　簡易確定手続開始決定の主文
> 二　対象債権及び対象消費者の範囲
> 三　簡易確定手続申立団体の名称及び住所
> 四　届出期間及び認否期間

(77) 多くの場合、通知を受け取った消費者から問合せがあり、その段階で口頭または書面による説明が複数回される必要があるなど、1往復の連絡で済むようなことは稀であろう（町村・使い方107頁）。

> 2 　裁判所は、簡易確定手続申立団体及び相手方に対し、前項の規定により公告すべき事項を通知しなければならない。

I　趣　旨

　裁判所は、簡易確定手続開始決定をしたときは、直ちに、その内容を公告するとともに、簡易確定手続の両当事者に通知しなければならない。簡易確定手続開始決定をしたことを知らせることによって、関係者にそれを前提とした対応ができるようにする趣旨の規定である。

　もっとも、官報による公告の効果には限界があり、本条の通知の対象は簡易確定手続の両当事者に限られている。対象消費者に対する周知という面では、簡易確定手続申立団体による通知・公告等（25条・26条）が重要な意味を持つ（山本・解説187頁）。

II　解　説

1　裁判所による公告

　裁判所は、簡易確定手続開始決定をしたときは、直ちに、官報に所定の事項を掲載して公告しなければならない（22条1項）。具体的な公告事項は、①簡易確定手続開始決定の主文（1号）、②対象債権および対象消費者の範囲（2号）、③簡易確定手続申立団体の名称および住所（3号）、④届出期間および認否期間（4号）である。

2　裁判所による通知

　裁判所は、簡易確定手続開始決定をしたときは、簡易確定手続の当事者である特定適格消費者団体と相手方事業者に対して公告事項を通知しなければならない（22条2項）。通知事項は広告事項と同一である。通知方法に関して特段の規定は置かれておらず、決定書の送付など相当な方法で通知すれば足りる。

◆第23条　重複する簡易確定手続開始の申立ての禁止

> 第23条　簡易確定手続開始決定がされた事件については、特定適格消費者団体は、更に簡易確定手続開始の申立てをすることができない。

I　趣　旨

簡易確定手続開始決定の効果として、重複する簡易確定手続開始の申立てを禁止する規定である。

同一事件について複数の簡易確定手続が開始されれば、二重に債権届出や認否等がなされることになって相当でないし、同じ裁判所に同一の簡易確定手続を申し立てても無駄だからである（山本・解説183頁）。

II　解　説

1　重複申立ての禁止

「簡易確定手続開始決定がされた事件」と同一の事件については、本条によって重複する簡易確定手続開始の申立てが禁止される。同一の事件か否かは、簡易確定手続の前提となる共通義務確認訴訟において確認された対象債権および対象消費者の範囲によって決定される。重複申立てが禁止される特定適格消費者団体は、当該事件について申立権を有するすべての団体であり、他の団体も申立てを禁止される。

「決定がされた事件」と規定されていることから、決定後であれば確定前であっても、重複申立ては禁止される。一方、決定の効力は存続していることを要する。また、開始決定前であれば、重複申立ては可能と解される。開始決定前に別の団体が申立てをすれば、共同申立ての場合と同様に扱われるものと解される[78]。

2 本条違反の効果

本条に違反する簡易確定手続開始の申立ては、不適法な申立てとして却下される（19条1項）。

◆第24条　届出期間又は認否期間の伸長

> 第24条　裁判所は、必要があると認めるときは、申立てにより又は職権で、届出期間又は認否期間の伸長の決定をすることができる。
> 2　裁判所は、前項の規定により届出期間又は認否期間の伸長の決定をしたときは、簡易確定手続申立団体及び相手方に対し、その旨を通知しなければならない。
> 3　裁判所は、第1項の規定により届出期間又は認否期間の伸長の決定をしたときは、直ちに、官報に掲載してその旨を公告しなければならない。

I 趣　旨

裁判所は、必要があると認めるときは、申立てによりまたは職権で、届出期間または認否期間の伸長の決定をすることができる。

本条は、裁判所が届出期間や認否期間を決定した後に、期間内の届出や認否が困難であるような事由が明らかとなった場合に備えた規定である。

II 解　説

1 「必要があると認めるとき」（1項）

伸長の決定がされるのは、裁判所が、簡易確定手続開始決定の際に定めた届出期間または認否期間について、その期間を伸長する合理的な必要性があ

---

(78) 山本・解説183頁は、「複数の原告団体があったときは、実際には、申立義務期間（1月）の間は裁判所は開始決定を留保し、その期間経過後に（他の団体の申立てが原則として想定されなくなった後に）開始決定をするという運用になろうか」とする。

ると認める場合である。

届出期間を伸長する必要性がある場合の具体例としては、情報開示命令の発令前に届出期間が満了することが見込まれる場合や、開示された文書に基づいて対象消費者に通知を行ってから相当な期間を経過していない場合などが考えられる。

認否期間を伸長する必要性がある場合の具体例としては、認否を検討するための基礎資料の収集に時間を要する場合などが考えられる。

2 「申立てにより又は職権で」（1項）

届出期間・認否期間の伸長は、簡易確定手続の当事者である簡易確定手続申立団体および相手方の申立てまたは職権によって、裁判所が決定する。対象消費者に申立権は認められていない。

3 「届出期間又は認否期間の伸長」（1項）

「届出期間又は認否期間」とされていることから、届出期間だけの伸長、認否期間だけの伸長も可能である。伸長期間に法律上の制限はなく、裁判所が個別事案に応じて相当な期間を決定する。また、伸長回数にも法律上の制限はなく、裁判所において必要があると判断すれば再度の伸長も可能である。

4 通知・公告（2項・3項）

届出期間または認否期間の伸長を決定した場合、裁判所は、その旨を簡易確定手続の当事者である特定適格消費者団体と相手方事業者に対して通知するとともに（24条2項）、直ちに官報公告しなければならない（同条3項）。官報公告に係る費用は、申立てによる場合には当該申立人が、職権による場合には裁判所が定める者が、納付義務を負担する（民訴費用法11条2項）。

◆第25条　簡易確定手続申立団体による通知

第25条　簡易確定手続開始決定がされたときは、簡易確定手続申立団体は、正当な理由がある場合を除き、届出期間の末日の1月前までに、知れてい

第25条　簡易確定手続申立団体による通知

る対象消費者に対し、次に掲げる事項を書面又は電磁的方法（電子情報処理組織を使用する方法その他の情報通信の技術を利用する方法をいう。以下同じ。）であって内閣府令で定めるものにより通知しなければならない。
一　被害回復裁判手続の概要及び事案の内容
二　共通義務確認訴訟の確定判決の内容（請求の認諾がされた場合には、その内容）
三　対象債権及び対象消費者の範囲
四　簡易確定手続申立団体の名称及び住所
五　簡易確定手続申立団体が支払を受ける報酬又は費用がある場合には、その額又は算定方法、支払方法その他必要な事項
六　対象消費者が簡易確定手続申立団体に対して第31条第1項の授権をする方法及び期間
七　その他内閣府令で定める事項
2　簡易確定手続申立団体が2以上ある場合において、いずれか1の簡易確定手続申立団体が前項の規定による通知をしたときは、他の簡易確定手続申立団体は、同項の規定にかかわらず、同項の規定による通知をすることを要しない。

I　趣　旨

本条1項は、対象消費者に対する情報提供の実効性を確保する観点から、簡易確定手続申立団体に、正当な理由がある場合を除き、対象消費者に対する通知義務を課すこととし、通知時期、通知対象、通知事項および通知方法を定めている。

本条2項は、簡易確定手続申立団体が複数となる場合にはすべての簡易確定手続申立団体に通知義務が課されることになるが、他の簡易確定手続団体が通知をしたときは、1項の趣旨が実現されるため、重ねて通知をすることを要しないことを定めている。

このような場合には、1項の「正当な理由がある場合」に該当するため、いずれにせよ通知義務が課されることはないが、簡易確定申立団体が複数となる場合における規律を明確にするため、確認的に定めたものである。

第2部 逐条解説 消費者裁判手続特例法

II 解説

1 「正当な理由がある場合」（1項）

　第2段階である個別請求権の簡易確定手続においては、対象消費者の個別的な手続参加が前提となっており、その意味ではオプトイン型の手続となっている。そのため、本制度の実効性を確保するためには、対象消費者に対する情報提供を実効的に行う必要があることから、簡易確定手続開始決定がされたときは、原則として、簡易確定手続申立団体の通知義務を生じさせることとしている。

　ただし、例外的に、「正当な理由がある場合」には団体の通知義務が生じない。「正当な理由がある場合」とは、通知により対象消費者の加入を促す意義が大きく失われた場合をいう。たとえば、対象消費者全員の被害回復が図られた場合や、相手方について破産手続が開始されたことにより簡易確定手続によって対象消費者の被害回復を図ることが困難となった場合、通知を行う前に対象消費者から授権を得ているような場合などが該当する（ガイドライン4.(1)ア）。他方、簡易確定手続申立団体が通知に必要な資金や体制を整えられなかったような場合には「正当な理由がある場合」には当たらないものと考えられる（一問一答68頁）。

　なお、「正当な理由がある場合」には通知義務が生じないことになるが、そのような場合にも、簡易確定手続申立団体が任意の通知をすることは禁止されない[79]。

2 通知時期（1項）

　「届出期間の末日の1月前まで」であることが求められる。対象消費者が簡易確定手続申立団体に授権をし、当該簡易確定手続申立団体が届出期間内

---

[79] 一問一答68頁によると、たとえば、マスコミの報道等によって一部の対象消費者を除いたうえで通知をしなければならないことになるものではなく、対象消費者に対して一斉に通知することも否定されない。

に債権届をするために必要と見込まれる最低限の期間を担保するためである。

3 通知対象（1項）

通知の対象は、「知れている対象消費者」である。通知の時点において、簡易確定手続申立団体が保有する情報から、対象消費者であることが判明している者をいう。

「知れている対象消費者」とは、以下の(i)、(ii)のいずれにも該当する者をいう。

(i) 共通義務確認訴訟の判決で示された対象消費者に該当する者であると合理的に認められること

28条1項の規定に基づき相手方から開示された文書その他の客観的資料から対象消費者に該当する者であると合理的に認められれば足り、裁判所において対象消費者として認定されるだけの根拠資料を備えている必要はない（ガイドライン4.(1)イ(ア)）。対象消費者に該当する者であると合理的に認められるか否かの判断は、通知を行う簡易確定手続申立団体が行うべきものと考えられる。

この点、簡易確定手続申立団体が本条に規定する通知をする場合の基礎となる資料は、簡易確定手続申立団体が消費者から相談を受けた際に把握したもののほか、相手方から任意または情報開示義務に基づいて開示を受けて把握した場合も含むと考えられる。

簡易確定手続申立団体は、対象消費者の特定に関して調査する義務を特に課されていないが、被害回復関係業務を適切に実施しなければならない旨の抽象的な義務が課されている（75条1項）。もっとも、前述のように、対象消費者該当性の判断は一次的には通知を行う簡易確定申立団体に委ねられていると考えるべきであるから、同条の義務違反を考えるにあたっては、この点を考慮すべきである。

(ii) 通知をするために必要な事実が判明していること

簡易確定手続申立団体が通知できなければならないことから、「知れてい

る対象消費者」に該当するためには、簡易確定手続申立団体が通知をする時点において、通知をするために必要な事実が判明していなければならない。通知をするために必要な事実としては、たとえば、当該対象消費者の氏名のほか、通知を行うために必要な住所、電子メールアドレス等の連絡先が該当する（ガイドライン4.(1)イ(イ)）。

4 通知の方法

通知方法は、通知事項を対象消費者に正確かつ確実に提供する観点から、「書面又は電磁的方法であって内閣府令で定めるもの」に限定されている。

「電磁的方法」については、電子メール送信による方法が想定されている（規則2条）。

書面による方法は、たとえば、①郵便、②民間事業者による信書の送達に関する法律2条6項に規定する一般信書便事業者もしくは同条9項に規定する特定信書便事業者の提供する同条2項に規定する信書便または、③ファクシミリを送信する方法が該当する（ガイドライン4.(1)ウ）。

電子メールを送信する方法には、いわゆる携帯電話のテキストメッセージも含まれる。

5 通知事項（1項）

通知事項は、1号から7号に掲げる事項である。

(i) 1号関係

1号の「被害回復裁判手続の概要及び事案の内容」とは、制度全体の一般的な情報および通知の対象となった事案についての情報であり、通知を受けた対象消費者において、制度および事案の内容を把握して、授権すべきか否かを判断できるような情報の提供を求めるものである。具体的には、以下の事項が含まれていなければならない（ガイドライン4.(1)エ(ア)）。

① 届出期間内に届出をしなければ被害回復裁判手続を利用することはできないこと
② 債権届出をしなくても他の手続等により請求することは妨げられない

第25条　簡易確定手続申立団体による通知

　　　こと
　③　債権届出をしてもそれが認められない可能性があること
　④　共通義務確認訴訟の判決が一部勝訴の場合には敗訴部分についても届出消費者に判決の効力が及ぶなど債権届出をした場合に対象消費者に不利益が生じる可能性があること
　⑤　簡易確定手続中に授権を撤回すると債権届出の取下げがあったものとみなされること
　⑥　2以上の簡易確定手続申立団体がある場合、消費者は1つの簡易確定手続申立団体に限って授権をすることができること
　⑦　1つの共通義務確認の訴えで同一の事業者に対して請求の基礎となる消費者契約および財産的被害を同じくする数個の請求がされた場合において、そのうち2以上の請求に係る2条4号に規定する義務について、簡易確定申立団体は、1つの対象消費者の1つの財産的被害については、できる限り、当該2以上の請求に係る2条4号に規定する義務に係る対象債権のうちから1つの対象債権を限り、債権届出をしなければならないこと（最高裁規則19条1項参照）。この場合において、数個の対象債権の債権届出をするときは、各債権届出は、順位を付して、または選択的なものとしてしなければならないこと（同条2項参照）

(ⅱ)　2号関係

　2号の「共通義務確認訴訟の確定判決の内容（請求の認諾がされた場合には、その内容）」には、主文と事実および理由の概要が含まれていなければならない（ガイドライン4.(1)エ(イ)）。

　同号に規定する「請求の認諾がされた場合には、その内容」には、認諾調書に記載された請求の内容と認諾した旨の文言が含まれていなければならない。

　2条4号に規定する義務が存することを認める旨の和解がなされた場合は、和解調書に記載された和解条項を通知すべきことになる。和解調書の記載内容は、対象消費者の範囲に属する届出消費者に対して、その効力を有することになるからである（9条、民訴法267条）。

163

(iii) 3号関係

3号の「対象債権及び対象消費者の範囲」については、通知を受けた者が対象消費者であることを認識できるよう、判決に記載された対象債権および対象消費者の範囲を転記したうえで、事案に即し、できる限り平易かつ具体的に、対象債権および対象消費者の範囲を記載する必要がある（ガイドライン 4.(1)エ(ウ)）。

(iv) 5号関係

5号の「簡易確定手続申立団体が支払を受ける報酬又は費用がある場合には、その額又は算定方法、支払方法その他必要な事項」は、対象消費者が授権をするか否かの判断が可能な程度に具体的に記載される必要がある。

具体的には、以下の点が記載がされる必要がある（ガイドライン 2.(6)イ(ア)(b)）。

① 債権届出までに要する費用の見込みおよびその内訳
② 授権をする対象消費者の数の見込み
③ 個々の対象消費者に負担を求める手続参加のための費用の金額を明示し、併せて
④ 回収できる金額の見込み
⑤ 回収があった場合の報酬および費用の額または算定方法並びにそれらの考え方
⑥ 回収額がゼロとなっても手続参加のための費用は返還されないものの、他方で追加負担は生じないこと

(v) 6号関係

6号の「対象消費者が簡易確定手続申立団体に対して31条1項の授権をする方法及び期間」は、授権に要する手続の内容、債権届出の準備など授権後の行為に要する期間などを踏まえて、合理的なものでなければならない（ガイドライン 4.(1)エ(カ)）。

(vi) 7号関係

7号に規定する「その他内閣府令で定める事項」としては、対象消費者からの問合せに対応する窓口や応答時間、簡易確定手続申立団体の住所等を変

更した場合の周知方法等を想定している（規則3条1項、ガイドライン4.(1)エ(キ)）。

なお、本条に掲げる事項は、必要的記載事項である。本条に掲げられていない事項であっても、対象消費者にとって有益な事項を記載することは可能である。

6 通知費用（1項関係）

(i) 通知の費用負担

本条に規定する通知をする義務を負う簡易確定申立団体が負担することになる[80]。

(ii) 通知・公告の費用負担をめぐる問題

この費用の負担をどのようにするかについては、制度創設に際して重要な問題として議論されていたが、最終的には団体が費用負担するものとされた。

その理由は、通知・公告の性質が、簡易確定手続に消費者の加入を促すための準備行為であり、したがって、通知・公告に要する費用は、裁判の準備費用の1つとなるところ、裁判の準備費用は、通常の民事裁判手続においても、訴訟費用には含まれないため、原告が負担することになる性質の費用であるためと説明される（一問一答72頁）。また、通知・公告の方法については、団体が一定の範囲内で適切に判断して行うことができるようにしており、その方法および金額が定型的でなく、事業者に負担させるべき金額をあらかじめ法律で一定額に定めることは難しく、簡易・迅速な解決をめざす簡易確定手続の中で事業者の言い分を十分に聞く機会を設けることも難しいことも理由としてあげられている（一問一答72頁）。

しかし、簡易確定手続に移行するのは、共通義務訴訟で相手方に一定の共通義務が存在することが認められていることが前提である。したがって、本来は、相手方が自主的に自己の費用負担において対象消費者に対して損害賠

---

[80] 通知・公告に要する費用を含む費用について、簡易確定申立団体は、簡易確定手続に加入した消費者から、支払いを受けることができる（一問一答71頁）。

償を申し出るべきであるところ、これによらずに対象消費者自らに加入申出という行為を個々に行わせる手続を利用することによって、相手方は、自らの義務を簡便な手続によって履行することができるだけでなく、本制度の利用により紛争の1回的解決というメリットを享受できる。したがって、これに必要な費用は相手方が負担するものとすることが合理的である（2012年8月31日付日弁連意見書15頁）。

　また、本制度は、オプトイン型の手続であり、その前提として多数の対象消費者に対して通知・公告をして債権届出を促す必要があるところ、それには多額の費用を要する可能性がある。仮にそれを特定適格消費者団体の負担とすると、現在の適格消費者団体がいずれも財政的に決して豊かとはいえない状況に鑑みると、団体の財政的な問題から手続の利用自体に躊躇を生じるおそれがある[81]。

　したがって、将来的には、申立団体の規模・財政状況、対象消費者の数、相手方事業者の規模・資力等の事情を総合的に考慮して、裁判所が相手方に負担させることができる場合を認めることも検討されるべきである。

　また、本制度が、集団的な消費者被害の回復、および消費者被害の発生防止・拡大防止を実現するための公益性の高い制度であることに鑑み、本制度の実効性を高めるための方策の1つとして、現在の日本司法支援センターの民事法律扶助制度等を参考にして、通知・公告等の申立団体自身がまずは支出する必要のある費用について国が立替払いをする制度や、万一、相手方から回収した賠償金の金額が立替払金の金額に不足するような場合の償還免除制度等、通知・公告費用の負担が本制度の利用の妨げになることのないよう必要な手当が検討されるべきである（2012年8月31日付日弁連意見書16頁）。

7　違反した場合の効果

　通知を怠った場合、過料の制裁の対象となる（98条1号）。

---

[81]　山本・解説240頁も同趣旨の指摘をしている。

◆第26条　簡易確定手続申立団体による公告等

第26条　簡易確定手続開始決定がされたときは、簡易確定手続申立団体は、正当な理由がある場合を除き、届出期間の末日の１月前までに、前条第１項各号に掲げる事項を相当な方法により公告しなければならない。
2　簡易確定手続申立団体が２以上ある場合において、いずれか１の簡易確定手続申立団体が前項の規定による公告をしたときは、他の簡易確定手続申立団体は、同項の規定にかかわらず、同項の規定による公告をすることを要しない。
3　第１項の規定による公告後、届出期間中に前条第１項第４号に掲げる事項に変更があったときは、当該変更に係る簡易確定手続申立団体は、遅滞なく、その旨を、相当な方法により公告するとともに、裁判所及び相手方に通知しなければならない。この場合において、当該通知を受けた裁判所は、直ちに、官報に掲載してその旨を公告しなければならない。
4　第１項の規定による公告後、届出期間中に前条第１項第５号から第７号までに掲げる事項に変更があったときは、当該変更に係る簡易確定手続申立団体は、遅滞なく、その旨を、相当な方法により公告しなければならない。

I　趣　旨

　簡易確定申立団体による通知は、その対象者が知れている対象消費者に限定されている。相手方の情報提供義務を前提にするとしても、団体がすべての対象消費者を把握することは困難である。そのような場合にも、手続の存在を広く一般に知らせる方法として、簡易確定手続申立団体に、正当な理由がある場合を除いて公告義務を課すこととした。また、公告時期、公告事項および公告方法を定めている（１項）（山本・解説191頁）。

　簡易確定手続申立団体が複数となる場合にはすべての簡易確定手続申立団体に公告義務が課されることになるが、他の簡易確定手続団体が通知をしたときは、１項の趣旨が実現されるため、重ねて公告をすることは要しない

（2項）。このような場合には、1項の「正当な理由がある場合」に該当するため、いずれにせよ公告義務が課されることはないが、簡易確定申立団体が複数となる場合における規律を明確にするため、確認的に定めたものである。

1項の公告事項のうち簡易確定手続申立団体の名称および住所について、同項の規定による公告後、届出期間中に変更がある場合も考えられることから、その場合には、簡易確定手続申立団体は、その旨を公告すると同時に、裁判所および相手方に通知しなければならないことを定めた。また、裁判所による公告や相手方による公表にも影響することから、裁判所および相手方への通知義務を課すこととした（3項前段）。

簡易確定申立団体の名称および住所は、裁判所としても官報公告をしているところ（22条1項）、対象消費者による簡易確定申立団体への授権に支障が生じないようにするため、本条3項前段の通知を受けた裁判所は、その旨を公告しなければならないことを定めることとした（3項後段）。なお、相手方も、変更後の簡易確定手続申立団体の名称および住所を公表しなければならない（27条）。

1項の公告事項のうち、25条1項5号から7号までに掲げる事項についても、同項の規定による公告後、届出期間中に変更がある場合も考えられることから、3項前段と同様、当該変更に係る簡易確定手続申立団体は、あらためてその旨を公告しなければならないことを定めることとした（4項）。

II 解　説

1 「正当な理由がある場合」（1項）

本制度の実効性を確保するためには、対象消費者に対する情報提供を実効的に行う必要があることから、簡易確定手続開始決定がされたときは、原則として、簡易確定手続申立団体の公告義務を生じさせることとしている。その例外となる「正当な理由がある場合」であるか否かは、本条の趣旨から、本条に規定する公告をしないことに「正当な理由がある」と認められるもの

でなければならない。したがって、たとえば、相手方について破産手続が開始されたことにより、簡易確定手続によって対象消費者の被害回復を図ることが困難となったため、本条に規定する公告をする意義が大きく失われた場合には「正当な理由がある場合」と考えられる（ガイドライン４.(2)ア）。なお、前条と同様、簡易確定申立団体が本条に規定する公告に必要な資金や人的体制を整えられなかったという場合には「正当な理由がある場合」には当たらないものと考えられる（一問一答68頁）。

2 公告時期

前条と同様、対象消費者の授権を受けて届出期間内に債権届出をすることを担保するため、届出期間の末日の１カ月前までに公告することが求められる。

3 公告事項

前条１項各号に掲げる事項であり、前条と同一である。

4 公告方法

「相当な方法」である。「相当な方法」とは、情報提供の実効性および効率性の観点も総合的に考慮して相当な方法であることである。最終的には個別の事案ごとに判断されることになるが、簡易確定手続申立団体のウェブサイトに掲載する方法であれば、不特定多数の者がこれを閲覧することが可能であり、情報が文字化される点で対象消費者の内容把握が容易となるものであって情報提供の実効性がある。また、これに要する費用も過大とはならず効率性を欠くものではない。そのため、基本的に、本条に規定する「相当な方法」に該当することになるものと考えられる（ガイドライン４.(2)イ）[82]。

---

[82] このほか、具体例としては、テレビや新聞による広告、団体のウェブサイトへの掲載、被害を受けた蓋然性の高い対象消費者が定期的に多く集まるような場所があれば、そこで掲示をするという方法等が考えられる（山本・解説192頁）。

5 違反した場合の効果

3項前段の通知義務違反は、過料の制裁の対象となる（98条1号）。1項、3項前段または4項の公告義務違反は、過料の制裁の対象となる（98条2号）。

6 公告費用

本条に規定する公告をする義務を負う簡易確定申立団体が負担することになる。これについても、前条の通知費用と同様の問題がある。詳細は、25条の解説を参照されたい。

7 3項関係

「前条第1項第4号に掲げる事項の変更があったとき」とは、簡易確定手続申立団体に変更はないものの、その名称および住所に変更があった場合のほか、87条1項に規定する指定がされ、簡易確定申立団体に変更があったことによって、簡易確定申立団体の名称および住所に変更があった場合が考えられる。裁判所は、官報に掲載して公告しなければならないことになる（3項後段）が、この官報公告に係る費用は、職権でする行為に係る費用であることから、裁判所が定める者（簡易確定申立団体が定められるものと考えられる）が納付義務を負うことになる（民訴費用法11条2項）。

なお、26条3項の規定による裁判所および相手方に対する通知は、書面でしなければならない（最高裁規則16条）。簡易確定手続申立団体の名称および住所の変更については、その内容が正確に通知される必要性が高いことから、同条は、26条3項の通知の方式として書面によることを定めることとしたものである（条解最高裁規則40頁）。

8 4項関係

「前条第1項第5号から第7号までに掲げる事項」は、裁判所による公告事項や相手方による公表事項（22条1項・27条）ではなく、特定適格消費者

団体による公告後に変更があったとしても裁判所による公告や相手方による公表に影響を与えないことから、4項については、3項前段のような裁判所および相手方への通知や、同項後段のような裁判所による公告に関する規定はない。

◆第27条　相手方による公表

> **第27条**　相手方は、簡易確定手続申立団体の求めがあるときは、遅滞なく、インターネットの利用、営業所その他の場所において公衆に見やすいように掲示する方法その他これらに類する方法により、届出期間中、第22条第1項各号に掲げる事項（同項第3号又は第4号に掲げる事項に変更があったときは、変更後の当該各号に掲げる事項）を公表しなければならない。

I　趣　旨

共通義務確認訴訟の勝訴判決等によって相手方事業者の金銭支払義務（共通義務）がすでに確定しており、対象消費者に対して法的責任を負う蓋然性が高いことに鑑みれば、対象消費者に対する情報提供に関しては、合理的な範囲内で相手方の協力が求められる（山本・解説193頁）。そこで、本法は、簡易確定手続申立団体の求めがあるときは、相手方は簡易確定手続に関する情報を公表しなければならないこととし、その公表方法および公表事項を定めている。

II　解　説

1　公表の必要性と合理性

本制度の実効性を確保するためには、相手方においても対象消費者に対する情報提供を行う必要がある。そのため、本条は、相手方に公表義務を課したものである。また、相手方は、共通義務確認訴訟の結果、対象消費者に対して金員を弁済する義務を負っていると認められる蓋然性がある状態にあ

る。したがって、対象消費者に対する情報提供のための一定の義務を負わせることが合理的である（一問一答73頁）。

相手方のウェブサイト等は、対象消費者の目に触れる機会が多く、対象消費者に対する実効的な情報提供方法であり、その公表事項は一定の範囲に限定されており、相手方の費用等の負担も過度に重いものとはならないと考えられる。したがって、相手方に本条の公表義務を課すことには合理性がある[83]。

また、相手方としても、適切に情報提供を行うことにより、多くの消費者を本制度において一括して対応することで、個別消費者からの訴訟への対応を回避できるという利点がある。

2　公表の要件

「簡易確定手続申立団体の求め」、すなわち、簡易確定手続開始決定がされた場合に、公表の求めがあることである。

3　公表の時期

「遅滞なく」なされる必要がある。「遅滞なく」とは、一定の時間的間隔を前提にするものではあるが、共通義務がすでに確定しているため、相手方事業者には合理的な努力に基づきできるだけ迅速な対応が期待される。

また、このような公表は、「届出期間中」継続される必要がある。この公表は、対象消費者の権利行使、すなわち簡易確定手続における債権届出の授権に資するものであるので、その期間内は常に知る機会が付与され、債権届出が促進されることが期待されるからである（山本・解説194頁）。

4　公表の方法

インターネットの利用、営業所その他の場所において公衆に見やすいよう

---

[83] 山本・解説193頁も、本来であれば、むしろ事業者が積極的に行動して、消費者の権利が救済されるような措置をとるのが当然であるとする。相手方事業者にとってみれば、自らと契約を結んだ経験のある消費者が救済の対象となっているのであり、対象消費者に対する情報提供について通常最も行いやすい立場にあるからである。

に掲示する方法その他これらに類する方法である。

(i)「インターネットの利用」

本条の趣旨からすれば、公表の方法は、対象消費者にとってわかりやすいものが求められる。たとえば、消費者が容易に視認することができるよう、事業者のウェブサイトのトップページなどの見やすい箇所にすべての事項が記載されている場合や、事業者のウェブサイトのトップページなどの見やすい箇所に簡易な説明とともにすべての事項が記載されているページのリンクを掲載する場合は、これに該当する[84]。

(ii)「事業者の営業所その他の場所において公衆に見やすいように掲示する方法」

「公衆に見やすい」とは、消費者が容易に視認することができる状態になっていることを指す（消費者庁・前掲注[84]「留意事項」第2・1(2)）。

(iii)「その他これらに類する方法」

「その他これらに類する方法」としては、対象消費者が受け取ると考えられる配布物がある場合に、その配布物を置く場所に公表事項を記載した書面を置く方法などが該当する（消費者庁・前掲注[84]「留意事項」第2・1(3)）。たとえば、相手方が予備校であるケースにおいて、その受講生が対象消費者であるような場合に、相手方が授業に必要な配布物を置いている場所に、公表事項を記載した文書を置いておく方法などが考えられる（一問一答74頁）。法定する公表方法は、いずれも対象消費者に対する情報提供として実効性がある方法であることから、そのうちのいずれの方法によるかは、相手方に委ねることとしている。

また、公表の際の文字の大きさや体裁について特段の制限はないが、対象消費者に対する情報提供の実効性を確保するという本条の趣旨からすれば、対象消費者にとってわかりやすいものが求められる（消費者庁・前掲注[84]「留

---

[84] 消費者庁「消費者裁判手続特例法第27条の規定に基づく相手方による公表に関する留意事項について」第2・1(1)。なお、留意事項によると、簡易確定手続申立団体のウェブサイトへのリンクを掲載する方法で公表するのであれば、そのリンク元が事業者のウェブサイトの見やすい箇所にあるとともに、リンク先の情報が対象消費者に向けられた情報であることがわかりやすいように掲示されていることが必要であるとされている。

意事項」第2・1)。

5　公表事項

　本条が規定する相手方が公表すべき事項は、①簡易確定手続開始決定の主文、②対象債権および対象消費者の範囲、③簡易確定手続申立団体の名称および住所、④届出期間および認否期間である。

　対象消費者と利害が対立する相手方の立場にも配慮する必要があること、対象消費者としては簡易確定手続申立団体に連絡するための情報が把握できれば足り、公表事項が授権方法等の詳細に及ぶと誤って相手方に授権をしようとするなど混乱の原因となるおそれもあることから、公表事項は、「第25条1項各号に掲げる事項」ではなく、「第22条1項各号に掲げる事項」とされた。

　対象債権および対象消費者の範囲については、公表を見た者が、自己が対象消費者であることを認識できるよう、対象債権および対象消費者の範囲を簡易確定手続開始決定の決定書から転記したうえで、事案に即し、できる限り平易かつ具体的に記載するよう努める必要がある（消費者庁・前掲注⑻「留意事項」第2・2)。

　変更の可能性がある同項3号（簡易確定申立団体の名称および住所）または4号（届出期間及び認否期間）については、変更があったときは変更後の情報を公表しなければならない。

　なお、簡易確定手続申立団体の名称および住所に変更があったことは、簡易確定手続申立団体からの通知により（26条3項前段）、届出期間または認否期間の変更については、裁判所からの通知により（24条2項）、相手方は把握することができる。

　相手方は、上記の法定の公表事項だけではなく、簡易確定手続申立団体が設けている問合せに対応する窓口の電話番号その他の連絡先や簡易確定手続申立団体のウェブサイトのURLのほか、相手方が問合せに対応する窓口を設けている場合はその電話番号その他連絡先なども掲載することが望ましい（消費者庁・前掲注⑻「留意事項」第2・2)。

6　公表費用

本条に規定する公表をする義務を負う相手方が負担することになる。

7　違反した場合の効果

本条は、裁判所が介在しない当事者間での手続上の義務を定める規定であることから、過料の制裁はない。

◆第28条　情報開示義務

> **第28条**　相手方は、対象消費者の氏名及び住所又は連絡先（内閣府令で定めるものに限る。次項において同じ。）が記載された文書（電磁的記録（電子的方式、磁気的方式その他人の知覚によっては認識することができない方式で作られる記録であって、電子計算機による情報処理の用に供されるものをいう。以下同じ。）をもって作成されている場合における当該電磁的記録を含む。以下この条及び次条において同じ。）を所持する場合において、届出期間中に簡易確定手続申立団体の求めがあるときは、当該文書を当該簡易確定手続申立団体に開示することを拒むことができない。ただし、相手方が開示すべき文書の範囲を特定するために不相当な費用又は時間を要するときは、この限りでない。
> 2　前項に規定する文書の開示は、その写しの交付（電磁的記録については、当該電磁的記録を出力した書面の交付又は当該電磁的記録に記録された情報の電磁的方法による提供であって内閣府令で定めるもの）により行う。この場合において、相手方は、個人（対象消費者でないことが明らかである者を除く。）の氏名及び住所又は連絡先が記載された部分以外の部分を除いて開示することができる。
> 3　相手方は、第1項に規定する文書の開示をしないときは、簡易確定手続申立団体に対し、速やかに、その旨及びその理由を書面により通知しなければならない。

第 2 部　逐条解説　消費者裁判手続特例法

I　趣　旨

　対象消費者に対する情報提供の実効性を確保する観点から、相手方に、対象消費者への通知に必要な情報を、簡易確定手続申立団体に対し提供する義務を負わせることとされた（一問一答73頁）。具体的には、相手方が対象消費者の氏名および住所等が記載された文書を所持する場合であって、簡易確定手続申立団体の求めがあるときは、相手方は当該文書を簡易確定手続申立団体に開示することを拒むことができないことを定めるとともに（1 項本文）、相手方の負担を合理的な範囲のものとするため、相手方が例外的に情報開示義務を負わないことになる場合が定められた（1 項ただし書）。

　また、1 項の文書の開示の実効性を確保するため、写しの交付によるなど文書の開示方法を定めるとともに（2 項前段）、1 項の規定により相手方に開示義務がある文書について、情報提供に不要な部分については、開示をしないことができることが定められた（2 項後段）[85]。

　さらに、基本的には、簡易確定手続申立団体と相手方との間で、開示情報を特定するために協議がなされることが予定されているものと考えられるが、簡易確定手続申立団体が次項の情報開示命令の申立てをするかの判断に役立てることができるようにするため、相手方が 1 項に規定する文書の開示をしないときに、その旨およびその理由を簡易確定申立団体に通知する義務が定められた（3 項）。

II　解　説

1　必要性と合理性

　本制度の実効性を確保するためには、対象消費者に対して幅広く情報提供

---

[85] なお、「対象消費者の氏名及び住所又は連絡先」とともにそれ以外の事項が記載されていても、相手方は当該文書について開示義務を負う（一問一答75頁）。相手方は、自身の選択により「対象消費者の氏名及び住所又は連絡先」を除外した形または除外しない形で情報の開示を行うことになる。

を行う必要がある。本条は、簡易確定手続申立団体による通知に実効性を持たせるために、相手方に簡易確定手続申立団体に対する対象消費者の情報開示義務を課したものである。

また、相手方は、共通義務確認訴訟の結果、対象消費者に対して金員を弁済する義務を負っていると認められる蓋然性がある状態にあり、対象消費者に対する情報提供のための一定の義務を負わせることが合理的である。簡易確定手続申立団体は、対象消費者に通知をするために必要な情報を通常有していない。他方で、対象消費者と契約関係など接点のある相手方は、対象消費者に通知をするために必要な情報が記載された文書を所持している可能性が高く、情報開示義務を課す必要性が認められる。また、相手方の負担が不相当なものとならない範囲であれば、当該文書の開示義務を相手方に課すことに合理性があるものと考えられる（一問一答73頁）。

なお、簡易確定手続申立団体の目的は、事業活動を行うことにはなく、被害回復関係業務を行うことにあるため、取得した情報が目的外に利用されるおそれはもともと限定的なものであるが、これに加え、対象消費者のプライバシーや相手方の営業秘密の保護の観点から、簡易確定手続申立団体には取得した対象消費者の情報を業務の達成に必要な範囲内で使用しなければならない旨の行為規範・責務規定が設けられている（79条1項）。

2 情報開示の対象となる文書

「対象消費者の氏名及び住所又は連絡先（内閣府令で定めるものに限る。）」が記載された文書（電磁的記録をもって作成されている場合における当該電磁的記録を含む。以下同じ）である[86]。

「対象消費者」とは、開示の時点において、相手方が保有する情報から、「対象消費者」であると判明している者をいう（一問一答76頁）。本条の定めにより開示しなければならない文書について裁判所が情報開示命令を発したときは、その義務違反は過料の制裁の対象となる（29条7項）ため、本条に

---

[86] 内閣府令で定める連絡先とは、電話番号、ファクシミリの番号、電子メールアドレスである（規則4条1号〜3号）。

よって相手方が開示すべき文書の範囲が定まっていることが求められるし、本条の定める文書開示の目的が25条1項に規定する通知に必要な情報を簡易確定手続申立団体に提供することがあることからすれば、簡易確定手続申立団体が通知義務を負うことになる範囲において開示義務を認めることが適当であるからである。

3　相手方の情報開示義務の要件

相手方が情報開示の対象となる文書を所持し、かつ、届出期間中に簡易確定手続申立団体の求めがあることである。

相手方以外の第三者に情報開示義務が課されることは、原則としてないが、相手方が第三者に顧客管理を委託しているような場合であっても、相手方に文書の所持が認められるとして、相手方に情報開示義務が課される場合がある。その場合には、情報開示義務を負う相手方が委託先である第三者から文書を取り寄せて簡易確定手続申立団体に開示する方法や相手方が委託先である第三者に対して文書の開示を指示する方法が考えられる（一問一答79頁）。

本条の目的が25条1項に規定する通知に必要な情報を簡易確定手続申立団体に提供することになることから、簡易確定手続申立団体の求めも要件となっている。なお、情報開示の対象となる文書が、たとえば、顧客名簿とその元資料の契約書など複数となる場合も考えられるが、本条の定める文書開示の趣旨から、同一の情報について重ねて開示義務を課す必要はなく、いずれかの文書が開示されれば、その他の文書を開示する義務は消滅することになる。

4　相手方の情報開示義務が免除される要件

(i)　「相手方が開示すべき文書の範囲を特定するために不相当な費用又は時間を要するとき」

相手方の情報開示義務が免除されるのは、「相手方が開示すべき文書の範囲を特定するために不相当な費用又は時間を要するとき」である。

対象消費者の範囲については、簡易確定手続開始決定などにおいて明らかになるものの、対象消費者の範囲に該当する個々の対象消費者を特定することが困難である場合が想定されるために設けられた要件であり、具体的な事案において判断されることになる（一問一答76頁）。たとえば、製品瑕疵に基づく損害賠償の事案において、対象消費者の範囲がＡ社の製品（共通義務確認訴訟において瑕疵があることが確認された製品番号1000番から3000番までのもの）を購入した消費者と定められたものの、相手方である小売店には、顧客名簿はなく、文書として相手方の会員となる際の申込書しかないときは、その中から、販売時のレシート（会員番号、販売した製品名および製造番号が記載されている）などと照合して、開示すべき申込書を特定することになるが、その分量によっては、相手方が開示すべき文書の範囲を特定するために不相当な費用または時間を要することになる場合が考えられる（一問一答76頁参照）。

(ii) **免除要件についての考え方**

この免除要件については、開示の例外を認める範囲が広範にすぎるので限定すべきである（2012年8月31日付日弁連意見書17頁）。本条に定める例外要件は、「不相当な費用又は時間を要するとき」とされているが、程度を問わず単に「不相当」とするだけでは相手方が拒める場合があまりにも広すぎ、制度の実効性を著しく損なうこととなる。個別通知およびその前提となる情報開示の重要性に鑑み、相手方が情報開示を拒むことができる場合はごく限られた場合に限定すべきである。

5 情報開示の方法

文書の開示の実効性を確保する観点から、電磁的記録以外の文書については写しの交付、電磁的記録については、当該電磁的記録を出力した書面交付の他内閣府令で定める方法（ファクシミリ装置を用いて送信する方法、電子メールを送信する方法、磁気ディスク等を交付する方法である。規則5条1号～3号）に限ることとしている。また、簡易確定手続申立団体に対する情報開示の方法として実効性のある方法を定めることとすることから、そのうちのい

ずれの方法によるかは、相手方に委ねられる。

6 個人情報保護法との関係

本制度の情報開示義務に基づく情報開示については、対象消費者以外の消費者についての記載も含めて、個人情報保護法23条1項1号の「法令に基づく場合」に該当し、同法が禁止する第三者提供には当たらない（一問一答80頁）。

7 本条の実効性確保

簡易確定手続申立団体は、相手方が本条に定める情報開示義務を任意に履行しない場合には、次条に定める情報開示命令の申立てをすることができる。

なお、3項の通知義務については、通知義務違反についての制裁規定はない。

◆第29条 情報開示命令等

> 第29条 簡易確定手続申立団体は、届出期間中、裁判所に対し、情報開示命令（前条第1項の規定により相手方が簡易確定手続申立団体に開示しなければならない文書について、同条第2項に規定する方法による開示を相手方に命ずる旨の決定をいう。以下この条において同じ。）の申立てをすることができる。
> 2 情報開示命令の申立ては、文書の表示を明らかにしてしなければならない。
> 3 裁判所は、情報開示命令の申立てを理由があると認めるときは、情報開示命令を発する。
> 4 裁判所は、情報開示命令の申立てについて決定をする場合には、相手方を審尋しなければならない。
> 5 情報開示命令の申立てについての決定に対しては、即時抗告をすることができる。
> 6 情報開示命令は、執行力を有しない。

> 7　相手方が正当な理由なく情報開示命令に従わないときは、裁判所は、決定で、30万円以下の過料に処する。
> 8　前項の決定に対しては、即時抗告をすることができる。
> 9　民事訴訟法第189条の規定は、第7項の規定による過料の裁判について準用する。

I　趣　旨

　本条は、28条1項で定めた相手方の情報開示義務について、その実効性を確保するために、簡易確定手続申立団体が裁判所に情報開示命令の申立てをすることができるとし、裁判所の決定により、具体的な事案における相手方の情報開示義務の存否を明らかにするものである。

II　解　説

1　情報開示命令（1項）

　情報開示命令とは、「前条第1項の規定により相手方が簡易確定手続申立団体に開示しなければならない文書について、同条第2項に規定する方法による開示を相手方に命ずる旨の決定」である。
　情報開示命令は、相手方が簡易確定手続申立団体に対して負う情報開示義務の実効性を確保するための決定であり、情報開示命令によって相手方が文書の開示をしなければならないのも、簡易確定手続申立団体に対してであって、裁判所に対してではない。
　もっとも、開示対象となる情報を特定するためには、相手方は、どのような情報を管理し、どのような文書等を所持しているかを簡易確定手続申立団体に事前に説明することが望ましい。裁判所としては、決定を出す前に、当事者間において協議により開示対象となる情報の特定・提供を行うよう事実上促すことが推奨される。
　なお、「同条第2項に規定する方法による開示を相手方に命ずる」とは、

28条2項の方法で開示すべき旨を命ずることである。電磁的記録については、複数の開示方法が認められているが、そのいずれかの方法によるべきことまでを決定するものではない。

2　情報開示命令の申立ての要件（1項・2項）

①届出期間中であること、②簡易確定手続申立団体の申立てであること、および③「文書の表示を明らかに」することである。

この点、②については、簡易確定手続申立団体が複数となる場合、複数の簡易確定手続申立団体による共同での申立てや、時期を異にする複数の申立ても可能である。簡易確定手続申立団体が複数となる場合も、団体はそれぞれ通知義務を負っており（25条1項）、相手方から、対象消費者に対する通知を行うのに必要な情報の開示を受ける必要があるからである。

また、③の「文書の表示を明らかに」するとは、対象文書を特定することであるが、簡易確定手続申立団体において、具体的な対象消費者の氏名等を特定することができるわけではないので、「対象消費者の氏名および住所または連絡先の記載された」といった文言を用いて、文書の表示を特定することが認められる。したがって、対象文書の特定は、契約書や領収書といった文書の種別を明確にして、「対象消費者の氏名および住所または連絡先の記載された契約書」といった形で特定すれば足りることから、民訴法222条の文書の特定のための手続は設けられていない。

これに対しては、申立団体側で、申立ての段階で常に「文書の表示」を明らかにできるわけではなく、その場合に情報開示命令が求められないとなると、制度の実効性を著しく損なうことになることから、文書提出命令における文書特定手続類似の制度を設け、申立段階での文書表示の特定を緩和すべきであるとする見解もある（2012年8月31日付日弁連意見書17頁）。

なお、情報開示命令の申立ては、簡易確定手続の付随的な申立てであることから、申立手数料は不要である。

3　情報開示命令の要件（3項）

「情報開示命令の申立てを理由があると認めるとき」、すなわち、28条1項の規定により相手方が情報開示義務を負うことになる場合である。

なお、本条によると、裁判所が情報開示を命ずることができるのは、あくまで当該相手方に対してのみであると解されるが、実際の企業活動においては、事業者自身は個々の消費者の情報を保有せずに、情報管理を第三者に委託している場合も多い。このような場合は、相手方に文書の所持が認められるものとして、相手方に情報開示義務が課される場合があると考えるべきである（一問一答79頁）。

4　情報開示命令

裁判所は、相手方において対象文書の準備に一定の期間を要することを踏まえ、情報開示命令を発する場合には、提出すべき期間を定めることが考えられる。2と同様、情報開示命令における文書の特定も「対象消費者の氏名および住所または連絡先の記載された契約書」といった程度で足りることとなる。

情報開示命令は、告知により直ちに効力を生じる（50条、民訴法119条）。

5　必要的審尋（4項）

裁判所は、「情報開示命令の申立てについて決定する場合」、すなわち、情報開示命令を決定する場合だけでなく、情報開示命令の申立てを却下する決定をする場合であっても、相手方を審尋しなければならない。

相手方の手続保障を図ると同時に、情報開示命令の申立てとして対象文書の特定がされているかについては、相手方の主張を踏まえた判断が必要となるからである。

6　不服申立て（5項）

　即時抗告の対象となる裁判は、「情報開示命令の申立てについての決定」であり、情報開示命令または情報開示命令の申立てを却下する決定である。

　即時抗告をすることができるのは、情報開示命令に対しては相手方、情報開示命令の申立てを却下する決定に対しては申立てをした簡易確定手続申立団体である。即時抗告の方式および効力は、民訴法の定めるところによる（50条、民訴法第3編第3章参照）。

7　執行力（6項）

　情報開示命令は、債務名義となるものではなく、本項により、この点を明らかにすることとされた。情報開示命令の実効性は、過料の制裁により担保する。

8　過料の制裁（7項～9項）

　情報開示命令の実効性を確保するため、相手方が「正当な理由なく」情報開示命令に従わないときは、30万円以下の過料に処することとし、また、相手方はこの過料の決定に対して即時抗告をすることができることとした。

　「正当な理由」としては、たとえば、対象文書の抽出や対象消費者の通知を行うのに必要な情報がない部分の除外作業などの開示準備のために時間を要する場合、決定後に火災などの不可抗力によって対象文書が消失した場合などが考えられる。

　過料の裁判の執行は、9項において準用する民訴法189条の規定の定めるところによる。

　なお、本条に規定する過料は、裁判手続中に付随的に派生するものであり、その性質は一般的な行政罰としての過料とは異なるうえ、その手続も非訟事件手続法ではなく民訴法の規律によることになることから（9項）、第4章ではなく、本条で規定することとされている。

◆第30条　債権届出

> 第30条　簡易確定手続開始決定に係る対象債権については、簡易確定手続申立団体に限り、届け出ることができる。
> 2　前項の規定による届出（以下「債権届出」という。）は、届出期間内に、次に掲げる事項を記載した書面（以下この節において「届出書」という。）を簡易確定手続開始決定をした裁判所に提出してしなければならない。
> 　一　対象債権について債権届出をする簡易確定手続申立団体、相手方及び届出消費者（対象債権として裁判所に債権届出があった債権（以下「届出債権」という。）の債権者である消費者をいう。以下同じ。）並びにこれらの法定代理人
> 　二　請求の趣旨及び原因（請求の原因については、共通義務確認訴訟において認められた義務に係る事実上及び法律上の原因を前提とするものに限る。）
> 　三　前２号に掲げるもののほか、最高裁判所規則で定める事項
> 3　簡易確定手続申立団体は、債権届出の時に対象消費者が事業者に対して対象債権に基づく訴えを提起するとすれば民事訴訟法第１編第２章第１節の規定により日本の裁判所が管轄権を有しないときは、第１項の規定にかかわらず、当該対象債権については、債権届出をすることができない。
> 4　簡易確定手続申立団体は、対象消費者が提起したその有する対象債権に基づく訴訟が裁判所に係属しているときは、第１項の規定にかかわらず、当該対象債権については、債権届出をすることができない。

Ⅰ　趣　旨

　１項は、簡易確定手続申立団体に限り、簡易確定手続開始の決定に係る対象債権について、届け出ることができることを定めるものである。なお、この届出（以下、「債権届出」という）をするにあたっては、31条１項で定めるように、対象消費者の授権が必要である。

　２項は、１項を受けて、届出事項を定めている。

　３項は、債権届出の際に、対象債権に基づく訴えを提起するとすれば日本

の裁判所に管轄権が認められない場合、債権届出をすることができない旨定めるものである。

4項は、二重起訴の禁止、すなわち、先に対象消費者が提起した対象債権に基づく訴訟が係属している場合に、さらに債権届出をすることができないことを定めるものである。

本条の各定めは、債権届出の適法要件であって、いずれかを欠く場合には債権届出が却下されることとなる。

II 解説

1 対象債権の届出（1項）

簡易確定手続において、債権を届け出ることができるのは、簡易確定手続申立団体（21条）に限定されている。対象消費者自ら、裁判所に届け出ることはできない。

「簡易確定手続開始決定に係る対象債権」とは、共通義務確認訴訟で義務が確認され、簡易確定手続開始決定の決定書に記載された、対象消費者の範囲に属する者の有する対象債権のことである。

2 届出書の記載事項（2項）

債権届出は、簡易確定手続開始決定を行った裁判所に、届出書を提出する形で行う。届出書は、簡易確定決定に対して異議の申立てがあった場合には訴状とみなされることとなるため（52条1項）、書面で債権届出をすべきことを定め、訴状の記載事項が届出書に記載されるようにしたものである。

なお、債権届出は個々の届出債権ごとに観念されるものであるが、特定適格消費者団体は、多数の届出債権をまとめて1通の届出書に記載して債権届出することも可能と考えられる。

届出書の記載事項は、以下のとおりである。

(i) 必要的記載事項

① 対象債権について債権届出をする簡易確定手続申立団体、相手方お

よび届出消費者並びにこれらの法定代理人（1号）

　対象債権について債権届出をする簡易確定手続申立団体と、相手方、さらには届出消費者と、これらの法定代理人を記載する必要がある。異議の申立てがあった場合に、訴訟の当事者（原告・被告）となるべき者の記載である。

　なお、代表者の住所の記載は求めない。特定適格消費者団体の代表者としての資格と氏名によって特定できると考えられたためである（条解最高裁規則31頁）。

　任意代理人による申立てについては、その者の氏名および住所の記載が求められる（最高裁規則35条、民訴規則23条1項）。

② 請求の趣旨および原因（2号）

　「請求の趣旨」には、届出債権の額、遅延損害金があるときはその起算日および利率、条件や期限があるときはその内容も含まれる。

　「請求の原因」は、当該簡易確定手続の対象となっている債権であることを明らかにすべく、債権を特定するのに必要な請求の原因を明らかにする必要があるが、共通義務確認訴訟において認められた義務に係る事実上および法律上の原因を前提とするものに限られる。共通する法律上の原因を前提としない別の請求の原因を追加して主張することは、許されない[87]。

　もっとも、およそ請求の原因を追加してはならないということではなく、確認された義務を前提とするものを追加することは可能である[88]。

(ⅱ) **任意的記載事項**

① **当事者の氏名住所等（最高裁規則18条1項）**

　具体的には、債権届出をする簡易確定手続申立団体の名称および住所並びに代表者の氏名（最高裁規則18条1項1号）、相手方の氏名または名称および住所並びに法定代理人の氏名および住所（同項2号）、届出消費者の氏名お

---

[87] たとえば、共通義務確認訴訟の判決において、個々の消費者の事情がない限り、不実告知による取消しを理由とした不当利得返還義務があることが確認されているという場合において、不当利得返還請求権を届け出る際に、届出書に詐欺取消しを理由とする請求原因をも付加して主張することは許されない（一問一答83頁）。

[88] たとえば、代理人により契約が締結された場合に、代理権の存在や顕名などの請求原因を追加することは可能である（一問一答83頁）。

よび住所並びに法定代理人の氏名および住所（同項3号）を記載しなければならない。

当該事項は簡易確定手続開始申立書にも記載されているものであるが（最高裁規則11条1項1号・2号）、異議後の訴訟において訴状とみなされるのは簡易確定手続開始申立書ではなく届出書であるため（52条1項後段）、異議後の訴訟の訴状として必要となる事項については、届出書においてあらためて記載すべきこととされているものである。

なお、届出書の必要的記載事項としては、30条2項1号に掲げる者が特定される事項が記載されていれば足りるため、仮に氏名および住所の記載が一部欠けていたとしても、同号に掲げる者の特定がされているのであれば、債権届出が不適法（36条1項）となることはない（条解最高裁規則47頁）。

また、相手方の法定代理人に関する記載については、相手方に法定代理人があるときは法定代理人について、相手方が法人またはそれに準じる者であるときはその代表者について記載しなければならない（最高裁規則35条で準用する民訴規則18条）。

② 請求を理由付ける事実（最高裁規則18条2項）

届出書の実質的記載事項として、「請求の趣旨」および「請求の原因」に加えて、民訴規則53条を参考に、「請求を理由付ける事実」の記載が求められている（最高裁規則18条2項）。たとえば、代理人により契約が締結された場合の代理権の存在等の事実が該当する。

もっとも、訴状の記載事項を定める民訴規則53条1項では、このほかに重要な間接事実および証拠の記載も求められているが、認否前のこの段階で、届出書に一律に間接事実の記載を求めるのは相当でないため、届出書の記載事項とはされていない。また、債権届出の際に裁判所への証拠の提出は求めないこととしているため（42条、最高裁規則26条）、証拠の記載も届出書には求めないこととされている。

なお、民訴規則53条1項の「請求を理由付ける事実」と同様、「請求を理由付ける事実」の記載がなくとも、そのことだけで債権届出が不適法となるものではない（条解最高裁規則48頁）。

第30条　債権届出

③ 債権届出団体の任意代理人等の記載（最高裁規則18条3項）

具体的には、債権届出団体の任意代理人の氏名および住所と、債権届出団体または代理人の郵便番号および電話番号（ファクシミリの番号を含む）を記載しなければならない。届出書は異議後の訴訟において訴状とみなされるため、通常の訴状において原告について記載が求められる事項を記載するよう同様に求めるものである。

また、民訴規則2条1項・53条4項と同様、任意的記載事項の定めであるから、これらの記載を欠いたとしても、そのことだけで債権届出が不適法となるものではない（条解最高裁規則48頁）。

④ 民訴規則2条の記載事項（最高裁規則35条）

具体的には、事件の表示、附属書類の表示、年月日、裁判所の表示である。

3　数個の請求の場合の債権届出（最高裁規則19条）

共通義務確認訴訟において、同一の事業者との関係で請求の基礎となる消費者契約および財産的被害を同じくする複数の請求がされ、そのうち複数の共通義務について簡易確定手続開始決定がなされることが考えられる。その場合の債権届出の規律について、最高裁規則19条は、以下のとおり定めている。

(i) できる限り対象債権を1つに限定して債権届出をすべきこと

最高裁規則19条1項は、簡易確定手続申立団体は、できる限り、同一の対象消費者の同一の財産的被害については、対象債権を1つに限定して、債権届出をしなければならないと定めている。

同項の定める「請求の基礎となる消費者契約及び財産的被害を同じくする」とは、共通義務確認訴訟において「消費者に共通する事実上及び法律上の原因」（2条4号）として主張される消費者契約および財産的被害が同一である場合を指し、「1の共通義務確認の訴えで同一の事業者に対して請求の基礎となる消費者契約及び財産的被害を同じくする数個の請求がされた場合において、そのうち2以上の請求に係る法第2条第4号に規定する義務に

ついて簡易確定手続開始決定がされたとき」とは、同一の社会的事実に基づいて複数の訴訟物が構成しうる場合において、それらの複数の訴訟物について共通義務確認訴訟が行われ、同一の機会にこのような関係にある複数の共通義務について簡易確定手続開始決定がされたときを指すものである。たとえば、商品を販売するにあたり事業者が虚偽の説明を行ったという事案において、詐欺取消しに基づく不当利得返還請求についての共通義務のほか、不法行為に基づく損害賠償請求についての共通義務も認められ、双方の共通義務について、簡易確定手続開始決定がされた場合などが考えられる（条解最高裁規則51頁）。

このような場合、同一の事業者の関係で、同一の対象消費者の同一の財産的被害について数個の債権届出を行うことは、理論上可能である。しかし、数個の債権届出を行うことにより、迅速な債権確定が妨げられることが想定されるほか、同一の給付を目的とする複数の債務名義が成立することによって派生的な紛争が生じるおそれがあることから、できる限り、届出債権を限定しなければならないとの定めが置かれたものである。

もっとも、最高裁規則19条1項は、「できる限り」対象債権を限って債権届出をするよう規定するものであり、訓示規定である。したがって、簡易確定手続申立団体が、最高裁規則19条1項に該当する場合に数個の債権届出をしたとしても、これらの債権届出が直ちに不適法なものとなるわけではない。異議後の訴訟となった場合、届出書が訴状とみなされることからすると、簡易確定手続申立団体としては、基本的に数個の債権について届け出たうえで、後記のとおり、順位を付すか選択的なものとして対応することになると考えられる。

(ii) **数個の請求の場合に予備的・選択的併合とすべきこと**

さらに、最高裁規則19条2項は、同条1項の規定にかかわらず、簡易確定手続申立団体が、同一の対象消費者の同一の財産的被害について数個の対象債権の債権届出をする場合には、各届出を、予備的または選択的併合の関係にあるものとしてすべき旨定めている[89]。

最高裁規則19条2項も、同条1項と同様に、訓示的規定ではあるが、1項

とは異なり、「できる限り」との文言は用いられていない。異議後の訴訟となった場合に届出書が訴状とみなされることを踏まえても、数個の債権届出を行う場合、あえて単純併合の形で行う必要性があるとまでは考え難く、簡易確定手続において円滑かつ迅速に債権が確定されるようにするためにも、簡易確定手続申立団体において、順位を付すか選択的なものとして債権を届け出るべきものと考えられる[90]。

　なお、簡易確定手続申立団体は、債権届出について授権をしようとする対象消費者に対して説明を行う際（32条）、数個の債権届出の要否や、数個の債権届出を行う場合には予備的または選択的に届出がされるべきことについても説明を行い、適切に授権を受けられるようにする必要がある。

4　日本の裁判所が管轄権を有しない場合（3項）

　原則としてすべての対象債権が債権届出の対象となるが、簡易確定決定に対して適法な異議の申立てがあった場合、債権届出の際に、簡易確定決定をした地方裁判所に訴えの提起があったものとみなされることとなるため（52条）、例外的に、債権届出時に日本の国際裁判管轄が認められないような場合には、債権届出をすることができないとされた[91]。

5　訴訟が係属しているときの債権届出の取扱い（4項）

　対象消費者が、対象債権に基づく訴訟を事業者に提起し、その訴訟が裁判所に係属している場合には、簡易確定手続申立団体は、当該対象債権につ

---

[89]　各債権届出に係る対象債権が実体法上両立し得ない場合に限られず、両立する場合（単純併合の形での請求が可能である場合）に順位を付すことも含まれる。

[90]　条解最高裁規則51頁は、適切な併合形態において債権届出を行うべきことは、債権届出を行う簡易確定手続申立団体の責務であると指摘している。

[91]　なお、山本・解説203頁注94は、「この場合に、併合請求における国際裁判管轄（民訴法3条の6）が適用されないかは1つの問題である。この手続が実質的には共同訴訟の場合と同じと考えれば、同条が適用されるところ、その要件である民訴法38条前段の要件（同一の事実上及び法律上の原因）は共通義務があるとすれば当然に認められるとも思われ、そうであるとすれば、国際裁判管轄の不存在によってこの手続から排除される場合は、基本的には存しないことになろうか」と指摘している。

き、債権届出をすることができない。債権届出をしたとしても、債権届出は却下されることとなる（一問一答84頁）。個別の訴訟と簡易確定手続と両方の手続が進行した場合、矛盾した裁判が出るおそれがありそれを避ける必要があること、また、審理の重複が生じ、当事者にとっても裁判所にとっても負担となることから、民訴法142条にならって規定されたものである。

もっとも、個別訴訟について訴えの取下げ（民訴法261条1項）をすれば、簡易確定手続において、債権届出をすることは可能である（一問一答84頁）。

また、対象債権に基づく訴訟が係属している場合であっても、それが相手方が対象消費者に対して提起したものであった場合には、本項の制限の対象外であるから、債権届出をすることが可能である。審理の重複という問題はあるものの、相手方が債務不存在確認の訴えを提起していた場合に、対象消費者が債権届出をすることができなくなってしまうのでは、本制度の実効性が損なわれることとなるため、対象消費者が訴えを提起している場合に限定すべく、「対象消費者が提起したその有する対象債権に基づく訴訟が裁判所に係属しているとき」と規定されている。

本項にいう「裁判所」とは、民訴法142条の裁判所と同様であり、日本国の裁判所全体をいう。

また、50条が民訴法142条を準用しており、同一の対象債権について、重ねて債権届出をすることはできない。

6 債権届出をしなかった場合

簡易確定手続において債権届出をしなかった場合、消費者は、簡易確定手続で債権の支払いを求めることはできないが、債権届出をしなかったからといって、権利の存否に何ら影響を及ぼすものではない。本制度外において、相手方に対し、権利行使することが可能である（一問一答85頁）。

もっとも、債権届出をしなければ、共通義務確認訴訟の判決の効力が及ばないため（9条)[92]、共通義務の存否から争っていくこととなる。

---

[92] 法的には及ばなくとも、事実上の影響はありうると考えられる。

◆第31条　簡易確定手続についての対象消費者の授権

第31条　簡易確定手続申立団体は、対象債権について債権届出をし、及び当該対象債権について簡易確定手続を追行するには、当該対象債権に係る対象消費者の授権がなければならない。

2　前項の対象消費者は、簡易確定手続申立団体のうちから１の簡易確定手続申立団体を限り、同項の授権をすることができる。

3　第１項の授権をした対象消費者は、当該授権を取り消すことができる。

4　前項の規定による第１項の授権の取消しは、当該授権をした対象消費者又は当該授権を得た簡易確定手続申立団体から相手方に通知しなければ、その効力を生じない。

5　第１項の授権を得た簡易確定手続申立団体の第65条第１項に規定する特定認定が、第74条第１項各号に掲げる事由により失効し、又は第86条第１項各号若しくは第２項各号に掲げる事由により取り消されたときは、当該授権は、その効力を失う。

6　簡易確定決定があるまでに簡易確定手続申立団体が届出債権について第１項の授権を欠いたとき（前項の規定により当該授権がその効力を失ったときを除く。）は、当該届出債権については、債権届出の取下げがあったものとみなす。

7　債権届出に係る簡易確定手続申立団体（以下「債権届出団体」という。）の第65条第１項に規定する特定認定が、簡易確定決定があるまでに、第74条第１項各号に掲げる事由により失効し、又は第86条第１項各号若しくは第２項各号に掲げる事由により取り消されたときは、届出消費者は、第２項の規定にかかわらず、第87条第６項の規定による公示がされた後１月の不変期間内に、同条第１項の規定による指定を受けた特定適格消費者団体に第１項の授権をすることができる。

8　前項の届出消費者が同項の期間内に第１項の授権をしないときは、その届出債権については、債権届出の取下げがあったものとみなす。

9　簡易確定決定があった後に、届出消費者が第３項の規定により第１項の授権を取り消したときは、当該届出消費者は、更に簡易確定手続申立団体に同項の授権をすることができない。

第2部　逐条解説　消費者裁判手続特例法

I 趣　旨

　1項は、対象債権について債権届出をして簡易確定手続を追行するには、簡易確定手続申立団体は、対象消費者から授権を受けなければならないことを定めるものである。

　2項は、対象消費者は、簡易確定手続申立団体が複数ある場合、1つに限って授権すべきことを定めたものである。

　3項と4項は、授権を取り消すことができ、相手方へ通知しなければ効力が生じないことを定めたものである。

　5項は、特定適格消費者団体の認定の取消しまたは失効があった場合、授権の効力が失われることを定めたものである。

　6項は、簡易確定決定があるまでに授権を欠いた場合には、債権届出を取り下げたものとみなすことを定めるものである。

　7項と8項は、特定適格消費者団体の認定の取消しまたは失効があり、手続を受け継ぐべき団体が指定された場合に授権をすることのできる期間を定めるとともに、期間内に授権をしない場合には債権届出を取り下げたものとみなすことを定めるものである。

　9項は、簡易確定決定後に授権を取り消した場合には再度授権をすることができないことを定めている。

II 解　説

1　授権の範囲・方法（1項）

　簡易確定手続申立団体は、対象消費者から授権を受けて、対象債権について裁判所に債権届出をすることになるが、授権については、訴訟代理とは異なり、和解や取下げ等の権限についても包括的に授権するものであり、債権届出と簡易確定手続の追行は一体のものとして授権しなければならない。手続の一部について自由に制限をして授権することができるとすると、訴訟行為のたびに授権の有無の確認が必要となり、煩瑣であって簡易迅速な手続に

第31条　簡易確定手続についての対象消費者の授権

馴染まないし、届出消費者としてもいつでも授権の取消しができる以上、不都合はないからである。

　なお、債権届出および簡易確定手続を追行するための授権には、事業者からの弁済受領権限も含まれている（一問一答86頁）。

　また、授権を受けたことは、書面で証明しなければならない（最高裁規則20条1項）。

2　複数の簡易確定手続申立団体がある場合（2項）

　複数の簡易確定手続申立団体がある場合、対象消費者は、授権に際し、1つの簡易確定手続申立団体に限って授権をしなければならない。複数の団体への授権を許容すると、対象消費者がいずれかの団体にしか連絡をしなかったり、簡易確定手続申立団体も他方の団体が対応するものと考えて責任の所在が不明確になるなど、事務手続の誤りや複雑化を招くおそれがあるからである。

　また、複数の簡易確定手続申立団体がある場合、それぞれの簡易確定手続申立団体は、授権を受けるにあたり、対象消費者に対し、他の簡易確定手続申立団体に対して授権しているか否かを確認しなければならない（最高裁規則20条2項）。簡易確定手続申立団体がそれぞれ対象消費者に対してこのような確認を行うことにより、31条2項の規定に反する不適法な債権届出がされることを防止し、手続の円滑な進行を図る趣旨のものである。

3　授権の取消し（3項・4項）

　対象消費者は、簡易確定手続申立団体に対する授権を取り消すことができる。債権届出期間内であれば、取消し後にあらためて授権することも可能である。もっとも、届出期間を経過した後に授権を取り消した場合には、債権届出を取り下げたものとみなされることとなる（31条6項）。

　また、授権取消しの効果は、当該授権をした対象消費者または当該授権を得た簡易確定手続申立団体が、相手方に通知して初めて生じる。そして、上記通知を行った者は、裁判所にもその旨、書面にて届け出る必要がある（最

高裁規則6条・20条3項)。

4 　授権を欠いた場合の債権届出の取下げの擬制（6項）

　簡易確定決定がなされるまでの間に、簡易確定手続申立団体が届出債権について授権を欠くこととなった場合、当該届出債権は、取り下げたものとみなされる。簡易確定手続では、簡易確定手続申立団体と相手方のみが当事者となり、届出消費者は当事者となることができないので、授権を欠いた場合、当事者となるべき者がいない状況が発生するため、かかる取下げ擬制の規定が置かれている（一問一答87頁）。

　授権を欠いたことにより債権届出の取下げがあったとみなされる場合、相手方がその事実を知らない場合があり得ることから[93]、裁判所書記官において、その旨、相手方に通知するものとされた（最高裁規則24条2項)[94]。

　なお、「簡易確定決定があるまでに簡易確定手続申立団体が届出債権について第1項の授権を欠いた」とは、対象消費者が授権を取り消した場合と、簡易確定手続申立団体が簡易確定手続授権契約を解除した場合の双方がある。債権届出の却下決定がされた後に授権を欠くに至った場合も、「簡易確定決定があるまで」に含まれる。なぜならば、債権届出の却下決定や認否を争う旨の申出の却下決定がされた後に即時抗告がされ、それらの決定が取り消された場合には、審尋を行い簡易確定決定を行うことになるが、届出消費者自らは手続を追行できないから、これらの決定後も債権届出の取下げとみなす必要があるからである（一問一答87頁）。

　一方、簡易確定決定後に授権を欠いた場合、取下げ擬制はされない。届出消費者は自ら異議を申し立てることができるとともに（46条2項）、異議後

---

[93] 74条1項各号による特定認定の失効の場合、86条1項各号および2項各号による特定認定の取消しの場合、33条2項による簡易確定手続授権契約の解除の場合等。
[94] 授権契約を解除した場合には、簡易確定手続申立団体から裁判所にその旨届出がなされる（最高裁規則21条)。74条1項各号による特定認定の失効の場合には、内閣総理大臣から裁判所にその旨通知がなされる（同条2項）。86条1項各号および2項各号による特定認定の取消しの場合にも、内閣総理大臣から裁判所にその旨通知がなされる（同条4項）。そのため、裁判所書記官に通知義務が課されている。

の訴訟を追行することができ（52条1項）、異議を申し立てなければ、届出債権は確定する（47条1項）。異議申立ての期間内に授権を欠いたことで手続が中断するものではない。

また、債権届出の却下決定が確定した場合にも、手続が終了するため、授権を欠いたとしても取下げ擬制はされない。

5 特定適格消費者団体の特定認定の失効または取消しがあった場合の扱い（5項・7項・8項）

対象消費者から授権を得た簡易確定手続申立団体の特定認定が、74条1項各号に掲げる事由により失効した場合や、86条1項各号もしくは2項各号に掲げる事由により取り消された場合には、当該簡易確定手続申立団体が得た授権の効力は失われることとなる。

特定適格消費者団体の認定取消しまたは失効があった場合、簡易確定手続が中断（61条1項1号）するため、新たな授権を得た指定特定適格消費者団体（87条の解説参照）が受継しないと、手続を進行することができなくなってしまう。そこで、1カ月以内に、指定特定適格消費者団体に新たに授権すべきことを定め、期間内に授権がないときには、債権届出の取下げがあったものとみなすこととされている。なお、授権をする契約は、当事者間の信頼関係に基づいて行われるものであり、裁判手続をする一方の当事者が他の者に代わった場合において、当然に契約関係が移転するものではなく、あらためて消費者から個別に同意を得るべきものであるから、指定特定適格消費者団体は、対象消費者から、あらためて、授権を得る必要がある[95]。

また、7項は、「債権届出に係る簡易確定手続申立団体」を「債権届出団体」と定義している。債権届出後、特定認定が失効し、または取り消された場合には、87条1項により指定された団体が手続を受け継ぐこととなるが、

---

[95] 実際にも、報酬に関する規定など契約内容については、団体ごとに異なる場合がありうることから、当然引き継がれるとなると不都合が生じる。特に、団体が消費者との間で不適切な内容の契約を締結したがゆえに、特定認定が取り消されることもありうるが、指定を受けた他の団体がそのような契約に拘束されることとなるのは妥当でない。

そのような場合には、指定された団体が「債権届出に係る簡易確定手続申立団体」となる[96]。

なお、対象消費者から指定特定適格消費者団体に対して期間内に授権がなく、債権届出を取り下げたとみなされる場合にも、相手方がその事実を知らない場合があり得ることから、裁判所書記官が、その旨相手方に通知するものとされた（最高裁規則24条2項）[97]。

6 再授権の禁止（9項）

届出消費者は、簡易確定決定があった後は、簡易確定手続申立団体に対して再授権をすることができない。

特定適格消費者団体が授権を受けて行うことができるのは、届出消費者の手続負担の軽減や審理の効率化のためであり、届出消費者が自ら手続を追行できると判断するのであれば負担軽減の必要性は少なく、むしろ再授権がされると、当事者の変更に対応しなければならなくなる特定適格消費者団体の事務負担が大きく、審理の効率化に資さないばかりか複雑化させることになるため、再授権できないこととされたものである（一問一答89頁）。

また、届出消費者は、簡易確定決定に対して、自ら異議を申し立てることができる。

なお、債権届出期間中は、一度、債権届出を取り下げて、再度、債権届出をすることができる以上、再授権も許容される。

届出期間後簡易確定決定までの間は、新たな債権届出をすることができないので、再授権を問題にする必要がない。

◆第32条　説明義務

第32条　簡易確定手続申立団体は、前条第1項の授権に先立ち、当該授権を

---

[96] たとえば、A団体が債権届出をし、特定認定が失効しまたは取り消され、B団体が指定され、さらにB団体の特定認定が失効しまたは取り消されてC団体が指定されたような場合には、「債権届出に係る簡易確定手続申立団体」は、実際に債権届出をしたA団体ではなく、C団体を指すこととなる。

[97] 前掲注[94]。

第32条　説明義務

> しようとする者に対し、内閣府令で定めるところにより、被害回復裁判手続の概要及び事案の内容その他内閣府令で定める事項について、これを記載した書面を交付し、又はこれを記録した電磁的記録を提供して説明をしなければならない。

I　趣　旨

　簡易確定手続申立団体は、授権に先立ち、授権をしようとする者に対して説明を行わなければならないことを定めるものである。簡易確定手続申立団体は、対象債権について、債権届出をし簡易確定手続を追行するには、対象消費者から授権を受けて行うこととなるが、この業務の実施により消費者トラブルが発生しては制度の信頼性を大きく損ねることとなるから、被害回復関係業務の適正を確保するため、説明を義務付けることを定めたものである。

　説明の方法は、書面の交付またはこれを記録した電磁的記録の提供と定められている。

II　解　説

1　説明の方法

　説明の方法につき、規則6条1項および2項は、以下のとおり定めている。

（ⅰ）**面談のうえ、書面を交付して説明する方法（規則6条1項1号）**

　授権をしようとする者と面談を行い、当該授権をしようとする者に対して、説明事項が記載された書面を交付して説明する方法である。授権をしようとする者が、直接、疑問点等を確認することができる。

（ⅱ）**書面等の交付または電磁的記録の閲覧を求めたうえで音声の送受信により同時に通話可能な方法で説明する方法（規則6条1項2号）**

　授権をしようとする者に対して、説明事項が記載された書面を交付し、ま

たは、電磁的記録に記録された説明事項が紙面または映像面に表示されたものの閲覧を求めたうえで、音声の送受信により、同時に通話することが可能な方法により説明する方法である。この場合、授権をしようとする者が、直接、疑問点等を確認できるよう、同時に通話できる方法に限定されている。簡易確定手続申立団体において、あらかじめ説明内容を録音しておき、架電してきた者に一方的に聞かせるといった方法は許されない。

(ⅲ) **説明会を開催し、書面を交付して説明する方法（規則6条1項3号）**

説明会を開催し、書面を交付して説明する方法である。授権をしようとする者が、直接、疑問点等を確認することができる。

(ⅳ) **書面の交付または電磁的記録を提供して説明する方法（規則6条1項ただし書）**

授権をしようとする者の承諾がある場合には、書面の交付または電磁的記録の提供による方法をもって足りる。

なお、この承諾は、授権をしようとする者から、本制度を理解したうえで明示的に表示される必要があり、授権をしようとする者から説明を求められない限りこの承諾があると扱うことは許されない。また、この承諾をする者と、この承諾をしない者とで、合理的な理由のない差異を設けることは許されない（ガイドライン4.(4)ア(ア)）。

(ⅴ) **必要事項が記載されたウェブサイトを閲覧してもらう方法（規則6条2項）**

以下の要件を満たす場合には、上記(ⅰ)～(ⅳ)の方法にかかわらず、当該簡易確定手続申立団体のウェブサイトの閲覧を求める方法で足りる。

なお、簡易確定手続申立団体は、当該簡易確定手続申立団体のウェブサイトを閲覧した者から求めがあるときは、書面の交付または電磁的記録の提供をしなければならない。

① **業務規程において、授権をしようとする者からの問合せへの対応に関する体制に関する事項が定められていること**

具体的には、問合せに対応する曜日、時間帯、方法等を定めることが考えられる。

② ①の体制が、複数の方法による問合せに対応できるものであり、これに対応する時間が十分に確保されているなど授権をしようとする者の便宜に配慮したものであること

「複数の方法による問合せに対応できる」とは、たとえば、郵便、電話、ファクシミリ、電子メール、面談などに対応できることをいう。なお、電話については、対応者が不在な夜間等においても電話をかけた者が伝言することができる機能が必要である。

③ 授権をしようとする者が、簡易確定手続申立団体のホームページを閲覧した後、説明事項を理解したことを確認する措置が講じられていること

授権をしようとする者が、③の説明事項を理解したことを確認する措置において、確認をしない場合は、当該授権をしようとする者との関係では、32条の規定に基づく説明がなされていないことになることに留意する必要がある（ガイドライン4.(4)ア(イ)）。

2 説明すべき事項

簡易確定手続申立団体が説明すべき事項は、「被害回復裁判手続の概要及び事案の内容その他内閣府令に定める事項」である。「被害回復裁判手続の概要及び事案の内容」は、25条1項1号に記載されているとおりであり、「その他内閣府令で定める事項」は、規則7条に規定されている。

簡易確定手続申立団体は、これらの事項について、対象消費者に対し、わかりやすく丁寧に説明する必要がある。

なお、25条に規定する通知事項と重なるところが多いが、消費者の中には通知・公告に接していない者もありうるし、共通義務確認訴訟の判決の効力が対象消費者の範囲に属する届出消費者に及ぶことになるが、当該判決が一部勝訴の場合には、敗訴部分についても効力が及ぶことになること、また、特定適格消費者団体は報酬または費用の支払いを受けることができるため、消費者としてはそれらの内容を正確に知ったうえで、授権をするか否かを判断する必要があると考えられることから、重ねて、説明事項とされたもので

第2部　逐条解説　消費者裁判手続特例法

ある（一問一答90頁）。

① 被害回復裁判手続の概要および事案の内容
具体的に何を説明すべきかは、25条1項1号の解説を参照されたい。

② 25条1項2号から6号までに掲げる事項（規則7条1項1号。詳細は、25条1項2号〜6号の解説を参照されたい）。

 ⓐ 共通義務確認訴訟の確定判決の内容（請求の認諾がされた場合にはその内容）（25条1項2号）

 ⓑ 対象債権および対象消費者の範囲（25条1項3号）

 ⓒ 簡易確定手続申立団体の名称および住所（25条1項4号）

 ⓓ 簡易確定手続申立団体が支払いを受ける報酬または費用がある場合には、その額または算定方法、支払方法その他必要な事項（25条1項5号）

 ⓔ 対象消費者が簡易確定手続申立団体に対して31条1項の授権をする方法および期間（25条1項6号）

③ 規則3条1項1号および2号に掲げる事項（規則7条1項2号）

 ⓐ 消費者からの問合せを受けるための簡易確定手続申立団体の連絡先およびこれに対応する時間帯（規則3条1項1号）

 ⓑ 簡易確定手続授権契約の締結を拒絶し、または簡易確定手続授権契約を解除する場合の理由（規則3条1項2号）

④ 簡易確定手続申立団体が複数ある場合には、他の簡易確定手続申立団体が簡易確定手続開始の申立てをしていることと、当該他の簡易確定手続申立団体の名称、電話番号、その他の連絡先（規則7条1項3号）

⑤ 31条1項の授権により簡易確定手続申立団体が行う業務の範囲（規則7条1項4号）

⑥ 個人情報の取扱いに関する事項（規則7条1項5号）

⑦ 簡易確定手続授権契約終了時の精算に関する事項（規則7条1項6号）

⑧ 仮差押命令に係る仮差押えの執行がされている場合は、その内容および59条の規定に基づき平等に取り扱わなければならないこと（規則7条1項7号）

3　違反の効果

　簡易確定手続申立団体が説明すべき事項について説明を怠った場合、当然に授権の効力に影響を及ぼすものではなく、私法上の効力の問題がありうるにとどまる。もっとも、対象消費者は自由に授権を取り消すことが可能である（31条3項）（山本・解説206頁）。

　なお、特定適格消費者団体に対しては行政処分がなされることもありうることとなる。

◆第33条　簡易確定手続授権契約の締結及び解除

> **第33条**　簡易確定手続申立団体は、やむを得ない理由があるときを除いては、簡易確定手続授権契約（対象消費者が第31条第1項の授権をし、簡易確定手続申立団体が対象債権について債権届出をすること及び簡易確定手続を追行することを約する契約をいう。以下同じ。）の締結を拒絶してはならない。
> 2　第31条第1項の授権を得た簡易確定手続申立団体は、やむを得ない理由があるときを除いては、簡易確定手続授権契約を解除してはならない。

I　趣　旨

　本条は、簡易確定手続申立団体は、対象消費者からの授権を原則としてすべて受けて、対象債権の確定手続を実施するものとし、簡易確定手続授権契約の締結を義務付けるとともに、解除を制限することを定めたものである。

　このような義務を課したのは、審理の効率化、相手方事業者の負担軽減の観点から、簡易確定手続の主体を簡易確定手続申立団体に一本化しており、個々の対象消費者が、直接、裁判所に債権届出をすることができないことから、対象消費者の権利の実現を図るためである（一問一答91頁）。

II 解説

1 簡易確定手続授権契約の締結（1項）

本条は、対象消費者が、簡易確定手続申立団体に対して31条1項の授権をし、簡易確定手続申立団体が対象債権について債権届出をすることおよび簡易確定手続を追行することを約する契約を、「簡易確定手続授権契約」と定義している。

簡易確定手続申立団体は、「やむを得ない理由があるとき」を除いては、簡易確定手続授権契約の締結を拒絶することができない。

2 簡易確定手続授権契約の解除（2項）

また、簡易確定手続申立団体は、「やむを得ない理由があるとき」を除いては、簡易確定手続授権契約を解除することができない。

簡易確定手続申立団体は、簡易確定手続授権契約を解除した場合には、その旨、書面にて、裁判所に届け出なければならない（最高裁規則21条・6条）。簡易確定手続授権契約の解除がされると、授権が取り消された場合（31条3項）と同様、「授権を欠いたとき」に該当し（同条6項）、債権届出の取下げがあったものとみなされるため、最高裁規則20条3項と同様、簡易確定手続授権契約の解除の事実についても裁判所に届け出なければならないこととされたものである。

なお、簡易確定手続授権契約解除の事実につき、相手方に対する通知の規定は置かれていないが、解除の結果としてのみなし取下げの事実が、裁判所書記官から相手方に通知されることとなる（最高裁規則24条2項）。

3 授権契約の締結を拒絶・解除できる「やむを得ない理由があるとき」

簡易確定手続申立団体が、「やむを得ない理由があるとき」でなければ、簡易確定手続授権契約の締結を拒絶し、また、契約を解除することができな

第33条　簡易確定手続授権契約の締結及び解除

いとされたのは、対象消費者に裁判所の判断を得る機会を保障するためであることからすると、「やむを得ない理由があるとき」とは、裁判所の判断を得られずともやむを得ないと考えられる場合に限定されると考えられる。

ガイドライン４.(5)アは、以下のような場合を例としてあげている。

① 授権をする者が、授権をするのに必要な書類や簡易確定手続授権契約書を提出しない場合[98]
② 授権をする者が、簡易確定手続申立団体が定めたガイドラインに適合する報酬および費用の負担を拒否する場合
③ 簡易確定手続申立団体が定めた授権期間が合理的である場合において、その授権期間を経過したとき
④ 簡易確定手続申立団体の申立てにより仮差押えの執行がされている場合に、当該簡易確定手続申立団体が、当該仮差押えの執行がされている財産について強制執行の申立てをするとき、または当該財産について強制執行もしくは担保権の実行の手続がされている場合において配当要求するときは、当該簡易確定手続申立団体が取得した債務名義および取得することとなる債務名義に係る届出債権を平等に取り扱わなければならないことについて、授権をする者が了解しない場合
⑤ 授権をする者が反社会的勢力であり、その活動の一環として授権をしているなど、不当な利益を得るために授権をしようとしていることが明らかな場合
⑥ 授権をした対象消費者が合理的な理由なく必要な証拠書類を提出しない、授権をした対象消費者との連絡がとれないなど、簡易確定手続申立団体の適切な手続遂行に著しく支障が生じた場合[99]

なお、特定適格消費者団体としては、対象債権の存在が認められないと

---

[98] 単に授権契約書を提出しないだけでなく、授権契約書の一部の条項を排除したうえで授権契約の締結を求めてくる場合等も、「やむを得ない理由があるとき」に該当すると考えられる。
[99] 本制度は多数の消費者の被害を集団的に簡易迅速な手続で回復することを目的とするものであるから、画一的処理に著しく支障を来すような場合（支障を来すと見込まれる場合を含む）には、簡易確定手続申立団体に過度の負担を強いるものとして、「やむを得ない理由があるとき」に該当しうると考えられる。

か、簡易確定手続授権契約の申込みをした者が対象消費者に当たらないと考えた場合でも、これらの点について、裁判所の判断を受ける機会を保障すべきであるから、授権を受けるべきであり、「やむを得ない理由があるとき」には当たらない（一問一答92頁）[100]。

ただし、そのような場合、対象消費者に対してその旨説明することは、簡易確定手続授権契約を締結すべき義務に反するものではない（一問一答92頁）。

4 違反の効果

簡易確定手続申立団体が、「やむを得ない理由があるとき」ではないのに授権契約の締結を拒絶・解除した場合であっても、授権の効果が擬制されるとか、解除の効力が否定されるということはない。

しかし、特定適格消費者団体には100万円以下の過料という制裁が科されることとなる（97条2号・3号）。また、行政処分がなされることもありうることとなる。

◆第34条　公平誠実義務等

> 第34条　第31条第1項の授権を得た簡易確定手続申立団体は、当該授権をした対象消費者のために、公平かつ誠実に債権届出、簡易確定手続の追行及び第2条第9号ロに規定する民事執行の手続の追行（当該授権に係る債権に係る裁判外の和解を含む。）並びにこれらに伴い取得した金銭その他の財産の管理をしなければならない。
> 2　第31条第1項の授権を得た簡易確定手続申立団体は、当該授権をした対象消費者に対し、善良な管理者の注意をもって前項に規定する行為をしなければならない。

---

[100] 山本・解説207頁は、対象消費者の裁判を受ける権利の重要性に鑑みれば、理解できないではないが、およそ濫用的な授権契約の締結にも常に簡易確定手続申立団体が応じる義務があるという理解であるとすれば疑問である旨指摘しており、妥当である。

I 趣　旨

　本条は、1項において簡易確定手続申立団体が複数の対象消費者同士の関係の適正を保持する公平誠実義務を規定し、2項において簡易確定手続申立団体と対象消費者各人との関係における善管注意義務を規定したものである。

II 解　説

1　公平誠実義務（1項）

(i)　趣　旨

　被害回復裁判手続は、消費者契約に関して相当多数の消費者に生じた財産的被害の集団的な回復を目的としている（2条4号）。そして、被害回復裁判手続の第2段階となる対象債権の確定手続（第2章第2節）は、債権届出の権限を独占している簡易確定手続申立団体によって担われる（30条1項参照）。そのため、簡易確定手続申立団体は、簡易確定手続において多数の対象消費者から授権（31条1項）を受けることが当然に予定されることから、簡易確定手続申立団体が授権を受けることとなる多数の対象消費者相互の関係について、財産的被害の集団的な回復という目的に照らして適正さを保持することが求められる。そこで本条は、複数の対象消費者同士の関係の適正を保持するための公平誠実義務を規定した。

(ii)　公平誠実義務が課される場面

　この公平誠実義務を履行すべき場面として、次の5つの場面が整理されている。

① 　債権届出（30条1項）の場面である。
② 　簡易確定手続（2条7号）の追行の場面である。
③ 　2条9号ロに規定する民事執行の手続の追行の場面である。具体的には、次の2つの場面に大別される。
　ⓐ 　まず、特定適格消費者団体が対象債権に関して取得した債務名義に

よる民事執行の手続の場面である。

　　ここには、61条1項3号で「民事執行に係る訴訟手続」と規定されるもの、すなわち執行文付与の訴え（民執法33条1項）、執行文付与に対する異議の訴え（同法34条1項）、請求異議の訴え（同法35条1項）、第三者異議の訴え（同法38条1項）、配当異議の訴え（同法90条1項）、取立訴訟が含まれる。

　ⓑ　次に、特定適格消費者団体が取得する可能性のある債務名義に係る対象債権の実現を保全するための仮差押えの手続の場面である。

　　ここには、61条1項1号で「仮差押えの執行に係る訴訟手続」と規定されるもの、すなわち民事保全法46条が準用する執行文付与の訴え、執行文付与に対する異議の訴え、第三者異議の訴えが含まれる。

④　当該授権に係る債権に関する裁判外の和解の場面である。

⑤　最後に、簡易確定手続の追行等に伴い取得した金銭その他の財産の管理の場面である。

(ⅲ)　**公平誠実義務が問題となりうる具体例**

　たとえば、相手方から受領した金銭を分配する際、合理的な理由なく、特定の対象消費者について他と比較して有利な分配をすることは、本条項の公平誠実義務に反するものといえる（一問一答93頁参照、山本・解説209頁参照）。

　もっとも、届出消費者のうち一部の者について先行して債務名義を取得した場合、それらの者のために強制執行の申立てを行い、かつ、金銭回収までできた場合には、当該債務名義を有する届出消費者のみに回収した金銭を分配したとしても、ただちに本条項の公平誠実義務に反するとはいえないだろう（一問一答93頁参照、山本・解説209頁参照）[101]。

　なお、仮差押えに基づいて強制執行をする場合等についての平等取扱義務に関しては、59条を参照されたい。

---

[101]　たとえば、59条の定めを参考に、取得済みの債務名義に係る届出債権と今後取得することとなる債務名義に係る届出債権とを、回収金銭の分配において平等に取り扱う旨の特約を授権契約の際に授権契約書面に明示し、かつ、対象消費者に説明を行ったうえで授権契約締結をしていた場合には、その契約に従った金銭分配方法をとったとしても、本条の公平誠実義務に違反することとはならないだろう。

(ⅳ) 本条1項違反の効果

簡易確定手続申立団体が本条項の公平誠実義務に違反する場合には、行政監督の対象となる（一問一答93頁参照）。

2 善管注意義務（2項）

(i) 善管注意義務が問題となる場面

本項は、前項と異なり、簡易確定手続申立団体と授権を受けた対象消費者との関係を規律するものである。債権届出期間の徒過等は典型例である（一問一答94頁参照）。

このほか、認否を争う旨の申出（43条1項）や異議の申立て（46条1項）に際して、届出消費者に対する状況に応じた説明と協議といった場面でも、本項の善管注意義務が問題となる（一問一答101頁参照）。

(ⅱ) 本条2項違反の効果

本項の善管注意義務違反が問題となる場合には、簡易確定手続申立団体は、行政監督の対象となる。

また、簡易確定手続団体が、簡易確定手続に関する授権契約に基づいて私法上の善管注意義務を負っていることは明らかであるから（民法644条）、その善管注意義務違反がある場合には、前記行政監督とは別に、対象消費者からの損害賠償が問題となる（一問一答94頁参照）。

◆第35条　届出書の送達

> 第35条　裁判所は、第30条第2項の規定による届出書の提出を受けたときは、次条第1項又は第63条第1項の規定により債権届出を却下する場合を除き、遅滞なく、当該届出書を相手方に送達しなければならない。

Ⅰ　趣　旨

本条は、債権届出を受けた裁判所による相手方への送達義務を定めたもの

である。

II 解 説

　本条は、債権届出を却下する場合（36条1項参照）を除いて、届出書を相手方に送達することを裁判所の義務とした。債権届出書の送達は、債権届出団体から提出された副本によって行うこととされているから（最高裁規則22条）、債権届出の際には、正本・副本を裁判所に提出することになる。

　なお、簡易確定決定に対し適法な異議の申立てがあったときは、債権届出の時に訴えの提起があったものとみなされるが、その場合においては、債権届出書が訴状とみなされるほか、本条による債権届出書の送達が訴状の送達とみなされる（52条1項）。

◆第36条　不適法な債権届出の却下

> 第36条　裁判所は、債権届出が不適法であると認めるとき、又は届出書の送達に必要な費用の予納がないときは、決定で、当該債権届出を却下しなければならない。
> 2　前項の決定に対しては、即時抗告をすることができる。

I 趣 旨

　本条は、債権届出の却下の要件と、却下に対する不服申立てを規定したものである。

II 解 説

1　却下の要件

　届出書は、届出期間（22条1項4号）の満了までに、簡易確定手続開始決定をした裁判所に、必要的記載事項を記載した書面で行う（30条2項）。

第36条 不適法な債権届出の却下

　届出書については、通常民事訴訟における訴状審査と同様に裁判長による審査に服し、相当な期間を定めて、不適法な部分の補正を命じられる（50条、民訴法137条1項前段、最高裁規則35条、民訴規則56条）。送達費用の予納に関しても同様である（50条、民訴法137条1項後段、最高裁規則35条、民訴規則56条）。

　そのうえで、定められた期間内に適法に補正されない場合、当該届出は、本条1項に基づき却下されることになる。

　また、相当期間内に送達費用の予納がない場合にも、同様である。

2　却下決定に対する不服申立て

　この却下決定に対しては、即時抗告をすることができる（本条2項）。

　なお、即時抗告がなされた場合であっても、必ずしも簡易確定手続に係る事件記録のすべてが抗告裁判所に送付されるものではないから（最高裁規則8条1項）、即時抗告手続がとられなかった他の届出債権に関して、簡易確定手続の進行の遅延を来すようなことは考えられないだろう。

　また、仮に簡易確定手続に係る事件記録のすべてが抗告裁判所に送付された場合であっても、抗告裁判所の書記官が簡易確定決定の確定した部分の証明書を交付できることとされており（最高裁規則9条2項）、未確定の届出債権とは別個に、確定した届出債権に関する被害回復の手続は進めることができる。

3　却下と棄却の区別が問題となる場面

(i)　問題の所在

　不適法な債権届出として本条により却下するのか、請求棄却決定をするのかが問題となる場合がある。つまり、債権届出ができるのは、簡易確定手続開始決定に係る対象債権のみである（30条1項）から、対象債権および対象消費者の範囲に属する債権でなければ届け出ることができない。そうすると、ある届出債権が、対象債権でないとした場合には、不適法な債権届出として却下すべきか、それとも請求棄却決定をすべきかが問題となる。

たとえば、学納金返還請求の事例において、対象消費者の範囲が、「被告事業者との間で、平成○年度の在学契約を締結し、同契約に基づき授業料を支払った後に、平成○年3月31日までに同契約を解除した者」、と定められたとする。そして、届出債権Aについては、審理の結果平成○年4月になって解除通知が到達したことが判明したとする。

届出債権Aについては実際には対象債権でないということになる。学納金の事案では、学納金が消契法9条1号の「平均的な損害の額」を超えているかが問題となるところ、通常は、解除の時期が4月以降であると、学納金は「平均的な損害の額」を超えないと判断されることになるので（最判平18・11・27民集60巻9号3437頁）、共通義務確認訴訟の判決もそれを前提として対象消費者の範囲を定めているものと思われ、対象債権であるか否かの判断は実体的な請求権の存否についての判断にもかかわってくる。

(ii) 却下決定を行うべき場面

これについては、届出債権Aの請求の原因の記載が、3月X日に解除したというものであれば、債権届出としては適法であり、審理の結果、4月になって解除通知が届いたことが判明した場合には棄却すべきである。一方で、届出債権Aの請求の原因の記載が、4月X日に解除したというものであったとすれば、対象債権について届け出たものではないから却下すべきである。

なぜなら、却下決定の不服申立方法は即時抗告であり、必ずしも口頭弁論の機会は保障されていない。簡易確定決定に対し異議の申立てをすれば、訴え提起とみなされて通常訴訟により審理判決される。そのため、請求権の存否に関する実体的な判断を却下決定で行うのは避けるべきだからである。

また、45条1項は簡易確定決定のための審理においては、証拠を書証に制限しており、却下決定については証拠を制限していないから、通常は簡易確定手続においては書証に証拠が制限されるべき請求権の存否に関する実体的な判断が、証拠制限がなされずに行われるという事態が生じ得る。そこで、届出債権の却下については、請求の原因の記載から形式的に判断できる範囲において、判断するのが適当である。

(iii) 棄却決定を行うべき場面

　もっとも、3月X日に解除したと債権届出をしたが、審理の結果、4月になって解除通知が届いたことが判明した場合に請求棄却決定をすると、請求権が存在しないことが確定する。もともと、対象消費者の範囲を「被告事業者との間で、平成〇年度の在学契約を締結し、同契約に基づき授業料を支払った後に、平成〇年3月31日までに同契約を解除した者」と定めたうえで共通義務確認訴訟が行われている。そのため、4月以降の解除であっても、学納金が平均的な損害の額を超えている場合があり得るか[102]は共通義務確認訴訟では審理されていないと思われる。にもかかわらず消費者の請求権について不存在と判断するのは消費者に不利益ではないかという点が問題になる。

　しかし、異議の申立てがあり、訴えの提起とみなされた場合（52条1項）には、主張できる請求の原因について共通義務確認訴訟において認められた義務に係る事実上および法律上の原因を前提とするものに限られるという制約（30条2項2号）はなく、請求の原因を追加することができる（一問一答117頁）。そのため、共通義務確認訴訟で判断されていない理由から請求権をなお有するという主張について異議後の訴訟で争うことができるから、消費者にとって酷ではないと考えられる。

◆第37条　簡易確定手続における和解

> **第37条**　債権届出団体は、簡易確定手続において、届出債権について、和解をすることができる。

I　趣　旨

　本条は、債権届出団体が各届出債権について簡易確定手続の中でいつでも

---

[102] 最判平18・11・27民集60巻9号3597頁は、入学式を無断欠席した場合には入学を辞退したものとみなすなどとされている場合には、大学は学生の入学の意思を入学式の出欠により最終的に確認することとしているから、入学式の日までに学生が在学契約を解除しても、原則として大学に生ずべき平均的な損害は存しないとしている。

第2部　逐条解説　消費者裁判手続特例法

相手方と和解による解決をすることができることを規定した。

II　解　説

　簡易確定手続は、消費者契約に関して相当多数の消費者に生じた財産的被害の集団的な回復を目的としている被害回復裁判手続（2条4号）の趣旨に鑑み、早期に被害回復を図るために法定された制度である。

　そこで、各消費者から授権を受けて簡易確定手続の追行権限を得た簡易確定手続申立団体に和解の権能を認め、早期の届出債権の確定を図ったのが本条である。

　たとえば、簡易確定手続申立団体は、相手方から債権届出に対する認否がなされた後、認否を争う旨の申出（43条）をすることなく、和解期日の指定を裁判所に申し立て（50条、民訴法93条）、簡易確定決定によらず、和解調書を作成することによって確定判決と同一の効力を得ることができる（50条、民訴法267条）[103]。

　なお、簡易確定手続申立団体が本条による和解を行う場合には、対象消費者相互間に対する公平誠実義務や（34条1項）[104]、簡易確定手続申立団体と和解の対象となる届出債権に関する対象消費者との間の善管注意義務（同条2項）に注意すべきだろう。また、特定適格消費者団体が対象消費者の意思に反する和解を行うことは善管注意義務違反となり得るところであるから、各特定適格消費者団体の業務規程（65条4項2号）に定められている、和解にあたっての意思確認措置（同条5項）に基づいた対応をとることになる[105]。

---

[103]　和解の方法については、50条が民訴法264条を準用していることから、書面による受託和解の方法をとることも可能である。

[104]　34条1項の解説を参照。また、平等取扱いに関しては59条も参照。

[105]　このように簡易確定手続における和解においては授権をした対象消費者の個別の意思確認が必要ではあるが、これを踏まえた統一的な和解を集団的に行うことは可能と考えられる。例えば、特定適格消費者団体と相手方事業者との間で統一的な和解に関する基準を協議して定め、対象消費者の意思確認については、その協議内容を明示した書面を作成して対象消費者に説明し、その基準に基づく和解に反対する対象消費者については、その反対の意思を表明して和解手続から離脱する（その対象消費者については簡易確定手続を続行する）ことを認める、という方法により行うといったことが考えられる。

◆第38条　時効の中断

> 第38条　債権届出があったときは、時効の中断に関しては、簡易確定手続の前提となる共通義務確認の訴えを提起した時に、裁判上の請求があったものとみなす。

> ○民法の一部を改正する法律の施行に伴う関係法律の整備等に関する法律案による改正後の38条
> （時効の完成猶予及び更新）
> 第38条　債権届出があったときは、時効の完成猶予及び更新に関しては、簡易確定手続の前提となる共通義務確認の訴えを提起した時に、裁判上の請求があったものとみなす。

> ○民法の一部を改正する法律の施行に伴う関係法律の整備等に関する法律案
> （消費者の財産的被害の集団的な回復のための民事の裁判手続の特例に関する法律の一部改正に伴う経過措置）
> 第103条
> 2　施行日前に債権届出（旧消費者裁判手続法第30条第2項に規定する債権届出をいう。以下この項において同じ。）がされた場合におけるその債権届出に係る時効の特例については、新消費者裁判手続法第38条の規定にかかわらず、なお従前の例による。

I　趣　旨

本条は、債権届出があったときは、共通義務確認の訴えを提起した時に時効中断の効力が生じることを定めるものである。

共通義務確認訴訟の審理中に、対象債権について消滅時効期間が満了することになれば、債権届出をしても消費者の被害救済を図ることはできない。一方、相手方の事業者としても、共通義務確認の訴えが提起された場合に

は、対象債権が後に請求されることを認識できるうえ、簡易確定手続開始決定の申立期間（15条）や債権の届出期間（21条）が定められている以上、いつまでも時効が中断する可能性が残るといった過重な不利益を生じさせることもない。そのため、制度の実効性を確保する観点から、時効中断の特則を設けたものである（一問一答95頁）。

なお、民法の一部を改正する法律が成立した場合には、時効制度が改正され、時効の中断に代えて、時効の完成猶予および更新の制度が設けられることとなったので、本条も改正される。

II 解　説

1 複数の共通義務確認訴訟が提起された場合

本条は、本制度の実効性を確保するために特に時効の特則を置くものである。かかる趣旨に鑑み、「簡易確定手続の前提となる共通義務確認の訴えを提起した時」とは、請求の内容および相手方が同一である共通義務確認訴訟が複数の団体により提起された場合には、どの団体が債権届出をしたかにかかわらず、それらの共通義務確認の訴えのうち、最も早いものが提起された時をいう（一問一答95頁）。

2 本条の適用範囲

本条は、債権届出がなされた消費者の対象債権についてのみ時効の中断効を生じさせるものであり、債権届出がなされなかった対象債権の消滅時効については何らの影響を及ぼさない。

また、共通義務確認訴訟について、訴えの取下げや請求の放棄がなされた場合、あるいは同訴訟において棄却判決が確定し簡易確定手続が開始されなかった場合も対象債権の消滅時効に何ら影響を及ぼさない（一問一答95頁）。

さらに、本制度においては、拡大損害、逸失利益、人身損害および精神的損害に係る賠償請求については対象外とされている（3条2項）。そのため、債権届出をした場合でも、本制度の対象にならない損害については、時効の

中断の効力が及ばない。

そのため、消費者としては、共通義務確認訴訟の結果を待つ場合でも、上記事態を回避するために、個別訴訟を提起する等の時効中断の措置を講じることが必要な場面もあり、注意が必要である。

3 債権届出の却下・取下げの場合

「裁判上の請求」は、訴えの却下や取下げの場合には、時効の中断の効力を生じないとされる（民法149条）。そのため、債権届出の却下や取下げがあった場合には、時効中断の効力は生じない（一問一答95頁）。

4 訴えの変更の場合

訴えの変更がなされた場合、裁判上の請求は、訴えの変更の書面を裁判所に提出した時に効力が生じる（民訴法147条）。したがって、共通義務確認訴訟において訴えの変更をした場合、変更後の請求に基づく届出債権の時効中断は、当該訴えの変更の書面を裁判所に提出した時に効力が生じる。

もっとも、不当利得返還義務の確認を求める訴えを提起した後、同一の給付につき、不法行為に基づく損害賠償義務の確認を求める訴えに変更する場合など、両請求が基本的な請求原因事実を同じくし、経済的に同一の給付を目的とする関係にあるなどの場合には、前者の訴訟係属中は、催告が継続し、後者の請求により、前者の訴訟提起時に確定的に時効中断が生じるものとされている（最判平10・12・17判時1664号59頁参照）。共通義務確認訴訟において確認の対象となる共通義務は相当多数の消費者の請求権を潜在的に糾合した性質を有するものであることからすれば（2条4号の解説参照）、この法理は共通義務確認訴訟においても同様に当てはまるものと考えられる[106]。

---

[106] なお、本法の対象となる請求権が限定的であることなどに照らせば、訴えの変更がなされる場合であっても、変更前と変更後の両請求間に基本的な請求原因事実を同じくし、経済的に同一の給付を目的とするという関係が認められることが多く、結果、訴え提起時に時効中断効が生じる場面が多いものと考えられる。

5 民法改正案による影響

　第189国会に提出され、現在も国会で審議が継続している民法（債権法）改正案（以下、「民法改正案」という）では、時効の「中断」の概念を「完成猶予及び更新」へと変更することが予定されている。民法改正案147条によれば、確定判決または確定判決と同一の効力を有するものによって権利が確定したときには、裁判上の請求が終了した時から新たに時効が進行するとされ、その効果について実質的な違いはない。また、訴えの取下げなど、権利が確定することなく、裁判上の請求が終了した場合には、その終了の時から6カ月を経過するときまで時効が完成しない（完成猶予）。従前は、訴えの取下げ等の場合には、裁判上の催告としての効力を認めてきたが（破産申立ての取下げに関し、最判昭45・9・10民集24巻10号1389頁）、民法改正案は、完成猶予として明文化したものである。

　民法改正案の経過措置としては、民法改正案施行日前に生じた時効中断の事由については、なお従前の例によるとするのが本則であるが（民法改正案附則10条2項）、本条では債権届出があった対象債権に限って共通義務確認の訴えが提起された時に裁判上の請求があったものとみなされるため、民法改正案施行日前に債権届出がされた場合に限り、なお従前の例によるものとされる（民法の一部を改正する法律の施行に伴う関係法律の整備等に関する法律案（第189回国会閣法第64号）103条2項）。

　一方、本法の対象となる請求権の消滅時効期間は、大きく変更されることが予定されている。具体的には、権利を行使できる時から10年間行使しないときとの従前の規定に加え、債権者が権利を行使することができることを知った時から5年間行使しないときにも時効が完成する（民法改正案166条1項）。そのため、費用対効果の点から請求を諦めていた消費者の請求権がこれまでよりも短期の5年間の時効によって消滅する可能性があり、注意が必要である。当該消滅時効期間の適用に関する経過措置については、民法改正案施行日前に債権が生じた場合（民法改正案施行日以後に債権が生じた場合であって、その原因である法律行為が民法改正案施行日前にされたときを含む）に

おいては、なお従前の例によるものとされる（民法改正案附則10条4項）。そのため、民法改正案による5年間の短期消滅時効が適用されるのは、民法改正法が施行された日以降に消費者契約を締結した場合である。

◆第39条　債権届出の内容の変更の制限

> 第39条　債権届出団体は、届出期間内に限り、当該債権届出の内容を変更することができる。

I　趣　旨

本条は、届出期間経過後には、債権届出の内容を変更することができないことを定めている。届出期間経過後に変更ができないとしているのは、債権届出が認否の前提であり、変更を認めると簡易確定手続における簡易迅速な審理に支障が生じるため、これを制限したものである（一問一答96頁）。

II　解　説

1　「債権届出の内容」の意義

「債権届出の内容」とは、請求の趣旨および原因や届出消費者のことを指す。

そのため、届出期間経過後は、請求額を増額することや異なる債権に変更することはできない。同様に届出期間経過後は、相続等により当該届出に係る届出債権を取得した者がある場合でも、届出消費者を変更することはできない。一方で転居等、住所の変更などは債権届出の内容ではないため、届出期間経過後もすることができる。

届出期間経過後に届出消費者の変更ができないとすると、実体関係と届出に齟齬が生じることになる。しかし、本制度における債務名義の名義人は債権届出団体であり、同団体が相手方から金銭を受領するものである。そのた

め、届出消費者の変更は、債権届出団体が誰に金銭を引き渡すかという問題にとどまり、簡易確定手続においては、齟齬が生じるものではない。

なお、届出期間経過後に債権を承継した者が自ら強制執行をする場合には、当該承継人を債権者とする承継執行文の付与を受けることができる（一問一答97頁）。

2 当事者の変更

相手方が合併や事業譲渡等により変更した場合には、当事者の承継の問題として処理され（50条、民訴法50条・51条・124条）、債権届出の内容の変更には当たらない。特定適格消費者団体の合併、特定認定の取消しや失効についても同様である。

◆第40条 債権届出の取下げ

> **第40条** 債権届出は、簡易確定決定に対し適法な異議の申立てがあるまで、その全部又は一部を取り下げることができる。ただし、簡易確定決定があった後にあっては、相手方の同意を得なければ、その効力を生じない。
> 2 民事訴訟法第261条第3項及び第262条第1項の規定は、前項の規定による債権届出の取下げについて準用する。

I 趣 旨

本条1項は、簡易確定決定に対し適法な異議の申立てがあるまでは、債権届出を取り下げることができ、簡易確定決定があった後は、相手方の同意を要することを定めるものである。

簡易確定決定における認否の手続は、当事者の話合いによる解決を促進するための仕組みであるため、当該手続内での内容がその後の手続を拘束しないようにした方が柔軟な解決に繋がりやすい。そこで、認否の内容は後に異なる主張をすることも許すこととし、それとの均衡を保つため、取下げも相手方の同意がなくてもできることにした。もっとも、簡易確定決定がされた

後は、裁判所の判断が示されているにもかかわらず、一方当事者のみにその判断の効力を失わせ、債権が確定せずに手続を終了させることを認めるのは、不公平である。そこで、簡易確定決定後に取下げをする場合には、相手方の同意を要するとした（一問一答98頁）。

本条2項は、債権届出の取下げは書面で行うべき事（民訴法261条3項の準用）を定める。また、取下げをした効果として、初めから届出を行っていなかったものとみなす旨定める（民訴法262条1項の準用）。

II 解　説

1 取下げができる時期

債権届出を取り下げることができるのは、異議の申立てがあるまでである。異議の申立てがあれば、これにより訴えの提起があったものとされ、届出書の送達が訴状の送達とみなされるため（52条1項）、すでに異議後の訴訟が係属している。そのため、異議申立て以降は、原則として、民訴法の規律に委ねられ、取下げをする場合には、債権届出の取下げはできず、民訴法261条の訴えの取下げによることになる（一問一答98頁）。

2 債権届出却下決定

本条1項において、債権届出の取下げに相手方の同意を要するのは、「簡易確定決定があった後」である。そのため、債権届出却下決定があっても、同決定が確定するまでは、相手方の同意がなくても債権届出の取下げをすることができる。

3 取下げの効果

債権届出の取下げの効力は遡及するので、簡易確定決定後に債権届出の取下げがあった場合には、簡易確定決定の効力は当然に失われる。債権届出を取り下げた後、さらに債権届出をすることは可能であるが、届出期間が経過した場合には、再度債権届出をすることはできない（一問一答98頁）。

◆第41条 届出消費者表の作成等

> **第41条** 裁判所書記官は、届出債権について、届出消費者表を作成しなければならない。
> 2 前項の届出消費者表には、各届出債権について、その内容その他最高裁判所規則で定める事項を記載しなければならない。
> 3 届出消費者表の記載に誤りがあるときは、裁判所書記官は、申立てにより又は職権で、いつでもその記載を更正する処分をすることができる。

I 趣 旨

本条1項は、簡易確定手続においては、大量の届出債権に対して簡易迅速に確定する必要があることから、その後の債権調査や確定の前提として、一覧性のある届出消費者表の作成を義務付けたものである。2項は、届出消費者表に記載すべき内容を定めたものであり、3項は、届出消費者表の記載に誤りがあったときの更正について定めたものである。

II 解 説

1 届出消費者表の作成

簡易確定手続においては、大量の届出債権の存否や内容について簡易迅速に確定する必要があることから、効率的に調査や確定をするための基礎として、裁判所書記官に届出消費者表の作成義務を定めた（41条1項）。これは破産手続における破産債権者表（破産法115条1項）と同じ性質のものである（山本・解説215頁）。

2 届出消費者表の記載事項

届出消費者表には、各届出債権について、その内容その他最高裁規則で定める事項が記載される（41条2項）。記載事項の対象としての届出債権の内

容とは、届出債権の額および原因であり、また、その他の法定記載事項として、相手方の認否の内容（42条4項）、認否を争う旨の申出の有無（43条4項）などがある。

　最高裁規則では、届出消費者表に記載すべき事項として、①届出消費者の氏名および住所、②債権届出団体の名称および住所、③相手方の氏名または名称および住所、④届出債権の原因、⑤届出債権が却下されたとき（36条1項・63条1項）または届出債権の取下げがあったとき（40条1項等）はその旨、⑥届出債権の内容の全部を認めたとみなされたとき（42条2項）はその旨、⑦認否を争う旨の申出が却下されたとき（43条2項）はその旨が列挙されている（最高裁規則25条1号～7号）。

3　届出消費者表の記載の更正

　届出消費者表の記載に誤りがあれば、裁判所書記官はいつでもその記載を更正する処分ができる（41条3項）。破産手続における破産債権者表と同趣旨の規定であるが（破産法115条3項）、この更正処分に対しては異議申立てが可能であり（50条、民訴法121条）、その場合、裁判所書記官の所属する裁判所が決定をすることになる（山本・解説215頁）。

◆第42条　届出債権の認否

> **第42条**　相手方は、届出期間内に債権届出があった届出債権の内容について、認否期間内に、認否をしなければならない。
> 2　認否期間内に前項の認否（以下「届出債権の認否」という。）がないときは、相手方において、届出期間内に債権届出があった届出債権の内容の全部を認めたものとみなす。
> 3　相手方が、認否期間内に届出債権の内容の全部を認めたときは、当該届出債権の内容は、確定する。
> 4　裁判所書記官は、届出債権の認否の内容を届出消費者表に記載しなければならない。
> 5　第3項の規定により確定した届出債権については、届出消費者表の記載

> は、確定判決と同一の効力を有する。この場合において、債権届出団体は、確定した届出債権について、相手方に対し、届出消費者表の記載により強制執行をすることができる。

I 趣　旨

　本条1項は、届出債権の内容について相手方の認否期間内の認否義務を定めたもので、2項は、認否がないときにはその全部を認めたとみなすという効果を定め、3項は、届出債権の内容の全部を認めたときに債権内容が確定することを定めている。4項は、届出消費者表に認否内容を記載することを定めたものである。5項は、3項で届出債権の内容を全部認めた場合の効力について定めている。

II 解　説

1　届出債権の認否

　本条は、相手方の認否期間内の認否義務を定めて（1項）、その認否の内容に応じて届出債権を確定することで、迅速な消費者の救済を可能とするとともに、当事者間の和解による解決の促進も図っている。相手方は、認否のために必要があるときは、債権届出団体に対し、当該届出債権に係る証拠書類の送付を求めることができるが（最高裁規則26条）、証拠書類の送付を求める必要性を十分に検討しないまま、機械的に一律に証拠書類の送付を求めるような濫用的運用は認められない（条解最高裁規則65頁注2参照）。

　認否は書面でしなければならないとされており（最高裁規則27条）、認否の対象は、届出期間内に債権届出のあった届出債権の内容である。届出債権の一部を認めることや、期限付・条件付で認めることも可能とされている（一問一答99頁）。

　債権届出の一部を認める認否は、請求の認諾とは異なり、債権を確定させることができるか否かの調査手続にすぎず、その後の手続を拘束する性質を

有しないので、当該認否によって認めた部分について届出債権が確定するものではない（一問一答99頁）。

2　認否をしなかった場合

相手方が認否期間内に認否をしなかったときは、届出債権の内容の全部を認めたものとみなされる（42条2項）。その結果、届出債権の内容は確定し、届出消費者表の記載は確定判決と同一の効力を有することになり、その記載に基づいて強制執行ができることになる（同条5項）。

3　届出債権の内容の全部を認めた場合

相手方が届出債権の内容の全部を認めた場合は、処分権主義により、それ以上確定手続を続けることに意味はないので、届出債権の内容が確定する（42条3項）。そうすると、当該債権に係る届出消費者表の記載は、確定判決と同一の効力を有することになり、これをもって債権届出団体は強制執行ができることになる（同条5項）。

4　届出消費者表への認否の内容の記載

裁判所書記官は、届出債権の認否の内容について届出消費者表に記載しなければならない（42条4項）。認否の内容によって届出債権の確定の帰結が変わってくることから、既判力や強制執行の存否にかかわる届出消費者表において、その点を明らかにする必要があるからである。

5　届出消費者表の記載の既判力・強制執行

相手方が届出債権の内容の全部を認めて確定すれば、当該債権に係る届出消費者表の記載は、確定判決と同一の効力を有する（42条5項前段）。これによって届出債権の内容について既判力が生じるが、この場合の既判力の主観的範囲は、破産手続の場合（破産法124条3項）などと異なり、基本的に相手方との関係に限定され（民訴法115条）、他の対象消費者等に対して債権確定の効力が及ぶものではない。したがって、強制執行等で競合した場合に、対

象消費者は債権確定後であっても、他の届出債権の存否や額等を争うことができる（山本・解説217頁）。

　また、債権届出団体は、相手方に対し、届出消費者表の記載により強制執行をすることができる（42条5項後段）。届出消費者表はそれ自体が債務名義となり（民執法22条7号）、執行力が付与されることを確認的に規定したものである。

◆第43条　認否を争う旨の申出

> **第43条**　債権届出団体は、前条第3項の規定により届出債権の内容が確定したときを除き、届出債権の認否に対し、認否期間の末日から1月の不変期間内に、裁判所に届出債権の認否を争う旨の申出（以下単に「認否を争う旨の申出」という。）をすることができる。
> 2　裁判所は、認否を争う旨の申出が不適法であると認めるときは、決定で、これを却下しなければならない。
> 3　前項の決定に対しては、即時抗告をすることができる。
> 4　裁判所書記官は、認否を争う旨の申出の有無を届出消費者表に記載しなければならない。

I　趣　旨

　1項は、相手方の届出債権の認否に対して、債権届出団体が認否を争う旨の申出ができることを定めたものである。2項は、債権届出団体の認否を争う旨の申出が不適法であれば裁判所が却下決定することを定め、3項は、却下決定に対して債権届出団体は即時抗告ができることを定めたものである。4項は、認否を争う旨の申出の有無を届出消費者表に記載する義務があることを定めたものである。

Ⅱ 解　説

1　認否を争う旨の申出

　相手方が、認否において届出債権の内容の全部または一部を争った場合、債権届出団体としても、認否を争う旨の申出ができるとするとともに、申出の期間を認否期間の末日から1カ月の不変期間内とした（43条1項）。

　債権届出団体は、授権をした対象消費者に対して、善良な管理者の注意をもって簡易確定手続の追行をしなければならないことから（34条2項）、認否を争う旨の申出をするかどうかについても、対象消費者に必要十分な説明を行ったうえで協議によって決すべきである（一問一答101頁）[107]。

　もっとも、そうすると、たとえば年末年始等の長期休暇を挟む場合や、事案の性質や対象消費者の人数によっては、債権届出団体として対象消費者に対する必要十分な説明ないし協議ができないおそれがあり、1カ月の不変期間内では認否を争う旨の申出が困難なケースも想定されることから、立法論としては検討の余地がある。

　認否を争う旨の申出は、控訴や抗告のように裁判所の判断に対する取消しを上訴審に求めるものではなく、認否の効力を失わせるものにすぎないので、その後の手続を拘束することはない。したがって、相手方は、債権届出団体から認否を争う旨の申出があった後に、認否と異なる主張をすることは許されるし、また、裁判所が簡易確定決定をするにあたって、認否の内容に拘束されることもない（一問一答99頁）。

2　不適法な申出の却下決定と即時抗告

　認否を争う旨の申出がされたときは、期間遵守の有無などの適法性の審査がされて、不適法な申出の場合は、裁判所が却下決定をしなければならない

---

[107]　なお、特定適格消費者団体は、業務規程において、簡易確定決定に対する異議の申立てをしようとする場合において授権をした者の意思を確認するための措置に関する事項を定める必要がある（65条5項、規則8条1号ホ）。

(43条2項)。却下決定に不服がある場合は、債権届出団体が即時抗告をして争うことができる(同条3項)。抗告権者は、債権届出団体に限られ、届出消費者には抗告申立権はないとされている。

3　届出消費者表への記載

裁判所書記官は、認否を争う旨の申出の有無について、届出消費者表に記載しなければならない(43条4項)。当該申出の有無によって、届出債権の確定の帰結が変わり、それによって届出消費者表の記載に認められる既判力や執行力の存否に相違が出てくるので、その点を明らかにする必要があるからである。

◆第44条　簡易確定決定

> **第44条**　裁判所は、適法な認否を争う旨の申出があったときは、第36条第1項又は第63条第1項の規定により債権届出を却下する場合を除き、簡易確定決定をしなければならない。
> 2　裁判所は、簡易確定決定をする場合には、当事者双方を審尋しなければならない。
> 3　簡易確定決定は、主文及び理由の要旨を記載した決定書を作成してしなければならない。
> 4　届出債権の支払を命ずる簡易確定決定(第55条及び第83条第1項第2号において「届出債権支払命令」という。)については、裁判所は、必要があると認めるときは、申立てにより又は職権で、担保を立てて、又は立てないで仮執行をすることができることを宣言することができる。
> 5　第3項の決定書は、当事者に送達しなければならない。この場合においては、簡易確定決定の効力は、当事者に送達された時に生ずる。

Ⅰ　趣　旨

1項は、裁判所は、債権届出を却下する場合を除いて、適法な認否を争う旨の申出があったときは簡易確定決定をしなければならないことを定め、2

項は、簡易確定決定をする場合に、当事者双方の審尋を条件とすることを定めている。3項は、簡易確定決定の方式として決定書の作成を求めたもので、4項は、簡易確定決定に仮執行宣言を付すことができることを定めている。5項は、簡易確定決定の効力発生時を規定している。

II 解　説

1　簡易確定決定がされる場合

　裁判所が簡易確定決定をしなければならないのは、①認否を争う旨の申出がされた場合で当該申出が適法である場合、②債権届出が却下されない場合である（44条1項）。届出債権が却下される場合とは、債権届出が不適法である場合・届出書の送達費用の不納付の場合（36条1項）、共通義務確認判決が再審で取り消された場合（63条1項）である。

2　簡易確定決定の手続

　簡易確定決定の手続として、当事者双方の審尋が義務付けられている（44条2項）。これは簡易確定手続が届出債権の存否や額という実体権の内容を判断するためのものであることから、判決手続の手続保障だけでなく、この段階でも当事者の手続権に十分な配慮をしたものである（山本・解説225頁）。

　もっとも、一方当事者は、相手方当事者に対して行われる審尋に立ち会う権利（対審審理）までは保障されておらず、また、ここでいう審尋とは、必ずしも期日における口頭審尋であることを要せず、書面審尋も可能である。

　なお、この手続には証拠方法の制限があり、証拠調べが書証に限られ（45条1項）、書証についても、文書提出命令（民訴法223条）や対照筆跡・印影物件提出命令（同法229条2項）を行うことはできない（45条2項）。

3　簡易確定決定の方式

　簡易確定決定には、判決の規定が準用されているが（50条、民訴法第2編第5章）、主文および理由の要旨を記載した決定書を作成しなければならな

いとされている（44条3項）。大量の届出債権の迅速な処理という観点から、理由ではなく、理由の要旨で足りるとされたものであるが、実際には少なくとも当事者が異議申立てをするかどうかを判断できる程度の実質的な判断根拠を示す必要があると考えられる。

4 簡易確定決定の内容

簡易確定決定には、①届出債権の全部または一部の存在を認める決定と②届出債権の全部を不存在とする決定があり、前者は存在すると認められた届出債権の全部または一部の支払いを命じる決定（届出債権支払命令）がされ、後者は請求棄却の決定がされる。そして、前者の届出債権支払命令については、仮執行宣言を付すことができる（44条4項）。

これは、権利実現の場面でも、対象消費者が簡易迅速に被害回復を図れるようにする趣旨であり、仮執行宣言を付した届出債権支払命令は債務名義となる（民執法22条3号の3）。

5 簡易確定決定の効力

簡易確定決定の効力は、当事者に対して簡易確定決定書が送達された時に生じる（44条5項）。これは、決定における効力発生時は告知時（民訴法119条）とする原則に対する例外であるが、簡易確定決定においては必ず決定書が送達されるので、その時点を発行時点として明確化を図ったものである。

なお、簡易確定決定書は、迅速に強制執行を行おうとする当事者の便宜を図って、正本が送達されることになっている（最高裁規則31条）。

◆第45条　証拠調べの制限

> **第45条**　簡易確定決定のための審理においては、証拠調べは、書証に限りすることができる。
> 2　文書の提出又は対照の用に供すべき筆跡若しくは印影を備える物件の提出の命令は、することができない。

> 3　前2項の規定は、裁判所が職権で調査すべき事項には、適用しない。

I　趣　旨

　1項は、簡易確定手続が届出債権の存否および内容を簡易迅速に審理・判断する手続であるから、同手続での証拠調べを書証に限定している。2項は、文書提出命令（民訴法223条1項）は、書証の申出の方法の1つであるが、その判断に時間を要し、同命令の申立てについての決定の当否が即時抗告で争われることも多く、簡易迅速な審理・判断に馴染まないことから、認めないものとしている。3項は、職権調査事項については、1項および2項の証拠調べの制限が適用されないと定める。

II　解　説

1　簡易確定決定手続における証拠調べの制限（総論）

　簡易確定手続は、届出債権の存否および内容を簡易迅速に判断する手続であり、効率的かつ迅速な審理を実現する必要がある。また、簡易確定決定については、適法な異議の申立てがあれば訴えの提起があったものとみなされ（52条1項）、証拠調べの制限のない訴訟手続で審理・判断される機会がある。そのため、簡易確定決定のための審理に限って、証拠調べの制限が設けられた（一問一答102頁）。

　他方、その他の簡易確定手続における決定（債権届出の却下決定、認否を争う旨の申出の却下決定等）については、即時抗告ができるにすぎず（36条2項・43条3項）、証拠制限に服せず立証できる機会を保障する必要があるため、そのような制限は設けられていない。証拠調べの制限がない場合には、通常の民事訴訟と同様に証拠調べが可能である（50条、民訴法第2編第4章（第7節を除く））が、簡易確定決定のための審理以外は形式的な事項の判断が多いため、書証以外の証拠調べが必要となることは稀であると考えられる（一問一答102頁）。

本条と同種の規律としては、手形訴訟の証拠調べの制限（民訴法352条）がある。ただし、送付嘱託も禁止されている点や例外的に当事者尋問が許される場合がある点等が異なる。

本条は、簡易確定手続の迅速処理の要請に基づくものであるから、強行法規であると解される[108]。

2　証拠調べの制限①──書証に限定

本条1項では、簡易確定決定の審理における証拠調べを書証に制限している。

したがって、証人尋問、当事者尋問、鑑定、検証等はできない。

書証には特段の制限が設けられていない。対象債権にはさまざまなものがあり、消費者が的確な書証を常に有しているとも限らないことから、消費者や第三者の報告書・陳述書等の文書でも証拠調べの対象とすることができ、証拠調べの制限の潜脱として許されなくなるわけではないとされている（一問一答102頁、山本・解説222頁）[109]。

本条において証拠調べの嘱託や調査嘱託を禁ずる規定（民訴法352条4項参照）は設けられていないため、受訴裁判所または受命裁判官による裁判所外での書証の証拠調べ（同法185条）に加え、書証の証拠調べの嘱託（同法184条・185条）や調査嘱託（同法186条）[110]も可能と解される。

3　証拠調べの制限②──文書提出命令等の禁止

簡易確定決定の審理では証拠調べは書証に限られるが、簡易迅速化の要請

---

[108]　兼子一ほか『条解民事訴訟法〔第2版〕』（弘文堂、2011年）1775頁〔松浦馨＝加藤新太郎〕、石川明＝高橋宏志編『注釈民事訴訟法(9)』（有斐閣、1996年）261頁〔戸根住夫〕参照。
[109]　手形訴訟の証拠調べの制限（民訴法352条）における議論においては、証拠制限の潜脱の観点から当事者や第三者の報告書・陳述書の証拠能力を否定する見解が有力である（兼子ほか・前掲注[108]1776頁〔松浦＝加藤〕、賀集唱ほか編『基本法コンメンタール民事訴訟法3〔第3版追補版〕』（日本評論社、2012年）139頁〔中西正〕、石川＝高橋編・前掲注[108]257頁〔戸根〕。東京地判昭40・8・25下民集16巻8号1322頁）。しかし、手形訴訟では当事者間の格差を前提にしていないところ、本法律では消費者・事業者間の情報・交渉力格差を考慮し（1条）、消費者が的確な書証を有していないこと等を踏まえると、本条の解釈としては、少なくとも消費者団体側から提出された当事者の報告書・陳述書の証拠能力を肯定すべきである。

から、その書証の申出として、文書提出命令（民訴法223条）や対照筆跡・印影物件提出命令（同法229条2項）によることはできない（45条2項）。

これは、文書提出命令等の判断には時間を要し、その決定の当否をめぐって即時抗告で争われる場合には、その間、簡易確定手続の審理が停滞することになり、簡易迅速な審理に馴染まないからである（一問一答102頁）。

他方、同じく書証の申出の方法である文書送付嘱託（民訴法226条）については、嘱託先の回答に要する期間を考慮して、あらかじめ申立てをするのであれば、簡易迅速な審理を害することはないので、禁止されていない（一問一答102頁）。

4 証拠調べの制限の適用除外——職権調査事項

職権調査事項（債権届出や認否を争う旨の申出の却下の要件の審査等）[110]については、本条1項および2項の証拠制限の適用を受けないため、通常の訴訟と同様に証拠調べが可能である（50条、民訴法第2編第4章（第7節を除く））（山本・解説222頁）。これは、類似の証拠制限を導入している手形訴訟でも、証拠制限は、弁論主義が適用される請求の当否に関する事実についてのみ適用されるのが当然であり、職権調査事項には適用されないことを注意的・確認的に規定した（民訴法352条5項）とされていることから、同様の扱いとしたものと考えられる[112]。

これによって得られた資料を、届出債権の存否および内容等の職権調査事項以外の判断に使用することはできない（宮脇編・前掲注[112]116頁、賀集ほか編・前掲注[109]141頁〔中西〕参照）。

---

[110] 調査嘱託は、証人尋問や鑑定に代わる場合があることから証拠制限の潜脱とされる余地はあるが、嘱託事項は公正さを疑われることのない客観的な事項で手続保障上問題ないものに限定され、簡易・迅速な証拠調べとして位置付けられている（兼子ほか・前掲注[108]1068頁〔松浦＝加藤〕、賀集ほか編・前掲注[109]168頁〔西口元〕参照）ため、簡易確定手続の簡易迅速化の要請にも反せず、本条によって禁止されないと解される。

[111] 本条3項で対象となる職権調査事項の具体的範囲については、民訴法352条5項の議論が参考になる（兼子ほか・前掲注[108]1780頁〔松浦＝加藤〕、石川＝高橋編・前掲注[108]262頁〔戸根〕参照）。

[112] 宮脇幸彦編『手形訴訟関係法規の解説』（法曹会、1965年）115頁参照。

5 本条違反の効果

　本条に反する証拠調べの申立ては、不適法なものとして却下される。本条の証拠制限規定は強行法規であるから、これに反する当事者の合意や責問権の放棄（50条、民訴法90条）は効力を生じない（兼子ほか・前掲注(108)1781頁〔松浦＝加藤〕、賀集ほか編・前掲注(109)141頁〔中西〕、石川＝高橋編・前掲注(108)261頁〔戸根〕参照）。

　裁判所が本条に違反する証拠調べの申立てを採用した場合、裁判所はこの証拠調べの結果を届出債権の存否および内容等の職権調査事項以外の判断の基礎とすることはできない（賀集ほか編・前掲注(109)141頁〔中西〕参照）。

◆第46条　異議の申立て等

> **第46条**　当事者は、簡易確定決定に対し、第44条第5項の規定による送達を受けた日から1月の不変期間内に、当該簡易確定決定をした裁判所に異議の申立てをすることができる。
> 2　届出消費者は、簡易確定決定に対し、債権届出団体が第44条第5項の規定による送達を受けた日から1月の不変期間内に、当該簡易確定決定をした裁判所に異議の申立てをすることができる。
> 3　裁判所は、異議の申立てが不適法であると認めるときは、決定で、これを却下しなければならない。
> 4　前項の決定に対しては、即時抗告をすることができる。
> 5　適法な異議の申立てがあったときは、簡易確定決定は、仮執行の宣言を付したものを除き、その効力を失う。
> 6　適法な異議の申立てがないときは、簡易確定決定は、確定判決と同一の効力を有する。
> 7　民事訴訟法第358条及び第360条の規定は、第1項及び第2項の異議について準用する。

第46条　異議の申立て等

I　趣　旨

　1項は、当事者（債権届出団体および相手方）が異議の申立てをすることができる旨を定め、2項は、届出消費者が異議の申立てをすることができる旨を定めるものである。

　3項は異議の申立てが不適法であると認めるときは裁判所が決定で却下する旨を定め、4項は、却下決定については即時抗告ができることを定めるものである。

　5項は、適法な異議の申立てがあったときは、仮執行宣言を付していない届出債権支払命令および棄却決定は効力を失うが、仮執行宣言付届出債権支払命令は効力を失わないことを定めるものである。

　6項は、適法な異議の申立てがないときは、簡易確定決定が確定判決と同一の効力を有することを定めるものである。

　7項は、異議の申立ての権利は、申立て前は放棄することができ、異議の申立ては異議後の訴訟の終局判決がされるまで取下げをすることができるが、取下げには、相手方の同意を要すること等を定めるものである。

II　解　説

1　簡易確定決定に対する異議の申立て

　当事者は、簡易確定決定に対し、裁判所に異議の申立てをすることができる（46条1項）。異議の申立てによって、訴え提起が擬制される（52条1項）。

　このように、異議の申立ては、提訴擬制の効果を伴う重要な訴訟行為であるため、書面（異議申立書）でしなければならない（最高裁規則6条）。

　最高裁規則32条1項は、異議申立書の記載事項について定めており、同条4項は、異議申立書は準備書面を兼ねるものとすると定めている。

2 異議申立権者[113]

　異議の申立てができるのは「当事者」(46条1項)である。「簡易確定決定手続の当事者」という趣旨であり、債権届出団体および相手方(事業者)を指す。「当事者」に加えて、「届出消費者」も異議の申立てができる(同条2項)。
　では、異議の申立てをするには、不服の利益(異議の申立ての利益)が必要か。
　手形訴訟における異議に関しては、控訴と同じく不服の利益を必要とし、全部勝訴者には異議申立権はないとするのが通説であるが、手形訴訟で全面勝訴した当事者も理論上は訴えの変更または反訴のために異議申立てができると解する説もある[114]。
　手形訴訟における異議申立ては、上訴とは異なり、証拠制限のない通常手続によって、手形判決より正しい判決を得ることを目的として審理を再開する行為に他ならないともいえる[115]のに対して、簡易確定決定に対する異議申立ては、提訴擬制の効果を伴う重要な訴訟行為であり、手形訴訟とは異議が出される状況が異なる。
　また、手形訴訟においては、手形の額面全額の請求が認められた場合に、さらに異議を述べて再審理をする必要性が見出し難い。これに対して、簡易確定手続では、証拠資料が提出されることで、届出債権額以上の債権の存在が判明する場合もあり得る反面、届出期間経過後は債権の額を増額することができないため、異議後の訴訟において請求を拡張する必要がある。
　そのため、簡易確定決定に対する異議申立てにおいて、不服の利益(異議の申立ての利益)は必ずしも必要ではないと解するべきである。
　なお、債権届出の内容を認否の内容どおりに(あるいはそれ以上に有利に)判断する決定に対しても、債権を全部認めない旨の決定でない限り、相手方

---

(113) 山本・解説229頁〜230頁。
(114) 斎藤秀夫ほか『注解民事訴訟法〔第2版〕(11)』(第一法規、1996年)85頁〜86頁。
(115) 斎藤ほか・前掲注(114)86頁。

事業者は異議の申立てができるものと解される（山本・解説229頁）。

また、39条は、届出期間経過後は債権届出の内容を変更することができないと規定しているため、届出債権者が死亡した場合、相続人が異議を出せるのかが問題となる。この点については、当事者の承継に準じて処理すべきであり（50条の準用する民訴法124条～129条）、「届出消費者」には当事者の承継人も含まれると解すべきである。

3　異議申立期間

異議の申立ては、簡易確定決定の決定書の送達を受けた日から１カ月の不変期間内にしなければならない（46条１項・２項）。この期間は、原則として各当事者が送達を受けた日から起算される。ただし、届出消費者の異議の申立ては、債権届出団体が送達を受けた日から起算される（同条２項）。この期間は不変期間であるので、異議申立人がその責めに帰すべき事由なく期間を遵守できなかった場合には、追完が可能となる（50条による民訴法97条の準用）（山本・解説230頁）。

4　異議申立管轄裁判所

異議の申立てをする裁判所は、当該簡易確定決定をした裁判所である（46条１項・２項）。これは訴訟法上の裁判所（簡易確定決定をした裁判体）を意味すると解されるが、異議の申立てがあることによって、その地方裁判所（国法上の裁判所）に提訴が擬制される効果を生じる（52条１項）（山本・解説230頁）。

5　不適法な異議の申立て

裁判所は、異議の申立てが不適法であると認めるときは、決定で申立てを却下しなければならない（46条３項）。却下決定に対しては即時抗告が可能である（同条４項）。即時抗告権者は異議申立人である。

不適法な異議の申立てとは、たとえば、期間を徒過した申立て、当事者および届出消費者以外の者によるなど異議の利益がない場合の申立て、異議の

申立ての方式に反した申立てなどが考えられる（山本・解説232頁）。

6　異議の申立ての効果（5項・6項）

(i)　適法な異議の申立てがある場合

　仮執行宣言を付していない簡易確定決定は効力を失うが、仮執行宣言付届出債権支払命令は効力を失わない（46条5項）。

　簡易確定手続では、審尋（44条2項）により、決定で届出債権の存否および内容について判断されるので、当事者が簡易確定決定に不服があるときは、上訴によるのではなく、同一の審級において当該裁判の効力を再度争うことのできる異議の申立てによって不服申立てを行うこととして、審級の利益を確保することが相当である。

　そこで、異議の申立てがあった場合には、原則として簡易確定決定の効力を失わせることとされた（一問一答104頁）。

　しかし、仮執行宣言付届出債権支払命令に限っては、決定の効力を残さなければ、仮執行宣言をした意義が失われるので、決定の効力は失われない（山本・解説226頁）。

　訴えの提起があったものとみなされる場合の訴えの原告は、異議の申立てを誰がしたかにより定まる（52条1項）。

　債権届出団体または相手方が異議の申立てをしたとき（46条1項）には、債権届出団体と相手方との間に訴訟が係属することになる。簡易確定手続の授権には異議の申立てについての授権も含まれているから、債権届出団体が異議の申立てをすることができる。仮に、授権が取り消された後に相手方に通知されるなどして債権届出団体が異議の申立ての時点で授権を欠いた場合には、債権届出団体の異議の申立ては不適法となる。債権届出団体が授権を欠いても、手続の承継は生じないから、相手方が異議の申立てをした場合には、債権届出団体と相手方との間に訴訟が係属する。この場合、異議後の訴訟において、届出消費者が承継することになる（53条9項による民訴法124条1項6号の準用）（一問一答113頁）。

　一方、届出消費者が異議の申立てをした場合（46条2項）には、届出消費

者と相手方との間に訴訟が係属することになる（52条1項前段カッコ書）。この場合、53条3項により、債権届出団体にさらに授権をすることができないため、債権届出団体が訴訟を追行することはない。

　訴状とみなされた届出書には、債権届出団体が当事者として記載されているところ、届出消費者が異議の申立てをする場合には、異議後の訴訟の原告は届出消費者であるから、最高裁規則32条1項は、届出消費者が異議の申立てをする場合には、あらためて異議申立書に任意代理人、電話番号等の表示の記載を求めることを定めている。また、同条3項は、異議の申立てがあった場合に異議申立書の写しを当事者へ送付しなければならないと定めている。当事者（債権届出団体および相手方事業者）が異議の申立てをした場合は他方の当事者に対して、届出消費者が異議の申立てをした場合は双方の当事者（債権届出団体及び相手方）に対して、異議申立書の写しを送付することとなる。

(ii) **適法な異議の申立てがない場合**

　適法な異議の申立てがないときは、簡易確定決定は確定し、確定判決と同一の効力を有する（46条6項）。

　簡易確定手続における紛争解決の実効性を確保する必要があり、当事者の主張を聞き、証拠資料を斟酌したうえで裁判所が判断を示すものであり、異議を申し立てれば通常の訴訟手続により審理判断される機会は与えられているからである。

　そのため、請求を棄却する旨の簡易確定決定があった場合には、全く同一の原因に基づく請求については、消費者が自ら訴訟を提起したとしても、通常は、再度棄却の判決がされると考えられる[116]。

---

[116] 一問一答106頁では、「もっとも、簡易確定手続では、共通義務確認訴訟で認められた義務に係る事実上及び法律上の原因を前提とする請求の原因しか主張できないことから、棄却決定の既判力もその範囲にとどまり、別の原因により債権があるとして個別の訴訟をする場合は、既判力は及ばないと考えられます。個別の訴訟では、別の原因の存否について審理をすることになると考えられます」と指摘されている。

7　異議申立権の放棄

　異議を申し立てる権利は、その申立て前に限り、放棄することができる（46条7項による民訴法358条の準用）。このような異議申立権の放棄は、簡易確定決定後異議申立て前に限定される。異議申立て後は、異議申立権の放棄はできず、異議申立ての取下げによることになるので、相手方の同意が必要である。異議申立て後に異議申立権を放棄して、取下げに関する要同意の趣旨を害するのは不当だからである（山本・解説230頁～231頁）。

　異議申立権の放棄は、裁判所に対する申述により行わなければならず（最高裁規則33条1項）、その申述は書面でしなければならない（同条2項）。申述があったときは、裁判所書記官は、その旨を当事者（申述をした者を除く）に通知する必要がある（同条3項）。

　異議申立権を有するのが当該当事者のみであれば、その放棄により簡易確定決定は直ちに確定する。他方、複数の当事者（および対象消費者）が異議申立権を有するときは、すべての異議申立権者が放棄したときに初めて簡易確定決定は確定する（山本・解説231頁）。

8　異議の申立ての取下げ

　異議の申立ては、異議後の訴訟による第1審の終局判決がされるまで取り下げることができる（46条7項による民訴法360条1項の準用）。もっとも、当事者および届出消費者のいずれかが異議の申立てをすると、訴え提起とみなされるから、他の者は、通常訴訟手続における審理を受けたいと考えていても、すでに異議の申立てがあれば、異議の申立てをしないことがある。

　そこで、異議の申立期間の経過後に異議の申立てが取り下げられると、他の者は不利益を被ることになるから、異議の申立ての取下げには他の者の同意が求められている（46条7項による民訴法360条2項の準用）。

　なお、46条7項は、手形訴訟に関する民訴法360条（異議の取下げ）を準用し、同条が同法263条（訴えの取下げの擬制）の規定を準用している。これにより、異議後の訴訟において、当事者双方が口頭弁論もしくは弁論準備の期

日に欠席して1カ月以内に期日指定の申立てをしない等の場合には、訴えの取下げがあったものとみなされるのではなく、異議の申立ての取下げがあったものとみなされることとなる。同法360条も同様に解されている。

9 濫用的な異議申立ての防止

　簡易確定決定の手続が実効的に機能するためには、可及的に決定手続の段階で紛争が解決すること、すなわち、合理的な理由がない限り、異議により訴訟手続に移行しないことが重要である。その意味で、濫用的な異議（とりわけ相手方事業者の濫用的異議）を防止することは極めて重要である（山本・解説232頁〜233頁）。

　本法は、異議の申立てにかかわらず、簡易確定決定に基づく仮執行を許容している（46条5項）。これにより、事業者側は、引き延ばし目的で異議の申立てをしても強制執行を防ぐことはできないことになる。

　なお、本法は、異議申立てに基づき擬制される提訴の費用について、異議申立人に負担させるのではなく、異議訴訟となった場合、常に、申立団体ないし対象消費者が印紙の差額を納付しなければならないと定めている（49条）。しかし、これでは、団体ないし消費者が費用を捻出できない場合に訴状却下となりかねず、また、かかる事態を意図的に狙って異議が濫用されるおそれがあるため妥当ではない（2012年8月31日付日弁連意見書20頁）。50条は、民訴法第1編第4章第3節（訴訟上の救助）の規定を準用していないが、団体ないし消費者が費用を捻出できない場合には、訴訟救助が認められるべきであり、将来的には、異議申立人が費用を負担するよう改善されるべきである。

◆第47条　認否を争う旨の申出がないときの届出債権の確定等

> **第47条**　適法な認否を争う旨の申出がないときは、届出債権の内容は、届出債権の認否の内容により確定する。

第2部　逐条解説　消費者裁判手続特例法

> 2　前項の規定により確定した届出債権については、届出消費者表の記載は、確定判決と同一の効力を有する。この場合において、債権届出団体は、確定した届出債権について、相手方に対し、届出消費者表の記載により強制執行をすることができる。

I　趣　旨

　1項は、適法な認否を争う旨の申出（43条1項）がないときは、届出債権の内容が届出債権の認否の内容により確定することを定める。2項は、確定した届出債権について、届出消費者表の記載が確定判決と同一の効力を有すること、相手方に対し同記載により強制執行することができることを定める。

II　解　説

1　届出債権の内容の確定

　相手方が届出債権の内容の全部を認めた場合または認否期間内に認否をしなかった場合は、届出債権の内容は直ちに確定する（42条2項・3項）。
　相手方が届出債権の内容の全部または一部を争った場合、債権届出団体が期間内に適法な認否を争う旨の申出をしなければ、相手方の認否の内容により届出債権は確定する。そのことを定めたのが本条1項である。
　したがって、相手方の認否が届出債権の内容を全部認めないものである場合には、当該債権につき不存在として確定し、一部を認めないものである場合には、それに従い、一部存在一部不存在として確定することになる（山本・解説220頁）。

2　届出消費者表の記載の効力

（i）確定判決と同一の効力

　確定した届出債権につき、届出消費者表の記載は、確定判決と同一の効力

を有する（本条2項前段）。

　そのため、当該届出債権の存否や額について既判力が生じる。この既判力の主観的範囲は、民事訴訟の確定判決の場合（民訴法115条）と同様に、基本的に相手方との関係に限定される（山本・解説220頁）。破産手続における債権調査手続（破産法118条1項・119条5項・121条2項）とは異なり、届出消費者は他の届出債権に対して異議を述べる機会が付与されていないことから、他の対象消費者等に対して債権確定の効力は及ばない。したがって、強制執行等で競合した場合には、対象消費者は、他の届出債権の存否や額等を争うことができる（山本・解説220頁）。

(ⅱ) **執行力の付与**

　債権届出団体は、相手方に対し、届出消費者表の記載により強制執行をすることができると規定し（本条2項後段）、執行力があることを明らかにしている。すなわち、届出消費者表の記載は、民執法22条7号の債務名義に該当する。届出消費者表は給付条項を含まないが、同表の記載により強制執行ができることを確認する趣旨の規定である（山本・解説220頁）。

◆第48条　個別費用を除く簡易確定手続の費用の負担

> 第48条　簡易確定手続の費用（債権届出の手数料及び簡易確定手続における届出債権に係る申立ての手数料（次条第1項及び第3項において「個別費用」と総称する。）を除く。以下この条において同じ。）は、各自が負担する。
> 2　前項の規定にかかわらず、裁判所は、事情により、同項の規定によれば当事者がそれぞれ負担すべき費用の全部又は一部を、その負担すべき者以外の当事者に負担させることができる。
> 3　裁判所は、簡易確定手続に係る事件が終了した場合において、必要があると認めるときは、申立てにより又は職権で、簡易確定手続の費用の負担を命ずる決定をすることができる。
> 4　前項の決定に対しては、即時抗告をすることができる。

第2部　逐条解説　消費者裁判手続特例法

> 5　民事訴訟法第69条から第72条まで及び第74条の規定は、簡易確定手続の費用の負担について準用する。

I　趣　旨

　1項は、債権届出の手数料などの個別費用以外の簡易確定手続の費用は、勝訴敗訴という概念に馴染まないことから、原則として各自負担になることを定めるものである。
　2項および3項は、個別費用以外の簡易確定手続の費用については、裁判所が他の当事者に負担させることができ、簡易確定手続終了後、裁判所が決定することができることを定めるものである。
　4項は、この決定については、当事者の利害に大きくかかわることであるから、即時抗告をすることができることを定めるものである。
　5項は、訴訟費用額の確定手続など民訴法の必要な規定を準用するものである。

II　解　説

1　総　論

　本法は、簡易確定手続における費用負担のあり方について、一般則として各自負担の原則およびその例外を規定し（48条）、その例外として個別費用の負担のあり方（49条）を規定している。

2　簡易確定手続の費用負担の原則（1項）

　簡易確定手続の費用については、個別費用とそれ以外の費用とで、費用負担の原則および費用負担の定め方が異なっている。
　なぜなら、簡易確定手続開始の申立ての申立手数料、手続開始の申立書や情報開示命令の申立書の作成および提出費用、手続開始決定の送達費用・官報公告費用等は、勝訴敗訴という概念に馴染まないほか、債権届出の有無にかかわらず必要となる場合があり、どの請求との関係で必要となった費用で

第48条　個別費用を除く簡易確定手続の費用の負担

あるのか、個別の請求に割り付けることが性質上困難であり、敗訴者負担の原則（民訴法61条を参照）により難いためである（一問一答108頁、山本・解説235頁）。

そこで、個別費用を除く簡易確定手続の費用は各自が負担するものとしている（48条1項）。

他方、個別費用については、敗訴者負担の原則によることとしている（49条3項による民訴法61条の準用）。個別費用については、49条の解説で詳説する。

3　負担の変更——費用負担命令（2項・3項）[117]

個別費用を除く簡易確定手続の費用について、裁判所は、事情により、負担すべき者以外の当事者に負担させることができる（48条2項）。

他の当事者に負担させる事情としては、たとえば、手続を遅延するなど不誠実な訴訟行為をすることにより、相手方に本来不要な費用を支出させたような場合が考えられる（一問一答110頁）。

裁判所は、簡易確定手続に係る事件が終了した場合に、必要があると認めるときは、申立てによりまたは職権で負担を命ずる決定をすることができる（48条3項）。

「簡易確定手続に係る事件が終了した場合」とは、個別費用以外の簡易確定手続の費用は、個別の請求に割り付けることをしないので、簡易確定手続においてすべての債権届出について処理され簡易確定手続が終了していることが必要である。ただし、個々の請求についての勝訴・敗訴には関係がないことから、異議後の訴訟が係属している場合であってもよい（一問一答110頁）。

「必要があると認めるとき」とは、個別費用以外の簡易確定手続の費用については、1項に定めるように、各自負担となるので、本項の決定をするには、特にそれを変更する事情があることが必要でありその旨を定めている。

---

[117]　山本・解説236頁。

このような事情がない場合には、申立てを却下することになる。

4 不服申立て（4項）

負担を命ぜられた者は即時抗告することができる（48条4項）。申立てによるものであるか、職権によるものかを問わない。

なお、申立てを却下する決定については本条4項による即時抗告はできないものの、50条が民訴法328条1項を準用しているので、通常抗告することができる。

5 民訴法の準用（5項）

本条5項は、法定代理人等の費用償還、無権代理人の費用負担、訴訟費用額の確定手続、和解の場合の費用額の確定手続、費用額の確定処分の更正について、民訴法を準用している。具体的には、法定代理人等による費用の償還（民訴法69条）、無権代理人の費用負担（同法70条）、訴訟費用額確定手続（同法71条）、和解の場合の費用額確定手続（同法72条）、費用額確定処分の更正（同法74条）である。

民訴法73条（訴訟が裁判及び和解によらないで完結した場合等の取扱い）を準用していないのは、簡易確定手続の費用については、簡易確定手続終了後に別の申立てにより費用の負担を決定することとしているので、訴訟が裁判および和解によらないで完結した場合について特別に規定を設けることは不要であるためである。

なお、最高裁規則34条は、簡易確定手続の費用の負担および個別費用の負担について、関連する民訴規則を準用することを定めている。

6 条文の適用関係

個別費用を除く簡易確定手続の費用の負担の決定方法について、条文の適用関係は次のようになる。

場面	総論	条文（負担）	条文（額）
簡易確定手続に係る事件の終了（※）	各自負担。申立てによりまたは職権で、費用の負担を命ずることができる。	48条3項	同条5項（民訴法71条1項準用）
和解	和解により定める。定めていない場合には各自負担。申立てによりまたは職権で、費用の負担を命ずることができる。	48条3項	同条5項（民訴法71条1項、72条準用）

（※） 簡易確定手続において債権届出の処理がすべて終了した場合をいう。具体的には、債権届出却下決定が確定しまたは簡易確定決定がされ全ての債権届出について処理がされた場合や、簡易確定手続開始決定の申立てが取り下げられた場合である。なお、簡易確定決定が終了していればよく、異議後の訴訟が継続していてもよい。

◆第49条　個別費用の負担

第49条　裁判所は、届出債権について簡易確定手続に係る事件が終了した場合（第52条第1項の規定により訴えの提起があったものとみなされた場合には、異議後の訴訟が終了した場合）において、必要があると認めるときは、申立てにより又は職権で、当該事件に関する個別費用の負担を命ずる決定をすることができる。
2　前項の決定に対しては、即時抗告をすることができる。
3　民事訴訟法第1編第4章第1節（第65条、第66条、第67条第2項及び第73条を除く。）の規定は、個別費用の負担について準用する。

I　趣　旨

1項は、必要があると認めるときは、申立てによりまたは職権で、個別費用（48条1項カッコ書）の負担を命ずる決定ができることを定める。2項は、1項の決定が当事者の利害に大きくかかわることから、即時抗告ができることを定める。3項は、個別費用の負担について、民訴法61条〜64条・67条1

項・68条～72条・74条の準用を定める。

なお、最高裁規則34条において、個別費用の負担について、訴訟費用額の確定手続（民訴法71条・72条・74条）に関する民訴規則24条～28条の準用が定められている。

II 解　説

1　個別費用の意義

「個別費用」とは、「債権届出の手数料及び簡易確定手続における届出債権に係る申立ての手数料」を指し（48条1項）、具体的には、債権届出の手数料および債権届出却下決定、認否を争う旨の申出の却下決定、異議の申立ての却下決定、個別費用の負担の決定に対する即時抗告の申立て（36条2項・43条3項・46条4項・本条2項）の手数料（民訴費用法別表第1・18(4)）などをいう（一問一答108頁）。つまり、個別の届出債権について要した固有の費用のことである（山本・解説237頁）。このような費用は、個別費用以外の費用（簡易確定手続開始の申立手数料、手続開始や情報開示命令の申立書の作成・提出費用、手続開始決定の送達費用・官報公告費用等）と異なり、債権ごとに勝訴敗訴を観念し得るため、敗訴者負担の原則によるものとされている（本条3項、民訴法61条）。

この点、債権届出書や各種決定書の送達費用、届出書その他書面の作成・提出費用などは、個別の請求に割り付けることも理論的には可能であるが、簡易迅速に届出債権の存否および内容について判断する簡易確定手続においては、手続をできる限り合理化すべきとの観点から、個別費用の対象外とし、個別費用は届出・申立ての手数料に限定されている（一問一答108頁）。

2　個別費用の手数料

債権届出の手数料は、1個の債権につき1000円の定額である（民訴費用法別表第1・16の2）。債権届出について手数料が必要とされたのは、簡易確定手続が実質的に簡易確定手続申立団体の債権届出により対象債権の確定とい

第49条　個別費用の負担

う経済的紛争を扱う手続であるためとされている（一問一答112頁）。そして、一般的に債権届出の対象債権は少額の債権が多いと予想されること、異議の際には通常の提訴手数料の負担が必要である（民訴費用法3条2項3号[118]）ところ、提訴手数料の最低額が1000円（訴額10万円まで）であること、事務手続を簡便にする必要があることから、経済的利益の額に応じたスライド制ではなく、定額制とし、一律1000円とされたようである（一問一答112頁）。

債権届出却下決定、認否を争う旨の申出の却下決定、異議の申立ての却下決定、個別費用の負担の決定に対する即時抗告（36条2項・43条3項・46条4項・本条2項）の申立手数料は、通常の即時抗告の手数料の規律により、1000円とされる（民訴費用法別表第1・18(4)）（山本・解説237頁）。

3　個別費用の負担の原則

前述のとおり、個別費用の負担は、債権ごとに勝訴敗訴を観念し得るため、敗訴者負担の原則によるものとされている（本条3項、民訴法61条）。そのため、たとえば、債権届出手数料[119]について、①認否において相手方（事業者）が届出債権を認めた場合は相手方の負担となり、②認否において相手方が届出債権を争い、債権届出団体が認否を争う旨の申出をしなかった場合は債権届出団体の負担となり[120]、③認否を争う旨の申出がされて簡易確定決定となった場合において、ⓐ届出債権が全部認容されたときは相手方の負担となり、ⓑ全部棄却されたときは債権届出団体の負担となり、④簡易確定決定に異議申立てがなされた場合において、ⓐ（仮執行宣言付決定の認可も含み）届出債権が全部認容されたときは相手方の負担となり、ⓑ届出債権が全部棄

---

[118]　異議申立てによる提訴擬制の場合（52条1項）、通常の提訴手数料から債権届出手数料を控除した額が手数料とされる。これは、提訴という効果に鑑み、通常の民事訴訟を提起する場合と同じ負担を提訴が擬制される者に求める必要があるが、すでに支払っている債権届出の手数料は同一の目的に係るものであるから、そこから控除することとされたものである（山本・解説237頁）。

[119]　山本・解説238頁。個別費用のうち債権届出却下決定などに対する即時抗告の申立手数料は、同抗告審の決定において、その負担が定められる（民訴法67条1項）。

[120]　この場合、授権契約に基づき届出消費者に債権届出手数料を求償することになる（山本・解説238頁）。

却（仮執行宣言付決定の全部取消し）されたときは債権届出団体の負担となる[121]。相手方が届出債権の一部を認め（一部を争い）、債権届出団体が認否を争う旨の申出をしなかった場合、簡易確定決定で債権届出が一部認容（一部棄却）となった場合、異議後の訴訟で債権届出が一部認容（一部棄却）となった場合は、裁判所の裁量によることになる（本条3項、民訴法64条）[122]。

ただし、敗訴者負担の原則は、本条3項による民訴法の規定の準用により、不必要な行為があった場合等の負担[123]（民訴法62条）、訴訟を遅滞させた場合の負担（同法63条）、和解の場合の負担（和解で定める。定めないときは各自負担。同法68条）などにより修正され得る。

4　個別費用の負担の裁判

個別費用に係る手続が裁判によって終結した場合は、当該裁判において費用負担が決定される。すなわち、簡易確定決定が異議なく確定した場合や仮執行宣言付決定が認可された場合は当該簡易確定決定で個別費用の負担を定め（本条3項、民訴法67条1項）、債権届出却下決定等に対する即時抗告が決定で終結した場合は当該即時抗告の決定で個別費用の負担を定める（本条3項、民訴法67条1項）。

また、和解で終了した場合は、和解により個別費用の負担を定める（定めないときは各自負担。本条3項、民訴法68条）。

---

[121]　届出消費者が異議を申し立てた場合（46条2項）も、簡易確定決定の当事者であった債権届出団体の負担になると解されている（山本・解説239頁）。

[122]　山本・解説239頁は、「相手方が争ったのと同じ結果およびそれよりも相手方に有利な結果」になった場合も全部棄却と同様に扱い、債権届出団体の負担とする。しかし、相手方が届出債権の一部を争った場合には、相手方が争ったのと同じ結果やそれよりも相手方に有利な結果となっても、（後者については届出債権の全部棄却とならない限り）届出債権の残部については認容されているため、債権届出手数料を当然に債権届出団体の負担とすることは妥当ではない。この場合は、裁判所の裁量によることになると考えられる（本条3項、民訴法64条）。

[123]　山本・解説239頁は、事業者の異議が濫用的なもの（明らかに理由のないもの）であったような場合には、事業者に費用を全部負担させることもできると解されるとする。ただ、このような場合には、通常、届出債権が全部認容され、敗訴者負担の原則により事業者の負担となると考えられる。

第49条　個別費用の負担

　他方、これら以外の態様で終結した場合は、当事者の申立て[124]または職権で、個別費用の負担を命ずる決定をする（本条1項）。すなわち、認否により届出債権の内容が確定した場合（42条3項・47条1項）、債権届出が取り下げられた場合（40条）、仮執行宣言のない支払命令や棄却決定が適法な異議の申立てにより失効した場合（46条5項）、仮執行宣言付決定が異議後の訴訟で取り消された場合（55条2項）は、裁判によって個別費用の負担を決定できないことになる[125]ため、個別費用の負担を命ずる決定の「必要があると認める」ことができる（本条1項。一問一答109頁～110頁の一覧表参照）。簡易確定決定や債権届出却下決定等において個別費用の負担の判断を脱漏した場合も同様である（一問一答109頁）。

　異議後の訴訟があった場合は、その訴訟が終了したときに個別費用の負担を命ずる決定がなされる（本条1項カッコ書）。この場合も、当該訴訟の係属裁判所ではなく、簡易確定手続の係属裁判所が個別費用の判断をすることになる（山本・解説240頁）。

　なお、個別費用の負担を命ずる決定は、当事者の利害に大きくかかわることから、この決定に対しては即時抗告が可能である[126]（本条2項）。

---

[124]　申立ては書面でする必要がある（最高裁規則6条）。

[125]　異議の申立てがあっても、異議後の訴訟の判決では、個別費用の負担は定められず、同訴訟手続に係る費用（訴訟費用）の負担のみが定められるにすぎない（山本・解説240頁。民訴法67条1項参照）。

[126]　即時抗告の申立ては書面でする必要があり（最高裁規則6条）、抗告状を原裁判所に提出することによって行う（50条、民訴法331条・286条）。また、即時抗告には執行停止の効力がある（50条、民訴法334条1項）。その申立手数料も個別費用となり（48条1項。一問一答108頁）、当該即時抗告の決定で個別費用の負担を定めることになる（本条3項、民訴法67条1項）。抗告状を受理した原裁判所は、抗告に理由があると認めれば更正決定を行い（50条、民訴法333条。再度の考案）、抗告に理由がないと認めれば、意見を付して事件を抗告裁判所に送付する（最高裁規則35条、民訴規則206条）。原裁判所が、事件記録を送付する必要がないと認めたときは、原裁判所書記官は、抗告事件の記録のみを抗告裁判所書記官に送付すれば足りるが、抗告裁判所が事件記録が必要と認めたときは、速やかに抗告裁判所に事件記録を送付する（最高裁規則8条）。抗告審の審理は、任意的口頭弁論により行われ、抗告人、相手方、利害関係人を審尋することができる（50条、民訴法335条）。抗告審の裁判は、不適法であれば却下し、理由がなければ棄却し、適法で理由があれば原裁判を取り消したうえで、必要に応じて自判等の決定を行う。この裁判に不服があれば、最高裁判所に特別抗告（50条、民訴法336条）や許可抗告（50条、民訴法337条）ができるが、いずれも執行停止の効力はない。なお、確定証明書は第1審裁判所書記官が交付するが、抗告審継続中は事件記録が存する裁判所の書記官が決定の確定した部分の

5 通知や公告に要する費用

　簡易確定手続申立団体のする対象消費者への通知や公告に要する費用は、「簡易確定手続の費用」（48条１項）に含まれないので、団体の負担となる[127]。

　これは、次のような理由による[128]。すなわち、この通知・公告はあくまで原告を募るための手続であり、裁判の準備行為に要する費用にとどまるため、その費用を被告の負担とすることは、訴訟準備費用を訴訟費用としていない民訴法の原則から、その正当化が困難である。また、通知・公告の方法は団体が一定の範囲内で適切に判断して行うことができ、その方法や金額は定型的ではなく、費用の上限等も定められていないため、あらかじめ法律で事業者に負担させるべき金額を一定額と定めることは難しく、仮に裁判所が事案ごとに定めることとしても、その範囲を適切に確定するため、事業者の言い分も十分に聞いた手続を踏むべきであるが、簡易迅速な処理のための簡易確定手続にそのような手続を設けることが困難である。

　しかし、簡易確定手続の前提として、多数の対象消費者に対し、通知・公告をして債権届出を促す必要があるところ、それには多額の費用を要する可能性があり、その費用を常に全額を団体の負担とすると、団体の財政的な問題から手続の利用自体に躊躇を生じさせ、本制度の実効性が阻害されるおそれがある（山本・解説240頁、2012年８月31日付日弁連意見書15頁）。また、通知・公告費用を団体が負担するということは、制度運用上、事業者から得られた損害賠償金から控除する等により最終的に対象消費者の負担となるとい

み証明書を交付する（最高裁規則９条）。

[127] ただし、簡易確定手続に加入した消費者からその支払いを受けることは可能であり、実務的には、債権届出の授権の段階で対象消費者からその費用を受領することになるとの指摘がある（一問一答71頁、山本・解説240頁）。

[128] 一問一答72頁、山本・解説240頁、鈴木敦士「消費者裁判手続特例法案の概要」NBL1016号37頁。なお、山本・解説240頁および鈴木・37頁は、共通義務は確認されたものの、（簡易確定手続において）個々の消費者との関係では事業者が義務を負わない場合も考えられるので、その費用の全部を被告の負担とすることは理論的に問題があるとするが、個別費用に該当するとしても敗訴者負担の原則によることから、簡易確定手続で事業者が義務を負わない場合には、その費用は通常団体の負担となると思われる。

うことであり[129]、特に個々の被害額が少額の場合には、被害救済という制度目的を大きく損なうことになりかねない（2012年8月31日付日弁連意見書15頁）。そもそも、共通義務確認訴訟において相手方（事業者）が敗訴し一定の共通義務（一般化抽象化された金銭支払義務）の存在が確認されていることを踏まえると、本来は相手方が自主的に自己の費用負担により対象消費者に対し損害賠償を申し出るべきであるところ、本制度によりこれを省略でき簡便な手続により履行できるうえ、紛争の1回的解決の利益も享受できるのであるから、そのような相手方の義務履行を団体が代わって通知・公告をしているとみることができ、その費用を事業者が負担するのが合理的である（山本・解説241頁、2012年8月31日付日弁連意見書3頁・15頁）[130]。少なくとも、本制度の実効化のために、裁判所が諸事情を考慮して通知・公告費用の全部または一部を相手方に負担させることができるようにし、また、通知・公告費用についての公的な援助制度（立替払制度および償還免除）を整備するなど、通知・公告費用の負担が本制度の利用の妨げにならないよう必要な手当が導入されるべきである（2012年8月31日付日弁連意見書3頁・15頁）。これらは、今後の立法上の課題であり、見直しが期待される。

◆第50条　民事訴訟法の準用

> 第50条　特別の定めがある場合を除き、簡易確定手続については、その性質に反しない限り、民事訴訟法第2条、第14条、第16条、第21条、第22条、第1編第2章第3節、第3章（第30条、第40条から第49条まで、第52条及び第53条を除く。）、第5章（第87条、第2節、第116条及び第118条を除く。）及び第7章、第2編第1章（第133条、第134条、第137条第2項及び第3項、第138条第1項、第139条、第140条並びに第143条から第146条までを除

---

[129] 通知・公告費用は「手続参加のための費用」として、団体から対象消費者に対し、適切な範囲で支払いを求めることができる（ガイドライン2.(6)イ(ア)(b)）。

[130] フランス法（グループ訴訟）では、公告等の費用は事業者の負担とされるようである（山本・解説79頁、京都弁護士会「ギリシャ、フランスにおける集団的消費者被害回復制度の運用状況に関する調査報告書」(2014年)〈http://www.kyotoben.or.jp/files/houkokusyo2.pdf〉(2016年9月12日最終確認)）。

く。)、第3章(第156条の2、第157条の2、第158条、第159条第3項、第161条第3項及び第3節を除く。)、第4章(第7節を除く。)、第5章(第245条、第249条から第252条まで、第253条第2項、第254条、第255条、第258条第2項から第4項まで並びに第259条第1項及び第2項を除く。)及び第6章(第261条から第263条まで及び第266条を除く。)、第3編第3章、第4編並びに第8編(第403条第1項第2号及び第4号から第6号までを除く。)の規定を準用する。

I　趣　旨

　本条は、特別の定めがある場合を除き、簡易確定手続については、その性質に反しない限り、民訴法の規定が準用されることを定めるものである。

　準用の可否を考える際、債権届出に関する準用関係と、債権届出以外の簡易確定手続に関する準用関係という観点からの整理ができる。

　また、1つの条の一部の項や号に、その性質に反することから準用されない部分があっても、それが明らかなものである限り、条単位で準用の可否が判断されている。

　そのため、準用すべき規定には、一部の場面に特別の定めがあり準用されないこととなるものや一部の場合に性質に反するとして準用されないこととなるものも含まれ、また、適用場面がほとんど想定されないが、準用したとしても不都合が生じないので適用対象から外すまでもないものも含まれる。

II　解　説[131]

1　「特別の定め」

　本条の特別の定めとしては、45条(証拠調べの制限)、51条(送達の特例)、61条(手続の中断及び受継)などがある。

---

[131]　山本・解説176〜178頁。町村・使い方119〜120頁。

2 準用の有無

(i) 第1編（総則）

① 第1章（通則）

第1章（通則）では、民訴法2条（裁判所及び当事者の責務）（以下、50条の解説において、単に条数のみ掲げるときは、民訴法の条文を指すものとし、消費者裁判手続特例法の条文は、条数の前に「法」と表記する）のみ準用される。1条（趣旨）と3条（最高裁判所規則）は、民訴法特有の規定であり必要がないため準用されない。

② 第2章（裁判所）

第2章（裁判所）のうち、簡易確定手続の管轄については、共通義務確認訴訟が係属していた裁判所に定まっているので、管轄に関する規定のうち14条（職権証拠調べ）・16条（管轄違いの場合の取扱い）・21条（即時抗告）・22条（移送の裁判の拘束力等）のみ準用される。ここで16条（管轄違いの場合の移送規定）が準用されているのは、簡易確定手続開始の申立ては、却下されると簡易確定手続がなされず、共通義務確認訴訟が無駄になってしまうところ、申出期間が限られており、再度の申立てができないこともあるため、移送をすることができるようにしたものである。

第3節（裁判所職員の除斥及び忌避）に関する規定は、すべて準用される。

③ 第3章（当事者）

第1節（当事者能力及び訴訟能力）について、特定適格消費者団体が多数の請求を束ねており、被告が多数いることも想定し難いため、選定当事者制度は必要性が乏しいことから、30条（選定当事者）は準用されないが、その他の規定（28条：原則、29条：法人でない社団等の当事者能力、31条～37条（31条：未成年者及び成年被後見人の訴訟能力、32条：被保佐人、被補助人及び法定代理人の訴訟行為の特則、33条：外国人の訴訟能力の特則、34条：訴訟能力等を欠く場合の措置等、35条：特別代理人、36条：法定代理権の消滅の通知、37条：法人の代表者等への準用））は準用される。

第2節（共同訴訟）について、相手方や簡易確定手続申立団体が複数ある

第2部　逐条解説　消費者裁判手続特例法

場合の簡易確定手続同士の関係に関する38条（共同訴訟の要件）と39条（共同訴訟人の地位）は準用される。他方、合一確定や同時審判が必要な場合がないので、40条（必要的共同訴訟）、41条（同時審判の申出がある共同訴訟）は準用されない。

　第3節（訴訟参加）について、義務承継人の訴訟引受けや訴訟参加については、被告について債務引受けや事業譲渡があった場合に必要であるから、50条（義務承継人の訴訟引受け）と51条（義務承継人の訴訟参加及び権利承継人の訴訟引受け）は準用されるが、42条から49条まで（補助参加に関する42条〜46条、47条：独立当事者参加、48条：訴訟脱退、49条：権利承継人の訴訟参加の場合における時効の中断等）、52条（共同訴訟参加）、53条（訴訟告知）は、手続が複雑になることを避けるため準用されない。

　第4節（訴訟代理人及び補佐人）の規定は準用される。

　④　**第4章（訴訟費用）**

　第1節（訴訟費用の負担）の規定は、法48条（個別費用を除く簡易確定手続の費用の負担）・49条（個別費用の負担）で個別費用とその他の簡易確定手続の費用に分けて必要な規定を準用しているので、準用されない。

　第2節（訴訟費用の担保）の規定は、原告である特定適格消費者団体が日本に住所を有しないことは想定されないことから、準用されない。

　第3節（訴訟上の救助）の規定も、特定適格消費者団体は経理的基礎を有することから必要なく、相手方についても救助が必要となる費用が想定されないことから、準用されない。

　⑤　**第5章（訴訟手続）**

　第1節（訴訟の審理等）について、簡易確定手続に関して任意的口頭弁論の規定（法13条）があるから、87条（口頭弁論の必要性）は準用されないが、88条〜92条（88条：受命裁判官による審尋、89条：和解の試み、90条：訴訟手続に関する異議権の喪失、91条：訴訟記録の閲覧等、92条：秘密保護のための閲覧等の制限）は準用される。

　第2節（専門委員等）について、第1款（専門委員）と第2款（知的財産に関する事件における裁判所調査官の事務等）の規定は、必要となる場合が想定

されないため、いずれも準用されない。

第3節（期日及び期間）および第4節（送達）の規定は、いずれも準用される。

第5節（裁判）について、簡易確定決定については判決の規定を準用し、その他の決定については122条（判決に関する規定の準用）を準用して性質に反しない限り判決の規定を準用している。準用されるのは、114条（既判力の範囲）、115条（確定判決等の効力が及ぶ者の範囲）、117条（定期金による賠償を命じた確定判決の変更を求める訴え）、119条～123条（119条：決定及び命令の告知、120条：訴訟指揮に関する裁判の取消し、121条：裁判所書記官の処分に対する異議、122条：判決に関する規定の準用、123条：判事補の権限）である。

他方、116条（判決の確定時期）は、簡易確定決定について法46条に定めがあることから準用されない。118条（外国裁判所の確定判決の効力）は、外国判決が想定されないので準用されない。

第6節（訴訟手続の中断及び中止）の規定は全て準用される。

特定適格消費者団体は選定当事者ではないから、団体が授権を欠いた場合でも、選定当事者の規定が準用されることはなく、手続は中断しない。特定認定の取消し・失効については特別の定めがある。

⑥　第6章（訴えの提起前における証拠収集の処分等）

簡易確定手続開始の申立て以前に証拠収集処分が必要となる場合が想定し難く、債権届出に関してはそれ以前にすでに手続が係属していることから、第6章（訴えの提起前における証拠収集の処分等）の規定は準用されない。

⑦　第7章（電子情報処理組織による申立て等）

第7章（電子情報処理組織による申立て等）の規定は準用される。

(ii)　第2編（第1審の訴訟手続）

①　第1章（訴え）

第1審の訴訟手続の訴えに関する規定について、133条（訴え提起の方式）は、法16条（簡易確定手続開始の申立ての方式）・30条（債権届出）2項に特別の定めがあるため、準用されない。

134条（証書真否確認の訴え）は、必要となる場合が想定されないため準用

されない。

135条（将来の給付の訴え）と136条（請求の併合）は、債権届出に関しては準用される。

仮に137条（裁判長の訴状審査権）1項を準用しないとした場合、補正命令なしに却下できると解釈されるおそれがあるから、137条1項・138条（訴状の送達）2項は準用される。不備があるときには補正を命ずることとなるが、申立書却下の制度は設けないので、137条2項・3項は準用されない。138条1項は、開始決定申立書の送達をすることが適切ではないので準用されないが、届出書の送達については、法35条に特別の定めがある。

139条（口頭弁論期日の指定）・140条（口頭弁論を経ない訴えの却下）は、簡易確定手続に関する裁判は任意的口頭弁論としているため準用されない。

141条（呼出費用の予納がない場合の訴えの却下）は、期日を開くこともあるため準用される。

142条（重複する訴えの提起の禁止）は、債権届出と債権届出との関係について準用される。

債権届出の内容の変更は認めるべきでなく、選定当事者の規定を準用しないので、143条（訴えの変更）・144条（選定者に係る請求の追加）は準用されない。

145条（中間確認の訴え）・146条（反訴）は、審理が複雑となり簡易迅速に審理を行うことが困難となるため準用されない。

147条（時効中断等の効力発生の時期）は、債権届出や簡易確定手続開始の申立ての期間遵守の効果の発生時期に関して準用される。

② 第2章（計画審理）

計画審理が必要となる事案が想定されないため、第2章（計画審理）の規定は、すべて準用されない。

③ 第3章（口頭弁論及びその準備）

第1節（口頭弁論）の規定は、口頭弁論を開くこともあり得るから、基本的に準用される。すなわち、148条～156条（148条：裁判長の訴訟指揮権、149条：釈明権等、150条：訴訟指揮等に対する異議、151条：釈明処分、152条：口頭

第50条　民事訴訟法の準用

弁論の併合等、153条：口頭弁論の再開、154条：通訳人の立会い等、155条：弁論能力を欠く者に対する措置、156条：攻撃防御方法の提出時期）、157条（時機に後れた攻撃防御方法の却下等）、160条（口頭弁論調書）が準用される。他方、前章の計画審理に関する規定が準用されないため、本章においても計画審理に関する規定（156条の2・157条の2）は準用されない。

158条（訴状等の陳述の擬制）は、書面が提出されれば陳述の有無にかかわらず訴訟資料となり得るため、準用されない。

159条（自白の擬制）3項は、書面の提出がありさえすれば訴訟資料となりうるので、不出頭の制裁を課すことはできないため、準用されない。

第2節（準備書面等）の規定は、161条（準備書面）3項を除いてすべて準用される。相手方が在廷していない口頭弁論における主張の制限に関する161条3項が準用されないのは、書面の提出があれば、陳述の有無にかかわらず訴訟資料となり得るためである。

第3節（争点及び証拠の整理手続）の規定は、必要とされる場面が想定されないため、すべて準用されない。

④　第4章（証拠）

第1節（総則）から第6節（検証）までの規定は、すべて準用される。

第7節（証拠保全）の規定は、簡易確定手続において証拠保全をすることが簡易迅速な審理に馴染まないため、すべて準用されない。ただし、準用しなくても、別事件として他の裁判所で証拠保全をすることは妨げられない。

⑤　第5章（判決）

243条・244条（終局判決）は準用される。

245条（中間判決）は、必要となる場合が想定しにくく、審理がかえって複雑化することから、準用されない。

246条（判決事項）・247条（自由心証主義）・248条（損害額の認定）は準用される。

249条（直接主義）は、任意的口頭弁論の手続であり直接主義を後退させるべきであること、250条（判決の発効）、251条（言渡期日）、252条（言渡しの方式）、254条（言渡しの方式の特則）は、簡易確定決定は言渡しによる必要

259

がなく送達によって効力が生じる（法44条5項）ことから、いずれも準用されない。

253条（判決書）2項は、事実の記載が必ずしも必要でないことから準用されない。

255条（判決書等の送達）は、簡易確定決定の送達については特別の定めがあるため、準用されない。

258条（裁判の脱漏）2項～4項については、簡易確定手続の費用について特別の定めがあるので、それに委ねることとされ、準用されない。

259条（仮執行の宣言）3項～6項・260条（仮執行の宣言の失効及原状回復等）は、届出債権支払命令に仮執行宣言を付するときに準用される。

⑥ 第6章（裁判によらない訴訟の完結）

261条から263条まで（261条：訴えの取下げ、262条：訴えの取下げの効果、263条：訴えの取下げの擬制）は、法18条2項・40条2項において必要な規定を準用しているため準用されない。

なお、261条（訴えの取下げ）5項は、債権届出の取下げには簡易確定決定後は同意が必要であるが、同意がなくても簡易確定決定が確定するので、当事者が積極的に関与しない手続が係属するという弊害がないことから同意を擬制する必要がないため準用されない。262条（訴えの取下げの効果）2項は、簡易確定決定は、異議の申立てにより失効し、訴え提起とみなされるのでその後に訴えを取り下げた場合にも再訴禁止効を認めるのは行き過ぎと考えられるため準用されない。263条（訴えの取下げの擬制）は、書面の提出があれば陳述の有無にかかわらず訴訟資料となり得るため不出頭に不利益を課すことができないので、準用されない。

264条（和解条項案の書面による受諾）・265条（裁判所等が定める和解条項）は準用される。

266条（請求の放棄又は認諾）は、認否は認諾の効果を持たせないのが適当であること、認否の手続を設けることにより、届出債権で争いのないものは、裁判所の判断を要せず確定することから認諾をする必要はないので、準用されない。

267条（和解調書等の効力）は準用される。

⑦ 第7章（大規模訴訟に関する特則）

簡易確定手続が簡易迅速な手続とされていることに馴染まないため、第7章（大規模訴訟に関する特則）の規定は、すべて準用されない。

⑧ 第8章（簡易裁判所の訴訟手続に関する特則）

簡易確定手続は地方裁判所での審理が前提とされているので、第8章（簡易裁判所の訴訟手続に関する特則）の規定は、すべて準用されない。

(iii) 第3編（上訴）

第1章（控訴）・第2章（上告）の規定は、これらが想定されないため準用されない。

第3編（抗告）の規定は準用される。

(iv) 第4編（再審）

第4編（再審）の規定はすべて準用される。

簡易確定決定については判決の規定が準用されるので、338条（再審の事由）等により再審が可能であり、届出却下決定については、349条（決定又は命令に対する再審）により準再審が可能である。なお、開始決定については即時抗告ができないが、同条の「即時抗告をもって不服を申し立てることができる決定」とは、終局的な決定という趣旨であるから、準再審が可能である。

(v) 第5編から第7編まで

第5編（手形訴訟及び小切手訴訟に関する特則）・第6編（少額訴訟に関する特則）・第7編（特則手続）の規定は、いずれも簡易確定手続において問題になることが想定できないため、すべて準用されない。

(vi) 第8編（執行停止）

第8編（執行停止）の規定はすべて準用される。ただし、403条（執行停止の裁判）1項については、仮執行宣言付届出債権支払命令に異議の申立てがあった場合と確定した簡易確定決定に再審があった場合には、執行停止を認めるべきであるから、同項1号と3号のみが準用される。

3 最高裁規則

簡易確定手続については、特別の定めがある場合を除き、その性質に反しない限り、民訴規則の規定が準用される（最高裁規則35条）。

4 相手方事業者について簡易確定手続の係属中に破産手続開始決定があった場合の取扱い

この場合、簡易確定手続は、純然たる訴訟手続ではないが、事業者に対する金銭の支払請求権の存否および内容を確定する裁判手続であり（法2条5号・7号）、広義の訴訟手続といえるため、中断する（破産法44条1項。一問一答107頁）。

この場合、簡易確定手続の上記性質からすれば、「破産債権に関しない」手続と解することは困難であるため、破産管財人が中断した簡易確定手続を受継することはできないと考えられる（破産法44条2項）。

対象消費者は、簡易確定手続においてすでに債権届出がなされていたとしても、破産手続において、自ら債権届出をしなければならず（破産法100条1項・111条1項）、破産手続において、債権の存否および内容が確定されることになる（一問一答107頁）。なお、特定適格消費者団体がまとめて破産債権の届出をすることは、特定適格消費者団体の業務とはされていないため（法65条2項）、できないものと考えられる（一問一答107頁）。

前記のとおり、債権調査・確定の手続は破産手続の中で行われるため、簡易確定手続は、実際上中味が空洞の手続となり、事実上終了していくことになると考えられる（山本・解説177頁）。

ただ、破産手続終了後、必要性があれば、中断された簡易確定手続を受継せざるを得ない場合もあると考えられる（破産法44条6項）。

また、簡易確定決定後であれば個々の消費者が手続に関与することができるので、破産手続で破産債権を届け出た消費者が、簡易確定手続を受継することも考えられる（破産法127条1項・129条2項）。

◆第51条　送達の特例

第51条　前条において準用する民事訴訟法第104条第1項前段の規定による届出がない場合には、送達は、次の各号に掲げる区分に応じ、それぞれ当該各号に定める場所においてする。
　一　共通義務確認訴訟において民事訴訟法第104条第1項前段の規定による届出があった場合　当該届出に係る場所
　二　共通義務確認訴訟において民事訴訟法第104条第1項前段の規定による届出がなかった場合　当該共通義務確認訴訟における同条第3項に規定する場所

I　趣　旨

本条は、簡易確定手続における送達につき、50条で準用される民訴法の送達規定の特例として、送達場所の届出がない場合には、共通義務確認訴訟で送達場所の届出があった場合にはその送達場所に送達し、同訴訟でも送達場所の届出がなかった場合には、同訴訟における民訴法104条3項の送達場所に送達することを定める。

II　解　説

1　共通義務確認訴訟で送達場所の届出がある場合の特例

簡易確定手続における送達も、民訴法の送達の規定が準用されており、同手続において送達場所の届出があればその届出場所に送達すればよいことになる（50条、民訴法104条2項）。

他方、共通義務確認訴訟において送達場所の届出があったとしても、簡易確定手続において送達場所の届出がなければ、原則どおり、当事者の住所など本来の送達場所に対する送達が必要となるはずである（50条、民訴法103条以下参照）。本制度（被害回復裁判手続）では、共通義務確認訴訟と簡易確定

手続が形式上別個の手続となっているためである。

しかし、簡易確定手続では共通義務確認訴訟が必ず前置されており、両者は性質上連続した手続であるため、同訴訟における送達場所の届出を同手続でも利用することは十分許容され得る（山本・解説178頁）。このことは、送達を受ける者の便宜にも適うと解されるとともに、ことさら送達を困難にし、手続を遅延させようとする者の妨害を可能な限り排除し、手続の簡易迅速な進行に資する点からも有用といい得る。

そこで、共通義務確認訴訟で送達場所の届出があった場合には、簡易確定手続でもその届出場所に送達するものとされた（本条1号）。

2 共通義務確認訴訟でも送達場所の届出がない場合の特例

共通義務確認訴訟で送達場所の届出がない場合でも、簡易確定手続で送達場所の届出があればその届出場所に送達すればよい（50条、民訴法104条2項）。

他方、共通義務確認訴訟でも簡易確定手続でも送達場所の届出がなければ、原則どおり、当事者の住所など本来の送達場所に対する送達が必要となるはずである（50条、民訴法103条以下参照）。

しかし、共通義務確認訴訟において送達場所の届出がなければ送達場所が固定される（民訴法104条3項）ところ、同訴訟と簡易確定手続は性質上連続した手続であるため、この固定された送達場所を同手続でも利用することは十分許容され得る。これが不都合であれば、送達を受ける者において送達場所の届出をすれば足りるうえ、手続の簡易迅速な進行にも資すると解される（山本・解説178頁）。

そこで、共通義務確認訴訟でも送達場所の届出がなかった場合には、簡易確定手続でも同訴訟において固定された送達場所に送達するものとされた（本条2号）。

◆第52条　訴え提起の擬制等

> 第52条　簡易確定決定に対し適法な異議の申立てがあったときは、債権届出に係る請求については、当該債権届出の時に、当該債権届出に係る債権届出団体（当該債権届出に係る届出消費者が当該異議の申立てをしたときは、その届出消費者）を原告として、当該簡易確定決定をした地方裁判所に訴えの提起があったものとみなす。この場合においては、届出書を訴状と、第35条の規定による送達を訴状の送達とみなす。
> 2　前項の規定により訴えの提起があったものとみなされる事件は、同項の地方裁判所の管轄に専属する。
> 3　前項の事件が係属する地方裁判所は、著しい損害又は遅滞を避けるため必要があると認めるときは、同項の規定にかかわらず、申立てにより又は職権で、その事件に係る訴訟を民事訴訟法第4条第1項又は第5条第1号、第5号若しくは第9号の規定により管轄権を有する地方裁判所に移送することができる。

I　趣　旨

1項は、適法な異議の申立てがあったときは、債権届出に係る請求については、簡易確定決定をした地方裁判所に訴えの提起があったものとみなす規定である。また、届出書の送達をもって、訴状の送達とみなすことも定める。

2項は、訴えの提起があったものとみなされる場合の管轄が専属管轄であることを明らかにする規定である。

3項は、専属管轄としたことと当事者の場所的利便性との調整を図るため、移送を認める規定である。

第2部　逐条解説　消費者裁判手続特例法

Ⅱ　解　説

1　異議後の訴訟について

(i)　定　義

　異議後の訴訟とは、簡易確定決定に対して適法な異議の申立てがなされたことにより、債権届出に係る請求について、当該債権届出の時に、当該債権届出に係る債権届出団体を原告として、当該簡易確定決定をした地方裁判所に訴え提起があったものとみなされる訴訟をいう（46条1項・52条1項）。

(ii)　手続の規律

　異議後の訴訟の手続については、基本的に通常訴訟に係る規律（民訴法）がそのまま適用される。口頭弁論、争点整理、証拠調べ等は通常の訴訟として行われ、この場合、簡易確定決定の手続において書面の交換や書証の提出がなされていたとしても、あらためて準備書面や訴訟における書証として提出し直す必要がある（山本・解説251頁）。

(iii)　弁論の併合

　異議後の訴訟の弁論を別訴の弁論と併合することもできる（民訴法152条1項。山本・解説251頁、一問一答120頁）。また、重複した審理を避け訴訟経済に資するか、当事者の応訴負担などを考慮して、裁判所が相当と認める場合には、異議後の訴訟と個別の訴訟とについて弁論の併合をすることができる。なお、このような趣旨で弁論の併合を認めることと、訴えの変更（民訴法143条1項）や反訴（同法146条1項）を認めないこと（法54条）は矛盾するものではないとされている（一問一答120頁）。

　異議後の訴訟の弁論を別訴の弁論と併合する具体的な場面としては、実質的に同一の事案について訴訟物を異にする訴訟事件が係属している場合（不当利得として債権届出をしている事件と同一被害について不法行為の別訴が係属している場合など）や、相手方事業者による同一被害に係る債務不存在確認訴訟が係属している場合などが考えられる（山本・解説251頁）。

　対象消費者が提起した対象債権に基づく訴訟が係属しているときには、債

権届出をすることができず（法30条4項）、債権届出が却下される。基本的には、別の債権についての訴訟が係属しているか、あるいは同一の債権について事業者が債務不存在確認の訴えをした後に、債権届出がなされた場合（法30条4項は「対象消費者が提起したその有する対象債権に基づく訴訟が係属しているとき」としているので、このようなものは許される）に問題となると考えられる（一問一答120頁注）。

(iv) **相手方が破産した場合の取扱い**

異議後の訴訟の係属中に相手方について破産手続開始決定があった場合、異議後の訴訟は中断するものと考えられる（破産法44条1項）。破産債権の届出について、破産管財人が認めず、または破産債権者が異議を出したときは、異議後の訴訟については、破産債権の届出をした届出消費者が、破産管財人や異議を出した破産債権者の全員を相手方として、当該訴訟を受継することも考えられる（同法127条1項。一問一答121頁、山本・解説231頁）。

届出消費者は、破産手続において、自ら債権届出をしなければならず（破産法100条1項・111条1項）、破産手続において債権の存否および内容が確定されることになる。

なお、債権届出団体がまとめて破産手債権の届出をすることは、特定適格消費者団体の業務とはされていないため（65条2項）、できないものと考えられる（一問一答121頁、山本・解説251頁）。

2　訴え提起の擬制の時期（1項）

訴えの提起があったものとみなされる時点は、債権届出の時としている。二重起訴の基準時との関係では、届出書の送達をもって訴状の送達とみなし、訴訟係属の発生時期とする。なお、時効に関しては、38条によって、共通義務確認の訴え提起時に時効中断の効力が生じることとなる。

3　訴え提起の擬制における原告の定め方（1項）

訴えの提起があったものとみなされる場合の訴えの原告は、異議の申立てを誰がしたかによって定まる。

まず、46条1項により、債権届出団体または相手方が異議の申立てをしたときには、債権届出団体と相手方の間に訴訟が係属することとなる。簡易確定手続の授権（31条）に異議の申立てについての授権も含まれているから、債権届出団体が異議の申立てをすることができる。仮に、授権が取り消され相手方に通知されるなどして債権届出団体が異議の申立て時点で授権を欠いた場合には、債権届出団体の異議の申立ては不適法となる。

相手方が異議の申立てをした場合には、債権届出団体が授権を欠いても手続の承継は生じないから、債権届出団体と相手方との間に訴訟が係属することとなる。この場合、異議後の訴訟において、届出消費者が訴訟を承継することとなる（53条9項による民訴法124条1項6号の準用。一問一答113頁）。

次に、46条2項により、届出消費者が異議の申立てをした場合には、届出消費者と相手方との間に訴訟が係属することとなる。この場合、53条3項により、債権届出団体に再授権することができないから、債権届出団体が訴訟を追行することはない。なお、訴状とみなされる届出書には、債権届出団体が当事者として記載されていることから、その表示を届出消費者に変更する手続をすることになると考えられる。

4　訴え提起の擬制と管轄（2項・3項）

適法な異議の申立てがあったときは、訴えの提起があったものとみなされ、その場合の裁判所は、簡易確定決定をした地方裁判所の専属となる。異議後の訴訟を簡易確定決定をした地方裁判所に専属させることで、多数の請求を効率的に処理することができ、司法資源の効率的運用を図ると同時に、債権届出団体と相手方の手続負担にも配慮することとしている。

この管轄は専属管轄なので、民訴法20条1項により民訴法17条は適用されない。ただし、異議後の訴訟において個別の当事者の場所的利便性にも配慮する必要があるため、裁量による移送を認めている。その場合の移送先は、届出債権について訴えを提起した場合の本来の管轄裁判所である。

「著しい損害又は遅滞を避けるため必要があると認めるとき」とは、当事者の損害の回復のため必要であるとか、移送しなければ手続の遅延が相当程

度見込まれる場合をいう。

　最高裁規則36条は、裁量移送における取扱いについて定めており、申立てによる移送の場合は必要的に、職権による移送の場合は任意的に、相手方当事者ないし双方当事者の意見を聴取することとする。

◆第53条　異議後の訴訟についての届出消費者の授権

> 第53条　債権届出団体は、異議後の訴訟を追行するには、届出消費者の授権がなければならない。
> 2　届出消費者は、その届出債権に係る債権届出団体に限り、前項の授権をすることができる。
> 3　届出消費者が第8項において準用する第31条第3項の規定により第1項の授権を取り消し、又は自ら異議後の訴訟を追行したときは、当該届出消費者は、更に債権届出団体に同項の授権をすることができない。
> 4　債権届出団体は、正当な理由があるときを除いては、訴訟授権契約（届出消費者が第1項の授権をし、債権届出団体が異議後の訴訟を追行することを約する契約をいう。以下同じ。）の締結を拒絶してはならない。
> 5　第1項の授権を得た債権届出団体は、正当な理由があるときを除いては、訴訟授権契約を解除してはならない。
> 6　第1項の授権を得た債権届出団体は、当該授権をした届出消費者のために、公平かつ誠実に異議後の訴訟の追行及び第2条第9号ロに規定する民事執行の手続の追行（当該授権に係る債権に係る裁判外の和解を含む。）並びにこれらに伴い取得した金銭その他の財産の管理をしなければならない。
> 7　第1項の授権を得た債権届出団体は、当該授権をした届出消費者に対し、善良な管理者の注意をもって前項に規定する行為をしなければならない。
> 8　第31条第3項から第5項まで及び第32条の規定は、第1項の授権について準用する。
> 9　民事訴訟法第58条第2項並びに第124条第1項（第6号に係る部分に限る。）及び第2項の規定は、異議後の訴訟において債権届出団体が第1項の授権を欠くときについて準用する。

第 2 部　逐条解説　消費者裁判手続特例法

I　趣　旨

　1 項は、債権届出団体が異議後の訴訟を追行するには、届出消費者の授権が必要であることを定めるものである。
　2 項は、届出消費者は、その届出債権に係る債権届出団体に限り、授権することができることを定めるものである。
　3 項は、授権を取り消した場合等の再授権の禁止を定めるものである。
　4 項と 5 項は、正当な理由があるときを除いて訴訟授権契約の締結の拒絶や解除ができないことを定めるものである。
　6 項は、公平誠実義務について、7 項は、善管注意義務について定めるものである。
　8 項は、簡易確定手続の授権に関連する規定を準用することで、授権の取消し、授権の失効、説明義務について定めるものである。
　9 項は、授権を欠いた場合には訴訟手続が中断し、届出消費者が受継することを定めるものである。

II　解　説

1　授権の範囲・方法・相手方（1 項・2 項）

　適法な異議の申立てがあったときは、訴えの提起とみなされることにより（52 条 1 項）、簡易確定手続とは別個の手続である異議後の訴訟が開始される。別の手続であるから、授権も別に必要となる（53 条 1 項）。異議後の訴訟の追行には、第 1 審のみならず上級審も含まれる。訴訟行為については包括的に授権をしなければならないが、審級ごとに授権することは許される。
　授権したことは、書面で証明しなければならない（最高裁規則 37 条 1 項）。
　届出消費者の授権の相手方となるのは、当該届出債権に係る債権届出団体に限られる（53 条 2 項）。そのため、債権届出を授権しなかった他の債権届出団体があったとしても、その団体に訴訟についてのみ授権することはできない（山本・解説 245 頁）。

2 授権の手続

　授権は、それによって訴訟追行権を債権届出団体に付与する効果をもつ重要な訴訟行為であるため、対象消費者の十分な理解とその自由意思の確保が前提となる。

　そこで、本法は、授権契約の前提として、債権届出団体に説明義務を課している（53条8項による32条の準用）。すなわち、債権届出団体は、授権に先立ち、届出消費者に対し、被害回復裁判手続の概要、事案の内容その他の事項について、これを記載した書面の交付または電磁的記録の提供による説明をしなければならない。説明の方法としては、書面交付かウェブサイト閲覧を求めることが想定される。説明がされなかった場合にも、当然には授権の効力に影響するものではなく、通常の民法の規定による対応、すなわち錯誤等の対象となるにとどまる。いずれにしろ対象消費者はいったん行った授権につき自由に取り消すことができる（53条8項による31条3項の準用）。なお、上記のような要件を満たす限り、債権届出の段階で訴訟授権まで行うことも認められる（山本・解説245頁）。

3 訴訟授権ができない場合（3項）

　届出消費者が一度した訴訟授権を取り消した場合（53条8項による31条3項の準用）、および、届出消費者が自ら異議後の訴訟を追行した場合、届出消費者は訴訟追行の授権をすることができない（53条3項）。このような場合は、訴訟関係の明確化および相手方の保護のため、授権するか自ら訴訟追行するかは二者択一としたものである（山本・解説246頁）。

4 訴訟授権契約の締結

　届出消費者が自ら異議後の訴訟を追行する場合を除き、債権届出団体に対する訴訟授権が前提となるが、この授権は契約（訴訟授権契約）によってされる。法的には、異議後の訴訟手続の追行の権限を債権届出団体に付与する委任契約と考えられる（山本・解説246頁）。

ただ、訴訟授権契約の特殊な点は、債権届出団体にその締結義務が課されている点にある。すなわち、債権届出団体は、正当な理由があるときを除き、訴訟授権契約の締結を拒絶してはならない（53条4項）。このような訴訟授権契約の締結義務を債権届出団体に課す趣旨は、届出消費者が自らに代わって債権届出団体に訴訟追行してもらう利益を原則として保護する点にある。この場合は、法律上、訴訟追行権限は債権届出団体にしかないわけではなく、届出消費者も自ら訴訟追行することができる（この点において債権届出の授権の場合とは事情が異なる）。

そのため、債権届出団体に授権を拒絶されたとしても、届出消費者による訴訟追行は可能であり、届出消費者の裁判を受ける権利が奪われるわけではない。その意味で、この授権強制は、あくまでも対象消費者の便宜を考えたものにとどまる（山本・解説246頁）。

5 「正当な理由」（4項・5項）

債権届出団体は、正当な理由があるときを除き、訴訟授権契約の締結を拒絶してはならない（53条4項）。また、債権届出団体による訴訟授権契約の解除にも、正当な理由が必要となる（同条5項）。

対象債権の確定手続は異議後の訴訟により終了するので、権利の帰属主体にも当事者適格を認める要請が強いこと、異議後の訴訟まで手続が進む案件は紛争性の強い案件であることが多いと考えられること、手続追行主体を限定することによる審理の効率化の要請は簡易確定手続において一定程度図られていることなどから、異議後の訴訟においては、届出消費者が自ら訴訟を追行することも可能である。

そのため、債権届出団体が訴訟授権契約の締結を拒絶できる場合は、「やむを得ない理由」よりも広い「正当な理由」とされている。53条5項の「正当な理由」も同様である（一問一答115頁）。

「正当な理由」の具体的内容は、ガイドライン4.(5)において、①「やむを得ない理由」（33条1項）がある場合に該当する場合、②簡易確定決定で全部または一部の棄却とされたところ、債権届出団体としても妥当な結論であ

り、それを覆すのが難しいと判断している場合、③従前の手続の経過に照らして主張立証の方針に大きな食い違いがある等消費者との信頼関係が維持できない場合があげられている（一問一答115頁）[132]。

なお、契約の解除によって団体は訴訟授権を欠くことになるので、訴訟手続は中断し、届出消費者が受継することになる。

債権届出団体は、訴訟授権契約を解除したときは、その旨を裁判所に届け出なければならない（最高裁規則37条3項）。

6 公平誠実義務・善管注意義務（6項・7項）

(i) 概　要

特定適格消費者団体は、異議後の訴訟において、授権をした届出消費者の利益のために適切に手続の追行等をしなければならないことから、簡易確定手続の場合と同様に、授権をした届出消費者の利益を害することのないよう、特定適格消費者団体に対して手続の追行等に関する公平誠実義務（53条6項）および善管注意義務（同条7項）を規定する（34条参照）。

(ii) 公平誠実義務

公平義務とは、授権を受けた複数の届出消費者をすべて公平に取り扱う義務である。したがって、一部の届出消費者のみが有利になるような訴訟追行や和解の締結等は、公平義務違反となる。

誠実義務とは、自己または第三者の利益と授権を受けた届出消費者の利益とが相反する場合には、前者を後者より優先しない義務である。

公平誠実義務を履行すべき場面として、以下の4つがあげられる（山本・解説248頁）。

① 異議後の訴訟の追行
② 訴訟上・訴訟外の和解
③ 民事執行の手続の追行
④ 取得した金銭その他の財産の管理

---

[132] なお、山本・解説246頁では、「訴訟授権契約については、拒絶の要件を緩和したものである」と説明されている。

ⅲ 善管注意義務

実質的には民法上の委任契約において受任者に認められる善管注意義務（民法644条）と同旨のものであるが、本法では、被害回復業務の専門家としての注意義務の水準が求められる点に注意を要する。

善管注意義務違反の例としては、訴訟手続において提出すべき主張・立証を怠った場合、相手方から回収した金銭を紛失した場合、和解について十分な説明を怠り対象債権の行使が制約された場合などが考えられる（山本・解説249頁）。

ⅳ 義務違反の効果

公平誠実義務・善管注意義務その他訴訟授権契約上の義務に違反があった場合、債権届出団体に対して、本規定を根拠に行政監督を行うこととなる。また、訴訟授権契約の債務不履行として、授権した届出消費者に対して個別に損害賠償義務等を負う可能性がある（山本・解説249頁）。

7 授権の取消し

届出消費者の授権は、届出消費者によって自由な取消しが認められる（53条8項による31条3項の準用）。ただ、授権の取消しは、届出消費者または債権届出団体の側から相手方に対して通知しなければ、その効果を生じない（53条8項による31条4項の準用）。これは、相手方の利益を保護する趣旨である。また、いったん授権を取り消したときは、再度授権をすることはできない（53条3項）。この場合は、自ら訴訟追行をするほかないことになる（山本・解説249頁）。

授権の取消しの通知をした者は、その旨を裁判所に書面で届け出なければならない（最高裁規則37条2項）。

8 特定適格消費者団体の特定認定の失効または取消しがあった場合の取扱い

特定適格消費者団体の特定認定の失効または取消しがあった場合には、授権も当然失効する（53条8項による31条5項の準用）。この場合、異議後の訴

訟手続を追行するには、新たな指定団体に再度授権をすることになる。ただ、簡易確定手続の場合の授権の規律（31条7項）は準用されていない。その趣旨は、授権すべき期間制限や授権しない場合の取下げ擬制を課さないことにある。これは、届出消費者が自ら訴訟を追行したときは、さらに特定適格消費者団体に授権をすることができず（3項）、訴訟を追行する者が特定されることとなるし、特定適格消費者団体と届出消費者とがいずれも受継の申立てをしない場合には、授権がない場合に受継するのは届出消費者のみであるので、相手方が届出消費者に受継するよう申立てができ（民訴法126条）、裁判所も続行命令をすることができるので（同法129条）、手続が中断したまま進行することができないという事態が生じないためと解される（なお事実上、裁判所は特定団体に問い合わせ、授権を受けることが困難という回答があれば、届出消費者に受継を促すことになると考えられる）（山本・解説249頁〜250頁、一問一答130頁〜132頁）。

9　対象消費者の受継（9項）[133]

「授権を欠くとき」とは、債権届出団体が異議の申立てをしたが、異議後の訴訟について債権届出団体が授権を受けなかった場合や、授権を受けたがその授権が取り消された場合（53条8項による31条3項の準用）のほか、債権届出団体が訴訟授権契約を解除した場合（53条5項）が含まれる。

　異議後の訴訟は、届出消費者も訴訟を追行することができるため、当然に訴訟は届出消費者に承継される。訴訟代理人がない場合には中断および受継の手続をとることになる（53条9項による民訴法124条1項6号の準用）。なお、授権を欠いた場合でも特定適格消費者団体の訴訟代理人の訴訟代理権が消滅せず、訴訟代理人がある場合には訴訟手続は中断しない（53条9項による民訴法58条2項および124条2項の準用）。

---

[133]　山本・解説250頁〜251頁、一問一答116頁。

第2部　逐条解説　消費者裁判手続特例法

10　罰　則

　債権届出団体が、正当な理由がないにもかかわらず、訴訟授権契約の締結を拒否したり（99条1号）、訴訟授権契約を解除したり（同条2号）したときは、30万円以上の過料に処される。これは、100万円以下の過料とされる簡易確定手続授権契約締結拒否等の場合（97条2号・3号）に比べて、相対的に軽いものである（山本・解説247頁）。

　特定適格消費者団体の役員、職員または専門委員が、特定適格消費者団体の被害回復裁判手続に係る相手方から、寄付金、賛助金その他名目のいかんを問わず、当該特定適格消費者団体における53条1項の授権に係る債権に係る裁判外の和解をすることまたはしたことの報酬として、金銭その他の財産上の利益を受け、または第三者（当該特定適格消費者団体を含む）に受けさせたときは、3年以下の懲役または300万円以下の罰金に処される（93条1項2号）。

◆第54条　訴えの変更の制限等

> 第54条　異議後の訴訟においては、原告は、訴えの変更（届出消費者又は請求額の変更を内容とするものを除く。）をすることができない。
> 2　異議後の訴訟においては、反訴を提起することができない。

I　趣　旨

　本条1項は、異議後の訴訟においては民事訴訟法が適用されるが、訴えの変更（民訴法143条1項）を制限し、対象債権以外の債権に変更したり追加することはできないことを定める。

　本条2項は、反訴（民訴法146条1項）をすることができないことを定める。

II 解 説

1 訴えの変更の制限（1項）

　簡易確定手続においては、簡易確定手続開始決定に係る対象債権についてのみ届け出ることができるものであるから、異議後の訴訟についても、届出債権についてのみが判断対象となると考えられる。また、異議後の訴訟は簡易確定手続に引き続き行われ、多数の請求について行われることが予想されるところ、関連する請求を一緒に審理していくと審理が複雑化・長期化するおそれがある。そのため、原告は、届出債権以外の債権の請求に、訴えを変更したり追加することが認められない。もっとも、届出債権の請求の理由づけの主張を変更したり追加することは、そもそも訴えの変更には該当しないので、本条でも制限されない。

　異議後の訴訟は通常訴訟であり、棄却された場合は訴訟物の全部に既判力が及ぶこととなる。そのため、既判力が及ぶ範囲に関しては主張ができるようにする必要がある。攻撃防御方法である請求原因の変更は、訴えの変更には当たらないため本条により制限されない。

　たとえば、共通義務確認訴訟では、不実告知により取消しを理由とする不当利得返還義務があることを確認した場合には、それを理由とした不当利得返還請求権が対象債権として届け出られることとなる。異議後の訴訟において、これを不法行為の損害賠償請求権に変更あるいは追加することは認められない。もちろん、簡易確定手続の対象とならない拡大損害や生命・身体損害を、異議後の訴訟で追加することも認められない（なお、届出消費者が別訴を提起することは可能である）。

　一方で、不当利得返還請求権の理由部分を詐欺取消しに変更あるいは追加することは、本条でも制限されない。また、明文にあるとおり、請求額を増額することは可能である。届出消費者について相続等による承継があった場合には、債権届出団体が訴訟追行しているときは、権利者を変更するため訴えの変更をすることも可能である（一問一答117頁）。

2　反訴の禁止（2項）

　原告が、届出債権以外の債権の請求に、訴えを変更したり追加することが認められないのと同様の趣旨で、被告の反訴も禁止される。

◆第55条　異議後の判決

> 第55条　仮執行の宣言を付した届出債権支払命令に係る請求について第52条第1項の規定により訴えの提起があったものとみなされた場合において、当該訴えについてすべき判決が届出債権支払命令と符合するときは、その判決において、届出債権支払命令を認可しなければならない。ただし、届出債権支払命令の手続が法律に違反したものであるときは、この限りでない。
> 2　前項の規定により届出債権支払命令を認可する場合を除き、仮執行の宣言を付した届出債権支払命令に係る請求について第52条第1項の規定により訴えの提起があったものとみなされた場合における当該訴えについてすべき判決においては、届出債権支払命令を取り消さなければならない。

I　趣　旨

　1項は、異議後の訴訟においてすべき判決が仮執行宣言付届出債権支払命令と符合するときは、認可判決をすることを定めるものである。仮執行宣言付届出債権支払命令は債務名義となるので、仮に異議後の訴訟において請求認容判決をすると、すでになされた仮執行宣言付届出債権支払命令とあわせて2つの債務名義が存在することとなる。これを防止するための規定である。

　2項は、認可する場合を除き、仮執行宣言付届出債権支払命令については、取り消すべきことを定めるものである。届出債権支払命令を認可できない場合には、請求の当否を判断しなければならないが、その帰結としてこれと抵触する届出債権支払命令を取り消しておく必要がある。

　このような判決をする例としては、手形訴訟に関する民訴法362条や損害

賠償命令に関する犯罪被害者権利保護法37条がある。

II 解説

1 「届出債権支払命令の手続が法律に違反したものであるとき」とは

「届出債権支払命令の手続が法律に違反したものであるとき」とは、決定としての届出債権支払命令の成立過程を意味する。簡易確定手続全体を意味するものではない。

届出債権支払命令の形式や成立などその決定自体に関する手続に違法がある場合には、たとえその内容が正当であってもそのままこれを維持することはできないので、認可せずに取り消さなければならないものとした。

2 訴訟費用

異議後の訴訟の訴訟費用（たとえば、訴え提起手数料、書類の作成提出費用、裁判所の書類の送達費用、証人の旅費日当など）については、異議後の訴訟の判決において定める。民訴法67条の定めるとおりとなる。

ただし、仮執行宣言付届出債権支払命令を認可しない場合でも、簡易確定手続の費用は、異議後の訴訟の訴訟費用には含まれないので、49条1項によって定めることとなる。

◆第56条　特定適格消費者団体のする仮差押え

> 第56条　特定適格消費者団体は、当該特定適格消費者団体が取得する可能性のある債務名義に係る対象債権の実現を保全するため、民事保全法の規定により、仮差押命令の申立てをすることができる。
> 2　特定適格消費者団体は、保全すべき権利に係る金銭の支払義務について共通義務確認の訴えを提起することができる場合に限り、前項の申立てをすることができる。
> 3　第1項の申立てにおいては、保全すべき権利について、対象債権及び対

象消費者の範囲並びに当該特定適格消費者団体が取得する可能性のある債務名義に係る対象債権の総額を明らかにすれば足りる。
4　特定適格消費者団体は、対象債権について、第1項の規定によるもののほか、保全命令の申立てをすることができない。

I　趣　旨

1項は、共通義務確認訴訟や対象債権の確定手続の実効性を確保するため、特定適格消費者団体に、対象消費者からの授権を要せず、仮差押命令の申立てをすることができることを定めるものである。

2項は、本条の仮差押命令の申立ては共通義務確認訴訟の実効性確保のため特別に認められたものであるので、共通義務確認訴訟を提起し得る場合でなければできないことを定めるものである。

3項は、保全すべき権利について、対象債権および対象消費者の範囲並びに当該特定適格消費者団体が取得する可能性のある債務名義に係る対象債権の総額を明らかにすれば足りることを定めるものである。対象消費者の範囲に属する者の有する対象債権について総額の範囲内で保全することとしており、対象債権を有する個々の消費者を特定しその額を明らかにする必要はない。

4項は、特定適格消費者団体は、対象消費者から個別に授権を受けて仮差押命令の申立てをするなど、本条によらない仮差押命令の申立てをすることができないことを定めるものである。

II　解　説

1　1項関係

(i)　「当該特定適格消費者団体が取得する可能性のある債務名義に係る対象債権の実現を保全する」

仮差押えをした特定適格消費者団体が債務名義を取得した場合にのみ、本

第56条　特定適格消費者団体のする仮差押え

条による仮差押えの効果を受けることができることを示すものである。たとえば、A特定適格消費者団体が本条の仮差押えをした場合に、A特定適格消費者団体とB特定適格消費者団体とが対象債権の確定手続を追行し、ある届出債権についてはB特定適格消費者団体が債務名義を得た場合は、B特定適格消費者団体が債務名義を取得した対象債権については被保全債権とならない。また、届出消費者が自ら異議後の訴訟を追行し債務名義を得た場合や、A特定適格消費者団体が債務名義を得た後に届出消費者が承継執行文を得て自ら強制執行の申立てを行う場合も被保全債権とはならない[134]、[135]。

通常の仮差押えにおいては、強制執行における請求債権と仮差押えにおける被保全債権との同一性があれば仮差押えの効果を受けることができると考えられるから、仮差押えの時点と本案訴訟の時点で手続上の当事者が異なっていても仮差押えの効果を受けることができると考えられる。しかし、本条の仮差押えでは、保全した財産から得られた配当は仮差押えをした団体が平等に分配しなければならない（59条）ことからすると、強制執行手続についても、当該団体が一元的に管理して追行することが必要である。また、当該団体以外の者が強制執行の申立て等を行う場合に、それに係る届出債権について、団体のする仮差押えの被保全債権に含めることを認めると、当該団体による全体の利益のための利用に支障を来す事態が生じかねない。そのため、仮差押えをした特定適格消費者団体が債務名義を取得した場合にのみ、本条による仮差押えの効果を受けることができることとした（加納・須藤・前掲注[134]43頁）。

(ⅱ)　届出消費者が異議後の訴訟を追行した場合の取扱い

それでは、届出消費者が異議後の訴訟を自ら追行して債務名義を得た場合

---

[134]　加納克利・須藤希祥「消費者裁判手続特例法における仮差押えと強制執行手続」ジュリ1481号（2015年）44頁。

[135]　ただし、仮差押えの処分禁止効は、仮差押債権者と個々の処分行為者との関係で禁止効を考えるのではなく、処分行為者および処分行為以後に執行手続（仮差押えに基づく執行手続）に参加したすべての関係者を1つのグループとし、仮差押債権者とそのグループとの関係で禁止効を考えて、仮差押えの登記以後の処分行為は、一律にその効力を否定されるとする手続相対効によるのが実務の扱いである。そのため、B特定適格消費者団体も一般債権者と同様に事実上利益は受け得る。

において、その後仮差押えをした特定適格消費者団体が届出消費者から依頼を受けて強制執行をする場合はどうなるか。そもそもこのような強制執行を団体ができるのか問題となる。特定適格消費者団体は被害回復裁判手続に関する業務を行うことができるが（65条1項・2項1号）、特定適格消費者団体が対象債権に関して取得した債務名義による民事執行の手続のみが被害回復裁判手続に含まれている（2条9号ロ）。このことから、そもそも、届出消費者が異議後の訴訟を自ら追行して債務名義を得た場合において、特定適格消費者団体が届出消費者から依頼を受けて強制執行をすることはできない。

(iii) 「民事保全法の規定により」

① 団体のする仮差押えの要件

団体のする仮差押えも民事保全法による仮差押えであり、本節の規定は、民事保全法13条等を前提に特則となる部分のみを規定していることを示している。したがって、本条による仮差押命令の申立てにおいても、保全の必要性を疎明する必要があり（民事保全法13条・20条1項）、仮差押命令の対象となる物を特定する必要がある（同法21条本文）。また、裁判所の決定があれば、担保を立てる必要がある（同法14条1項。一問一答123頁）。

もっとも、対象債権は、個々の権利が少額であることが多いので、個々の消費者の権利を個別に捉えるだけでは、保全の必要性が認められないことがあるが、集合で捉えると請求額が多額になり、団体のする仮差押えでは保全の必要性が認められるということもあり得る。

② 債権の割り付け

また、債権に対する仮差押えをするときに、仮差押えの対象となる債権が複数存在する場合などは、仮差押命令の申立てにおいて、被保全債権の割付けが実務上されている。団体のする仮差押えにおいても同様であり、複数の仮差押えの対象財産に「対象債権及び対象消費者の範囲」に含まれる債権について、総額の中で適宜割り付けることになる。この割り付け方法は、団体の裁量による。

③ 他法令との関係

なお、団体のする仮差押えには、民事保全法の規定による保全命令の申立

てや保全異議の申立て等についての費用に関する民訴費用法の規定も適用される。また、破産法、民事再生法等に、「仮差押え」の執行や中止・取消しの規定があるが、これらの規定の「仮差押え」には、団体のする仮差押えも含まれる。

④ 担保取消し

団体のする仮差押えの担保取消しについては、民事保全法4条2項で準用される民訴法79条による。担保の事由が消滅したこと（79条1項）、担保権利者の同意を得たこと（同条2項）は、他の仮差押えと同様である。権利行使の催告により同意が擬制される場合（同条3項）の「訴訟の完結」には、すべての届出債権について、対象債権の確定手続が終了したことが必要である。一般に、本案訴訟が提起されている場合には判決が確定しまたは和解や取下げにより終了していることが必要であると考えられているところ、58条1項が共通義務確認の訴えを本案の訴えとみなし、当該団体を当事者とする簡易確定手続および異議後の訴訟が係属している間は、本案の訴えが係属しているものとみなすとしているからである。

なお、担保取消手続の申立人は、担保提供者またはその承継人であり、債権者以外の第三者が担保を提供した場合には、当該第三者または承継人である[136]。被保全債権の特定承継人は仮差押えの効果を主張できるが（山崎監修・前掲注[136]14頁、瀬木・前掲注[136]92頁・519頁）、当然には担保の承継人にならないとされている[137]。

そうすると、特定認定が失効または特定認定の取消しがあった場合に、手続を受け継ぐべき団体として指定された団体（87条1項）は、仮差押えの効力は引き継ぐが、当然には担保取消しを求めることはできないと考えられる。この場合、担保取戻権は依然として仮差押命令を申し立てた団体が有することになると考えられる。なお、指定を受けた団体が担保取戻権の譲渡を

---

[136] 山崎潮監修『注釈民事保全法（上）』（民事法情報センター、1999年）98頁、瀬木比呂志『民事保全法〔第3版〕』（判例タイムズ社、2009年）123頁。

[137] 東京地裁保全研究会編著『民事保全の実務〔新版〕（下）』（金融財政事情研究会、2003年）53頁。

受ければ、指定を受けた団体が担保取消しの手続をすることができると考えられる[138]。

(iv) 団体のする仮差押えをなしうる時期

団体のする仮差押えは、共通義務確認の訴え提起前においてもなしうるし、共通義務確認訴訟の係属中でもなしうる。簡易確定手続において債権届出がされた後や異議後の訴訟の係属中には、対象債権が明らかになっているから、仮差押えをするに際し、本条のような特例が不要なのではないかという疑問がある。しかし、4項は、団体のする仮差押え以外に、対象消費者から授権を得て仮差押えをすることを認めていないので、団体のする仮差押えをすることができる。

(v) 授権が不要であること

特定適格消費者団体は、本条により仮差押命令の申立てをすることについて、対象消費者からの授権を必要としない。特定適格消費者団体の申立てにより仮差押命令が発令されれば、対象消費者にとって利益となり、また申立てが認められなくても、対象消費者に不利益はないので、授権を不要としても問題がない。

(vi) 複数の申立ての関係

ある特定適格消費者団体による仮差押命令の申立てが認容された後に、当該または他の特定適格消費者団体による追加の仮差押命令申立ても、届出が見込まれる債権の総額が仮差押えをした財産を上回るときなど、なお保全の必要性があれば、追加して仮差押命令の申立てをすることができる。

また、ある特定適格消費者団体（A）が共通義務確認の訴えを提起した後、他の特定適格消費者団体（B）が本制度の仮差押命令の申立てをすることは可能である。この場合、B団体は、A団体の提起した訴えを本案とみなすことができないので、B団体はA団体の提起した訴訟に共同訴訟参加することが必要となる。

---

[138] 87条9項は、被害回復関係業務を指定を受けた団体に引き継ぐために必要な一切の行為をしなければならないとしているが、自己の出捐した財産について無償で譲渡する義務まではないと考えられる。

2　2項

　「保全すべき権利に係る金銭の支払義務について共通義務確認の訴えを提起することができる場合に限」るとは、その仮差押えの申立てにおいて特定された対象債権および対象消費者の範囲を前提に、多数性、共通性、支配性などの共通義務確認の訴えの訴訟要件を満たしていることをいう。そのような場合でなければ、特定適格消費者団体は本条により、仮差押命令の申立てをすることができない（一問一答123頁）。

　これは、特定適格消費者団体は自ら金銭債権を有しているわけではないが、共通義務確認の訴えを追行している間に事業者が財産を散逸させてしまっては、被害回復を図ることができなくなることから、特別に本条により仮差押えをすることを認めたものであるから、共通義務確認の訴えをなしうる場合である必要があるためである。

3　3項

(i)　「対象債権及び対象消費者の範囲並びに……対象債権の総額を明らかにすれば足りる」（3項）

　これは、被保全債権の特定について民事保全法の特則を定めたものであり、上記の事項を特定すれば、被保全債権の特定として十分であることを示すものである。

　「対象債権及び対象消費者の範囲」とは、共通義務確認の訴えの訴状の記載事項（5条）の考えと同様である。

　「対象債権および対象消費者の範囲」が、仮差押命令とその後の共通義務確認訴訟の判決とで異なることがあり得るが、そのような場合にはどのように考えるべきか。

　仮差押えの段階では、通常相手方の反論を聞く機会がないから消費者側の情報のみに依拠せざるを得ず、また団体は自らが権利者でないことから、その得られる情報に限界がある。早期の段階で保全しなければ仮差押えが意味をなさないこともあり迅速性が要求される。これらのことを踏まえると、

「対象債権及び対象消費者の範囲」が異なるとしても、請求の基礎を同一にするものであれば、変更後の範囲に係る対象債権を保全する効力があるものと考えられる[139]。

(ii) 「当該特定適格消費者団体が取得する可能性のある債務名義に係る対象債権の総額」

① 総額の意義および認定方法

「当該特定適格消費者団体が取得する可能性のある債務名義に係る対象債権の総額」とは、単に、客観的に「対象債権及び対象消費者の範囲」に含まれる債権の総額を意味するのではなく、仮差押えをした団体が債務名義を取得する可能性のあることが必要であるので、その団体に対象消費者から授権がされて債権届出がされる見込みのある対象債権の総額を意味することになる。このような限定を付したのは、対象消費者は自ら訴えを提起することもできるほか、簡易確定手続に加わらないこともできるから、客観的に「対象債権及び対象消費者」に含まれる債権の総額に見合った財産に仮差押えをしてしまうと、事業者に過剰な負担になり得ることから、これを避けるためである（一問一答125頁）。

本項に関しては、実務上、届出の見込みについてどのように考えるか問題になる。個別に通知をすることが可能か、1人あたりの債権額、被害を名乗り出ることに心理的な抵抗がある事案かどうかなどに左右されると考えられる。事業者が対象消費者の氏名および住所または連絡先を知っているような取引では、事業者から情報の開示を受けて（28条1項）通知することが想定されているから、半分程度は債権届出がされるものとみてよいのではないかと考えられる（鈴木・前掲注[139]21頁）。

② 仮差押えにおいて主張した対象債権の総額を超える債権届出があったときの取扱い

届出債権の総額が特定した対象債権の総額を超えたとしても、他の差押え

---

[139] 鈴木敦士「消費者裁判手続特例法における仮差押えの手続と課題」現代消費者法23号（2014年）22頁。

が競合した場合には、対象債権の総額を基準にして配当がされることになるから、その配当額を届出消費者に按分して分配するほかない（59条）。このため、特定適格消費者団体は、届出債権の総額にあわせてさらに仮差押えをしておくことが考えられる。

③ 仮差押えにおいて主張した対象債権の総額を下回る債権届出しかなった場合の取扱い

債権届出期間満了後は、新たな債権届出はできないから（30条2項）、仮差押えにおいて主張した対象債権の総額を超えて債務名義を得ることがないことになるから、届出債権の総額を超える部分は「取得する可能性のある債務名義に係る対象債権の総額」とはいえないことになるので、特定適格消費者団体は、仮差押命令の申立ての一部を取り下げる必要がある。

事業者は保全異議（民事保全法26条）または保全取消し（同法38条1項）の申立てをして、保全命令の一部を争うことができる（一問一答125頁）。

4　4項

特定適格消費者団体は、対象債権について、本条1項の規定によるもののほか、保全命令の申立てができない。これは、団体が簡易確定手続や異議後の訴訟において任意的手続（訴訟）担当となることができることから、対象消費者から授権を受けて仮差押えについても任意的手続担当をすることができないか問題となるも、その可能性を否定している。これは、対象消費者全体のためにする仮差押えが特に認められていることから、団体はそれにより全体の利益を図るべきであることによる（鈴木・前掲注(139)20頁）。

5　申立書記載事項

(i)　最高裁規則

最高裁規則39条は、特定適格消費者団体は、同一の事業者に、対象債権および対象消費者の範囲の全部または一部が同一の他の仮差押命令の申立てがなされているときは、申立書に、他の申立てに係る事件番号、裁判所、当事者である特定適格消費者団体、保全すべき権利、仮に差し押さえるべき物を

記載しなければならないとしている。

　これは、「取得する可能性のある債務名義に係る対象債権の総額」（56条3項）の判断や保全の必要性の判断にあたって先行する仮差押えが影響し得るものであるから、申立書の記載事項としたものと考えられる。この趣旨からは、特定適格消費者団体が自ら行ったもののほか、他の特定適格消費者団体が行ったものも含まれる。

　なお、他の特定適格消費者団体の行った仮差押えについても、78条1項1号から4号までにより通知・報告がなされるため、特定適格消費者団体は知ることができる[140]。

　また、他の仮差押命令の申立てがあっても、取り下げられ、または却下されたとき、仮差押命令が取り消されたときには、保全の必要性の判断や「取得する可能性のある債務名義に係る対象債権の総額」の判断に影響を及ぼさないと考えられるので、他の仮差押命令の申立てについての記載は不要である。なお、最高裁規則39条において、仮差押命令の申立てが「却下されたとき」、仮差押命令が「取り消されたとき」とあるのは、却下決定または取消決定が確定した場合をいうと考えられる（条解最高裁規則97頁）。

(ii)　「対象債権及び対象消費者の範囲」が重なり合わない場合

　なお、共通義務確認訴訟における請求の基礎となる消費者契約および財産的被害を同じくする複数の共通義務に関して、対象とする金銭の支払請求権

---

[140]　なお、78条1項前段は、「その旨」を他の特定適格消費者団体に通知し、「その旨及びその内容」を内閣総理大臣に報告しなければならないとしており、他の団体への通知と内閣総理大臣への報告とでは内容が異なる。そして、規則15条2項は、報告について申立書の写しを添付するとしているのであり、通知については定めていないから、形式的には、他の団体は、仮差押命令の申立てがあったことは知り得るが、その内容は知り得ないことになる。ただし、78条1項後段では、「電磁的方法を利用して同一の情報を閲覧することができる状態に置く措置」について規定している。規則16条では、内容を示す書面もすべての特定適格消費者団体が受信できる方式とすることを定めている。そのため、「電磁的方法を利用して同一の情報を閲覧することができる状態に置く措置」が講じられると、他の団体も申立ての内容についても知り得ることになる。なお、差止請求についてはほぼ全件が電磁的方法で通知報告がされており、事件の表示すなわち事件番号については、訴状等には記載がないが、通知・報告の際に補充されていることが多いと考えられる。このため、被害回復裁判手続についても同様の扱いがされると考えられる。

が異なり、「対象債権及び対象消費者の範囲」が重なり合わない場合がある（たとえば、共通した不当勧誘事案についての消契法に基づく取消しを理由とした不当利得に係る請求と不法行為に基づく損害賠償の請求との関係などである）。このような場合、仮に複数の共通義務が共通義務確認の訴えで認められたとしても、1つの財産的被害については1つの対象債権に限り届出をするか、複数の対象債権について債権届出をするときは、順位を付してまたは選択的なものとして債権届出をしなければならない（最高裁規則19条）。そのため、1つの財産的被害について、複数の請求について債務名義を取得することは、基本的にはないと考えられる。そうすると、共通義務確認訴訟における請求の基礎となる消費者契約および財産的被害を同じくする複数の共通義務に関して、対象とする金銭の支払請求権が異なる場合でも、他の仮差押えが保全の必要性の判断や「取得する可能性のある債務名義に係る対象債権の総額」の判断に影響を及ぼすことがあり得ると考えられる。

このような場合には、対象債権および対象消費者の範囲の全部または一部が同一とはいえないが、他の申立ての内容を裁判所に伝える必要がある場合もあり得る（条解最高裁規則98頁）。

6 対象消費者による対象債権を被保全債権とする仮差押命令の申立てとの関係

(i) 原　則

対象消費者は、団体のする仮差押えがなされても、対象債権について、簡易確定手続において届出をせずに、個別に訴えを提起することもできる。そのため、対象消費者は、自ら提起する訴えに係る権利を保全するため、個別に仮差押命令の申立てをすることができる。

(ii) 申立相互の関係

とすると、同一の債権について、対象消費者が仮差押えをし、さらに特定適格消費者団体が団体のする仮差押えをした場合には、事業者が負うべき債務以上に財産が仮差押えを受けることになり不当ではないか問題となる。

しかし、特定適格消費者団体は、「当該特定適格消費者団体が取得する可

能性のある債務名義に係る対象債権の総額」を明らかにすることになっており（56条3項）、対象消費者が仮差押えをしている場合には、自ら訴訟等をするものと思われるので、当該特定適格消費者団体が債務名義を取得する可能性がないものとして扱われるため、このような問題は生じない。事実上、対象債権の総額の認定が過大であったということがあり得るかもしれないが、その際の対処は、3(ii)③で述べたとおりである。

7　団体のする仮差押えの手続における和解[141]

(i)　和解ができる場合

　仮差押えは債務者を審尋せずに発令されるのが通常であるが、発令後に手続外で和解することや保全異議などの審理の中で和解することはあり得る。たとえば、仮差押えをされた財産を処分しなければ営業に支障があるため、団体に知られていない他の自己の財産や関係者の財産に担保を設定することや仮払金を支払うことで仮差押えの申立てを取り下げてもらうことなどが考えられる。

　このような和解は、対象消費者の権利を処分するものではなく、保全された財産は対象消費者全員のために使われるものである以上、対象消費者との間に利益相反を生じるおそれがないので許されると考えられる。

(ii)　和解に伴う規律

　このような和解をする場合の特定適格消費者団体に関する種々の規律との関係が問題になる。団体のする仮差押えの手続は、被害回復裁判手続であり（2条9号ロ）、これに付随する金銭その他の財産の管理に係る業務として、被害回復関係業務に含まれる（65条2項3号）。

　財産上の利益の受領の禁止との関係では、仮払金は、和解によって得たものであるから、83条1項1号により例外として許される。83条1項1号の文言は、「届出債権の認否、簡易確定決定、<u>異議後の訴訟における判決若しくは請求の認諾又は和解</u>」（下線筆者）という趣旨であり、文理上「異議後の

---

[141]　鈴木・前掲注(139)23頁。

訴訟」は「判決若しくは請求の認諾」にしかかからないので、届出債権の認否、簡易確定決定と並んで「和解」が定められている。したがって和解は、仮差押えの手続であろうと、簡易確定手続におけるものであろうと、いずれの段階でも構わないのである。

93条は、83条に違反するもののうち実害が生じるおそれが特にある行為について罰則を定めており、仮払金や担保を得ることは、仮差押えの手続を終了させることの報酬とはいえず、93条1項にも違反しないと考えられる。

8 団体のする仮差押えと時効

(i) 届出債権について団体が手続を追行する場合

仮差押えにより時効中断の効力が生じる（民法147条2号）。そのため、届出債権が対象債権の確定手続で確定した場合で、特定適格消費者団体が強制執行をするときは、共通義務確認の訴えの提起の時から時効が中断する（38条）のではなく、団体のする仮差押えの時から時効が中断すると考えられる。

なお、仮差押えの時効中断の効力は、仮差押えの執行保全の効力が存続する間は継続し、本案の勝訴判決が確定したとしても、仮差押えによる時効中断の効力がこれに吸収されて消滅することはなく、時効中断の効力が継続するとされている。そのため、対象債権の確定手続で届出債権が確定した後にも、仮差押えの執行保全の効力が存続している限り、時効中断の効力は生じると考えられる。

(ii) 対象債権について消費者が手続を追行する場合

なお、対象債権について債権届出があり、対象債権の確定手続で確定したが、消費者自らが強制執行を行った場合やそもそも消費者が債権届出をせずに個別に訴訟をした場合に、仮差押えの時効中断の効力はどうなるか問題となる。

団体のする仮差押えが、法律が共通義務確認訴訟の当事者適格を団体に認めたことに伴う債務名義を取得した対象債権の保全するための特殊な制度であることを強調すれば、時効中断の効力を認めるべきでないことになる。しかし、団体のする仮差押えは対象債権について法定手続担当として保全して

いるとも考えられる。そうすると、その後一部の対象債権について債権届出がされなくても、仮差押えの執行保全の効力が存続する間は、時効中断しており、その間に対象消費者自身が請求をすれば、時効中断を認めてもよいと考えられる。債務者にとっては、団体による仮差押えがあればその後対象債権について請求があることが予見できるので証拠の確保を図ると考えられるからである（鈴木・前掲注(139)26頁）。仮差押えの保全執行は、対象債権の確定手続が終了し、対象債権が存在しないことが確定した場合には、保全取消しを求めることができ（民事保全法38条1項）、それにより保全執行を取り消すことができる。また、対象債権が存在することが確定した場合には、当該財産に強制執行がなされて最終的には保全執行は消滅するか、事業者が任意に弁済すれば事情変更により保全取消しを求めることができる（同項。瀬木・前掲注(136)231頁・303頁・567頁）。そのため、債権届出をしなかった対象債権について、いつまでも時効中断の効力が認められたままになるということもない[142]。

9　強制執行手続との関係[143]

(i) 問題の所在

団体のする仮差押えにおいては、被保全債権は、対象債権および対象消費者の範囲と総額とを明らかにすることで足りるとされており（56条3項）、個別の債権が特定されていない。そのため、強制執行の手続において、どのようにして被保全債権を特定するのか問題になる。

強制執行の手続においては、団体が届出債権について債務名義を有しているわけであるが、どの届出消費者の債権について強制執行をするのかは、強制執行の申立て時に、請求債権目録において特定するものと考えられる。そ

---

[142] なお、特定適格消費者団体は対象消費者のために被害回復裁判手続を行っており、できる限り早期に被害を回復する必要性があるし、簡易確定手続については申立義務があり（14条）、対象債権が存否未確定のまま放置されるとか、権利が存在することが確定したものの強制執行をせずに放置しておくということは考えにくい。

[143] 強制執行手続のみを例にあげるが、担保権の実行の手続やいわゆる換価競売で配当を受ける場合も同様である。

第56条　特定適格消費者団体のする仮差押え

の請求債権が、仮差押えの被保全債権として扱われるかどうかは、不動産の仮差押えの登記後に当該不動産が譲渡されその登記がされた場合に強制執行の申立てが認められるかどうか、仮差押えに後れる抵当権者の配当受領資格（民執法87条2項参照）、債権執行の場合に当該差押えによって供託義務（同法156条2項）が発生するかどうかなどの点で影響し得る。

(ii) **被保全債権の特定の方法**

どのようにして特定するかについては、仮差押えをした団体が特定することができるという考え方（選択説）と、客観的に仮差押命令の「対象債権及び対象消費者の範囲」に含まれる対象債権であって団体が債務名義を取得したすべての債権について被保全債権として扱うという考え方（按分説）があり得る。

選択説では、団体が仮差押えをした後、一部の届出債権について債務名義を取得した段階で当該届出債権について強制執行の申立てをする場合、団体は、債務名義を取得した届出債権を被保全債権とすることもできるし、当該届出債権を被保全債権と扱わずに、一般債権者として強制執行の申立てをすることもできる。

按分説では、団体が一部の届出債権について債務名義を取得した段階で当該届出債権について強制執行の申立てをする場合、常に被保全債権として扱うことになるが、債務名義の総額が被保全債権を上回る場合には、最終的に確定した届出債権の額に応じて按分されることになる[144]。

通常の仮差押えにおいても債権者が被保全債権を特定するのであるから、団体のする仮差押えにおいても、債権者である団体が具体的な被保全債権を特定することができると考えるのが合理的であり、選択説が妥当である[145]。

また、按分説によると、すべての届出債権の存否および内容が確定するまで、被保全債権に当たる具体的な届出債権を確定することができない。一方

---

[144] 按分説に立ったとしても、すべての届出債権が確定するまで強制執行の申立てを許さないというのは妥当でない。なぜなら、そのような明文の規定はないうえ、仮差押えを受けるような事業者の場合には破産手続等が行われることがあり得るところ、破産手続等が行われると、仮差押えをした意味が失われることがあるからである。

で、本法は、相手方が届出債権の内容の全部を認めた場合（42条3項・5項）、団体が認否を争う旨の申出をしなかった場合（47条）、裁判所による簡易確定決定に対して適法な異議の申立てがされなかった場合（46条6項）、異議後の判決が確定した場合というように、債務名義を取得することができる場面を複数の段階で用意しており、個々の届出債権ごとの事情に応じて、可能な限り早期に被害回復を図ることができる制度設計にしている。さらに、個々の届出消費者において、早期に債務名義を取得するための譲歩の結果、認否を争わないまたは異議の申立てをしないという判断をすることもあり得るところ、上記のような制度設計は、このような届出消費者の判断を尊重するものといえる。按分説によると、すべての届出債権の存否および内容が確定するまで、被保全債権に当たる具体的な届出債権を確定することができないため、このような法の趣旨にそぐわないのではないかという疑問がある。

　さらに、債権執行の場面では、第三債務者において、供託の有無や本来の債権者への弁済の可否等を判断するにあたって、その差押えが仮差押えの本執行としての差押えであるか否かを把握する必要があるところ、第三債務者において的確に把握するのが極めて困難になるという実務上の支障も懸念される（加納・須藤・前掲注(134)45頁）。

(iii) 被保全債権の特定の時期

　いつの時点で被保全債権を特定するかについては、最高裁規則40条1項2号は、団体のする仮差押えの執行がされている財産について強制執行の申立てをするときは、強制執行の申立書に、仮差押えにより保全される債権に基づくものであるときにはその旨を記載しなければならないとしている。そのため、被保全債権であるかどうかは、強制執行の申立ての時点で明らかにされなければならない。

---

(145) 加納・須藤・前掲注(134)44頁、山本・解説267頁は、仮差押えの被保全権利としてどの権利を選択するかは債権者の判断に委ねられていることから、選択説を妥当とする。三木浩一「消費者集合訴訟制度の構造と理論」伊藤眞先生古稀祝賀『民事手続の現代的使命』（有斐閣、2015年）623頁も特定適格消費者団体は、仮差押執行の総額をいずれの届出債権に割り付けるかにつき、選択できるとする。

(iv) 仮差押債権者としての届出の方法

選択説に立つ場合、団体が仮差押債権者として催告を受けた場合に、どのように民執法50条1項の届出をするかが問題になる。

民執法50条1項の届出においては、「債権の存否並びにその原因及び額」を届け出なければならない（同法49条2項）。届出消費者Aの債権、届出消費者Bの債権というように特定して届出をする必要はなく、原因としては「対象債権及び対象消費者の範囲」を示せば足りると考えられる[146]。このように考えることが、被保全債権の特定について一定の範囲を示せばよいとした56条3項の趣旨や対象債権の確定手続が継続している間は本案の訴えが継続しているものとみなしている58条2項の趣旨に合致する。このように解さないと以下のような不都合が生じる。たとえば、仮に未確定の届出債権AからCまであるとした場合、届出の時点で被保全債権の額に合わせて未確定である届出債権Aと届出債権Bを届け出たとする。最終的に届出債権A・Bは不存在となり、Cが認められた場合に、被保全債権の額に対応して供託された金銭について団体が配当を受けられないことがあり得る。届出消費者Cのためにも仮差押えをしているはずであるので、このような結論は不当である[147]。

(v) 仮差押債権者としての届出をする額

① 2つの考え方

さらに、「額」をどのようにするかについては、請求債権を被保全債権として扱った場合には、被保全債権額からその請求債権の額を控除した残額を届け出て、請求債権を被保全債権として扱わなかった場合には、被保全債権の全額（ただし、請求債権以外の届出債権の総額が被保全債権の総額や残額よりも少ないときには、請求債権以外の届出債権の総額）を届け出るという考え方（差額説）[148]と、請求債権を被保全債権として扱うものの被保全債権の全額（ただし、請求債権以外の届出債権の総額が被保全債権の総額よりも少ないときには、

---

[146] 山本・解説266頁も、概括的な記載によって被保全債権の届出（民執法50条1項）をすることになると解されるとする。

[147] すべての未確定の届出債権を按分して届出をすればよいとも考えられるが、多数の届出債権がある場合には実務上煩瑣にすぎると考えられる。

[148] 加納・須藤・前掲注(134)45頁の基本的な考え方。

請求債権以外の届出債権の総額)を届け出るという考え方(全額説)[149]がある。

全額説の考え方によっても、仮差押命令において被保全債権は「対象債権及び対象消費者の範囲」で特定されているから、届出債権すべてが被保全債権となっているので、届出債権のうち確定している債権がある限り、不動産の仮差押えの登記後に当該不動産が譲渡されその登記がされた場合にも強制執行の申立ては認められ、仮差押えに後れる抵当権者の配当受領資格は失われるなど、優先関係は決すると考えられる。なお、最高裁規則40条1項2号については、優先関係を決する場面では、被保全債権として扱っているのであるから、常に被保全債権に基づくものと記載するべきである[150]。

② 差額説

差額説の考え方によると、仮差押えに後れる抵当権者がある場合、請求債権を被保全債権と特定せずに強制執行をすると、全額が供託され配当を得るまでに時間がかかるおそれがあり、強制執行の時点で未確定であった届出債権がすべて不存在であることが後に確定すると、仮差押えに後れる抵当権者が優先してしまう不都合がある。そのため、一部の請求債権は、被保全債権に基づくものであるとしなければならない。一部の請求債権を被保全債権に基づくものとしても、それらの債権のみ弁済された場合には、強制執行の時点で未確定であった届出債権が全て不存在であることが後に確定すると、仮差押えに後れる抵当権者が優先してしまう不都合がある。だからといって、多額の請求債権を被保全債権に基づくものとして強制執行を申し立てると、被保全債権額からその請求債権の額を控除した残額が少額になり、のちに債務名義を取得した届出消費者が不利益を被ることになる。そのため、団体は困難な判断を強いられる。

また、請求債権について被保全債権に基づくものとして強制執行をすると、被保全債権額を利用している以上は59条により調整がされることにな

---

[149] 鈴木・前掲注[139]25頁の第4説。
[150] なお、最高裁規則40条1項2号は、選択説でも按分説でも妥当する規律として設けられていると考えられるところ(条解最高裁規則101頁)、按分説の場合には、常に被保全債権に基づくものであると記載するのであろうから、全額説の場合の記載が不自然ということにはならない。

る。そのため、被保全債権に基づくものとして強制執行した請求債権に係る配当は団体で留保して全債権が確定してから届出消費者に配分することになる。一方で、被保全債権に基づかないものとして強制執行した請求債権は、裁判所から配当を受けた時点で、届出消費者に配分することになり、異なる扱いがされることになる。

③ 全額説

全額説の考え方によると、強制執行申立ての時に未確定であった届出債権に多くの資金を確保することが可能になり、団体のする仮差押えの趣旨に合致すると考えられる。また、前述のような困難な問題が起きない。民執法50条1項で被保全債権を届け出る場合には、特定の届出消費者の債権を届け出ているのではなく、「対象債権及び対象消費者の範囲」に含まれる債権を届け出ているだけであるから、請求債権以外の届出債権総額が被保全債権額を上回っている以上、どの債権を割り当ててもよいのであるから、被保全債権の全額を届け出ることができるとすべきである。

なお、全額説の考え方によると、一般債権者の配当が少なくなり一般債権者に不利益ではないか問題となるが、差額説において有名義債権を被保全債権に基づくものとせずに強制執行をした場合と同様の結論になるだけであるし、仮差押えがあったことで事実上譲渡や後順位の抵当が設定されないことや、手続相対効の考え方から、一般債権者との関係でも後順位の抵当権はないものとして配当されるから、一般債権者にとっても団体のする仮差押えにより利益を受けるのであって、あながち不当ではない[151]。

なお、全額説の場合には、仮差押え後の担保物の取得者にとってみると、被保全債権額以上の債権について強制執行を受けてしまうことになり、不利益でないか問題になる。しかし、仮差押解放金は原則的には、被保全債権額を基準として定められているので[152]、被保全債権額を供託して仮差押えの執

---

[151] なお、債権差押えの場合に、供託義務があるか否かを第三債務者が的確に判断できるかが問題になり得るが、請求債権について仮差押えにより保全される債権に基づくものと記載されていたとしても、被保全債権の額から控除されないことを、執行裁判所が説明をすれば問題がないであろう。

[152] 東京地裁保全研究会編著『民事保全の実務〔新版〕(上)』(金融財政事情研究会、2003年) 227頁。

行の取消しを得ることができる（民事保全法22条1項）。そのため、担保物件の価格が被保全債権額を上回っている場合に、その余剰価値に期待して取引をした第三者を害することはない。

(vi) 具体例

差額説と全額説の違いを設例により示すと以下のようになる。

> 【事例】 特定適格消費者団体が届出債権の一部について債務名義を取得した後、一般債権者の申し立てにより仮差押不動産に差押えがされた場合
> ・被保全債権額　1000万円
> ・仮差押対象財産　a不動産（900万円）
> ・届出債権総額　2000万円（1人あたり20万円で1番から100番までの100人の届出消費者がいる）
> ・有名義債権総額　500万円（ただし、1番から25番までの分）
> ・一般債権者の債権総額1000万円
> ※手続費用や利息などは無視するものとする。

① 差額説において、有名義債権500万円を被保全債権に基づくものとして配当要求した場合

　　団体の受ける配当額　　　　　　　　$900 \times 500 / 2000 = 225$万円
　　被保全債権について供託される額　　$900 \times 500 / 2000 = 225$万円
　　一般債権者の受ける配当額　　　　　$900 \times 1000 / 2000 = 450$万円

この場合、被保全債権1000万円のうち500万円を有名義債権が利用するので、残額500万円について民執法50条1項で届出をすることになる。

② 差額説において、有名義債権500万円を保全される債権に基づかないものとして配当要求した場合

　　団体の受ける配当額　　　　　　　　$900 \times 500 / 2500 = 180$万円
　　被保全債権について供託される額　　$900 \times 1000 / 2500 = 360$万円
　　一般債権者の受ける配当額　　　　　$900 \times 1000 / 2500 = 360$万円

この場合、有名義債権500万円はいわば一般債権者として配当要求したのと同じことであるので、被保全債権は1000万円のままであり、民執法50条1

項で1000万円を届け出る。

 ③ **全額説による場合**
  団体の受ける配当額   900×500／2500＝180万円
  被保全債権について供託される額 900×1000／2500＝360万円
  一般債権者の受ける配当額   900×1000／2500＝360万円

この場合、有名義債権500万円が配当要求されても、被保全債権は、有名義債権以外の届出債権が1500万円あるため、被保全債権額全額の1000万円を民執法50条1項で届け出る。

◆第57条　管轄

> 第57条　前条第1項の申立てに関する民事保全法第11条の規定の適用については、共通義務確認の訴えを本案の訴えとみなす。
> 2　民事保全法第12条第1項及び第3項の規定の適用については、共通義務確認訴訟の管轄裁判所を本案の管轄裁判所とみなす。

Ⅰ　趣　旨

1項は、民事保全法11条とあいまって、特定適格消費者団体のする仮差押命令事件の国際裁判管轄を定めるものであり、日本の裁判所に共通義務確認の訴えを提起できるときと、日本国内に仮に差し押さえるべき物があるときに日本の国際裁判管轄が認められる。

2項は、民事保全法12条とあいまって、国内の事物管轄および土地管轄について定めるものであり、共通義務確認訴訟の管轄裁判所または仮に差し押さえる物の所在地を管轄する地方裁判所に管轄が認められる。

II 解説

1 国際裁判管轄（1項）

(i)「共通義務確認の訴えを本案の訴えとみなす」

民事保全法11条は、「保全命令の申立ては、日本の裁判所に本案の訴えを提起することができるとき、又は仮に差し押さえるべき物若しくは係争物が日本国内にあるときに限り、することができる」と定める。団体のする仮差押えの申立てでも、保全すべき債権を「対象債権及び対象消費者の範囲」と「総額」とを明らかにする限りで特定しており（56条3項）、保全すべき債権は、対象債権であると考えられる。

一般に、「本案」とは、被保全債権または法律関係の存否を確定する訴訟をいうところ（山﨑・前掲注(136)193頁、瀬木・前掲注(136)204頁）、対象債権についての訴えが本案の訴えとも考えられる。一方で、共通義務確認の訴えは、いわゆる共通義務（共通する事実上および法律上の原因に基づき、個々の消費者の事情によりその金銭の支払請求に理由がない場合を除いて、金銭を支払う義務を負うべきこと）の確認を求めるものであり（2条4号）、対象債権そのものの確認請求でも給付請求でもない。

しかし、団体のする仮差押えは、特定適格消費者団体が共通義務確認訴訟を経て、対象債権の確定手続で確定される債権について保全するためのものであるから、共通義務確認の訴えの管轄を基準に判断するのが適当である。そのため、共通義務確認の訴えを「本案の訴え」とみなすこととされた。

(ii) 国際裁判管轄がある場合

そうすると、共通義務確認の訴えの国際裁判管轄が認められる場合には、国際裁判管轄が認められることになる。

具体的には、被告の住所等が日本国内にあるとき（民訴法3条の2）、営業所が日本国内にあるとき（同法3条の3第4号）、日本において事業を行っている場合（同条5号）のほか、義務履行地（同条1号）、差し押えることので

きる財産の所在地（同条3号）、不法行為地（同条8号）などが日本国内にある場合にも、国際裁判管轄が認められると考えられる（6条の解説参照）。

2　国内の事物管轄および土地管轄（2項）

(i)　民事保全法12条

民事保全法12条は、「保全命令事件は、本案の管轄裁判所又は仮に差し押さえるべき物若しくは係争物の所在地を管轄する地方裁判所が管轄する」と定める。団体のする仮差押えの申立てでは、本案の訴えとは、対象債権についての訴訟であるとも考えられるが、国際裁判管轄と同様に、共通義務確認訴訟の管轄を基準に判断するのが適当である。そのため、共通義務確認訴訟の管轄裁判所を「本案の管轄裁判所」とみなすこととした。

(ii)　「本案の管轄裁判所」

民事保全法12条の「本案の管轄裁判所」とは、本案の訴訟が係属していないときには、裁判所法、民訴法等の規定により土地および事物の管轄を有すべき第1審裁判所が本案の管轄裁判所となる。本案の訴訟が現に第1審裁判所に係属しているときにはその裁判所、控訴審に係属しているときは控訴審裁判所、上告審に係属しているときには第1審裁判所をいう（同条3項）。本案の訴訟が終了している場合には、本案の訴訟が係属していた第1審裁判所をいうと解されている（山崎・前掲注(136)194頁、瀬木・前掲注(136)206頁）。

「共通義務確認訴訟の管轄裁判所」も同様であり、共通義務確認の訴えの提起前は、6条に規定する管轄裁判所をいう。すなわち、被告の住所または営業所等の所在地を管轄する地方裁判所（民訴法4条・5条5号）、義務履行地または不法行為地を管轄する地方裁判所（6条2項）、大規模事件についての所定の地方裁判所（同条3項・4項）である。

共通義務確認訴訟が現に地方裁判所に係属しているときにはその地方裁判所、高等裁判所に係属しているときには高等裁判所であるが、最高裁判所に係属しているときには、地方裁判所である（民事保全法12条3項）。

共通義務確認訴訟が終了している場合には、共通義務確認訴訟が係属して

いた地方裁判所である(153)。

◆第58条　保全取消しに関する本案の特例

> **第58条**　第56条第１項の申立てに係る仮差押命令（以下単に「仮差押命令」という。）に関する民事保全法第37条第１項、第３項及び第４項の規定の適用については、当該申立てに係る仮差押えの手続の当事者である特定適格消費者団体がした共通義務確認の訴えの提起を本案の訴えの提起とみなす。
> 2　前項の共通義務確認の訴えに係る請求を認容する判決が確定したとき又は請求の認諾（第２条第４号に規定する義務が存することを認める旨の和解を含む。）によって同項の共通義務確認の訴えに係る訴訟が終了したときは、同項の特定適格消費者団体が簡易確定手続開始の申立てをすることができる期間及び当該特定適格消費者団体を当事者とする簡易確定手続又は異議後の訴訟が係属している間は、民事保全法第37条第１項及び第３項の規定の適用については、本案の訴えが係属しているものとみなす。
> 3　民事保全法第38条及び第40条の規定の適用については、第56条第１項の申立てに係る仮差押えの手続の当事者である特定適格消費者団体が提起した共通義務確認訴訟に係る第１審裁判所（当該共通義務確認訴訟が控訴審に係属するときは、控訴裁判所）を本案の裁判所とみなす。

I　趣　旨

　１項および２項は、民事保全法37条に定める本案の訴えの不提起等による保全取消しの特例を定めるものである。同条は、債務者の申立てにより債権者に対して本案の訴えを提起しそれを証する書面を提出するように命ずる

---

(153)　なお、共通義務確認の訴えは、訴額については、財産権上の請求でない請求に係る訴えとみなされ（４条）、民訴費用法４条２項により訴額は160万円とみなされる。そのため、裁判所法24条１号により地方裁判所の管轄となる。もっとも、合意管轄（民訴法11条）等により簡易裁判所の管轄となることがあり得ないか問題となるも、６条５項は、地方裁判所に訴えが提起されることを前提に規定し、12条が共通義務確認訴訟の第１審はすべからく地方裁判所で行われることを前提にして規定しているので、消費者裁判手続特例法は、地方裁判所以外で共通義務確認の訴えがされることを想定していない。仮に簡易裁判所に提起された場合には、簡易裁判所は、民訴法18条により、当事者の申立てがなくても、地方裁判所に移送するべきである。

（起訴命令）ことができ、債権者がその書面を提出しない場合には、債務者の申立てにより、保全命令を取り消すこととしている。

1項は、特定適格消費者団体のする仮差押えにおいては、この本案の訴えとしては、仮差押えの手続の当事者である特定適格消費者団体が共通義務確認の訴えを提起すればよいことを定めるものである。

2項は、共通義務確認訴訟の認容判決、請求の認諾、共通義務を認める和解があった場合には、簡易確定手続や異議後の訴訟が係属している間は、本案の訴えが係属しているものとみなすことを定めている。共通義務確認訴訟が終了したのみでは、被保全権利の存否は確定しないので、簡易確定手続や異議後の訴訟が終了するまでは本案の訴えが係属しているものとみなす必要があるからである。

3項は、民事保全法38条に定める事情変更による保全取消しおよび同法40条2項の保全取消しの申立てがあった場合の保全執行の停止または執行処分の取消しの裁判の特則を定めるものである。同法38条は、事情変更による保全取消しは、保全命令を発した裁判所または本案の裁判所に申し立てることができることを定めている。また、同法40条2項は、保全取消しの申立てが、保全命令を発したのではない本案の裁判所に申し立てられたときは、事件の記録が保全命令を発した裁判所に存するときにはその裁判所も、保全執行の停止または執行処分の取消しの裁判をすることができるとしている。

そこで、特定適格消費者団体のする仮差押えにおいては、この本案の裁判所とは、仮差押えの手続の当事者である特定適格消費者団体が提起した共通義務確認訴訟に係る第1審裁判所と定めている。

II 解説

1 本案不提起による保全取消し（1項）

(i) 「本案の訴え」

民事保全法37条は、本案の訴えの不提起による保全取消しを定めている。保全すべき債権は、対象債権であると考えられ、一般に、「本案」とは、被

保全債権または法律関係の存否を確定する訴訟をいうので（山崎・前掲注(136) 193頁、瀬木・前掲注(136)204頁）、「本案の訴え」とは、対象債権についての訴えであるとも考えられる。一方で、共通義務確認の訴えは、いわゆる共通義務（共通する事実上および法律上の原因に基づき、個々の消費者の事情によりその金銭の支払請求に理由がない場合を除いて、金銭を支払う義務を負うべきこと）の確認を求めるものであり（2条4号）、対象債権そのものの確認請求でも給付請求でもない。

しかし、団体のする仮差押えは、特定適格消費者団体が共通義務確認訴訟を経て、対象債権の確定手続で確定される債権について保全するためのものであるから、共通義務確認の訴えの管轄を基準に判断するのが適当である。そのため、57条と同様に、共通義務確認の訴えを「本案の訴え」とみなすこととされた。

なお、仮差押命令の申立てをした特定適格消費者団体とは別の特定適格消費者団体が共通義務確認の訴えを提起したとしても、本条の適用はない。特定適格消費者団体のする仮差押命令の申立ては、自らが取得する可能性のある債務名義に係る対象債権の実現を保全するための制度であるからである[154]（56条1項）。

(ii) 共通義務確認の訴えの取下げ等があったときの取扱い

民事保全法37条4項は、本案の訴えの提起あるいは係属を証する書面が提出された後に、本案の訴えが取り下げられ、または却下された場合には、書面を提出しなかったものとみなすとしており、仮差押命令が取り消され得る。

団体のする仮差押えでも同様であり、共通義務確認の訴えを取り下げ、ま

---

[154] これとの関係で、特定認定が失効し（74条1項）または特定認定の取消し（86条1項・2項）があった場合の扱いが問題になるが、87条1項により手続を受け継ぐべき特定適格消費者団体が指定された場合は、指定された団体が手続を受け継ぐので（61条1項1号）、指定された団体が「仮差押えの手続の当事者」（58条）となることから、指定された団体が共通義務確認訴訟を提起し、追行していればよい。そのため、特定認定が失効しまたは特定認定の取消しがあった団体が、すでに共通義務確認の訴えを提起していたときや対象債権の確定手続を行っていたときには、それらの手続を受け継ぐ団体としては、仮差押えの手続を受け継ぐ団体と同じ団体を指定する必要があると考えられる。

第58条　保全取消しに関する本案の特例

たは却下された場合には、書面を提出しなかったものとみなされる。

(iii) 共通義務確認訴訟の認容判決等があったときの取扱い

共通義務確認訴訟で（一部）認容判決が確定したとき、請求の（一部）認諾または共通義務を認める和解があったときは、当事者であった団体が簡易確定手続開始の申立てをしなければならない（14条）。いまだ対象債権の存否は定まらないが、対象債権のため保全を継続しておく必要があるので、簡易確定手続開始の申立てをすることができる期間は、本案の訴えが係属しているものとみなされる。この期間内に簡易確定手続開始の申立てがない場合（特定適格消費者団体は、正当な理由がある場合を除き申立てをしなければならない（14条）から、そのようなことは通常考えにくい）には、被害回復裁判手続において対象債権が確定されることはないから、保全の必要性がなくなったとして、民事保全法38条により保全取消しをし得る。

(iv) 簡易確定手続開始後の取扱い

簡易確定手続が開始された場合には、特定適格消費者団体が当事者となっている簡易確定手続および異議後の訴訟が係属している間は、本案の訴えが係属するものとみなされるので、民事保全法37条による保全取消しがなされることはない。仮に、簡易確定手続は異議後の訴訟においてすべての届出債権の不存在が確定すれば、同法38条により保全取消しをし得る。

2　事情変更による保全取消し（3項）

民事保全法38条は、保全すべき権利もしくは権利関係または保全の必要性の消滅その他の事情の変更があるときに、保全命令を発した裁判所または「本案の裁判所」が、保全命令を取り消すことができるとしている。

「本案の裁判所」は、民事保全法12条と異なり、現に本案が係属している場合のみ問題となり、本案の訴え提起前や本案の訴訟終了後は含まれない。本案の訴えの提起前や本案の訴訟終了後は発令裁判所に申し立てるべきことになる。そして、「本案の裁判所」は、本案が第1審裁判所に係属しているときにはその裁判所、控訴審に係属しているときには控訴裁判所、上告審に係属しているときには第1審裁判所と解されている（山崎・前掲注(136)540頁、

瀬木・前掲注(136)476頁)。

そこで、この趣旨を明らかにするため、「共通義務確認訴訟に係る第1審裁判所（当該共通義務確認訴訟が控訴審に係属するときは、控訴裁判所）」と書き下している。なお、共通義務確認訴訟の第1審は地方裁判所、控訴審は高等裁判所に係属する（57条の解説注(153)参照）。

◆第59条　仮差押えをした特定適格消費者団体の義務

> 第59条　特定適格消費者団体は、仮差押命令に係る仮差押えの執行がされている財産について強制執行の申立てをし、又は当該財産について強制執行若しくは担保権の実行の手続がされている場合において配当要求をするときは、当該特定適格消費者団体が取得した債務名義及び取得することとなる債務名義に係る届出債権を平等に取り扱わなければならない。

I　趣　旨

本条は、仮差押えをした財産に対する民事執行の手続(155)において、届出債権を平等に扱わなければならないことを定めるものである。特定適格消費者団体のする仮差押えは、対象消費者全員のために、共通義務確認の訴えの実効性を確保するために行われるものであり、特に平等に取り扱う必要があることに鑑み、34条1項および53条6項の公平義務とは別に規律したものである。

---

(155) 条文上は、強制執行の手続と担保権の実行の手続が記載されており、いわゆる換価競売は記載されていない。いわゆる換価競売はあまり想定されないから記載がされていないだけで、あえて除外したものではないと考えられる。また、民事執行には財産開示を含むが（民執法1条）、財産開示にあたり平等取扱いが問題になることは実質的には想定されないのではないかと考えられる。

Ⅱ 解　説

1　「平等に取り扱わなければならない」

(ⅰ)　平等取扱義務の意義

「平等に取り扱」うとは、仮差押えをした財産に対して強制執行や担保権の実行の手続が開始された時点で（仮差押えをした団体が強制執行の申立てをする場合と、他の債権者が強制執行の申立てや担保権実行の手続開始の申立てをした場合があり得る）、団体が債務名義を取得していない届出債権があることが考えられるが、それらの債権についても仮差押えによる配当にあずかれるように、団体が適切に配慮することをいう。

適切な配慮の内容は、仮差押えの被保全債権額、債務名義を取得していない届出債権の額、仮差押えをした財産の額、仮差押えをした財産にある他の民事執行や担保権の有無などの具体的な状況によって異なる。

(ⅱ)　申立て配当要求の際の適切な配慮の具体例

たとえば、仮差押えをした財産以外の財産が、団体が強制執行の申立てをする時点で存在し、回収の見込みがあるときには、すでに取得した債務名義を有する届出債権についてはその財産に強制執行を申し立てることにして、債務名義を取得していない届出債権が仮差押えによる配当にあずかれるようにすることが考えられる。

また、選択説（民事執行の手続において、被保全債権をどのように特定するかについて、仮差押えをした団体が特定することができるという考え方）かつ差額説（請求債権を被保全債権として扱った場合には、被保全債権額からその請求債権の額を控除した残額を届け出るという考え方）を前提とすると[156]、仮差押えの被保全債権額よりも届出債権の総額が上回っているような場合であって、後順位者がいないなどで債務名義を有する届出債権を請求債権や配当要求をする債権とする必要がない場合には、請求債権や配当要求債権を仮差押えに

---

[156]　選択説、差額説の説明については、56条の解説を参照。なお、立法当局者は選択説かつ差額説に立っていると考えられる。加納・須藤・前掲注(13)44頁。

よる保全される債権に基づかないものとして強制執行の申立てや配当要求をすることが考えられる。

(iii) **配当を受ける際の適切な配慮の具体例**

適切な配慮の内容は、強制執行の申立てや配当要求の時点に限られるものではない。民事執行の手続の中で、仮差押債権者の債権は配当留保供託がされることになる（民執法91条1項など）。この供託金について配当を受ける場合にも、未確定の届出債権を平等に扱う必要がある。具体的には、未確定であった届出債権が全部確定してから供託金についてそれぞれの届出債権の額で按分して配当を受けるか、一定の時点で債務名義を取得した届出債権により配当を受けた場合には、特定適格消費者団体が金銭を保管し、すべての届出債権の存否が確定した後に届出債権の額に応じて按分する必要がある。

なお、後者の方法によると、供託金の配当を受けるために利用した債務名義の消滅額とその債務名義に表示されている届出債権を有する届出消費者の実際の受領金額が異なることになるが、その点については当該届出消費者から同意を得る必要がある。これについては、簡易確定手続授権契約または訴訟授権契約の契約書に記載して、授権を受ける際に同意を得ておくことが考えられる（加納・須藤・前掲注(134)46頁、鈴木・前掲注(139)25頁）[157]。

2 義務の主体

(i) **執行裁判所の審査**

本条は、団体が平等に取り扱う義務を定めているものであり、執行裁判所の義務を定めたものではない。そのため、選択説かつ差額説をとる場合に、団体が請求債権や配当要求債権を仮差押えにより保全される債権に基づくも

---

[157] 特定適格消費者団体は、やむを得ない理由があるときを除いては、簡易確定手続授権契約の締結を拒絶してはならない（33条1項）とされているが、この同意をしない場合は、やむを得ない理由があるとされている（ガイドラン4.(5)ア④）。訴訟授権契約についても、正当な理由があるときを除いては、訴訟授権契約の締結を拒絶してはならない（53条4項）とされているが、この同意をしない場合は正当な理由があるとされている（ガイドライン4.(5)イ①）。また、簡易確定手続授権契約および訴訟授権契約の契約書の記載事項とされている（ガイドライン2.(8)オ(オ)）。

のとするかしないかについて、その妥当性を執行裁判所が審査する必要性はないと考えられる[158]。また、配当留保供託がされた供託金について、権利確定に伴い配当する場合も、どの届出債権で配当を求めるかについての選択が妥当であるかについて執行裁判所が審査する必要はないと考えられる。

(ii) 平等取扱義務を怠った場合

団体が平等取扱義務を怠った場合には、改善命令（85条2項）の対象となることがあり得る。しかし、選択説かつ差額説をとる場合に、団体が請求債権や配当要求債権を仮差押えにより保全される債権に基づくものとするか否かは、仮差押えの被保全債権額、債務名義を取得していない届出債権の額、仮差押えをした財産の額、仮差押えをした財産にある他の民事執行や担保権の有無などの種々の事情を考慮する必要があり、考慮すべき事情は手続の過程でも変動し得るし、団体にとって申立てや配当要求の際に知らない事情もあり得る。団体としても結論として少しでも多く回収できるほうが、費用・報酬の回収も容易になるため、その点で対象消費者全体と利害が一致している。基本的には団体の合理的な判断に委ねられるべきと考えられる。

3 平等に取り扱う必要のない場面

(i) 仮差押えの執行がされていない財産に対する民事執行

本条では、仮差押えによる配当について、平等に取り扱う義務を定めているのであり、仮差押えによる配当と関係がない場合には、本条により平等に取り扱う必要はない。

たとえば、届出債権の一部について債務名義を取得した段階で、仮差押えの執行がされていない財産に対して、それらの者のために強制執行の申立てをして一定額を回収した場合、それらの者のために回収した金銭を届出消費者全員の債権の確定を待って、届出消費者全員のために按分する必要はない。

---

[158] 三木浩一「消費者集合訴訟制度の構造と理論」伊藤眞先生古稀祝賀『民事手続の現代的使命』（有斐閣、2015年）624頁も、59条は、あくまでも特定適格消費者団体の行為規範を定めるものであり、本執行の有効性には影響を及ぼさないものと解されるとする。

実質的にも、早期に債務名義を得た届出消費者は、早期解決のために減額等に応じて和解したことや、あえて認否を争う旨の申出をせずに確定させたものであることも考えられる。そのようにして早期に強制執行に着手した者と、回収可能性を度外視して債権額について最後まで争った者との間で、形式的に債権額に応じて按分するのであれば、かえって不平等であるともいえる。このような形式的な平等を貫徹させると、早期解決のメリットが乏しくなり、段階的に債権を確定させていくシステムとして法が対象債権の確定手続を置いた趣旨にも反し、事業者からみても制度を運営する側からみても、合理的な制度とは言い難くなる。

なお、同時に強制執行の申立てをした請求債権や配当要求をした債権相互の間では、平等取扱いが求められる。これは、34条1項や53条6項の公平義務の現れであり、59条とは関係がない（鈴木・前掲注(139)26頁）。たとえば、事業者の銀行預金が正確にはわからないが、AからCまでの銀行にそれぞれあると考えられるとする。この場合、強制執行をするには、AからCまでに請求債権の割り付けを行わなければならない。しかし、結論として、A銀行には口座がなく、B銀行には口座があるが少額であり、請求債権に満たない額しか取立てができず、C銀行については割り付けた請求債権全額が回収できたとする。割り付けの際に、どの対象消費者の債権をどの銀行預金に割り付けるかは、団体の裁量によらざるを得ず、その結果、たまたまA銀行に割り付けられた届出債権はなんら回収できず、C銀行に割り付けられた届出債権は全額回収できるというのは不平等である。そこで、このような場合、強制執行で得られた金銭は保管して、同時に強制執行をした届出債権について債権額に応じて按分して配分すべきである[159]。

(ii) **仮差押えにより保全される債権に基づかない民事執行**

また、選択説かつ差額説に立つ場合に、届出債権の一部について債務名義を得た場合において、仮差押えの執行がされた財産に対して強制執行や配当

---

[159] 強制執行による配当に対応した債務名義の消滅額とその債務名義に表示されている届出債権を有する届出消費者の実際の受領金額が異なることになるが、その点については当該届出消費者から同意を得る必要があるのは、1(iii)と同様である。

第59条　仮差押えをした特定適格消費者団体の義務

要求をするときに、仮差押えにより保全される債権に基づかないものとして行った場合は、平等取扱いの必要性はない(160)、(161)。

たとえば、以下のような設例で考えたい。

【事例】特定適格消費者団体が届出債権の一部について債務名義を取得した後、一般債権者の申立てにより仮差押不動産に差押えがされた場合
・被保全債権額　1000万円
・仮差押対象財産　ａ不動産（900万円）
・届出債権総額　2000万円（1人あたり20万円で1番から100番までの100人の届出消費者がいる）
・有名義債権総額　500万円（ただし、1番から25番までの分）
・一般債権者の債権総額1000万円
※手続費用や利息などは無視するものとする。
※配当要求の時点で無名義であった届出債権は後に全額届出の内容で確定したものとする。

---

① 差額説において、有名義債権500万円を保全される債権に基づかないものとして配当要求した場合

・団体の受ける配当額　　　　　　　900×500／2500＝180万円
・被保全債権について供託される額　900×1000／2500＝360万円
・一般債権者の受ける配当額　　　　900×1000／2500＝360万円

有名義債権500万円はいわば一般債権者として配当要求したのと同じことであるので、被保全債権は1000万円のままであり、民執法50条1項で1000万円を届け出る。

この場合、有名義債権については配当要求をし、無名義債権と区別して扱

---

(160)　加納・須藤・前掲注(13)45頁は、選択説かつ差額説に立ちつつ、「団体が被保全債権として扱わず、一般債権として強制執行の申立てや配当要求を行った届出債権については、その後に債務名義を取得した届出債権との平等な取り扱いが求められるわけではなく、」としている。鈴木・前掲注(13)26頁も同旨。

(161)　山本・解説268頁は、選択説に立ちつつ、「特定適格団体の平等取扱義務の観点からは、特定適格団体が受領した配当金の分配は、原則として最終的にすべての対象債権の取扱いが確定した後にすべきことになろう」としており、被保全債権として扱わず差押えまたは配当要求した届出債権と被保全債権として扱った届出債権を平等に扱うべきとしているようにも考えられる。

311

っているが、この点は平等取扱いに反しない。また、1番から25番までは1人7万2000円、26番から100番までは1人4万8000円となり、有名義債権のほうが配分額が多くなる。しかし、これについても、平等取扱いに反しない[162]。

このように、仮差押えによる配当を受けているわけではない場合は、有名義債権と無名義債権とで現実の配分額が異なる場合もある。このような点も勘案し、担保付社債信託法37条のように「債権額に応じて、平等に」とは規定せずに、単に「平等に取り扱」うと規定されていると考えられる。

一方で、この設例において、当初、留保供託された360万円については、権利確定に伴う配当に際して、他の債権の配当率（この場合は36％）に応じて配当するという立場に立つと、26番から100番までの届出債権者の届出債権総額1500万円がすべて確定しなくても、たとえば、26番から75番までの1000万円が確定すれば、団体は、360万円の留保供託金の払戻しが受けられる。そうだとしても、26番から75番までの届出消費者で、360万円を分配してしまうことは許されない。留保供託金から権利確定に伴い配当を受けるのは、仮差押えによる配当であるから、26番から100番までの届出消費者で債権額に応じて按分する必要がある。

② 差額説において、有名義債権500万円を保全される債権に基づくものとして配当要求した場合

・団体の受ける配当額　　　　　　　900×500／2000＝225万円
・被保全債権について供託される額　900×500／2000＝225万円
・一般債権者の受ける配当額　　　　900×10000／2000＝450万円

被保全債権1000万円のうち500万円を有名義債権が利用するので、残額500

---

[162] 有名義債権を保全される債権に基づくものとして配当要求した場合（後記②）には全届出債権に按分することになるが、特定適格消費者団体が取得できる配当額が全体として少なくなる。結局、無名義であった届出債権者の取得額は、有名義債権者を保全される債権に基づかないものとして配当要求した場合（①の場合）は4万8000円となり、有名義債権を保全される債権に基づくものとして配当要求した場合（②の場合）には4万5000円となるので、有名義債権を保全される債権に基づかないものとして配当要求し、有名義債権と無名義債権とで、按分しなくても、無名義であった届出債権者に特段の不利益は生じていない。

第59条　仮差押えをした特定適格消費者団体の義務

万円について民執法50条1項で届出をすることになる。

　この場合、1番から25番までは1人9万円、26番から100番までが1人3万円となる。しかし、有名義債権について、仮差押えによる配当を受けているから、平等取扱いをしなければならない。そこで、団体は、225万円の配当を受けた段階でそれを保管し、配当留保供託がなされた225万円について権利確定により配当を受け、450万円を全届出消費者に平等に配分する必要がある。そのため、1人あたり4万5000円となる[163]。

　③　全額説による場合

　次に、全額説（請求債権を被保全債権として扱うものの被保全債権の全額を届け出るという考え方）による場合は、優先関係を決するに際しては、請求債権や配当要求をする債権を仮差押えにより保全される債権に基づくものとしているが、配当額を定めるにあたっては、被保全債権額から請求債権や配当要求をする債権の額を控除しない。結局、配当額は、差額説において、請求債権や配当要求をする債権を保全される債権に基づかないものとした場合と同様の結論になる。そのため、被保全債権額は、強制執行の申立てや配当要求の時に、債務名義がなかった届出債権のために確保されており、請求債権や配当要求をする債権は、仮差押えによる配当を受けているとはいえないから、平等に取り扱う必要はない。

　④　平等取扱義務と全額説

　平等取扱義務をどのように確保するかという観点でみても、差額説よりも全額説のほうが、団体が仮差押えの執行がされている財産に強制執行の申立てや配当要求をする際に、請求債権や配当要求をする債権を仮差押えにより保全される債権に基づくものとするか否かにかかわらず、被保全債権額は、強制執行の申立てや配当要求の時に、債務名義がなかった届出債権のために確保されるため、優れている。

---

[163]　平等取扱いの結果、強制執行による配当に対応した債務名義の消滅額とその債務名義に表示されている届出債権を有する届出消費者の実際の受領金額が異なることになるが、その点については当該届出消費者から同意を得る必要があるのは、1(ⅲ)と同様である。

4 配当等を受けた場合の事業者への通知

　特定適格消費者団体は、対象債権について民事執行の手続において弁済[164]や配当等を受けたときは、民事執行の事件の事件番号、執行裁判所、債務名義の表示、弁済や配当等を受けた額および年月日、対象債権の額、対象債権のうち弁済または配当等により消滅した部分の額について、債務者（事業者）に書面で通知しなければならない（最高裁規則41条）。

　簡易確定手続および異議後の訴訟で団体が取得する債務名義は、届出債権について団体への支払いを命じるものであり、民事執行手続において執行債権者として扱われるのは団体である。そうすると、配当表（民執法85条5項）にも団体が取得している債務名義に係る対象債権の合計額と、これに対して配当されるべき金額の合計額を記載し、個別の対象債権の内訳やこれに対する充当額が書かれないものと考えられる。また、債務名義の正本への奥書（民執規則62条3項）においても、団体が受領した合計額のみを記載することになると考えられる（条解最高裁規則107頁）。

　そうすると、団体がその債務名義を用いてさらに他の財産について強制執行をする場合や、届出消費者が承継執行文を受けて他の財産に強制執行をする場合に、過剰執行となることを防止するためには、債務者が、個別の対象債権についていくらが充当されているか把握しておく必要がある。そのため、上記の通知義務が定められた。この通知は、団体のする仮差押えがあるために、配当留保供託がなされた場合には、留保配当金について権利確定に伴い配当がされたときにも、する必要がある（条解最高裁規則105頁）。

　なお、特定適格消費者団体が、弁済や配当等を受領すると、その時点で、個別の対象債権について実体法上弁済の効果が発生すると考えられる。具体的にどのように個別の対象債権について充当されるのかは、実体法の規律によることとなるが、債権者平等の原則に従い届出債権の額に応じて按分した

---

[164] ここでいう弁済とは、団体が事業者から任意に支払いを受けた場合をいうのではなく、債権執行において差押債権を団体が取り立てた場合（民執法155条2項）や転付命令が確定した場合（同法160条）など、民事執行の手続において弁済を受けた場合をいう（条解最高裁規則105頁）。

うえ、届出消費者が複数の届出債権を有する場合には法定充当により充当することになると考えられる（条解最高裁規則108頁）。

このため、最高裁規則41条で通知する対象債権の額のうち弁済または配当等により消滅した部分の額は、59条の平等取扱義務に従って、届出消費者に配分する金額とは異なることがある（条解最高裁規則108頁）。

5　配当留保供託がなされている場合の権利確定の通知

配当留保供託がなされている場合において、仮差押えの手続の当事者である特定適格消費者団体を当事者とする簡易確定手続および異議後の訴訟の手続が全て終了したときは、団体は、対象債権の確定の結果を執行裁判所に書面で届け出なければならない（最高裁規則42条）。

これは、配当留保供託がされている場合に、被保全債権が確定したかを配当に加わった他の債権者が把握することは困難であるから、追加配当の契機を執行裁判所に与えるため、団体が対象債権の確定手続をすべて終了した時にその結果を届け出るように定めたものである（条解最高裁規則109頁）。

このような趣旨からすれば、団体が届け出るべき「対象債権の確定の結果」とは、必ずしも団体が対象債権の確定手続を追行したすべての債権について、たとえば、異議後の訴訟の事件番号や判決日などの詳細な記載を求めるというものではないと考えられる。債務名義を取得した対象債権については、当該債権に対する配当が実施され得るものであるから、個別に、事件番号、当該債権を特定するために必要な事項、確定した債権額などを記載することが考えられるが、債務名義を取得しなかった債権（棄却されたもののほか、裁判外の和解をした場合、債権届出の取下げ、債権届出が却下された場合などが考えられる）については、概括的な記載で足りると考えられる（条解最高裁規則111頁）。

◆第60条　訴訟代理権の不消滅

第60条　訴訟代理権は、被害回復裁判手続の当事者である特定適格消費者団

体の第65条第１項に規定する特定認定が、第74条第１項各号に掲げる事由により失効し、又は第86条第１項各号若しくは第２項各号に掲げる事由により取り消されたことによっては、消滅しない。

I　趣　旨

　本条は、特定適格消費者団体の特定認定の失効または取消しがあっても、訴訟代理権は消滅しない旨を規定したものである。

II　解　説

　適格消費者団体は、内閣総理大臣の認定（特定認定）を受けた場合に限り、被害回復関係業務を行うことができる（65条１項）。この特定認定は、74条１項各号に掲げる事由が生じたときは失効し、86条１項各号または２項各号に掲げる事由があるときは取り消されうる。

　もっとも、訴訟手続においては迅速・円滑な進行の要請があり、他方、訴訟委任はその範囲が明確であるし、通常は弁護士に委任されるものであるから、委任者またはその承継人の信頼が裏切られるおそれも少ない。

　この点、民訴法58条も、一定の資格を有する者で自己の名で他人のために訴訟の当事者となる者（２項）および選定当事者（３項）の資格喪失によっても訴訟代理権は消滅しない旨を規定している。

　そこで、本条は、特定適格消費者団体の特定認定の失効または取消しがあっても、特定適格消費者団体であった法人の訴訟代理人の訴訟代理権は消滅しない旨を規定した。

◆第61条　手続の中断及び受継

第61条　次の各号に掲げる手続の当事者である特定適格消費者団体の第65条第１項に規定する特定認定が、第74条第１項各号に掲げる事由により失効し、又は第86条第１項各号若しくは第２項各号に掲げる事由により取り消されたときは、その手続は、中断する。この場合において、それぞれ当該

各号に定める者は、その手続を受け継がなければならない。
一 共通義務確認訴訟の手続、簡易確定手続（次号に掲げる簡易確定手続を除く。）又は仮差押命令に係る仮差押えの手続（仮差押えの執行に係る訴訟手続を含む。） 第87条第1項の規定による指定を受けた特定適格消費者団体
二 簡易確定手続（簡易確定決定があった後の手続に限る。）又は異議後の訴訟の手続 第87条第1項の規定による指定を受けた特定適格消費者団体（第31条第1項又は第53条第1項の授権を得た場合に限る。）又は届出消費者
三 特定適格消費者団体が対象債権に関して取得した債務名義に係る民事執行に係る訴訟手続 第87条第3項の規定による指定を受けた特定適格消費者団体
2 前項の規定は、訴訟代理人がある間は、適用しない。
3 第1項（第1号に係る部分に限る。）の規定は、共通義務確認訴訟又は簡易確定手続（特定適格消費者団体であった法人が債権届出をした場合を除く。）において、他に当事者である特定適格消費者団体がある場合には、適用しない。

I 趣　旨

本条は、特定適格消費者団体の特定認定の失効または取消しの場合の手続の中断および受継を定めた規定である。

II 解　説

1 手続の中断・受継

特定適格消費者団体の特定認定が失効し、または取り消されたときは、原則として手続は中断し（1項）、法が規定する者がその手続を受継する。

もっとも、共通義務確認訴訟および債権届出前の簡易確定手続は、授権を前提としない手続であり、他に当事者として特定適格消費者団体がある場合には当該他の特定適格消費者団体が引き続き手続を追行すれば足りるから、

手続の承継が生じず、手続は中断しない（3項）。他方、特定適格消費者団体による仮差押えの手続および民事執行の手続に係る訴訟手続は、それぞれ将来取得することとなる債務名義またはすでに取得した債務名義のために追行するためのものであって将来の授権またはすでに得た授権を前提としているから、他に当事者として特定適格消費者団体がある場合であっても、手続を承継させる必要が生じ、手続は中断する。しかし、その特定適格消費者団体であった法人に訴訟代理人がいるときは、手続は中断しない（2項）。民訴法124条2項と同趣旨の規定である。代理人がいて手続が中断しない場合（2項）でも、特定適格消費者団体が特定認定を失った場合には、87条で受け継ぐべき団体が指定されるので、その団体が承継する。

2 受継すべき者

共通義務確認訴訟の手続、簡易確定決定前の簡易確定手続または仮差押命令に係る仮差押えの手続（仮差押えの執行に係る訴訟手続を含む）は、内閣総理大臣の指定（87条1項）を受けた特定適格消費者団体が手続を受継すべき者となる（同項1号）。

簡易確定決定後の簡易確定手続または異議後の訴訟の手続は、届出消費者の授権を得た特定適格消費者団体または届出消費者が手続を受継すべき者となる（同項2号）。

特定適格消費者団体が対象債権に関して取得した債務名義に係る民事執行に係る訴訟手続（2条9号ロ）は、指定（87条3項）を受けた特定適格消費者団体が受継すべき者となる（同条1項3号）。

3 受継の申立ての方式

訴訟手続の受継の申立ては書面でしなければならず（最高裁規則43条、民訴規則51条1項）、その書面には、手続を受け継ぐ者が61条1項各号に定めるものであることを明らかにする資料を添付しなければならない（最高裁規則43条、民訴規則51条2項）。

◆第62条　関連する請求に係る訴訟手続の中止

> 第62条　共通義務確認訴訟が係属する場合において、当該共通義務確認訴訟の当事者である事業者と対象消費者との間に他の訴訟が係属し、かつ、当該他の訴訟が当該共通義務確認訴訟の目的である請求又は防御の方法と関連する請求に係るものであるときは、当該他の訴訟の受訴裁判所は、当事者の意見を聴いて、決定で、その訴訟手続の中止を命ずることができる。
> 2　前項の受訴裁判所は、同項の決定を取り消すことができる。

Ⅰ　趣　旨

本条は、共通義務確認訴訟が係属する場合に、関連する請求に係る訴訟が同時に係属するときは、関連する請求に係る訴訟の受訴裁判所は、関連する請求に係る訴訟の訴訟手続を中止することができる旨を定めたものである。

Ⅱ　解　説

1　1項

(ⅰ)　中止の要件

関連する請求に係る訴訟は、共通義務確認訴訟とは当事者および訴訟物が異なるため、二重起訴とはならず、対象消費者および事業者は、共通義務確認訴訟とは別に、訴えを提起することができる。もっとも、主要争点に係る審理が重複すると訴訟不経済でもあるし、共通義務確認訴訟が係属しているにもかかわらず、事業者が提起した共通義務に係る債務の不存在確認訴訟等の応訴を個々の消費者が強いられたり、十分な応訴のできないまま判決が確定するなどのおそれもある。

そこで、本条は、①共通義務確認訴訟が係属する場合において、当該共通義務確認訴訟の当事者である事業者と対象消費者との間に他の訴訟が係属し、かつ、②当該他の訴訟が当該共通義務確認訴訟の目的である請求または

防御の方法と関連する請求に係るものであるときは、当該他の訴訟の受訴裁判所は、当事者の意見を聴いて、決定で、その訴訟手続の中止を命ずることができる旨を定めた（1項）（一問一答133頁）。

①については、共通義務確認訴訟の係属と当該共通義務確認訴訟の当事者である事業者と対象消費者との間における他の訴訟の係属の先後関係は問わない（山本・解説161頁）。

②の「訴訟の目的である請求又は防御の方法と関連する」とは、請求の内容として主張される権利関係または抗弁事由の内容または発生原因において、法律上または事実上共通することをいう（山本・解説161頁）。たとえば、㋐債務不履行に基づく損害賠償義務を負うべきことを確認する訴えに関し、事業者の対象消費者に対する当該賠償義務に関する債務の不存在確認を求める訴え（訴訟の目的である請求と関連する場合）、㋑解約金による既払金の返還義務を負うべきことの確認を求める共通義務確認の訴えにおいて、事業者が抗弁として解約違約金条項があることを主張して争っているときに、事業者の対象消費者に対するその条項が有効であることを前提とする未払金の支払いを求める訴え（防御の方法と関連する場合）がこれに当たる（山本・解説161頁）。

(ⅱ) **当事者の意見の聴取**

訴訟手続を中止する際には、裁判所は当事者の意見を聴取しなければならない。これは、対象消費者の意向としては共通義務確認訴訟の結果を待って、その救済手続（簡易確定手続）へ移行することを望むのか、事業者の意向としても紛争解決手続を共通義務確認訴訟に集中したいと望むのか、事件ごとに当事者の意思の状況は異なることから当事者の意思を尊重しようとしたものである（山本・解説160頁～161頁）。そのうえで訴訟手続を中止するかどうかは裁判所の裁量的判断による。たとえば、証拠調べがすでに終了している場合等訴訟手続が相当進行している場合には、そのまま個別訴訟を続行することもあるであろう（山本・解説162頁）。

(ⅲ) **中止の効果**

中止の効果は、民事訴訟における中止と同じであり、中止決定に対する不

服申立てはできないし、中止の間には訴訟行為はできず、期間進行も停止する（民訴法132条2項）。

2　2項

受訴裁判所は、裁量により当該中止決定の取消しをすることもできる（2項）。

◆第63条　共通義務確認訴訟の判決が再審により取り消された場合の取扱い

> 第63条　簡易確定手続開始決定の前提となった共通義務確認訴訟の判決が再審により取り消された場合には、簡易確定手続が係属する裁判所は、決定で、債権届出（当該簡易確定手続開始決定の前提となった共通義務確認訴訟の判決が取り消されたことによってその前提を欠くこととなる部分に限る。）を却下しなければならない。
> 2　前項の決定に対しては、即時抗告をすることができる。
> 3　第1項の場合には、第52条第1項の規定により訴えの提起があったものとみなされる事件が係属する裁判所は、判決で、当該訴え（当該簡易確定手続開始決定の前提となった共通義務確認訴訟の判決が取り消されたことによってその前提を欠くこととなる部分に限る。）を却下しなければならない。

I　趣　旨

簡易確定手続開始決定の前提となった共通義務確認訴訟の判決が再審により取り消された場合には、簡易確定手続の前提を欠くこととなるため、債権届出または52条1項によって擬制される訴えを却下しなければならないことを定めた規定である。

Ⅱ 解　説

1　本条の適用場面

　簡易確定手続開始決定の前提となった共通義務確認訴訟の判決が再審により取り消された場合には、簡易確定手続が係属する裁判所は、決定で、債権届出（当該簡易確定手続開始決定の前提となった共通義務確認訴訟の判決が取り消されたことによってその前提を欠くこととなる部分に限る）を却下しなければならない（1項）。この決定に対しては、即時抗告をすることができる（2項）。

　「簡易確定手続開始決定の前提となった共通義務確認訴訟の判決が再審により取り消された場合」とは、共通義務確定訴訟の確定判決が再審によって取り消され、さらに裁判がされ（民訴法348条3項）、それが確定したときをいう。①全部認容判決が全部棄却判決となった場合、②全部認容判決が一部棄却判決となった場合、③一部認容判決が全部棄却判決となった場合に本条の適用がある。なお、④一部認容判決が全部認容判決となった場合には、本条の適用はなく、追加で認容された部分について新たに簡易確定手続が開始する（12条）。また、⑤元の判決が、全部棄却判決であった場合には、そもそも簡易確定手続が開始されず、債権届出があり得ないから本条の適用場面ではない（山本・解説172頁注116）。

　簡易確定決定に対し適法な異議の申立てがあったときは、債権届出の時に、当該債権届出に係る債権届出団体（当該債権届出に係る届出消費者が当該異議の申立てをしたときは、その届出消費者）を原告として、当該簡易確定決定をした地方裁判所に訴えの提起があったものとみなされるが（52条1項）、簡易確定手続開始決定の前提となった共通義務確認訴訟の判決が再審により取り消された場合に、前提を欠くこととなるのは同様であるから、受訴裁判所は、判決で、当該訴えを却下しなければならない（3項）。

2 「当該簡易確定手続開始決定の前提となった共通義務確認訴訟の判決が取り消されたことによってその前提を欠くこととなる部分に限る」

債権届出や訴えが却下されるのは、当該簡易確定手続開始決定の前提となった共通義務確認訴訟の判決が取り消されたことによってその前提を欠くこととなる部分に限られる。共通義務確認判決に対する再審が認容されると、全部判決が取り消され、さらに判決がされるが、その判決で、共通義務が認められる部分については、前提を欠くことにならない。そして、前提を欠くことにならない部分は、債権届出は有効なものとして扱われる。なぜなら、再審判決に基づいて新たに簡易確定手続を進めると、手続の無意味な繰り返しが生じるからである。

3 すでに確定した届出債権の取扱い

共通義務確認訴訟の再審判決があった場合、すでに確定した届出債権も別途再審の対象になるものと考えられる。民訴法338条1項8号の「判決の基礎となった」民事の判決が変更された場合に当たると考えられるからである。その場合の手続は、異議後の訴訟が行われていた場合以外は、簡易確定手続において再審がなされることになるものと考えられる（50条、民訴法341条。山本・解説234頁）。

◆第64条　最高裁判所規則

> 第64条　この章に定めるもののほか、被害回復裁判手続に関し必要な事項は、最高裁判所規則で定める。

I 趣　旨

本法本章に定めるもののほか、被害回復裁判手続に関し必要な事項につい

て、最高裁規則で定めることとする旨を規定している。

II 解説

　本法を受けて、「消費者の財産的被害の集団的な回復のための民事の裁判手続の特例に関する規則」（平成27年最高裁判所規則第5号）が制定され、平成27年6月29日に公布された。本法の施行日から施行するとされている。

　最高裁規則では、当事者の責務（総則、第1章）、共通義務確認訴訟に係る民事訴訟手続の特例（第2章）、対象債権の確定手続（第3章）、特定適格消費者団体のする仮差押え等（第4章）、補則（第5章）等についての規定が置かれている。

◆第65条第1項から第4項まで　特定適格消費者団体の認定①

> **第65条**　適格消費者団体は、内閣総理大臣の認定（以下「特定認定」という。）を受けた場合に限り、被害回復関係業務を行うことができる。
> 2　前項に規定する「被害回復関係業務」とは、次に掲げる業務をいう。
> 　一　被害回復裁判手続に関する業務（第31条第1項又は第53条第1項の授権に係る債権に係る裁判外の和解を含む。）
> 　二　前号に掲げる業務の遂行に必要な消費者の被害に関する情報の収集に係る業務
> 　三　第1号に掲げる業務に付随する対象消費者に対する情報の提供及び金銭その他の財産の管理に係る業務
> 3　特定認定を受けようとする適格消費者団体は、内閣総理大臣に特定認定の申請をしなければならない。
> 4　内閣総理大臣は、前項の申請をした適格消費者団体が次に掲げる要件の全てに適合しているときに限り、特定認定をすることができる。
> 　一　差止請求関係業務（消費者契約法第13条第1項に規定する差止請求関係業務をいう。以下同じ。）を相当期間にわたり継続して適正に行っていると認められること。
> 　二　第2項に規定する被害回復関係業務（以下単に「被害回復関係業務」

第65条第1項から第4項まで　特定適格消費者団体の認定①

という。）の実施に係る組織、被害回復関係業務の実施の方法、被害回復関係業務に関して知り得た情報の管理及び秘密の保持の方法、被害回復関係業務の実施に関する金銭その他の財産の管理の方法その他の被害回復関係業務を適正に遂行するための体制及び業務規程が適切に整備されていること。
三　その理事に関し、次に掲げる要件に適合するものであること。
　イ　被害回復関係業務の執行を決定する機関として理事をもって構成する理事会が置かれており、かつ、定款で定めるその決定の方法が次に掲げる要件に適合していると認められること。
　　(1)　当該理事会の決議が理事の過半数又はこれを上回る割合以上の多数決により行われるものとされていること。
　　(2)　共通義務確認の訴えの提起その他の被害回復関係業務の執行に係る重要な事項の決定が理事その他の者に委任されていないこと。
　ロ　理事のうち1人以上が弁護士であること。
四　共通義務確認の訴えの提起その他の被害回復裁判手続についての検討を行う部門において消費者契約法第13条第3項第5号イ及びロに掲げる者（以下「専門委員」と総称する。）が共にその専門的な知識経験に基づいて必要な助言を行い又は意見を述べる体制が整備されていることその他被害回復関係業務を遂行するための人的体制に照らして、被害回復関係業務を適正に遂行することができる専門的な知識経験を有すると認められること。
五　被害回復関係業務を適正に遂行するに足りる経理的基礎を有すること。
六　被害回復関係業務に関して支払を受ける報酬又は費用がある場合には、その額又は算定方法、支払方法その他必要な事項を定めており、これが消費者の利益の擁護の見地から不当なものでないこと。
七　被害回復関係業務以外の業務を行うことによって被害回復関係業務の適正な遂行に支障を及ぼすおそれがないこと。

I　趣　旨

　本制度は、同種被害が拡散的に多発するという消費者被害の特性に鑑み、消費者被害の集団的な回復を図るために創設された制度であり、特定適格消

費者団体は、本制度の手続追行主体である。本制度の手続追行主体としての特定適格消費者団体は、消費者被害に関する知識経験を有するとともに、消費者被害に対し、消費者利益を擁護する立場、事業者から独立した立場で活動ができる者でなければならない。そのため本制度の手続追行主体として必要な要件として、消費者利益を擁護する立場で活動ができること、裁判手続を安定的に実施することができること、本制度の信頼性を失墜させないよう適切な業務執行ができることが必要となる（一問一答140頁）。本条は、この手続追行主体である特定適格消費者団体の認定要件を定めるものである。

II 65条1項・2項・3項の解説

1 概 説

本条1項～3項は、特定適格消費者団体としての内閣総理大臣の認定と認定申請および認定を受けた特定適格消費者団体の行える業務について定める。

2 1項（特定認定）

適格消費者団体は、内閣総理大臣の認定を受けた場合に限り、被害回復関係業務を行うことができる。

3 2項（被害回復関係業務）

特定認定を受けた特定適格消費者団体が行える被害回復関係業務について定めた規定である。

(i) **被害回復裁判手続に関する業務（1号）**

2条9号に規定する被害回復裁判手続、すなわち共通義務確認訴訟の手続、簡易確定手続および異議後の訴訟手続、特定適格消費者団体が対象債権に関して取得した債務名義による民事執行の手続および特定適格消費者団体が取得する可能性のある債務名義に係る対象債権の実現を保全するための仮差押えの手続に関する業務である。

特定適格消費者団体が、簡易確定手続において対象債権に係る対象消費者の授権（31条1項）または異議後の訴訟について届出消費者の授権（53条1項）を受けた場合における当該消費者の債権に関する裁判外の和解もこの被害回復裁判手続に含まれる。

(ii) **被害回復裁判手続に関する業務の遂行に必要な消費者の被害に関する情報の収集に係る業務（2号）**

適格消費者団体が行う差止請求関係業務（消契法13条1項）の中核となる差止請求権行使業務は差止請求権の行使に必要な消費者被害情報の収集に基づき行われている。消費者から適格消費者団体に提供される被害情報の収集やいわゆる110番活動等による被害情報の収集がその典型である。差止請求権の行使には適切な情報収集が不可欠であり、それゆえ、被害情報収集業務は差止請求関係業務の一内容とされ、適格消費者団体には、情報収集に関する一定の権限（消契法40条等）が付与されている。特定適格消費者団体が行う被害回復裁判手続に関する業務についても同様に消費者から特定適格消費者団体に提供される被害情報や特定適格消費者団体自身が行う情報収集が不可欠である。そのため、被害情報収集業務は特定適格消費者団体の業務とされる。また、適格消費者団体と同様に特定適格消費者団体には、情報収集に関する一定の権限（91条等）が付与されている[165]。

(iii) **被害回復裁判手続に関する業務に付随する対象消費者に対する情報の提供および金銭その他の財産の管理に係る業務（3号）**

特定適格消費者団体が簡易確定手続において対象消費者から授権を受けるときのみならず共通義務確認訴訟を提訴した時点においても対象消費者への情報提供が不可欠である。

また、対象消費者の被害回復を目的とする被害回復裁判手続においては事業者から金銭を回収して対象消費者に分配することが予定されている。特定適格消費者団体は共通義務確認訴訟を提起する前に事業者と裁判外の和解を

---

[165] 特定適格消費者団体は、消費者利益の擁護を目的とするその性質上、被害回復裁判手続の対象とならないものも含め被害情報の収集を行うが、本法上特別の権限が付与されるのは、本法上の被害回復関係業務に関する事項に限定される。

行うことも可能である。たとえば、特定適格消費者団体は、提訴前の裁判外の和解に基づき事業者から想定される対象消費者に対する仮払金を受領して、申出のあった対消費者に分配することも可能である。このような場合においても特定適格消費者団体は金銭その他の財産管理を行うことが想定されるため、本号では特定適格消費者団体が行う業務として「金銭その他の財産の管理に係る業務」を明記したものである。

4　3項（特定認定の申請）

内閣総理大臣の認定（特定認定）を受けようとする適格消費者団体は、法に定める特定認定の要件を満たしていることを証明するために認定の申請をしなければならない。

III　65条4項の解説

1　概　説

本条4項は、特定認定の要件について定める。

4項は「次に掲げる要件の全てに適合しているときに限り、特定認定をすることができる」と規定している。「認定をすることができる」という規定は、要件のすべてに適合している場合でも必ず認定を受けられるとは限らないこと、すなわち内閣総理大臣の裁量性を一定程度認めたものである。これは、消費者利益擁護、制度の安定的な実施、本制度の信頼性の維持という観点から、本制度の手続追行主体として適切ではないと判断される場合に対処できるようにしたものである。しかし、法律上極めて詳細な認定要件が定められているうえに、ガイドラインにおいてさらに子細な事項が記載されている。また、特定認定についての裁量性の程度は特定適格消費者団体の監督の裁量性の程度と表裏の関係にある。そのため、4項各号に掲げる要件のすべてに適合している場合には、原則として特定認定を受けられることとし、消費者利益擁護等の上記観点から本制度の手続追行主体として適切ではないと客観的かつ合理的に判断される場合のみ特定認定を受けられないこともある

という厳格な運用がなされるべきである。

特定認定の各要件についてはガイドライン2において詳細に記載されている。

2 活動実績（1号）

(i) 趣　旨

特定適格消費者団体が対象消費者のために共通義務確認訴訟を提起する前に被害情報を収集・分析し共通義務確認訴訟を提起する過程は、適格消費者者団体が不特定多数の消費者の利益のために差止請求業務を行う過程と同様である。そのため、差止請求業務を相当期間にわたり継続して適正に行っていると認められることが必要である。

(ii) 解　説

① 評価の対象となる活動

(a) ガイドラインの記載概要

活動実績の評価の対象となる活動は「差止請求関係業務」であり、裁判上または裁判外の差止請求権の行使が行われている場合に活動実績として評価される。なお、差止請求関係業務は、差止請求権を行使する業務のほか、消費生活相談や110番活動等消費者被害に関する情報収集に係る業務およびシンポジウムやウェブサイト等での差止請求権の行使の結果に関する情報の提供に係る業務を含むものであるから（消契法13条1項）、これらの業務が行われていることも活動実績として評価対象となるものである。

(b) ガイドラインについての考え方

適格消費者団体は厳しい人的規模・経済的状況において活動を行っている（第2回ガイドライン等検討会資料2-1参照）。また、消契法9条1号の平均的損害の立証責任の問題等（消契法コンメンタール174頁参照）により差止請求訴訟の結果は認容されない場合もある。そのため、裁判上または裁判外の差止請求権の行使件数のや訴訟の認容件数の多寡のみを取り出して実績を判断することは相当ではない。

② 相当期間
　(a) ガイドラインの記載概要
　65条4項1号に規定する「相当期間」は、原則として2年以上の期間を必要とするとされている[166]。もっとも、この要件を満たしているか否かの判断は、差止請求関係業務に係る活動の頻度をはじめ、被害回復関係業務を遂行するための体制の整備や専門的知識・経験の有無、経理的基礎など他の要件の充実度等を総合的に考慮するものとするとされている。
　(b) ガイドラインについての考え方
　この2年以上という期間は、特定認定の有効期間が3年であること（69条1項）を踏まえ、特定認定が有効である間、安定的かつ継続的に被害回復関係業務を遂行することが期待できる者と判断するための期間として定められたものである（一問一答143頁）。
　相当期間の要件を満たしているか否かの判断は、差止請求関係業務に係る活動の頻度その他の充実度等を総合的に判断して考慮されていることから「原則として2年以上」とされている。そのため、必ずしも2年以上必要というものではない。
③ 継続性（ガイドラインの記載概要）
　差止請求関係業務を「継続して」行っているか否かは、上記②の期間において収集した消費者被害に関する情報の量、消契法13条3項5号の検討を行う部門での検討の内容、事業者に対する差止請求権の行使の件数、差止請求権の行使の結果に関する情報提供の量および内容などを総合的に考慮するものとするとされている。
④ 適正性（ガイドラインの記載概要）
　差止請求関係業務を「適正に」行っているとは、法令に則り、合理的な根拠に基づき消費者の利益の擁護のために真摯に活動していることをいう。差止請求関係業務を「適正に」行っているか否かは、以下の事実などを総合的

---

[166] 適格消費者団体の認定要件として、不特定かつ多数の消費者の利益の擁護を図るための活動を「2年以上継続」していることが必要であり（消契法ガイドライン2.(2)イ(イ)）、認定要件として必要な活動実績期間は同じである。

に考慮するものとするとされている。
- ⓐ 上記②の期間における差止請求関係業務に関する活動内容
- ⓑ 事業年度ごとに提出される財務諸表等の内容
- ⓒ 消契法32条1項の規定に基づく報告徴収もしくは立入検査または同法33条の規定に基づく適合命令もしくは改善命令が行われた場合には、これらの措置の内容および当該措置に対する対応

3　組織体制等（2号）

(i)　趣　旨

被害回復関係業務は、簡易確定手続における対象消費者から授権を受け、事業者から金銭を回収して対象消費者に分配するなど対象消費者差止関係業務では生じなかった新たな業務も適正に行う必要がある。それらの業務を安定的かつ継続的に遂行するための組織体制等が必要となる（一問一答145頁）。

(ii)　組織体制等についてのガイドラインの記載概要

概要は次のとおりである（ガイドライン2.(2)ア）。

①　被害回復関係業務の実施に係る組織

65条4項2号に規定する組織体制として次のことが必要であるとされている。

- ⓐ 消費者被害に係る情報の収集、分析・検討、被害回復裁判手続の追行、消費者被害の回復に至るまでの一連の業務を適正に遂行できる具体的な組織が設置され、当該組織の運営について定款または業務規程において明確に定められていること
- ⓑ 当該組織の事務の遂行に従事する役職員等の選任、解任の基準および方法が定款または業務規程において適切に定められていること
- ⓒ 被害回復関係業務の規模、内容等に応じ、業務の適正な遂行に必要な人員がこれらの組織に必要な数だけ配置されていること
- ⓓ 被害回復関係業務に係る事務処理を行うために必要な事務所等の施設、物品等が被害回復関係業務の規模、内容等に応じ確保されていること

② 情報提供業務の実施の方法

概要は次のとおりである（ガイドライン２.(2)イ）。

(a) 情報提供する場合の考慮要素

(ア) ガイドラインの記載概要

82条の規定に基づき対象消費者に対し必要な情報を提供する場合において、提供しようとする情報の内容、被害を受けたと考えられる消費者の範囲、被害金額の多寡、今後の被害拡大のおそれ、当該事業者の対応状況、被害を与えたと考える根拠、被害を与えたと公表されることにより事業者に与える影響などが総合的に考慮されていることが必要である（ガイドライン２.(2)イ①）。

(イ) ガイドラインについての考え方

ガイドラインでは情報提供を行う場合の考慮要素として「被害を与えたと公表されることにより事業者に与える影響」が掲げられている。

特定適格消費者団体が共通義務確認訴訟を提起すると、正当な理由がない限り簡易確定手続の開始を申し立てなければならない（14条）。そのため、特定適格消費者団体が訴訟提起を行うことは事務的にも財政的にも負担が大きいため、適格消費者団体が差止請求訴訟を提起する前に事業者と交渉しているのと同様に特定適格消費者団体は共通義務確認訴訟を提起する前に通常は事業者と交渉を行うことが想定される。その交渉が不成立となり不特定多数の消費者被害の回復を実現するために提訴せざるを得なくなった場合において「被害を与えたと公表されることにより事業者に与える影響」が過度に考慮されることは相当ではない。

本制度による被害回復の実効性を確保するためには、多くの対象消費者に共通義務確認訴訟が提起されたことやその判決内容が周知されることが必要である。そのため特定適格消費者団体は情報提供に努めなければならないとされているのである（82条）。また、特定適格消費者団体による共通義務確認訴訟が係属した場合において、当該訴訟の相手方事業者と個々の消費者との間に当該共通義務確認訴訟の目的である請求または防御の方法と関連する請求に係る個別訴訟が係属する場合には、当該個別訴訟手続は中止されるこ

第65条第1項から第4項まで　特定適格消費者団体の認定①

とがある（62条1項）。個々の消費者としては特定適格消費者団体が共通義務確認訴訟を提起した際には、その事実を認識したうえで個別訴訟手続が中止となる可能性を踏まえて個別に訴訟提起するか否かを判断しなければならない。そのためには共通義務確認訴訟が提起されたこと、その内容等が消費者に情報提供されていなければならない。

そのため、「被害を与えたと公表されることにより事業者に与える影響」という要素は、被害を受けたと考えられる消費者が極めて少ない、被害金額が僅少である、今後の被害拡大のおそれがない等その他の考慮要素がほとんどないに等しいにもかかわらずという限度における考慮要素とされるべきである。

なお、「被害を与えたと公表されることにより事業者に与える影響」については、消費者庁のガイドライン等検討会報告では「被害を与えたと公表されることによる影響」とされていた（ガイドライン検討会報告書12頁）。しかし、消費者庁が意見募集を実施した際のガイドライン案では「公表されることにより事業者に与える影響」と変更されていた。ガイドライン等においては、特定適格消費者団体が行う対象消費者への被害回復裁判手続に付随する情報を提供することが原則的な考え方とされるべきである（2015年5月7日付日弁連意見書10頁～11頁）。その後、消費者庁が実施したガイドライン等に対する意見募集についての意見を踏まえ、「被害を与えたと公表されることにより事業者に与える影響」と元の記載に修正されたという経緯がある（2015年7月2日付日弁連意見書3頁～4頁）[167]。

　(b)　提供する情報が、対象消費者の誤解を招かないようにわかりやすく、かつ、正確なものであること

特定適格消費者団体が情報提供を行う場合には、対象消費者の誤解を招くことがないようにわかりやすく、正確に行うことが必要であるとされてい

---

[167]　消費者庁「消費者の財産的被害の集団的な回復のための民事の裁判手続の特例に関する法律の施行に伴う政令（案）、内閣府令（案）、ガイドライン（案）等に関する意見募集の結果について」では、「『公表されることにより事業者に与える影響』については『被害を与えたと公表されることによる影響』とされるべきである、という意見を踏まえ修文することとしました」とされている。

333

る。

 (c) 特定適格消費者団体が提供した情報に関し、事業者から合理的な根拠を示して訂正の申入れがあった場合には、訂正その他の適切な対応をすること

 特定適格消費者団体が提供した情報について、事業者から合理的な根拠に基づき、かつ、当該根拠を提示したうえで訂正の申入れがあった場合には、特定適格消費者団体は適切に対応することが必要であるとされている。

 (d) 特定適格消費者団体のウェブサイトに掲載して情報の提供を行う場合は、手続の進行状況、同種被害の発生の可能性等を考慮して必要性を踏まえ、掲載の終了し、変更する基準についても定められていること

 特定適格消費者団体がウェブサイトに掲載する方法で情報提供を行った場合には、無期限に掲載を継続するのではなく、手続の進行状況、同種被害発生の可能性等、掲載継続の必要性を総合的に考慮して、掲載の終了または掲載内容の変更を行うことが必要である。そのための基準を定めておくこととされている。

 ③ 被害回復関係業務に関して知り得た情報の管理および秘密の保持の方法

 概要は次のとおりである（ガイドライン2.(2)ウ）。

 (a) 情報の管理

 特定適格消費者団体は、適正な情報の管理に関する適正な体制を適切に整備する必要がある。

 (b) 個人情報の取扱い

 特定適格消費者団体は、79条の規定に従って個人情報を取り扱い、個人情報保護法に定める内容に適合した体制を整備することが必要である。

 (c) 秘密保持義務

 特定適格消費者団体は、秘密の保持に関する適正な体制を適切に整備する必要がある。

 ④ 金銭その他の財産の管理の方法

 概要は次のとおりである（ガイドライン2.(2)エ）。

第65条第1項から第4項まで　特定適格消費者団体の認定①

(a) 預り金の目的外使用の禁止

特定適格消費者団体は、預り金をその目的以外に使用してはならない。

(b) 預り金専用口座の開設

預り金は、固有の財産と分別管理され、特定性をもって保管される必要がある。

(c) 現金の保管

特定適格消費者団体は、金銭を一時的に現金で保管する場合は、預り金専用の金庫で保管することまたは預り金専用の収納袋で保管することが必要である。

(d) 対象消費者宛ての金銭を受領した場合の措置

特定適格消費者団体は、対象消費者宛ての金銭を受領した場合は、遅滞なく、その旨を当該対象消費者に通知する。もっとも、授権契約時等に対象消費者の了解を得ているときは、一定期間ごとにまとめて通知をすることも差し支えない。

(e) 入出金記録および出納記録

特定適格消費者団体は、事案ごとに、預り金と預り金以外の金員とを区別して、預金口座の入出金記録および現金の出納記録を作成する必要がある。

(f) 金銭管理責任者の設置

(ア) ガイドラインの記載概要

特定適格消費者団体は、金銭管理責任者を置く必要がある。この金銭管理責任者は、公認会計士、税理士、破産管財人等の実務に精通した弁護士、企業会計に従事した経歴がある者など、金銭管理を適切にすることができる者が任命される必要がある。

(イ) ガイドラインについての考え方

ガイドラインでは「公認会計士、税理士、破産管財人等の実務に精通した弁護士、企業会計に従事した経歴がある者」が金銭管理責任者の例として記載されている。特定適格消費者団体の金銭管理責任者は、実際に金銭を適切に管理することが求められているのであり、会計や経理に関する資格や高度の知識・経験を有している必要はない。そのため、「金銭管理を適切にする

ことができる者」は例示されている専門家と同等の知識・経験を有している者が任命されなければならないという運用は適切ではないと考える[168]。なお、ガイドラインに記載されている対象者はあくまで金銭管理責任者であり金銭管理に携わるその他の者ではない。

　(g)　業務規程における整備

　特定適格消費者団体は、金銭管理に関する事項を業務規程において整備する必要がある。

⑤　業務委託

概要は次のとおりである（ガイドライン2.(2)オ）。

　特定適格消費者団体が第三者に被害回復関係業務の一部を委託する場合は、以下の要件を満たす必要があるとされる。なお、外部の人物または組織に業務の一部を委託しても直ちに業務の適正性が損なわれることのない裁量の余地の乏しい業務（たとえば、郵便の送付など）は、以下の要件を満たす必要はないとされる。

　また、個々の委託先との関係が以下の要件を満たしていたとしても、法が特定適格消費者団体に限って被害回復関係業務を遂行することを認めた趣旨からすると、被害回復関係業務の大半を第三者に委託するような業務委託は許されない。被害回復関係業務の大半が第三者に業務委託されているか否かは、特定適格消費者団体が自ら行った業務の内容と委託を受けた第三者が行った業務の内容の比較、委託に要する費用が当該事案に関する被害回復関係業務全体に要する費用に占める割合などを総合的に考慮して判断するものとするとされている。

　ⓐ　特定適格消費者団体と委託先との契約において、委託に係る業務の遂

---

[168] 消費者庁「消費者の財産的被害の集団的な回復のための民事の裁判手続の特例に関する法律の施行に伴う政令（案）、内閣府令（案）、ガイドライン（案）等に関する意見募集の結果について」の別紙「意見募集で寄せられた意見の概要及びこれに対する考え方」No.28では、「特定適格消費者団体の金銭管理の責任者について、一般的な社会経験のある者であれば十分担い得るものであるから、公認会計士や税理士等の有資格者と同等の知識や経験を有していることまで必要とすべきではないのではないか」という意見に対し、消費者庁の考え方としても「金銭管理を適切にすることができる者は、必ずしも公認会計士や税理士等の有資格者と同等の知識や経験を有していることまでも必要とするものではありません」とされている。

行方針、報告義務等必要事項が盛り込まれていること
- ⓑ 委託に要する費用が適正であることが確認できるよう、委託先から詳細な開示を受け、事業報告書に記載して内閣総理大臣に提出すること（消契法31条6項）
- ⓒ 業務委託をするに際しては、65条4項3号イ(2)に規定する「被害回復関係業務の執行に係る重要な事項の決定」として理事会の決議を経ること
- ⓓ 特定適格消費者団体はその委託先を選定した合理的な理由を説明できなければならないこと

⑥ 業務規程

業務規程は、特定適格消費者団体が被害回復関係業務を遂行するための方法を記載したものであり、規則8条各号に列挙されている事項が漏れなく、具体的に記載されている必要がある。詳しくはガイドライン2.(2)カ・(8)を参照されたい。あわせて、65条5項の解説を参照されたい。

4 理事会の構成（3号）

(i) 趣　旨

事案対応の迅速性を図る観点から、被害回復関係業務の執行機関を理事会とするとともに、組織として適正な意思決定を行わせる観点から、その決議が理事の過半数またはこれを上回る以上の多数決により行わせること、業務の執行に係る重要事項の決定を個別の理事などに委任してはならないこととした。

また、特定適格消費者団体は、被害回復裁判手続の追行主体であるため、組織の意思決定に法律事務の専門性を有する者の知見が適正に関与される必要があり、理事のうち1人以上が弁護士であることとした（一問一答146頁）。

(ii) 「被害回復関係業務の執行に係る重要な事項の決定」についてのガイドラインの記載概要（ガイドライン2.(3)ア）

理事その他の者（常任理事会など一部の理事によって構成される機関等）に委任されてはならない「被害回復関係業務の執行に係る重要な事項の決定」と

は、次のとおりとされている。

ⓐ　仮差押命令の申立てまたはその取下げを行う場合
ⓑ　共通義務確認の訴えの提起またはその取下げを行う場合
ⓒ　共通義務確認訴訟に関し、請求の放棄、和解等それにより確定判決おょびこれと同一の効力を有するものが存することとなるものをしようとする場合
ⓓ　共通義務確認訴訟の判決に対する上訴またはその取下げを行う場合
ⓔ　共通義務確認訴訟の確定判決に対する再審の訴えの提起またはその取下げを行う場合
ⓕ　簡易確定手続開始の申立てまたはその取下げを行う場合
ⓖ　28条1項に規定する文書の開示を求める場合
ⓗ　業務規程に定められた具体的な理由以外の理由により、簡易確定手続授権契約もしくは訴訟授権契約の締結を拒絶し、またはこれらの契約の解除をする場合
ⓘ　裁量の余地が乏しい業務以外の被害回復関係業務の一部を第三者に委託する場合

5　検討部門（4号）

(i)　趣　旨

被害回復関係業務を適正に遂行するために消費者問題や法律に精通した者（専門委員）が被害回復裁判手続の要否・内容等について助言・意見を述べる体制の整備が必要とされている。

(ii)　ガイドラインの記載概要（ガイドライン2.(4)）

65条4項4号の検討部門については、消契法13条3項5号イおよびロに掲げる専門委員が随時検討に参画することが確保されている必要があるが、特定適格消費者団体に雇用されているなど、特定適格消費者団体に常駐していることまで求められるものではないとされる。

また、消契法13条3項5号の差止請求の要否・内容についての検討を行う部門とは別に組織されていることが必要であるが、専門委員が、差止請求関

係業務に係る検討を行う部門と兼務することや、差止請求関係業務に係る検討を行う部門との会議を同時に開催することは、差し支えない。

　65条4項4号に規定する「被害回復関係業務を適正に遂行することができる専門的な知識経験を有する」か否かは、被害回復関係業務を遂行するための人的体制に照らして専門的な知識経験を有するかどうかを総合的に判断するものとされる。

　また、被害回復関係業務は、被害回復裁判手続に関する業務、被害回復裁判手続に関する業務の遂行に必要な消費者の被害に関する情報の収集に係る業務、被害回復裁判手続に関する業務に付随する対象消費者に対する情報の提供および金銭その他の財産の管理に係る業務を含むものであるから（65条2項3号）、これらの業務においてそれぞれ業務を適正に遂行することができる専門的な知識・経験を有すると認められる必要があるとされる。

6　経理的基礎（5号）

(i)　趣　旨

　特定適格消費者団体が行う被害回復関係業務においては、簡易確定手続における対象消費者の通知・公告など、差止請求関係業務では生じなかった費用が発生する。そのため、特定適格消費者団体には、被害回復関係業務を継続的かつ安定的に行い得ると認められる経理的基礎を満たしていることが必要とされる（一問一答145頁）。

(ii)　ガイドラインの記載概要（ガイドライン2．(5)）

　「被害回復関係業務を適正に遂行するに足りる経理的基礎を有すること」とは、特定適格消費者団体が被害回復関係業務を安定的かつ継続的に行うに足りる財政基盤を有していることをいい、一定額以上の基本財産を自ら保有している場合に限られるものではないとされる。

　この「経理的基礎を有する」か否かの判断にあたっては、申請者の規模、想定している被害回復裁判手続の件数など計画している被害回復関係業務の内容、継続的なボランティアの参画状況、被害回復関係業務および差止請求関係業務以外の業務による収入の見込み、約されている寄附の状況、情報機

器の利用や他の特定適格消費者団体との連携体制の構築による効率的な業務運営の見込み、差止請求関係業務の実施の状況、予想外の事態により活動資金が途絶えそうな場合に備えた資金確保の方法等を踏まえ、総合的に考慮するものとされる。なお、すでに債務超過状態に陥っている場合や、債務超過状態に陥ることが確実に予見される場合には、この要件は満たさないものとされる。

予想外の事態により活動資金が途絶えそうな場合に備えた資金確保の方法については、特定適格消費者団体の事業年度末の正味財産を引当てにすることが想定される。被害回復関係業務は特定適格消費者団体に負担が大きいうえに、財政的にも人的にも限られた資源を有効活用して十分な検討を行ったうえで被害回復関係業務を行うこととなる。そのため、正味財産の引当以上に過度の要求をするべきではない[169]。

7 報酬基準（6号）

後記65条4項6号の解説参照。

8 被害回復関係業務以外の業務

(i) ガイドラインの記載概要

「被害回復関係業務以外の業務を行うことによって被害回復関係業務の適正な遂行に支障を及ぼすおそれがないこと」とは、特定適格消費者団体の業務体制において、被害回復関係業務以外の業務に人員や経費を過度に集中させることにより、適正に被害回復関係業務を遂行することができなくなるおそれがある場合をいう。なお、「被害回復関係業務以外の業務」には、概念上、差止請求関係業務も含まれる（ガイドライン2.(7)ア）。

特定適格消費者団体が遂行しようとしている被害回復関係業務以外の業務

---

[169] 消契法ガイドラインでは、適格消費者団体の経理的基礎に関し、「予想外の事態により活動資金が途絶えそうな場合に備えた資金確保の方法」という要素自体は明記されていない。しかし、第4回ガイドライン等検討会資料1・13頁では、適格消費者団体についても特定適格消費者団体の経理的基礎に関する考え方と同様に考えるべきであるとされている。

の内容、場所および回数その他の実施態様、それぞれの業務に必要な人員および支出額等を総合的に考慮して上記のような弊害が生ずるおそれがある業務体制であると客観的に認められるものであってはならない（ガイドライン2.(7)ア)。

(ⅱ) ガイドラインについての考え方

すでに多様な活動をしている大規模な消費者団体が、特定適格消費者団体となった場合には、被害回復関係業務以外の業務に従事している人員や予算が、被害回復関係業務に従事している人員や予算に比べて圧倒的に大きい場合があり得る。しかし、だからといって、適正に被害回復関係業務を遂行できなくなるということは通常はないと考えられる。むしろ多様な活動をしている大規模な消費者団体が被害回復関係業務を行うことで、突発的な作業量の増大や経費の増大にも対応し得るので安定的・継続的に業務が行える。また、そのような消費者団体が被害回復業務を行うことで、消費者からの情報収集や消費者への情報提供も効果的に行えるから、むしろ好ましい。したがって、人員や経費が、被害回復関係業務以外の業務に多く配分されているからといって、直ちに、支障を及ぼすおそれがあるということにはならないと考えられる。

このことは、差止請求関係業務と被害回復関係業務との関係でも同様であり、人員や経費が差止請求関係業務に多く配分されているとしても、両者の業務には情報収集など共通している部分もあり、直ちに、被害回復関係業務に支障を及ぼすおそれがあるということにはならないと考えられる。

◆第65条第4項第6号　特定適格消費者団体の認定②

第65条
　六　被害回復関係業務に関して支払を受ける報酬又は費用がある場合には、その額又は算定方法、支払方法その他必要な事項を定めており、これが消費者の利益の擁護の見地から不当なものでないこと。

第2部　逐条解説　消費者裁判手続特例法

I　概　説

　特定適格消費者団体が共通義務確認の訴えを提起するとともに、その後の簡易確定手続を適切に遂行するためには、必然的に人件費その他の一定の支出が生じることが避けられない。これらの支出をすべて特定適格消費者団体の負担で賄わなければならないとすれば、事実上、特定適格消費者団体が持続的に被害回復関係業務を行うことが困難となり、結果として本制度に基づく被害回復が図られず、消費者の利益に反することとなる。

　この点に関し、特定適格消費者団体と対象債権の確定手続についての授権をした対象消費者との関係は委任関係にあると考えられることから、特定適格消費者団体が、委任事務である被害回復関係業務を処理するのに必要と判断して支出して生じた「費用」については、委任者である対象消費者に対し、当該委任契約に基づき、前払請求（民法649条）および償還請求（同法650条1項）することができる。しかし、団体内部の人件費など一定の事務を処理するための統一的な労務に対する対価については「費用」ではなく「報酬」に当たるものとされ、特定適格消費者団体と授権をした対象消費者との間に委任契約があるというだけでは対象消費者に対して負担を求めることができないものと考えられる。

　このようなことから、本制度においては、制度の持続性の観点から、特定適格消費者団体の被害回復関係業務において生じる支出について特定適格消費者団体が合理的かつ適正な範囲内で回収できるよう、特定適格消費者団体が、授権をした者との簡易確定手続授権契約または訴訟授権契約で定めるところにより、被害回復関係業務を行うことに関して報酬を受けられることを明確にした（76条）。

　この特定適格消費者団体が対象消費者より支払いを受けるべき費用や報酬の額については、特定適格消費者団体と授権をした対象消費者との関係は基本的に委任関係にあるものと考えられることから、当事者間の合意によるのが基本である。しかし、特定適格消費者団体が不相当に高額な費用や報酬の支払いを求めた場合、結果として対象消費者の回収分が圧迫されて被害回復

が適切に図られないおそれもある。そのため、本号は、特定適格消費者団体の認定要件として、被害回復関係業務に関して支払いを受ける報酬または費用がある場合には、その額または算定方法、支払方法その他必要な事項を定めるとともに、消費者の利益の擁護の見地から不当なものでないことを求めたものである。

なお、消費者の利益の擁護の見地から不当と考えられる費用や報酬の額または算定方法、支払方法の具体的内容については、消費者庁によりガイドラインが公表されている（ガイドライン2.(6)）。

Ⅱ ガイドラインによる費用・報酬基準

1 ガイドライン制定の経緯、概要

消費者裁判手続特例法が成立した後、ガイドライン等検討会において特定適格消費者団体による報酬や費用のあり方が議論された（第7回～第9回ガイドライン等検討会）。ガイドライン等検討会における議論の中では、消費者に確保される一定の取戻分を明確にするべく、2段階目の手続において中核を占める簡易確定手続に対する報酬や費用について、授権をした対象消費者の総数と回収金額によって詳細に区分して許容される上限額を具体的に示すことも検討された（第8回ガイドライン等検討会資料1別表3）。しかし、特定適格消費者団体に生じる費用は、当該事案の特性やその対象消費者の属性等の事情によってさまざまに変動しうることから、授権をした対象消費者の総数と回収金額のみの区分によっては報酬や費用の許容される上限額を詳細に示すことは困難と判断された。

このため、ガイドライン等検討会の最終報告においては、簡易確定手続に対する報酬や費用については、特定適格消費者団体は、債権届出までに生じた費用につき原則として授権をした対象消費者に負担を求めることができることに加え、具体的な回収額の50％未満を上限として追加の費用や報酬の支払いを求めることができることができるものとされた（ガイドライン等検討会報告書30頁以下）。また、異議後の訴訟手続や民事執行、保全手続を行った

場合の費用・報酬については、簡易確定手続に対する報酬とは別に対象消費者に対して負担を求めることができるものとされた（ガイドライン等検討会報告書32頁以下）。

その結果、消費者庁が最終的に公表したガイドラインは、特定適格消費者団体が対象消費者より受領しうる報酬や費用の額について詳細に基準を定めることをせず、特定適格消費者団体の裁量に一定程度委ねることとしており、特定適格消費者団体が事案の特性に応じて適切な報酬や費用の額を定めうるものとなった。また、ガイドラインにおいては、対象消費者の簡易確定手続参加のための費用負担、債権届出より後の報酬・費用の負担に区分して定めることにより、債権届出までに現実に団体にかかった実費を、透明性のある形で授権した対象消費者において手続参加時に負担してもらうことが可能とされている。

2 ガイドラインの問題点

消費者庁により公表されたガイドラインは、特定適格消費者団体においてその責務を履行するために負担しなければならない必要最低限の費用につき、当該案件の手続に参加した対象消費者より一定の償還を受けることを可能とするものであり、一定の評価ができるものである。しかし、同時に以下のような問題点も指摘できる（2015年5月7日付日弁連意見書15頁以下参照）。

まず、特定適格消費者団体としては主として授権をした対象消費者から得られる費用や報酬により手続遂行に要する費用を賄っていく必要があるため、ガイドラインが示した報酬や費用の基準によった場合、特に少額被害事件において回収額に比べて対象消費者が負担をする費用や報酬の額の割合が相当高いものになる可能性があるという問題がある。このため、消費者被害の回復という観点からは、少額被害事件であっても対象消費者に相当程度の取戻分を保証すべきであり、そのために特定適格消費者団体が受ける費用や報酬の額についても厳しく制限すべきとの考え方もあり得るところである。

しかし、特定適格消費者団体は何ら公的機関ではなく、あくまで民間団体である。特定適格消費者団体やそれにかかわる関係者に対して、資金の目処

もない中で持続的に被害回復関係業務を行うことを求めることは、必ずしも適切とはいえない。とりわけ少額被害事件において、回収額に比べて対象消費者の取戻分が少なくなってしまう可能性があるという問題に対しては、特定適格消費者団体が受けうる報酬の額を制限する方向ではなく、むしろ特定適格消費者団体に対する公的支援を行って実質的に対象消費者の費用負担を軽減するといった方法により対処すべきであろう。

また、ガイドラインは、特定適格消費者団体が受ける報酬および費用を適切なものとするため消費者庁による十分な監督が行われる必要があるとし、実際の報酬および費用額の適切さのみならず、特定適格消費者団体がどのような事案に取り組んでいるのかについても監督をすることとしている。このような消費者庁による事件の選定に対する監督については、本来、事件の選定は特定適格消費者団体の自主的な判断に委ねられるべきものであり、これに消費者庁が過度に介入することになれば、必要性に乏しい案件をことさらに取り上げることを特定適格消費者団体に促すことにもつながりかねないものと考えられ、必ずしも妥当ではない。仮にこれを消費者庁による監督対象とするものとしても慎重かつ抑制的な運用がなされるべきであろう。

3　ガイドラインによる報酬および費用の基準の考え方

(i)　概　説

特定適格消費者団体が被害回復関係業務を遂行するにあたって生じる費用や事務負担については、共通義務確認の訴え、通知公告、授権・債権届出、簡易確定決定、異議後の訴訟手続、強制執行・民事保全手続といった手続の段階ごとに大きく変わるものであることに加え、異議後の訴訟手続や強制執行・民事保全手続については全ての案件、さらには当該案件の全ての対象消費者について実施されるものとは限らないという特徴がある。このため、ガイドラインにおいては、手続の段階に応じて報酬や費用の基準の考え方が示されており、具体的には簡易確定手続に関する報酬および費用の基準につき授権をした対象消費者全員との関係で適用されるものとして定めるとともに、異議後の訴訟手続や民事執行、保全手続を行った場合の費用・報酬を別

に定めている(ガイドライン2.(6)ア)。

以下、ガイドラインが示す報酬および費用の基準を詳説する。

(ii) **簡易確定手続参加のための費用負担(ガイドライン2.(6)イ(ア))**

① **基本的な考え方**

特定適格消費者団体が債権届出までに要した費用(共通義務確認訴訟に要した弁護士費用、通知に要する郵送費、説明会開催などのために授権に要する費用、債権届出に要する印紙代、これらの手続に要する労務費などを含む)は、裁判手続を容易に利用することができることになるという便益を手続に参加する対象消費者の全員が享受することおよび特定適格消費者団体が原則として授権を拒絶できないことに鑑み、手続参加のための費用として、授権をした対象消費者の全員で負担すべきものとされている。

もっとも、債権届出までに要した費用の全額について授権をした対象消費者の負担とすると、個々の対象消費者の回収額が少額な事件や授権をした対象消費者が少ない事件においては、対象消費者の負担が重くなり、場合によっては授権をする対象消費者がいなくなることがあり得る。そこで、特定適格消費者団体は、業務を効率化させて債権届出までに要する費用を低減させるよう努めるとともに、要する費用の額の見込み、個々の対象消費者の債権届出の額、授権を受ける対象消費者の数の見込み、回収できる金額の見込み、事案の難易などを総合的に考慮して、対象消費者の納得が得られるよう、適切な範囲で債権届出までに要した費用を、授権をした対象消費者に対し支払いを求めることができるものとしている。

なお、この手続参加のための費用負担については、授権をした対象消費者が現実に請求額を回収できなかった場合でも返還を要しないものとされている。

② **対象消費者への説明**

特定適格消費者団体が対象消費者に負担を求める報酬および費用は、被害回復関係業務が消費者の利益の擁護を図るものであることからすると、消費者の納得が得られるものであることが必要である。そのため、特定適格消費者団体は、負担を求める報酬および費用について、事前および精算時に対象

第65条第４項第６号　特定適格消費者団体の認定②

消費者に十分に説明する必要がある。
　具体的には、25条１項の規定による通知および32条の規定による説明等において、
　ⓐ　債権届出までに要する費用の見込みおよびその内訳
　ⓑ　授権をする対象消費者の数の見込み
　ⓒ　個々の対象消費者に負担を求める手続参加のための費用の金額を明示し、あわせて、
　ⓓ　回収できる金額の見込み
　ⓔ　回収があった場合の報酬および費用の額または算定方法並びにそれらの考え方
　ⓕ　回収額がゼロとなっても手続参加のための費用は返還されないものの、他方で追加負担は生じないこと
を説明することが必要とされている。
　　③　授権をした対象消費者の数が見込みと異なっていた場合の対応
　授権をした対象消費者の数が見込みと異なっていた場合は、特定適格消費者団体において、以下のとおり取り扱う必要があるとされている。
　　⒜　授権をした対象消費者の数が見込みよりも少なかった場合
　この場合に、授権をした対象消費者に対し追加の負担を求めることは、当該対象消費者の予期に反するため、特定適格消費者団体は、授権をした対象消費者に追加の負担を求めることは許されないものとされている。
　　⒝　授権をした対象消費者の数が見込みよりも多かった場合
　手続参加のための費用は、債権届出までに要した費用を上限として対象消費者に負担を求めることができるものであるから、授権をした対象消費者の数が見込みよりも多く、債権届出までに要した費用を上回って手続参加のための費用を徴収することになった場合は、その上回った額については、授権をした対象消費者に返金する必要があるものとされている。もっとも、返金するための費用が返金する金額を上回る場合は、返金する必要はないものとされている。返金する場合であっても、授権契約に定めることにより、債権届出より後の報酬および費用の負担の精算時まで返金を猶予することは差し

支えないものとされている。

④ 受領した費用と現実に要した費用に齟齬が生じた場合の措置

手続参加のための費用は、債権届出までに要した費用を上限とするものであるが、対象消費者に対して25条1項の規定により通知し、または32条の規定により説明する時点では、その費用の額は確定せず、その見込額を通知または説明せざるを得ないところ、その見込額と、現実に債権届出までに要した費用との間に齟齬が生じ得る。このような場合は、以下のとおりにする必要があるものとされている。

(a) 通知または説明した債権届出までに要する費用の見込みが現実に債権届出までに要した費用よりも少なかった場合

この場合に、授権をした対象消費者に対し追加の負担を求めることは、当該対象消費者の予期に反するため、特定適格消費者団体は、授権をした対象消費者に追加の負担を求めることは許されないものとされている。

(b) 通知または説明した債権届出までに要する費用の見込みが現実に債権届出までに要した費用よりも多かった場合

手続参加のための費用は、債権届出までに要した費用を上限として対象消費者に負担を求めることができるものであるから、通知または説明した債権届出までに要する費用の見込みが現実に債権届出までに要した費用よりも多く、債権届出までに要した費用を上回って手続参加のための費用を徴収することになった場合は、その上回った額については、授権をした対象消費者に返金する必要があるものとされている。もっとも、返金するための費用が返金する金額を上回る場合は、返金する必要はないものとされている。返金する場合であっても、授権契約に定めることにより、債権届出より後の報酬および費用の負担の精算時まで返金を猶予することは差し支えないものとされている。

(ⅲ) 簡易確定手続における債権届出より後の手続に関する報酬および費用（ガイドライン2.(6)イ(イ)）

債権届出より後の手続に関する報酬および費用は、個々の対象消費者の対象債権が回収された場合には、当該回収のあった対象消費者が負担すること

になる。もっとも、被害回復関係業務が消費者の利益の擁護を図るものであることに鑑みると、少なくとも回収額の50％超は消費者の取戻分とする必要があるものとされている[170]。

　もっとも、ガイドラインにおいてはこれ以上の具体的な基準は定められておらず、特定適格消費者団体は、個々の対象消費者の回収額、授権をした対象消費者の数、個々の対象消費者が負担した手続参加のための費用、事案の難易、被害回復関係業務に要する労力などを総合的に考慮し、事案に応じて適切に対象消費者の取戻分の割合を設定することとなる。

　ガイドラインは、この点に関して、特定適格消費者団体は、常に回収額の半分（50％）に近い額を報酬および費用として対象消費者に負担を求めることは適切ではなく、個々の対象消費者の回収額が多額になる、または手続に参加する対象消費者が多くなるに従って、対象消費者の取戻分を増加させることが必要としている。

　また、特定適格消費者団体は、負担を求める報酬および費用について、事前および精算時に対象消費者に十分に説明する必要があるものとされている。この観点から、特定適格消費者団体は、対象消費者との精算に際しては、負担を求める報酬および費用の額並びにその根拠を説明することが必要とされている。

(iv) 異議後の訴訟（ガイドライン2.(6)ウ(ｱ)）

① 報　酬

　対象消費者個々の回収金額の10％が上限とされている。ただし、個々の回収金額が3000万円を超えるときは、その超える部分については6％が上限とされている。

　異議後の訴訟の結果にかかわらず、13万円までは対象消費者に支払いを求めることができるものとされている。また、異議後の訴訟において着手金の支払いを求める場合は13万円が上限とされている。

---

[170] なお、簡易確定手続参加のための費用負担については対象消費者の取戻分を回収額の50％超とすることとの関係では考慮すべきではなく、簡易確定手続における債権届出より後の手続に関する報酬および費用が回収額の50％を超えないようにすれば足りるものと考えられる。

② 費　用

弁護士費用以外の費用は全額を対象消費者に支払いを求めることができるものとされている。

(ⅴ) 民事執行手続（ガイドライン２.(6)ウ(ｲ)）

① 報　酬

異議後の訴訟の上限（対象消費者個々の回収金額の10％。ただし、個々の回収金額が3000万円を超えるときは、当該超える部分については６％）が上限とされている。

民事執行手続の結果にかかわらず、７万円までは対象消費者に支払いを求めることができるものとされている。また、民事執行手続において着手金の支払を求める場合は７万円が上限とされている。

② 費　用

弁護士費用以外の費用は全額を対象消費者に支払いを求めることができるものとされている。

(ⅵ) 証拠保全手続（ガイドライン２.(6)ウ(ｳ)）

① 報　酬

証拠保全手続の結果にかかわらず、８万円まで対象消費者に支払いを求めることができるものとされている。また、証拠保全手続において着手金の支払いを求める場合は８万円が上限とされている。

② 費　用

弁護士費用以外の費用は全額を対象消費者に支払いを求めることができるものとされている。

(ⅶ) **特定適格消費者団体の備え（ガイドライン２.(6)イ(ｳ)）**

ガイドラインが上記のような報酬や費用についての一定の上限を求めていることから、特定適格消費者団体は、事案（特に少額被害事件）によっては実際に生じた支出を対象消費者から得られた報酬および費用によって回収できない場合がある。このため、ガイドラインにおいては、被害回復関係業務全体の運営の中でこのような事態に備える必要があるものとして、他の事案の報酬として得た額を特定適格消費者団体において保持して、これを報酬お

第65条第4項第6号　特定適格消費者団体の認定②

よび費用を回収できない場合の備えにあてることは差し支えないものとされている。

(viii)　消費者庁による報酬や費用についての監督（ガイドライン5.(4)）

　ガイドラインは、特定適格消費者団体の報酬および費用につき、被害回復関係業務の安定的な運営および信頼性を確保するため、十分に監督を行う必要があるとしている。具体的には、手続参加のための費用については、78条1項10号等の報告により手続参加のための費用が適切か否かを監督し、債権届出より後の報酬および費用については、被害回復裁判手続およびこれに付随する金銭の分配に関する業務が終了した日を含む事業年度の事業報告書により債権届出より後の報酬および費用が適切か否かを監督するものとしている。

　そのうえで、特定適格消費者団体からの報告または事業報告書に不明な点があった場合については報告を求め（88条、消契法32条）、不明朗な報酬および費用が設定されている場合または特定適格消費者団体が報酬および費用を取り過ぎている場合は改善のための必要な措置をとるべきことを命ずることとされている（85条2項）。

　また、消費者被害の多くは少額事件であるところ、特定適格消費者団体は、消費者被害を集団的に回復するというこの制度の趣旨を踏まえ、少額事件に対して積極的に取り組むことが必要であり、報酬額の大きい事案ばかりに取り組むことは望ましくないものとして、特定適格消費者団体が被害回復関係業務を重ねる中でどのような事案に取り組んでいるのかについても監督するものとされている[171]。なお、特定適格消費者団体が事案に取り組むことができるか否かは、特定適格消費者団体が得ている情報、法的主張として成り立ち得るものか否か、証拠の有無およびその内容、想定される対象消費者の数、想定される費用の多寡などによって影響されるものであるため、こうした諸事情も踏まえて監督をするものとされている。

---

[171]　消費者庁において特定適格消費者団体がどのような事案に取り組んでいるのかについても監督をすることとしている点は、Ⅱ2でも述べたとおり、適切といえるか大きな疑問がある。仮にこれを監督対象とするものとしても慎重かつ抑制的な運用がなされるべきであろう。

351

第2部 逐条解説 消費者裁判手続特例法

◆第65条第5項　特定適格消費者団体の認定③

> **第65条**
> 5　前項第2号の業務規程には、被害回復関係業務の実施の方法、被害回復関係業務に関して知り得た情報の管理及び秘密の保持の方法、被害回復関係業務の実施に関する金銭その他の財産の管理の方法その他の内閣府令で定める事項が定められていなければならない。この場合において、業務規程に定める被害回復関係業務の実施の方法には、簡易確定手続授権契約及び訴訟授権契約の内容並びに請求の放棄、和解又は上訴の取下げをしようとする場合において第31条第1項又は第53条第1項の授権をした者（第76条において単に「授権をした者」という。）の意思を確認するための措置、前項第4号の検討を行う部門における専門委員からの助言又は意見の聴取に関する措置及び役員、職員又は専門委員が被害回復裁判手続の相手方と特別の利害関係を有する場合の措置その他業務の公正な実施の確保に関する措置が含まれていなければならない。

1　趣　旨

　本項は、特定適格消費者団体の認定要件のうち「業務規程が適切に整備されていること」（65条4項2号）に関して、業務規程の記載事項を定めるものである。業務規程は、団体が被害回復関係業務を実施するための規律について包括的に定めたものであり、消費者および事業者がこれを閲読すれば当該団体の業務の実施方法の全体像が明瞭にわかるように網羅的に記載されていることが必要である。

　本項はやや複雑な条文となっているが、第1文において、業務規程の記載事項は内閣府令で定めるとしており、①被害回復関係業務の実施の方法、②情報の管理および秘密の保持の方法、③財産の管理の方法の3つが内閣府令で定める事項として例示されている。そして、第2文において、①の内容が規定されており、ⓐ簡易確定手続授権契約および訴訟授権契約の内容、ⓑ授権をした者の意思を確認するための措置、ⓒ専門委員からの助言または意見

の聴取に関する措置、ⓓ役職員等が相手方と特別の利害関係を有する場合の措置、ⓔその他業務の公正な確保に関する措置の5つが規定されている。なお、「被害回復関係業務を適正にする遂行するための体制」の整備が認定要件であるところ、その「体制」の例示としても、①～③の事項が列挙されている（4項2号）。

そして、業務規程の記載事項は、規則8条に列挙されており、その内容は、ガイドライン2.(8)で記載されている。ただし、①のうち情報提供業務の実施の方法、業務委託、②③については、ガイドライン2.(2)において解説されているので、あわせて参照する必要がある。

II 解説

1 業務規程の記載事項

業務規程の記載事項について、規則8条では、以下のように規定されている。

> 一　被害回復関係業務の実施の方法に関する事項として次に掲げる事項
> 　　イ　被害回復裁判手続に関する業務の実施の方法に関する事項
> 　　ロ　イの業務の遂行に必要な消費者の被害に関する情報の収集に係る業務の実施の方法に関する事項
> 　　ハ　イの業務に付随する対象消費者に対する情報の提供に係る業務の実施の方法に関する事項
> 　　ニ　簡易確定手続授権契約及び訴訟授権契約の内容に関する事項
> 　　ホ　請求の放棄、和解、債権届出の取下げ、認否を争う旨の申出、簡易確定決定に対する異議の申立て又は上訴若しくは上訴の取下げをしようとする場合において法第31条第1項又は法第53条第1項の授権をした者の意思を確認するための措置に関する事項
> 　　ヘ　法第65条第4項第4号の検討を行う部門における専門委員からの助言又は意見の聴取に関する措置及び役員、職員又は専門委員が被害回復裁判手続の相手方と特別の利害関係を有する場合の措置その他業務の公正な実施の確保に関する措置に関する事項

ト　特定適格消費者団体であることを疎明する方法に関する事項
二　特定適格消費者団体相互の連携協力に関する事項（法第78条第１項の通知及び報告の方法に関する事項並びに第18条第15号に規定する行為に係る当該通知及び報告の方針に関する事項を含む。）
三　役員及び専門委員の選任及び解任その他被害回復関係業務に係る組織、運営その他の体制に関する事項
四　被害回復関係業務に関して知り得た情報の管理及び秘密の保持の方法に関する事項
五　被害回復関係業務の実施に関する金銭その他の財産の管理の方法に関する事項
六　その他被害回復関係業務の実施に関し必要な事項

　このうち、前記Ⅰの①の被害回復関係業務の実施の方法については、被害回復関係業務には、被害回復裁判手続に関する業務、情報の収集に係る業務、情報の提供および金銭その他の財産の管理に係る業務の３つが含まれる（65条２項）ので、被害回復裁判手続に関する業務が１号イ、情報の収集に係る業務が１号ロ、情報の提供に係る業務が１号ハに規定されている。①ⓐの簡易確定手続授権契約および訴訟授権契約の内容は１号ニに、①ⓑの授権をした者の意思を確認するための措置が１号ホに、①ⓒからⓔまでの措置が１号ヘに規定されている。
　また、②の情報の管理および秘密の保持の方法は４号に、③の財産の管理の方法が５号に規定されている。法律上例示されていない事項としては、１号トの特定適格消費者団体であることを疎明する方法、２号の特定適格消費者団体相互の連携協力、３号の体制に関する事項、６号のその他被害回復関係業務の実施に関し必要な事項がある。以下では、規則に従って、各号ごとに解説していく。

2　被害回復裁判手続に関する業務の実施の方法（規則８条１号イ）

　被害回復裁判手続に関する業務の実施の方法には、被害回復裁判手続の要否およびその内容について検討を行い、その実施について決定する方法を規

定する必要がある（ガイドライン2.(8)イ①）。また、簡易確定手続についての授権に先立つ説明をウェブサイトの閲覧を求める方法で行う場合の、問合せへの対応に関する体制や説明事項を理解したことを確認する措置などを規定する必要がある（ガイドライン2.(8)イ②・4.(4)ア(イ)）。

3　情報の収集に係る業務の実施の方法（規則8条1号ロ）

(i)　差止請求関係業務との関係

　一般消費者からの情報の収集の方法、特定適格消費者団体の会員または他の消費者団体からの情報の収集の方法などをいう（ガイドライン2.(8)ウ）。適格消費者団体の消費者被害情報収集業務と同様である。

　なお、情報受付窓口の設置など業務として共通しており、また、差止めに適する事案が同時に被害回復裁判手続を活用すべき事案である場合もあるから、差止請求関係業務としての消費者被害情報収集業務と被害回復関係業務としての消費者被害情報収集業務は、共通して行ってよいものと考えられる。

(ii)　区分経理

　差止請求関係業務としての消費者被害情報収集業務と被害回復関係業務としての消費者被害情報収集業務を共通して行う場合には、84条は被害回復関係業務に係る経理を他の業務に係る経理と区分して整理しなければならないとしていることとの関係が問題になる。

　差止請求関係業務としての消費者被害情報収集業務で収集すべき情報と被害回復関係業務としての消費者被害情報収集業務で収集すべき情報は重なり合わないこともあるが、一般的には、被害回復裁判手続では、債務不履行や瑕疵担保に関する事案も扱うことから、被害回復関係業務としての消費者被害情報収集業務に必要な情報のほうが幅が広いであろうから、それらの経費を全体として被害回復関係業務としての消費者被害情報収集業務に計上して差し支えないものと考えられる。

(iii)　景表法30条2項

　また、景表法30条2項は、消費者安全法の消費生活協力団体および消費生

活協力員が、適格消費者団体に、事業者が同法上の差止請求権の対象行為を行い、または行うおそれがある旨の情報を提供できるとされている。しかし、同条3項では、目的外使用が認められていないため、被害回復裁判手続に用いることができない。そのため、同法30条2項によって得た情報については、差止請求関係業務としての消費者被害情報収集業務と被害回復関係業務としての消費者被害情報収集業務とは区別する必要がある。

消費生活協力団体および消費生活協力員との連携の下に、地域における消費者安全を確保していくという消費者安全法の趣旨からみて、被害回復裁判手続に情報を用いることができないのは、不必要に情報の利用を制約しており不適当と考えられる。

もっとも、被害者を特定しない形で事業者が差止対象行為を行い、行うおそれがあることを情報提供する場合には、それらの情報は消費者安全法11条の8の秘密に当たらないから、このような情報の提供があった場合には、被害回復裁判手続に利用することが許されると考えられる。また、景表法30条2項で得た情報の被害者が、被害回復裁判手続の対象消費者になっている場合にも、その情報を利用して特定適格消費者団体がその消費者に通知をすることができないが、そのような場合には、情報を提供した消費生活協力団体および消費生活協力員が、被害者に対して被害回復裁判手続について情報提供をすることが望まれる。

4　情報の提供に係る業務の実施の方法（規則8条1号ハ）

82条の情報提供についての考慮する要素、訂正の申入れへの対応、ウェブサイトへ掲載する場合の掲載の終了または掲載内容の変更の基準などを定める必要がある（ガイドライン2.(8)エ・2.(2)イ）。詳しくは、本条4項2号の解説を参照されたい。

5 簡易確定手続授権契約および訴訟授権契約の内容（規則8条1号ニ）

(i) 授権契約の内容

簡易確定手続授権契約および訴訟授権契約の内容とは、それぞれの契約に関する契約書のひな形をいう。このひな形には、以下の事項が記載されていなければならない（ガイドライン2.(8)オ）。

(ii) 授権を受けて行う被害回復関係業務の内容に関する事項

授権の範囲について記載する必要がある。

(iii) 報酬および費用に関する事項

これについては、ガイドライン2.(6)イおよびウに合致している報酬および費用の基準（65条4項6号）によるものであることが具体的に確認できる必要がある。

(iv) 契約解除に関する事項

たとえば、対象消費者からはいつでも契約を解除できる旨、特定適格消費者団体から解除できる理由などがある。特定適格消費者団体と対象消費者との授権契約は委任契約であるから、双方からいつでも解除できるのが原則である（民法651条1項）。しかし、33条2項および53条5項は、特定適格消費者団体からの解除を制限している。

なお、業務規程に定められた具体的な理由以外の理由により、授権契約を解除する場合には、「被害回復関係業務の執行に係る重要な事項の決定」（65条4項3号イ(2)）に該当し、理事その他の者に委任することができず、理事会で決議する必要がある（ガイドライン2.(3)ア）。

(v) 契約終了時の清算に関する事項

金銭以外の預かった資料の返還に関する事項も含まれる。

(vi) 仮差押えの執行がなされている場合の留意事項

具体的には、特定適格消費者団体の平等取扱義務（59条）があるため、金銭を配分する時期が遅れることや、対象消費者が配分を受けた金銭と債務名義の減少額とが異なることがあり得るので、それについて対象消費者が同意

するとの条項を置くということである。すなわち、仮差押えの執行がされている財産への強制執行をする際に、請求債権としては、すべての届出消費者の債務名義のある債権を按分して割り付けることにより、現実に配分される額と債務名義の減少額を一致させることも可能であるかもしれないが、極めて煩瑣であり現実的でないことがある。そのような場合、特定適格消費者団体の合理的な判断により債務名義のある債権を割り付けて、強制執行をするが、強制執行で得た金銭はプールして、同時に強制執行をした届出消費者に債権額に応じて按分して配分することができるようにするためである。

また、このことは、仮差押えがされていない財産に強制執行をする場合にも問題になる。

なお、この条件を特定適格消費者団体が定めた場合に、これに応じない対象消費者については、授権を拒否するやむを得ない理由（33条1項）・正当な理由（53条4項）になる。

6 授権をした者の意思を確認するための措置（規則8条1号ホ）

(i) 意 義

授権をした者の意思を確認する方法とその結果を記録化する方法などがこれに当たる（ガイドライン2.(8)カ）。

ところで、特定適格消費者団体と授権をした者との関係は、任意的訴訟担当である。そのため、対外的には特定適格消費者団体は、請求の放棄、和解、上訴の取下げなどの権限を有している。簡易確定手続の迅速・大量・定型的処理の必要性から特定適格消費者団体の対外的な権限の一部を制約するような授権契約をすることはできない（一問一答86頁）。ただし、特定適格消費者団体と授権をした者との委任契約上の関係においては、意思確認をすることが好ましいことから、一定の場合には授権をした者の意思を確認するべきことを法律上定めたものである。

(ii) 違反の効果

このような趣旨のものであるから、授権をした者の意思の確認を怠ったからといって、特定適格消費者団体のした手続行為が無効になるわけではない

第65条第5項　特定適格消費者団体の認定③

と考えられる。また、裁判所は、授権をした者の同意書を徴求するなどして授権をした者の意思確認の状況を確認する必要はないと考えられる。仮に、特定適格消費者団体が授権をした者の意思の確認を怠った場合には、委任契約上の義務違反の問題として、特定適格消費者団体と授権をした者との間で解決されるべきである。なお、別途改善命令の対象となり得る（85条2項）。

(iii)　確認の方法

被害回復関係業務を適正に遂行するための体制が整備され、差止請求でも実績のある団体のみが認定されていること（65条4項1号・2号）、迅速・大量・定型処理の必要性から特定適格消費者団体には対外的な権限は制約できないと考えられていることからして、その趣旨を制約するような過重な確認措置を求めるのは適切でない。

したがって、意思確認の方法には制約がなく、面談、電話（スカイプなどの電話以外の通話も含む）、書面の受領、ファクシミリ、電子メール、ウェブサイト上の確認画面などどのような方法によってもよい。ただし、意思確認の結果を記録する必要があり、帳簿書類として作成保存される必要がある（消契法規則21条2項9号）[172]。

(iv)　確認をすべき場合

授権をした者の意思を確認しなければならない手続行為または訴訟行為は、65条5項には、請求の放棄、和解または上訴の取下げが掲げられている。和解は簡易確定手続でも異議後の訴訟でも行われうるが、請求の放棄、上訴の取下げは異議後の訴訟で行われうるものである[173]。これらは、既判力をもって請求の内容を確定することになる手続行為または訴訟行為である。規則8条1号ホでは、このほかに、債権届出の取下げ、認否を争う旨の申出、簡易確定決定に対する異議の申立て、上訴といった請求の内容を確定さ

[172]　消契法規則21条2項は帳簿書類の作成・保存は書面によらなければならないとしているが、e-文書法3条1項・4条1項により、電磁的記録の作成・保存を行うことができる。
[173]　50条は民訴法266条を準用していないので、請求の放棄を簡易確定手続で行うことはできない。これは、認否や届出の取下げを柔軟に行えば、請求権を確定することができ、放棄・認諾の必要性がないこと、個別に放棄・認諾調書を作成するよりも、届出消費者表に結果を記載する方が簡易迅速な処理に資するためである。

せることにならない手続行為または訴訟行為も列挙している。業務規程の記載事項は、内閣府令で定めることができ、その内容を65条5項は例示しているにすぎないから、65条5項に記載していない事項を業務規程の記載事項としても直ちに法の委任の範囲を超えるものではない。しかし、広範な行為について確認措置を求めることは、(i)で述べた制度趣旨を没却することになるから、簡易迅速な手続として創設された簡易確定手続の円滑な運用を阻害することにならないか注視する必要がある。特に、認否を争う旨の申出および簡易確定手続に対する異議の申立ては、1カ月の不変期間内に行わなければならない（43条1項・46条1項）。法律上は、意思確認措置を想定せずに、1カ月という不変期間を定めているのであり、規則で意思確認の対象行為を拡充するのは慎重であるべきであった。

(vi) **確認の時期**

意思確認の時期は、必ずしも対象となる行為をする都度意思確認をしなくても、一定の条件の下に和解に応じることについて授権時にあらかじめ同意を得ておいてもよいと考えられる。認否を争う旨の申出、簡易確定決定に対する異議の申立ては1カ月の不変期間内に行わなければならないこと、法律上は意思確認措置をとることを想定せずに不変期間が定められていることからみても、認否や簡易確定決定がある前に、一定の条件の下に当該行為をし、またはしないことについて意思確認をしておくことは差し支えないと考えられる。

7 専門委員からの助言または意見の聴取に関する措置（規則8条1号ヘ）

被害回復裁判手続を追行するに際して、専門委員の助言または意見を反映させる方法をいう（ガイドライン2.(8)キ）。

第65条第5項　特定適格消費者団体の認定③

8　役職員等が相手方と特別の利害関係を有する場合の措置（規則8条1号ヘ）

(i)　ガイドラインの記載概要

役員、職員または専門委員が相手方と特別の利害関係を有している場合にとられるべき措置をいう。「特別の利害関係を有する場合」とは、役員、職員または専門委員が、現在および過去2年の間に、被害回復裁判手続の相手方である事業者の役員もしくは職員である場合または当該事業者と取引関係（日常生活に必要な取引を除く）を有している場合が該当する。「利害関係を有する場合の措置」とは、たとえば、理事会その他の部門における議決権、助言または意見の聴取の停止が該当する（ガイドライン2.(8)ク）。

(ii)　ガイドラインについての考え方

適格消費者団体についても同様の規定があり（消契法13条4項）、そのガイドラインでは、消費者裁判手続特例法ガイドラインの制定と同時に改正されるまで、「特別の利害関係を有する場合」として、現在、相手方である事業者等の役員または職員である場合や取引関係を有している場合のみが例示されていた（消契法ガイドライン2.(8)ア(エ)）。差止請求制度が運用されていく中で、特別の利害関係を有する場合の範囲を拡張しなければならない弊害事例は見出せない。また、被害回復裁判手続について特に変更する理由も不明である。過去2年間に役員もしくは職員であった場合または取引関係を有していた場合にまで拡大したことについて、その合理性には疑問がある。

また、大規模な事業者において末端の職員はその事業者の意思決定に何らの影響も及ぼせないので、単に事業者の職員であるという事実から一律に、団体の活動において、議決権、助言や意見の聴取が停止されるというのは、市民活動を促進する観点や消費者市民社会の理念からいって適当でないと考えられる。

9 その他業務の公正な確保に関する措置（規則8条1号ヘ）

(i) ガイドラインの記載概要

「その他業務の公正な確保に関する措置」としては、特定適格消費者団体の役職員等の兼職の状況や取引の内容が実質的に特定適格消費者団体による被害回復裁判手続の追行の適正に影響を及ぼし得る場合に、特別の利害関係を有する場合の措置に準じた措置をとることが該当する（ガイドライン2.(8)ク）。そして、その例として、特定適格消費者団体の役職員等が事業の内容や市場の地域性等を勘案して被害回復裁判手続の相手方である事業者と実質的に競合関係にあると認められる事業を現在もしくは過去2年の間に営みまたはこれに従事したことがある場合、特定適格消費者団体が被害回復裁判手続の追行に関し理事との間で当該追行に係る相当な実費を超える支出を伴う取引をする場合があげられている（ガイドライン2.(8)ク）。

(ii) ガイドラインについての考え方

適格消費者団体についても(i)と同様の規定があり（消契法13条4項）、消契法ガイドラインでは、理事が現在、差止請求の相手方である事業者と実質的に競合関係にあると認められる事業を営みまたはこれに従事するものであることが例示としてあげられており、過去の兼職の状況や理事以外の職員、専門委員の兼職状況については記載されていない。特定適格消費者団体について、特別の利害関係を有する場合の措置に準じた措置をとるべき範囲を拡大させる合理的な理由は見出せない。

また、消費者裁判手続特例法ガイドラインの制定と同時に消契法ガイドラインが改正されるまで、理事との間で相当な実費を超える支出を伴う取引をする場合は例示されていなかった。差止請求制度が運用されていく中で、特別の利害関係を有する場合の範囲を拡張しなければならない弊害事例は見出せず、また、被害回復裁判手続について特に変更する理由も不明である。

(iii) 消契法ガイドライン改正の経緯

なお、差止請求制度が施行された当初の消契法ガイドラインには、「業務の公正な実施の確保に関する措置」として、理事の兼職の状況や取引の内容

が実質的に適格消費者団体による差止請求権の行使の適正に影響を及ぼし得る場合に、特別の利害関係を有する場合の措置に準じた措置をとることが該当するとは記載されていなかった。この記述は、2013年7月1日のガイドラインの改正において追加されたものである。ある差止請求が行われた際に、その相手方である事業者らが、適格消費者団体の理事の中には当該事業を営む事業者と関係がある者がいることを問題にしたことがあったことによる。しかし、そのことが差止請求権の適正な行使に影響を及ぼしたとは考えられないにもかかわらず、そのような政治的な圧力によってガイドラインを改正するのは行政のあり方として問題があったと考えられる。

そもそも、適格消費者団体の活動がボランティアによって成り立っており、理事が適格消費者団体から生活を維持するに足り得る給与を得て常勤で勤務している例は少ない。そのため、適格消費者団体の理事がさまざまな事業を営み、またはさまざまな事業者の職員であることは、当然に予定されていることである。むしろそのほうが、その業界の事業者の一般的な考え方やその業界固有の事情なども踏まえたうえで、消契法等の解釈適用を議論することができ、バランスのとれた妥当な結論を導き出せるとも考えられる。相手方と競合関係にあると認められる事業を現在もしくは過去2年の間に営みまたはこれに従事したことがある者の意見を聞くことも許さないというのは、団体の合理的な意思形成をなすうえで過度の制約となり適当でないし、事業者にとっても望ましいものであるかは疑問である。

(ⅳ) **弁護士等法律専門家の取扱い**

「実質的に競合関係にあると認められる事業を現在若しくは過去2年の間に営み又はこれに従事したことがある場合」が例示されていることに関連し、特定適格消費者団体では理事のうち1人以上が弁護士でなければならないこと（65条4項3号ロ）、法律に関する専門的な知識経験を有する者が必要な助言を行いまたは意見を述べる体制が整備されていることが必要とされていること（同項4号）との関係が問題になる。

弁護士・司法書士の広告や委任契約の解除の場合の違約金等についての紛争について、特定適格消費者団体が被害回復裁判手続を行う場合に、法律が

弁護士である理事を必置としているのに、その事件について議決権が停止されなければならないというのは法の趣旨に反するので、「業務の公平な実質の確保に関する措置」としてそのようなことは要求されていないと解すべきである。また、専門員である弁護士や司法書士について、助言または意見の聴取が停止されるのも、法律に関する専門的な知識経験を有する者が必要な助言を行い意見を述べる体制が整備されていることを要件とした法の趣旨に反するので、そのような必要はないと解すべきである。

(v) 理事との間の取引

「理事との間で当該追行に係る相当な実費を超える支出を伴う取引をする場合」が例示されていることに関連し、特定適格消費者団体では理事のうち1人以上が弁護士でなければならないこと（65条4項3号ロ）、民事訴訟に関する手続など一定の手続については弁護士に追行させなければならないこと（77条）との関係が問題になる。事業者である弁護士が、報酬を得て特定適格消費者団体を代理するのは当然のことであるので、その報酬が適切なものである限り、特定適格消費者団体にとっては相当な実費であるから、理事である弁護士が適正な報酬を得て特定適格消費者団体を代理する場合にも、議決権を停止する必要はないと考えられる。そもそも、当該事件の裁判手続に責任を持つ代理人が、その事件に関する団体の意思形成に関与できないのであれば、責任を持って裁判手続を追行することができない。

10 特定適格消費者団体であることを疎明する方法に関する事項（規則8条1号ト）

疎明する方法としては、たとえば、内閣総理大臣が特定認定をした旨を通知する書面（68条1項）の写しを提示することが当たる（ガイドライン2.(8)ケ）。これが定められた趣旨は、適格消費者団体の場合（消契法ガイドライン2.(8)ア(オ)）と同様に、特定適格消費者団体になりすまして被害回復業務に類似した行為をした場合の弊害が著しいことによるものである。

11 特定適格消費者団体相互の連携協力（規則8条2号）

(i) 連携協力の内容

本号は、75条3項が、特定適格消費者は相互に連携を図りながら協力するように努めなければならないと規定していることを踏まえたものであり、以下の事項が含まれていなければならない（ガイドライン2.(8)コ）。

(ii) 78条（他の特定適格消費者団体への通知等）1項の通知および報告の方法に関する事項

通知報告の事項・方法については、規則15条から18条までに定められている。詳細は78条の解説を参照されたい。

(iii) 規則18条15号に規定する行為（攻撃または防御の方法の提出その他の行為で、特定適格消費者団体が78条1項の通知および報告をすることを適当と認めたもの）に係る当該通知および報告の方針に関する事項

① ガイドラインの記載概要

ガイドライン4.(7)は、特定適格消費者団体が準備書面や証拠を提出した場合など、特定適格消費者団体による行為のうち一定のものについて、業務規程において通知および報告の対象とするのが望ましいとする。

② ガイドラインについての考え方

ところで、消契法ガイドラインにおいては、消費者裁判手続特例法ガイドラインの制定と同時に改正されるまで、「適格消費者団体による場合と差止請求に係る相手方による場合であるとを問わず、準備書面（答弁書を含む。）を提出した場合や証拠を提出した場合など、当該差止請求に関する手続に係る行為のうち一定のものについては、業務規程において通知及び報告の対象として規定するのが法23条第4項の規定の趣旨からは望ましい」（消契法ガイドライン4.(1)キ）として、相手方の提出した書面の共有も望ましいものとしていた。このような改正があった理由は、相手方の書面に著作権があるというものであるが[174]、訴訟に提出した書面は誰でも閲覧ができ利害関係人は謄写できるものであること（民訴法91条1項・3項）、75条3項が特定適格消費者団体の相互連携に努めることを定め、78条1項が相手方の行為も含めて

通知報告の対象として特定適格消費者団体相互で情報共有すべきことを定めていること、相手方の攻撃防御方法の情報共有なしに、団体の提出した攻撃防御方法を共有しても、訴訟の経過を把握することはできないことから、相手方の提出する攻撃防御方法の共有が妨げられるべきものではないと考えられる。

③ 閲覧制限との関係

攻撃防御方法の共有の関係で、秘密保護のための閲覧制限（民訴法92条）との関係が問題となる。この閲覧制限は、裁判所に対する閲覧謄写等の請求を当事者に限るというものであり、当事者が当該情報をどのように利用するかについて定めるものではない。たしかに、訴訟当事者として相手方の秘密には配慮すべき一般的な義務があると解される余地があるとしても、78条3項が特定適格消費者団体の相互連携に努めることを定め、78条1項が相手方の行為も含めて通知報告の対象として特定適格消費者団体相互で情報共有すべきことを定めていることからして、78条1項の義務が優先すると考えられる。したがって、閲覧制限決定がされた書面について、規則18条15号に当たるものとして、通知報告をすることは差支えがないと考えられる。このように考えても、80条が特定適格消費者団体の役職員等の守秘義務を定め、94条2号が罰則を定めていることからして、他の特定適格消費者団体が相手方の秘密を一般に公開することは考えられないから、特段の支障があるものではないと考えられる。

(iv) **2以上の特定適格消費者団体が、同一の相手方に対して、同一の社会的事実に起因する消費者の財産的被害に関する共通義務確認の訴えを提起する場合の対象債権および対象消費者の範囲の設定、事実関係に関する情報の共有等**

---

(174) 消費者庁消費者制度課「消費者の財産的被害の集団的な回復のための民事の裁判手続の特例に関する法律の施行に伴う政令（案）、内閣府令（案）、ガイドライン（案）等に関する意見募集の結果について」別紙「意見募集で寄せられた意見の概要及びこれに対する考え方」No.96（2015年11月11日）。

① 趣　旨

このような連携協力は、特定適格消費者団体の限られた資源を有効に活用して、被害者救済を果たし、被告の負担の軽減にもつながるものである。

被害回復裁判手続の性質上、被害者を一括して被害回復裁判手続に乗せられるようにすることが好ましいが、対象債権および対象消費者の範囲の設定の仕方によっては、共通性や支配性の要件を満たさなくなることがあり得るから、いくつかのグループに消費者を分割せざるを得ない場合もある。その判断を適切にするためには、自ら把握している情報のほかに広く他の特定適格消費者団体の把握している情報も収集して判断するのが好ましい。一方で、同一の社会的事実に関して、別の特定適格消費者団体が、合理的な理由もなく対象債権および対象消費者の範囲が異なる共通義務確認の訴えを複数提起することは、被告にとっても煩瑣であるし、限られた資源を有効に活用する観点からも好ましくないので、特定適格消費者団体同士で提訴を検討中の事案についても情報交換をする必要があると考えられる。

なお、最高裁規則1条2項も、同一の相手方に対して、対象債権および対象消費者の範囲の全部または一部が同一である被害回復裁判手続を追行するときの相互連携協力義務を定めている。

② 独占禁止法との関係

これとの関係で、独占禁止法3条が不当な取引制限を禁じていることとの関係が問題になる。特定適格消費者団体が同法の事業者に当たるとしても、適格消費者団体の現状に鑑みれば、近い将来に全国的に展開し市場支配力を有する実態になるとは考えにくい。そのため、競争を実質的に制限することにはならない。そもそも、本法が複数団体が提訴していることを念頭において規律を置いたのは、全国に消費者が散在しているか大量の消費者がいることから、1つの団体では訴訟を担いきれないことが想定されたためである。とすれば、特定の事案を協議してある特定適格消費者団体が提訴することとし、または、特定の事案について共同で提訴することにしたとしても、一種の正当行為として、不当な取引制限には当たらないと考えられる。

(ⅴ) **簡易確定手続開始の申立てをすべき特定適格消費者団体が2以上ある**

場合の簡易確定手続開始の申立ての見込みに関する情報の共有

　最高裁規則11条2項3号は、簡易確定手続開始の申立て（16条）の書面に、他の特定適格消費者団体による簡易確定手続開始の申立ての見込みを記載しなければならないとする。これは、簡易確定手続開始決定がされた後は、他の特定適格消費者団体はさらに簡易確定手続開始の申立てをすることができない（23条）から、裁判所は、他の団体による申立てが見込まれるか否かを把握する必要があるためである（条解最高裁規則31頁）。

(vi)　2以上の簡易確定手続申立団体がある場合の対象消費者への通知、公告をするか否か並びにこれらの方法、相手方へ情報開示の要求または情報開示命令の申立てをするか否か、重複授権を防止するための方策等

①　趣　旨

　31条2項は、対象消費者が重複して授権することを禁じているので、それを防止するための方策をとらなければならない。対象消費者への通知や公告も、複数の団体が重ねてする必要はないし（25条2項・26条2項）、複数の団体が調整せずに個別に通知・公告をしたのでは対象消費者が混乱するので好ましくない。そのため、相互の連携協力を定めている。情報開示の要求や情報開示命令の申立ても調整せずに個別に行われると、被告にとって負担となる。

②　独占禁止法との関係

　これとの関係で、独占禁止法3条が不当な取引制限を禁じていることとの関係が問題になる。そもそも、2以上の簡易確定手続申立団体があるというのは、同一の事件について複数の団体が共同して共通義務確認訴訟を追行しており、それらの団体が簡易確定手続開始の申立てをした場合である。これは、全国に消費者が散在しているか大量の消費者がいることから、1つの団体では訴訟を担いきれないため最初から共同して訴訟を追行してきたものと考えられる。また、①で述べたように、法律上、協力して行うことが想定されている。そのため、これらの協力を行っても、一種の正当行為として不当な取引制限に当たらないと考えられる。

(vii)　78条1項に規定する事項に限らずその他の被害回復関係業務に関する

第65条第5項　特定適格消費者団体の認定③

事項の適切な情報共有

ⅲで述べた規則18条15号の範囲を適切に定めることで対応しうるものと考えられる。なお、最高裁規則39条は、56条1項の仮差押命令の申立てをするにあたり、他の申立てがなされている場合には、申立書に事件の表示、裁判所の表示等を記載しなければならないとする。このため、ガイドライン2．(8)コ⑥では、例として、56条1項の仮差押命令の申立てをした場合に事件の表示、裁判所の表示等の情報を共有することをあげている。78条1項1号で56条1項の申立てが通知報告の対象となっており、規則15条2項は、申立書の写しなどの内容を示す書面を添付して報告をしなければならないとしているので、これらの情報は通常は他の特定適格消費者団体も知り得ることになる[175]。

12　体制に関する事項（規則8条3号）

被害回復関係業務を実施する組織体制を具体的に記載する必要があり、以下の事項が含まれている必要がある（ガイドライン2．(8)サ）。

① 機関または部門その他の組織の設置および当該組織の運営に関する事項（事務分掌、権限および責任等）
② 当該組織の事務の遂行に受持する者に関する事項（役員および専門委員の選任および解任の基準および方法、任期および再任等）

---

[175] なお、78条1項前段は、「その旨」を他の特定適格消費者団体に通知し、「その旨及びその内容」を内閣総理大臣に報告しなければならないとしており、他の団体への通知と内閣総理大臣への報告とでは内容が異なる。そして、規則15条2項は、報告について申立書の写しを添付するとしているのであり、通知については定めていないから、形式的には、他の団体は、仮差押命令の申立てがあったことは知り得るが、その内容は知り得ないことになる。ただし、78条1項後段では、「電磁的方法を利用して同一の情報を閲覧することができる状態に置く措置」について規定している。規則16条では、内容を示す書面もすべての特定適格消費者団体が受信できる方式とすることを定めている。そのため、「電磁的方法を利用して同一の情報を閲覧することができる状態に置く措置」が講じられると、他の団体も、申立ての内容についても知り得ることになる。なお、差止請求についてはほぼ全件が電磁的方法で通知報告がされており、事件の表示すなわち事件番号については、訴状等には記載がないが、通知・報告の際に補充されていることが多いと考えられる。このため、被害回復裁判手続についても同様の扱いがされると考えられる。

③　当該組織に係る人員の配置の方針に関する事項

13　情報の管理および秘密の保持の方法（規則8条4号）

　当該管理および方法によれば、情報が適切に管理され、秘密が適切に保持される蓋然性が客観的に認められる具体的な事項をいう（ガイドライン2.(8)シ）。

　これには、不要になった情報の廃棄の方法、個人情報保護法に定める内容に適合した体制、対象消費者の氏名および住所または連絡先の相手方に対する情報開示の求め（28条1項）や情報開示命令（29条3項）に基づき提供された情報が漏洩した場合の相手方への報告などがある（ガイドライン2.(2)ウ）。

　また、情報管理責任者の設置、情報等を扱うことができる者の範囲およびその決定方法、情報等に関するセキュリティ対策、役職員等に対する研修に関する事項が該当する（ガイドライン2.(8)シ）。

14　財産の管理の方法（規則8条5号）

　被害回復関係業務を実施するうえで必要となる金銭その他の財産を管理するための体制および方法に関する事項をいう（ガイドライン2.(8)ス）。具体的には、預り金の目的外使用の禁止、預り金専用口座の開設、預り金である現金と他の現金との区分、対象消費者宛ての金銭を受領した場合の通知、記録の作成、金銭管理責任者の設置（ガイドライン2.(2)エ）のほか、通帳や印鑑の保管方法、金銭を取り扱うことができる者の範囲に関する事項をいう（ガイドライン2.(8)ス）。

　もっとも、業務規程は公表されることから（90条2項、規則23条2号イ）、通帳や印鑑の保管方法を具体的に記載することは防犯上問題があるため、抽象的な記載にならざるを得ないと考えられる。

15 その他被害回復関係業務の実施に関し必要な事項（規則8条6号）

(i) 内　容

「その他被害回復関係業務の実施に関し必要な事項」とは、上記のほか、被害回復関係業務の実施に必要な事項をいい、下記(ii)の事項が含まれていなければならない。

(ii) 施行前事案に関する事項

　① ガイドラインの記載概要

施行前事案について消費者に被害回復の途が与えられるように配慮する方法を具体的に定めることがこれに当たる（ガイドライン2.(8)セ(ア)）。

本法の施行前事案には、本法が適用されず裁判外紛争解決手続を活用することになるため（附則6条）、特定適格消費者団体は施行前事案に係る消費者からの問合せがあった場合には、重要消費者紛争解決手続（国民生活センター法11条2項）などの裁判外紛争解決手続の教示その他の方法により、被害回復の途が得られるように配慮する必要がある。

　② いわゆる弁護団の紹介

また、裁判外紛争解決手続の活用が困難な事案では、施行前事案については団体の役職員等である弁護士や司法書士が中心となり、通常共同訴訟（民訴法38条）を活用して集団的に解決するため弁護団を形成してそれを特定適格消費者団体が紹介し、あるいはすでに存在する弁護団を特定適格消費者団体が紹介することが考えられる。

なお、適格消費者団体は、消費者に対し、差止請求の判決等その他必要な情報を提供するように努めるべきものとされている（消契法27条）。そして、消契法ガイドラインでは、「当該情報に他の者の業務に関する情報が含まれているときは、当該他の者の業務が適格消費者団体の業務と誤認されることのないように留意することが望ましい」（4.(4)）と記載されている。これは、差止請求に係る事案について被害回復をするための弁護団が別途存在し、その情報を適格消費者団体が紹介する場合についての言及であり、かか

る言及があるということは、当然、そのような情報提供を適格消費者団体がしてよいということを意味していると考えられる。被害回復を目的として活動している特定適格消費者団体についてはなおさら、消費者に弁護団の情報を提供することは妨げられないと考えられる。

③ 82条との関係

これらの裁判外紛争解決手続、弁護団の情報などの提供は、施行前事案に係る消費者は対象消費者になり得ないので、82条の情報の提供ではないが、65条2項3号の被害回復裁判手続に関する業務に付随する情報の提供ではあるので、業務規程において定めることになると考えられる。

(iii) **障害を理由とする差別の解消の推進に関する法律等に関する事項**

特定適格消費者団体も、「障害を理由とする差別の解消の推進に関する法律」に従って被害回復関係業務を行う必要がある（ガイドライン2.(8)セ(イ)）。同法8条1項は、障害を理由として事業者が不当な差別的取扱いをすることを禁じており、同条2項は、障害者から意思の表明があった場合において、負担が過重でないときは、社会的障壁の除去の実施について必要かつ合理的な配慮をするように努めなければならないとしている。そして、主務大臣は事業者が適切に対応するために必要な指針を定めるものとしている（同法11条1項）。これについては、「消費者庁所管事業分野における障害を理由とする差別の解消の推進に関する対応指針」がある。

(iv) **本人確認に関する事項**

特定適格消費者団体は、授権をした対象消費者の権利を実現させる事務を行うことに鑑み、授権をした対象消費者が本人かどうかを確認することが必要になる。本人確認の適切な方法としては、対面して本人確認書類の提示を受ける方法、本人限定受取郵便を用いる方法、本人確認書類の写しの交付を受ける方法などがある（ガイドライン2.(8)セ(ウ)）。

なお、特定適格消費者団体は、犯罪収益移転防止法の特定事業者ではないので、同法上の本人確認義務は負わない。

◆第65条第6項　特定適格消費者団体の認定④

> 第65条
> 6　次のいずれかに該当する適格消費者団体は、特定認定を受けることができない。
> 一　この法律、消費者契約法その他消費者の利益の擁護に関する法律で政令で定めるもの若しくはこれらの法律に基づく命令の規定又はこれらの規定に基づく処分に違反して罰金の刑に処せられ、その刑の執行を終わり、又はその刑の執行を受けることがなくなった日から3年を経過しないもの
> 二　第86条第1項各号又は第2項各号に掲げる事由により特定認定を取り消され、その取消しの日から3年を経過しないもの
> 三　役員のうちに次のいずれかに該当する者のあるもの
> 　　イ　この法律、消費者契約法その他消費者の利益の擁護に関する法律で政令で定めるもの若しくはこれらの法律に基づく命令の規定又はこれらの規定に基づく処分に違反して罰金の刑に処せられ、その刑の執行を終わり、又はその刑の執行を受けることがなくなった日から3年を経過しない者
> 　　ロ　特定適格消費者団体が第86条第1項各号又は第2項各号に掲げる事由により特定認定を取り消された場合において、その取消しの日前6月以内に当該特定適格消費者団体の役員であった者でその取消しの日から3年を経過しないもの

I　趣　旨

　この法律、消契法その他消費者の利益の擁護に関する法律に違反して罰金刑に処せられた適格消費者団体や特定認定を取り消された者や特定認定を取り消された適格消費者団体は、特定適格消費者団体となるのにふさわしくないことから、欠格事由に当たるとしている。さらに、役員のうち処罰された者や特定認定を取り消された団体の役員であった者がある適格消費者団体も欠格事由に当たることとしている。
　認定の申請が、認定の要件（65条4項各号）のすべてに適合している場合

であっても、本項各号のいずれかに該当する場合には、特定認定を受けることができない。

なお、これらの欠格事由は適格消費者団体とパラレルなものであるが、適格消費者団体の欠格事由である暴力団員等が事業活動を支配する法人、暴力団員等を業務に従事させ、またはその業務の補助者として使用するおそれのある法人（消契法13条5項3号・4号）や政治団体（同項5号）は規定されていない。これらは、暴力団関係および政治団体の欠格事由に当たる場合には、適格消費者団体にはなれないから、特定認定の対象となり得ないので、特定認定の固有の欠格事由とする必要はないためである（山本・解説116頁）。

II 解　説

1　罰金刑に処されたことに関する欠格事由（1号）

(i)　欠格事由の対象となる刑罰

本法および消契法のほか、「消費者の利益の擁護に関する法律で政令で定めるもの」に違反して罰金の刑に処せられた日等から3年を経過していないことを欠格事由としている。

より詳細には、①これらの法律に違反して罰金刑に処せられた場合、②これらの法律に基づく命令の規定に違反して罰金刑に処せられた場合、③これらの法律や命令の規定に基づく処分に違反して罰金刑に処せられた場合がある。①はいわゆる直罰規定に関するものであり、たとえば、93条1項・96条により財産的利益の受領の禁止に違反して罰金刑に処せられた場合などがある。②は法律に基づく政令や省令に罰則が定められておりそれに違反して罰金刑に処せられた場合[176]であるが、現時点において施行令で定められていない。③は、法律や政令等の規定に違反して行政処分に処せられたがその行政

---

[176]　日本国憲法73条6号は、特に法律の委任があれば政令に罰則を設けることを認めており、国民生活安定緊急措置法37条は、政令に罰則を定めることを委任している。なお、漁業法65条3項は、省令に罰則を設けることを委任しており、指定漁業の許可及び取締り等に関する省令106条以下には罰則の規定がある。

第65条第6項　特定適格消費者団体の認定④

処分に違反して罰金刑に処せられた場合であり、たとえば、特商法70条の2・74条により業務停止命令に違反して罰金刑に処せられた場合などがある。

(ii)　「消費者の利益の擁護に関する法律で政令で定めるもの」

「消費者の利益の擁護に関する法律で政令で定めるもの」は、施行令1条において43の法律が定められているが、このうち、弁護士法、司法書士法、外国弁護士による法律事務の取扱いに関する特別措置法[177]、債権管理回収業に関する特別措置法の4法以外は、罰金刑に処せられた場合に適格消費者団体の欠格事由となる「消費者の利益の擁護に関する法律で政令で定めるもの」（消契法13条5項1号、消契法施行令1条）と同じである。

追加された4法の趣旨は、特定適格消費者団体の業務と類似する他人に代わって訴訟を行うことを認めた法律の規定に違反して刑事罰に処せられた法人は、特定適格消費者団体となるのにふさわしくないということであると考えられる。

(iii)　消契法13条5項1号の「消費者の利益の擁護に関する法律で政令で定めるもの」の意義

消費者の利益の擁護に関する法律は、およそ消費者との取引を行う可能性のある事業を営む事業者の業法など無数にあるようにも思える。しかし、消契法13条5項1号の「消費者の利益の擁護に関する法律で政令で定めるもの」は、消契法に規定された不実告知や故意の不利益事実の不告知、断定的判断の提供などの不当勧誘や損害賠償義務の免責などの不当条項について、罰則をもって禁止しているか、それらの行為をしたことによって業務停止な

---

[177]　外国法事務弁護士や外国法事務弁護士法人は国内の裁判手続について代理することはできない（外国弁護士による法律事務の取扱いに関する特別措置法（外弁法）3条1項1号・50条の5第1項1号）が、外国法に関する法律事務を行うことができるから、類似性があるとされたものと考えられる。なお、外国法事務弁護士法人は、特定非営利活動法人でも一般社団・財団法人でもないから、特定適格消費者団体になり得ないが（65条1項、消契法13条3項1号）、外弁法61条が名称独占を規定し、68条がそれに違反した場合の罰則を定めているため、特定非営利活動法人等が違反することがあり得ることから、欠格事由として規定されたものと考える。

どの行政処分を受けることがあり、その行政処分に違反した場合に罰則があるものであって、両罰規定があるため法人である事業者が罰金刑を処せられるものが政令で定められていると考えられる。そのため、各種業法において、そのような消費者保護規定が追加されると、その業法が消契法施行令1条に追加されてきた。

さらに近時、必ずしも上記の基準に当てはまらないと思われる食品表示法が追加されているが、これは同法11条が適格消費者団体に差止請求権を認めており、差止請求権の根拠となっている法律に違反して罰金刑に処せられた者が、差止請求権を行使するのはふさわしくないため追加されているものと考えられる。

本法においても、「消費者の利益の擁護に関する法律で政令で定めるもの」については、同様の考え方がとられていると考えられる。

(iv) 施行令が法律を列挙した趣旨

なお、施行令では、法律を定めており、特定の法律の条項を列挙して定めているものではないから、施行令で定めた法律のおよそ消費者保護とは関係のない規定に違反して罰金刑に処せられた場合でも、施行令で定めた法律の規定に違反して罰金刑に処せられたことには相違ないので、欠格事由となると考えられる。

2 特定適格消費者団体の認定の取消しに関する欠格事由（2号）

本号は、86条1項各号または2項各号に掲げる事由により特定認定を取り消された場合の欠格事由について定めている。特定認定の取消しは、特定適格消費者団体が被害回復関係業務を担うのにふさわしくないと判断される事由があることに基づくものであり、そのような特定適格消費者団体が特定認定の取消し後に短期間で再び特定認定を受けられることとするのは制度の信頼性の確保の観点から相当でないことから、欠格事由とされた。なお、経過期間を3年としたのは、特定認定の期間が最長でも3年であること（69条1項）を勘案し、特定認定取消し後の適格消費者団体の活動状況を吟味し、再度の特定認定に耐え得るものかどうかを判断できるようにするためであ

る[178]。

3　役員に関する欠格事由（3号）

　本号は、特定適格消費者団体の被害回復関係業務に従事することが想定される役員について欠格事由を定めるものであり、上記1号・2号と同じ趣旨に基づくものである（消契法逐条315頁）。

　本号イの「消費者の利益の擁護に関する法律で政令で定めるもの」は施行令2条で定められている。団体の欠格事由である法律に加えて、無限連鎖講の防止に関する法律が定められている。これは、同法に両罰規定がなく法人が処罰されることはないと解されることから、役員の欠格事由としてのみ規定されている。

●消契法第30条　帳簿書類の作成及び保存

> **消契法第30条**　適格消費者団体は、内閣府令で定めるところにより、その業務及び経理に関する帳簿書類を作成し、これを保存しなければならない。

I　趣　旨

　消費者裁判手続特例法には、特定適格消費者団体の帳簿書類の作成・保存について規定を設けていない。これは、特定適格消費者団体は適格消費者団体であるから（65条1項）、消契法30条により帳簿書類の作成・保存義務があるためである。特定適格消費者団体に関しても、同条に違反して、帳簿書類の作成もしくは保存をせず、または虚偽の帳簿書類を作成した者は、50万円以下の罰金に処せられる（消契法51条3号）。

　消契法30条は、適格消費者団体の業務の適正な運営を確保するとともに、内閣総理大臣による適切な監督を担保するため、適格消費者団体に、帳簿の

---

[178]　消契法逐条314頁は、適格消費者団体の認定取消しに関する欠格事由について同趣旨のことを述べる。

第2部 逐条解説 消費者裁判手続特例法

作成および保存を義務付けるものである（消契法逐条391頁）。

II 解説

1 帳簿書類

　帳簿書類としては、業務に関する帳簿書類と経理に関する帳簿書類とが必要であり、具体的には、特定適格消費者団体については、消契法規則21条2項各号に列挙されている。なお、同規則21条1項に列挙されている適格消費者団体の帳簿書類と同一のものである場合は、適格消費者団体として作成・保存すべき帳簿書類のみを作成・保存すれば足りる（同条2項ただし書・1項、ガイドライン5.(1)ア）。特定適格消費者団体は、これらの帳簿書類を、各事業年度の末日に閉鎖し、閉鎖後5年間当該帳簿を保存しなければならない（同条3項）。

　なお、消契法規則21条2項は、帳簿書類の作成・保存は書面によらなければならないとしているが、e-文書法3条1項および4条1項により、電磁的記録の作成・保存を行うことができる。具体的には、電子計算機に備えられたファイルに記録する方法または磁気ディスク等（CD-ROMなど）をもって調製する方法により作成することができる。また、作成された電磁的記録を電子計算機に備えられたファイルまたは磁気ディスク等に保存することができ、書面に記載されている事項はスキャナにより読み取ってできた電磁的記録を電子計算機に備えられたファイルまたは磁気ディスク等に保存することができる（e-文書法施行規則4条・6条）。また、マイクロフィルムで保存することも認められる（ガイドライン5.(1)ア）。

　以下では、消契法規則21条2項各号に列挙されている帳簿についてそれぞれ説明する。

2 被害回復関係業務に関し、相手方との交渉の経過を記録したもの（1号）

　被害回復裁判手続の事案ごとに、おおむね以下の事項が時系列的に記載さ

れていなければならない（ガイドライン5.(1)イ(ア)、消契法ガイドライン5.(1)イ）。

① 交渉の相手方の氏名または名称
② 事案の概要および主な争点
③ 交渉日時、場所および手法（電話、訪問、電子メールおよび書面発送等の別）
④ 交渉担当者（同席者等を含む）
⑤ 交渉内容および相手方の対応

3　被害回復裁判手続の概要および結果を記録したもの（2号）

被害回復裁判手続の事案ごとに、時系列に従って以下の事項を記載するものとする（ガイドライン5.(1)イ(イ)）。

① 仮差押命令の申立てをした場合は、係属裁判所、事件番号、申立日、債務者の氏名または名称、当該申立てに係る保全すべき権利（対象債権および対象消費者の範囲並びに特定適格消費者団体が取得する可能性のある債務名義に係る対象債権の総額）および仮に差し押さえるべき物。なお、仮差押命令の申立書の写しに事件番号を付記したもので代えることができるものとする。
② 仮差押命令の申立てに係る決定があった場合は、決定をした裁判所、事件番号、事件の表示（事件名）[179]、決定日および決定の主文。なお、仮差押命令の申立てに係る決定書の写しを添付することで代えることができるものとする。
③ ②以外の理由で仮差押命令の申立てに係る手続が終了した場合は、その旨および理由並びに終了した日時
④ 共通義務確認の訴えを提起した場合は、係属裁判所、事件番号、訴え提起日、被告の氏名または名称、請求の趣旨（対象債権および対象消費者

---

[179] ガイドラインでは、申立てをした場合には「事件番号」、決定があった場合には「事件の表示（事件名）」と記載しているが、仮差押命令の申立てであるのだから、事件名は自明であり、決定があった場合にも、事件番号を記載することになると考えられる。

の範囲を含む）および請求の原因の概要。なお、共通義務確認訴訟の訴状の写しに事件番号を付記したもので代えることができる。

⑤　共通義務確認訴訟における当事者の主張の概要。なお、共通義務確認訴訟における準備書面（答弁書を含む）で代えることができるものとする。

⑥　共通義務確認訴訟において第1審判決があった場合には、判決をした裁判所、事件番号、判決日、被告の氏名または名称、主文、対象債権および対象消費者の範囲並びに理由の概要。なお、判決書の写しで代えることができるものとする。

⑦　共通義務確認訴訟において上訴があった場合には、④から⑥までに準じて作成された書類。結局、上訴状、準備書面、上訴審の判決書の写しを保存すれば足りると考えられる。

⑧　判決以外の理由により共通義務確認訴訟が終了した場合は、その旨および理由並びに終了した日時

⑨　簡易確定手続開始決定があった場合は、決定をした裁判所、事件番号、決定日、主文、対象債権および対象消費者の範囲、債権届出をすべき期間並びに認否をすべき期間。なお、簡易確定手続開始決定書の写しで代えることができるものとする。

⑩　対象消費者ごとに、その氏名、住所、請求の趣旨（債権届出をした金額）および届出債権の帰趨が表示された一覧表。なお、届出債権の帰趨は、特定適格消費者団体が知り得る範囲で、相手方による認否の結果、認否を争う旨の申出をしたか否か、認否を争う旨の申出をした場合は簡易確定決定の結果、簡易確定決定があった場合は異議の申出があったか否か、異議の申出があった場合は特定適格消費者団体が訴訟授権契約を締結したか否か、特定適格消費者団体が訴訟授権契約を締結した場合は異議後の訴訟の結果、裁判上または裁判外の和解が成立した場合はその結果、上記以外に手続が終了した場合はその理由を記載するものとする。

最高裁規則23条は、債権届出書記載事項を記載した一覧表の提出を求める

ことができるとしており、通常はこのような一覧表を作ることになると考えられるから、これに認否の結果などその後の届出債権の帰趨を追加して記載していくことになると考えられる。

4 消費者被害に関する情報の収集に係る業務の概要を記録したもの（3号）

おおむね以下の事項が記載されていなければならない（ガイドライン5.(1)イ(ウ)、消契法ガイドライン5.(1)エ）。

① 当該業務をした日時、場所および方法
② 当該業務をした結果

なお、差止請求関係業務に関する消費者被害情報収集業務と被害回復関係業務に関する消費者被害情報収集業務とは区別することが困難である場合もあり、別個に記録を作成することなく、帳簿書類を兼ねることが許される（ガイドライン等検討会報告書17頁）。

5 対象消費者に対する情報の提供に係る業務の概要を記録したもの（4号）

おおむね以下の事項が記載されていなければならない（ガイドライン5.(1)イ(ウ)、消契法ガイドライン5.(1)エ）。

① 当該業務をした日時、場所および方法
② 当該業務をした結果

6 帳簿書類の作成に用いた関係資料のつづり（5号）

関係資料とは、たとえば、相手方との交渉の際の手控え、訴状、準備書面などの書類を2号の帳簿書類として保存していない場合はそれらの書面、情報の収集に係る業務、情報の提供に係る業務を実施した際の手控え等が該当すると考えられる[180]。

---

[180] 消契法ガイドライン5.(1)オの記述が参考になる。

7 検討部門における検討の経過および結果等を記録したもの（6号）

　検討部門の会議の議事録がこれに該当すると考えられる。なお、検討部門において差止請求関係業務と被害回復関係業務との双方が審議・決議される場合には、これらについて別個の記録を作成する必要性がないことから、帳簿書類を兼ねることができる（ガイドライン等検討会報告書17頁）。

8 授権をしようとする者に対する説明のために交付した書面の写し（7号）

　簡易確定手続の追行および異議後の訴訟の追行には対象消費者の授権が必要であり（31条1項・53条1項）、授権に先立ち一定の事項を書面を交付して説明しなければならない（32条・53条8項）。書面の記載事項は32条の解説を参照されたい。

9 簡易確定手続授権契約および訴訟授権契約に関する契約書のつづり（8号）

　授権契約をする場合には書面でされることが想定されるが、その内容は65条5項の解説を参照されたい。

10 授権をした者の意思の表明があったことを証する書面のつづり（9号）

　特定適格消費者団体が対象債権の確定手続において一定の行為をするには、意思確認が必要である（65条5項）。確認の方法には特に限定がないから、たとえば、面談・電話により確認した場合には、職員が確認の日・方法などを記載した報告書がこれに当たると考えられる。

　また、届出消費者から書面を徴求した場合は、その書面がこれに当たると考えられる。

11 被害回復裁判手続に係る金銭その他財産の管理について記録したもの（10号）

被害回復裁判手続の事案ごとの預り金および預り金以外の金員に関する預金口座の入出金記録および現金の出納記録がこれに該当する（ガイドライン5.(1)イ㈰）。

12 被害回復関係業務の一部を委託した場合にあっては、事案ごとに委託を受けた者の氏名または名称およびその者を選定した理由、委託した業務の内容、委託に要した費用を支払った場合にあっては、その額を記録したもの（11号）

裁量の余地の乏しい業務について委託した場合には、記載する必要はない（ガイドライン5.(1)イ㈹）。裁量の余地が乏しい業務としては、通知の発送や公告・情報提供のためのウェブサイトの技術面の管理を委託する場合などが考えられる。弁護士に被害回復裁判手続の代理を委任した場合には、本号の帳簿書類を作成する必要があるが、選定した理由としては、その分野についての専門知識がある、実績がある等の簡潔な記載で足りると考えられる。入札等を行って選定する必要はないと考えられる。

●消契法第31条　財務諸表等の作成、備置き、閲覧等及び提出等

> **消契法第31条**　適格消費者団体は、毎事業年度終了後３月以内に、その事業年度の財産目録、貸借対照表、収支計算書及び事業報告書（これらの作成に代えて電磁的記録（電子的方式、磁気的方式その他人の知覚によっては認識することができない方式で作られる記録であって、電子計算機による情報処理の用に供されるものをいう。以下この条において同じ。）の作成がされている場合における当該電磁的記録を含む。以下「財務諸表等」という。）を作成しなければならない。

2　適格消費者団体は、内閣府令で定めるところにより、毎事業年度、その差止請求関係業務その他の業務がこの法律の規定に従い適正に遂行されているかどうかについて、その業務の遂行の状況の調査に必要な学識経験を有する者が行う調査を受けなければならない。

3　適格消費者団体の事務所には、内閣府令で定めるところにより、次に掲げる書類を備え置かなければならない。
　一　定款
　二　業務規程
　三　役職員等名簿（役員、職員及び専門委員の氏名、役職及び職業その他内閣府令で定める事項を記載した名簿をいう。）
　四　適格消費者団体の社員について、その数及び個人又は法人その他の団体の別（社員が法人その他の団体である場合にあっては、その構成員の数を含む。）を記載した書類
　五　財務諸表等
　六　収入の明細その他の資金に関する事項、寄附金に関する事項その他の経理に関する内閣府令で定める事項を記載した書類
　七　差止請求関係業務以外の業務を行う場合には、その業務の種類及び概要を記載した書類
　八　前項の調査の方法及び結果が記載された調査報告書

4　何人も、適格消費者団体の業務時間内は、いつでも、次に掲げる請求をすることができる。ただし、第2号又は第4号に掲げる請求をするには、当該適格消費者団体の定めた費用を支払わなければならない。
　一　前項各号に掲げる書類が書面をもって作成されているときは、当該書面の閲覧又は謄写の請求
　二　前号の書面の謄本又は抄本の交付の請求
　三　前項各号に掲げる書類が電磁的記録をもって作成されているときは、当該電磁的記録に記録された事項を内閣府令で定める方法により表示したものの閲覧又は謄写の請求
　四　前号の電磁的記録に記録された事項を電磁的方法であって内閣府令で定めるものにより提供することの請求又は当該事項を記載した書面の交付の請求

5　適格消費者団体は、前項各号に掲げる請求があったときは、正当な理由がある場合を除き、これを拒むことができない。

消契法第31条　財務諸表等の作成、備置き、閲覧等及び提出等

> 6　適格消費者団体は、毎事業年度終了後3月以内に、第3項第3号から第6号まで及び第8号に掲げる書類を内閣総理大臣に提出しなければならない。

> ○消費者裁判手続特例法88条による読替後の消契法31条2項
> 2　適格消費者団体は、内閣府令で定めるところにより、毎事業年度、その差止請求関係業務、被害回復関係業務その他の業務がこの法律及び消費者裁判手続特例法の規定に従い適正に遂行されているかどうかについて、その業務の遂行の状況の調査に必要な学識経験を有する者が行う調査を受けなければならない。

> ○消費者裁判手続特例法88条による読替後の消契法31条3項7号
> 七　差止請求関係業務及び被害回復関係業務以外の業務を行う場合には、その業務の種類及び概要を記載した書類

I　趣　旨

　消費者裁判手続特例法には、特定適格消費者団体の財務諸表等の作成、備置き、閲覧等および提出等について規定が設けられていない。これは、特定適格消費者団体は適格消費者団体であるから（65条1項）、消契法31条の規定に基づき、財務諸表等を作成する義務があり（同条1項）、財務諸表等は、定款、業務規程などとともにその事務所において備え置く必要があり（同条3項）、それらは閲覧または謄写等の対象となり（同条4項）、また、学識経験を有する者の調査を毎事業年度受けなければならず（同条2項）、財務諸表等は、役職員等名簿、社員数に関する書類、経理に関する内閣府令で定める事項を記載した書類、調査報告書とともに内閣総理大臣に提出しなければならない（同条6項）からである。
　なお、88条の読替規定により、消契法31条2項の学識経験を有する者の調

査は、被害回復関係業務についてもなされることとなった。

消契法31条1項の規定に違反して財務諸表等を作成等しない者、同条2項の調査を拒む等した者、同条3項の規定に違反して書類を備え置かなかった者、同条5項に違反して閲覧等の請求を拒んだ者、同条6項に違反して書類を提出等しない者は、30万円以下の過料に処せられる（消契法53条6号～10号）。

II 解　説

1　財務諸表等の作成（1項）

(i)　財務諸表等

本項は、特定適格消費者団体の業務の適正な運営を確保する観点から、特定適格消費者団体の財産状況および活動状況に関する書類として、財産目録、貸借対照表、収支計算書および事業報告書（財務諸表等）を作成しなければならないこととしている。財務諸表等は、電磁的記録で作成することができる。

(ii)　収支計算書

収支計算書は、84条に従い、被害回復関係業務に係る経理を他の業務に係る経理と区分して作成しなければならない。消契法29条2項は、①差止請求関係業務、②差止請求関係業務以外の消費者の利益の擁護を図るための活動に係る業務、③その他の業務に区分することを求めているので、特定適格消費者団体は、①差止請求関係業務、②被害回復関係業務、③差止請求関係業務および被害回復関係業務以外の消費者の利益の擁護を図るための活動、④その他の業務に区分する必要がある（ガイドライン4.(9)）。

(iii)　事業報告書

①　ガイドラインの記載概要

事業報告書は、以下の事項が記載されていなければならない（ガイドライン5.(2)イ）。

ⓐ　特定適格消費者団体が第三者に被害回復関係業務の一部（郵便の送付など裁量の余地が乏しい業務を除く）を委託した場合は、事案ごとに、委

消契法第31条　財務諸表等の作成、備置き、閲覧等及び提出等

託を受けた者の氏名または名称およびその者を選定した理由、委託した業務の内容、委託に要した費用を支払った場合にあっては、その額。これらは、特定適格消費者団体が作成すべき帳簿書類に記載すべき事項である（消契法規則21条2項11号）。

ⓑ　被害回復裁判手続およびこれに付随する金銭の分配に関する業務が終了した日（行方不明等のやむを得ない事由により金銭を分配することができない者がいる場合には、その者以外に対する金銭の分配に関する業務が終了した日）を含む事業年度の事業報告書については、当該終了した事案に関する以下の事項

　㋐　消契法規則21条2項2号の書類（被害回復裁判手続の概要および結果を記録したもの）に記載された事項（ただし、授権をした対象消費者の氏名および住所を匿名化したもの）

　㋑　授権をした対象消費者から支払われた報酬および費用の総額並びに当該事案に要した費用の総額

　㋒　手続参加のための費用に関する以下の事項
　　ⅰ　授権をした対象消費者から支払われた手続参加のための費用の総額
　　ⅱ　25条1項の規定による通知等において記載した債権届出までに要する費用の見込みおよびその内訳
　　ⅲ　債権届出までに要した費用の総額およびその内訳

　㋓　債権届出より後の報酬および費用に関する以下の事項
　　ⅰ　授権をした対象消費者から支払われた債権届出より後の報酬および費用の総額
　　ⅱ　債権届出より後に要した費用の総額およびその内訳

　㋔　対象消費者のために被害回復関係業務の相手方（事業者）から支払いを受け、または回収した総額

②　ガイドラインについての考え方

業務が終了した事案についての事業報告書の記載事項のうち、手続の概要および結果を記載した書面（上記ⅲ①ⓑ㋐）について、消契法規則21条2項

2号の帳簿書類を、訴状・準備書面の写し等で代えていた場合の扱いが問題になる。帳簿書類と財務諸表等の書類は別のものであるので、事業報告書に訴状や準備書面に記載された事項をすべて記載しなければならないものではない。事業報告書は、閲覧謄写の対象となり（消契法31条4項）、内閣総理大臣に提出され（同条6項）、内閣総理大臣はインターネット等で公表することとなっている（消契法40条2項、消契法規則29条2号イ）ところ、これは特定適格消費者団体の業務の適正を確保するため、消費者庁による監督のみならず、一般市民の適切な監視にも期待しているためである。そうすると、訴状や準備書面に記載された事項をすべて業務報告書に記載していては、極めて長大な文章となりかえってわかりにくく、およそ一般市民が監視することは困難になる。また事業者の秘密や関係者のプライバシーを侵害するおそれもあるので、事業報告書の記載は、訴訟経過がわかるような簡潔なものでよく、たとえば、判決の内容についても、25条の対象消費者への通知の記載事項である判決の内容と同程度のもので足りると考えられる。

　また、「債権届出より後の報酬及び費用」（上記(iii)①ⓑⓔ）については、異議後の訴訟や民事執行手続の報酬および費用も含まれるものと考えられる。

2　学識経験を有する者の調査（2項）

　本項は、被害回復関係業務の重要性に鑑み、客観的かつ専門的見地から業務の適正な運営を確保しつつ、特定適格消費者団体にとって不必要な負担を負わせることのないようにする観点から、毎事業年度、被害回復関係業務が法の規定に従い適正に遂行されているかどうかについて、学識経験を有する者が行う調査を受けなければならないとこととしている（消契法逐条396頁）。

　この調査は、適格消費者団体としての調査を行う者と同一の者が同時に行うことで差し支えないと考えられる。

3　書類の備置き（3項）

(i)　趣　旨

　特定適格消費者団体に関する情報を広く市民に開示し、特定適格消費者団

消契法第31条　財務諸表等の作成、備置き、閲覧等及び提出等

体の自律機能の適切な発揮を促すとともに、特定適格消費者団体が、不特定多数者から寄付や労務（ボランティア）の提供を受けることも想定されるので、その活動を広く市民に対し説明する必要がある。また、このような情報開示を通じて、特定適格消費者団体に消費者一般が信頼を寄せ、積極的に被害情報を提供しあるいは簡易確定手続に参加し被害回復を図り、あるいは、事業者も真摯な態度で交渉を行うというように、被害回復関係業務が実効的・円滑に遂行されていくようになると考えられる（消契法逐条399頁）。

なお、本項は、書類を備え置くとされているが、e-文書法3条1項により、電磁的記録による保存をすることができる。

(ii) **備え置くべき書類**

各号に掲げられているもののうち、定款（1号）、社員数に関する書類（4号）、財務諸表等（5号）は適格消費者団体のものと異なることがないと考えられるから、適格消費者団体としてのものを備え置けば足りると考えられる。8号の調査報告書も、すべての業務について一体のものとして調査報告書が1通作成されているのであれば、その調査報告書を備え置けば足りると考えられる。

業務規程（2号）、役職員名簿（3号）は特定適格消費者団体についてのものも備え置く必要がある。経理に関する書類（6号）については(iii)で述べる。また、特定適格消費者団体においては、適格消費者団体と異なり差止請求関係業務および被害回復関係業以外の業務の種類および概要を記載した書類（7号）を備え置くこととなる[181]、[182]。

---

[181] この備置書類と特定認定の申請の添付書類の「被害回復関係業務以外に行う業務の種類及び概要を記載した書類」（66条2項10号）との関係が問題になる。形式的には、同号の書類として、差止請求関係業務についても種類および概要を記載しなければならないようにみえる。しかし、適格認定の申請には「差止請求関係業務に関する業務計画書」を提出している（消契法14条2項3号）から、「差止請求関係業務及び被害回復関係業務以外の業務の種類及び概要を記載した書面」を作成し、「差止請求関係業務に関する業務計画書」をあわせて提出すれば、この要件を満たすとするべきである。

(iii) 経理に関する内閣府令で定める事項を記載した書類（6号）
① 収入関係

この書類の記載事項は、消契法規則25条2項で定められている。

まず、収入については、すべての収入について、ⓛその総額および②㋐会費等（会費、寄付金その他これらに類するものをいう、消契法規則21条1項8号に定義されている）、㋑被害回復関係業務による事業収入、㋒被害回復関係業務以外の業務による事業収入、㋓借入金、㋔その他の収入別の金額を記載しなければならない（消契法規則25条2項1号柱書）。

さらに、㋐の会費等については、その種類および種類ごとに、ⅰ総額、ⅱ会費等関係規定、ⅲ納入等（納入、寄付その他これらに類するもの、消契法規則21条1項8号に定義されている）した者の総数および個人または法人その他の団体の別、ⅳ事業年度中に5万円を超えて納入等をした者の氏名または名称および当該会費等の金額並びに納入等の年月日を記載しなければならない（消契法規則25条2項1号イ）。

㋑の被害回復関係業務による事業収入については、その種類および当該種

---

(182) このように整理しないと不都合なことが起こる。消契法では、適格認定の申請に際し「差止請求関係業務以外の業務の種類及び概要を記載した書面」の提出を求め（同法14条2項10号）、それを備え置かなければならないとしている（同法31条3項7号）。提出をさせた書面を備え置くものとするのが合理的なので当然である。消費者裁判手続特例法では、特定認定の申請に際し、「被害回復関係業務以外に行う業務の種類及び概要を記載した書類」の提出を求め（66条2項10号）、これの備置きをさせるのではなく、「差止請求関係業務及び被害回復関係業務以外の業務の種類及び概要を記載した書類」（88条による読替後の消契法31条3項7号）を備え置くことになっている。一見すると、提出を求める書類と備え置く書類が異なるように見え、法の不備のようにも見えるが、これらの書類は1通のものであるとか物理的に一体のものではなければならないとは法は考えていないので、規定上不備とはいえない。つまり、特定適格消費者団体については、「差止請求関係業務及び被害回復関係業務以外の業務の種類及び概要を記載した書類」（88条による読替後の消契法31条3項7号）を作り、適格認定の更新の申請には「被害回復関係業務に関する業務計画書」（66条2項3号）と組み合わせて提出して、「差止請求関係業務以外の業務の種類及び概要を記載した書類」（消契法14条2項10号）を提出したこととする。特定認定の申請およびその更新の申請には、「差止請求関係業務及び被害回復関係業務以外の業務の種類及び概要を記載した書類」と「差止請求関係業務に関する業務計画書」（消契法14条2項3号）とを組み合わせて提出し、「被害回復関係業務以外に行う業務の種類及び概要を記載した書類」（66条2項10号）を提出したこととする。そして、「差止請求関係業務及び被害回復関係業務以外の業務の種類及び概要を記載した書面」を備え置くことにすれば、特定認定の申請に際して提出した書類と備置書類が一致することになる。

消契法第31条　財務諸表等の作成、備置き、閲覧等及び提出等

類ごとの金額を記載しなければならない（消契法規則25条2項1号ロ）。そして、事案ごとに、ⅰ対象消費者からの収入、ⅱ被害回復関係業務の相手方（事業者）からの収入、ⅲ被害回復関係業務によるその他の収入に区分し、対象消費者からの収入については、ⓐ手続参加のための費用、ⓑ債権届出より後の報酬、ⓒ債権届出より後の費用に細分しなければならない（ガイドライン5.(2)ウ）。

　なお、ⓑⓒの債権届出より後の報酬・費用には、異議後の訴訟や民事執行手続に関するものも含まれると考えられる。

　㋒の被害回復関係業務以外の業務による事業収入については、その事業の種類および当該種類ごとの金額並びに当該種類ごとの収入の生ずる取引について、取引金額の最も多いものから順次その順位を付した場合におけるそれぞれ第1順位から第5順位までの取引の相手方、取引金額その他その内容に関する事項（消契法規則25条2項1号ハ）を記載しなければならない。

　なお、被害回復関係業務以外の業務についてその種類をどのように区分するかは、直接的にはガイドラインに定めがなく、消契法ガイドラインにも定めがないが、収支計算書は、①差止請求関係業務、②被害回復関係業務、③差止請求関係業務および被害回復関係業務以外の消費者の利益の擁護を図るための活動、④その他の業務に区分する必要がある（ガイドライン4.(9)）ことから、①、③、④に区分する必要があると考えられる。

　㋓の借入金については、借入先および当該借入先ごとの金額を記載しなければならない（消契法規則25条2項1号イ）。

　②　支出関係

　次に、支出については、すべての支出について、①その総額および②㋐被害回復関係業務に関する支出、㋑その他の業務による支出別の金額を記載しなければならない（消契法規則25条2項2号柱書）。

　そして、㋐の被害回復関係業務に関する支出については、その種類および当該種類ごとの金額並びに対象消費者に対する支出を除く支出について、支出金額の最も多いものから順次その順位を付した場合におけるそれぞれ第1順位から第5順位までの支出の相手方、支出金額その他その内容に関する事

391

項を記載しなければならない（消契法規則25条2項2号イ）。

そして、事案ごとに、①対象消費者に対する支出と②その他の被害回復関係業務に関する支出に区分し、①の対象消費者に対する支出は、さらに⒜対象消費者に対する回収金の分配と⒝対象消費者に対するその他の支出に細分しなければならない（ガイドライン5.⑵ウ）。

④のその他の業務による支出については、支出金額の最も多いものから順次その順位を付した場合におけるそれぞれ第1順位から第5順位までの支出の相手方、支出金額その他その内容に関する事項を記載しなければならない（消契法規則25条2項2号ロ）。

4　閲覧等（4項・5項）

本条3項各号に掲げる書類等に係る閲覧や謄写の請求については、他法令においては、一般に、一定範囲の利害関係者等に請求権者を限定しているが、本法においては、被害回復関係業務の適正な遂行につき消費者・事業者一般を利害関係者と捉えることができ、また、請求権者に限定をしないことで一般市民による監視を徹底することにより、特定適格消費者団体の信頼性を向上させる観点から、「何人も」閲覧等を請求できることとしている（本条4項。消契法逐条401頁）。

これに関し、閲覧等の請求に応じなければならない特定適格消費者団体の事務処理上の負担の増大も懸念される。そこで、閲覧の対象となるべき書類が電磁的記録をもって作成されているときには、映像面に表示する方法で閲覧をさせ、メールで送信するか磁気ディスク等に記録して交付することで謄写をさせることを可能とした（本条4項3号・4号、消契法規則26条・27条1項）。

また、「正当な理由」がある場合は閲覧等の請求を拒むことができる（本条5項）。なお、過料の規定においても、「正当な理由」なく請求を拒んだときのみを過料の対象となる旨明記することとしている（消契法53条9号）。正当な理由がある場合とは、たとえば、同一の請求を合理的な理由もなく繰り返すなど、当該請求が自己もしくは第三者の不正な利益を図りまたは当該特

定適格消費者団体に損害を加える目的でされる場合や、請求が集中することにより当該特定適格消費者団体の業務活動に支障が生ずるなどの場合が該当する（消契法ガイドライン 5 .(2)）。

5　内閣総理大臣への書類の提出（6項）

　備置き等の対象となる書類については、毎事業年度終了後3カ月以内に、内閣総理大臣に提出しなければならない。ただし、定款（本条3項1号）、業務規程（同項2号）並びに差止請求関係業務および被害回復関係業務以外の業務の種類および概要を記載した書類（同項7号）[183]については、内容に変更があったときに提出を求めることとしているため（70条）、毎事業年度の提出を要しないこととしている（本条6項。消契法逐条403頁）。

　内閣総理大臣は、提出されたこれらの書類等を監督の用に供するほか、必要な情報については、内閣総理大臣または国民生活センターを通じて、一般に一覧性のある形で情報提供することとしている（消契法39条2項・3項、消契法規則29条2号イ）。

　ただし、業務報告書については、被害回復関係業務の一部の委託に係る報酬の額が記載されている場合において、その額を公表することにより当該委託を受けた者の業務の遂行に支障を生ずるおそれのあるときにあっては、当該委託を受けた者の氏名または名称を除いたものをもって足りる（消契法規則29条ただし書）。この具体例としては、弁護士報酬などがあげられる（ガイドライン等検討会報告書7頁）。

◆第66条　特定認定の申請

第66条　前条第3項の申請は、次に掲げる事項を記載した申請書を内閣総理大臣に提出してしなければならない。
　一　名称及び住所並びに代表者の氏名

[183]　7号の書類については、66条2項10号の「被害回復関係業務以外に行う業務の種類及び概要を記載した書類」を前掲注[182]のように解することで、変更した場合の提出が担保されることになる。

二　被害回復関係業務を行おうとする事務所の所在地
　三　前2号に掲げるもののほか、内閣府令で定める事項
2　前項の申請書には、次に掲げる書類を添付しなければならない。
　一　定款
　二　差止請求関係業務を相当期間にわたり継続して適正に行っていることを証する書類
　三　被害回復関係業務に関する業務計画書
　四　被害回復関係業務を適正に遂行するための体制が整備されていることを証する書類
　五　業務規程
　六　役員、職員及び専門委員に関する次に掲げる書類
　　イ　氏名、役職及び職業を記載した書類
　　ロ　住所、略歴その他内閣府令で定める事項を記載した書類
　七　最近の事業年度における財産目録、貸借対照表、収支計算書その他の経理的基礎を有することを証する書類
　八　被害回復関係業務に関して支払を受ける報酬又は費用がある場合には、その額又は算定方法、支払方法その他必要な事項を記載した書類
　九　前条第6項各号のいずれにも該当しないことを誓約する書面
　十　被害回復関係業務以外に行う業務の種類及び概要を記載した書類
　十一　その他内閣府令で定める書類

I 趣　旨

特定認定は、申請に基づき行うこととしており、特定要件に適合するか否かを判断するため、申請に際し、一定の申請書および添付書類を提出することとする。

II 解　説

1　申請書および添付書類

(i) 申請書（1項）

申請書には、申請団体の名称および住所並びに代表者の氏名、事務所の所

在地および規則9条で定める申請団体および事務所の電話番号、ファクシミリ番号、電子メールアドレスを記載しなければならない。

(ii) 添付書類（2項）

① **定款（1号）**

特定認定を受けようとする適格消費者団体の定款である。

② **差止関係業務における活動実績を証する書類（2号）**

具体的には、①不特定かつ多数の消費者の利益のために差止請求権を行使する業務、②消費者の被害に関する情報の収集に係る業務、③差止請求権の行使の結果に関する情報の提供に係る業務のそれぞれの概要を記載した書類とともに、それらの書類の記載内容が真実であることを証する書類の提出が必要である（ガイドライン2.(1)オ)。

③ **被害回復関係業務に関する業務計画書（3号）**

予定している被害回復関係業務の内容および実施態様、業務に必要な人員および支出額等をできる限り具体的に記載しなければならない（ガイドライン2.(7)イ)。

④ **体制整備に関する書類（4号）**

具体的には、当該団体の組織運営体制を示す書類であり、組織の概要、人的体制等の記載が必要である（ガイドライン2.(2)キ参照)。

⑤ **業務規程（5号）**

65条4項2号で定められた被害回復関係業務を適正に遂行するための業務規程である（ガイドライン2.(8)参照)。

⑥ **役員、職員および専門委員に関する書類（6号）**

役職員および専門員に関する資料の提出が必要である。また、役職員および専門員の電話番号その他の連絡先を記載した資料の提出が必要である（規則10条1項)。

⑦ **最近の事業年度における財産目録等経理基礎を証する書類（7号）**

具体的には、特定認定の申請の日の属する事業年度の直前の事業年度における適格消費者団体の財産目録、貸借対照表等である（ガイドライン2.(5)イ)。

⑧ 報酬等に関する書類（8号）

具体的には業務規程に定める必要がある「報酬及び費用に関する事項」の該当部分である（ガイドライン2.(6)エ）。

⑨ 欠格事由に該当しないことを誓約する書面（9号）

適格消費者団体あるいはその役員が65条6項に規定されている消契法違反等により刑罰を受けたことがないことを誓約する書面である。

⑩ 被害回復関係業務以外の業務の概要等を記載した書類（10号）

予定している差止請求業務の内容および実施態様、業務に必要な人員および支出額等をできる限り具体的に記載しなければならない（ガイドライン2.(7)イ）。なお、備置書面との関係について、消契法31条3項の解説を参照されたい。

⑪ その他内閣府令で定める書類（11号）

役員および専門員の住民票の写し等、理事のうち1人以上が弁護士であることを証する書類、専門員の消費生活に関する専門的な知識経験を有することおよび法律に関する専門的な知識経験を有することを証する書類の提出が必要である（規則10条2項）（ガイドライン2.(4)ウ参照）。

2 申請書の添付書類の簡素化についての検討

特定適格消費者団体の認定を受けようとする適格消費者団体が消費者庁に対して提出しなければならない添付書類は、適格消費者団体の認定を受けようとする団体が消契法14条に基づき消費者庁に対して提出しなければならない申請書の添付書類とほぼ同一である。

支援検討会において、適格消費者団体側からは、事務処理上過大な負担となっていること、他の書類で代替可能であること等が指摘され、適格消費者団体および適格消費者団体の認定を受けようとする団体が消費者庁に対して提出しなければならない申請書の添付書類の簡素化の検討が行われた[184]。そして、同検討会報告書では、活動実績に関する書類の簡素化、議事録の非公開化、役員等の住所等の変更の届出の簡素化等を行うことが適当であると記載されている[185]。

その結果、同報告書を踏まえ、ガイドライン等が改正され、活動実績に関する書類の簡素化（ガイドライン2.(1)オ）、議事録の非公開化（消契法規則8条2項2号）、役員等の住所等の変更の届出の簡素化（消契法規則12条3項1号、規則14条3項）がされた。

◆第67条　特定認定の申請に関する公告及び縦覧

> 第67条　内閣総理大臣は、特定認定の申請があった場合には、遅滞なく、内閣府令で定めるところにより、その旨並びに前条第1項第1号及び第2号に掲げる事項を公告するとともに、同条第2項各号（第6号ロ、第9号及び第11号を除く。）に掲げる書類を、公告の日から2週間、公衆の縦覧に供しなければならない。

I　趣　旨

特定認定の申請があった場合には、一定の事項を公告するとともに、申請書の添付書類（ただし一部を除く）を、公告の日から2週間、公衆の縦覧に供することとしている。

II　解　説

一定の事項を公告するとともに、一定の書類を公衆の縦覧に供して、国民一般から意見等が寄せられた場合にはそれを判断の際の参考材料とすることにより、透明性の高い手続のもと、特定認定が的確に行われるようにするも

---

(184) たとえば、消契法14条2項4号に基づき体制が整備されていることを証する書類として、検討委員会、専門委員会の議事録や理事会の議事録の提出が求められているが、これらは縦覧の対象である。個人情報保護、秘密保持、係争中事案の影響等の観点から黒塗り作業を行ったうえで提出している。適正な体制整備について縦覧により市民に判断してもらうためには理事会、専門委員会の開催回数や各回の専門家の参加の状況等により各議題と議決結果といった概要表等の添付するで足りるのではないか、という意見が出されている（第4回支援検討会議事録3頁～5頁参照）。
(185) 支援検討会報告書23頁～24頁。

のである。
　なお、本条の内閣総理大臣の権限は、92条において消費者庁長官に委任されている。
　公告の方法については、本条に規定する事項並びに縦覧の期間および場所について、消費者庁の掲示板への掲示、インターネットを利用して公衆の閲覧に供する方法その他の方法により行うものとしている（規則11条）。
　公衆の縦覧の対象となる書類につき、申請書の添付書類（66条2項各号）のうち、役員等の住所、略歴等を記載した書類（同項6号ロ）、誓約書面（同項9号）、内閣府令で定める書面（同項11号）については、個人情報またはプライバシーの保護の観点から、縦覧の対象とはしないこととしている[186]。

◆第68条　特定認定の公示等

> 第68条　内閣総理大臣は、特定認定をしたときは、内閣府令で定めるところにより、当該特定適格消費者団体の名称及び住所、被害回復関係業務を行う事務所の所在地並びに当該特定認定をした日を公示するとともに、当該特定適格消費者団体に対し、その旨を書面により通知するものとする。
> 2　特定適格消費者団体は、内閣府令で定めるところにより、特定適格消費者団体である旨を、被害回復関係業務を行う事務所において見やすいように掲示しなければならない。
> 3　特定適格消費者団体でない者は、その名称中に特定適格消費者団体であると誤認されるおそれのある文字を用い、又はその業務に関し、特定適格消費者団体であると誤認されるおそれのある表示をしてはならない。

I　趣　旨

　1項においては、特定認定をしたときは、当該特定適格消費者団体の名称および住所、被害回復関係業務を行う事務所の所在地並びに当該特定認定を

---

[186]　適格消費者団体の認定に関しても同様の書類は縦覧対象から除外されている（消契法逐条326頁）。

した日を公示するとともに、当該特定適格消費者団体に対し、その旨を書面により通知するものとしている。

2項においては、特定適格消費者団体は、特定適格消費者団体である旨を、被害回復関係業務を行う事務所において見やすいように掲示しなければならないとしている。

3項においては、特定適格消費者団体でない者は、その名称中に特定適格消費者団体であると誤認されるおそれのある文字を用い、またはその業務に関し、特定適格消費者団体であると誤認されるおそれのある表示をしてはならないとしている。

Ⅱ 解　説

本制度が適正に運用されるためには、特定認定がされた場合には、それを明らかにして広く一般国民に周知し、認定を受けていない者が特定認定された者であると誤認される危険を排除する必要がある。特定適格消費者団体を装った不当な要求行為等がなされることは厳に防がなければならない。

そこで、特定認定をしたときは、一定の事項を公示することとしている（1項）。公示は、官報に掲載する方法により行うものとされている（規則12条）。あわせて、内閣総理大臣は、申請者である当該団体に、その旨を書面により通知するものとされている（本条1項）。特定適格消費者団体が対外的に特定適格消費者団体である旨を証明することを求められる場合、法は特にその証明手段については定めていないところ、本認定の通知をもってその証明をすることが可能となるようにされている。

なお、本条1項の内閣総理大臣の権限は、92条において消費者庁長官に委任されている。

また、特定適格消費者団体には、特定適格消費者団体である旨を、事務所において見やすいように掲示しなければならないとの義務が課され（本条2項）、その掲示については、特定適格消費者団体の名称および「特定適格消費者団体」の文字について、その事務所の入口または受付の付近の見やすい場所にしなければならないとされている（規則13条）。本条2項違反の場合

には30万円以下の過料の制裁がある（99条3号）。

さらに、特定適格消費者団体でない者がその名称中に特定適格消費者団体であると誤認されるおそれがある文字を用いること等を禁止している（本条3項）。本条3項違反の場合には、50万円以下の罰金刑の対象となる（95条2号）。

◆第69条　特定認定の有効期間等

> 第69条　特定認定の有効期間は、当該特定認定の日から起算して3年とする。ただし、当該特定認定の日における当該特定認定に係る消費者契約法第13条第1項の認定の有効期間の残存期間が特定認定の有効期間より短い場合には、同項の認定の有効期間の残存期間と同一とする。
> 2　特定認定の有効期間の満了後引き続き被害回復関係業務を行おうとする特定適格消費者団体は、その有効期間の更新を受けなければならない。
> 3　前項の有効期間の更新を受けようとする特定適格消費者団体は、当該有効期間の満了の日の90日前から60日前までの間（以下この項において「更新申請期間」という。）に、内閣総理大臣に前項の有効期間の更新の申請をしなければならない。ただし、災害その他やむを得ない事由により更新申請期間にその申請をすることができないときは、この限りでない。
> 4　前項の申請があった場合において、当該有効期間の満了の日までにその申請に対する処分がされないときは、従前の特定認定は、当該有効期間の満了後もその処分がされるまでの間は、なお効力を有する。
> 5　前項の場合において、第2項の有効期間の更新がされたときは、その特定認定の有効期間は、従前の特定認定の有効期間の満了の日の翌日から起算するものとする。
> 6　第65条（第1項、第2項及び第6項第2号を除く。）、第66条、第67条及び前条第1項の規定は、第2項の有効期間の更新について準用する。ただし、第66条第2項各号に掲げる書類については、既に内閣総理大臣に提出されている当該書類の内容に変更がないときは、その添付を省略することができる。

第69条　特定認定の有効期間等

I　趣　旨

本条は特定認定の有効期間と更新制を定める。本制度の信頼性の確保の観点より、有効期間を設け、期間経過時にあらためて特定認定の適合性を再審査するものとしている。

II　解　説

特定認定の有効期間は、当該認定がなされた日から起算して3年である（本条1項）。

ただし、特定認定の有効期間については、適格認定（消契法13条1項）の有効期間の残存期間が特定認定の有効期間より短い場合には、適格認定の有効期間の残存期間と同一とするとされている（本条1項ただし書）。

特定認定の有効期間の満了後も引き続き被害回復関係業務を行おうとする場合は、特定認定の有効期間の更新を受けなければならない（本条2項）。

更新の申請時期について、有効期間の満了までに更新または更新拒否の決定をすることができることを確保するとの観点から、当該有効期間の満了の日の90日前から60日前までの間（「更新申請期間」）に更新の申請をしなければならないこととされ、災害その他やむを得ない事由によるときを除き、更新申請期間後は申請をすることができないものとされている（本条3項）[187]。

更新の申請をしなければ、当該有効期間の経過によって認定は失効する（74条1項1号）。

更新に関する決定は有効期間の満了までになされるのが原則であるが、諸事情により当該有効期間の満了の日までにその申請に対する処分がされない場合につき、従前の特定認定は当該有効期間の満了後もその処分がされるまでの間はなお効力を有することとされており（本条4項）、当該団体にかかわる法律関係の安定性の確保のための手当がされている。

---

[187]　適格消費者団体の認定の更新については、行政手続法に基づき標準処理期間が定められており、60日から90日とするとされている（内閣府国民生活局「消費者契約法に基づく内閣総理大臣の処分に係る標準処理期間」（2007年6月18日））。

その場合においての、有効期間の更新の決定がされたときの特定認定の有効期間については、従前の特定認定の有効期間の満了の日の翌日から起算するものとしている（本条5項）。

更新の要件・手続については、65条から67条までの規定を準用しており、当初の特定認定時と同様のものとされている。ただし、65条1項の規定は、特定認定を受けうる者は適格消費者団体に限られることから準用しないこととし、同条2項の規定は、被害回復関係業務の定義規定をあらためて置く必要はないことから準用しないこととしている。また、同条6項2号の規定も、特定認定が取り消された以上有効期間の更新を行うことはないことから、準用しないこととしている（本条6項）。

更新手続の際の申請書添付書類についても、特定認定申請時と同様であるが（66条準用）、すでに提出されている書類の内容に変更がないときはその書類の添付を省略することができるとされている（本条6項ただし書）。

また、特定認定をした場合の公示等についての68条1項も準用されており、更新がされた場合にも、一定の事項を公示するとともに、当該団体にその旨を書面で通知するものとされている（本条6項）。

なお、偽りその他不正の手段により有効期間の更新（69条2項）を受けた者は、100万円以下の罰金に処するとされている（94条1号）。

また、本条は、以上のような特定認定の有効期間と更新制を定めるが、適合性の事後的担保措置としては、定期的な報告義務や行政による監督、認定の取消制度なども置かれており、本制度にこのような厳しい規制を設ける必要性については疑問がないわけではない。全く新しい制度であるから本条のような規制が置かれた制度として運用を開始するものとしても、一定の運用期間後は、更新期間を5年とするなど伸長する方向で検討がされるべきである。

◆第70条　変更の届出

第70条　特定適格消費者団体は、第66条第1項各号に掲げる事項又は同条第2項各号（第2号及び第11号を除く。）に掲げる書類に記載した事項に変更

> があったときは、遅滞なく、内閣府令で定めるところにより、その旨を記載した届出書を内閣総理大臣に提出しなければならない。ただし、その変更が内閣府令で定める軽微なものであるときは、この限りでない。

I 趣 旨

　本条は、特定適格消費者団体の構成等に変更があった場合、内閣総理大臣にこれを届け出ることを定め、変更届出をする際の要件を定めたものである。

II 解 説

　被害回復関係業務を行おうとする適格消費者団体は、内閣総理大臣の認定（特定認定）を受けなければならず（65条1項）、内閣総理大臣に特定認定の申請をする際には、当該申請書に、名称および住所並びに代表者の氏名、被害回復関係業務を行おうとする事務所の所在地等を記載し（66条1項、規則9条）、これに定款・業務計画書・業務規程等を添付しなければならない（66条2項、規則10条）。

　内閣総理大臣は、法が定める要件（65条4項）をすべて満たし、かつ法定の除外事由（同条6項）がない場合、当該適格消費者団体を特定適格消費者団体として認定することができるが、かかる要件充足性は、認定後に変動することがありうる。内閣総理大臣は、特定適格消費者団体が事後的に認定要件を欠き、または当該特定適格消費者団体に除外事由が発生するという事態が生じた場合、適合命令または改善命令を発することができ（85条）、また、当該特定適格消費者団体の認定を取り消すこともできる（86条1項2号）。

　このように、特定適格消費者団体の申請内容の変更は重大な意味をもつことから、本法は、特定適格消費者団体が66条1項各号および同条2項各号（2号および11号を除く）に掲げる事項に変更があった場合は、遅滞なくこれを届け出なければならないものとした。

　届出の方式であるが、特定適格消費者団体が内閣総理大臣に届出書を提出しなければならず、当該届出書には、①名称および住所並びに代表者の氏名、②変更した内容、③変更の年月日、④変更を必要とした理由、を記載し

なければならない（規則14条1項）。また、届出書には、①66条2項各号に掲げる書類に記載した事項に変更があった場合は変更後の事項を記載した当該書類を、②66条1項各号に掲げる事項または同条2項各号に掲げる書類に記載した事項の変更に伴い規則10条2項各号に掲げる書類の内容に変更を生じた場合は変更後の内容に係る当該書類（規則10条2項2号に掲げる書類にあっては、役員または専門委員が新たに就任した場合（再任された場合を除く）に限る）を、添付しなければならない。

「遅滞なく」の解釈については、基本的に、当該変更を届け出るために通常要する期間内であれば足りると解すべきである。

規則で定める軽微な変更については届け出る必要はない（70条ただし書）とされており、支援検討会報告書25頁では、「役員、職員及び専門委員の住所、略歴及び電話番号その他の連絡先については変更の届出が必要ないこととするのが適当と考えられる」とされている。

その結果、内閣府令が改正され、特定適格消費者団体の役員、職員及び専門委員の住所、略歴及び電話番号その他の連絡先について変更があった場合、変更の届出を必要としないことと規定されている（規則14条3項）。

◆第71条 合併の届出及び認可等

> 第71条 特定適格消費者団体である法人が他の特定適格消費者団体である法人と合併をしたときは、合併後存続する法人又は合併により設立された法人は、合併により消滅した法人のこの法律の規定による特定適格消費者団体としての地位を承継する。
> 2 前項の規定により合併により消滅した法人のこの法律の規定による特定適格消費者団体としての地位を承継した法人は、遅滞なく、その旨を内閣総理大臣に届け出なければならない。
> 3 特定適格消費者団体である法人が特定適格消費者団体でない法人（適格消費者団体である法人に限る。）と合併をした場合には、合併後存続する法人又は合併により設立された法人は、その合併について内閣総理大臣の認可がされたときに限り、合併により消滅した法人のこの法律の規定による特定適格消費者団体としての地位を承継する。

第71条　合併の届出及び認可等

4　前項の認可を受けようとする特定適格消費者団体は、その合併がその効力を生ずる日の90日前から60日前までの間（以下この項において「認可申請期間」という。）に、内閣総理大臣に認可の申請をしなければならない。ただし、災害その他やむを得ない事由により認可申請期間にその申請をすることができないときは、この限りでない。
5　前項の申請があった場合において、その合併がその効力を生ずる日までにその申請に対する処分がされないときは、合併後存続する法人又は合併により設立された法人は、その処分がされるまでの間は、合併により消滅した法人のこの法律の規定による特定適格消費者団体としての地位を承継しているものとみなす。
6　第65条（第1項及び第2項を除く。）、第66条、第67条及び第68条第1項の規定は、第3項の認可について準用する。
7　特定適格消費者団体である法人は、特定適格消費者団体でない法人と合併をする場合において、第4項の申請をしないときは、その合併がその効力を生ずる日までに、その旨を内閣総理大臣に届け出なければならない。
8　内閣総理大臣は、第2項又は前項の規定による届出があったときは、内閣府令で定めるところにより、その旨を公示するものとする。

I　趣　旨

　本条は、特定適格消費者団体同士の合併または特定適格消費者団体と適格消費者団体との合併について、その要件等を定めたものである。

II　解　説

1　特定適格消費者団体同士の合併

　特定適格消費者団体同士が合併する場合には、吸収合併であれ新設合併であれ、合併前の各特定適格消費者団体がすでに内閣総理大臣の認定を受けている法人であることから、合併により消滅した法人の特定適格消費者団体としての地位は承継される（71条1項）。もっとも、66条1項記載事項または2項に掲げる書類の内容に変更があれば届出が必要である。地位を承継した

法人は、内閣総理大臣にその旨を届け出なければならず（同条2項）、届出があった場合、内閣総理大臣は官報への掲載により公示することとなる（同条8項、規則12条）。71条1項および2項は、合併という組織自体を変容させる行為があったとしても、特定適格消費者団体として引き続き活動することを認めたものである。

2 特定適格消費者団体と適格消費者団体の合併

特定適格消費者団体が適格消費者団体と合併する場合にまで特定適格消費者団体同士の合併と同じ取扱いを認めると、法が内閣総理大臣の認定を受ける必要があるとして特定適格消費者団体としての資格を制限した趣旨を没却することとなる。そこで法は、かかる合併については、合併自体に内閣総理大臣の認可を受けた場合に限り、合併により消滅した特定適格消費者団体の地位を承継できるものとした（71条3項）。

これに違反して特定適格消費者団体と適格消費者団体との合併が効力を生じた場合には、特定適格消費者団体としての特定認定自体がその効力を失うこととなる（74条1項2号）。

この認可を得るためには、合併が効力を生じる日の90日前から60日前までに、内閣総理大臣に対して認可の申請をしなければならない（71条4項本文）[188]。ただし、災害その他やむを得ない事由がある場合にはこの限りではない（同項ただし書）。合併の認可に係る審査基準は、65条の特定認定の審査基準による（ガイドライン3）。

合併の効力が生じるまでに当該申請に対する処分がされていなければ、合併後存続する法人または合併により設立された法人は、処分がされるまでの間、特定適格消費者団体としての地位を承継しているものとみなされる（71条5項）。法人側に、合併の効力が生じる日の90日前から60日前までの認可申請を要請しながら、行政側が認可しなかったことにより特定適格消費者団体としての活動ができないというのでは、手続を遵守した団体に不利益を転

---

[188] 適格消費者団体の認定の更新については、行政手続法に基づき標準処理期間が定められており、60日から90日とするとされている（内閣府国民生活局・前掲注[187]）。

嫁させるものであり、このような場合にまで特定適格消費者団体としての活動を阻害させるわけにはいかない、という配慮に基づく規定である。

　内閣総理大臣が合併を認可するか否かの判断をするにあたっては、特定適格消費者団体としての認定要件を満たすこと、申請書に定款等を添付すること、申請があったことが公告されること等は当然である（71条6項で準用する65条〜67条）。

　特定適格消費者団体が適格消費者団体と合併する場合に、認可申請をしないときは、合併の効力が生じるまでに、その旨を内閣総理大臣に届け出なければならず（71条7項）、この届出をせず、または虚偽の届出をした場合には30万円以下の過料の制裁が定められている（99条4号）。届出があった場合、内閣総理大臣は官報への掲載により公示することとなる（71条8項、規則12条）。なお、認可申請をしないまま合併の効力が生じるに至ったときは、特定認定が効力を失うことになる（74条1項2号）。

◆第72条　事業の譲渡の届出及び認可等

> **第72条**　特定適格消費者団体である法人が他の特定適格消費者団体である法人に対し被害回復関係業務に係る事業の全部の譲渡をしたときは、その譲渡を受けた法人は、その譲渡をした法人のこの法律の規定による特定適格消費者団体としての地位を承継する。
> 2　前項の規定によりその譲渡をした法人のこの法律の規定による特定適格消費者団体としての地位を承継した法人は、遅滞なく、その旨を内閣総理大臣に届け出なければならない。
> 3　特定適格消費者団体である法人が特定適格消費者団体でない法人（適格消費者団体である法人に限る。）に対し被害回復関係業務に係る事業の全部の譲渡をした場合には、その譲渡を受けた法人は、その譲渡について内閣総理大臣の認可がされたときに限り、その譲渡をした法人のこの法律の規定による特定適格消費者団体としての地位を承継する。
> 4　前項の認可を受けようとする特定適格消費者団体は、その譲渡の日の90日前から60日前までの間（以下この項において「認可申請期間」という。）に、内閣総理大臣に認可の申請をしなければならない。ただし、災害その

他やむを得ない事由により認可申請期間にその申請をすることができないときは、この限りでない。
5　前項の申請があった場合において、その譲渡の日までにその申請に対する処分がされないときは、その譲渡を受けた法人は、その処分がされるまでの間は、その譲渡をした法人のこの法律の規定による特定適格消費者団体としての地位を承継しているものとみなす。
6　第65条（第１項及び第２項を除く。）、第66条、第67条及び第68条第１項の規定は、第３項の認可について準用する。
7　特定適格消費者団体である法人は、特定適格消費者団体でない法人に対し被害回復関係業務に係る事業の全部の譲渡をする場合において、第４項の申請をしないときは、その譲渡の日までに、その旨を内閣総理大臣に届け出なければならない。
8　内閣総理大臣は、第２項又は前項の規定による届出があったときは、内閣府令で定めるところにより、その旨を公示するものとする。

I　趣　旨

　本条は、特定適格消費者団体が、他の特定適格消費者団体または適格消費者団体に対し、被害回復関係業務を全部譲渡する場合の要件等を定めたものである。事業譲渡は合併とは異なるが、被害回復関係業務の主体が変動するという面からみれば、両者を別異に扱う理由はなく、法は、事業の譲渡の届出および認可について、合併の際と同様の規制をしている。
　なお、被害回復関係業務の一部を譲渡することは、法律関係を複雑にするおそれがあり、明文上も「全部の譲渡」とされていることからできないと解される。

II　解　説

1　特定適格消費者団体同士の事業譲渡

　事業譲渡の主体が特定適格消費者団体同士である場合には、各特定適格消

費者団体がすでに内閣総理大臣の認定を受けている法人であることから、譲渡をした法人の特定適格消費者団体としての地位は承継される（72条1項）。もっとも、66条1項記載事項または2項に掲げる書類の内容に変更があれば届出が必要である。地位を承継した法人は、内閣総理大臣にその旨を届け出なければならず（72条2項）、届出があった場合、内閣総理大臣は官報への掲載により公示することとなる（同条8項、規則12条）。72条1項および2項は、事業譲渡という事業主体を変容させる行為があったとしても、特定適格消費者団体として引き続き活動することを認めたものである。

2 特定適格消費者団体から適格消費者団体への事業譲渡

　特定適格消費者団体が適格消費者団体へ事業を譲渡する場合にまで、特定適格消費者団体同士の事業譲渡と同じ取扱いを認めると、法が内閣総理大臣の認定を受ける必要があるとして特定適格消費者団体としての資格を制限した趣旨を没却することとなる。そこで法は、かかる事業譲渡については、事業譲渡自体に内閣総理大臣の認可を受けた場合に限り、事業譲渡をした特定適格消費者団体の地位を承継できるものとした（72条3項）。

　これに違反して特定適格消費者団体から適格消費者団体への事業譲渡が効力を生じた場合には、特定適格消費者団体としての特定認定自体がその効力を失うこととなる（74条1項3号）。

　この認可を得るためには、譲渡の日の90日前から60日前までに、内閣総理大臣に対して認可の申請をしなければならない（72条4項本文）。ただし、災害その他やむを得ない事由がある場合にはこの限りではない（72条4項ただし書）[189]。譲渡の認可に係る審査基準は、65条の特定認定の審査基準による（ガイドライン3）。

　譲渡の日までに当該申請に対する処分がされていなければ、譲渡を受けた法人は、処分がされるまでの間、譲渡をした法人の特定適格消費者団体とし

---

[189] 適格消費者団体の認定の更新については、行政手続法に基づき標準処理期間が定められており、60日から90日とするとされている（内閣府国民生活局・前掲注[187]）。

ての地位を承継しているものとみなされる（72条5項）。この趣旨は、合併における規定と同じである。

内閣総理大臣が譲渡を認可するか否かの判断をするにあたっては、特定適格消費者団体としての認定要件を満たすこと、申請書に定款等を添付すること、申請があったことが公告されること等は当然である（72条6項で準用する65条〜67条）。

特定適格消費者団体が適格消費者団体へ事業を譲渡する場合に、認可申請をしないときは、譲渡の日までに、その旨を内閣総理大臣に届け出なければならず（72条7項）、この届出をせず、または虚偽の届出をした場合には30万円以下の過料の制裁が定められている（99条4号）。届出があった場合、内閣総理大臣は官報への掲載により公示することとなる（72条8項、規則12条）。なお、認可申請をしないまま譲渡の効力が生じるに至ったときは、特定認定が効力を失うことになる（74条1項3号）。

◆第73条　業務廃止の届出

> 第73条　特定適格消費者団体が被害回復関係業務を廃止したときは、法人の代表者は、遅滞なく、その旨を内閣総理大臣に届け出なければならない。
> 2　内閣総理大臣は、前項の規定による届出があったときは、内閣府令で定めるところにより、その旨を公示するものとする。

I　趣　旨

本条は、特定適格消費者団体が被害回復関係業務を廃止した場合の手続について定めたものである。

II　解　説

特定適格消費者団体が被害回復関係業務を廃止した場合には、当然に特定認定が効力を失うことになるが（74条1項4号）、あわせて、法は、法人の代表者に、遅滞なくその旨を届け出ることを義務付けている。ここで「遅滞な

く」とは、届出に通常要する期間内を意味するものと解される。なお、この届出をせず、または虚偽の届出をした場合には、30万円以下の過料の制裁が定められている（99条4号）。

届出があった場合、内閣総理大臣はその旨を官報に掲載する方法により公示することとなる（73条2項、規則12条）。

◆第74条　特定認定の失効

> **第74条**　特定適格消費者団体について、次のいずれかに掲げる事由が生じたときは、特定認定は、その効力を失う。
> 一　特定認定の有効期間が経過したとき（第69条第4項に規定する場合にあっては、更新拒否処分がされたとき）。
> 二　特定適格消費者団体である法人が特定適格消費者団体でない法人と合併をした場合において、その合併が第71条第3項の認可を経ずにその効力を生じたとき（同条第5項に規定する場合にあっては、その合併の不認可処分がされたとき）。
> 三　特定適格消費者団体である法人が特定適格消費者団体でない法人に対し被害回復関係業務に係る事業の全部の譲渡をした場合において、その譲渡が第72条第3項の認可を経ずにされたとき（同条第5項に規定する場合にあっては、その譲渡の不認可処分がされたとき）。
> 四　特定適格消費者団体が被害回復関係業務を廃止したとき。
> 五　消費者契約法第13条第1項の認定が失効し、又は取り消されたとき。
> 2　内閣総理大臣は、前項各号に掲げる事由が生じたことを知った場合において、特定適格消費者団体であった法人を当事者とする被害回復裁判手続が現に係属しているときは、その被害回復裁判手続が係属している裁判所に対し、その特定認定が失効した旨を書面により通知しなければならない。

I　趣　旨

本条は、特定適格消費者団体の特定認定が当然に失効する場合を定めるとともに（1項）、特定認定が失効した特定適格消費者団体を当事者とする被害回復裁判手続が係属している場合には、内閣総理大臣が係属裁判所にその

旨を通知することを定めるものである（2項）。

Ⅱ 解　説

1　特定認定の失効事由（1項）

　特定適格消費者団体の特定認定が当然に失効する場合は次のとおりである。

（ⅰ）特定認定の有効期間が経過したとき（有効期間満了日までに更新申請に対する処分がされないときは、その後、更新拒否処分がされたとき）（1項1号）

　①　特定認定の有効期間が経過したとき（1項1号本文）

　有効期間の経過により特定認定が失効する場合としては、ⓐ有効期間の更新申請（69条3項）がされないまま有効期間が経過した場合、ⓑ有効期間の更新申請がなされたものの有効期間満了日までに更新拒否処分があり有効期間を経過した場合が考えられる。

　②　有効期間満了後に更新拒否処分がなされたとき（1項1号カッコ書）

　なお、有効期間が経過した場合であっても、有効期間満了日までに更新申請に対する処分がされていない場合は、従前の特定認定は、その処分がされるまでの間は効力を有するとされていることから（69条4項）、その後、更新拒否処分がされたときに失効することになる（本条1項1号カッコ書）。

（ⅱ）特定適格消費者団体である法人が特定適格消費者団体でない法人と合併をした場合において、その合併が内閣総理大臣の認可（71条3項）を経ずに効力を生じたときおよび合併の効力が生じた後に不認可処分がされたとき（1項2号）

　①　内閣総理大臣の認可を経ずに合併の効力が生じたとき（1項2号本文）

　特定適格消費者団体である法人が、特定適格消費者団体ではない法人と合併する場合、その合併について内閣総理大臣の認可がされたときに限り、合

併後存続する法人または合併により設立された法人は合併により消滅した法人の特定適格消費者団体としての地位を承継する（71条3項）。

　したがって、この内閣総理大臣の認可を経ないで合併の効力が生じた場合は、合併後存続する法人等は特定適格消費者団体としての地位を承継することができないことから、特定認定の効力は当然に失効することになる。

　内閣総理大臣の認定を経ないで合併の効力が生ずる場合としては、71条4項に規定する合併の認可申請がなされなかった場合および認可申請はなされたが不認可処分となった場合が考えられる。

　② 合併の効力が生じた後に不認可処分がされたとき（1項2号カッコ書）

　なお、合併の効力が生ずる日までに合併の認可申請に対する処分がされないときは、合併後存続する法人等は、その処分がされるまでの間は、合併により消滅した特定適格消費者団体としての地位を承継しているものとみなされることから（71条5項）、認可を経ないまま合併の効力が生じても直ちには特定認定の効力は失効せず、その合併の不認可処分がされたときに失効する（本条1項2号カッコ書）。

(iii) 特定適格消費者団体である法人が特定適格消費者団体でない法人に被害回復関係業務に係る事業の全部の譲渡をした場合において、その譲渡が内閣総理大臣の認可（72条3項）を経ずにされたときおよび譲渡後に不認可処分がされたとき（1項3号）

　① 譲渡が内閣総理大臣の認可を経ずにされたとき（1項3号本文）

　特定適格消費者団体である法人が、特定適格消費者団体ではない法人（適格消費者団体である法人に限る）に対し被害回復関係業務に係る事業の全部を譲渡する場合、その譲渡につき内閣総理大臣の認可がされたときに限り、譲渡を受けた法人は譲渡した法人の特定適格消費者団体としての地位を承継する（72条3項）。

　したがって、内閣総理大臣の認可を経ないで譲渡された場合は、譲渡を受けた法人は特定適格消費者団体としての地位を承継することができないことから、特定認定の効力は当然に失効することになる。

内閣総理大臣の認可を経ないで譲渡された場合としては、72条4項に規定する譲渡の認可申請がなされなかった場合および認可申請はなされたが不認可処分となった場合が考えられる。

なお、事業の譲渡契約は将来の特定日を譲渡の効力が発生する日と定めることが一般的と考えられるところ、譲渡による特定適格消費者団体の地位の承継につき内閣総理大臣の認可に係らしめた趣旨に照らせば、譲渡の効力が発生する日までに譲渡の認可を経ていれば足りることから、特定認定が失効する「譲渡が」「されたとき」とは、譲渡契約の締結それ自体をいうのではなく、譲渡契約に基づき譲渡の効力が発生したときと解するのが相当であろう。

② 譲渡後に不認可処分がされたとき（本条1項3号カッコ書）

なお、譲渡の日までに認可申請に対する処分がされないときは、譲渡を受けた法人は、その処分がされるまでの間は、譲渡した特定適格消費者団体としての地位を承継しているものとみなされることから（72条5項）、認可を経ないまま譲渡の日が経過しても直ちには特定認定の効力は失効せず、その譲渡の不認可処分がされたときに失効する（本条1項3号カッコ書）。

(ⅳ) **特定適格消費者団体が被害回復関係業務を廃止したとき（1項4号）**

特定適格消費者団体が被害回復関係業務を廃止した場合には特定認定の効力を維持する理由がないことから、当然に失効することとしたものである。

なお、特定適格消費者団体が被害回復関係業務を廃止したときは、遅滞なく、内閣総理大臣に届け出なければならない（73条1項）。

(ⅴ) **消契法13条1項の適格消費者団体の認定が失効し、または取り消されたとき（1項5号）**

本制度において、特定適格消費者団体として特定認定を受けることができるのは、適格消費者団体に限られていることから（2条10号・65条等）、適格消費者団体としての認定が失効し、または取り消されたときは、特定認定はその前提条件を欠き、当然に失効することになる。

2　裁判所への通知（2項）

特定認定が失効した場合、当該特定適格消費者団体は被害回復裁判手続を

追行することができなくなり、当該被害回復裁判手続も61条の規定により手続中断効が生じることから、内閣総理大臣が、本条1項各号に規定する特定認定の失効事由が生じたことを知ったときは、その旨を被害回復裁判手続が係属している裁判所に通知しなければならないこととした。

なお、失効事由のうち、合併（本条1項2号）、事業譲渡（同項3号）および被害回復関係業務の廃止（同項4号）については、内閣総理大臣が直ちに認知しない場合がありうることから、本通知は、「内閣総理大臣が知ったとき」に行うこととしたものである。

本通知は、明確性の観点から、書面によることとされている。

3　特定認定の失効による被害回復裁判手続への影響[190]

被害回復裁判手続（民事執行を除く）の当事者である特定適格消費者団体の特定認定が失効したときは、当該手続は中断し、内閣総理大臣の指定（87条1項・3項）を受けた特定適格消費者団体等、61条1項の規定する者が当該手続を受継することになる。

もっとも、当該特定適格消費者団体につき訴訟代理人がいる間は手続の中断は生じない（61条2項）。また、共通義務確認訴訟および債権届出前の簡易確定手続は、他に当事者として特定適格消費者団体がある場合には、手続の承継は生じないから、手続の中断も生じず、当該他の特定適格消費者団体が引き続き手続を追行する（87条1項ただし書・61条3項）。

なお、対象消費者の当該特定適格消費者団体に対する授権は、特定認定の失効により効力を失う（31条5項・53条8項）。特定認定の失効が、簡易確定決定がなされる前であった場合、届出消費者が、内閣総理大臣による手続を受継すべき特定適格消費者団体の指定の公示（87条6項）がされた日から1カ月以内に指定を受けた特定適格消費者団体に対する授権をしない場合には、債権届出の取下げがあったものとみなされる（31条7項・8項）。一方、特定認定の失効が、簡易確定決定がなされた後であった場合は、届出消費者

---

[190]　一問一答130頁。

が自ら手続追行できるため、新たに指定を受けた特定適格消費者団体に対し授権しないで自ら手続を受継することもできる（61条1項2号）。

◆第75条 特定適格消費者団体の責務

> **第75条** 特定適格消費者団体は、対象消費者の利益のために、被害回復関係業務を適切に実施しなければならない。
> 2 特定適格消費者団体は、不当な目的でみだりに共通義務確認の訴えの提起その他の被害回復関係業務を実施してはならない。
> 3 特定適格消費者団体は、被害回復関係業務について他の特定適格消費者団体と相互に連携を図りながら協力するように努めなければならない。

Ⅰ 趣　旨

本条は、特定適格消費者団体が、被害回復関係業務を実施するにあたっての一般的な義務・行為規範を定めるものである。

Ⅱ 解　説

1　1項

本条1項は、特定適格消費者団体は、当該団体や特定の者（例：団体の会員や団体への寄付者）の利益のために活動してはならず、法や業務規程に基づき対象消費者の利益のために被害回復関係業務を実施するという趣旨・原則を端的に示した規定である。

特定適格消費者団体は、簡易確定手続等で対象消費者から授権を受ければ、個々の対象消費者との関係で善管注意義務が発生することになるが、ここでは、そのような授権がない場合であっても、一般的に特定適格消費者団体には対象消費者に対する責務が発生する旨を規定したものと解される。たとえば、授権前に事業者と行う訴訟外の和解における内容、あるいは共通義務確認の訴えの訴訟追行に際しても、対象消費者の利益のために、適切な訴

訟追行をすべき責務が認められる（山本・解説120頁）。ただし特定適格消費者団体が本項の責務に違反したとしても、法的な責任を負うものではないが、監督措置の対象になることはありうると解される（山本・解説121頁）。

2　2項

(i)　不当な目的でみだりに

特定適格消費者団体は、「不当な目的でみだりに」共通義務確認の訴えの提起等の被害回復関係業務を行ってはならない（本条2項）。事業者の適切な経済活動を萎縮させることがないようにし、制度の信頼性を確保する観点から設けられた規定である。

「不当な目的でみだりに」とは「不当な目的をもって特段の根拠もなく」ということであるが、「不当な目的」の存在が要件となっているので、もっぱら「不当な目的」によるものであるか否かという観点から判断すべきであると解される。よって特定適格消費者団体が、訴訟における主張が根拠を欠いていることを、単に知っていた、あるいは知り得たということだけでは足りず、自らもしくは第三者の利益を図り、または相手方を害する目的などの不当な目的が必要である（一問一答148頁）。

「不当な目的」とは、上記のような図利加害の目的を有する場合以外にも本訴訟制度の制度趣旨を逸脱するような目的であれば、これに当たると考えられるが、対象消費者の救済のほかに、これらの目的が付随的に存在していても、直ちに本項に該当するものではないと考えられる（山本・解説122頁）。

(ii)　判断要素

「不当な目的でみだりに」に該当するか否かは、共通義務確認の訴えの提起等の被害回復関係業務を実施した目的その他の主観的要素と当該被害回復関係業務の合理性その他の客観的要素との相関関係や、特定適格消費者団体と相手方である事業者との間でなされた事前の交渉の有無、事前交渉の内容（当該事業者が被害回復のための措置を講じているか否か、事業者が被害回復のための措置を講じている場合には、被害回復のための措置の内容、進捗状況および今後の見込み）などを総合的に考慮して判断する（ガイドライン4.(6)）。

(iii) 「不当な目的でみだりに」に該当する具体例

「不当な目的でみだりに」の具体例として、以下の2つの場合が考えられる。

① 自己もしくは第三者の不正の利益を図りまたは相手方に損害を加える目的で共通義務確認の訴えを提起する場合など、およそ消費者の利益の擁護を図る目的がない場合である（ガイドライン4.(6)ア）。たとえば、次に掲げるような場合などが、これに当たる。

ⓐ 自己または特定の事業者を利するために、共通義務確認の訴えを提起する場合

ⓑ 特定の事業者の評判や社会的信用を低下させる目的など、嫌がらせのために、共通義務確認の訴えを提起する場合

ⓒ 自己の構成員のみの利益となるような和解をするなど合理的な理由なく特定のグループに属する一部の対象消費者だけを利する目的をもって裁判上または裁判外の和解をする場合

② 当該共通義務確認の訴えが、不適法であるとして却下されもしくは請求に理由がないとして棄却されることが明らかなとき、またはこれが容易に見込まれるときであり、かつ、特定適格消費者団体がこれを知りながら、または容易に知り得たにもかかわらず、特段の根拠なくあえて訴えを提起する場合である（ガイドライン4.(6)イ）。このような濫訴と評価されるような場合は制度趣旨を逸脱する「不当な目的」を有することが通常推測される。たとえば、次に掲げる場合などが、これに当たる。

ⓐ 販売された数量が僅少な製品に関する事案であるため、「相当多数の消費者」（2条4号）に財産的被害が発生しておらず、当該訴えが却下されることが客観的資料から容易に想定される状況であったにもかかわらず、共通義務確認の訴えを提起する場合

ⓑ 事業者がリコールその他被害回復のための措置（法令に基づく場合だけでなく、事業者の判断で任意に製品回収・補修を行う場合など、これに準ずる場合を含む）を講じたことにより、消費者の財産的被害が実際に回復され、財産的被害がなお残存している消費者が相当多数存在

しなくなることが明らか、または容易に見込まれるにもかかわらず、特段の根拠なくあえて共通義務確認の訴えを提起する場合

ⓒ 特定の製品について、その製造過程において僅少な割合で不可避的に発生する瑕疵に由来する不具合が発生するという事案において、個々の製品に当該瑕疵が存在するか否かを客観的に判断することが困難であるために、「共通する事実上及び法律上の原因」（2条4号）に基づいて事業者が金銭支払請求義務を負う対象消費者の範囲を適切に設定することが不可能であるときや、「簡易確定手続において対象債権の存否及び内容を適切かつ迅速に判断することが困難である」（3条4項）ときであるにもかかわらず、特段の根拠なくあえて共通義務確認の訴えを提起する場合

なお、共通義務確認訴訟において、他の請求とあわせて、却下もしくは棄却されることが明らかな、またはこれが容易に見込まれるような請求を、特段の根拠なくあえて客観的に併合する場合なども、「不当な目的でみだりに」被害回復関係業務を実施したと評価される（ガイドライン4.(6)）。

このうち、①ⓐの例に関しては、本法では特定適格消費者団体は報酬を得ることが認められているのであり、これを収受しうることをもって「自己を利するため」と解してはならない。

②の各例に関しては、「不当な目的」が存在することが必要と解する立場からは、主観的要素としての「不当な目的」が必ずしも明らかでない場合で、客観的な要素からこれが推測される場合と考えられるので、①に比べてより慎重な認定が必要と解される。

3　3項

共通義務確認訴訟の確定判決の効力は、他の特定適格消費者団体にも及ぶこととされており（9条）、被害回復関係業務の実施に際しては、団体間に相互牽制を働かせて、被害回復関係業務の適切性をより高める必要がある。また、相手方事業者の負担や被害回復の実効性の観点からも各団体が整合性

なく手続を進めることは好ましいことではない。このため相互の連携協力の責務を規定し、訴訟の当事者である団体間はもとより、すべての特定適格消費者団体が連携協力に努めなければならないこととしている。このような観点から、78条１項は、被害回復裁判手続における重要な場面における他の特定適格消費者団体への通知義務を負わせているが、それだけにとどまらず、広く被害回復関係業務全般にわたり迅速かつ的確な被害救済のために情報の交換等を行い、連携・協力を図っていくべきである。

とりわけ、２以上の特定適格消費者団体が、対象債権および対象消費者の範囲の全部または一部並びに共通義務確認の訴えの被告とされる事業者が同一である被害回復裁判手続を追行するときは、当該２以上の特定適格消費者団体は、被害回復裁判手続の円滑かつ迅速な進行のために相互に連携を図りながら協力するように努めなければならない（最高裁規則１条２項）。

たとえば、以下の点について、相互に連携を図りながら協力するよう努めなければならない[191]。

① ２以上の特定適格消費者団体が、同一の相手方に対して、同一の社会的事実に起因する消費者の財産的被害に関する共通義務確認の訴えを提起する場合の、対象債権および対象消費者の範囲の設定、事実関係に関する情報の共有等

② 共通義務確認訴訟が併合して審理される場合（７条１項）の訴訟追行にあたって必要な連携協力

③ 12条に規定する特定適格消費者団体が２つ以上存在する場合には、それぞれの簡易確定手続申立ての見込みに関する情報の交換等

④ ２以上の簡易確定手続申立団体がある場合の、25条１項に規定する通知および26条１項に規定する公告をするか否かおよびその方法、28条１項の規定に基づく相手方に対する情報開示の要求または29条１項の規定に基づく情報開示命令の申立てをするか否か、１人の対象消費者が２以

---

[191] ①④⑤に関してはガイドライン２.(8)コ、②に関しては条解最高裁規則３頁、③に関しては最高裁規則11条２項３号参照。

上の簡易確定手続申立団体に授権をすることを防止するための方策等に関する情報の交換等
⑤　その他の被害回復関係業務に関する事項の適切な情報共有の実施（たとえば、特定適格消費者団体が行った仮差押申立てに関する情報の共有（56条1項の仮差押申立てに際しては、他団体によるすでになされた仮差押命令があるときは申立書に記載することが求められている）等である）

なお、これらの連携協力の責務規定は、各団体にも事情があることも考慮して、努力を求めるにとどまっている（山本・解説122頁）。

◆第76条　報酬

> **第76条**　特定適格消費者団体は、授権をした者との簡易確定手続授権契約又は訴訟授権契約で定めるところにより、被害回復関係業務を行うことに関し、報酬を受けることができる。

I　趣　旨

特定適格消費者団体が本制度に基づく訴えを提起し、その後の簡易確定手続を適切に遂行するためには、必然的に人件費その他の一定の支出が生じる。この特定適格消費者団体が被害回復関係業務を遂行するにあたって生じる支出は、適格消費者団体が差止請求関係業務を遂行するにあたって生じる支出と比較しても、簡易確定手続段階における対象消費者との連絡・意思確認、相手方事業者からの金銭の受領、対象消費者への支払い等、求められる事務作業量が格段に増大することから、相当多額に上ることが避けられない。

これらの支出をすべて特定適格消費者団体の負担で賄わなければならないとすれば、事実上、特定適格消費者団体が持続的に被害回復関係業務を行うことが困難となり、結果として本制度に基づく被害回復が図られず、消費者の利益に反することとなる。このようなことから、本条は、本制度の持続性

の観点から、特定適格消費者団体の被害回復関係業務において生じる支出について、特定適格消費者団体が合理的かつ適正な範囲内で回収できるようにする必要があるため規定するものである（一問一答149頁）。

なお、本条は、被害回復関係業務が弁護士法72条（非弁護士の法律事務の取扱い等の禁止）により弁護士以外の者において「報酬を得る目的で業とする」ことが許されない「法律事務」に該当するものと考えられるため、同条の例外となることを明確にするものである。

Ⅱ 解説

1 費用と報酬

特定適格消費者団体と対象債権の確定手続についての授権をした対象消費者との関係は委任関係にある。したがって、特定適格消費者団体が、委任事務である被害回復関係業務を処理するのに必要と判断して支出した生じた費用については、委任者である対象消費者に対し、当該委任契約に基づき、前払請求（民法649条）および償還請求（同法650条1項）することができる。

この対象消費者に民法上負担を求めることができる「費用」については、本制度の訴訟追行に要した訴訟費用（申立手数料等）のほか、訴訟代理人に対する費用や報酬、事案の検討のために要した会場費、コピー費などの事務経費、通信費、交通費などは含まれるものと考えられるが、団体内部の人件費など一定の事務を処理するための統一的な労務に対する対価については「報酬」に当たるものとされ（第8回ガイドライン等検討会資料1）、対象消費者に対して負担を求めることができないものと考えられる。

しかし、特定適格消費者団体は被害回復関係業務を適正に遂行するための組織体制を適切に備えることが求められており（65条4項2号）、団体内部にも相当程度の人員を確保していくことが求められる。このようなことからすれば、本制度において、制度の持続性という観点から、被害回復という利益を受けることとなる対象消費者に対して、民法上負担を求めることができる「費用」のみならず、「報酬」に相当する対価についても負担を求めうるよう

にしたことは基本的に適切なものと評価し得よう。

　なお、特定適格消費者団体が授権をした対象消費者より支払いを受ける費用や報酬の額については、その額または算定方法、支払方法などが、消費者の利益の擁護の見地から不当なものでないことが求められている（65条4項6号）。

2　第三者から支払われる報酬

　弁護士法72条にいう「報酬」とは、法律事務の依頼者から受けるもののほか、第三者が負担するものも含まれる[192]。このため、特定適格消費者団体が授権をした対象消費者以外の第三者より金銭を受領する場合、この金銭に被害回復関係業務との対価性があれば弁護士法72条にいう「報酬」となるから（高中・前掲注[192]350頁）、授権契約において定めを置かない限り本条で許容される弁護士法72条の例外として許容されず、弁護士法72条に違反することになる。

　この関係で問題となり得るのは、一般の消費者や任意の慈善団体等から本制度による消費者被害回復を支援するために特定適格消費者団体に寄付などがなされた場合であるが、通常は、寄付を受けた特定適格消費者団体が行う被害回復関係業務との対価性が乏しいものとして弁護士法72条にいう「報酬」には該当せず、そもそも本条の射程外となるものと考えられる。

◆第77条　弁護士に追行させる義務

> **第77条**　特定適格消費者団体は、被害回復関係業務を行う場合において、民事訴訟に関する手続（簡易確定手続を含む。）、仮差押命令に関する手続及び執行抗告(仮差押えの執行の手続に関する裁判に対する執行抗告を含む。)に係る手続については、弁護士に追行させなければならない。

---

[192]　高中正彦『弁護士法概説〔第4版〕』（三省堂、2012年）356頁。

第2部 逐条解説 消費者裁判手続特例法

I 趣　旨

　特定適格消費者団体は、本制度による裁判手続を追行することから、法律事務、訴訟追行といった専門性が求められる。専門的法律知識に裏付けられた適正な訴訟追行がなされることを制度上担保するために、特定適格消費者団体に、理事のうち1名以上が弁護士であることを認定要件とするとともに（65条4項3号ロ）、訴訟の追行に関し弁護士に追行させる義務が課された。なお、この義務違反は、特定認定の取消事由となる（86条1項4号）。

II 解　説

1 弁護士に訴訟追行させなければならない手続

　特定適格消費者団体が、被害回復関係業務を行う場合において、弁護士に追行させなければならないのは、次の裁判上の手続である。
① 民事訴訟に関する手続（簡易確定手続を含む）
② 仮差押命令に関する手続
③ 執行裁判所で行う手続に係る執行抗告（仮差押えの執行の手続に関する裁判に対する執行抗告を含む）に係る手続

　なお、裁判所の許可を得て弁護士でない者を訴訟代理人とすることができる訴訟手続（民訴法54条ただし書、民執法13条1項など）については、この義務は課されていない。また、本条がいう特定適格消費者団体から委任を受けて訴訟追行を行う弁護士は、団体外部の弁護士が訴訟代理人としての委任を受けることのほか、たとえば、特定適格消費者団体の理事に就任している弁護士のように、団体内部の弁護士が訴訟代理人となる場合でも差し支えない。

　本条は、一定の裁判手続について弁護士に追行させることを求めるものであり、たとえば、授権をしようとする者への説明（32条）や和解などをしようとする場合における授権をした者の意思を確認するための措置（65条5項）など、被害回復関係業務全般について、弁護士が行わなければならないわけ

第77条　弁護士に追行させる義務

ではない（一問一答147頁）。

2　民事訴訟に関する手続（簡易確定手続を含む）

特定適格消費者団体が、被害回復関係業務を行う場合において、弁護士に追行させなければならない「民事訴訟に関する手続」とは、たとえば、共通義務確認の訴えに係る民事訴訟手続（2条4号、第2章第1節、訴訟上の和解を含む）、対象債権の確定手続における簡易確定手続（2条7号、第2章第2節第1款）、異議後の訴訟（2条8号、第2章第2節第2款）のほか、執行文付与に対する異議の訴え、請求異議の訴えまたは第三者異議の訴え等の「民事執行に係る訴訟手続」（2条9号ロ）、仮差押命令に関する執行文付与の訴えなどの「仮差押命令の執行に係る訴訟手続」（同号ロ）などである（一問一答146頁）。

3　仮差押命令に関する手続

特定適格消費者団体が、被害回復関係業務を行う場合において、弁護士に追行させなければならない「仮差押命令に関する手続」とは、仮差押命令の申立てのほか、保全異議、保全取消し、保全抗告、担保の取消しなどに関する手続を含む。

4　執行裁判所で行う手続に係る執行抗告（仮差押えの執行の手続に関する裁判に対する執行抗告を含む）に係る手続

民執法13条は、執行裁判所で行う訴えと執行抗告について、弁護士代理の原則を定めている。不動産強制競売の申立てを却下する裁判（民執法45条3項）、配当要求を却下する裁判（同法51条2項）、売却のための保全処分等についての裁判（同法55条6項）、動産執行における差押物の引渡命令申立てについての裁判（同法127条3項）、債権差押命令申立てについての裁判（同法145条5項）などにつき、執行抗告が定められている。

◆第78条　他の特定適格消費者団体への通知等

第78条　特定適格消費者団体は、次に掲げる場合には、内閣府令で定めるところにより、遅滞なく、その旨を他の特定適格消費者団体に通知するとともに、その旨及びその内容を内閣総理大臣に報告しなければならない。この場合において、当該特定適格消費者団体が、当該通知及び報告に代えて、全ての特定適格消費者団体及び内閣総理大臣が電磁的方法を利用して同一の情報を閲覧することができる状態に置く措置であって内閣府令で定めるものを講じたときは、当該通知及び報告をしたものとみなす。

一　共通義務確認の訴えの提起又は第56条第1項の申立てをしたとき。

二　共通義務確認訴訟の判決の言渡し又は第56条第1項の申立てについての決定の告知があったとき。

三　前号の判決に対する上訴の提起又は同号の決定に対する不服の申立てがあったとき。

四　第2号の判決又は同号の決定が確定したとき。

五　共通義務確認訴訟における和解が成立したとき。

六　前2号に掲げる場合のほか、共通義務確認訴訟又は仮差押命令に関する手続が終了したとき。

七　共通義務確認訴訟に関し、請求の放棄、和解、上訴の取下げその他の内閣府令で定める手続に係る行為であって、それにより確定判決及びこれと同一の効力を有するものが存することとなるものをしようとするとき。

八　簡易確定手続開始の申立て又はその取下げをしたとき。

九　簡易確定手続開始決定があったとき。

十　第25条第1項の規定による通知をしたとき。

十一　第26条第1項、第3項又は第4項の規定による公告をしたとき。

十二　その他被害回復関係業務に関し内閣府令で定める手続に係る行為がされたとき。

2　内閣総理大臣は、前項の規定による報告を受けたときは、全ての特定適格消費者団体及び内閣総理大臣が電磁的方法を利用して同一の情報を閲覧することができる状態に置く措置その他の内閣府令で定める方法により、他の特定適格消費者団体に当該報告の日時及び概要その他内閣府令で定め

第78条　他の特定適格消費者団体への通知等

る事項を伝達するものとする。

I　趣　旨

　他の特定適格消費者団体には訴訟参加の可能性や既判力の拡張があることから、手続の節目において手続の状況に係る情報を付与して、それに対応する準備等を可能にするため、および、特定適格消費者団体を監督する任務を負っている内閣総理大臣については、手続の追行状況に関心を有すると考えられるため、特定適格消費者団体に対して、手続の段階ごとに通知・報告を求めることとされた（山本・解説125頁）。

　内閣総理大臣は、上記報告を受けたときは、インターネット等の利用により、共通義務確認訴訟の確定判決の概要等の情報を速やかに公表するものとされており（90条1項）、それにより、個別消費者の手続への参加を容易にするとともに、同種被害の発生・拡大予防の効果も期待される。

　なお、特定適格消費者団体が対象消費者から授権を受けた以降に行う手続に関しては、通知・報告は要請されていない。その趣旨は、簡易確定手続において対象消費者から授権を受けた特定適格消費者団体は、以後、授権を受けた対象消費者との関係で善管注意義務を負うこととなるため、手続追行の適切性が担保されると考えられたためである。また、特定適格消費者団体が対象消費者から授権を受けた後も、個別の消費者の権利が確定するまで、国が、常時、詳細を把握することとするのも、プライバシー保護の観点から望ましいとは言い難いうえ、特定適格消費者団体を監督する必要があれば、特定適格消費者団体には帳簿保存義務があることから、報告徴取や立入検査で業務追行状況を把握しうるため、監督上も必須ではないことにもよる。

II 解 説

1 通知・報告をしなければならない場合（1項各号）

(i) **共通義務確認の訴えに係る手続に係る主要な局面**

共通義務確認の訴えの提起（1号）、仮差押命令の申立て（1号）、共通義務確認訴訟の判決の言渡し（2号）、仮差押えに係る決定の告知（2号）、共通義務確認訴訟の判決に対する上訴の提起（3号）、仮差押えに係る決定に対する不服申立て（3号）、共通義務確認訴訟判決の確定（4号）、仮差押えに係る決定の確定（4号）、共通義務確認訴訟における和解の成立（5号）、その他共通義務確認訴訟または仮差押命令に関する手続が終了したとき（6号）がこれに当たる。

(ii) **共通義務確認の訴えに係る確定判決等の効力が他の特定適格消費者団体に及ぶこととなる行為（請求の放棄、和解、上訴の取下げ等）をしようとするとき（7号）**

請求の放棄、裁判上の和解、控訴権の放棄、控訴・上告をしない旨の合意、控訴・上告・上告受理申立ての取下げがこれに当たる。

(iii) **特定適格消費者団体が義務を履行したとき等**

簡易確定手続開始の申立て（8号）、簡易確定手続開始の申立ての取下げ（8号）、簡易確定手続の開始決定（9号）、知れている対象消費者への通知（25条1項の規定による通知）をしたとき（10号）、簡易確定手続開始決定後の被害回復裁判手続の概要・事案の内容等の公告、届出期間中に簡易確定手続申立団体の名称・住所に変更があった場合のその旨の公告、その他の変更があった場合のその旨の公告（11号）がこれに当たる。

(iv) **内閣府令において定める事項（12号）**

規則18条に記載されている。

なお、規則18条15号にいう「攻撃又は防御の方法の提出」とは、共通義務確認訴訟における本案の申立てを基礎付けるためにする事実主張と証拠提出をいう。これらに関する通知・報告は、ガイドライン4.(7)で「特定適格消

費者団体が業務規程に定める方針に基づき、特定適格消費者団体が適当と認められる限りにおいてされていれば足りるものとする」とされている。

2　他の特定適格消費者団体への通知（1項柱書前段）

前記1の事項が携わっている特定適格消費者団体から通知されることによって、他の特定適格消費者団体は、共通義務確認訴訟の係属、その訴訟追行の概要を知ることができる。

他の特定適格消費者団体は、それにより共同訴訟参加するか否かを決めることができる。

3　内閣総理大臣への報告（1項柱書前段）

前記1の事項とその内容が内閣総理大臣へ報告されることとなっている。

4　通知・報告の方法（1項柱書後段）

特定適格消費者団体は、前記のとおり、他の特定適格消費者団体に通知するとともに内閣総理大臣に報告する義務を負うが、その方法として規則16条は通知・報告に係る電磁的方法を利用する措置を規定しており、消費者庁長官が管理する電子掲示板とそれに付随する電子メールのメーリングリストにすべての特定適格消費者団体が加入することによって、特定適格消費者団体が、通知・報告を簡便な方法でできるよう配慮された。

この方法による場合、特定適格消費者団体がなした通知・報告が、消費者庁長官の管理に係る電気通信設備の記録媒体への記録がされた時にすべての特定適格消費者団体および消費者庁長官に当該通知・報告が到達したものとみなされる（規則16条3項）。

5　内閣総理大臣による報告の伝達（2項）

78条2項は、内閣総理大臣が前項の報告を受けた場合に、他の特定適格消費者団体にこれを伝達する旨定めるが、規則19条1号は、電子掲示板等による情報伝達を定め（78条2項）、規則19条2号は、「書面の写しの交付、磁気

ディスクの交付、ファクシミリ装置を用いた送信その他の消費者庁長官が適当と認める方法」による情報の伝達方法を定める。

　ある特定適格消費者団体から報告された事項に基づき、内閣総理大臣は、これらの伝達方法により、すべての特定適格消費者団体に対して、「当該報告の日時及び概要」（78条2項）と、「その他内閣府令で定める事項」（同項）として、共通義務確認訴訟の確定判決等の概要、当該特定適格消費者団体の名称、当該共通義務確認訴訟の相手方の氏名または名称等の90条1項に基づく情報の「公表をした旨及びその年月日」（規則20条）を伝達することになる。

6　罰　則

　78条1項前段の規定による通知、報告をしない行為、虚偽の通知、報告をした者には、30万円以下の過料の制裁が規定されている（99条5号）。

◆第79条　個人情報の取扱い

> **第79条**　特定適格消費者団体は、被害回復関係業務に関し、消費者の個人情報（個人に関する情報であって、特定の個人を識別することができるもの（他の情報と照合することにより特定の個人を識別することができることとなるものを含む。）をいう。第3項において同じ。）を保管し、又は利用するに当たっては、その業務の目的の達成に必要な範囲内でこれを保管し、及び利用しなければならない。ただし、当該消費者の同意がある場合その他正当な事由がある場合は、この限りでない。
> 2　特定適格消費者団体は、被害回復関係業務に関し、消費者から収集した消費者の被害に関する情報を被害回復裁判手続に係る相手方その他の第三者が当該被害に係る消費者を識別することができる方法で利用するに当たっては、あらかじめ、当該消費者の同意を得なければならない。
> 3　特定適格消費者団体は、被害回復関係業務において消費者の個人情報を適正に管理するために必要な措置を講じなければならない。

第79条　個人情報の取扱い

I　趣　旨

　被害回復関係業務において、特定適格消費者団体は、対象消費者から授権を得る際や、28条（情報開示義務）および29条（情報開示命令等）に基づく場合等において、消費者に関する情報を得ることとなる。

　特定適格消費者団体は、特定認定（特定適格消費者団体の認定）の要件として、被害回復関係業務に関して知り得た情報の管理および秘密の保持の方法を具体的に業務規程において定めていること（65条5項）があげられるとともに、本条で、消費者の個人情報が適正に取り扱われるよう、消費者の個人情報について適正に保管・利用する義務が課されている。

　特定適格消費者団体が業務に関連して保有する消費者被害に関する情報は、訴訟等で使用され得るものであり、被害事実が広く世間に知れ渡ることもあり得る。第三者が当該被害に係る消費者を識別することができるとすれば、たとえば、加害者である事業者から嫌がらせを受けるおそれも皆無とはいえず、消費者の利益を保護する観点から、当該被害に係る消費者を識別することができる方法により消費者の被害に関する情報を第三者に提供する場合について、特に規律が設けられた。

　情報管理・秘密保持方法に関する業務規程記載事項に反した個人情報の管理が行われた場合は、適合命令または改善命令の対象となり（85条）、場合によっては特定認定の取消し（86条1項）もあり得る。

II　解　説

1　1項

(i)　「他の情報と照合することにより特定の個人を識別することができることとなるもの」

　電話番号、契約番号、会員番号など、その情報のみからは直ちに個人を特定することが難しくとも、消費者契約の相手方である事業者が保有している他の情報との照合により、特定の個人を識別することができることとなるも

のは、保護しようとするものである。

(ii)　「その業務の目的の達成に必要な範囲内でこれを保管し、及び利用」

特定適格消費者団体は、被害回復関係業務に関し、消費者の個人情報の保管・利用にあたっては業務目的の達成に必要な範囲内で行わなければならないとされ、目的外保管・利用は禁じられている。

(iii)　「当該消費者の同意がある場合その他正当な事由がある場合」

①秘密の主体である消費者本人が承諾した場合、②法令上の義務（たとえば、訴訟手続において証人として証言する場合等）に基づいて秘密事項を告知する場合など、正当な事由がある場合が、上記(ii)の目的外利用禁止の例外とされている。

2　2項

本項は、特定適格消費者団体が、被害回復裁判手続において、相手方事業者や第三者が個人を具体的に特定できる情報を用いるには、あらかじめ当該消費者本人の同意を得ることを要件としている。

たとえば、共通義務確認訴訟の審理において、相手方事業者に個人の特定が可能な記載をする場合には、当該消費者の同意を得るべきであろう。

他方、対象消費者から授権を受けて行う簡易確定手続においては、特定適格消費者団体に対し、債権届出の授権をした消費者は、債権届出をすることにより、相手方事業者に、住所、氏名、契約年月日等が通知されることになっている。このように、制度上当然に相手方事業者に対して通知されることとなっていることから、債権届出の授権をした消費者は、同手続に必要な範囲で個人情報の通知について同意したものと考えられる。

3　3項

特定適格消費者団体は、被害回復関係業務において、消費者の個人情報を適正に管理するために必要な措置を講じなければならない。具体的には、業務規程の中に、個人情報を取り扱うことができる者の範囲の定めや、個人情報の紛失、破壊および改竄を防止するための措置について定めを置かなけれ

ばならないことになっている（ガイドライン2.(2)ウ・2.(8)シ）。

4 罰 則

　特定適格消費者団体が、①消費者から収集した消費者の被害に関する情報を当該消費者の同意を得ないまま一定の方法で利用した場合には30万円以下の過料の制裁が規定されている（99条6号）。また、②個人情報が秘密（80条）に該当する場合に故意に当該個人情報を流出させた場合には、100万円以下の罰金刑が定められている（94条2号）。

◆第80条　秘密保持義務

> 第80条　特定適格消費者団体の役員、職員若しくは専門委員又はこれらの職にあった者は、正当な理由がなく、被害回復関係業務に関して知り得た秘密を漏らしてはならない。

Ⅰ　趣　旨

　被害回復関係業務においては、被った被害状況の聞き取りを行う中で、家計経済上の秘密や一身上の秘密に該当する事項を知り得る。また、対象消費者が特定適格消費者団体に授権をする際には、相手方事業者から、対象消費者の手続加入を促す通知をするために、契約者情報の開示を受けるなど、対象消費者の氏名・住所・連絡先といった個人情報を取り扱うことになる。

　秘密事項を保護し、本制度への信頼性を確保する観点から、特定認定を受ける要件の1つに、「被害回復関係業務に関して知り得た情報の管理及び秘密の保持の方法」について、「業務を適正に遂行するための体制及び業務規程が適切に整備されていること」が定められ（65条4項2号）、本条で、特定適格消費者団体の役員、職員もしくは専門委員またはこれらの職にあった者に対し、秘密保持義務が課された。

Ⅱ 解説

1 被害回復関係業務に関し知り得た秘密

「被害回復関係業務に関して知り得た秘密」とは、非公知の事実で、本人が他に知られないことにつき客観的に相当の利益を有するものをいう。被害回復関係業務の遂行とは無関係に知り得た事項は該当しない。また、事業者の不当な行為に関して知り得る情報については、特定適格消費者団体には、立入検査等の強制権限はなく、任意に知り得る情報であると考えられ、基本的に非公知のものとはいえないうえ、他に知られないことにつき客観的に相当の利益があるとはいえないため、「秘密」には該当しないと考えられる（一問一答153頁）。

2 正当な理由

「正当な理由」としては、たとえば、①秘密の主体である本人が承諾した場合、②法令上の義務（たとえば、訴訟手続において証人として証言する場合等）に基づいて秘密事項を告知する場合などが該当する。

3 差止請求関係業務の場合

なお、差止請求関係業務を行う適格消費者団体についても、その業務規程において「情報の管理及び秘密の保持の方法に関する事項」を定めなければならないとされ（消契法13条4項、消契法規則6条4号）、役職員等には秘密保持義務が課されている（消契法25条）。

4 罰則

本条の違反は、「100万円以下の罰金」という刑事罰の対象である（94条2号）。

◆第81条　氏名等の明示

> **第81条**　特定適格消費者団体の被害回復関係業務に従事する者は、その被害回復関係業務を行うに当たり、被害回復裁判手続に係る相手方の請求があったときは、当該特定適格消費者団体の名称、自己の氏名及び特定適格消費者団体における役職又は地位その他内閣府令で定める事項を、その相手方に明らかにしなければならない。

Ⅰ　趣　旨

　特定適格消費者団体の業務の適正な運営を確保する観点より、被害回復関係業務に従事する者は、交渉の相手方となる事業者に対して、自ら正当な法的権限を有することを示すべく、自らの団体内における位置づけを明らかにする必要がある。それにより、相手方事業者が特定適格消費者団体を交渉相手として受け入れ、真摯な交渉ができるようになり、業務の実効的な遂行が期待できる。

Ⅱ　解　説

　特定適格消費者団体の被害回復関係業務に従事する者は、その被害回復関係業務を行うにあたり、被害回復裁判手続に係る相手方事業者の請求があったときは、当該業務を実施する正当な法的権限があることを相手方に対して明らかにしなければならない。具体的には、①特定適格消費者団体の名称、②自己（従事者）の氏名および特定適格消費者団体における役職または地位、③その他内閣府令で定める事項（弁護士資格その他の自己の有する資格。規則21条）を明示しなければならない。

◆第82条　情報の提供

> **第82条**　特定適格消費者団体は、対象消費者の財産的被害の回復に資するた

> め、対象消費者に対し、共通義務確認の訴えを提起したこと、共通義務確認訴訟の確定判決の内容その他必要な情報を提供するよう努めなければならない。

I 趣　旨

　本制度による被害回復の実効性を確保するためには、多くの対象消費者に訴訟手続が周知されていることが重要である。とりわけ本制度では、対象消費者が個別に訴えを提起した場合、当該対象消費者は簡易確定手続には当然には加入できないのであり、このことからも本制度による訴訟手続が追行されていることを対象消費者に周知することが必要である。また対象消費者にとっても、当該請求権に関し、自ら個別に訴えを提起するか否か、すでに提起している訴訟を継続するか否か（62条に基づき、個別訴訟の訴訟手続が中止されることもある）を検討するにあたっては、特定適格消費者団体が訴訟を追行していることを認識するとともに、その内容を知る必要がある。

　そのため、特定適格消費者団体は、対象消費者に向けた情報提供に努めなければならないとされた。

II 解　説

　情報提供の内容としては、共通義務確認の訴えを提起したことやその判決の内容に関する事項等が対象となると考えられる。また、その情報の提供方法としては、特定適格消費者団体のホームページなどに掲載することや、電話相談窓口などを設け、消費者からの問合せに回答することが考えられる。

　なお、対象消費者に対し必要な情報を提供するにあたっては、提供しようとする情報の内容、被害を受けたと考えられる消費者の範囲、被害金額の多寡、今後の被害拡大のおそれ、当該事業者の対応状況、被害を与えたと考える根拠、被害を与えたと公表されることにより事業者に与える影響などが総合的に考慮されていることが必要であるとされている（ガイドライン2.(2)イ①）。もっとも、本制度が機能するには消費者への情報提供が必要不可欠であり、結果的に事業者のレピュテーションを害する可能性があるとしても、

消費者被害の拡大防止並びに被害回復に資する観点から必要な情報については、特定適格消費者団体としては、消費者の利益のために情報を提供すべきであって、上記ガイドライン等の内容が萎縮効果を生むものであってはならない（2015年7月2日付日弁連意見書）。

なお、1段階目の共通義務確認訴訟の手続においては、具体的な対象消費者の所在が明らかではないため、本条の情報提供は努力義務とされている。

◆第83条　財産上の利益の受領の禁止等

> **第83条**　特定適格消費者団体は、次に掲げる場合を除き、その被害回復裁判手続に係る相手方から、その被害回復裁判手続の追行に関し、寄附金、賛助金その他名目のいかんを問わず、金銭その他の財産上の利益を受けてはならない。
> 　一　届出債権の認否、簡易確定決定、異議後の訴訟における判決若しくは請求の認諾又は和解に基づく金銭の支払として財産上の利益を受けるとき。
> 　二　被害回復裁判手続における判決（確定判決と同一の効力を有するもの、仮執行の宣言を付した届出債権支払命令及び第56条第1項の申立てについての決定を含む。次号において同じ。）又は第48条第3項若しくは第49条第1項若しくは民事訴訟法第73条第1項の決定により訴訟費用（簡易確定手続の費用、和解の費用及び調停手続の費用を含む。）を負担することとされた相手方から当該訴訟費用に相当する額の償還として財産上の利益を受けるとき。
> 　三　被害回復裁判手続における判決に基づく民事執行の執行費用に相当する額の償還として財産上の利益を受けるとき。
> 2　特定適格消費者団体の役員、職員又は専門委員は、特定適格消費者団体の被害回復裁判手続に係る相手方から、その被害回復裁判手続の追行に関し、寄附金、賛助金その他名目のいかんを問わず、金銭その他の財産上の利益を受けてはならない。
> 3　特定適格消費者団体又はその役員、職員若しくは専門委員は、特定適格消費者団体の被害回復裁判手続に係る相手方から、その被害回復裁判手続の追行に関し、寄附金、賛助金その他名目のいかんを問わず、金銭その他

の財産上の利益を第三者に受けさせてはならない。
4　前3項に規定する被害回復裁判手続に係る相手方からその被害回復裁判手続の追行に関して受け又は受けさせてはならない財産上の利益には、その相手方がその被害回復裁判手続の追行に関してした不法行為によって生じた損害の賠償として受け又は受けさせる財産上の利益は含まれない。

I 趣　旨

　特定適格消費者団体による被害回復裁判手続は、消費者が事業者から受けた財産的被害を集団的に回復するために認められているものであるところ、当該被害回復裁判手続に係る相手方事業者から当該被害回復裁判手続の追行に関して、特定適格消費者団体やその関係者が不当に財産的利益を受けることは、特定適格消費者団体が行う被害回復関係業務の適正性・公平性を損なうおそれがあるとともに、制度に対する国民の信頼を失いかねない。また一方で本制度は特定適格消費者団体が被害回復裁判手続の中で正当な業務行為として事業者から金銭を受領することを予定している。

　そこで本条は、特定適格消費者団体が相手方から受ける財産的利益のうち、被害回復関係業務の適正性・公平性・信頼性を損なうおそれがなく、正当な業務行為とみられる場合を定め、その場合を除き特定適格消費者団体およびその関係者らが、自ら財産上の利益を受けること、あるいは第三者に財産的利益を受けさせることを禁止したものである。

II 解　説

1　1項～3項

(i)　「被害回復裁判手続の追行に関し」

「被害回復裁判手続の追行に関し」、財産上の利益を受領するとは、同裁判手続上の行為をすること、あるいはしないことに関連して財産上の利益を受けることである。具体的には共通義務確認の訴えの取下げ、和解、請求の放棄、訴訟手続における主張や証拠の不提出などの見返りとして財産上の利益

を得る場合などがこれに当たる。財産上の利益が当該手続追行の報酬である必要はなく、当該手続追行に関連して受領された財産上の利益であれば足りる。これに対し追行中の被害回復裁判手続の事案とは関係なく会費や寄付金を受領することは本条に当たらない。

本条は時期的な限定はしていないので、共通義務確認の訴えを起こさないことを条件として財産上の利益を受領するなど、被害回復裁判手続の開始前であっても、その追行に関するものと判断されれば、本条の対象となる（山本・解説130頁）。

(ii) 「財産上の利益」

受領が禁止されている「財産上の利益」は、寄付金、賛助金その他の名目を問わない。また金銭以外の財産上の利益も含まれる。

(iii) 例外的に財産上の利益を受領できる場合（1項）

特定適格消費者団体は、以下の場合には例外的に被害回復裁判手続の相手方から、同手続の追行に関し、財産上の利益を受けることができる。

① 被害回復裁判手続追行の結果、相手方から対象消費者に分配すべき金銭の支払いとして財産的利益を受領する場合（1号）。なお、本号では「和解」に基づく金銭の支払いとして財産上の利益を受けることが認められているが、ここでいう「和解」とは本制度上考えうる、1段階目での和解、簡易確定手続における和解、異議後の訴訟における和解、さらに相手方事業者との訴訟外における和解も含むと解される。

② 被害回復裁判手続における判決等により、訴訟費用や簡易確定手続の費用等を負担することとされた相手方からこれらの費用に相当する額の償還として財産上の利益を受領するとき（2号）。

③ 被害回復裁判手続における判決等に基づく民事執行の執行費用に相当する額の償還として財産上の利益を受領するとき（第3号）。

これらは、いずれも本制度自体が予定している場合で、禁止に当たらないことを確認的に規定したものである。

(iv) 特定適格消費者団体の関係者に対する規律（2項）

被害回復関係業務の適正性・公平性、制度への信頼性を確保するために、

特定適格消費者団体の不当な財産的利益の受領を禁止するだけでなく、特定適格消費者団体の役員・職員・専門委員も、被害回復裁判手続の相手方から、被害回復裁判手続の追行に関し、財産的利益を受領することが禁止される。もともとこれらの者は被害回復裁判手続により財産的利益を受ける地位にないことから、例外なく受領を禁止している。

(ⅴ) 第三者に財産上の利益を受けさせることの禁止（3項）

　特定適格消費者団体およびその役員・職員・専門委員が、被害回復裁判手続の相手方から、被害回復裁判手続の追行に関し、第三者に財産上の利益を受領させることも禁止される。被害回復関係業務の適正性・公平性、制度への信頼性を損なう点では、自ら受領する場合と変わりがないからである。

　しかし、第三者に財産上の利益を受領させても、被害回復関係業務の適正性・公平性や制度に対する信頼性に影響を及ぼすおそれがない場合、たとえば共通義務確認訴訟において、被告が任意に消費者に対する弁済をすることを確認して、共通義務確認訴訟を取り下げることなどは差し支えない（ガイドライン4.(8)）。また、個々の消費者の被害が極めて少額で配当するための手数料さえ賄えない場合などにおいて、相手方が不当に得た利益を、消費者の被害救済や活動支援を行う公益的団体へ寄付することを確認して共通義務確認の訴えを提起しない場合も同様に考えられる。

2　4項

　本項でいう「その相手方がその被害回復裁判手続の追行に関してした不法行為によって生じた損害の賠償として受け又は受けさせる財産上の利益」とは、たとえば、被害回復裁判手続における相手方の著しく不当な応訴行為に関して、特定適格消費者団体からの不法行為に基づく損害賠償請求が認容されて賠償金が支払われるような場合をいう。

　このような特定適格消費者団体が固有に有する権利の行使により財産上の利益を受けることは、本条の規制の対象にならないことを確認的に規定したものである。

3 本条に対する違反

特定適格消費者団体またはその役員・職員・専門委員が本条に違反した場合には、改善命令（85条2項）、特定適格消費者団体の認定または適格消費者団体の認定の取消し（86条2項）等の監督措置の対象となる。

また、被害回復裁判手続における共通義務確認訴訟の提起や手続の終了などの重要な行為[193]の報酬として、財産上の利益を受け、または第三者に受けさせた場合には、3年以下の懲役または300万円以下の罰金に処される（93条1項）。

◆第84条　区分経理

> **第84条**　特定適格消費者団体は、被害回復関係業務に係る経理を他の業務に係る経理と区分して整理しなければならない。

Ⅰ　趣　旨

本条は、特定適格消費者団体は、消契法29条2項の規律に加え、被害回復関係業務に係る経理を他の業務の経理と区分して整理しなければならないことを定める。

Ⅱ　解　説

消契法29条2項では、適格消費者団体に対し、①差止請求関係業務と、②差止関係業務を除いた不特定かつ多数の消費者の利益を擁護するための活動に係る業務、および③これら以外の業務の経理を分けて行うことを求めている。被害回復関係業務においては、これに加え、訴訟その他の手続において

---

[193] 山本・解説131頁は、共通義務確認の訴えで財産上の利得を得て裁判上の和解をすることは、それによって被害回復裁判手続を終了させるものではないので、監督処分上は問題となっても、罰則の対象にはならない、とする。

支出を要する費用、被告から支払いを受けた金額、並びに届出消費者に対する分配額等を適切に管理し、把握する必要がある。そこで本条は、特定適格消費者団体に対して、被害回復関係業務を、上記①～③の経理とは区分して経理しなければならないこととした。

具体的には、ガイドライン4.(9)で、①被害回復関係業務、②差止請求関係業務、③①および②の業務を除く不特定かつ多数の消費者の利益の擁護を図るための活動に係る業務、④①から③までの業務以外の業務につき、それぞれ経理を区分して整理しなければならないとされている。

この区分経理は、業務規程に定める金銭等の管理の方法とあいまって金銭が特定性をもって保管されることにつながる。このようにして金銭が特定性をもって保管されている場合、仮に特定適格消費者団体が破産したとしても、消費者から預かった金銭や事業者から支払いを受けて保管している金銭は、破産財団に属しないこととなると解される（信託法25条1項参照）。

◆第85条　適合命令及び改善命令

> 第85条　内閣総理大臣は、特定適格消費者団体が、第65条第4項第2号から第7号までに掲げる要件のいずれかに適合しなくなったと認めるときは、当該特定適格消費者団体に対し、これらの要件に適合するために必要な措置をとるべきことを命ずることができる。
> 2　内閣総理大臣は、前項に定めるもののほか、特定適格消費者団体が第65条第6項第3号に該当するに至ったと認めるとき、特定適格消費者団体又はその役員、職員若しくは専門委員が被害回復関係業務の遂行に関しこの法律の規定に違反したと認めるとき、その他特定適格消費者団体の業務の適正な運営を確保するため必要があると認めるときは、当該特定適格消費者団体に対し、人的体制の改善、違反の停止、業務規程の変更その他の業務の運営の改善に必要な措置をとるべきことを命ずることができる。

I　趣　旨

多数の消費者の利益の擁護の観点から、特定適格消費者団体は特定認定後

も特定認定のための要件を満たし続ける必要があるとともに、法定された責務規定・行為規範を遵守することが求められる。本条では、特定認定要件や責務規定・行為規範に反する状況が特定適格消費者団体に生じた場合に、制度の適正性を担保するため、認定権者である内閣総理大臣が必要な措置を講じることができることを定める。

II 解説

1 適合命令

内閣総理大臣は、特定適格消費者団体が65条4項2号から7号までに規定する特定認定要件のいずれかに適合しなくなったと認める場合に、当該団体に対して、当該要件を充足させるために必要な措置をとるべきことを命ずることができる。なお、同項1号（適格消費者団体としての活動実績）を除いているのは、差止請求関係業務の実績については、改善の余地がある事項が含まれていないことによる。適合命令に違反した場合には、最後の手段として特定認定の取消しの処分がされる。

2 改善命令

内閣総理大臣は、特定適格消費者団体が65条6項3号の欠格事由（被害回復関係業務に従事する可能性のある当該団体の役員についての欠格事由）のいずれかに該当すると認める場合、団体または役員等が本法の規定に違反したと認める場合、その他の団体の業務の適正な運営を確保するために必要があると認める場合には、当該団体に対して、人的体制の改善、違反の停止、業務規程の変更等、業務の運営の改善に必要な措置をとるべきことを命ずることができる。改善命令が発せられる具体的な場合の例としては、刑罰等の対象となった者が役員に就任したり、被害回復関係業務に関して、役職員等に法律違反があったりした場合があげられる。

改善命令に違反した場合には、内閣総理大臣は、適合命令に違反した場合と同様に、特定認定を取り消すことができる（86条1項4号）。

◆第86条　特定認定の取消し等

第86条　内閣総理大臣は、特定適格消費者団体について、次のいずれかに掲げる事由があるときは、特定認定を取り消すことができる。
　一　偽りその他不正の手段により特定認定、第69条第2項の有効期間の更新又は第71条第3項若しくは第72条第3項の認可を受けたとき。
　二　第65条第4項各号に掲げる要件のいずれかに適合しなくなったとき。
　三　第65条第6項第1号又は第3号に該当するに至ったとき。
　四　前3号に掲げるもののほか、この法律若しくはこの法律に基づく命令の規定又はこれらの規定に基づく処分に違反したとき（次項第2号に該当する場合を除く。）。
2　内閣総理大臣は、前項の規定による取消しのほか、特定適格消費者団体について、次のいずれかに掲げる事由があるときは、特定認定又は消費者契約法第13条第1項の認定を取り消すことができる。
　一　被害回復裁判手続において、特定適格消費者団体がその相手方と通謀して請求の放棄又は対象消費者の利益を害する内容の和解をしたときその他対象消費者の利益に著しく反する訴訟その他の手続の追行を行ったと認められるとき。
　二　第83条第1項又は第3項の規定に違反したとき。
　三　当該特定適格消費者団体の役員、職員又は専門委員が第83条第2項又は第3項の規定に違反したとき。
3　特定適格消費者団体が、第78条第1項の規定に違反して同項の通知又は報告をしないで、共通義務確認の訴えに関し、同項第7号に規定する行為をしたときは、内閣総理大臣は、当該特定適格消費者団体について前項第1号に掲げる事由があるものとみなすことができる。
4　内閣総理大臣は、第1項又は第2項の規定による取消しをしたときは、内閣府令で定めるところにより、その旨及びその取消しをした日を公示するとともに、特定適格消費者団体であった法人に対し、その旨を書面により通知するものとする。この場合において、当該特定適格消費者団体であった法人を当事者とする被害回復裁判手続が現に係属しているときは、その被害回復裁判手続が係属している裁判所に対しても、その取消しをした旨を書面により通知しなければならない。

第86条　特定認定の取消し等

I　趣　旨

　本条は、特定適格消費者団体が特定認定の要件に適合しなくなった場合や適正な業務運営を確保するために必要があると認められるときには、内閣総理大臣は、適合命令（85条1項）または改善命令（同条2項）を発して是正を図ることができるが、そのような是正措置では十分ではなく、もはや当該団体に被害回復関係業務を遂行させることが不適当と認められる事由が生じた場合には、当該団体の特定認定（65条1項）や適格認定（消契法13条1項）を取り消すことができるものとする。

　不利益処分等の選択の基準として、「報告徴収若しくは立入検査、適合命令若しくは改善命令又は特定認定の取消しの選択及び適用に当たっては、原因となる事実について、その経緯、動機・原因、手段・方法、故意・過失の別、被害の程度、社会的影響、再発防止の対応策等を総合的に考慮するものとする。ただし、法第86条第2項各号に掲げる場合を除き、報告徴収又は立入検査を端緒とする自主的な改善措置や適合命令又は改善命令によって是正が図られることが期待できるような場合は、原則として、まずそれらの命令を発し、それでも是正が図られない場合に特定認定の取消しを選択する」ものとされている（ガイドライン5.(3)ア）。

II　解　説

1　1項

　本条1項1号～4号のいずれかに掲げる事由があるときには、内閣総理大臣は当該特定適格消費者団体の特定認定を取り消すことができる。
　① 特定適格消費者団体が、偽りその他の不正手段を用いて特定認定、69条2項の特定認定の有効期間の更新、71条3項の合併の認可、72条3項の事業譲渡の認可を受けたとき（1号）
　② 特定適格消費者団体が、65条4項各号の特定認定の要件に適合しなくなったとき（2号）

③ 特定適格消費者団体が、本法等によって罰金の刑に処せられて、その刑の執行を終わり、またはその刑の執行を受けることがなくなった日から3年を経過していないとき（65条6項1号に該当するに至ったとき）、役員が本法等によって罰金の刑に処せられて、その刑の執行を終わり、またはその刑の執行を受けることがなくなった日から3年を経過していないとき（65条6項3号イに該当するに至ったとき）、特定適格消費者団体が特定認定を取り消された場合に、その取消しの日の前6カ月以内に同団体の役員であった者でその取消しの日から3年を経過していない者が役員となっているとき（65条6項3号ロに該当するに至ったとき）（3号）

④ 上記①～③に掲げるもののほか、本法もしくは本法に基づく命令の規定またはこれらの規定に基づく処分に違反したとき（ただし、本条2項2号に該当するものは除く）（4号）

2 2項

本条2項1号から3号のいずれかに掲げる事由があるときには、内閣総理大臣は、当該特定適格消費者団体の特定認定または適格認定（消契法13条1項）を取り消すことができる。

① 被害回復裁判手続において、「特定適格消費者団体がその相手方と通謀して請求の放棄又は対象消費者の利益を害する内容の和解をしたとき」、その他「対象消費者の利益に著しく反する訴訟その他の手続の追行を行ったと認められるとき」（1号）

相手方と通謀して請求の放棄または対象消費者の利益を害する内容の和解をしたとき以外に、「対象消費者の利益に著しく反する訴訟その他の手続の追行を行ったと認められるとき」に該当する例として、特定適格消費者団体が以下のような行為を行った場合があげられている（ガイドライン5.(3)エ）。

ⓐ 対象消費者に明らかに不利な虚偽の主張をし、または対象消費者に明らかに不利な虚偽の証拠を作出して提出（対象消費者に明らかに不利な虚偽の証言を証人にさせることも含む）もしくは対象消費者に有利な

証拠を明らかに不利な証拠に改竄して提出すること
- ⓑ 共通義務確認訴訟の口頭弁論期日に故意に欠席を繰り返して当該訴訟を終結させること
- ⓒ 手続参加のための費用や債権届出より後の報酬および費用の算定の根拠となる費用の額について故意に虚偽の金額を計上し、対象消費者から不当な報酬および費用を受領すること
② 特定適格消費者団体が、83条1項に違反して被害回復裁判手続の相手方からその被害回復裁判手続の追行に関して金銭その他の財産上の利益を受けたとき、または83条3項に違反して被害回復裁判手続の相手方からその被害回復裁判手続の追行に関して金銭その他の財産上の利益を第三者に受けさせたとき（2号）
③ 特定適格消費者団体の役員・職員・専門委員が、83条2項に違反して被害回復裁判手続の相手方からその被害回復裁判手続の追行に関して金銭その他の財産上の利益を受けたとき、または83条3項に違反して被害回復裁判手続の相手方からその被害回復裁判手続の追行に関して金銭その他の財産上の利益を第三者に受けさせたとき（3号）

これらの事由に該当する行為が行われた場合には、当該団体には対象消費者の利益の擁護のための適切な被害回復関係業務の実施はもとより、消契法による適格消費者団体としての差止請求権の適切な行使も期待し難いため、制度に対する信頼性を確保する観点から、特定認定または適格認定を取り消すことができるものとしている。

なお、特定適格消費者団体は消契法13条1項の適格認定を受けた適格消費者団体の中から特定認定を受けた団体であり（2条10号・65条1項）、適格認定が取り消された場合には特定認定も失効する（74条1項5号）。

3　3項

特定適格消費者団体が、78条1項に規定する通知または報告をしないで、共通義務確認の訴えに関し、同項7号に規定する「請求の放棄、和解、上訴の取下げその他の内閣府令で定める手続に係る行為であって、それにより確

定判決及びこれと同一の効力を有するものが存することとなるもの」をしたときは、内閣総理大臣は、当該特定適格消費者団体について本条2項1号に掲げる事由があるものとみなすことができる。

　78条1項7号に規定する「内閣府令で定める手続に係る行為」としては、請求の放棄、裁判上の和解、民訴法284条（同法313条において準用する場合を含む）による権利の放棄（控訴権の放棄等）、控訴をしない旨の合意または上告をしない旨の合意、控訴・上告・民訴法318条1項の上告受理申立ての取下げが定められている（規則17条1号～5号）。

　78条1項の通知または報告をせずに、このような行為が行われた場合には、「対象消費者の利益に著しく反する訴訟その他の手続の追行を行った」（本条2項1号）ものと疑われてもやむを得ないところがあるし、78条1項の通知・報告の適切な実施を促す必要もあるためである。

4　4項

　特定認定または適格認定の取消しをしたときは、内閣総理大臣は、周知のために、内閣府令の定めるところによって、その旨および取消しをした日を公示するとともに、取消対象となった団体に対してその旨を書面によって通知する。

　公示は官報に掲載する方法によって行われる（規則12条）。

　特定認定の取消しを実施した場合には、消費者庁のウェブサイトにも公表するものとされている（ガイドライン5.(3)イ）。

　また、特定認定または適格認定が取り消された団体を当事者とする被害回復裁判手続が現に係属しているときには、その係属裁判所に対しても取消しをした旨を書面によって通知しなければならないものとする。取消しによって現に係属中の共通義務確認訴訟等の手続に中断事由が生じるためである（61条1項）。

5　権限の委任

　本条1項および2項による内閣総理大臣の取消権限は、消費者庁長官に委

第87条　手続を受け継ぐべき特定適格消費者団体の指定等

任されない権限である（92条、施行令3条）。

6　特定認定の取消しによる被害回復裁判手続への影響[194]

　被害回復裁判手続（民事執行を除く）の当事者である特定適格消費者団体の特定認定が取り消されたときは、当該手続は中断し、内閣総理大臣の指定（87条1項・3項）を受けた特定適格消費者団体等、61条1項の規定する者が当該手続を受継することになる。

　もっとも、当該特定適格消費者団体につき訴訟代理人がいる間は手続の中断は生じない（61条2項）。また、共通義務確認訴訟および債権届出前の簡易確定手続では、他に当事者として特定適格消費者団体がある場合には、手続の承継は生じないため、手続の中断も生じず、当該他の特定適格消費者団体が引き続き手続を追行する（87条1項ただし書・61条3項）。

　なお、対象消費者の当該特定適格消費者団体に対する授権は、特定認定の取消しにより効力を失う（31条5項、53条8項による31条5項の準用）。特定認定の取消しが、簡易確定決定がなされる前であった場合、届出消費者が、内閣総理大臣による手続を受継すべき特定適格消費者団体の指定の公示（87条6項）がされた日から1カ月以内に、指定を受けた特定適格消費者団体に対する授権をしない場合には、債権届出の取下げがあったものとみなされる（31条7項・8項）。一方、特定認定の取消しが、簡易確定決定がなされた後であった場合は、届出消費者が自ら手続追行することもできるため、届出消費者は新たに指定を受けた特定適格消費者団体に対し授権しないで自ら手続を受継することもできる（61条1項2号）。

◆第87条　手続を受け継ぐべき特定適格消費者団体の指定等

第87条　被害回復裁判手続（第2条第9号ロに規定する民事執行の手続を除く。）の当事者である特定適格消費者団体に係る特定認定が、第74条第1項

---

[194]　一問一答130頁。

各号に掲げる事由により失効し、若しくは前条第1項各号若しくは第2項各号に掲げる事由により取り消されるとき、又はこれらの事由により既に失効し、若しくは既に取り消されているときは、内閣総理大臣は、当該被害回復裁判手続を受け継ぐべき特定適格消費者団体として他の特定適格消費者団体を指定するものとする。ただし、共通義務確認訴訟又は簡易確定手続（特定適格消費者団体であった法人が債権届出をした場合を除く。）において、他に当事者である特定適格消費者団体があるときは、この限りでない。
2 　第14条の規定により簡易確定手続開始の申立てをしなければならない特定適格消費者団体に係る特定認定が、第74条第1項各号に掲げる事由により失効し、若しくは前条第1項各号若しくは第2項各号に掲げる事由により取り消されるとき、又はこれらの事由により既に失効し、若しくは既に取り消されているときは、内閣総理大臣は、第14条の規定により簡易確定手続開始の申立てをしなければならない特定適格消費者団体として他の特定適格消費者団体を指定するものとする。ただし、同条の規定により簡易確定手続開始の申立てをしなければならない特定適格消費者団体が他にあるときは、この限りでない。
3 　対象債権に係る債務名義を取得した特定適格消費者団体又はその民事執行法第23条第1項第3号に規定する承継人である特定適格消費者団体に係る特定認定が、第74条第1項各号に掲げる事由により失効し、若しくは前条第1項各号若しくは第2項各号に掲げる事由により取り消されるとき、又はこれらの事由により既に失効し、若しくは既に取り消されているときは、内閣総理大臣は、同法第23条第1項第3号に規定する承継人となるべき特定適格消費者団体として他の特定適格消費者団体を指定するものとする。
4 　内閣総理大臣は、前3項の規定による指定を受けた特定適格消費者団体（以下この項及び次項において「指定特定適格消費者団体」という。）について、特定認定が、第74条第1項各号に掲げる事由により失効し、若しくは既に失効し、又は前条第1項各号若しくは第2項各号に掲げる事由により取り消されるときは、指定特定適格消費者団体に係る指定を取り消さなければならない。
5 　第1項から第3項までの規定による指定は、指定特定適格消費者団体が受け継ぐことになった手続をその指定前に追行していた者に次のいずれか

第87条　手続を受け継ぐべき特定適格消費者団体の指定等

に掲げる事由が生じたことを理由として取り消すことができない。
　　一　特定認定の取消処分、特定認定の有効期間の更新拒否処分若しくは第71条第3項の合併若しくは第72条第3項の事業の全部の譲渡の不認可処分（以下この号において「特定認定取消処分等」という。）が取り消され、又は特定認定取消処分等の取消し若しくはその無効若しくは不存在の確認の判決が確定したとき。
　　二　消費者契約法第13条第1項の認定の取消処分、同項の認定の有効期間の更新拒否処分若しくは同法第19条第3項の合併若しくは同法第20条第3項の事業の全部の譲渡の不認可処分（以下この号において「認定取消処分等」という。）が取り消され、又は認定取消処分等の取消し若しくはその無効若しくは不存在の確認の判決が確定したとき。
6　内閣総理大臣は、第1項から第3項までの規定による指定をしたときは、内閣府令で定めるところにより、その旨及びその指定をした日を公示するとともに、その指定を受けた特定適格消費者団体に対し、その旨を書面により通知するものとする。第4項の規定により当該指定を取り消したときも、同様とする。
7　前項前段の場合において、特定適格消費者団体であった法人を当事者とする被害回復裁判手続が現に係属しているときは、内閣総理大臣は、その被害回復裁判手続が係属している裁判所に対しても、その指定をした旨を書面により通知しなければならない。
8　次の各号に掲げる場合には、当該各号の指定を受けた特定適格消費者団体は、遅滞なく、知れている届出消費者に、各別にその旨を通知しなければならない。
　　一　第1項の規定による指定がされた場合（特定適格消費者団体であった法人が簡易確定手続（当該特定適格消費者団体であった法人が債権届出をした場合に限る。）又は異議後の訴訟の手続の当事者であったときに限る。）
　　二　第3項の規定による指定がされた場合
9　第1項から第3項までの規定による指定がされたときは、特定適格消費者団体であった法人は、遅滞なく、その指定を受けた特定適格消費者団体に対し、その指定の対象となった事件について、対象消費者のために保管する物及び被害回復関係業務に関する書類を移管し、その他被害回復関係業務をその指定を受けた特定適格消費者団体に引き継ぐために必要な一切

451

の行為をしなければならない。

I 趣旨

　被害回復裁判手続の当事者となっている特定適格消費者団体の特定認定（65条1項）が失効し（74条）または取り消されたときは（86条）、その団体は被害回復裁判手続を追行する当事者としての適格を失うが、それまで追行されてきた被害回復裁判手続を無駄にせずに続行させて対象消費者の救済を図ることができるように、内閣総理大臣が当該手続を受け継ぐべき他の特定適格消費者団体を指定して、これに当該手続を承継させることとしたのが本条である。

　なお、内閣総理大臣の1項から3項までの規定による他の特定適格消費者団体の指定権限、4項の規定による指定特定適格消費者団体の指定取消権限は、消費者庁長官に委任されない（92条、施行令3条）。

II 解説

1 1項

(i) 手続を受け継ぐべき団体の指定

　本条1項は、2条9号ロに規定する民事執行の手続を除いた被害回復裁判手続（2条9号）、すなわち、共通義務確認訴訟の手続、簡易確定手続、異議後の訴訟手続、仮差押えの手続の当事者である特定適格消費者団体について、特定認定の喪失事由（74条1項による失効、86条1項・2項による取消し）が生じたときまたはすでに生じているときの指定について規定する。以下、手続ごとに説明をする。

　① 仮差押えの手続（仮差押えの執行に係る訴訟手続を含む）

　手続の当事者である特定適格消費者団体について特定認定の喪失事由が生じると、手続代理人がある間を除いて当該手続は中断し、指定を受けた他の特定適格消費者団体が中断した当該手続を受継しなければならない（61条1

第87条　手続を受け継ぐべき特定適格消費者団体の指定等

項1号・60条・61条2項）。

　手続代理人がある間は、手続は中断しないが、指定を受けた特定適格消費者団体が手続を当然に承継する。当該手続代理人は、本条1項による指定を受けて当該手続を承継する他の特定適格消費者団体の手続代理人として当該手続を追行することとなる（以下、代理人がある場合の承継は同様である）。

　仮差押えの手続（56条～59条）については、仮差押命令の申立てだけにとどまらず、民事保全法上の保全異議（同法26条）や保全取消し（同法37条・38条・39条）等の手続への対応が必要となることが考えられるうえ、後の強制執行手続において仮差押えによる処分禁止効を前提とした配当を得るには仮差押命令を申し立てた特定適格消費者団体が届出債権についての債務名義を取得する必要がある（56条1項、一問一答129頁）ことを考慮し、仮差押えの手続自体は対象消費者からの授権を必要とはしない手続ではあるものの、債権届出後の簡易確定手続等の授権を必要とする手続と同様に、当該手続を承継すべき他の特定適格消費者団体を指定するものとされている（87条1項ただし書の適用はない）。

　②　共通義務確認訴訟および簡易確定手続（債権届出前）

　これらの手続の当事者である特定適格消費者団体について特定認定の喪失事由が生じると、訴訟代理人がある間を除いて当該手続は中断し、指定を受けた他の特定適格消費者団体が中断した当該手続を受継しなければならない（61条1項1号・60条・61条2項）。

　訴訟代理人がある間は、手続は中断しないが、指定を受けた特定適格消費者団体が手続を当然に承継する。

　共通義務確認訴訟の手続および債権届出前の簡易確定手続については、対象消費者からの授権を必要としないため、特定認定の失効または取消しがあっても、他に共同当事者である特定適格消費者団体が存在する場合には、共同当事者である他の特定適格消費者団体が引き続き当該手続を追行すれば足りることから、当該手続を承継すべき他の特定適格消費者団体は指定されず、当該手続の中断も生じない（87条1項ただし書・61条3項）。

③ 簡易確定手続（債権届出から簡易確定決定まで）

　手続の当事者である特定適格消費者団体について特定認定の喪失事由が生じると、訴訟代理人がある間を除いて当該手続は中断し、指定を受けた他の特定適格消費者団体が中断した当該手続を受継しなければならない（61条1項1号・60条・61条2項）。ただし、届出消費者からの授権が必要である。

　訴訟代理人がある間は、手続は中断しないが、指定を受けた特定適格消費者団体が手続を承継することになり、届出消費者からの授権の手続が必要である。

　なお、特定認定を喪失した特定適格消費者団体に対する授権は効力を失うが（31条5項）、届出消費者は自ら当該手続の追行主体となることはできない。そのため、本項による指定を受けて当該手続を承継する他の特定適格消費者団体が指定の公示（87条6項）後1カ月の不変期間内に届出消費者からの新たな授権を受けて当該手続を追行することとなる（31条7項）。指定の公示（87条6項）後1カ月の不変期間内に届出消費者が指定を受けた他の特定適格消費者団体に新たに授権をしないときは、債権届出の取下げがあったものとみなされる（31条8項）。

④ 簡易確定手続（簡易確定決定後）

　簡易確定決定後の簡易確定手続（簡易確定決定に対する異議申立手続）では、当事者（債権届出団体・相手方事業者）による簡易確定決定に対する異議申立ては、当事者が簡易確定決定書の送達を受けた日から1カ月の不変期間内にすることができ（46条1項）、また、届出消費者による異議申立ては、債権届出団体が簡易確定決定書の送達を受けた日から1カ月の不変期間内にすることができるとされている（同条2項）。

　特定適格消費者団体（債権届出団体）に特定認定の喪失事由が生じると、訴訟代理人がある間を除いて当該手続は中断し、指定を受けた他の特定適格消費者団体（届出消費者からの授権が必要）またはこれに授権をしない届出消費者が中断した当該手続を受継しなければならない（61条1項2号）。

　当該手続の中断によって進行を停止した異議申立期間は、相手方への受継の通知（50条、民訴法127条）または続行命令による続行（50条、民訴法129条）

第87条 手続を受け継ぐべき特定適格消費者団体の指定等

の時からあらためて全期間が進行することとなる（50条、民訴法132条2項）。

特定適格消費者団体（債権届出団体）に訴訟代理人がある場合には、特定認定の喪失によって訴訟代理権は消滅せず（60条）、当該手続は中断しない（61条2項）。この場合も指定を受けた特定適格消費者団体が手続を承継することになるが、届出消費者の授権が必要である。当該訴訟代理人は、簡易確定決定書の送達を受けた日から1カ月内に異議の申立てを行い、異議後の訴訟を追行することができる。

また、簡易確定決定書が送達された日から1カ月内に届出消費者自身が簡易確定決定に対する異議の申立てを行い、自ら原告として異議後の訴訟を追行することもできる（46条2項・52条1項・53条3項）。

(ii) 授権の効力

このように、債権届出後の簡易確定手続および異議後の訴訟手続については、対象消費者（債権届出後は届出消費者）から特定適格消費者団体（簡易確定手続申立団体、債権届出後は債権届出団体）への授権を前提とした手続であり（31条1項・53条1項）、対象消費者（届出消費者）から授権を受けた特定適格消費者団体について特定認定の失効または取消しがあれば、その団体に対する対象消費者（届出消費者）からの授権は効力を失うこととなる（31条5項、53条8項による31条5項の準用）。

この場合、特定認定の失効または取消しによって内閣総理大臣が当該の手続を受け継ぐべき他の特定適格消費者団体を指定した場合でも、その指定によって当然に、特定認定の失効または取消しのあった従前の特定適格消費者団体と対象消費者（届出消費者）との間で締結されていた授権契約までが指定された他の特定適格消費者団体に承継されるものではなく、指定を受けた他の特定適格消費者団体が当該手続を追行するには新たな授権を受けることが必要となる。授権契約は当事者間の信頼関係を基礎として締結されている契約であり、対象消費者（届出消費者）の個別の同意もないままに当然に契約関係が他に移転する性格のものではないためである（一問一答132頁）。

2　2項

(i)　指定する場合

　本条2項は、共通義務確認訴訟における請求認容判決の確定等によって共通義務確認訴訟が終了し、簡易確定手続開始の申立てをしなければならない期間中にある特定適格消費者団体（14条）について、特定認定の喪失事由（74条1項による失効、86条1項・2項による取消し）が生じたときまたはすでに生じているときの指定について規定する。

　この場合、内閣総理大臣が簡易確定手続開始の申立てをすべき他の特定適格消費者団体を指定する。指定を受けた他の特定適格消費者団体はその指定を受けた日から1カ月の不変期間内に簡易確定手続開始の申立てをしなければならない（15条1項）。

(ii)　指定しない場合

　もっとも、簡易確定手続開始の申立てについては、対象消費者からの授権を必要としないため、申立てをしなければならない特定適格消費者団体に特定認定の失効または取消しがあっても、他に申立てをしなければならない共同当事者である特定適格消費者団体が存在する場合には、共同当事者である他の特定適格消費者団体が申立てをすれば足りることから、他に特定適格消費者団体は指定されない（87条2項ただし書）。

3　3項

(i)　民事執行の手続

　本条3項は、債務名義取得後の特定適格消費者団体またはその承継人である特定適格消費者団体（民執法23条1項3号）について、特定認定の喪失事由（74条1項による失効、86条1項・2項による取消し）が生じたときまたはすでに生じているときの指定について規定する。

　この場合、内閣総理大臣が民執法23条1項3号に規定する承継人となるべき特定適格消費者団体として他の特定適格消費者団体を指定する。

　債務名義取得後に指定を受けた他の特定適格消費者団体による強制執行に

ついては、民執法23条1項3号に規定する承継人として承継執行文の付与（同法27条2項）を受けて手続を追行することとなるため、1項とは別に規定されている。

(ⅱ) **民事執行に係る訴訟手続**

民事執行に係る訴訟手続（2条9号ロ：執行文付与の訴えや請求異議の訴え等の訴訟手続）の係属中に当事者である特定適格消費者団体について特定認定の喪失事由があった場合についても、内閣総理大臣が、本項によって、民執法23条1項3号に規定する承継人となるべき特定適格消費者団体を指定し、指定を受けた特定適格消費者団体が承継人となる。

上記訴訟手続の係属中に当事者である特定適格消費者団体が特定認定を喪失した場合には、訴訟代理人がある間を除いて当該手続は中断し、指定を受けた他の特定適格消費者団体が中断した当該手続を受継しなければならない（61条1項3号・60条・61条2項）。

この場合、民事執行に係る訴訟手続の当事者適格は債務名義の表示に従って判断されるところであり、特定適格消費者団体が当事者となっていた手続については、債務名義成立後の承継人として指定された他の特定適格消費者団体が、届出消費者から授権を受けることなく手続を受継することになると解すべきである（一問一答131頁）。61条1項3号は、同項2号のように授権を得た場合に限定して受継するものとは規定していないし、仮に授権を必要とした場合、授権を得ない場合には手続が中断したままとなる不都合が生じうることになる。

4 特定適格消費者団体の指定にあたり考慮する事項

本条1項〜3項によって他の特定適格消費者団体を指定するにあたっては、当該特定適格消費者団体の活動、組織および経理的基礎等の状況、指定前に手続を追行していた特定適格消費者団体との被害回復裁判手続に関する業務に係る活動状況や活動地域の類似性も考慮して、被害回復裁判手続または簡易確定手続開始の申立てを適正にすると認められるかどうかが判断されることとなる（ガイドライン5.(5)）。

第 2 部　逐条解説　消費者裁判手続特例法

　なお、仮差押えの申立てをした特定適格消費者団体が、共通義務確認の訴えを提起していたときや対象債権の確定手続を行っていたときには、それらの手続を受け継ぐ団体としては、仮差押えの手続を受け継ぐ団体と同じ団体を指定する必要があると考えられる。なぜなら、後の強制執行手続において仮差押えによる処分禁止効を前提とした配当を得るには仮差押命令を申し立てた特定適格消費者団体が届出債権についての債務名義を取得する必要があり（56条1項）、本案の訴え不提起等による保全取消し（民事保全法37条）について、申立ての当事者である特定適格消費者団体がした共通義務確認の訴えを本案の訴えとみなしている（58条1項）からである（58条の解説参照）。

5　4項

　本条1項～3項の規定によって指定を受けた特定適格消費者団体（以下、「指定特定適格消費者団体」という）について、特定認定の喪失事由（74条1項による失効、86条1項・2項による取消し）が生じたときまたはすでに74条1項による特定認定の失効が生じている場合には、内閣総理大臣は、当該の指定特定適格消費者団体に係る指定を取り消さなければならない。

　この場合には、1項～3項の規定によって、さらに新たに他の特定適格消費者団体を指定することとなる。

6　5項

　他の特定適格消費者団体を指定する前提となっていた特定認定の取消処分や適格認定（消契法13条1項）の取消処分の取消し等、以下の事由が生じた場合であっても、それによって指定を取り消すことはできないものとされる。

　①　特定認定の取消処分、特定認定の有効期間の更新（69条2項）拒否処分、合併（71条3項）もしくは事業の全部の譲渡（72条3項）の不認可処分（以下、「特定認定取消処分等」という）が取り消されたとき、または特定認定取消処分等の取消し、無効、不存在の確認の判決が確定したとき（87条5項1号）。

　特定適格消費者団体Aの特定認定取消処分等によって、特定適格消費

第87条　手続を受け継ぐべき特定適格消費者団体の指定等

者団体Bが指定を受けて当該手続を受け継ぐことになった後に、特定適格消費者団体Aの特定認定取消処分等が取り消された場合や、特定認定取消処分等の取消し・無効・不存在が判決によって確定した場合である。

②　適格認定（消契法13条1項）の取消処分、適格認定の有効期間の更新（同法17条2項）拒否処分、合併（同法19条3項）もしくは事業の全部の譲渡（同法20条3項）の不認可処分（以下、「適格認定取消処分等」という）が取り消されたとき、または適格認定取消処分等の取消し、無効、不存在の確認の判決が確定したとき（87条5項2号）。

　　特定適格消費者団体Aの適格認定取消処分等によって、特定適格消費者団体Bが指定を受けて当該手続を受け継ぐことになった後に（Aに対する適格認定取消処分等によってAの特定認定も失効するため、本条1項から3項までの規定によって他の特定適格消費者団体Bが指定される。74条1項5号）、特定適格消費者団体Aの適格認定取消処分等が取り消された場合や、適格認定取消処分等の取消し・無効・不存在が判決によって確定した場合である。

　上記1号・2号の事由が生じた場合には、指定の前提となっていた特定認定の失効または取消しの要件が遡及的に失われることとなってしまう。しかし、そのことを理由として指定を取り消すこととすれば、指定の取消しによって手続の安定や迅速な救済を阻害してしまうことから、指定を取り消さずに、そのまま指定特定適格消費者団体に引き続き手続を追行させることとしたものである。指定前に手続を追行していた団体に手続を追行する地位は復活しない。

7　6項

　内閣総理大臣は、1項から3項までの規定によって指定をしたときは、内閣府令で定めるところによって、その旨およびその指定をした日を公示するとともに、指定を受けた特定適格消費者団体に対しては、その旨を書面によって通知するものとされている（6項前段）。

公示は、官報に掲載する方法によって行うものとされている（規則12条）。

4項の規定によって指定を取り消したときも、同様に周知の必要があるため、公示とともに、指定を取り消された団体に対して書面による通知を行うものとされる（6項後段）。

8　7項

内閣総理大臣は、本条1項から3項までの規定による指定をした場合に、特定適格消費者団体であった法人を当事者とする被害回復裁判手続が現に係属しているときは、中断事由が生じている当該手続の受継の問題があることから（61条1項）、当該手続が係属している裁判所に対しても、指定をした旨を書面によって通知しなければならないものとされている。

なお、指定特定適格消費者団体の特定認定が失効し（74条1項）または取り消された（86条1項・2項）場合に、現に係属している被害回復裁判手続があるときには、当該手続に中断事由が生じ（61条1項）、内閣総理大臣から失効または取消しがあった旨が当該手続の係属している裁判所に書面によって通知される（74条2項・86条4項）。この場合には、4項によって、この指定特定適格消費者団体の指定も取り消されることとなるが、この指定の取消しについてまでは、必要性が乏しいことから、当該手続が係属する裁判所への通知はなされない。

9　8項

債権届出後の簡易確定手続または異議後の訴訟手続の当事者であった特定適格消費者団体の特定認定が失効または取り消された場合に、1項によって指定を受けた特定適格消費者団体（1号）、債務名義成立後の承継人として3項によって指定を受けた特定適格消費者団体（2号）は、遅滞なく、知れている届出消費者に対して、格別に指定を受けた旨を通知しなければならないものとされている（8項）。

債権届出後の簡易確定手続、異議後の訴訟手続、強制執行手続を追行することのできる特定適格消費者団体が新たに指定されたことは、届出消費者に

とって重要なことであるため、知れている届出消費者への周知を図るものである。

10　9項

1項から3項までの規定による指定があったときは、特定適格消費者団体であった法人は、遅滞なく、指定を受けた特定適格消費者団体に対して、指定の対象となった事件について、対象消費者のために保管する物および被害回復関係業務に関する書類を移管し、その他被害回復関係業務をその指定を受けた特定適格消費者団体に引き継ぐために必要な一切の行為をしなければならないものとされている（9項）。これは、指定による事務の引継ぎを遅滞なく行わせるために定められたものである。

この引継ぎを怠った者については、30万円以下の過料の制裁規定（99条8号）がある。

◆第88条　消費者契約法の特例

> **第88条**　特定適格消費者団体である適格消費者団体に対する消費者契約法の規定の適用については、次の表の上欄に掲げる同法の規定中同表の中欄に掲げる字句は、それぞれ同表の下欄に掲げる字句とする。
>
> | | | |
> |---|---|---|
> | 第29条第1項 | その行う差止請求関係業務 | その行う差止請求関係業務及び消費者裁判手続特例法第65条第2項に規定する被害回復関係業務（以下単に「被害回復関係業務」という。） |
> | | 、差止請求関係業務 | 、差止請求関係業務及び被害回復関係業務 |
> | 第31条第2項 | 差止請求関係業務その他の業務がこの法律 | 差止請求関係業務、被害回復関係業務その他の業務がこの法律及び消費者裁判手続特例法 |
> | 第31条第3項第7号 | 差止請求関係業務 | 差止請求関係業務及び被害回復関係業務 |
> | 第32条第1項 | この法律 | この法律又は消費者裁判手続特例法 |

> ○本条による読替え後の消契法の条文（下線部が読替え部分）
> ① 29条1項
> 　適格消費者団体は、その行う<u>差止請求関係業務及び消費者裁判手続特例法第65条第2項に規定する被害回復関係業務（以下単に「被害回復関係業務」という。）</u>に支障がない限り、定款の定めるところにより、<u>差止請求関係業務及び被害回復関係業務</u>以外の業務を行うことができる。
> ② 31条2項
> 　2　適格消費者団体は、内閣府令で定めるところにより、毎事業年度、その<u>差止請求関係業務、被害回復関係業務その他の業務がこの法律及び消費者裁判手続特例法</u>の規定に従い適正に遂行されているかどうかについて、その業務の遂行の状況の調査に必要な学識経験を有する者が行う調査を受けなければならない。
> ③ 31条3項7号
> 　七　<u>差止請求関係業務及び被害回復関係業務</u>以外の業務を行う場合には、その業務の種類及び概要を記載した書類
> ④ 32条1項
> 　内閣総理大臣は、<u>この法律又は消費者裁判手続特例法</u>の実施に必要な限度において、適格消費者団体に対し、その業務若しくは経理の状況に関し報告をさせ、又はその職員に、適格消費者団体の事務所に立ち入り、業務の状況若しくは帳簿、書類その他の物件を検査させ、若しくは関係者に質問させることができる。

I　趣　旨

　特定適格消費者団体は、内閣総理大臣から被害回復関係業務を行うための特定認定を受けた適格消費者団体である（65条1項）。これにより、適格消費者団体には、差止請求関係業務のみを行う適格消費者団体と、被害回復関係業務もあわせて行うことができる特定適格消費者団体が存在することとなった。

　適格消費者団体による差止請求制度、適格消費者団体に関する要件と種々の規制・監督などは消契法で定められているが、新たに本法に基づいて被害

回復関係業務を行う特定認定を受けた適格消費者団体が加わったことから、これに対応して、消契法の条文の読み替えを規定したものである。

II 解 説

1 消契法の読み替え

本法は、特定適格消費者団体に関して、新たに追加された被害回復関係業務に固有の事項については規定を設けたが、差止請求関係業務や適格消費者団体に対する監督などに関する事項については従前どおり消契法の規制に委ねている。ただし、消契法の差止請求関係業務や監督に関する規定は、もともと被害回復関係業務を想定していないものであるから、条項によっては特定適格消費者団体に適合しないものがあるので、本法で、消契法の特例として、特定適格消費者団体の場合には、消契法の条文の読替えを行うことにしたものである。

特例としては、特定適格消費者団体に関し、差止請求関係業務・被害回復関係業務いずれも本来業務であること、消契法と本法の規制を受けることを明らかにしたものである。

読替え後の消契法の条文は上記のとおりである。

2 被害回復関係業務および特定適格消費者団体に関する規律の分類

なお、被害回復関係業務および特定適格消費者団体に関し、①固有の事項に関して新たな規定を設けたもの、②消契法の規律を活かして読替えにより対処しているもの、③消契法に規定にそのまま委ねることとしたものに分類すると下表のとおりとなる。

① 本法において規定
○特定認定（有効期間の更新や合併・事業譲渡の認可、業務の廃止等特定認定の消長に関する事項を含む）の要件・手続
○特定適格消費者団体に対する責務規定・行為規範

○適合命令・改善命令、特定認定の取消し等の監督に関する規定（具体的には下記②および③以外の規定が該当する。）
② 消契法の規定を活用
○業務の範囲（同法29条1項） ○財務諸表等の作成・備置き・閲覧等（同法31条） ○報告及び立入検査（同法32条）
③ 消契法の規定を適用
○帳簿書類の作成および保存（同法30条）

◆第89条　官公庁等への協力依頼

第89条　内閣総理大臣は、この法律の実施のため必要があると認めるときは、官庁、公共団体その他の者に照会し、又は協力を求めることができる。

I 趣　旨

　本法の定める規定が適切に実施されることによって、特定適格消費者団体による被害回復関係業務が適正に遂行されるようにするため、内閣総理大臣が官公庁等に照会または協力要請をすることができるものとされた。

II 解　説

　内閣総理大臣は、特定認定（65条）、適合命令および改善命令（85条）、特定認定の取消し（86条）、他の特定適格消費者団体の指定（87条）の手続等、本法を実施するために必要があると認めるときには、「官庁、公共団体その他の者」に対する照会または協力要請ができる。

　「官庁」は特定適格消費者団体を所管する主務官庁等の官庁、「公共団体」は地方自治体等の公共団体を指す。「その他の者」には何らの限定はなく、消費者団体およびその構成員、弁護士会および弁護士、研究者、大学等、官庁および公共団体以外のすべての団体や個人が含まれる。

官庁、地方自治体等に対する情報照会のほかにも、本法を実施するための必要性があれば、地方自治体に被害回復裁判手続の広報や説明の協力要請をすること等もできるものと考えられる。

◆第90条　判決等に関する情報の公表

> 第90条　内閣総理大臣は、消費者の財産的被害の防止及び救済に資するため、特定適格消費者団体から第78条第1項（第1号及び第7号を除く。）の規定による報告を受けたときは、インターネットの利用その他適切な方法により、速やかに、共通義務確認訴訟の確定判決（確定判決と同一の効力を有するものを含む。）の概要、当該特定適格消費者団体の名称及び当該共通義務確認訴訟の相手方の氏名又は名称その他内閣府令で定める事項を公表するものとする。
> 2　前項に規定する事項のほか、内閣総理大臣は、被害回復関係業務に関する情報を広く国民に提供するため、インターネットの利用その他適切な方法により、特定適格消費者団体の名称及び住所並びに被害回復関係業務を行う事務所の所在地その他内閣府令で定める必要な情報を公表することができる。
> 3　内閣総理大臣は、独立行政法人国民生活センターに、前2項に規定する情報の公表に関する業務を行わせることができる。

I　趣　旨

　本条は、内閣総理大臣は、特定適格消費者団体から被害回復裁判手続に関する78条1項の報告があった場合、共通義務確認訴訟の確定判決の概要などを公表して、国民にその周知を図るべきことを定める（1項）。また、内閣総理大臣および国民生活センターが、特定適格消費者団体に関する情報を公表することで、国民の本制度に関する理解を深めようとするものである（2項・3項）。

II 解説

1　1項

(i)　公表の目的

本項の公表は、「消費者の財産的被害の防止及び救済に資するため」になされる。

特定適格消費者団体から対象消費者に対してなされる通知・公告は、対象消費者の債権届出のために極めて重要なものであるが、本項の公表は内閣総理大臣がこれを補完しようとするものであるとともに、共通義務確認訴訟の確定判決等において示された判断を、対象消費者以外の消費者あるいは事業者に知らせることにより、今後の消費者の財産的被害の防止、他の個別事件の解決の促進につなげることを意図している。

(ii)　公表の対象

本項による公表の対象は、①確定判決（確定判決と同一の効力を有するものを含む）の概要、②報告した特定適格消費者団体の名称、③当該共通義務確認訴訟の相手方の氏名または名称（以上本項）、④特定適格消費者団体の連絡先（規則22条）である。

(iii)　公表の方法

公表の方法としては「インターネットの利用その他適切な方法により」とされている。現実には消費者庁が自庁のウェブサイトに掲載するほか、国民生活センター、全国の消費生活センター等に必要な情報を提供すること、報道機関への情報提供を積極的に行うことなどが予定されている（一問一答156頁）。

(iv)　公表する時期

本項では、特定適格消費者団体から78条1項（1号および7号を除く）による報告を受けたときに公表を行うことになっているが、公表の対象が共通義務確認訴訟の確定判決（確定判決と同一の効力を有するものを含む）の概要であることから、78条1項の報告のうち判決が確定したとき（同項4号）の

ほか、確定判決と同一の効果を有するものが報告されたときに公表されることになる。

また、内閣総理大臣による公表は「速やかに」なされなければならない。公表の目的が対象消費者の債権届出に資することにあることに鑑みれば、届出期間の終期までに十分な余裕のある時期になされるべきである。

2 2項

(i) 公表の目的

本項の公表は「被害回復関係業務に関する情報を広く国民に提供するため」になされる。特定適格消費者団体が被害回復関係業務を円滑に行うためには、消費者被害情報の収集や対象消費者による債権届出などにおいて消費者側の協力が必要であるし、事業者による協力が必要な場面もある。そのためには消費者・事業者の被害回復関係業務に関する理解が欠かせない。

そこで、内閣総理大臣は、前項の情報提供とあわせて、本項で特定適格消費者団体の存在と活動状況などを公表できるとすることで、広く国民に被害回復関係業務の情報提供を行えるようにしたものである。

(ii) 公表の対象

本項による公表の対象は、①特定適格消費者団体の名称および住所並びに被害回復関係業務を行う事務所の所在地（本項）、②特定認定がされた日（68条1項）、③ⓐ合併により他の特定適格消費者団体により地位が承継されたこと、あるいは合併の際に特定適格消費者団体としての認可の申請を行わないこと（71条8項）、ⓑ事業譲渡により他の特定適格消費者団体により地位が承継されたこと、あるいは事業譲渡の際に特定適格消費者団体としての認可の申請を行わないこと（72条8項）、ⓒ被害回復関係業務を廃止したこと（73条2項）、ⓓ特定認定または適格認定が取り消されたこと（86条4項）、ⓔ承継すべき特定適格消費者団体を指定したこと、あるいはその指定を取り消したこと（87条6項）の各公示に係る情報（規則23条1号）、④業務規程に記載された事項（同条2号イ）、⑤被害回復関係業務に関して支払いを受ける報酬または費用に関する必要な事項を記載した書類に記載された事項（同号ロ）

である。

3　3項

　1項・2項の情報の公表は、内閣総理大臣が行うことになっているが、より消費者に身近な国民生活センターに行わせることもできる。

◆第91条　特定適格消費者団体への協力等

> 第91条　独立行政法人国民生活センター及び地方公共団体は、内閣府令で定めるところにより、特定適格消費者団体の求めに応じ、当該特定適格消費者団体が被害回復関係業務を適切に遂行するために必要な限度において、当該特定適格消費者団体に対し、消費生活に関する消費者と事業者との間に生じた苦情に係る相談に関する情報で内閣府令で定めるものを提供することができる。
> 2　前項の規定により情報の提供を受けた特定適格消費者団体は、当該情報を当該被害回復関係業務の用に供する目的以外の目的のために利用し、又は提供してはならない。

I　趣旨

　本条は、特定適格消費者団体が被害回復関係業務を適切に実施できるようにするために、国民生活センターおよび地方公共団体が、特定適格消費者団体の求めに応じて、消費生活に関する消費者と事業者との間に生じた苦情に係る相談情報（以下、「消費生活相談情報」という）を提供することができるものとし（1項）、提供を受けた特定適格消費者団体には情報の目的外の利用・提供を禁止する（2項）。

Ⅱ　解　説

1　1項

(i)　国民生活センターおよび地方公共団体からの情報提供

　特定適格消費者団体が被害回復関係業務（特に共通義務確認の訴えの提起や仮差押えの手続）を適切に遂行するためには、発生している被害の状況等を的確に把握するための情報の収集・分析が不可欠である。そのため、特定適格消費者団体は自ら情報の収集を行うものの、その情報収集能力にはもとより限界がある。そこで、国民生活センターおよび地方公共団体が、特定適格消費者団体の求めに応じて、当該特定適格消費者団体が被害回復関係業務を適切に遂行するために必要な限度において、内閣府令で定める消費生活相談情報を提供することができるものとし、規則24条および25条がこの情報提供の請求手続、提供する情報を定めている。

　まず、情報提供の請求は、所定の事項を記載した申請書を国民生活センターまたは地方公共団体に提出しなければならない（規則24条1項・2項）。従前は書面申請に限定されていたが、規則の改正により電磁的方法による申請も可能となり、迅速化が図られた（規則24条8項）。

　情報提供の請求によって提供される消費生活相談情報は、全国消費生活情報ネットワークシステム（消費者安全法12条4項に規定する全国消費生活情報ネットワークシステム。いわゆる「PIO-NET(パイオネット)」）に蓄積された消費生活相談情報（以下、「PIO-NET情報」という）とされる（規則25条）。

　PIO-NET情報のうち、国民生活センターは、全国または複数の都道府県を含む区域を単位とした情報（都道府県別の情報その他これに類する情報を除く）を提供し（規則25条1項1号イ）、地方公共団体は、地方公共団体から国民生活センターに提供された当該地方公共団体に係る情報を提供する（同項2号）。

　また、規則の改正により、国民生活センターは、PIO-NET情報を利用して作成された消費生活相談件数が急増傾向にある事業者・商品・役務等に関

して迅速に把握するために作成した指標に基づく情報（急増指標に基づく情報）を提供することになった（規則25条1項1号ロ）。

なお、上記規則24条および25条1項の規定は、国民生活センターまたは地方公共団体が、法以外の法令（条例を含む）の規定によってPIO-NET情報以外の情報を提供することを妨げるものではないとされている（規則25条2項）。

(ii) **制度の課題**

しかし、特定適格消費者団体が被害回復関係業務を遂行するにあたっては、被害の広がりや事業者の自主的な被害対応の状況等も含む必要かつ十分な情報を迅速に収集・分析し、速やかに仮差押えの手続や共通義務確認の訴えの提起による被害対応をとることが必要となる場合もあるため、上記(i)による情報提供のあり方では不十分である。

① **PIO-NET情報の提供**

PIO-NET情報の提供については、適格消費者団体の差止請求権との関係で消契法40条1項、消契法規則30条および31条にも同様の規定が置かれているところであるが、これまで適格消費者団体には数百字程度の相談概要がPIO-NET情報として提供されている程度にとどまる。特定適格消費者団体が共通義務確認の訴えの提起等を検討するにあたっては、被害の広がりや事業者の被害対応等を示す端緒情報や処理結果等の情報も必要となることからすれば、提供されるPIO-NET情報の範囲を、相談概要のほか、さらに端緒情報や処理結果等の情報にも広げる運用をすべきである。また、各特定適格消費者団体にPIO-NET端末を配備して被害発生の早期の段階で必要な情報をより迅速に把握できるようにすることが望ましい。

② **PIO-NET情報以外の情報提供**

PIO-NET情報以外の情報（契約書等も含む）の提供について、本項はこれを禁止・制限するものではなく、被害回復関係業務の適切な遂行のために必要なPIO-NET情報以外の情報を提供することは本項に違反するものではない。規則25条2項では、規則24条および25条1項の規定は別の法令（条例を含む）の規定によってPIO-NET情報以外の情報を提供することを妨げるも

のではないことが規定されている。

　適格消費者団体の差止請求権との関係では、たとえば、京都府消費生活安全条例（2007年3月16日公布、同年7月1日施行）29条、同施行規則17条(2)が差止請求権を適切に行使するために必要と認められる情報を提供できるようにしているほか（事業者が使用する契約書やパンフレット等の情報提供も想定されているようである）、いくつかの適格消費者団体と地方公共団体との間では覚書を交わすことによってPIO-NET情報以外の情報の提供を受けるようにする先駆的な取組みが行われており、特定適格消費者団体の被害回復関係業務との関係においても大いに参考となるところである。

　しかし、特定適格消費者団体が共通義務確認の訴えの提起等の検討をする際には契約書面の内容等、PIO-NET情報以外の情報の確認も必要となるところ、条例等の制定がなければ各地方公共団体がPIO-NET情報以外の情報を特定適格消費者団体に提供できないとするのでは迂遠であるし、地方公共団体ごとの地域差が生じる可能性があるうえ、各地方公共団体による情報提供自体がなかなか進まない可能性もある。差止請求権との関係では適格消費者団体による前述の先駆的な取組みが行われているが、広域的な被害も発生することを考えれば、さらに、適格消費者団体の所在地を超えて広域にまたがる複数の地方公共団体との間での取組みも必要となってくる。このような適格消費者団体による自主的な取組みが特定適格消費者団体の被害回復関係業務との関係において今後どのような広がりと効果を見せてゆくのか注視が必要ではあるが、自主的取組みでは必要な情報提供が十分に進まないようであれば、各地方公共団体が自らの判断でPIO-NET情報以外にも必要な情報を特定適格消費者団体に提供することができるように規則を改正することによって情報提供を積極的に推進するべきである。

2　2項

　1項の規定により情報提供を受けた特定適格消費者団体は、当該被害回復関係業務の用に供する目的以外の目的で当該情報を利用・提供してはならないものとされている。

これに違反して目的外に利用または提供した者については、30万円以下の過料の制裁規定がある（99条9号）。

3 改善命令（85条2項）との関係

ガイドライン5.(3)ウ④は、内閣総理大臣が85条2項によって特定適格消費者団体に改善命令を出すことができる「その他特定適格消費者団体の業務の適正な運営を確保するため必要があると認めるとき」の例として、「特定適格消費者団体が国民生活センター及び地方公共団体の有する消費生活相談に関する情報のみに依存して被害回復関係業務を行う常態となり、消費者からの情報収集を行っていない場合」をあげている。

従前のガイドラインの例示よりも抽象化された内容とはなっているものの、特定適格消費者団体自体の情報収集能力には限界があることを十分に踏まえて、特定適格消費者団体の情報提供請求や特定適格消費者団体の被害回復関係業務の遂行に不当な委縮を及ぼすことのないよう、慎重に運用されるべきである。

◆第92条　権限の委任

> **第92条**　内閣総理大臣は、この章の規定による権限（政令で定めるものを除く。）を消費者庁長官に委任する。

Ⅰ　趣　旨

本条は、第3章で定める内閣総理大臣の権限の一部を、消費者庁長官に委任する旨定めている。

II 解 説

1 内閣総理大臣に留保されている権限

　法は、第3章において、内閣総理大臣に対し、特定適格消費者団体の認定や監督等に関して権限を与えている。本条は、その権限を円滑かつ適切に行使できるよう、これを原則として消費者庁長官に委任する旨を定めている。

　ただし、権限の重要性等から内閣総理大臣の権限として残すことが適当なものについては、政令をもって内閣総理大臣の権限として留保することとされている。

　施行令により内閣総理大臣の権限として留保されているのは、65条1項、69条2項、71条3項、72条3項、86条1項および2項並びに87条1項から4項までの規定による権限である（施行令3条）。

2 権限の委任についての考え方

　一般に消費者庁所管法令においては、内閣府の外局として消費者庁を設置し、迅速かつ的確に各作用法の立入検査等の調査や、指示、業務停止等の事業者等に対する処分等を行わせるために、①これらの法執行にかかわる内閣総理大臣の権限については、消費者庁長官に委任されていると考えられる。一方で、②表示基準は、これを定めることによって国民の権利利益を侵害する範囲を画することになるから、慎重な判断が必要であり、内閣総理大臣に留保されていると考えられる。また、③指定法人、登録試験機関の認定等とその取消しについては、これらの組織に対して一定の地位を付与し、剥奪することから内閣総理大臣の権限として留保されているが、監督関係に係る権限については、最終的な地位の剥奪を内閣総理大臣に留保していることから、消費者庁長官に委任していると考えられる。

3 消契法での取扱い

　消契法では、消費者庁創設に伴い、48条の2が新設され、内閣総理大臣の

権限が原則として消費者庁長官に委任されているが、政令をもって内閣総理大臣の権限として留保することとされている。そして、消契法13条1項、17条2項、19条3項、20条3項、34条1項および3項並びに35条1項および4項から7項までの規定による権限が、内閣総理大臣の権限として留保されている（消契法施行令3条）。

これは、適格消費者団体の認定については、③の類型に当たり、認定（消契法13条1項）および取消し（同法34条1項）については内閣総理大臣の権限に留保することが適当であるためと考えられる。また、認定の有効期間の更新（同法17条2項）、合併の認可（同法19条3項）、事業の譲渡の認可（同法20条3項）、差止請求権の承継に係る指定（同法35条1項・6項・7項）については、認定と同様の法的効果をもたらすものであるから内閣総理大臣に権限を留保しているものと考えられる。さらに、取消事由があったことの認定（同法34条3項）、差止請求権の承継団体に係る指定の取消し（同法35条4項・5項）についても、認定の取消しと同様の法的効果をもたらすものであるから、内閣総理大臣に権限を留保しているものと考えられる。

一方で、立入検査（同法32条）、適合命令や改善命令（同法33条）などは、監督関係の権限であることから、消費者庁長官に委任されていると考えられる。また、認定申請の公告縦覧（同法15条）、認定の公示等（同法16条）などは、認定に関係するものであるが、認定そのものではなく、裁量の余地が乏しい定型的な行為であることから、内閣総理大臣に留保する必要性はなく、原則どおり消費者庁長官に委任されていると考えられる。

4　本法での取扱い

施行令においても、この考え方を踏襲し、特定適格消費者団体の認定および取消しおよびそれと同様の効果をもたらす権限が内閣総理大臣に留保されていると考えられる。

◆第93条　罰則①

第93条　特定適格消費者団体の役員、職員又は専門委員が、特定適格消費者団体の被害回復裁判手続に係る相手方から、寄附金、賛助金その他名目のいかんを問わず、当該特定適格消費者団体における次に掲げる行為の報酬として、金銭その他の財産上の利益を受け、又は第三者（当該特定適格消費者団体を含む。）に受けさせたときは、3年以下の懲役又は300万円以下の罰金に処する。
　一　共通義務確認の訴えの提起、簡易確定手続の申立て、債権届出、簡易確定手続若しくは異議後の訴訟に関する民事執行の申立て又は第56条第1項の申立てをしないこと又はしなかったこと。
　二　第31条第1項又は第53条第1項の授権に係る債権に係る裁判外の和解をすること又はしたこと。
　三　被害回復裁判手続を終了させること又は終了させたこと。
2　前項の利益を供与した者も、同項と同様とする。
3　第1項の場合において、犯人又は情を知った第三者が受けた財産上の利益は、没収する。その全部又は一部を没収することができないときは、その価額を追徴する。
4　第1項の罪は、日本国外においてこれらの罪を犯した者にも適用する。
5　第2項の罪は、刑法（明治40年法律第45号）第2条の例に従う。

Ⅰ　趣　旨

　特定適格消費者団体の役員、職員または専門委員が、当該特定適格消費者団体の被害回復裁判手続の相手方から、その手続の追行に関し、報酬として、金銭その他の財産上の利益を受けることは、制度の信頼性を根本から損ない、また対象消費者の法益を侵害する危険性が高い。したがって、このような行為につき、3年以下の懲役または300万円以下の罰金に処することとしている。

II 解説

1 特定適格消費者団体の役員等の利益収受の罪（1項）

(i) 罰則の対象となる行為

特定適格消費者団体の役員、職員または専門委員は、当該特定適格消費者団体の被害回復裁判手続に係る相手方から、その被害回復裁判手続の追行に関し、寄付金、賛助金その他名目のいかんを問わず、金銭その他の財産上の利益を受け、また第三者に受けさせてはならないとされている（財産上の利益の受領の禁止等。83条2項・3項）。本項は、そのうち、実害が生じるおそれが特にある行為に限定し、罰則を定めている（山本・解説131頁）。

すなわち、本項では、特定適格消費者団体の役員、職員または専門委員が主体となり、当該特定適格消費者団体の被害回復裁判手続に係る相手方から、寄付金、賛助金その他名目のいかんを問わず、以下の行為に関する報酬として、金銭その他の財産上の利益を受けることを罰則の対象としている。ここでいう「報酬として」とは、以下の行為の対価として財産上の利益を受けることをいうと考えられる。特定適格消費者団体が、一般的に、会員から会費を受けることや、消費者や事業者からの寄付を受けることは、当然に許容されている（一問一答151頁）。

なお、財産上の利益を第三者（当該特定適格消費者団体を含む）に受けさせる場合も同様である。

罰則の対象となる行為は以下のとおりである（93条1項各号）。

① 共通義務確認の訴えの提起、簡易確定手続の申立て、債権届出、簡易確定手続もしくは異議後の訴訟に関する民事執行の申立て、56条1項（特定適格消費者団体のする仮差押え）の申立てをしないこと、またはしなかったこと（1号）。

② 31条1項の授権（簡易確定手続における債権届出・手続追行に関する対象消費者からの授権）または53条1項の授権（異議後の訴訟追行に関する届出消費者からの授権）に係る債権に係る裁判外の和解をすること、また

はしたこと（2号）。

③　被害回復裁判手続を終了させること、または終了させたこと（3号）。「終了」には、和解、請求の放棄、取下げが含まれる。なお、裁判外の和解では被害回復裁判手続は当然には終了しないから、裁判外の和解は本号には含まれず、2号により別に規定されている。

(ii)　**簡易確定手続における和解**

簡易確定手続において訴訟上の和解をして、特定適格消費者団体が支払いを受けて対象消費者に支払う場合や、相手方が直接消費者に支払いをし、または代替品の提供などの財産上の利益を得る場合は、当然許される。簡易確定手続において和解をして支払いを受けることは、被害回復裁判手続が最終的な目的としている財産的被害の回復そのものであるから当然認められるはずである。本条は、83条が禁止している財産上の利益の受領のうち、実害が生じるおそれが特にある行為に限定して罰則を定めているところ、特定適格消費者団体が受領する場合には、83条1項1号により許されている。同条3項についても、第三者に財産上の利益を受領させても、被害回復関係業務の適正性・公平性や制度に対する信頼性に影響を及ぼすおそれがない場合は、許されるものと解される（ガイドライン4.(8)）。

また、特定適格消費者団体や対象消費者は、和解に基づいて財産上の利益を受領するだけで、和解をすること自体の対価として、財産上の利益を受領しているわけではないから、「報酬として」財産上の利益を受領しているわけではない。

(iii)　**共通義務確認訴訟における和解**

共通義務確認訴訟において裁判上の和解をした場合、共通義務を認めるものである場合には、被害回復裁判手続が終了しないので、そもそも93条1項各号に当たらない（山本・解説131頁）。

共通義務確認訴訟において裁判外の和解をし、訴えの取下げをすることで被害回復裁判手続が終了する場合に、特定適格消費者団体が支払いを受けて対象消費者に配分する場合や、直接消費者が支払いを受けあるいは代替品の提供を受けるなどの財産上の利益を得る場合、または、事業者が消費者の被

害救済や活動支援を行う公益的団体へ寄付することを和解内容に含む場合も許されると解すべきである。

本条は、83条が禁止している財産上の利益の受領のうち、実害が生じるおそれが特にある行為に限定し、罰則を定めているところ、特定適格消費者団体が受領する場合には、共通義務確認訴訟における裁判外の和解も含めて、それが制度上許容されるものである限り83条1項1号により許されている。また、同条3項についても、第三者に財産上の利益を受領させても、被害回復関係業務の適正性・公平性や制度に対する信頼性に影響を及ぼすおそれがない場合は、許されるものと解される。

2 特定適格消費者団体の役員等への利益供与の罪（2項）

1項の財産上の利益を供与した者に関しても、同様に処罰することとされている。

3 財産上の利益の没収・追徴（3項）

1項の場合において、犯人または情を知った第三者が受けた財産上の利益については、必要的に没収することとされている。没収することができないときは、その価額を追徴する。

4 国外犯規定（4項・5項）

1項および2項の罪は、国外犯についても処罰することとされている。

◆第94条　罰則②

> 第94条　次のいずれかに該当する者は、100万円以下の罰金に処する。
> 一　偽りその他不正の手段により特定認定、第69条第2項の有効期間の更新又は第71条第3項若しくは第72条第3項の認可を受けた者
> 二　第80条の規定に違反して、被害回復関係業務に関して知り得た秘密を漏らした者

I 趣　旨

　本条は、偽りその他不正の手段により特定認定等を受けた者および秘密保持義務に違反した者を100万円以下の罰金に処する規定である。

II 解　説

1　偽りその他不正の手段により特定認定等を受けた罪（1号）

　特定認定は、本制度の根幹を支える重要なものであり（山本・解説118頁）、偽りその他不正の手段により特定認定または特定認定の有効期間の更新、合併・事業譲渡の認可を受けると、本制度の信頼性を損ない、事業者・対象消費者双方の利益を侵害するおそれがあり、罰則の対象とされている。

　偽りその他の不正の手段としては、虚偽の申請書・添付書類の提出や、行政の職員に対し虚偽の説明を行うといったことが考えられる。

　なお、95条1項では虚偽記載をした申請書等の提出につき罰則を科しているが、その結果、特定認定等を受けた場合には、本罪に吸収されるものと考えられる。

2　秘密保持義務に反した罪（2号）

　特定適格消費者団体の役員、職員もしくは専門委員またはこれらの職にあった者には、被害回復関係業務に関して知り得た秘密につき、秘密保持義務が課されている（80条）。

　ここでいう「被害回復関係業務に関して知り得た秘密」とは、非公知の事実で、本人が他に知られないことにつき客観的に相当の利益を有するものをいう。事業者の不当な行為に関して知り得る情報については、特定適格消費者団体には、立入検査等の強制権限はなく、任意に知りうる情報であると考えられ、基本的に非公知のものとはいえないうえ、他に知られないことにつき客観的に相当の利益があるとはいえないので、「秘密」に該当しないと考えられる（一問一答153頁）。

これに反して秘密を漏らすことは、当該秘密を有する者のプライバシーを侵害し、また本制度の信頼性を損なうものであって、罰則が科される。

◆第95条　罰則③

> **第95条**　次のいずれかに該当する者は、50万円以下の罰金に処する。
> 一　第66条第１項（第69条第６項、第71条第６項及び第72条第６項において準用する場合を含む。）の申請書又は第66条第２項各号（第69条第６項、第71条第６項及び第72条第６項において準用する場合を含む。）に掲げる書類に虚偽の記載をして提出した者
> 二　第68条第３項の規定に違反して、特定適格消費者団体であると誤認されるおそれのある文字をその名称中に用い、又はその業務に関し、特定適格消費者団体であると誤認されるおそれのある表示をした者

I　趣　旨

本条は、特定認定の申請等において申請書等に虚偽記載をして提出した場合や、名称の使用禁止規定（68条３項）に違反した場合に、50万円以下の罰金に処する規定である。

II　解　説

1　特定認定の申請等において申請書等に虚偽記載をして提出すること（１号）

本号は、特定認定または特定認定の有効期間の更新、合併・事業譲渡の申請書や、それら申請書の添付書類（例：差止請求関係業務を相当期間にわたり継続して適正に行っていることを証する書類（66条２項２号）、被害回復関係業務を適正に遂行するための体制が整備されていることを証する書類（同項４号）、最近の事業年度における財産目録、貸借対照表、収支計算書その他の経理的基礎を有することを証する書面（同項７号）など）に虚偽の記載をして提出した者に

対して、罰則を定めている。虚偽記載により、本来であれば特定認定されるべきでない団体が認定されるなどのおそれが生じることから、罰則の対象とされているものである。

なお、本号に該当する行為により実際に特定認定等の認可がなされた場合には、94条1号の罪が成立し、本罪はそちらに吸収されると考えられる。

2 名称の使用禁止違反（2号）

68条3項では、特定適格消費者団体でない者が、その名称中に特定適格消費者団体であると誤認されるおそれのある文字を用い、またはその業務に関し、特定適格消費者団体であると誤認されるおそれのある表示をすることが禁じられている。

特定適格消費者団体でない者がこれらの名称等を使用すると、消費者に対する架空請求や還付金詐欺等の特殊詐欺に悪用されること、事業者に対しても不当要求に悪用されるおそれがあり、制度の信用性を害する結果となり得ることから、本号は、これに違反した者に対して罰則を定めている。

◆第96条　罰則④

> 第96条　法人（法人でない団体で代表者又は管理人の定めのあるものを含む。以下この項において同じ。）の代表者若しくは管理人又は法人若しくは人の代理人、使用人その他の従業者が、その法人又は人の業務に関して、前3条の違反行為をしたときは、行為者を罰するほか、その法人又は人に対しても、各本条の罰金刑を科する。
> 2　法人でない団体について前項の規定の適用がある場合には、その代表者又は管理人が、その訴訟行為につき法人でない団体を代表するほか、法人を被告人又は被疑者とする場合の刑事訴訟に関する法律の規定を準用する。

Ⅰ　趣　旨

本法の適切な運用を確保するため、1項は、法人または人に対する両罰規

定を、2項は、法人でない団体が1項の適用を受ける場合に誰を当該団体の行為者とするかを定めたものである。

II 解説

1 96条1項の意義

　刑法の一般原則によれば、法人は犯罪能力を有しない（大判昭10・11・25刑集14巻20号1217頁）。しかし、法人の社会的活動範囲が拡大するにつれ、法人の社会的活動を適切なものとするために刑罰的規制の必要性が認められ、また、今日、法人も行為の主体として観念することが可能である。

　本法は、特定適格消費者団体に訴訟追行の権能を付与する反面、同団体の被害回復関連業務の適正が確保されることも社会的要請であることから、当該法人または人の業務に関連して93条から95条までに違反した者がいる場合は、その者が属する法人（法人でない団体で代表者または管理者の定めのあるものを含む。以下、同じ）にも罰金刑を科すこととした。

2 「法人又は人の業務に関して」の意義

　96条1項は、93条から95条までの違反行為が、「その法人又は人の」業務に関する場合に適用される。ここで「特定適格消費者団体」となっていないのは、93条2項、94条2号および95条2号が、当該違反行為時における行為者の属性として、特定適格消費者団体に属しない者も処罰の対象としているからである。

　また、「法人」に法人でない団体を含めるのは、その団体に代表者や管理者の定めがある場合は、社会的実態として法人の活動と異ならないと評価できるためである。

3 96条2項の意義

　96条2項は、法人でない団体が訴訟行為あるいは刑事訴訟において手続をする場合、誰の行為を当該団体の行為とするかを明らかにしたものである。

「その訴訟行為につき法人でない団体を代表する」とは、法人でない団体の代表者または管理人のなした訴訟行為が団体の行為となることを明らかにしたものであり、「法人を被告人または被疑者とする場合の刑事訴訟に関する法律の規定を準用する」とは、法人でない団体の代表者または管理人が、刑事訴訟の被告人である当該団体を代表して訴訟活動をなすことができ（刑訴法27条）、法人でない団体を被疑者として刑事訴訟法に定める各種捜査活動がなされるにあたり、当該団体の代表者または管理人が、当該団体を代表する、ということを明らかにしたものである。

◆第97条　罰則⑤

> 第97条　次のいずれかに該当する者は、100万円以下の過料に処する。
> 一　第14条の規定に違反して、正当な理由がないのに簡易確定手続開始の申立てを怠った者
> 二　第33条第1項の規定に違反して、やむを得ない理由がないのに簡易確定手続授権契約の締結を拒んだ者
> 三　第33条第2項の規定に違反して、やむを得ない理由がないのに簡易確定手続授権契約を解除した者

I　趣　旨

本条は、特定適格消費者団体が、正当な理由がないのに簡易確定手続開始の申立て（14条）を怠った場合、簡易確定手続申立団体が、やむを得ない理由がないのに、対象消費者との簡易確定手続授権契約の締結を拒絶した（33条1項）場合および対象消費者と締結した簡易確定手続授権契約を解除した（同条2項）場合に過料を科すことを定めたものである。

II 解説

1 「正当な理由」

「正当な理由」の意義については14条の解説のとおりである。

2 「やむを得ない理由」

「やむを得ない理由」の意義については、33条の解説のとおりである。

3 効果

　特定適格消費者団体が本条所定の規定に違反する行為は、対象債権者に重大な不利益を及ぼす。なぜなら、特定適格消費者団体が簡易確定手続開始の申立てをしない場合、また、仮に同手続を申し立てたとしてもやむを得ない理由がないのに簡易確定手続授権契約の締結を拒みまたは締結した同契約を解除した場合は、いずれも、簡易確定手続により対象債権を確定することができないからである。

　これに対して、適格消費者団体が98条所定の規定に違反する行為または99条所定の規定に違反する行為は、対象債権者が簡易確定手続に参加することを事実上困難ならしめるものであるものの、同手続により対象債権を確定すること自体は可能であり、同手続の遂行自体が困難になるというわけではない。

　そこで、本条は、特定適格消費者団体が同条所定の違反行為をしないことを担保し、簡易確定手続の円滑な遂行を実現するために、98条および99条に掲げる事由に比して重い過料に処したものである。

◆第98条　罰則⑥

> 第98条　次のいずれかに該当する者は、50万円以下の過料に処する。
> 一　第25条第１項若しくは第26条第３項前段の規定による通知をすることを怠り、又は不正の通知をした者

> 二　第26条第1項、第3項前段若しくは第4項の規定による公告をすることを怠り、又は不正の公告をした者

I　趣　旨

本条は、特定適格消費者団体が、簡易確定手続の過程でなすべき通知・公告を怠った場合、あるいは不正な通知・公告をした場合に過料を科すことを定めたものである。

II　解　説

1　25条1項・26条3項前段の通知

簡易確定手続申立団体は、簡易確定手続開始決定がなされたときは、届出期間（21条）の末日の1カ月前までに、知れたる対象債権者に対して所定の事項を通知しなければならない（25条1項）。

この通知事項の中には、簡易確定手続申立団体の名称および住所が含まれる（25条1項4号）が、届出期間中に、簡易確定手続申立団体の名称および住所が変更された場合、簡易確定手続申立団体は、遅滞なく、裁判所および相手方にその変更を通知しなければならない（26条3項前段）。

25条1項所定の事項は知れたる対象債権者が簡易確定手続に参加するか否かを判断するうえで重要な記載事項であり、簡易確定手続申立団体の名称および住所は、同手続を主宰する裁判所および手続の相手方にとって重要な変更事項である。

このため、簡易確定手続申立団体が上記各通知を怠った場合には過料を科すことで、同団体が各通知を確実に履行することを促すものである。

2　26条1項、3項前段もしくは4項の公告

簡易確定手続申立団体は、簡易確定手続開始決定がなされたときは、正当な理由がある場合を除き、届出期間（21条）の末日の1カ月前までに、25条

1項に定める所定の事項を公告しなければならない（26条1項）。

簡易確定手続申立団体が、届出期間中に、その名称および住所を変更した場合は、これを公告することも求められる（26条3項前段）。

また、簡易確定手続申立団体が、25条1項に定める所定の事項を公告した後、届出期間中に、すでに公告した①簡易確定手続申立団体が受領する報酬の額等（25条1項5号）、②対象消費者が簡易確定手続についてなす授権方法・授権期間（25条1項6号）、③規則3条1項に定める事項（消費者からの問合せを受けるための簡易確定手続申立団体の連絡先およびこれに対応する時間帯等、25条1項7号）のいずれかを変更した場合、遅滞なく、変更後の事項を公告しなければならない（26条4項）。

公告は、簡易確定手続申立団体が覚知していない対象債権者に対して簡易確定手続開始決定があったことを示し、それらの者が簡易確定手続に参加するか否かを判断するうえで重要な事項である。

このため、簡易確定手続申立団体が上記の各公告を怠った場合には過料を科すことで、同団体が各公告を確実に履行することを促したものである。

3　不正の通知・公告をした者

簡易確定手続申立団体が、上記1・2の各通知・公告を怠った場合のみならず、不正の通知・公告をなした者に対しても過料が科せられる。

通知・公告すべき事項につき客観的事実と異なることを通知・公告すれば、直ちに「不正」となるのではなく、対象消費者の簡易確定手続への参加の意思形成に不当な影響を及ぼす意図がある場合等、その者の主観的意図を考慮して判断すべきであると考えられる[195]。単に、事実と異なる通知・公告が存在することをもって過料を科すのであれば「不正に」ではなく「事実と異なる」通知・公告と表記するべきだからである。

◆第99条　罰則⑦

第99条　次のいずれかに該当する者は、30万円以下の過料に処する。

第99条　罰則⑦

　　一　第53条第４項の規定に違反して、正当な理由がないのに訴訟授権契約の締結を拒んだ者
　　二　第53条第５項の規定に違反して、正当な理由がないのに訴訟授権契約を解除した者
　　三　第68条第２項の規定による掲示をせず、又は虚偽の掲示をした者
　　四　第70条、第71条第２項若しくは第７項、第72条第２項若しくは第７項又は第73条第１項の規定による届出をせず、又は虚偽の届出をした者
　　五　第78条第１項前段の規定による通知若しくは報告をせず、又は虚偽の通知若しくは報告をした者
　　六　第79条第２項の規定に違反して、消費者の被害に関する情報を利用した者
　　七　第81条の規定に違反して、同条の請求を拒んだ者
　　八　第87条第９項の規定による被害回復関係業務の引継ぎを怠った者
　　九　第91条第２項の規定に違反して、情報を同項に定める目的以外の目的のために利用し、又は提供した者

I　趣　旨

　本条は、法に定められた義務を履行しない場合、虚偽の掲示をなした場合や義務に違反した場合等の過料を定めるものである。

---

(195)　会社法976条２号は、「この法律の規定による公告若しくは通知をすることを怠ったとき、又は不正の公告若しくは通知をしたとき」に過料に処すると規定する。会社法コンメンタールは、「不正」とは、法律の規定に違反することを意味し、公告・通知すべき事項を公告・通知していない場合、虚偽の内容の公告・通知をした場合はこれに当たる。不正の公告・通知については故意の場合に限られるとする見解もあるが、過失の場合も含まれると解すべきとする（落合誠一編『会社法コンメンタール21』（商事法務、2011年）174頁）。なお、大決明35・5・14（民録８輯５巻55頁）は、定款等への「不正の記載」に過料を科す規定について、不正の記載とは、その記載の正しからざるを云うものにして詐欺または故意に出でたるときは勿論、過失に基づくときといえどもこの規定中に包含すると判断している。

II 解説

1 過料の科される場合

次の場合に過料が科される。

① 債権届出団体が正当な理由がないのに訴訟授権契約の締結を拒み、または同契約を解除した場合（1号・2号）

② 68条2項、規則13条に違反して、特定適格消費者団体の名称および「特定適格消費者団体」なる文字を掲示せず、または虚偽の掲示をした場合（3号）

③ 特定適格消費者団体が、ⓐ66条1項各号に掲げる事項（名称および住所並びに代表者の氏名、被害回復関係業務を行おうとする事務所の所在地、特定適格消費者団体の電話番号・ファクシミリの番号およびメールアドレス、被害回復関係業務を行おうとする事務所の電話番号、ファクシミリの番号および電子メールアドレス）、同条2項各号に掲げる書類（定款、被害回復関係業務に関する業務計画書および業務規程等）に記載した事項を変更した場合、ⓑ他の特定適格消費者団体と合併し、当該消滅した特定適格消費者団体の地位を承継した場合、ⓒ特定適格消費者団体ではない法人と合併した場合、ⓓ他の特定適格消費者団体から被害回復関係業務に係る事業の全部を譲り受けた場合、ⓔ特定適格消費者団体ではない法人に、被害回復関係業務に係る事業の全部を譲渡した場合、ⓕ特定適格消費者団体が被害回復関係業務を廃止した場合は、いずれも、その旨を内閣総理大臣に届け出なければならない（70条・71条2項・7項・72条2項・7項・73条1項）が、これを怠ったときまたは虚偽の届出をした場合（4号）

④ 特定適格消費者団体が、78条1項所定の事項（共通義務確認の訴えの提起または仮差押えの申立てをしたこと、訴えに対する判決または仮差押えに対する決定があったこと等）を他の特定適格消費者団体に通知せず、または内閣総理大臣に報告しなかったまたは虚偽の通知・報告をした場合

(5号)

⑤　特定適格消費者団体が、被害回復関係業務に関し、消費者から収集した情報を、当該消費者を識別できる方法で利用するにあたり、あらかじめ当該消費者の同意を得なかった場合（6号）

⑥　特定適格消費者団体の被害回復関係業務に従事する者が、被害回復業務を行うにあたり、被害回復裁判手続に係る相手方の請求があったにもかかわらず、当該特定適格消費者団体の名称、自己の氏名およびその役職または地位その他規則21条に定める事項（弁護士資格その他自己が有する資格）を明らかにしなかった場合（7号）

⑦　ⓐ被害回復裁判手続の当事者、ⓑ簡易確定手続開始の申立てをなすべき地位にある、ⓒ対象債権に係る債務名義を取得し、またはその承継人（民執法23条1項3号）である特定適格消費者団体に対する特定認定が失効、取り消され、またはすでに失効もしくは取り消されており、内閣総理大臣が当該被害回復裁判手続を受け継ぐなどする他の特定適格消費者団体を指定した（87条1項～3項）場合、特定適格消費者団体であった法人は、遅滞なく、指定を受けた特定適格消費者団体に対してその被害回復関係業務を引き継ぐために必要な一切の行為をしなければならないにもかかわらず、これを怠った場合（8号）

⑧　国民生活センターおよび地方公共団体から、消費生活に関する消費者と事業者との間に生じた苦情に係る相談に関する情報（規則25条1項）の提供を受けた特定適格消費者団体は、当該情報を当該被害回復関係業務の用に供する以外の目的に利用し、または提供することができない（91条2項）にもかかわらず、当該情報を目的以外の目的のために利用し、または提供した場合（9号）

2　「正当な理由」

1号・2号の「正当な理由」は、53条の解説で記載したとおりである。

3 「虚偽」

3号・4号の「虚偽」は、特定適格消費者団体が、故意に、客観的事実と異なることを掲示・届出する等した場合に限られると解すべきである[196]、[197]。虚偽という言葉は、法令上、虚偽公文書作成等罪（刑法156条）、虚偽告訴罪（同法172条）、虚偽表示（民法94条1項）等、当該行為者が意図的に事実と異なる外形を作出することを表現する際に利用されるからである。

◆附則第1条　施行期日

附則第1条　この法律は、公布の日から起算して3年を超えない範囲内において政令で定める日から施行する。ただし、附則第3条、第4条及び第7条の規定は、公布の日から施行する。

I 趣　旨

本条は、本法の施行期日を定める。新しい制度を定めた法律であるため、「公布の日から起算して3年を超えない範囲において政令で定める日」として、公布から施行期日までの準備期間を長めに設定している。

ただし、政府に対して、①特定適格消費者団体がその権限を濫用して事業者の事業活動に不当な影響を及ぼさないようにするための方策について、速やかに検討を加え、濫用防止のための措置を講ずるものとした附則3条、②特定適格消費者団体による被害回復関係業務の適正な遂行に必要な資金の確

---

[196] 会社法976条6号は、官庁等に「虚偽の申述を行い、又は事実を隠蔽したとき」を過料の対象としている。虚偽の申述とは、重要な点について真実に反することを述べることを意味するとしている。なお、会社財産を危うくする罪（同法963条）については、何が重要であるかは、類型的にみて会社財産を危うくするおそれがあるかどうかによって判断されるべきとする（落合編・前掲注[195]176頁・104頁）。

[197] また、会社法976条7号は、定款等に虚偽の記載をしたときに過料を科している。虚偽とは客観的事実に反することをいうとしている。過失を不要とする見解、虚偽記載については過失が必要であるが、不記載については過失を要しないという見解があるが、いずれについても過失を要するとしている（落合編・前掲注[195]176頁）。

保、情報の提供その他の特定適格消費者団体に対する支援のあり方について、速やかに検討を加え、その結果に基づいて必要な措置を講ずることを求めた附則4条、③本法の円滑な施行のため、その趣旨および内容について、広報活動等を通じて国民に周知を図り、その理解と協力を得るよう努めることを求めた附則7条の3カ条については、公布された2013年12月11日から直ちに施行されることとされた。

II 解説

1 本法の施行日

　本法に基づく被害回復裁判手続制度は、我が国において全く新しい訴訟制度であるため、施行までに定めなければならない政令その他の諸規定や検討事項が多くあった。また、施行までに本制度を国民に広く知ってもらい、さらに裁判所、弁護士会、適格消費者団体などの関係機関においても新しい制度を実施する準備をする期間が必要であった。そのために、施行までの十分な期間が必要であるとされ、一方でその期限を確定する必要があったことから、公布の日である2013年12月11日から起算して、3年を超えない範囲において政令で定める日を施行日とした。そして、施行のための準備が整ったと判断されたことから、政令によって、公布日から3年を待たずに2016年10月1日を施行日とすることが定められた。

2 施行に向けた準備

　施行に向けた準備として定められたのは、本法各条によって委ねられている、政令（団体の欠格事由：65条6項、消費者庁長官に委任しない事項：92条など）、内閣府令（特定適格消費者団体による通知の方法と内容：25条1項、特定適格消費者団体の業務規定の内容：65条5項など）、最高裁判所規則（債権届出書の記載事項：30条2項3号、届出消費者表の記載事項：41条など）がある。

　また、消費者裁判手続特例法ガイドラインも定められた。

3 附則3条、4条および7条の施行日

附則3条・4条に定められた検討事項についての関係者の意見の聴取りや必要な措置を講ずることは、本法に基づく制度の準備に必要であり、本法の施行を待つまでもなく公布後直ちに着手する必要がある。また、附則7条に定められた本法に関する広報活動等の周知や理解と協力を求める取組みも、政府において公布と同時に実施する必要がある。

したがって、これらについては公布の日から施行されることとされた。

◆附則第2条　経過措置

> 附則第2条　この法律は、この法律の施行前に締結された消費者契約に関する請求（第3条第1項第5号に掲げる請求については、この法律の施行前に行われた加害行為に係る請求）に係る金銭の支払義務には、適用しない。

Ⅰ　趣　旨

附則2条は、3条により共通義務確認の訴えを提起することができるものとされている事業者の消費者に対する金銭の支払義務のうち、消費者裁判手続特例法の施行日（2016年10月1日）より前に締結された消費者契約に関する請求に係る金銭の支払義務については、その対象から除外するものである。ただし、不法行為に基づく損害賠償の請求（3条1項5号）については、被告となる相手方事業者との間の消費者契約が消費者裁判手続特例法の施行日より前に締結されたものであっても、請求の根拠となる加害行為が施行日よりも後に行われたものであるときは共通義務確認の訴えを提起することができるものとされている。

II 解　説

1　本法施行前の事案について本制度の適用をしない必要性

　立案担当者の説明によれば、いわゆる本法施行前の事案について本制度を適用するとすれば、①事業者は、多数の消費者の請求権について、一時期にまとまって金銭の支払を求められることになること、②情報開示義務（28条1項）など事業者には本制度特有の新たな義務を課すこととしていること、などから、本制度が適用されることにより事業者の予測可能性が害される側面があり、事業者が本制度の適用を予測できなかった施行前の事案については、本制度を適用しないことにしたものとする（一問一答158頁）[198]。

　もっとも、以上のような立法担当者による説明には、以下のとおり、立法論としては疑問も多い。そもそも、事業者に責任原因があって多数の消費者に対して支払義務を負っているのであれば、本来、事業者としては可及的速やかにその義務を履行すべき立場にあるのであるから、多数の消費者の請求権について当該事業者の意に反して一時期にまとまって金銭の支払いを求められることになることなったとしても、むしろ当然の結果であり、そのような予測可能性の有無は法的に保護されるべきものとは言い難い。仮に、事業者の予測可能性を問題とするにしても、本法においては法の公布から施行まで3年を超えない期間の猶予を与えていることからすれば（附則1条）、本法公布前の事案について適用を排除すれば足りたはずであり、この点からも

---

[198]　なお、本条に規定されたいわゆる施行前事案に対する適用除外は、本法の立案段階では全く検討されていなかった。本法の法案の与党審査段階において、主として事業者団体より本法の遡及的適用に対する懸念が強く示されたことから（日本経済団体連合会・日本商工会議所・経済同友会・在日米国商工会議所・アメリカ商工会議所法改革機関・欧州ビジネス協会・BUSSINESS EUROPE「日本における集団訴訟制度に関する緊急提言」（2013年3月25日）〈https://www.keidanren.or.jp/policy/2013/023.html〉（2016年9月4日最終確認）参照）、本法の法案が閣議決定（2013年4月19日）される直前に急遽修正が加えられたものである（穀田恵二衆議院議員および川口政府参考人の発言、第185回国会衆議院消費者問題に関する特別委員会議録第4号（2013年10月31日）26頁および日弁連2013年4月19日付『『消費者の財産的被害の集団的な回復のための民事の裁判手続の特例に関する法律案』に対する会長声明」参照）。

2 本法の施行前に締結された消費者契約に関する請求

　本条によって本制度の対象外とされるのは、本法の施行日（2016年10月1日）よりも前に締結された消費者契約に関する請求に係る金銭の支払義務である。損害が施行日以後に発生した場合であっても、その根拠となる請求権が施行日前に締結された消費者契約に基づくときは、本制度の対象外となる。本条の趣旨が事業者の予測可能性確保にあるため、消費者と消費者契約を締結して取引関係に入る時点で事業者が本制度の適用があることを予測できないものは対象としないことにしたものと考えられる（山本・解説108頁）。

　もっとも、不法行為に基づく損害賠償の請求（3条1項5号）については、被告となる相手方事業者との間の消費者契約が本法の施行日より前に締結されたものであっても、請求の根拠となる加害行為が施行日よりも後に行われたものであるときは、共通義務確認の訴えの提起することができるものとされている。消費者契約の締結日が法施行日よりも前であったとしても、加害行為が法律施行後のものであれば、それを適用対象としても事業者の予測可能性を害するおそれはないものと考えられるからである（山本・解説109頁）。

　本法施行前に送り付け商法やワンクリック詐欺などがあり代金名目で支払いをしている場合や、クーリング・オフが申込みの撤回としてなされるような事案については、事業者と消費者との間で消費者契約が成立していない以上、「施行前に締結された消費者契約に関する請求」に当たらないものと解すべきである。本来、実体法上違法である行為をしていた事業者をそれほど強く保護する必要性はなく、本条の適用制限については、限定的に解釈されるべきであるからである。

---

[199] 同様の指摘をするものとして、山本・解説107頁以下。
[200] フランスで同時期に法律が成立したグループ訴訟制度においては、経過規定としては遡及原則に従い、法律の施行前の事案にも適用を認めたところ、この点が違憲審査の観点から問題になった。憲法院は、この手続は実体権を変動させるものではないので、合憲との判断を下した（山本・解説108頁注40）。

3　施行前事案の救済

本条により本法施行日よりも前に締結された消費者契約に関する請求に係る金銭の支払義務については本制度によっては救済されないことになるが、消費者の立場からみれば、事業者と消費者契約を締結したのが本法の施行日の前後であるかによって、その被害の救済の必要性が変わるわけではない。そこで、本条が適用される結果として本法による救済の対象外となる請求については、消費者の財産的被害が適切に回復されるよう、政府において、国民生活センターのADR（重要消費者紛争解決手続）等の裁判外紛争解決手続の利用促進その他の必要な措置を講じるものとされている（附則6条）[201]。この点に関する詳細については、該当条文を参照されたい。

また、上記のADRによる救済だけでなく、特定適格消費者団体が事業者との和解（訴訟上および訴訟外）により、事業者に対して、いわゆる施行前の事案に係る消費者についても自主的に被害回復するよう求めることも考えられる。本法の適用対象外となる消費者についても、本法の適用対象となる対象消費者と同一内容の救済が確保されるようにすることは、統一的かつ実効的な被害回復の観点からも重要であり、本制度に関与するすべての関係者の協力が求められよう。

◆附則第3条　検討等①

> **附則第3条**　政府は、この法律の趣旨にのっとり、特定適格消費者団体がその権限を濫用して事業者の事業活動に不当な影響を及ぼさないようにするための方策について、事業者、消費者その他の関係者の意見を踏まえて、速やかに検討を加え、その結果に基づいて必要な措置を講ずるものとする。

I　趣　旨

本条は、特定適格消費者団体がその権限を濫用して事業者の事業活動に不

---

[201] 附則6条は、本法の国会審議における修正として附加された経緯がある。

当な影響を及ぼさないようにするための方策について、速やかに検討を加え、濫用防止のための措置を講ずるものとした。

II 解説

　本制度により、消費者被害の回復の実効性が高まることが期待される。しかし、特定適格消費者団体が、消費者契約に関して相当多数の消費者に生じた財産的被害を集団的に回復するための被害回復裁判手続を追行することができることとされたことから、特定適格消費者団体がその権限を濫用すれば、事業者の事業活動への影響は大きく、事業者の活動を過度に萎縮させることになる。そのような事態は、かえって、制度の信頼性を損ねることになり、消費者の利益擁護を図り、もって国民生活の安定向上と国民経済の健全な発展に寄与するという本制度の目的にも反する。そのため、特定適格消費者団体がその権限を濫用して事業者の事業活動に不当な影響を及ぼさないようにするための方策について速やかに検討を加え、その結果に基づいて必要な措置を講ずるものとした。

　本条は、本法の立案過程において、主として事業者側から、制度の濫用に対する強い懸念が示されたことを踏まえ、衆議院における修正で設けられたものである（山本・解説40頁〜41頁）。

　制度濫用防止のための必要な措置として、特定適格消費者団体の認定指針、特定適格消費者団体に対する監督指針および不利益処分の基準等を示した「特定適格消費者団体の認定、監督等に関するガイドライン」（消費者庁2015年11月11日）が策定・公表された。

◆附則第4条　検討等②

> **附則第4条**　政府は、特定適格消費者団体による被害回復関係業務の適正な遂行に必要な資金の確保、情報の提供その他の特定適格消費者団体に対する支援の在り方について、速やかに検討を加え、その結果に基づいて必要な措置を講ずるものとする。

I 趣　旨

　本条は、政府に対して、特定適格消費者団体による被害回復関係業務の適正な遂行に必要な資金の確保、情報の提供その他の特定適格消費者団体に対する支援のあり方について、速やかに検討を加え、その結果に基づいて必要な措置を講ずることを求めるものである。
　本条は、本法の国会審議における修正として附加されたものである。

II 解　説

1　特定適格消費者団体に対する支援の必要性

　本制度における特定適格消費者団体の果たすべき役割は極めて大きい。共通義務確認の訴えを提起できるのは特定適格消費者団体だけであるし、その後の簡易確定手続においても特定適格消費者団体は手続を主体的に進めていく立場にある。したがって、特定適格消費者団体がその役割を適切かつ十分に果たすことができなければ、本制度による消費者被害の実効的回復も画餅に帰することになりかねない。
　たとえば、特定適格消費者団体が行うこととなる被害回復関係業務は、現在の差止請求関係業務と比較して、業務量が格段に増加するだけでなく、簡易確定手続のための通知・公告費用をはじめとしてさまざまな費用負担が生じる。にもかかわらず、特定適格消費者団体においてこれらに必要な資金が確保できなければ、共通義務確認の訴えを提起することもできない。
　もちろん、本制度においては特定適格消費者団体が対象消費者より報酬や費用を受領することが認められており（76条）、これによって被害回復関係業務に係る費用を賄っていくことが想定されている。しかし、特定適格消費者団体が対象消費者より受ける報酬や費用の額については、消費者の利益の擁護の見地から不当でないことが求められ（65条4項6号）、具体的にはガイドラインによりさまざまな制約が課せられていることから、特定適格消費者団体が対象消費者より受ける報酬や費用のみによって現実に被害回復関係業

第 2 部　逐条解説　消費者裁判手続特例法

務に要する費用を賄っていけるかについては不透明と言わざるを得ない現状にある。

　これに加え、現在、特定適格消費者団体の母体となるべき適格消費者団体は、会員からの会費と運営に携わる消費生活相談員、弁護士、司法書士、学者等の専門家をはじめとする会員のボランティアによって支えられている現状にあり（第 2 回支援検討会資料 2 ）、特定適格消費者団体となる団体についてはその財政基盤をより充実させなければ、本制度で期待される役割を十分に果たすことができないことが危惧される。

　もちろん、特定適格消費者団体も民間の消費者団体として消費者からの支援を広く受けることが望ましいことはいうまでもないが、本制度が消費者被害を生まない社会の形成に寄与する公益性の高い制度であることに照らせば、現に本制度を担っている特定適格消費者団体および将来において本制度を担おうとしている適格消費者団体に対して、相応の財政的支援を含む行政からの積極的な支援がなされてしかるべきである（2012年 8 月31日付日弁連意見書20頁）。

　また、被害回復関係業務の適切な遂行のためには特定適格消費者団体において十分な被害情報が収集されることが必要であるところ、特定適格消費者団体には国民生活センターや地方公共団体において管理されているPIO-NET等の情報につき提供要請をすることができるものとされてはいるが（91条、規則25条 1 項）、それ以上の主体的な特別な情報収集権限を付与されているわけでもなく、一民間団体である特定適格消費者団体において実効的な情報収集を行うことには限界もある。

　このようなことから、本条に定めるとおり、政府において、特定適格消費者団体による被害回復関係業務の適正な遂行に必要な資金の確保、情報の提供その他の特定適格消費者団体に対する支援のあり方について、速やかに検討を加え、その結果に基づいて必要な措置を講ずる必要性は極めて高く、早急な対応が求められる。

2 「消費者団体訴訟制度の実効的な運用に資する支援の在り方に関する検討会」における検討

　本条を受けて、2015年10月より2016年7月まで、消費者庁において「消費者団体訴訟制度の実効的な運用に資する支援のあり方に関する検討会」(支援検討会)が開催され、適格消費者団体や特定適格消費者団体に対する支援のあり方が議論された。

　公表された支援検討会報告書[202]によれば、消費者団体訴訟制度の担い手である適格消費者団体および特定適格消費者団体の消費者被害の予防・救済のための活動には公益性があるものの、これらの団体は民間団体であって基本的にボランティアに依存しつつ活動をしなければならないとの現状認識に立ち、適格消費者団体および特定適格消費者団体の公益的な活動を行政が適切に支援すれば、単なる民間団体としての活動の限界を超えることが可能となり、その公益的な活動は、より一層、実効的に機能することになるとの視点から、情報面[203]、財政面[204]、仮差押え[205]の担保措置や事務手続の簡素化[206]等についてさまざまな提言がなされている。

　しかし、同報告書が提言する支援策は、最も重要な特定適格消費者団体による被害回復関係業務の適正な遂行に必要な資金の確保に関して、行政から特定適格消費者団体等への直接的な財政的支援検討の必要性すら触れられていないなど、必ずしも十分な内容とは言い難い(2016年9月16日付日弁連意見書)。同報告書自身が指摘するように、「適格消費者団体及び特定適格消費者

---

[202] 支援検討会報告書。
[203] PIO-NET情報の照会手続の簡素化、急増指標(いわゆるPIOアラート)に基づく情報の提供、PIO-NET端末の配備検討、地方公共団体との連携の検討などが提言されている。
[204] 地方消費者行政推進交付金(先駆的プログラム)の活用、クラウドファンディングを含めた寄附増進の方策、民間基金創設の支援などが提言されている。
[205] 国民生活センターによる立担保実施措置が提言されている。
[206] 更新手続書類の簡素化、認定の有効期間延長、会計基準の明確化、大規模事件への対応の検討などが提言されている。

団体の活動状況を踏まえ、さらに支援の在り方について検討すること」[207]が求められよう。

◆附則第5条　検討等③

> **附則第5条**　政府は、この法律の施行後3年を経過した場合において、消費者の財産的被害の発生又は拡大の状況、特定適格消費者団体による被害回復関係業務の遂行の状況その他この法律の施行の状況等を勘案し、その被害回復関係業務の適正な遂行を確保するための措置並びに共通義務確認の訴えを提起することができる金銭の支払義務に係る請求及び損害の範囲を含め、この法律の規定について検討を加え、必要があると認めるときは、その結果に基づいて所要の措置を講ずるものとする。
> 2　政府は、前項に定める事項のほか、この法律の施行後3年を経過した場合において、この法律の施行の状況について検討を加え、必要があると認めるときは、その結果に基づいて所要の措置を講ずるものとする。

I　趣　旨

　本条は、政府に対して、本法の施行後3年を経過した場合において、消費者の財産的被害の発生または拡大の状況、特定適格消費者団体による被害回復関係業務の遂行の状況その他この法律の施行の状況等を勘案し、その被害回復関係業務の適正な遂行を確保するための措置並びに共通義務確認の訴えを提起することができる金銭の支払義務に係る請求および損害の範囲を含め、必要があると認めるときは、その結果に基づいて法改正も含めて所要の措置を講ずることを求めるものである。

　本条1項は本法の国会審議における修正として附加されたものであるほか、本条2項の年限については当初案の5年から3年に修正されている。

---

[207]　支援検討会報告書28頁。

Ⅱ 解説

　本制度は消費者被害を集団的に回復するための訴訟制度として、これまでの我が国に例をみない画期的な制度であり、このような制度が導入されたこと自体、大きな意義を有するものである。

　しかし、その一方で、本制度は、消費者利益の擁護の観点から必ずしも十分とはいえない点も少なからず見受けられる。たとえば、本制度の対象となるべき事案の類型については、本制度の立案段階においては消費者利益擁護の観点から比較的幅広く検討されていたが、事業者側からの懸念の声を受けて、最終的には相当な範囲の事案類型が本制度の対象から除外される結果となった。このことは、本制度が活用されうる範囲を大きく制限するものであり、本制度の実効性を減じるものとなっている。

　また、同様に、事業者側からの懸念の声を払拭するために、簡易確定手続における通知公告費用の負担や公表義務など事業者の責務については制限的に制度設計される一方、特定適格消費者団体には大きな責務が課されるなどしている。

　本制度がこのような形で立案されたことについては、前記のとおり、本制度がこれまでの我が国に例をみない画期的な制度であることに鑑みれば、本法施行後において想定される懸念をできる限り払拭した形で制度設計されること自体は、一定程度やむを得ないものであった。それだけに本法施行後に、施行後の状況を踏まえて、必要に応じて本制度のさらなる拡充・改善を図ることは必要不可欠といえよう。

　現時点において将来における制度の拡充・改善が特に期待される点については、本書第3部Ⅰ（制度上の課題）を参照されたい。

◆附則第6条　検討等④

　附則第6条　政府は、第3条第1項各号に掲げる請求に係る金銭の支払義務であって、附則第2条に規定する請求に係るものに関し、当該請求に係る消費者の財産的被害が適切に回復されるよう、重要消費者紛争解決手続（独

立行政法人国民生活センター法（平成14年法律第123号）第11条第2項に規定する重要消費者紛争解決手続をいう。）等の裁判外紛争解決手続（裁判外紛争解決手続の利用の促進に関する法律（平成16年法律第151号）第1条に規定する裁判外紛争解決手続をいう。）の利用の促進その他の必要な措置を講ずるものとする。

I 趣　旨

　本条は、政府に対して、3条により共通義務確認の訴えを提起することができるものとされている事業者の消費者に対する金銭の支払義務のうち、附則2条の規定により本制度の救済対象から除外された消費者裁判手続特例法の施行日（2016年10月1日）より前に締結された消費者契約に関する請求に係る金銭の支払義務につき、当該請求に係る消費者の財産的被害が適切に回復されるよう、国民生活センターの重要消費者紛争解決手続等の裁判外紛争解決手続（ADR）の利用促進その他の必要な措置を講じることを求めるものである。

　本条は、本法の国会審議における修正として附加されたものである。

II 解　説

1　適用除外とされた本法施行前の事案について救済をする必要性

　附則2条は、本法施行前の事案について本制度を適用するとすれば、①事業者は、多数の消費者の請求権について、一時期にまとまって金銭の支払いを求められることになること、②情報開示義務（28条1項）など事業者には本制度特有の新たな義務を課すこととしていること、などから、本制度が適用されることにより事業者の予測可能性が害される側面があるものとして、事業者が本制度の適用を予測できなかった施行前の事案については、本制度を適用しないことにした（一問一答158頁）[208]。

　しかし、消費者の立場からみれば、事業者と消費者契約を締結したのが本

法の施行日の前後であるかによって、その被害の救済の必要性が変わるわけではない。この附則2条による適用除外の規定がある以上、事業者と消費者契約を締結したのが本法の施行日前である消費者の被害については、従前どおり個別に救済を図っていくほかはない。そこで、このようないわゆる施行前の事案の個別救済ができる限り促進されるよう、附則2条が適用される結果として本法による救済の対象外となる請求については、政府において、国民生活センターの重要消費者紛争解決手続等の裁判外紛争解決手続（ADR）の利用促進その他の必要な措置を講じることを求めることとしたものである。

2　ADRの利用促進

(i)　ADRとは

裁判外紛争解決手続（ADR）とは、一般に判決などの裁判によらない紛争解決方法を指し、民事調停・家事調停、訴訟上の和解、仲裁及び行政機関や民間機関による和解、あっせんなどが含まれるものとされる[209]。裁判による解決が法を基準として行われるのと比較すると、ADRは、必ずしも法に拘束されず、紛争の実情に即し、条理にかなった解決をめざす点に特徴があるものとされる。また、法律専門家に頼らずに、当事者自らの手で紛争を解決しうるため、原則として弁護士費用や鑑定費用は不要であり（司法制度改革推進本部ADR検討会第1回会合資料1－2(2)）、当事者にとっては裁判による解決と比較して比較的安価に手続を進めることができるものとされる。

このADRについては、仲裁や民事調停・家事調停、行政機関によるものを除けば、従前は法令上の根拠となるものがなく、裁判による解決と比較して、当事者の応答義務がないことや時効の中断効などの点で利便性に欠ける面があったが、2007年4月に裁判外紛争解決手続の利用の促進に関する法律

---

[208]　なお、このようないわゆる本法施行前の事案についての適用除外が立法論的に疑問であることは、附則2条の解説を参照。

[209]　ADR法1条は、裁判外紛争解決手続を「訴訟手続によらずに民事上の紛争の解決をしようとする紛争の当事者のため、公正な第三者が関与して、その解決を図る手続」と定義している。

第 2 部　逐条解説　消費者裁判手続特例法

（平成16年法律第151号）（ADR 法）が施行され、裁判外紛争解決手続についての基本理念等を定めるとともに、民間紛争解決手続（民間事業者が行う調停、あっせん等）の業務に関し、法務大臣による認証の制度を設け（同法5条）、あわせて、時効の中断等に係る特例（同法25条）を定めるなど、その利便の向上が図られている[210]。

(ii) 消費者被害回復における ADR の有用性

　本制度が導入された背景からも明らかなように、消費者と事業者の間には情報の質や量、交渉力等において格差があるうえに、消費者被害における被害額は一般には少額であることが多いことから訴訟手続による救済はコストの面で見合わず、また、時間的制約等もあって、消費者はともすると泣き寝入りを余儀なくされかねない。そのような消費者被害の回復の場面において、必ずしも法に拘束されず、紛争の実情に即し、条理にかなった解決をめざし、かつ裁判による解決と比較して比較的安価に手続を進めることができるものとされる ADR は、一定の効果を期待できるものである。実際、従来、消費者被害回復の少なくない割合が、各地に設けられた消費生活センターによる紛争解決あっせんによって行われてきている（国民生活審議会消費者政策部会「国民生活センターによる消費者紛争解決制度の在り方について」（2007年12月）3頁以下）。

　このようなことから、本条が、附則2条によって本法による救済の対象外となる請求について、国民生活センターの重要消費者紛争解決手続をはじめとする ADR の利用促進その他の必要な措置を講じることを政府に対して求めた点については、附則2条の規定により生じることが危惧される弊害を一定程度は緩和しうる効果も期待できるものと考えられる[211]。

---

[210] ADR 法の概要については、国立国会図書館行政法務課（落美都里）「裁判外紛争解決手続（ADR）制度」国立国会図書館 ISSUE BRIEF NUMBER 493（2005年）〈http://ndl.go.jp/jp/diet/publication/issue/0493.pdf〉（2016年9月4日最終確認）など参照。

[211] 山本・解説109頁は、比較法的にみても集団的消費者被害の救済に ADR を活用することは1つの潮流といえるとする。

(iii) 国民生活センターの重要消費者紛争解決手続の概要[212]

前記(ii)で指摘した消費者被害回復におけるADRの有用性に鑑み、2009年4月の国民生活センター法改正によって国民生活センターに紛争解決委員会が設置され、同委員会において「重要消費者紛争」の解決のための和解の仲介および仲裁の手続（以下、「重要消費者紛争解決手続」という）が行えるようになった（同法11条）。

「重要消費者紛争」とは、具体的には内閣府令により3つの類型が定められている[213]。本法の対象となり得る事案における消費者と事業者との間の紛争については、基本的に「同種の被害が相当多数の者に及び、又は及ぶおそれがある事件に係る消費者紛争」に該当するものとして、重要消費者紛争解決手続において取り扱うことが可能であるものと考えられる。

「和解の仲介」「仲裁」のいずれも当事者双方または一方の申請により手続が開始され（国民生活センター法19条・29条）、手続は非公開で行われる（同法23条・32条）。

手続の実効性を確保するため、当事者からの事情聴取など手続期日への出席要求や、回答書、答弁書など関係書類の提出要求（同法22条・31条）、和解案受諾勧告（同法25条）、和解締結・仲裁判断後の義務履行勧告（同法37条）など、相手方の対応や履行を確保するための担保措置が一定程度講じられている。このほかにも和解仲介手続が不調で終了した場合、その終了通知の受領から1カ月以内に訴訟を提起すれば、手続申請時に訴訟があったものとみなされることとなっている（同法27条）。

---

[212] 国民生活センターのADRの概要については、藤森典子「国民生活センターADRの概要」国民生活2014年7月号6頁以下〈http://www.kokusen.go.jp/wko/pdf/wko-201407_02.pdf〉（2016年9月4日最終確認）が詳しい。

[213] 具体的には以下の3類型である（国民生活センター法施行規則1条）。
① 同種の被害が相当多数の者に及び、または及ぶおそれがある事件に係る消費者紛争
② 国民の生命、身体または財産に重大な危害を及ぼし、または及ぼすおそれがある事件に係る消費者紛争
③ 争点が多数であり、または錯綜しているなど事件が複雑であることその他の事情により紛争解決委員会が実施する解決のための手続によることが適当であると認められる消費者紛争

第2部　逐条解説　消費者裁判手続特例法

(iv)　施行前の事案への ADR の利用促進

　前記のとおり、いわゆる施行前の事案に対して ADR の利用促進の措置を講じることにより、本来なされるべき消費者の被害回復が一定程度は図られるものと期待されるところである。この利用促進が期待される ADR としては、本条において例示されている国民生活センターの紛争解決委員会に限られず、専門性を有する事案である場合など当該事案の特性に鑑みて他の ADR 機関の利用促進も検討されてよいであろう。

　施行前の事案に対する ADR の具体的な利用促進策としてはさまざまなものが考えられるが、本稿では以下の2点を指摘しておきたい。

　1つは、本条により本法の適用から除外される消費者への周知である。特に同一事案が本法施行の前後にわたって発生したような場合、本法施行前に事業者と消費者契約を締結した消費者に対してする個別通知は、本法の規定上は求められていない。このため、消費者は自分が被害を受けたことを明確に認識していない場合も少なくないことから、事業者の有責性が認められたという事実が周知されなければ、ADR を利用して自己の被害回復を図ろうとする契機すらも得られないおそれがある。このため、本法施行前に事業者と消費者契約を締結した消費者に対しても共通義務確認の訴えの結果を十分に周知させることが、ADR の利用を促進させるための大前提となる。

　その周知の方法としては、特定適格消費者団体において、本法の対象となる対象消費者と同様の個別通知を、本法施行前に事業者と消費者契約を締結した消費者に対しても送付することが考えられる。しかし、これら適用対象外となる消費者への通知費用の負担を、簡易確定手続に参加した対象消費者に対して求めることは困難であり[214]、特定適格消費者団体の自己負担において適用対象外となる消費者への個別通知を行わなければならないという問題

---

[214]　特定適格消費者団体が対象消費者より授権を受けるにあたって対象消費者に対して負担を求めることができる費用は、特定適格消費者団体が債権届出までに要した費用（共通義務確認訴訟に要した弁護士費用、通知に要する郵送費、説明会開催などのために授権に要する費用、債権届出に要する印紙代、これらの手続に要する労務費などを含む）とされており（ガイドライン 2.(6)イ(ア)(a)）、対象消費者でない消費者のために要した費用については含まれないものと考えられる。

がある。また、本法の適用対象外となる消費者の個人情報について事業者から自主的に開示がなされるとも限らない。

　本条において、政府に対していわゆる施行前の事案へのADRの利用促進の措置を講じることが求められていることからすれば、このような適用対象外となる消費者への共通義務確認の訴えの結果の周知を特定適格消費者団体による自助努力だけに委ねておくべきではなく、政府による具体的支援策が積極的に講じられるべきであろう。具体的には、特定適格消費者団体への周知費用の補助、国民生活センターや消費生活センター等を通じた周知の徹底などが求められるところである（日弁連2013年4月19日付「『消費者の財産的被害の集団的な回復のための民事の裁判手続の特例に関する法律案』に対する会長声明」参照）。

　もう1つは、本法の適用対象外となる消費者についても、ADRの活用によって本法の適用対象となる対象消費者と同一内容の救済が確保されるようにすることである。ADRにおける本法の適用対象外となる消費者の救済水準が本法の適用対象となる対象消費者に及ばないものとなった場合、事業者との契約時期が本法の施行前後であったというだけでその差異を正当化することは困難であり、本法の適用対象外となる消費者がADRを利用することをためらわせることになりかねない。

　このような公平とは言い難い状況が生じないよう、同一事案が施行の前後にわたって発生したような場合において事業者の責任を認める共通義務確認の訴えの判決が確定したときは、その結果の通知を受けた消費者庁において、国民生活センターや消費生活センターを含むADR機関に対して当該判決内容を十分に周知することが求められよう。このようにADR機関に共通義務確認の訴えの判決内容を周知させることによって、これらのADR機関が本法の適用対象外となる消費者より申出を受けた場合に当該判決内容に沿った解決が当該ADR機関においても図られ、事実上、いわゆる施行前の事案についても統一的かつ実効的な被害回復が可能になることが期待されよう（同旨、山本・解説109頁）。

◆附則第7条　検討等⑤

> 附則第7条　政府は、この法律の円滑な施行のため、この法律の趣旨及び内容について、広報活動等を通じて国民に周知を図り、その理解と協力を得るよう努めるものとする。

Ⅰ　趣　旨

　本条は、本法の円滑な施行により、実効的な被害回復がなされるべく、この法律の趣旨・内容について、広報活動等を通じて国民への周知を図ることとしたものである。

Ⅱ　解　説

　本制度は、集団的な消費者被害については、被害の少額性、被害回復の当否についての判断の困難性、被害の拡散性および被害者である消費者の特性により、既存の訴訟手続の枠組みによる実効的な被害回復が困難であることに鑑み、消費者被害の集団的な回復を図るための2段階型の訴訟制度を設けるものである。

　しかし、集団的な消費者被害に遭った消費者が、本制度の存在および内容を知らなければ、本制度を利用して被害回復を図ることができず、本制度は絵に描いた餅となってしまう。

　そこで、本制度に実効性を持たせ、集団的な消費者被害の回復が実効的になされるようにするため、本制度の趣旨および内容について、広報活動等を通じて国民に周知を図り、その理解と協力を得るよう努めるものとした。

　本条は、衆議院における修正で設けられたものである。

◆附則第8条　登録免許税法の一部改正

> 附則第8条　登録免許税法（昭和42年法律第35号）の一部を次のように改正

する。

別表第１第50号の次に次のように加える。

五十の二　被害回復裁判手続に係る特定適格消費者団体の認定		
消費者の財産的被害の集団的な回復のための民事の裁判手続の特例に関する法律（平成25年法律第96号）第65条第１項（特定適格消費者団体の認定）の認定（更新の認定を除く。）	認定件数	１件につき１万5000円

I　趣　旨

　本条は、本法の施行に伴い、登録免許税法の一部を改正し、特定適格消費者団体の認定について、登録免許税を納付すべきことを定めるものである。

II　解　説

　登録免許税は、登録免許税法別表１に掲げる登記、登録、特許、免許、許可、認可、認定、指定および技能証明について課される国税であるが、このうち事業開始の免許等については、名称独占のある業務について、登録免許税が課されている。特定適格消費者団体には名称独占があるため（68条３項）[215]、登録免許税を課す必要があることから、特定適格消費者団体の認定に登録免許税を課すこととし、課税標準および税率が定められた。

　「（更新の認定を除く。）」との文言を設けることで、登録免許税が課されるのは初回認定のみであり、更新の認定には課されないことが確認的に規定されている。

　特定適格消費者団体の認定の登録免許税額は１万5000円とされている。一般に、法人のみが免許等を受けられるものは15万円、法人または個人が免許等を受けられるものは９万円とされていることと比較すると低額である。これは、特定適格消費者団体となりうる適格消費者団体がNPO法人であるこ

---

[215]　なお、適格消費者団体にも名称独占があるが（消契法16条３項）、差止請求関係業務は不特定多数の消費者のために行う業務であり、対価も発生せず（名称独占はあるが）業務の独占がないと考えられたため、登録免許税の対象となっていないと考えられる。

とが多いことや、消費者被害の集団的な回復を図るための訴訟追行を担うという公益目的を有していることが考慮されていることによる。

◆附則第9条　民事訴訟費用等に関する法律の一部改正

> **附則第9条**　民事訴訟費用等に関する法律（昭和46年法律第40号）の一部を次のように改正する。
>
> 　第3条第2項中「した者」の下に「（第3号に掲げる場合において消費者の財産的被害の集団的な回復のための民事の裁判手続の特例に関する法律（平成25年法律第96号）第46条第2項の規定により届出消費者が異議の申立てをしたときは、その届出消費者）」を加え、同項に次の1号を加える。
>
> 　三　消費者の財産的被害の集団的な回復のための民事の裁判手続の特例に関する法律第52条第1項の規定により債権届出の時に訴えの提起があつたものとみなされたとき。
>
> 　別表第1の16の項イ中「その他」を「、消費者の財産的被害の集団的な回復のための民事の裁判手続の特例に関する法律第14条の規定による申立てその他」に改め、同項の次に次のように加える。
>
> | 一六の二 | 消費者の財産的被害の集団的な回復のための民事の裁判手続の特例に関する法律第30条第2項の債権届出 | 1個の債権につき1000円 |
> |---|---|---|

I　趣　旨

　本条は、本法の制定に伴い、民訴費用法の一部を改正し、簡易確定手続開始の申立ての手数料、債権届出の手数料、届出債権支払命令に対して異議の申立てがあり訴えの提起の擬制があったときの手数料の納付について整備するものである。

II 解説

1 民訴費用法3条2項3号の新設

　本法は、簡易確定決定に対して異議の申立てがあった場合に訴えの提起があったものとみなすこととしている（52条1項）。本条は、その場合に、通常の民事訴訟の提起があった場合と同様に、これにより解決を求める届出消費者側が、その経済的利益の額に応じて手数料を支払うこととして、民訴費用法3条2項3号を新設し、通常の民事訴訟を提起した場合の手数料の額から債権届出について納めた手数料の額を控除した額の手数料を納めなければならないとするものである。

　これは、支払督促や労働審判、犯罪被害者権利保護法に基づく損害賠償命令における取扱いと同じであるとの説明がなされている（一問一答114頁）。

　しかし、異議訴訟は、すでに、簡易確定決定において裁判所の判断が示されている段階であることから、訴え提起手数料の差額納付は、当該異議を申し立てた者が負担をするべきである。本条では、届出消費者側が常に差額納付をすることとなっているが、これでは、団体ないし消費者が費用を捻出できない場合に訴状却下となりかねず、また、かかる事態を意図的に狙って異議が濫用されるおそれがあるため妥当ではない。団体ないし消費者が費用を捻出できない場合には、訴訟救助が認められるべきであり、この点については、将来的に、異議者が費用を負担するよう改善されるべきである。

2 民訴費用法別表第1・16の項イの改正

　本条は、簡易確定手続開始の申立て（14条）について、申立手数料を1000円と定める。

　簡易確定手続についても、これを利用する当事者に、制度を運営するための費用の一部を合理的な範囲で負担させるものとする。その申立手数料の額については、①簡易確定手続開始の決定は、債権届出を可能とするための基本となる手続を開始させるものであり、その判断にあたっては、手続開始の

要件を充足しているか否かについて判断するものであること、②簡易確定手続開始の決定があった後に予定されている債権届出についても別途手数料を納めさせることとしていることに鑑み、一律に1000円とされている。

3 民訴費用法別表第1・16の2の項の新設

　本法は、債権届出（30条1項）については、手数料を、1個の債権につき1000円と定める。

　簡易確定手続は、実質的には、特定適格消費者団体の債権届出により対象債権の確定という経済的紛争を扱う手続であるため、債権届出についても手数料の納付が必要となる。

　一般的に少額な対象債権についての債権届出が多いと予想されることに照らすと、手数料は低額とする必要がある。他方、相当多数の対象債権について債権届出があった場合を想定して事務手続を簡便にする必要があることから、経済的利益の額に応じたスライド制とするのではなく、定額とする必要がある。

　以上を踏まえ、債権届出についての手数料は、一律1000円とされた。

　なお、債権届出は、特定適格消費者団体が対象消費者から授権を受けて行うところ（31条1項）、その特定適格消費者団体は相当多数の対象債権を一括して行うことが想定されることから、手数料を納めるべき単位について疑義を生じさせないために、「1個の債権につき」1000円とすることを明らかにしたものである。

◆附則第10条　民事執行法の一部改正

> **附則第10条**　民事執行法の一部を次のように改正する。
> 　第22条第3号の2の次に次の1号を加える。
> 　三の三　仮執行の宣言を付した届出債権支払命令
> 　第33条第2項第1号中「次号」の下に「、第1号の3」を加え、同項第1号の2の次に次の1号を加える。

> 一の三　第22条第3号の3に掲げる債務名義並びに同条第7号に掲げる債務名義のうち届出債権支払命令並びに簡易確定手続における届出債権の認否及び和解に係るもの　簡易確定手続が係属していた地方裁判所
>
> 　第33条第2項第6号中「第1号の2」の下に「及び第1号の3」を加える。
>
> 　第35条第1項中「、第3号の2又は第4号」を「又は第3号の2から第4号まで」に改める。
>
> 　第173条第2項中「第1号の2」の下に「、第1号の3」を加える。
>
> 　第197条第1項及び第201条第2号中「、第4号」を「から第4号まで」に改める。

Ⅰ　趣　旨

　本条は、本法の制定に伴い、民執法の一部を改正し、強制執行を行うことができる債務名義に仮執行宣言を付した届出債権支払命令を追加し、執行文付与の訴えの管轄裁判所を定めるとともに、請求異議の訴え、間接強制、財産開示について所要の規定の整備を行うものである。

Ⅱ　解　説

1　民執法22条の改正関係

　民執法22条は、債務名義を定めている。届出債権支払命令は、44条4項の規定により仮執行の宣言が付されたときは執行力を有することとなるため、債務名義となる。しかし、確定前の届出債権支払命令は民執法22条各号に掲げる債務名義には該当しないため、同条の3号の3を新設して、これを民執法上の債務名義に該当する旨を規定したものである。

　なお、届出債権支払命令は、仮執行の宣言が付されているか否かにかかわらず、46条6項により適法な異議の申立てがなく確定すれば、「確定判決と同一の効力を有する」ことから、民執法22条7号に規定する債務名義に該当

する。

　このため、民執法22条3号の3の「仮執行の宣言を付した届出債権支払命令」とは、確定前のものをいう。このことは、3条の2の「仮執行の宣言を付した損害賠償命令」についても確定前のものをいうと解されていることと同様である。

2　民執法33条2項の改正関係

　民執法33条2項は、執行文付与の訴えの管轄裁判所を定めている[216]。仮執行の宣言を付した届出債権支払命令が債務名義になるほか（同法22条3号の3の新設）、簡易確定手続で作成される債務名義としては、確定した届出債権支払命令（46条6項）、届出消費者表、和解調書がある。すなわち、簡易確定手続において相手方が届出債権の内容の全部を認めたとき（42条3項）、認否期間内に認否がなく届出債権の内容の全部を認めたとみなされたとき（同条2項）は、届出債権の内容は確定するので届出消費者表が債務名義になる（同条5項）。また、認否期間の末日から1カ月の不変期間内に適法な認否を争う旨の申出がないときには、届出債権の内容は、認否の内容により確定する（47条1項）。この場合も届出消費者表が債務名義になる（同条2項）。簡易確定手続で和解をすることができるので（37条）、和解調書も債務名義となる（50条、民訴法267条）[217]。これらは民執法22条7号に含まれる。

　これらの債務名義について執行文付与の訴えをする場合、その訴えを管轄する裁判所を定める必要がある。そこで、当該簡易確定手続が係属していた地方裁判所を管轄裁判所と定めることとした（民執法33条2項1号の3新設）。

---

[216] なお、簡易確定手続および異議後の訴訟で作成される債務名義により強制執行をするには執行文の付与が必要である（25条）。また、執行文の付与は事件の記録の存する裁判所の裁判所書記官が行う（民執法26条1項）。

[217] なお、請求の認諾に関する民訴法266条は準用されていないので（50条）、認諾調書が債務名義になることはない。請求の認諾の規定が準用されていないのは、認否で認めることで認諾と同様の効果を生じさせることができること、届出消費者表に一括して記載したほうが債権の確定状況を一覧できるので、集団的に債権を簡易迅速に確定させるための簡易確定手続の運営に資することなどによるものと考えられる。

同号の「簡易確定手続における届出債権の認否及び和解に係るもの」とは、上記の届出消費者表および和解調書である。

また、民執法33条2項1号の3では、民執法22条7号の債務名義の一部について規定することになるので、民執法33条2項1号および6号が民執法22条7号の債務名義に触れる部分については、そのうち1号の3を除外する修正を行っている。

3 民執法35条1項の改正関係

民執法35条1項は、請求異議の訴えについて定めている。しかし、仮執行の宣言を付した確定前の届出債権支払命令については、異議の申立てによりその内容を争うことが認められており（46条1項・2項）、同様にその内容を争うための訴訟である請求異議の訴えを認める必要がない。そこで、仮執行の宣言を付した判決や損害賠償命令（いずれも確定前のものに限る）と同様に、請求異議の訴えは認めないことにした。

4 民執法173条2項の改正関係

民執法173条2項は、同条1項に規定する間接強制の執行裁判所を、同法33条2項各号に掲げる債務名義の区分に応じて定めている。そして、同項1号の2（仮執行の宣言を付した損害賠償命令、確定した損害賠償命令、損害賠償命令事件に関する手続における和解および請求の認諾に係るもの）および4号（訴訟費用、執行費用などの額を定める裁判所書記官の処分）に掲げるものについては、常に金銭債権の債務名義であり、間接強制をすることができないので、明示的に除外されている。

そこで、新設した同項1号の3に掲げる仮執行の宣言を付した届出債権支払命令、確定した届出債権支払命令並びに簡易確定手続における届出債権の認否および和解に係るものについても、民執法33条2項1号の2および4号に掲げる債務名義と同様に、常に金銭債権の債務名義であり、間接強制をすることができないので、2項を改正して、これらと同様に明示的に除外することとした。

5 民執法197条1項の改正関係

　民執法197条1項は、財産開示手続の実施決定について定めている。しかし、財産開示手続により債務者の財産に関する情報がいったん開示されると、その情報が開示されなかった状態に回復させることはできないため、仮執行宣言を付した判決や仮執行の宣言を付した損害賠償命令等の権利関係が確定していない債務名義を有する債権者については、財産開示手続の申立てをすることができる債権者の範囲から除外している（同項ただし書）。除外されているものとしては、仮執行の宣言を付した判決、仮執行の宣言を付した損害賠償命令、仮執行の宣言を付した支払督促、強制執行に服する旨の陳述が記載されている金銭等の給付を目的とする請求についての公正証書（執行証書）、確定判決と同一の効力を有する支払督促がある。

　そこで、仮執行の宣言を付した届出債権支払命令は、権利関係が確定していない債務名義であることから、1項柱書を改正して、仮執行の宣言を付した判決などと同様に、財産開示の申立てをすることができる債務名義から明示的に除外することとしたものである。

　もっとも、届出債権支払命令上の債権者は特定適格消費者団体であり、個々の届出消費者ではない。債務者の財産が開示されても、その内容を知るのは届出消費者ではなく、特定適格消費者団体である。特定適格消費者団体には守秘義務（80条）もあり、その情報を第三者に漏らすということが考えられない。また、仮に強制執行の必要性がなくなった場合に、特定適格消費者団体自身が情報を悪用するということも考えられない。そのようなことがあれば改善命令の対象となり（85条2項）、守秘義務違反については罰則もある（94条1項2号）からである。また、共通義務確認の訴えで共通義務が認められており、すべての届出消費者の債務が認められなくなるということも通常あまりないと考えられることから、確定前であっても仮執行の宣言が付された届出債権支払命令による財産開示を認めてもよかったのではないかと考えられる。この点は、被害回復の実効性を確保するため、情報の提供に関する特定適格消費者団体に対する支援のあり方として検討すべきである

（附則4条）。

6　民執法201条2号の改正関係

民執法201条は、財産開示事件の記録中財産開示期日に関する部分についての記録の閲覧謄写等について定めている。閲覧謄写等ができる者を申立人、債務者、一定の債務名義を有する者などに限定しているところ、財産開示の申立てをすることのできない債務名義を有する者は記録の閲覧謄写ができないこととしている（同条2号）。

仮執行の宣言を付した届出債権支払命令については、財産開示を申し立てることができないこととしたので、記録の閲覧謄写もできないこととした。

この点も、5で述べたとおり、閲覧謄写を可能としてもよかったのではないかと考えられる。

◆附則第11条　消費者契約法の一部改正

> **附則第11条**　消費者契約法の一部を次のように改正する。
> 　第13条第5項第1号中「この法律」の下に「、消費者の財産的被害の集団的な回復のための民事の裁判手続の特例に関する法律（平成25年法律第96号。以下「消費者裁判手続特例法」という。）」を加え、同項第2号中「第34条第1項各号」の下に「若しくは消費者裁判手続特例法第86条第2項各号」を加え、「同条第3項」を「第34条第3項」に改め、同項第6号イ中「禁錮」を「禁錮」に改め、「この法律」の下に「、消費者裁判手続特例法」を加え、同号ロ中「第34条第1項各号」の下に「若しくは消費者裁判手続特例法第86条第2項各号」を加え、「同条第3項」を「第34条第3項」に改める。
> 　第34条第3項中「除く。）」の下に「若しくは消費者裁判手続特例法第86条第2項各号に掲げる事由」を加え、「関し同項第4号」を「関し第1項第4号」に改める。
> 　第35条第1項及び第4項第1号中「前条第1項各号」の下に「若しくは消費者裁判手続特例法第86条第2項各号」を加える。

第2部　逐条解説　消費者裁判手続特例法

I　趣　旨

　本法において、特定適格消費者団体および適格消費者団体の認定の取消事由が定められるとともに、特定適格消費者団体の役員等に対する罰則も定められた。これに伴い、本法により適格消費者団体の認定が取り消され、または、団体等が罰金刑を受けた場合を適格消費者団体の適格認定の欠格事由とする等の規定を消契法に設けたものが本条である。

II　解　説

　本法において、一定の事由がある場合に、内閣総理大臣は、特定適格消費者団体の認定または適格消費者団体の認定を取り消すことができることとされている（86条2項）。

　本法の規定による適格消費者団体の適格認定の取消しは、当該特定適格消費者団体が消費者の利益を代表し、被害回復関係業務だけでなく、差止請求関係業務を担うのにふさわしくないと判断される事由があることに基づくものであり、そのような団体が本法の規定による適格認定の取消し後、短期間のうちに適格消費者団体の認定を受けられることとすることは、制度の信頼性の確保の観点から相当ではない。そこで、86条2項各号に掲げる事由により適格消費者団体の認定が取り消された場合を、適格消費者団体の適格認定の欠格事由とすることとし、消契法について、必要な改正を行ったものである。

　具体的には、消契法13条5項（欠格事由）のほか、適格消費者団体の認定が取り消された場合に関する規定である同法34条3項（認定の取消事由があったことの認定）・35条1項・4項（差止請求権の承継に係る指定等）において、「消費者の財産的被害の集団的な回復のための民事の裁判手続の特例に関する法律第86条第2項各号」に掲げる事由により適格消費者団体の認定が取り消された場合が附記された。

　さらに、本法の規定またはその規定に基づく処分に違反して罰金の刑に処せられた場合も、消契法の規定またはその規定に基づく処分に違反して罰金

の刑に処せられた場合と同様に、適格消費者団体の適格認定の欠格事由とされた（一問一答163頁）。

第3部　消費者裁判手続特例法の課題

I　制度上の課題

　消費者裁判手続特例法の施行は2016年10月1日であり、その後に特定適格消費者団体が認定され、新制度に基づく手続が行われることになる。

　しかし、立法の経緯でも述べたとおり、本法成立までの議論状況および審議状況等において、消費者の財産的被害を集団的に回復することにより、消費者の利益の擁護を図るという本法の目的を真に実現するための課題のうち制度上の課題として、今後以下の点を改正するべきである。

1　手続追行主体[1]

　本制度では、特定適格消費者団体のみが共通義務確認の訴えを提起できることとされている。しかし、本制度のあり方をめぐる議論において、これまで消費者被害救済を担ってきた弁護団や被害者団体を追行主体とすること自体が理念として否定されたわけではなく、時間的な制約からその要件を詰め切れなかったものである。このような実績と経験を有する者も手続追行主体とすることによって、より本制度が活発に利用され、消費者被害の救済に実効性あるものになることを踏まえ、共通義務確認の訴えを提起できる原告については、特定適格消費者団体以外の者にも拡大するべきである。

2　対象となる事案[2]

　どのような事案について本制度を利用できるものとするかは、本制度が消費者被害の救済のために実効性のあるものとするために極めて重要である。

---

(1)　2012年8月31日付日弁連意見書参照。
(2)　2012年8月31日付日弁連意見書参照。

Ⅰ　制度上の課題

しかし、本制度の対象となる事案は限定されたものであり、本制度の利用により救済することのできる消費者被害の範囲が著しく狭まっている。

(i)　**個人情報流出に係る事案**

個人情報流出に係る事案は、すべて本制度の対象となるようにすべきである。

個人情報流出に係る事案は、共通の原因によって多数の消費者が定型的な被害を受ける典型例であり、個人情報の流出による精神的苦痛の損害評価もある程度定型的な判断が可能であることから、まさに本制度にふさわしい事案であるといえる。そして、その賠償額が低額にとどまるために泣き寝入りを強いられることが非常に多いことからして、本制度によって救済すべき必要性が高いといえる。また、個人情報は、その性質上、消費者と直接の契約関係のない事業者が保有している場合も多いところ、契約関係の有無によって被害救済の必要性や制度利用の相当性に特段の違いはないはずである。

(ii)　**有価証券報告書等の虚偽記載等に係る事案**

有価証券報告書等の虚偽記載等に係る事案がすべて本制度の対象となるよう、消費者契約を介する場合に限定すべきではなく、また、民法上の請求権だけではなく、特別法（金融商品取引法）上の損害賠償請求権についても本制度の対象にすべきである。

有価証券報告書等の虚偽記載等に係る事案が本制度の対象になるか否かは、株式保有者と発行会社との間に株式を目的とした消費者契約が存しているかによることとなるため、本制度の対象とはならない場合があると考えられる。しかし、有価証券報告書等の虚偽記載等に係る事案は共通の原因によって多数の消費者が定型的な被害を受ける典型例である。そして、過去の虚偽報告事案では、大多数の株主が被害回復のための権利行使を断念しているのが現実であり、本制度によって被害回復を図る必要性が高い。また、有価証券報告書等の虚偽記載等に係る事案において消費者契約が存しない場合を制度の対象外とする合理的な理由も見出せない。

したがって、株式保有者と発行会社との間に株式を目的とした消費者契約が存しているか否かにかかわらず、有価証券報告書等の虚偽記載等に係る事

案は、すべて本制度の対象になるよう、消費者契約を介する場合に限定すべきではない。また、本制度では、民法上の不法行為に基づく損害賠償請求権に係るもののみ共通義務確認の訴えを提起できるとされているが、消費者に有利な無過失責任や損害額の推定を規定した金融商品取引法の損害賠償請求権も本制度の対象としたほうが、より実効的に消費者被害を救済でき、金融商品取引法が不法行為の特則を設けた趣旨にも合致するはずである。

(iii) **製品の安全性を欠く事案**

製品の安全性を欠く事案がすべて本制度の対象となるよう、消費者契約を介する場合に限定すべきではなく、また、民法上の請求権だけではなく、特別法（製造物責任法）上の損害賠償請求権についても本制度の対象にすべきである。

近年の製品の大量生産体制からすると、製品の安全性を欠く事案は共通の原因によって消費者被害が多発している可能性が高い。したがって、製品の安全性を欠く事案については、本来的に本制度に馴染むのである。そのため、製品の売主に対する瑕疵担保責任に基づく損害賠償請求は本制度の対象になっている。

しかし、近年では製造者と販売者とが分離していることが通常であり、この場合は、消費者と製造者との間で直接の契約関係がないために製造者に対する責任追及に本制度を利用することができない。製造者に対する責任追及が最も真相究明に資するうえに販売者が多数存在しているケースも想定されるところ、その場合には販売者ごとに共通義務確認の訴えを提起させるのではなく、製造者の責任を追及したほうが紛争の一挙解決になる。そして、製造者は、自ら製造しているのであるから、共通義務確認の訴えを提起されたときに、係争利益の把握に欠けるところはない。これらのことからすれば、直接の契約関係にない製造者に対する責任追及についても本制度の対象とすべきであり、製品の安全性を欠く事案が、すべて本制度の対象となるよう、消費者契約を介する場合に限定すべきではない。また、本制度では、製品の安全性を欠くことによって他の物や生命・身体に損害が発生した場合の損害は本制度の対象にはならないこととなるが、狭きに失すると言わざるを得

ず、改められるべきである。

さらに、製品の安全性を欠いて拡大損害が発生した場合は、立証責任が軽減された製造物責任法に基づく損害賠償請求が可能であるところ、これを本制度の対象としない理論的な根拠は存在しないどころか、むしろ、本制度の対象とすることが製造物責任法の立法趣旨に合致するはずである。したがって、民法上の請求権だけではなく、特別法上の損害賠償請求権も本制度の対象とすべきである。

(iv) **虚偽・誇大な広告・表示に関する事案**

虚偽または誇大な広告・表示に関する事案が、すべて本制度の対象となるよう、消費者契約を介する場合に限定すべきではない。

虚偽または誇大な広告・表示があった場合は、広告・表示が多数の消費者を対象とする性質を有するため、共通の原因によって消費者被害が多発している可能性が高く、また、損害額も基本的に共通している。したがって、虚偽または誇大な広告・表示に関する事案については、本来的に本制度に馴染むのであり、本制度の対象とすべきである。

本制度では、消費者契約に関する不当利得返還請求や消費者契約に関する民法上の不法行為に基づく損害賠償請求が対象となるため、消費者の契約相手となった事業者が虚偽または誇大な広告・表示をした場合は、これに当てはまる。しかし、たとえば消費者に対する小売業者ではなく出荷業者が産地を偽装した場合など、消費者とは契約関係にない事業者が虚偽または誇大な広告・表示をする場合がある。この場合に本制度の適用がないのでは、本制度の実効性を損なうことになる。そのため、虚偽または誇大な広告・表示に関する事案はすべて本制度の対象となるよう、消費者契約を介する場合に限定すべきではない[3]、[4]。

---

(3) 虚偽または誇大な広告・表示に関する事案について訴訟を行う場合には、当該広告・表示を見たうえで取引に入ったのか否かという因果関係の有無や損害額について問題となると考えられる。そのため、集団的な解決を図るためには、因果関係や損害の推定規定を実体法レベルで設けるなどの対応も必要となるであろう。

(v) 拡大損害・生命身体に対する損害

消費者契約の目的となるものについて生じた損害または消費者契約の目的となるものの対価に関する損害以外の損害についても、本制度の利用を可能にすべきである。

本制度では、いわゆる拡大損害および生命・身体に対する損害については共通義務確認の訴えを提起することができない。しかし、拡大損害であっても共通の責任原因に基づく損害であれば1回的解決の要請があり、共通する損害額の算定方法を定めうるような場合にはこれを本制度の対象外とする合理的な理由はないはずである。特に、生命・身体に対して損害が及んだときには、迅速な解決も強く要請されるのであり、本制度の適用を検討する必要がある。

(vi) 役員等の事業者以外の第三者の責任に関する事案

役員等の事業者以外の第三者の責任を追及すべき事案の請求権も、本制度の対象の権利となるよう、被告となる対象については、民事訴訟の原則どおりとして、特段の制限をしないことにすべきである。

役員等の事業者以外の第三者の責任を追及すべき事案につき、本制度では、対象となる権利が、消費者と消費者契約を締結した当該事業者に対する請求権に限定され、当該事業者の役員や実質的経営者等に対する請求権は対象外となる。

しかし、通常の訴訟においては、事業者の役員等も、当然に当該事業者とともに被告となりうるのであって、これと区別すべき事情はない。また、当面の間、原告となるのは内閣総理大臣の認定を受けた特定適格消費者団体に限定され、行政による監督がなされるのであるから、事業者側が懸念するような不必要な役員への責任追及、濫訴といった懸念は考えにくい。他方、安愚楽牧場事件、L&G事件を見てもわかるとおり、多数の被害を生む消費者

---

(4) 内閣府国民生活局第11回集団的消費者被害回復制度等に関する研究会においても「損害の認定」が議論されており（同議事要旨参照）、同研究会の報告書でも今後の検討課題として「損害賠償額の認定（オプト・アウト型を採用する場合の総損害額の可否答）」があげられている（内閣府国民生活局「集団的消費者被害回復制度等に関する研究会報告書」（平成21年8月）35頁）。

事件の典型ともいえる投資利殖商法やマルチ商法などでは、法人だけでなく、実際に利得を得ている役員や首謀者に責任追及ができなければ、実効性のある被害者救済は実現不可能である。

したがって、本制度における被告となりうる者については、民事訴訟の原則どおりとして、特段の制限をしないことにすべきである。

3 共通義務確認訴訟において確認を求めることができる事項[5]

共通義務確認訴訟において、判決主文で明確にすることが可能な場合には、責任原因だけでなく、損害算定の方法についても確認を求めることができることを明確化すべきである。

共通義務確認の訴えとは、「消費者契約に関して相当多数の消費者に生じた財産的被害について、事業者が、これらの消費者に対し、これらの消費者に共通する事実上及び法律上の原因に基づき、個々の消費者の事情によりその金銭の支払請求に理由がない場合を除いて、金銭を支払う義務を負うべきことの確認を求める訴え」をいう（2条4号）。損害の範囲が不明確では金銭の支払義務の存否も不明確であることから、「金銭を支払う義務を負うべきこと」には、責任原因だけでなく、損害額の算定方法についても確認を求めることができることを明確化すべきである[6]。

4 共通義務確認訴訟における和解[7]

共通義務確認訴訟においては、共通の争点に関する審理が行われるが、紛争の早期解決の観点から、必ずしも判決によらずに、共通争点について特定適格消費者団体と相手方事業者とが訴訟上の和解をすることの必要性と要望は、当事者である特定適格消費者団体および事業者のみならず訴訟を指揮する裁判所にも大きいと考えられる。現在の消費者団体訴訟制度においても、

---

(5) 2012年8月31日付日弁連意見書参照。
(6) 立法担当者の見解は、個々の消費者の損害額の算定方法は共通義務そのものではないため、共通義務確認の訴えの審判対象となるものではないとされている（一問一答21頁）。
(7) 2012年8月31日付日弁連意見書参照。

判決によらずに和解で終結している案件も多数あることから、共通義務の存否以外の点に関する訴訟上の和解を排除する理由はない。共通義務確認訴訟において共通義務の存否以外の点について訴訟上の和解がなされた場合、共通義務確認の訴えについて（一部）認容判決がなされた場合と同様に扱えば、対象消費者に関する手続上の問題も生じないはずである。

　たとえば、共通義務確認訴訟において、1個の契約で10万円の損害が生じた事案について、審理の長期化を避けるために責任原因の有無を明確にすることなく手続に参加した対象消費者に対しては5万円の支払いを行いその余の債権債務はないことを確認するという和解である[8]。2段階目の手続に参加しない対象消費者には和解の効力は及ばないため、当該和解の内容には賛同できないという対象消費者は自ら訴権を行使するという選択も可能である。

　しかし、本法では「共通義務確認訴訟において、当該共通義務確認訴訟の目的である第2条第4号に規定する義務の存否について、和解をすることができる」（10条）と規定しており、和解に関して極めて硬直的な仕組みとなっている[9]。この仕組みは審理が尖鋭化・長期化し、結果として消費者の被害回復が遅れることとなる。共通義務確認訴訟において柔軟な和解が行えるよう改正されるべきである。

5　2段階目の手続（簡易確定手続）における通知・公告[10]

　通知・公告費用について、例外なく申立団体がすべてを負担するとすべきではなく、共通義務確認訴訟において一定の共通義務が存在することが認められた相手方に負担させることを原則とすべきである。

---

[8]　山本・解説167頁では「被告の複数の行為が問題とされる事案では、一部の行為に基づく金銭支払義務のみを認め、残余については認めないという形で互譲が可能になるが、1個の行為のみを問題にする場合には、義務を認めるという一方的な和解（認諾的和解）しか通常は許されないでことになろう」とされている。

[9]　山本・解説167頁では、「実質的にみて請求の認諾に近い和解のみを認めることになり、当事者間の互譲の余地は少ないといえよう」とされている。

[10]　2012年8月31日付日弁連意見書参照。

本制度では、簡易確定手続開始の申立てにあたり、申立団体が、通知および公告に要する費用を予納しなければならないとされている。しかし、簡易確定手続に移行するのは、共通義務確認訴訟で相手方に一定の共通義務が存在することが認められていることが前提である。したがって、本来は、相手方が自主的に自己の費用負担において対象消費者に対して損害賠償を申し出るべきであるところ、これによらずに対象消費者自らに加入申出という行為を個々に行わせる手続を利用することによって、相手方は、自らの義務を簡便な手続によって履行することができるだけでなく、本制度の利用により紛争の1回的解決というメリットを享受できるのであるから、これに必要な費用は相手方が負担するものとすることが合理的である。また、通知・公告費用を申立団体が負担することになると、現在の適格消費者団体はいずれも財政的に決して豊かとはいえない現状に鑑みると、通知・公告費用の負担を理由に本制度の利用を断念せざるを得ない事態も想定され、本制度の実効性が著しく阻害されるおそれがある。さらに、通知・公告費用を申立団体が負担することになると、制度運用上、相手方事業者から得られた損害賠償金から費用として通知・公告費用を控除せざるを得ないことから、終局的には対象消費者の負担となり、特に個々の被害額が少額な場合は、被害救済という制度目的を大きく損なうことになりかねない。

したがって、通知・公告費用については、原則として相手方が負担するものとされるべきである。

6　情報開示命令違反の効果[11]

本制度では、対象消費者に手続参加の機会を周知するために対象消費者に対する通知を行き届かせることが非常に重要となる。しかし、対象消費者に関する情報は特定適格消費者団体ではなく相手方事業者が有しているため、特定適格消費者団体は相手方事業者に対し所持している対象消費者の氏名および住所または連絡先が記載された文書等の開示命令を裁判所に求めること

---

[11]　2012年8月31日付日弁連意見書参照。

ができる（29条1項）。しかし、相手方事業者が情報開示命令に従わない場合の措置としては30万円以下の過料の制裁のみである（29条7項）。

このような脆弱な制裁のみでは、事業者によっては情報開示することによる不利益に鑑み、過料を支払ってでも情報開示命令に応じないという選択をする可能性も十分に考えられる。事業者にとって情報開示に応じないことによる不利益の方が大きいと判断するに足りる強力なサンクションが必要である。

そのため、裁判所による情報開示命令に違反した以上、その違反した期間に応じて金銭を支払わせ、できるだけ早く開示をさせるように、間接強制類似の制度を導入すべきである。

7 異議後の訴訟における費用負担[12]

簡易確定決定に対し異議の申立てがされ異議後の訴訟に移行した場合、その費用（訴え提起手数料との差額納付）は、異議申立者が誰であるかにかかわらず、他の制度と同様に、請求をする特定適格消費者団体あるいは届出消費者が負担することとされている（民訴費用法3条2項3号、一問一答114頁）。

しかし、異議後の訴訟となった場合に、常に特定適格消費者団体あるいは対象消費者が費用を負担しなければならないとすると、費用を捻出できない場合には訴え却下となりかねない。また、そのような事態を意図的に狙った戦略的な異議が濫発するおそれもある。

異議後の訴訟は、すでに簡易確定決定において裁判所の判断が示されている段階であり、それに不服のある者が費用を負担すべきとすることが当然である。当該異議を申し立てた者が負担する制度とすべきである。

8 証拠収集制度の拡充[13]

本制度は、1段階目の共通義務確認訴訟において相手方事業者が金銭支払

---

[12] 2011年12月22日付日弁連意見書参照。
[13] 2009年10月20日付日弁連意見書参照。

義務を負うべきことの確認を求め、2段階目の手続において対象消費者の具体的な請求金額の有無が確定されることとなる。そのため、共通義務確認訴訟においては具体的な損害額や対象消費者との因果関係の存否について必ずしも立証しなければならないわけではない。しかし、消費者の財産的被害を集団的に回復することにより消費者の利益の擁護を図り、事業者側も1回的に紛争を解決するためには、当事者が特定適格消費者団体と事業者だけである共通義務確認訴訟において、充実した審理を行うことが望ましいことは当然であるうえに、多数の対象消費者に共通する因果関係の存否や損害の発生の立証には個別事件とは異なる困難が想定される。そのため、本制度のような集団訴訟制度においてはアメリカのディスカバリー制度のような強力な証拠収集制度を設けるなど独自の措置をすべきである。

また、上記に述べた対象事案を拡大させるべきことを考慮するならば、共通義務確認訴訟において、文書提出命令や調査嘱託等の個別訴訟で用いられている現在の証収集方法およびその違反に対する制裁では不十分である。さらに、いったん共通義務確認訴訟が提起されたならば、訴外および訴訟上の和解の選択肢は限定されたものとならざるを得ない。提訴前においても相手方事業者に対する証拠収集制度を拡充させることが必要である。

9　オプト・アウト型の総額判決制度の併用[14]

本制度は2段階目の手続において対象消費者が自ら特定適格消費者団体に授権を行うことにより参加するオプト・イン型の手続である。すなわち、特定適格消費者団体は対象消費者に対し通知を行い、1段階目の手続結果の説明を行い、対象消費者は一定の実費を負担して手続に参加することとなる。

しかし、特に対象消費者の個々の被害額が低額である場合には、対象消費者が手続に参加して被害を回復するまでの間に煩雑な手続が必要となれば、結局は手続に参加する対象消費者が増加することは期待できない。これでは消費者自らが訴訟手続を行うことの煩雑さや困難性を除去し、被害回復の実

---

[14]　2010年11月17日付、2011年5月13日付、2011年9月29日付の各日弁連意見書参照。

効性を確保しようとした本制度の目的は達成できない。

　本制度の手続モデルが検討されていた内閣府消費者委員会集団的消費者被害救済制度専門調査会において「除外の申出をした消費者に係るものを除き、対象消費者の請求権の成否を一括して審理し、総員に対して支払うべき金額の総額について判決をする」というオプト・アウト型の総額判決制度も手続モデルの1つとして検討対象とされていた。この総額判決制度は、同専門調査会の委員からも本制度の施行後の状況を踏まえ引き続き検討すべきとの指摘がなされている（専門調査会報告書11頁）。

　本制度の施行後の状況を踏まえ、オプト・イン型の本制度に加え、少なくとも低額被害事案に限定する形であってもオプト・アウト型の総額判決制度の導入を行うべきである。

Ⅱ　運用面での課題[15]

　本制度の運用においては、消費者庁が定めたガイドラインが運用面における指針として重要な役割を担うこととなる。しかし、法令の定めではないガイドラインによって特定適格消費者団体の実情とかけ離れた硬直的な運用がされるならば、本制度は活用されない制度となり、実効性は望めない。

　そのため、本制度運用に際して、ガイドライン等について今後以下の点を改正するべき、あるいは、特定適格消費者団体に過度の負担とならないような運用がなされるべきである。

1　対象消費者への説明

　簡易確定手続の申立てをした特定適格消費者団体が対象消費者に対して行う32条の規定に基づく説明につき、規則6条2項で、「簡易確定手続申立団体のホームページの閲覧を求める方法」による説明を一定の条件の下で許容した点、規則6条1項で一定の場合には対象消費者への書面交付または電磁的記録の提供のみで足りるものとしている点については、本制度の実効的運

---

[15]　2015年7月2日付、同年5月7日付の各日弁連意見書参照。

用の観点から評価できる。

ただし、ガイドライン4.(4)アの対象消費者に対する直接の説明を不要とする条件として「本制度を理解した上での明示的表明」を確認する方法を厳格なものとすると、本制度を理解したか否かを個々に確認する必要が生じ、実際には対人的な方法で説明を行うことと変わりはないこととなるため、簡易な方法で確認できるようにすべきである。

2 事件の選定に対する監督

ガイドライン5.(4)では、特定適格消費者団体が受ける報酬および費用を適切なものとするため消費者庁による十分な監督が行われる必要があるとし、実際の報酬および費用額の適切さのみならず、特定適格消費者団体による事件の選定についても監督をすることとしている。

ガイドラインでは「特定適格消費者団体が得ている情報、法的主張として成り立ち得るものか否か、証拠の有無及びその内容、想定される対象消費者の数、想定される費用の多寡などによって影響されるものである」としつつ「こうした諸事情も踏まえて、特定適格消費者団体が被害回復関係業務を重ねる中でどのような事案に取り組んでいるのかについても監督する」とされている。

しかし、これでは、事件の選定が不適切とされる場合の基準として不明確であるうえ具体的事例は何ら示されておらず、予測可能性を欠くものである。本来、事件の選定は特定適格消費者団体の自主的な判断に委ねられるべきものであり、これに消費者庁が過度に介入することになれば、必要性に乏しい案件をことさらに取り上げることを特定適格消費者団体に促すことにもつながりかねない。

そもそも、いかなる事案を取り上げるべきかを行政が判断するというのであれば、制度設計のあり方として、行政自身に原告適格を認めるべきなのである。共通義務確認の訴えの原告適格を消費者団体に与えたのは、どのような事案を取り上げるかは団体の自主的判断に委ねることが前提になっているはずである。そうでなければ消費者団体に原告適格を付与した意味がない。

特定の事件を訴えたことが不当な目的でみだりに訴えたものだとして事件の選定について監督を受けることは別として、その他に事件の選定について消費者庁の監督の対象とすることは妥当ではない。

3 異議後の訴訟等の報酬および費用の基準

異議後の訴訟等の報酬および費用の基準に関して、ガイドライン2.(6)ウが簡易確定手続における報酬等とは別に基準を定めることとしている点は異議後の訴訟等の特徴に鑑みて妥当である。

しかし、ガイドラインにおいて具体的に示された報酬基準は、日本司法支援センター（法テラス）の法律扶助基準を参考としたと考えられる、極めて低廉な基準を上限としている。これは、争点が明確化していることから通常の民事訴訟手続よりは業務負担が軽減していることを考慮して報酬および費用の基準を定めるべきとするガイドライン等検討会報告書の考え方に基づくものと考えられるが、一定の争点や事実の整理等がなされているといっても、異議後の訴訟から弁護士が代理人として受任する場合には、これまでに争われてきた争点の構造や双方の主張立証を的確に評価し、引き続いて適切な弁護活動をするためには、新規に受任するときとは異なった困難性があることを看過しており、妥当ではない。このような上限額の下で異議後の訴訟等の委任を受ける弁護士に対して適切な報酬額を支払い得るのかどうか疑問がある。対象消費者の利益を的確に擁護し得る有能な弁護士への委任が困難となれば不利益を被るのは対象消費者であり、特定適格消費者団体において事案の特性に応じた適切な報酬額を定められるようにすべきである。

4 相手方事業者が行う公表に関する留意事項

2段階目の対象となりうる消費者に対し、特定適格消費者団体からの通知を含む情報提供が重要であることは当然であるが、むしろ対象消費者は、自分が契約した相手方事業者からホームページ等によって提供される情報に関心を寄せているものと考えられる。そのため、対象消費者に対する実効的な情報提供を実現するため、事業者による公表方法として実効的な具体的方法

をあらかじめ公表することは有益である。もとより、2段階目において対象消費者に行われる通知公告は、相手方事業者の有責性が確定した後に行われるものであり、本来であれば敗訴した相手方事業者において費用を負担して通知を行うべきところである。そのような観点からも、事業者による公表方法の目安が定められることは望ましい。

もっとも、極めて多数の対象消費者がいると想定される場合には、留意事項の「公表の方法」だけでは不十分であり、新聞等に掲載する方法が最も有益であると考えられる。1段階目で共通義務という事業者の責任が確定している以上、事業者に一定の負担を求めても不当とは考えられず、新聞等に掲載する方法が望ましい方法として明記されるべきである。

III 特定適格消費者団体および特定認定をめざす適格消費者団体に対する支援

1 支援の必要性

本制度において特定適格消費者団体に一定の責務が課せられることは、当然であるし、やむを得ないところがある。しかし、その課せられた責務が重すぎるがゆえに、特定適格消費者団体が持続的に本制度に取り組めなくなるとすれば、消費者の被害救済という制度趣旨に反することになる。そうならないよう、特定適格消費者団体の自立に向けて財政的支援を含む必要な支援を行うことは、制度目的の達成のために必要不可欠である。

すでに消費者団体訴訟制度を導入しているフランスやドイツ等の諸外国においては、消費者の利益の擁護のために財政的支援を含む公的支援を行うことはむしろ一般的である。特定適格消費者団体は消費者の利益の擁護という公共的目的のために大きな役割を果たすことが期待され、かつその観点から一定の責務を課せられるとともに、消費者庁の監督に服するようにするというのであるから、特定適格消費者団体が民間団体であることの一事をもって財政的支援を含む公的支援に消極的であるべき合理的理由は何もない。

この点に関し、内閣府消費者委員会「消費者行政における新たな官民連携

の在り方ワーキング・グループ」は次のように報告している。

　消費者政策の効果的実現をめざした連携の主体となる「公的機関」は、国・地方公共団体あるいはその下部組織などであるが、それらによる「公助」に加えて、民間の中間的団体による「共助」、さらに消費者個人の自覚的行動による「自助」が求められている。問題は、その効果的連携の可能性と、そこでの公による「支援の在り方」をどのように考えていくかである。単に、行政のスリム化・効率化や財政上の負担削減をめざすだけの民営化やアウトソーシング、行政事務の無責任な「丸投げ」などが「連携」の名の下に行われたり、民間のボランティア精神に大きく依存する形で持続可能性の乏しい仕組みが場当たり的に選択されたりしたのでは、官民連携による制度的補完の意味はないといわねばならない（官民連携調査報告書1頁～2頁）。

　本制度は、消費者被害の集団的な救済という政策を実現するための手段・仕組みとして制度化されたものである。制度が持続可能性を有しつつ実効的に運用されるものとするのは、正に政策の実現の過程である。同ワーキング・グループが指摘するとおり、民間のボランティア精神に依拠するだけでは、制度を作った側は無責任といわなければならない。

2　必要な支援の内容

　ボランティア活動に支えられている適格消費者団体の現状・実情を踏まえるならば、具体的な支援策を講じなければ、そもそも特定適格消費者団体をめざすこと自体が躊躇され、制度の担い手である特定適格消費者団体となる団体は極めて少ない数にならざるを得ないと考えられる。

　特定適格消費者団体が本制度により担う役割は公的色彩の強いものであり、公的活動そのものといえるものである。そのような制度を公的仕組みとして制定した以上は、制度が実効的に活用されるよう、特定適格消費者団体および特定適格消費者団体をめざす団体に対する具体的な支援が必要である。

　そのためには、①直接的・間接的な財政的支援、②被害回復関係業務に必要な情報の収集方法についての支援、③監督官庁である消費者庁に対する過

Ⅲ 特定適格消費者団体および特定認定をめざす適格消費者団体に対する支援

度で重複的な提出書類の軽減による事務作業の支援等について、早急に実現を図るべきである。

3 想定されている支援策

　消費者庁の支援検討会報告書の内容は、特定適格消費者団体および特定適格消費者団体をめざす適格消費者団体に対する支援としては、内容においても具体性においても極めて不十分なものと言わざるを得ない（2016年9月16日付日弁連意見書）。

　同報告書では、冒頭において次のように記載されている。「適格消費者団体及び特定適格消費者団体の消費者被害の予防・救済のための活動には公益性がある。適格消費者団体及び特定適格消費者団体が、このような公益的な活動を行いつつ、ボランティアへの依存を脱却し、団体を存続・発展させることは必ずしも容易ではない。また、適格消費者団体及び特定適格消費者団体の公益的な活動を行政が適切に支援すれば、単なる民間団体としての活動の限界を超えることが可能となり、その公益的な活動はより一層、実効的に機能することになる。このことは、消費者被害の予防・救済という点で意味があるだけではなく、消費者・事業者間の健全な取引市場の育成に寄与することにもつながり、その社会的意義は大きい。」（支援検討会報告書3頁）。

　しかし、それに続く各論部分について、事務作業面での支援以外の財政面での支援および情報面での支援についての記載概要とそれに対する考え方は次のとおりである。

(i) 財政面の支援
① 記載概要

　「適格消費者団体及び特定適格消費者団体は、民間団体であるから、まずは自らの力により自らの活動のために費用を捻出すべきであり」と記載しつつ、「（消費者団体訴訟制度の）構造的な要因により、適格消費者団体及び特定適格消費者団体が、差止請求及び被害回復という公益的な活動により、その経理的基礎を強化することは困難である」（支援検討会報告書16頁）と記載している。そのうえで、行政による財政的な支援の方法として記載している

のは、「地方消費者行政推進交付金（先駆的プログラム）の活用」、「寄附増進の方策」と「民間基金」のみである。

② 報告書に対する考え方

地方消費者行政推進交付金は既存の制度である。当該制度が活用されていない背景には、地方自治体により交付金の使途が区々ばらばらだからであること、消費者団体の差止請求活動や被害救済活動といったいわば本来事業への活用が困難であること、シンポジウムやパンフレットの作成等の活動に交付金の活用も可能であるが消費者団体のその他の活動資金に回せる余剰は生み出せないこと等である。

また、寄附増進の方策として記載されていることは、消費者庁として消費者団体訴訟制度並びに適格消費者団体および特定適格消費者団体の活動について周知を図るということだけである。民間基金として記載されていることは、「（消費者庁が民間基金の運営に関与することの）適否や内容については、引き続き検討する必要がある」としつつも、現時点においては、「（民間基金の）積極的な周知・広報などの取組をすることが適当と考える」にとどまっている。

このように、報告書では、既存の制度の活用を促しているだけ、あるいは制度や消費者団体の周知広報を図るというものであり、財政支援は行わないと述べているに等しい。

この点に関し、官民連携調査報告書では、「国から個々の適格消費者団体へ財政支援を行うことが難しい場合、民間の基金という手法を用いて、初期財源を国が出資するとともに、広く事業者や消費者から資金を募ることで、適格消費者団体の活動を支援していくことは検討に値する」「基金の管理については、公益のために国が指定した特別の機関が行い、当該機関が全国の適格消費者団体に活動資金を援助していく方法が考えられる」と記載されている（官民連携調査報告書15頁）。

国による直接的な財政支援を行うか、少なくとも民間基金に資金を拠出するとともに基金運営に関与することが必要である。

Ⅲ　特定適格消費者団体および特定認定をめざす適格消費者団体に対する支援

(ⅱ)　情報面の支援
①　記載概要

「適格消費者団体及び特定適格消費者団体が差止請求及び被害回復のための活動を行う端緒となるものは、消費者被害に関する情報である」「適格消費者団体及び特定適格消費者団体の情報収集を適切に支援すれば、より実効的に差止請求及び被害回復のための活動を行うことが可能になる」と記載しつつ、PIO-NET 情報の活用に関し、「処理結果を特定適格消費者団体に情報提供すること」については「『処理結果』又は必要な範囲の情報を特定適格消費者団体に提供することを検討するのが適当」とし、「適格消費者団体及び特定適格消費者団体に PIO-NET 端末を配備すること」については「配備を実施する方向で、検討を続けることが適当」とされている（支援検討会報告書15頁）。

②　報告書に対する考え方

2007年に適格消費者団体による差止請求制度の運用が開始されてから9年が経過する。本制度の運用は2016年10月1日に開始される。情報収集の必要性・重要性、その支援による実効性を述べつつも、結論としては「検討継続」としているだけであり、実際に実施される新たな情報面の支援については何も決まっていない。

この点に関し、官民連携調査報告書では、「PIO-NET 端末を適格消費者団体の事務所に設置維持する費用にかかる財政支援も考えられる」とされている。

適格消費者団体および特定適格消費者団体が取り上げるべき事案を適切に選別し限られた人的財政的資源を有効に活用するためにも、設置、運用その他の費用負担が発生しない形で PIO-NET にアクセスできる端末配備を実施すべきである。

資料① 消費者の財産的被害の集団的な回復のための民事の裁判手続の特例に関する法律

(平成25年法律第96号)

第1章 総則

(目的)

第1条 この法律は、消費者契約に関して相当多数の消費者に生じた財産的被害について、消費者と事業者との間の情報の質及び量並びに交渉力の格差により消費者が自らその回復を図ることには困難を伴う場合があることに鑑み、その財産的被害を集団的に回復するため、特定適格消費者団体が被害回復裁判手続を追行することができることとすることにより、消費者の利益の擁護を図り、もって国民生活の安定向上と国民経済の健全な発展に寄与することを目的とする。

(定義)

第2条 この法律において、次の各号に掲げる用語の意義は、当該各号に定めるところによる。

一 消費者 個人(事業を行う場合におけるものを除く。)をいう。

二 事業者 法人その他の社団又は財団及び事業を行う場合における個人をいう。

三 消費者契約 消費者と事業者との間で締結される契約(労働契約を除く。)をいう。

四 共通義務確認の訴え 消費者契約に関して相当多数の消費者に生じた財産的被害について、事業者が、これらの消費者に対し、これらの消費者に共通する事実上及び法律上の原因に基づき、個々の消費者の事情によりその金銭の支払請求に理由がない場合を除いて、金銭を支払う義務を負うべきことの確認を求める訴えをいう。

五 対象債権 共通義務確認の訴えの被告とされた事業者に対する金銭の支払請求権であって、前号に規定する義務に係るものをいう。

六 対象消費者 対象債権を有する消費者をいう。

七 簡易確定手続 共通義務確認の訴えに係る訴訟(以下「共通義務確認訴訟」という。)の結果を前提として、この法律の規定による裁判所に対する債権届出に基づき、相手方が認否をし、その認否を争う旨の申出がない場合はその認否により、その認否を争う旨の申出がある場合は裁判所の決定によ

資料①　消費者の財産的被害の集団的な回復のための民事の裁判手続の特例に関する法律

り、対象債権の存否及び内容を確定する裁判手続をいう。
八　異議後の訴訟　簡易確定手続における対象債権の存否及び内容を確定する決定（以下「簡易確定決定」という。）に対して適法な異議の申立てがあった後の当該請求に係る訴訟をいう。
九　被害回復裁判手続　次に掲げる手続をいう。
　イ　共通義務確認訴訟の手続、簡易確定手続及び異議後の訴訟の手続
　ロ　特定適格消費者団体が対象債権に関して取得した債務名義による民事執行の手続（民事執行法（昭和54年法律第４号）第33条第１項、第34条第１項、第35条第１項、第38条第１項、第90条第１項及び第157条第１項の訴えに係る訴訟手続（第61条第１項第３号において「民事執行に係る訴訟手続」という。）を含む。）及び特定適格消費者団体が取得する可能性のある債務名義に係る対象債権の実現を保全するための仮差押えの手続（民事保全法（平成元年法律第91号）第46条において準用する民事執行法第33条第１項、第34条第１項及び第38条第１項の訴えに係る訴訟手続（第61条第１項第１号において「仮差押えの執行に係る訴訟手続」という。）を含む。）
十　特定適格消費者団体　被害回復裁判手続を追行するのに必要な適格性を有する法人である適格消費者団体（消費者契約法（平成12年法律第61号）第２条第４項に規定する適格消費者団体をいう。以下同じ。）として第65条の定めるところにより内閣総理大臣の認定を受けた者をいう。

第２章　被害回復裁判手続

第１節　共通義務確認訴訟に係る民事訴訟手続の特例

（共通義務確認の訴え）
第３条　特定適格消費者団体は、事業者が消費者に対して負う金銭の支払義務であって、消費者契約に関する次に掲げる請求（これらに附帯する利息、損害賠償、違約金又は費用の請求を含む。）に係るものについて、共通義務確認の訴えを提起することができる。
一　契約上の債務の履行の請求
二　不当利得に係る請求
三　契約上の債務の不履行による損害賠償の請求
四　瑕疵担保責任に基づく損害賠償の請求
五　不法行為に基づく損害賠償の請求（民法（明治29年法律第89号）の規定によるものに限る。）

資料① 消費者の財産的被害の集団的な回復のための民事の裁判手続の特例に関する法律

2 次に掲げる損害については、前項第3号から第5号までに掲げる請求に係る金銭の支払義務についての共通義務確認の訴えを提起することができない。
　一 契約上の債務の不履行、物品、権利その他の消費者契約の目的となるもの（役務を除く。以下この号及び次号において同じ。）の瑕疵又は不法行為により、消費者契約の目的となるもの以外の財産が滅失し、又は損傷したことによる損害
　二 消費者契約の目的となるものの提供があるとすればその処分又は使用により得るはずであった利益を喪失したことによる損害
　三 契約上の債務の不履行、消費者契約の目的となる役務の瑕疵又は不法行為により、消費者契約による製造、加工、修理、運搬又は保管に係る物品その他の消費者契約の目的となる役務の対象となったもの以外の財産が滅失し、又は損傷したことによる損害
　四 消費者契約の目的となる役務の提供があるとすれば当該役務を利用すること又は当該役務の対象となったものを処分し、若しくは使用することにより得るはずであった利益を喪失したことによる損害
　五 人の生命又は身体を害されたことによる損害
　六 精神上の苦痛を受けたことによる損害
3 次の各号に掲げる請求に係る金銭の支払義務についての共通義務確認の訴えについては、当該各号に定める者を被告とする。
　一 第1項第1号から第4号までに掲げる請求　消費者契約の相手方である事業者
　二 第1項第5号に掲げる請求　消費者契約の相手方である事業者若しくはその債務の履行をする事業者又は消費者契約の締結について勧誘をし、当該勧誘をさせ、若しくは当該勧誘を助長する事業者
4 裁判所は、共通義務確認の訴えに係る請求を認容する判決をしたとしても、事案の性質、当該判決を前提とする簡易確定手続において予想される主張及び立証の内容その他の事情を考慮して、当該簡易確定手続において対象債権の存否及び内容を適切かつ迅速に判断することが困難であると認めるときは、共通義務確認の訴えの全部又は一部を却下することができる。

（訴訟の目的の価額）
第4条　共通義務確認の訴えは、訴訟の目的の価額の算定については、財産権上の請求でない請求に係る訴えとみなす。

（訴状の記載事項）
第5条　共通義務確認の訴えの訴状には、対象債権及び対象消費者の範囲を記載

資料① 消費者の財産的被害の集団的な回復のための民事の裁判手続の特例に関する法律

して、請求の趣旨及び原因を特定しなければならない。
(管轄及び移送)
第6条 共通義務確認訴訟については、民事訴訟法(平成8年法律第109号)第5条(第5号に係る部分を除く。)の規定は、適用しない。
2 次の各号に掲げる請求に係る金銭の支払義務についての共通義務確認の訴えは、当該各号に定める地を管轄する地方裁判所にも提起することができる。
　一 第3条第1項第1号から第4号までに掲げる請求 義務履行地
　二 第3条第1項第5号に掲げる請求 不法行為があった地
3 対象消費者の数が500人以上であると見込まれるときは、民事訴訟法第4条第1項若しくは第5条第5号又は前項の規定による管轄裁判所の所在地を管轄する高等裁判所の所在地を管轄する地方裁判所にも、共通義務確認の訴えを提起することができる。
4 対象消費者の数が1000人以上であると見込まれるときは、東京地方裁判所又は大阪地方裁判所にも、共通義務確認の訴えを提起することができる。
5 民事訴訟法第4条第1項、第5条第5号、第11条第1項若しくは第12条又は前3項の規定により2以上の地方裁判所が管轄権を有するときは、共通義務確認の訴えは、先に訴えの提起があった地方裁判所が管轄する。ただし、その地方裁判所は、著しい損害又は遅滞を避けるため必要があると認めるときは、申立てにより又は職権で、当該共通義務確認の訴えに係る訴訟の全部又は一部を他の管轄裁判所に移送することができる。
6 裁判所は、共通義務確認訴訟がその管轄に属する場合においても、他の裁判所に事実上及び法律上同種の原因に基づく請求を目的とする共通義務確認訴訟が係属している場合において、当事者の住所又は所在地、尋問を受けるべき証人の住所、争点又は証拠の共通性その他の事情を考慮して相当と認めるときは、申立てにより又は職権で、当該共通義務確認訴訟の全部又は一部について、当該他の裁判所に移送することができる。

(弁論等の必要的併合)
第7条 請求の内容及び相手方が同一である共通義務確認訴訟が数個同時に係属するときは、その弁論及び裁判は、併合してしなければならない。
2 前項に規定する場合には、当事者は、その旨を裁判所に申し出なければならない。

(補助参加の禁止)
第8条 消費者は、民事訴訟法第42条の規定にかかわらず、共通義務確認訴訟の結果について利害関係を有する場合であっても、特定適格消費者団体を補助す

資料① 消費者の財産的被害の集団的な回復のための民事の裁判手続の特例に関する法律

るため、その共通義務確認訴訟に参加することができない。
(確定判決の効力が及ぶ者の範囲)
第9条 共通義務確認訴訟の確定判決は、民事訴訟法第115条第1項の規定にかかわらず、当該共通義務確認訴訟の当事者以外の特定適格消費者団体及び当該共通義務確認訴訟に係る対象消費者の範囲に属する第30条第2項第1号に規定する届出消費者に対してもその効力を有する。
(共通義務確認訴訟における和解)
第10条 特定適格消費者団体は、共通義務確認訴訟において、当該共通義務確認訴訟の目的である第2条第4号に規定する義務の存否について、和解をすることができる。
(再審の訴え)
第11条 共通義務確認の訴えが提起された場合において、原告及び被告が共謀して共通義務確認の訴えに係る対象消費者の権利を害する目的をもって判決をさせたときは、他の特定適格消費者団体は、確定した終局判決に対し、再審の訴えをもって、不服を申し立てることができる。

第2節 対象債権の確定手続

第1款 簡易確定手続

第1目 通則

(簡易確定手続の当事者等)
第12条 簡易確定手続は、共通義務確認訴訟における請求を認容する判決が確定した時又は請求の認諾(第2条第4号に規定する義務が存することを認める旨の和解を含む。以下この款において同じ。)によって共通義務確認訴訟が終了した時に当事者であった特定適格消費者団体(第87条第2項の規定による指定があった場合には、その指定を受けた特定適格消費者団体)の申立てにより、当該判決が確定した時又は請求の認諾によって当該共通義務確認訴訟が終了した時に当事者であった事業者を相手方として、共通義務確認訴訟の第1審の終局判決をした地方裁判所(第1審において請求の認諾によって共通義務確認訴訟が終了したときは、当該共通義務確認訴訟が係属していた地方裁判所)が行う。
(任意的口頭弁論)
第13条 簡易確定手続に関する裁判は、口頭弁論を経ないですることができる。

資料①　消費者の財産的被害の集団的な回復のための民事の裁判手続の特例に関する法律

2　前項の規定により口頭弁論をしない場合には、裁判所は、当事者を審尋することができる。

第2目　簡易確定手続の開始

（簡易確定手続開始の申立義務）
第14条　第12条に規定する特定適格消費者団体は、正当な理由がある場合を除き、簡易確定手続開始の申立てをしなければならない。

（簡易確定手続開始の申立期間）
第15条　簡易確定手続開始の申立ては、共通義務確認訴訟における請求を認容する判決が確定した日又は請求の認諾によって共通義務確認訴訟が終了した日（第87条第2項の規定による指定があった場合には、その指定を受けた日）から1月の不変期間内にしなければならない。

2　前条の規定により簡易確定手続開始の申立てをしなければならない特定適格消費者団体がその責めに帰することができない事由により前項の期間を遵守することができなかった場合には、その事由が消滅した後2週間以内に限り、簡易確定手続開始の申立てをすることができる。

（簡易確定手続開始の申立ての方式）
第16条　簡易確定手続開始の申立ては、最高裁判所規則で定める事項を記載した書面でしなければならない。

（費用の予納）
第17条　簡易確定手続開始の申立てをするときは、申立てをする特定適格消費者団体は、第22条第1項の規定による公告及び同条第2項の規定による通知に要する費用として裁判所の定める金額を予納しなければならない。

（簡易確定手続開始の申立ての取下げ）
第18条　簡易確定手続開始の申立ては、裁判所の許可を得なければ、取り下げることができない。

2　民事訴訟法第261条第3項及び第262条第1項の規定は、前項の規定による申立ての取下げについて準用する。

（簡易確定手続開始決定）
第19条　裁判所は、簡易確定手続開始の申立てがあった場合には、当該申立てが不適法であると認めるとき又は第17条に規定する費用の予納がないときを除き、簡易確定手続開始の決定（以下「簡易確定手続開始決定」という。）をする。

2　簡易確定手続開始の申立てを却下する決定に対しては、即時抗告をすること

資料① 消費者の財産的被害の集団的な回復のための民事の裁判手続の特例に関する法律

ができる。
（簡易確定手続開始決定の方式）
第20条 簡易確定手続開始決定は、対象債権及び対象消費者の範囲を記載した決定書を作成してしなければならない。
（簡易確定手続開始決定と同時に定めるべき事項）
第21条 裁判所は、簡易確定手続開始決定と同時に、当該簡易確定手続開始決定に係る簡易確定手続開始の申立てをした特定適格消費者団体（第87条第1項の規定による指定があった場合には、その指定を受けた特定適格消費者団体。以下「簡易確定手続申立団体」という。）が第30条第2項に規定する債権届出をすべき期間（以下「届出期間」という。）及びその債権届出に対して簡易確定手続の相手方（以下この款において単に「相手方」という。）が認否をすべき期間（以下「認否期間」という。）を定めなければならない。
（簡易確定手続開始の公告等）
第22条 裁判所は、簡易確定手続開始決定をしたときは、直ちに、官報に掲載して次に掲げる事項を公告しなければならない。
　一　簡易確定手続開始決定の主文
　二　対象債権及び対象消費者の範囲
　三　簡易確定手続申立団体の名称及び住所
　四　届出期間及び認否期間
2　裁判所は、簡易確定手続申立団体及び相手方に対し、前項の規定により公告すべき事項を通知しなければならない。
（重複する簡易確定手続開始の申立ての禁止）
第23条 簡易確定手続開始決定がされた事件については、特定適格消費者団体は、更に簡易確定手続開始の申立てをすることができない。
（届出期間又は認否期間の伸長）
第24条 裁判所は、必要があると認めるときは、申立てにより又は職権で、届出期間又は認否期間の伸長の決定をすることができる。
2　裁判所は、前項の規定により届出期間又は認否期間の伸長の決定をしたときは、簡易確定手続申立団体及び相手方に対し、その旨を通知しなければならない。
3　裁判所は、第1項の規定により届出期間又は認否期間の伸長の決定をしたときは、直ちに、官報に掲載してその旨を公告しなければならない。

資料①　消費者の財産的被害の集団的な回復のための民事の裁判手続の特例に関する法律

第3目　簡易確定手続申立団体による通知及び公告等

（簡易確定手続申立団体による通知）
第25条　簡易確定手続開始決定がされたときは、簡易確定手続申立団体は、正当な理由がある場合を除き、届出期間の末日の1月前までに、知れている対象消費者に対し、次に掲げる事項を書面又は電磁的方法（電子情報処理組織を使用する方法その他の情報通信の技術を利用する方法をいう。以下同じ。）であって内閣府令で定めるものにより通知しなければならない。
一　被害回復裁判手続の概要及び事案の内容
二　共通義務確認訴訟の確定判決の内容（請求の認諾がされた場合には、その内容）
三　対象債権及び対象消費者の範囲
四　簡易確定手続申立団体の名称及び住所
五　簡易確定手続申立団体が支払を受ける報酬又は費用がある場合には、その額又は算定方法、支払方法その他必要な事項
六　対象消費者が簡易確定手続申立団体に対して第31条第1項の授権をする方法及び期間
七　その他内閣府令で定める事項
2　簡易確定手続申立団体が2以上ある場合において、いずれか1の簡易確定手続申立団体が前項の規定による通知をしたときは、他の簡易確定手続申立団体は、同項の規定にかかわらず、同項の規定による通知をすることを要しない。

（簡易確定手続申立団体による公告等）
第26条　簡易確定手続開始決定がされたときは、簡易確定手続申立団体は、正当な理由がある場合を除き、届出期間の末日の1月前までに、前条第1項各号に掲げる事項を相当な方法により公告しなければならない。
2　簡易確定手続申立団体が2以上ある場合において、いずれか1の簡易確定手続申立団体が前項の規定による公告をしたときは、他の簡易確定手続申立団体は、同項の規定にかかわらず、同項の規定による公告をすることを要しない。
3　第1項の規定による公告後、届出期間中に前条第1項第4号に掲げる事項に変更があったときは、当該変更に係る簡易確定手続申立団体は、遅滞なく、その旨を、相当な方法により公告するとともに、裁判所及び相手方に通知しなければならない。この場合において、当該通知を受けた裁判所は、直ちに、官報に掲載してその旨を公告しなければならない。
4　第1項の規定による公告後、届出期間中に前条第1項第5号から第7号まで

資料① 消費者の財産的被害の集団的な回復のための民事の裁判手続の特例に関する法律

に掲げる事項に変更があったときは、当該変更に係る簡易確定手続申立団体は、遅滞なく、その旨を、相当な方法により公告しなければならない。

（相手方による公表）
第27条 相手方は、簡易確定手続申立団体の求めがあるときは、遅滞なく、インターネットの利用、営業所その他の場所において公衆に見やすいように掲示する方法その他これらに類する方法により、届出期間中、第22条第１項各号に掲げる事項（同項第３号又は第４号に掲げる事項に変更があったときは、変更後の当該各号に掲げる事項）を公表しなければならない。

（情報開示義務）
第28条 相手方は、対象消費者の氏名及び住所又は連絡先（内閣府令で定めるものに限る。次項において同じ。）が記載された文書（電磁的記録（電子的方式、磁気的方式その他人の知覚によっては認識することができない方式で作られる記録であって、電子計算機による情報処理の用に供されるものをいう。以下同じ。）をもって作成されている場合における当該電磁的記録を含む。以下この条及び次条において同じ。）を所持する場合において、届出期間中に簡易確定手続申立団体の求めがあるときは、当該文書を当該簡易確定手続申立団体に開示することを拒むことができない。ただし、相手方が開示すべき文書の範囲を特定するために不相当な費用又は時間を要するときは、この限りでない。
2　前項に規定する文書の開示は、その写しの交付（電磁的記録については、当該電磁的記録を出力した書面の交付又は当該電磁的記録に記録された情報の電磁的方法による提供であって内閣府令で定めるもの）により行う。この場合において、相手方は、個人（対象消費者でないことが明らかである者を除く。）の氏名及び住所又は連絡先が記載された部分以外の部分を除いて開示することができる。
3　相手方は、第１項に規定する文書の開示をしないときは、簡易確定手続申立団体に対し、速やかに、その旨及びその理由を書面により通知しなければならない。

（情報開示命令等）
第29条 簡易確定手続申立団体は、届出期間中、裁判所に対し、情報開示命令（前条第１項の規定により相手方が簡易確定手続申立団体に開示しなければならない文書について、同条第２項に規定する方法による開示を相手方に命ずる旨の決定をいう。以下この条において同じ。）の申立てをすることができる。
2　情報開示命令の申立ては、文書の表示を明らかにしてしなければならない。
3　裁判所は、情報開示命令の申立てを理由があると認めるときは、情報開示命

資料① 消費者の財産的被害の集団的な回復のための民事の裁判手続の特例に関する法律

令を発する。
4 裁判所は、情報開示命令の申立てについて決定をする場合には、相手方を審尋しなければならない。
5 情報開示命令の申立てについての決定に対しては、即時抗告をすることができる。
6 情報開示命令は、執行力を有しない。
7 相手方が正当な理由なく情報開示命令に従わないときは、裁判所は、決定で、30万円以下の過料に処する。
8 前項の決定に対しては、即時抗告をすることができる。
9 民事訴訟法第189条の規定は、第7項の規定による過料の裁判について準用する。

第4目　対象債権の確定

（債権届出）
第30条 簡易確定手続開始決定に係る対象債権については、簡易確定手続申立団体に限り、届け出ることができる。
2 前項の規定による届出（以下「債権届出」という。）は、届出期間内に、次に掲げる事項を記載した書面（以下この節において「届出書」という。）を簡易確定手続開始決定をした裁判所に提出してしなければならない。
　一 対象債権について債権届出をする簡易確定手続申立団体、相手方及び届出消費者（対象債権として裁判所に債権届出があった債権（以下「届出債権」という。）の債権者である消費者をいう。以下同じ。）並びにこれらの法定代理人
　二 請求の趣旨及び原因（請求の原因については、共通義務確認訴訟において認められた義務に係る事実上及び法律上の原因を前提とするものに限る。）
　三 前2号に掲げるもののほか、最高裁判所規則で定める事項
3 簡易確定手続申立団体は、債権届出の時に対象消費者が事業者に対して対象債権に基づく訴えを提起するとすれば民事訴訟法第1編第2章第1節の規定により日本の裁判所が管轄権を有しないときは、第1項の規定にかかわらず、当該対象債権については、債権届出をすることができない。
4 簡易確定手続申立団体は、対象消費者が提起したその有する対象債権に基づく訴訟が裁判所に係属しているときは、第1項の規定にかかわらず、当該対象債権については、債権届出をすることができない。

（簡易確定手続についての対象消費者の授権）

資料①　消費者の財産的被害の集団的な回復のための民事の裁判手続の特例に関する法律

第31条　簡易確定手続申立団体は、対象債権について債権届出をし、及び当該対象債権について簡易確定手続を追行するには、当該対象債権に係る対象消費者の授権がなければならない。
2　前項の対象消費者は、簡易確定手続申立団体のうちから1の簡易確定手続申立団体を限り、同項の授権をすることができる。
3　第1項の授権をした対象消費者は、当該授権を取り消すことができる。
4　前項の規定による第1項の授権の取消しは、当該授権をした対象消費者又は当該授権を得た簡易確定手続申立団体から相手方に通知しなければ、その効力を生じない。
5　第1項の授権を得た簡易確定手続申立団体の第65条第1項に規定する特定認定が、第74条第1項各号に掲げる事由により失効し、又は第86条第1項各号若しくは第2項各号に掲げる事由により取り消されたときは、当該授権は、その効力を失う。
6　簡易確定決定があるまでに簡易確定手続申立団体が届出債権について第1項の授権を欠いたとき（前項の規定により当該授権がその効力を失ったときを除く。）は、当該届出債権については、債権届出の取下げがあったものとみなす。
7　債権届出に係る簡易確定手続申立団体（以下「債権届出団体」という。）の第65条第1項に規定する特定認定が、簡易確定決定があるまでに、第74条第1項各号に掲げる事由により失効し、又は第86条第1項各号若しくは第2項各号に掲げる事由により取り消されたときは、届出消費者は、第2項の規定にかかわらず、第87条第6項の規定による公示がされた後1月の不変期間内に、同条第1項の規定による指定を受けた特定適格消費者団体に第1項の授権をすることができる。
8　前項の届出消費者が同項の期間内に第1項の授権をしないときは、その届出債権については、債権届出の取下げがあったものとみなす。
9　簡易確定決定があった後に、届出消費者が第3項の規定により第1項の授権を取り消したときは、当該届出消費者は、更に簡易確定手続申立団体に同項の授権をすることができない。

（説明義務）
第32条　簡易確定手続申立団体は、前条第1項の授権に先立ち、当該授権をしようとする者に対し、内閣府令で定めるところにより、被害回復裁判手続の概要及び事案の内容その他内閣府令で定める事項について、これを記載した書面を交付し、又はこれを記録した電磁的記録を提供して説明をしなければならない。

資料① 消費者の財産的被害の集団的な回復のための民事の裁判手続の特例に関する法律

（簡易確定手続授権契約の締結及び解除）
第33条 簡易確定手続申立団体は、やむを得ない理由があるときを除いては、簡易確定手続授権契約（対象消費者が第31条第１項の授権をし、簡易確定手続申立団体が対象債権について債権届出をすること及び簡易確定手続を追行することを約する契約をいう。以下同じ。）の締結を拒絶してはならない。
２　第31条第１項の授権を得た簡易確定手続申立団体は、やむを得ない理由があるときを除いては、簡易確定手続授権契約を解除してはならない。

（公平誠実義務等）
第34条 第31条第１項の授権を得た簡易確定手続申立団体は、当該授権をした対象消費者のために、公平かつ誠実に債権届出、簡易確定手続の追行及び第２条第９号ロに規定する民事執行の手続の追行（当該授権に係る債権に係る裁判外の和解を含む。）並びにこれらに伴い取得した金銭その他の財産の管理をしなければならない。
２　第31条第１項の授権を得た簡易確定手続申立団体は、当該授権をした対象消費者に対し、善良な管理者の注意をもって前項に規定する行為をしなければならない。

（届出書の送達）
第35条 裁判所は、第30条第２項の規定による届出書の提出を受けたときは、次条第１項又は第63条第１項の規定により債権届出を却下する場合を除き、遅滞なく、当該届出書を相手方に送達しなければならない。

（不適法な債権届出の却下）
第36条 裁判所は、債権届出が不適法であると認めるとき、又は届出書の送達に必要な費用の予納がないときは、決定で、当該債権届出を却下しなければならない。
２　前項の決定に対しては、即時抗告をすることができる。

（簡易確定手続における和解）
第37条 債権届出団体は、簡易確定手続において、届出債権について、和解をすることができる。

（時効の中断）
第38条 債権届出があったときは、時効の中断に関しては、簡易確定手続の前提となる共通義務確認の訴えを提起した時に、裁判上の請求があったものとみなす。

（債権届出の内容の変更の制限）
第39条 債権届出団体は、届出期間内に限り、当該債権届出の内容を変更するこ

資料① 消費者の財産的被害の集団的な回復のための民事の裁判手続の特例に関する法律

とができる。
(債権届出の取下げ)
第40条 債権届出は、簡易確定決定に対し適法な異議の申立てがあるまで、その全部又は一部を取り下げることができる。ただし、簡易確定決定があった後にあっては、相手方の同意を得なければ、その効力を生じない。
2 民事訴訟法第261条第3項及び第262条第1項の規定は、前項の規定による債権届出の取下げについて準用する。
(届出消費者表の作成等)
第41条 裁判所書記官は、届出債権について、届出消費者表を作成しなければならない。
2 前項の届出消費者表には、各届出債権について、その内容その他最高裁判所規則で定める事項を記載しなければならない。
3 届出消費者表の記載に誤りがあるときは、裁判所書記官は、申立てにより又は職権で、いつでもその記載を更正する処分をすることができる。
(届出債権の認否)
第42条 相手方は、届出期間内に債権届出があった届出債権の内容について、認否期間内に、認否をしなければならない。
2 認否期間内に前項の認否(以下「届出債権の認否」という。)がないときは、相手方において、届出期間内に債権届出があった届出債権の内容の全部を認めたものとみなす。
3 相手方が、認否期間内に届出債権の内容の全部を認めたときは、当該届出債権の内容は、確定する。
4 裁判所書記官は、届出債権の認否の内容を届出消費者表に記載しなければならない。
5 第3項の規定により確定した届出債権については、届出消費者表の記載は、確定判決と同一の効力を有する。この場合において、債権届出団体は、確定した届出債権について、相手方に対し、届出消費者表の記載により強制執行をすることができる。
(認否を争う旨の申出)
第43条 債権届出団体は、前条第3項の規定により届出債権の内容が確定したときを除き、届出債権の認否に対し、認否期間の末日から1月の不変期間内に、裁判所に届出債権の認否を争う旨の申出(以下単に「認否を争う旨の申出」という。)をすることができる。
2 裁判所は、認否を争う旨の申出が不適法であると認めるときは、決定で、こ

資料① 消費者の財産的被害の集団的な回復のための民事の裁判手続の特例に関する法律

れを却下しなければならない。
3　前項の決定に対しては、即時抗告をすることができる。
4　裁判所書記官は、認否を争う旨の申出の有無を届出消費者表に記載しなければならない。

（簡易確定決定）
第44条　裁判所は、適法な認否を争う旨の申出があったときは、第36条第1項又は第63条第1項の規定により債権届出を却下する場合を除き、簡易確定決定をしなければならない。
2　裁判所は、簡易確定決定をする場合には、当事者双方を審尋しなければならない。
3　簡易確定決定は、主文及び理由の要旨を記載した決定書を作成してしなければならない。
4　届出債権の支払を命ずる簡易確定決定（第55条及び第83条第1項第2号において「届出債権支払命令」という。）については、裁判所は、必要があると認めるときは、申立てにより又は職権で、担保を立てて、又は立てないで仮執行をすることができることを宣言することができる。
5　第3項の決定書は、当事者に送達しなければならない。この場合においては、簡易確定決定の効力は、当事者に送達された時に生ずる。

（証拠調べの制限）
第45条　簡易確定決定のための審理においては、証拠調べは、書証に限りすることができる。
2　文書の提出又は対照の用に供すべき筆跡若しくは印影を備える物件の提出の命令は、することができない。
3　前2項の規定は、裁判所が職権で調査すべき事項には、適用しない。

（異議の申立て等）
第46条　当事者は、簡易確定決定に対し、第44条第5項の規定による送達を受けた日から1月の不変期間内に、当該簡易確定決定をした裁判所に異議の申立てをすることができる。
2　届出消費者は、簡易確定決定に対し、債権届出団体が第44条第5項の規定による送達を受けた日から1月の不変期間内に、当該簡易確定決定をした裁判所に異議の申立てをすることができる。
3　裁判所は、異議の申立てが不適法であると認めるときは、決定で、これを却下しなければならない。
4　前項の決定に対しては、即時抗告をすることができる。

資料① 消費者の財産的被害の集団的な回復のための民事の裁判手続の特例に関する法律

5 適法な異議の申立てがあったときは、簡易確定決定は、仮執行の宣言を付したものを除き、その効力を失う。
6 適法な異議の申立てがないときは、簡易確定決定は、確定判決と同一の効力を有する。
7 民事訴訟法第358条及び第360条の規定は、第1項及び第2項の異議について準用する。

(認否を争う旨の申出がないときの届出債権の確定等)
第47条 適法な認否を争う旨の申出がないときは、届出債権の内容は、届出債権の認否の内容により確定する。
2 前項の規定により確定した届出債権については、届出消費者表の記載は、確定判決と同一の効力を有する。この場合において、債権届出団体は、確定した届出債権について、相手方に対し、届出消費者表の記載により強制執行をすることができる。

第5目 費用の負担

(個別費用を除く簡易確定手続の費用の負担)
第48条 簡易確定手続の費用（債権届出の手数料及び簡易確定手続における届出債権に係る申立ての手数料（次条第1項及び第3項において「個別費用」と総称する。）を除く。以下この条において同じ。）は、各自が負担する。
2 前項の規定にかかわらず、裁判所は、事情により、同項の規定によれば当事者がそれぞれ負担すべき費用の全部又は一部を、その負担すべき者以外の当事者に負担させることができる。
3 裁判所は、簡易確定手続に係る事件が終了した場合において、必要があると認めるときは、申立てにより又は職権で、簡易確定手続の費用の負担を命ずる決定をすることができる。
4 前項の決定に対しては、即時抗告をすることができる。
5 民事訴訟法第69条から第72条まで及び第74条の規定は、簡易確定手続の費用の負担について準用する。

(個別費用の負担)
第49条 裁判所は、届出債権について簡易確定手続に係る事件が終了した場合（第52条第1項の規定により訴えの提起があったものとみなされた場合には、異議後の訴訟が終了した場合）において、必要があると認めるときは、申立てにより又は職権で、当該事件に関する個別費用の負担を命ずる決定をすることができる。

資料① 消費者の財産的被害の集団的な回復のための民事の裁判手続の特例に関する法律

2 前項の決定に対しては、即時抗告をすることができる。
3 民事訴訟法第1編第4章第1節（第65条、第66条、第67条第2項及び第73条を除く。）の規定は、個別費用の負担について準用する。

第6目　補則

（民事訴訟法の準用）
第50条　特別の定めがある場合を除き、簡易確定手続については、その性質に反しない限り、民事訴訟法第2条、第14条、第16条、第21条、第22条、第1編第2章第3節、第3章（第30条、第40条から第49条まで、第52条及び第53条を除く。）、第5章（第87条、第2節、第116条及び第118条を除く。）及び第7章、第2編第1章（第133条、第134条、第137条第2項及び第3項、第138条第1項、第139条、第140条並びに第143条から第146条までを除く。）、第3章（第156条の2、第157条の2、第158条、第159条第3項、第161条第3項及び第3節を除く。）、第4章（第7節を除く。）、第5章（第245条、第249条から第252条まで、第253条第2項、第254条、第255条、第258条第2項から第4項まで並びに第259条第1項及び第2項を除く。）及び第6章（第261条から第263条まで及び第266条を除く。）、第3編第3章、第4編並びに第8編（第403条第1項第2号及び第4号から第6号までを除く。）の規定を準用する。

（送達の特例）
第51条　前条において準用する民事訴訟法第104条第1項前段の規定による届出がない場合には、送達は、次の各号に掲げる区分に応じ、それぞれ当該各号に定める場所においてする。
一　共通義務確認訴訟において民事訴訟法第104条第1項前段の規定による届出があった場合　当該届出に係る場所
二　共通義務確認訴訟において民事訴訟法第104条第1項前段の規定による届出がなかった場合　当該共通義務確認訴訟における同条第3項に規定する場所

第2款　異議後の訴訟に係る民事訴訟手続の特例

（訴え提起の擬制等）
第52条　簡易確定決定に対し適法な異議の申立てがあったときは、債権届出に係る請求については、当該債権届出の時に、当該債権届出に係る債権届出団体（当該債権届出に係る届出消費者が当該異議の申立てをしたときは、その届出消費者）を原告として、当該簡易確定決定をした地方裁判所に訴えの提起があ

資料① 消費者の財産的被害の集団的な回復のための民事の裁判手続の特例に関する法律

ったものとみなす。この場合においては、届出書を訴状と、第35条の規定による送達を訴状の送達とみなす。
2　前項の規定により訴えの提起があったものとみなされる事件は、同項の地方裁判所の管轄に専属する。
3　前項の事件が係属する地方裁判所は、著しい損害又は遅滞を避けるため必要があると認めるときは、同項の規定にかかわらず、申立てにより又は職権で、その事件に係る訴訟を民事訴訟法第4条第1項又は第5条第1号、第5号若しくは第9号の規定により管轄権を有する地方裁判所に移送することができる。

（異議後の訴訟についての届出消費者の授権）
第53条　債権届出団体は、異議後の訴訟を追行するには、届出消費者の授権がなければならない。
2　届出消費者は、その届出債権に係る債権届出団体に限り、前項の授権をすることができる。
3　届出消費者が第8項において準用する第31条第3項の規定により第1項の授権を取り消し、又は自ら異議後の訴訟を追行したときは、当該届出消費者は、更に債権届出団体に同項の授権をすることができない。
4　債権届出団体は、正当な理由があるときを除いては、訴訟授権契約（届出消費者が第1項の授権をし、債権届出団体が異議後の訴訟を追行することを約する契約をいう。以下同じ。）の締結を拒絶してはならない。
5　第1項の授権を得た債権届出団体は、正当な理由があるときを除いては、訴訟授権契約を解除してはならない。
6　第1項の授権を得た債権届出団体は、当該授権をした届出消費者のために、公平かつ誠実に異議後の訴訟の追行及び第2条第9号ロに規定する民事執行の手続の追行（当該授権に係る債権に係る裁判外の和解を含む。）並びにこれらに伴い取得した金銭その他の財産の管理をしなければならない。
7　第1項の授権を得た債権届出団体は、当該授権をした届出消費者に対し、善良な管理者の注意をもって前項に規定する行為をしなければならない。
8　第31条第3項から第5項まで及び第32条の規定は、第1項の授権について準用する。
9　民事訴訟法第58条第2項並びに第124条第1項（第6号に係る部分に限る。）及び第2項の規定は、異議後の訴訟において債権届出団体が第1項の授権を欠くときについて準用する。

（訴えの変更の制限等）
第54条　異議後の訴訟においては、原告は、訴えの変更（届出消費者又は請求額

資料①　消費者の財産的被害の集団的な回復のための民事の裁判手続の特例に関する法律

の変更を内容とするものを除く。）をすることができない。
2　異議後の訴訟においては、反訴を提起することができない。
（異議後の判決）
第55条　仮執行の宣言を付した届出債権支払命令に係る請求について第52条第1項の規定により訴えの提起があったものとみなされた場合において、当該訴えについてすべき判決が届出債権支払命令と符合するときは、その判決において、届出債権支払命令を認可しなければならない。ただし、届出債権支払命令の手続が法律に違反したものであるときは、この限りでない。
2　前項の規定により届出債権支払命令を認可する場合を除き、仮執行の宣言を付した届出債権支払命令に係る請求について第52条第1項の規定により訴えの提起があったものとみなされた場合における当該訴えについてすべき判決においては、届出債権支払命令を取り消さなければならない。

第3節　特定適格消費者団体のする仮差押え

（特定適格消費者団体のする仮差押え）
第56条　特定適格消費者団体は、当該特定適格消費者団体が取得する可能性のある債務名義に係る対象債権の実現を保全するため、民事保全法の規定により、仮差押命令の申立てをすることができる。
2　特定適格消費者団体は、保全すべき権利に係る金銭の支払義務について共通義務確認の訴えを提起することができる場合に限り、前項の申立てをすることができる。
3　第1項の申立てにおいては、保全すべき権利について、対象債権及び対象消費者の範囲並びに当該特定適格消費者団体が取得する可能性のある債務名義に係る対象債権の総額を明らかにすれば足りる。
4　特定適格消費者団体は、対象債権について、第1項の規定によるもののほか、保全命令の申立てをすることができない。

（管轄）
第57条　前条第1項の申立てに関する民事保全法第11条の規定の適用については、共通義務確認の訴えを本案の訴えとみなす。
2　民事保全法第12条第1項及び第3項の規定の適用については、共通義務確認訴訟の管轄裁判所を本案の管轄裁判所とみなす。

（保全取消しに関する本案の特例）
第58条　第56条第1項の申立てに係る仮差押命令（以下単に「仮差押命令」という。）に関する民事保全法第37条第1項、第3項及び第4項の規定の適用につ

資料① 消費者の財産的被害の集団的な回復のための民事の裁判手続の特例に関する法律

いては、当該申立てに係る仮差押えの手続の当事者である特定適格消費者団体がした共通義務確認の訴えの提起を本案の訴えの提起とみなす。
2 前項の共通義務確認の訴えに係る請求を認容する判決が確定したとき又は請求の認諾（第2条第4号に規定する義務が存することを認める旨の和解を含む。）によって同項の共通義務確認の訴えに係る訴訟が終了したときは、同項の特定適格消費者団体が簡易確定手続開始の申立てをすることができる期間及び当該特定適格消費者団体を当事者とする簡易確定手続又は異議後の訴訟が係属している間は、民事保全法第37条第1項及び第3項の規定の適用については、本案の訴えが係属しているものとみなす。
3 民事保全法第38条及び第40条の規定の適用については、第56条第1項の申立てに係る仮差押えの手続の当事者である特定適格消費者団体が提起した共通義務確認訴訟に係る第1審裁判所（当該共通義務確認訴訟が控訴審に係属するときは、控訴裁判所）を本案の裁判所とみなす。

（仮差押えをした特定適格消費者団体の義務）
第59条　特定適格消費者団体は、仮差押命令に係る仮差押えの執行がされている財産について強制執行の申立てをし、又は当該財産について強制執行若しくは担保権の実行の手続がされている場合において配当要求をするときは、当該特定適格消費者団体が取得した債務名義及び取得することとなる債務名義に係る届出債権を平等に取り扱わなければならない。

第4節　補則

（訴訟代理権の不消滅）
第60条　訴訟代理権は、被害回復裁判手続の当事者である特定適格消費者団体の第65条第1項に規定する特定認定が、第74条第1項各号に掲げる事由により失効し、又は第86条第1項各号若しくは第2項各号に掲げる事由により取り消されたことによっては、消滅しない。

（手続の中断及び受継）
第61条　次の各号に掲げる手続の当事者である特定適格消費者団体の第65条第1項に規定する特定認定が、第74条第1項各号に掲げる事由により失効し、又は第86条第1項各号若しくは第2項各号に掲げる事由により取り消されたときは、その手続は、中断する。この場合において、それぞれ当該各号に定める者は、その手続を受け継がなければならない。
一　共通義務確認訴訟の手続、簡易確定手続（次号に掲げる簡易確定手続を除く。）又は仮差押命令に係る仮差押えの手続（仮差押えの執行に係る訴訟手

資料①　消費者の財産的被害の集団的な回復のための民事の裁判手続の特例に関する法律

　　続を含む。）　第87条第１項の規定による指定を受けた特定適格消費者団体
　二　簡易確定手続（簡易確定決定があった後の手続に限る。）又は異議後の訴訟の手続　第87条第１項の規定による指定を受けた特定適格消費者団体（第31条第１項又は第53条第１項の授権を得た場合に限る。）又は届出消費者
　三　特定適格消費者団体が対象債権に関して取得した債務名義に係る民事執行に係る訴訟手続　第87条第３項の規定による指定を受けた特定適格消費者団体
２　前項の規定は、訴訟代理人がある間は、適用しない。
３　第１項（第１号に係る部分に限る。）の規定は、共通義務確認訴訟又は簡易確定手続（特定適格消費者団体であった法人が債権届出をした場合を除く。）において、他に当事者である特定適格消費者団体がある場合には、適用しない。

（関連する請求に係る訴訟手続の中止）
第62条　共通義務確認訴訟が係属する場合において、当該共通義務確認訴訟の当事者である事業者と対象消費者との間に他の訴訟が係属し、かつ、当該他の訴訟が当該共通義務確認訴訟の目的である請求又は防御の方法と関連する請求に係るものであるときは、当該他の訴訟の受訴裁判所は、当事者の意見を聴いて、決定で、その訴訟手続の中止を命ずることができる。
２　前項の受訴裁判所は、同項の決定を取り消すことができる。

（共通義務確認訴訟の判決が再審により取り消された場合の取扱い）
第63条　簡易確定手続開始決定の前提となった共通義務確認訴訟の判決が再審により取り消された場合には、簡易確定手続が係属する裁判所は、決定で、債権届出（当該簡易確定手続開始決定の前提となった共通義務確認訴訟の判決が取り消されたことによってその前提を欠くこととなる部分に限る。）を却下しなければならない。
２　前項の決定に対しては、即時抗告をすることができる。
３　第１項の場合には、第52条第１項の規定により訴えの提起があったものとみなされる事件が係属する裁判所は、判決で、当該訴え（当該簡易確定手続開始決定の前提となった共通義務確認訴訟の判決が取り消されたことによってその前提を欠くこととなる部分に限る。）を却下しなければならない。

（最高裁判所規則）
第64条　この章に定めるもののほか、被害回復裁判手続に関し必要な事項は、最高裁判所規則で定める。

資料①　消費者の財産的被害の集団的な回復のための民事の裁判手続の特例に関する法律

第3章　特定適格消費者団体

第1節　特定適格消費者団体の認定等

(特定適格消費者団体の認定)
第65条　適格消費者団体は、内閣総理大臣の認定(以下「特定認定」という。)を受けた場合に限り、被害回復関係業務を行うことができる。
2　前項に規定する「被害回復関係業務」とは、次に掲げる業務をいう。
　一　被害回復裁判手続に関する業務(第31条第1項又は第53条第1項の授権に係る債権に係る裁判外の和解を含む。)
　二　前号に掲げる業務の遂行に必要な消費者の被害に関する情報の収集に係る業務
　三　第1号に掲げる業務に付随する対象消費者に対する情報の提供及び金銭その他の財産の管理に係る業務
3　特定認定を受けようとする適格消費者団体は、内閣総理大臣に特定認定の申請をしなければならない。
4　内閣総理大臣は、前項の申請をした適格消費者団体が次に掲げる要件の全てに適合しているときに限り、特定認定をすることができる。
　一　差止請求関係業務(消費者契約法第13条第1項に規定する差止請求関係業務をいう。以下同じ。)を相当期間にわたり継続して適正に行っていると認められること。
　二　第2項に規定する被害回復関係業務(以下単に「被害回復関係業務」という。)の実施に係る組織、被害回復関係業務の実施の方法、被害回復関係業務に関して知り得た情報の管理及び秘密の保持の方法、被害回復関係業務の実施に関する金銭その他の財産の管理の方法その他の被害回復関係業務を適正に遂行するための体制及び業務規程が適切に整備されていること。
　三　その理事に関し、次に掲げる要件に適合するものであること。
　　イ　被害回復関係業務の執行を決定する機関として理事をもって構成する理事会が置かれており、かつ、定款で定めるその決定の方法が次に掲げる要件に適合していると認められること。
　　　(1)　当該理事会の決議が理事の過半数又はこれを上回る割合以上の多数決により行われるものとされていること。
　　　(2)　共通義務確認の訴えの提起その他の被害回復関係業務の執行に係る重要な事項の決定が理事その他の者に委任されていないこと。

資料①　消費者の財産的被害の集団的な回復のための民事の裁判手続の特例に関する法律

　　　ロ　理事のうち1人以上が弁護士であること。
　四　共通義務確認の訴えの提起その他の被害回復裁判手続についての検討を行う部門において消費者契約法第13条第3項第5号イ及びロに掲げる者（以下「専門委員」と総称する。）が共にその専門的な知識経験に基づいて必要な助言を行い又は意見を述べる体制が整備されていることその他被害回復関係業務を遂行するための人的体制に照らして、被害回復関係業務を適正に遂行することができる専門的な知識経験を有すると認められること。
　五　被害回復関係業務を適正に遂行するに足りる経理的基礎を有すること。
　六　被害回復関係業務に関して支払を受ける報酬又は費用がある場合には、その額又は算定方法、支払方法その他必要な事項を定めており、これが消費者の利益の擁護の見地から不当なものでないこと。
　七　被害回復関係業務以外の業務を行うことによって被害回復関係業務の適正な遂行に支障を及ぼすおそれがないこと。
5　前項第2号の業務規程には、被害回復関係業務の実施の方法、被害回復関係業務に関して知り得た情報の管理及び秘密の保持の方法、被害回復関係業務の実施に関する金銭その他の財産の管理の方法その他の内閣府令で定める事項が定められていなければならない。この場合において、業務規程に定める被害回復関係業務の実施の方法には、簡易確定手続授権契約及び訴訟授権契約の内容並びに請求の放棄、和解又は上訴の取下げをしようとする場合において第31条第1項又は第53条第1項の授権をした者（第76条において単に「授権をした者」という。）の意思を確認するための措置、前項第4号の検討を行う部門における専門委員からの助言又は意見の聴取に関する措置及び役員、職員又は専門委員が被害回復裁判手続の相手方と特別の利害関係を有する場合の措置その他業務の公正な実施の確保に関する措置が含まれていなければならない。
6　次のいずれかに該当する適格消費者団体は、特定認定を受けることができない。
　一　この法律、消費者契約法その他消費者の利益の擁護に関する法律で政令で定めるもの若しくはこれらの法律に基づく命令の規定又はこれらの規定に基づく処分に違反して罰金の刑に処せられ、その刑の執行を終わり、又はその刑の執行を受けることがなくなった日から3年を経過しないもの
　二　第86条第1項各号又は第2項各号に掲げる事由により特定認定を取り消され、その取消しの日から3年を経過しないもの
　三　役員のうちに次のいずれかに該当する者のあるもの
　　　イ　この法律、消費者契約法その他消費者の利益の擁護に関する法律で政令

資料① 消費者の財産的被害の集団的な回復のための民事の裁判手続の特例に関する法律

で定めるもの若しくはこれらの法律に基づく命令の規定又はこれらの規定に基づく処分に違反して罰金の刑に処せられ、その刑の執行を終わり、又はその刑の執行を受けることがなくなった日から3年を経過しない者
ロ 特定適格消費者団体が第86条第1項各号又は第2項各号に掲げる事由により特定認定を取り消された場合において、その取消しの日前6月以内に当該特定適格消費者団体の役員であった者でその取消しの日から3年を経過しないもの

(特定認定の申請)
第66条 前条第3項の申請は、次に掲げる事項を記載した申請書を内閣総理大臣に提出してしなければならない。
一 名称及び住所並びに代表者の氏名
二 被害回復関係業務を行おうとする事務所の所在地
三 前2号に掲げるもののほか、内閣府令で定める事項
2 前項の申請書には、次に掲げる書類を添付しなければならない。
一 定款
二 差止請求関係業務を相当期間にわたり継続して適正に行っていることを証する書類
三 被害回復関係業務に関する業務計画書
四 被害回復関係業務を適正に遂行するための体制が整備されていることを証する書類
五 業務規程
六 役員、職員及び専門委員に関する次に掲げる書類
 イ 氏名、役職及び職業を記載した書類
 ロ 住所、略歴その他内閣府令で定める事項を記載した書類
七 最近の事業年度における財産目録、貸借対照表、収支計算書その他の経理的基礎を有することを証する書類
八 被害回復関係業務に関して支払を受ける報酬又は費用がある場合には、その額又は算定方法、支払方法その他必要な事項を記載した書類
九 前条第6項各号のいずれにも該当しないことを誓約する書面
十 被害回復関係業務以外に行う業務の種類及び概要を記載した書類
十一 その他内閣府令で定める書類

(特定認定の申請に関する公告及び縦覧)
第67条 内閣総理大臣は、特定認定の申請があった場合には、遅滞なく、内閣府令で定めるところにより、その旨並びに前条第1項第1号及び第2号に掲げる

資料① 消費者の財産的被害の集団的な回復のための民事の裁判手続の特例に関する法律

事項を公告するとともに、同条第2項各号（第6号ロ、第9号及び第11号を除く。）に掲げる書類を、公告の日から2週間、公衆の縦覧に供しなければならない。

（特定認定の公示等）
第68条 内閣総理大臣は、特定認定をしたときは、内閣府令で定めるところにより、当該特定適格消費者団体の名称及び住所、被害回復関係業務を行う事務所の所在地並びに当該特定認定をした日を公示するとともに、当該特定適格消費者団体に対し、その旨を書面により通知するものとする。
2　特定適格消費者団体は、内閣府令で定めるところにより、特定適格消費者団体である旨を、被害回復関係業務を行う事務所において見やすいように掲示しなければならない。
3　特定適格消費者団体でない者は、その名称中に特定適格消費者団体であると誤認されるおそれのある文字を用い、又はその業務に関し、特定適格消費者団体であると誤認されるおそれのある表示をしてはならない。

（特定認定の有効期間等）
第69条 特定認定の有効期間は、当該特定認定の日から起算して3年とする。ただし、当該特定認定の日における当該特定認定に係る消費者契約法第13条第1項の認定の有効期間の残存期間が特定認定の有効期間より短い場合には、同項の認定の有効期間の残存期間と同一とする。
2　特定認定の有効期間の満了後引き続き被害回復関係業務を行おうとする特定適格消費者団体は、その有効期間の更新を受けなければならない。
3　前項の有効期間の更新を受けようとする特定適格消費者団体は、当該有効期間の満了の日の90日前から60日前までの間（以下この項において「更新申請期間」という。）に、内閣総理大臣に前項の有効期間の更新の申請をしなければならない。ただし、災害その他やむを得ない事由により更新申請期間にその申請をすることができないときは、この限りでない。
4　前項の申請があった場合において、当該有効期間の満了の日までにその申請に対する処分がされないときは、従前の特定認定は、当該有効期間の満了後もその処分がされるまでの間は、なお効力を有する。
5　前項の場合において、第2項の有効期間の更新がされたときは、その特定認定の有効期間は、従前の特定認定の有効期間の満了の日の翌日から起算するものとする。
6　第65条（第1項、第2項及び第6項第2号を除く。）、第66条、第67条及び前条第1項の規定は、第2項の有効期間の更新について準用する。ただし、第66

資料① 消費者の財産的被害の集団的な回復のための民事の裁判手続の特例に関する法律

条第2項各号に掲げる書類については、既に内閣総理大臣に提出されている当該書類の内容に変更がないときは、その添付を省略することができる。
(変更の届出)
第70条 特定適格消費者団体は、第66条第1項各号に掲げる事項又は同条第2項各号(第2号及び第11号を除く。)に掲げる書類に記載した事項に変更があったときは、遅滞なく、内閣府令で定めるところにより、その旨を記載した届出書を内閣総理大臣に提出しなければならない。ただし、その変更が内閣府令で定める軽微なものであるときは、この限りでない。
(合併の届出及び認可等)
第71条 特定適格消費者団体である法人が他の特定適格消費者団体である法人と合併をしたときは、合併後存続する法人又は合併により設立された法人は、合併により消滅した法人のこの法律の規定による特定適格消費者団体としての地位を承継する。
2 前項の規定により合併により消滅した法人のこの法律の規定による特定適格消費者団体としての地位を承継した法人は、遅滞なく、その旨を内閣総理大臣に届け出なければならない。
3 特定適格消費者団体である法人が特定適格消費者団体でない法人(適格消費者団体である法人に限る。)と合併をした場合には、合併後存続する法人又は合併により設立された法人は、その合併について内閣総理大臣の認可がされたときに限り、合併により消滅した法人のこの法律の規定による特定適格消費者団体としての地位を承継する。
4 前項の認可を受けようとする特定適格消費者団体は、その合併がその効力を生ずる日の90日前から60日前までの間(以下この項において「認可申請期間」という。)に、内閣総理大臣に認可の申請をしなければならない。ただし、災害その他やむを得ない事由により認可申請期間にその申請をすることができないときは、この限りでない。
5 前項の申請があった場合において、その合併がその効力を生ずる日までにその申請に対する処分がされないときは、合併後存続する法人又は合併により設立された法人は、その処分がされるまでの間は、合併により消滅した法人のこの法律の規定による特定適格消費者団体としての地位を承継しているものとみなす。
6 第65条(第1項及び第2項を除く。)、第66条、第67条及び第68条第1項の規定は、第3項の認可について準用する。
7 特定適格消費者団体である法人は、特定適格消費者団体でない法人と合併を

資料①　消費者の財産的被害の集団的な回復のための民事の裁判手続の特例に関する法律

する場合において、第4項の申請をしないときは、その合併がその効力を生ずる日までに、その旨を内閣総理大臣に届け出なければならない。
8　内閣総理大臣は、第2項又は前項の規定による届出があったときは、内閣府令で定めるところにより、その旨を公示するものとする。

（事業の譲渡の届出及び認可等）
第72条　特定適格消費者団体である法人が他の特定適格消費者団体である法人に対し被害回復関係業務に係る事業の全部の譲渡をしたときは、その譲渡を受けた法人は、その譲渡をした法人のこの法律の規定による特定適格消費者団体としての地位を承継する。
2　前項の規定によりその譲渡をした法人のこの法律の規定による特定適格消費者団体としての地位を承継した法人は、遅滞なく、その旨を内閣総理大臣に届け出なければならない。
3　特定適格消費者団体である法人が特定適格消費者団体でない法人（適格消費者団体である法人に限る。）に対し被害回復関係業務に係る事業の全部の譲渡をした場合には、その譲渡を受けた法人は、その譲渡について内閣総理大臣の認可がされたときに限り、その譲渡をした法人のこの法律の規定による特定適格消費者団体としての地位を承継する。
4　前項の認可を受けようとする特定適格消費者団体は、その譲渡の日の90日前から60日前までの間（以下この項において「認可申請期間」という。）に、内閣総理大臣に認可の申請をしなければならない。ただし、災害その他やむを得ない事由により認可申請期間にその申請をすることができないときは、この限りでない。
5　前項の申請があった場合において、その譲渡の日までにその申請に対する処分がされないときは、その譲渡を受けた法人は、その処分がされるまでの間は、その譲渡をした法人のこの法律の規定による特定適格消費者団体としての地位を承継しているものとみなす。
6　第65条（第1項及び第2項を除く。）、第66条、第67条及び第68条第1項の規定は、第3項の認可について準用する。
7　特定適格消費者団体である法人は、特定適格消費者団体でない法人に対し被害回復関係業務に係る事業の全部の譲渡をする場合において、第4項の申請をしないときは、その譲渡の日までに、その旨を内閣総理大臣に届け出なければならない。
8　内閣総理大臣は、第2項又は前項の規定による届出があったときは、内閣府令で定めるところにより、その旨を公示するものとする。

資料① 消費者の財産的被害の集団的な回復のための民事の裁判手続の特例に関する法律

(業務廃止の届出)
第73条 特定適格消費者団体が被害回復関係業務を廃止したときは、法人の代表者は、遅滞なく、その旨を内閣総理大臣に届け出なければならない。
2 内閣総理大臣は、前項の規定による届出があったときは、内閣府令で定めるところにより、その旨を公示するものとする。

(特定認定の失効)
第74条 特定適格消費者団体について、次のいずれかに掲げる事由が生じたときは、特定認定は、その効力を失う。
一 特定認定の有効期間が経過したとき(第69条第4項に規定する場合にあっては、更新拒否処分がされたとき)。
二 特定適格消費者団体である法人が特定適格消費者団体でない法人と合併をした場合において、その合併が第71条第3項の認可を経ずにその効力を生じたとき(同条第5項に規定する場合にあっては、その合併の不認可処分がされたとき)。
三 特定適格消費者団体である法人が特定適格消費者団体でない法人に対し被害回復関係業務に係る事業の全部の譲渡をした場合において、その譲渡が第72条第3項の認可を経ずにされたとき(同条第5項に規定する場合にあっては、その譲渡の不認可処分がされたとき)。
四 特定適格消費者団体が被害回復関係業務を廃止したとき。
五 消費者契約法第13条第1項の認定が失効し、又は取り消されたとき。
2 内閣総理大臣は、前項各号に掲げる事由が生じたことを知った場合において、特定適格消費者団体であった法人を当事者とする被害回復裁判手続が現に係属しているときは、その被害回復裁判手続が係属している裁判所に対し、その特定認定が失効した旨を書面により通知しなければならない。

第2節 被害回復関係業務等

(特定適格消費者団体の責務)
第75条 特定適格消費者団体は、対象消費者の利益のために、被害回復関係業務を適切に実施しなければならない。
2 特定適格消費者団体は、不当な目的でみだりに共通義務確認の訴えの提起その他の被害回復関係業務を実施してはならない。
3 特定適格消費者団体は、被害回復関係業務について他の特定適格消費者団体と相互に連携を図りながら協力するように努めなければならない。

(報酬)

資料① 消費者の財産的被害の集団的な回復のための民事の裁判手続の特例に関する法律

第76条 特定適格消費者団体は、授権をした者との簡易確定手続授権契約又は訴訟授権契約で定めるところにより、被害回復関係業務を行うことに関し、報酬を受けることができる。
(弁護士に追行させる義務)
第77条 特定適格消費者団体は、被害回復関係業務を行う場合において、民事訴訟に関する手続(簡易確定手続を含む。)、仮差押命令に関する手続及び執行抗告(仮差押えの執行の手続に関する裁判に対する執行抗告を含む。)に係る手続については、弁護士に追行させなければならない。
(他の特定適格消費者団体への通知等)
第78条 特定適格消費者団体は、次に掲げる場合には、内閣府令で定めるところにより、遅滞なく、その旨を他の特定適格消費者団体に通知するとともに、その旨及びその内容を内閣総理大臣に報告しなければならない。この場合において、当該特定適格消費者団体が、当該通知及び報告に代えて、全ての特定適格消費者団体及び内閣総理大臣が電磁的方法を利用して同一の情報を閲覧することができる状態に置く措置であって内閣府令で定めるものを講じたときは、当該通知及び報告をしたものとみなす。
一 共通義務確認の訴えの提起又は第56条第1項の申立てをしたとき。
二 共通義務確認訴訟の判決の言渡し又は第56条第1項の申立てについての決定の告知があったとき。
三 前号の判決に対する上訴の提起又は同号の決定に対する不服の申立てがあったとき。
四 第2号の判決又は同号の決定が確定したとき。
五 共通義務確認訴訟における和解が成立したとき。
六 前2号に掲げる場合のほか、共通義務確認訴訟又は仮差押命令に関する手続が終了したとき。
七 共通義務確認訴訟に関し、請求の放棄、和解、上訴の取下げその他の内閣府令で定める手続に係る行為であって、それにより確定判決及びこれと同一の効力を有するものが存することとなるものをしようとするとき。
八 簡易確定手続開始の申立て又はその取下げをしたとき。
九 簡易確定手続開始決定があったとき。
十 第25条第1項の規定による通知をしたとき。
十一 第26条第1項、第3項又は第4項の規定による公告をしたとき。
十二 その他被害回復関係業務に関し内閣府令で定める手続に係る行為がされたとき。

資料① 消費者の財産的被害の集団的な回復のための民事の裁判手続の特例に関する法律

2 内閣総理大臣は、前項の規定による報告を受けたときは、全ての特定適格消費者団体及び内閣総理大臣が電磁的方法を利用して同一の情報を閲覧することができる状態に置く措置その他の内閣府令で定める方法により、他の特定適格消費者団体に当該報告の日時及び概要その他内閣府令で定める事項を伝達するものとする。

(個人情報の取扱い)
第79条 特定適格消費者団体は、被害回復関係業務に関し、消費者の個人情報(個人に関する情報であって、特定の個人を識別することができるもの(他の情報と照合することにより特定の個人を識別することができることとなるものを含む。)をいう。第3項において同じ。)を保管し、又は利用するに当たっては、その業務の目的の達成に必要な範囲内でこれを保管し、及び利用しなければならない。ただし、当該消費者の同意がある場合その他正当な事由がある場合は、この限りでない。
2 特定適格消費者団体は、被害回復関係業務に関し、消費者から収集した消費者の被害に関する情報を被害回復裁判手続に係る相手方その他の第三者が当該被害に係る消費者を識別することができる方法で利用するに当たっては、あらかじめ、当該消費者の同意を得なければならない。
3 特定適格消費者団体は、被害回復関係業務において消費者の個人情報を適正に管理するために必要な措置を講じなければならない。

(秘密保持義務)
第80条 特定適格消費者団体の役員、職員若しくは専門委員又はこれらの職にあった者は、正当な理由がなく、被害回復関係業務に関して知り得た秘密を漏らしてはならない。

(氏名等の明示)
第81条 特定適格消費者団体の被害回復関係業務に従事する者は、その被害回復関係業務を行うに当たり、被害回復裁判手続に係る相手方の請求があったときは、当該特定適格消費者団体の名称、自己の氏名及び特定適格消費者団体における役職又は地位その他内閣府令で定める事項を、その相手方に明らかにしなければならない。

(情報の提供)
第82条 特定適格消費者団体は、対象消費者の財産的被害の回復に資するため、対象消費者に対し、共通義務確認の訴えを提起したこと、共通義務確認訴訟の確定判決の内容その他必要な情報を提供するよう努めなければならない。

(財産上の利益の受領の禁止等)

資料① 消費者の財産的被害の集団的な回復のための民事の裁判手続の特例に関する法律

第83条 特定適格消費者団体は、次に掲げる場合を除き、その被害回復裁判手続に係る相手方から、その被害回復裁判手続の追行に関し、寄附金、賛助金その他名目のいかんを問わず、金銭その他の財産上の利益を受けてはならない。
　一　届出債権の認否、簡易確定決定、異議後の訴訟における判決若しくは請求の認諾又は和解に基づく金銭の支払として財産上の利益を受けるとき。
　二　被害回復裁判手続における判決（確定判決と同一の効力を有するもの、仮執行の宣言を付した届出債権支払命令及び第56条第１項の申立てについての決定を含む。次号において同じ。）又は第48条第３項若しくは第49条第１項若しくは民事訴訟法第73条第１項の決定により訴訟費用（簡易確定手続の費用、和解の費用及び調停手続の費用を含む。）を負担することとされた相手方から当該訴訟費用に相当する額の償還として財産上の利益を受けるとき。
　三　被害回復裁判手続における判決に基づく民事執行の執行費用に相当する額の償還として財産上の利益を受けるとき。
2　特定適格消費者団体の役員、職員又は専門委員は、特定適格消費者団体の被害回復裁判手続に係る相手方から、その被害回復裁判手続の追行に関し、寄附金、賛助金その他名目のいかんを問わず、金銭その他の財産上の利益を受けてはならない。
3　特定適格消費者団体又はその役員、職員若しくは専門委員は、特定適格消費者団体の被害回復裁判手続に係る相手方から、その被害回復裁判手続の追行に関し、寄附金、賛助金その他名目のいかんを問わず、金銭その他の財産上の利益を第三者に受けさせてはならない。
4　前３項に規定する被害回復裁判手続に係る相手方からその被害回復裁判手続の追行に関して受け又は受けさせてはならない財産上の利益には、その相手方がその被害回復裁判手続の追行に関してした不法行為によって生じた損害の賠償として受け又は受けさせる財産上の利益は含まれない。

（区分経理）
第84条 特定適格消費者団体は、被害回復関係業務に係る経理を他の業務に係る経理と区分して整理しなければならない。

第３節　監督

（適合命令及び改善命令）
第85条 内閣総理大臣は、特定適格消費者団体が、第65条第４項第２号から第７号までに掲げる要件のいずれかに適合しなくなったと認めるときは、当該特定適格消費者団体に対し、これらの要件に適合するために必要な措置をとるべき

資料①　消費者の財産的被害の集団的な回復のための民事の裁判手続の特例に関する法律

ことを命ずることができる。
2　内閣総理大臣は、前項に定めるもののほか、特定適格消費者団体が第65条第6項第3号に該当するに至ったと認めるとき、特定適格消費者団体又はその役員、職員若しくは専門委員が被害回復関係業務の遂行に関しこの法律の規定に違反したと認めるとき、その他特定適格消費者団体の業務の適正な運営を確保するため必要があると認めるときは、当該特定適格消費者団体に対し、人的体制の改善、違反の停止、業務規程の変更その他の業務の運営の改善に必要な措置をとるべきことを命ずることができる。

（特定認定の取消し等）
第86条　内閣総理大臣は、特定適格消費者団体について、次のいずれかに掲げる事由があるときは、特定認定を取り消すことができる。
一　偽りその他不正の手段により特定認定、第69条第2項の有効期間の更新又は第71条第3項若しくは第72条第3項の認可を受けたとき。
二　第65条第4項各号に掲げる要件のいずれかに適合しなくなったとき。
三　第65条第6項第1号又は第3号に該当するに至ったとき。
四　前3号に掲げるもののほか、この法律若しくはこの法律に基づく命令の規定又はこれらの規定に基づく処分に違反したとき（次項第2号に該当する場合を除く。）。
2　内閣総理大臣は、前項の規定による取消しのほか、特定適格消費者団体について、次のいずれかに掲げる事由があるときは、特定認定又は消費者契約法第13条第1項の認定を取り消すことができる。
一　被害回復裁判手続において、特定適格消費者団体がその相手方と通謀して請求の放棄又は対象消費者の利益を害する内容の和解をしたときその他対象消費者の利益に著しく反する訴訟その他の手続の追行を行ったと認められるとき。
二　第83条第1項又は第3項の規定に違反したとき。
三　当該特定適格消費者団体の役員、職員又は専門委員が第83条第2項又は第3項の規定に違反したとき。
3　特定適格消費者団体が、第78条第1項の規定に違反して同項の通知又は報告をしないで、共通義務確認の訴えに関し、同項第7号に規定する行為をしたときは、内閣総理大臣は、当該特定適格消費者団体について前項第1号に掲げる事由があるものとみなすことができる。
4　内閣総理大臣は、第1項又は第2項の規定による取消しをしたときは、内閣府令で定めるところにより、その旨及びその取消しをした日を公示するととも

資料① 消費者の財産的被害の集団的な回復のための民事の裁判手続の特例に関する法律

に、特定適格消費者団体であった法人に対し、その旨を書面により通知するものとする。この場合において、当該特定適格消費者団体であった法人を当事者とする被害回復裁判手続が現に係属しているときは、その被害回復裁判手続が係属している裁判所に対しても、その取消しをした旨を書面により通知しなければならない。

(手続を受け継ぐべき特定適格消費者団体の指定等)
第87条 被害回復裁判手続(第2条第9号ロに規定する民事執行の手続を除く。)の当事者である特定適格消費者団体に係る特定認定が、第74条第1項各号に掲げる事由により失効し、若しくは前条第1項各号若しくは第2項各号に掲げる事由により取り消されるとき、又はこれらの事由により既に失効し、若しくは既に取り消されているときは、内閣総理大臣は、当該被害回復裁判手続を受け継ぐべき特定適格消費者団体として他の特定適格消費者団体を指定するものとする。ただし、共通義務確認訴訟又は簡易確定手続(特定適格消費者団体であった法人が債権届出をした場合を除く。)において、他に当事者である特定適格消費者団体があるときは、この限りでない。

2　第14条の規定により簡易確定手続開始の申立てをしなければならない特定適格消費者団体に係る特定認定が、第74条第1項各号に掲げる事由により失効し、若しくは前条第1項各号若しくは第2項各号に掲げる事由により取り消されるとき、又はこれらの事由により既に失効し、若しくは既に取り消されているときは、内閣総理大臣は、第14条の規定により簡易確定手続開始の申立てをしなければならない特定適格消費者団体として他の特定適格消費者団体を指定するものとする。ただし、同条の規定により簡易確定手続開始の申立てをしなければならない特定適格消費者団体が他にあるときは、この限りでない。

3　対象債権に係る債務名義を取得した特定適格消費者団体又はその民事執行法第23条第1項第3号に規定する承継人である特定適格消費者団体に係る特定認定が、第74条第1項各号に掲げる事由により失効し、若しくは前条第1項各号若しくは第2項各号に掲げる事由により取り消されるとき、又はこれらの事由により既に失効し、若しくは既に取り消されているときは、内閣総理大臣は、同法第23条第1項第3号に規定する承継人となるべき特定適格消費者団体として他の特定適格消費者団体を指定するものとする。

4　内閣総理大臣は、前3項の規定による指定を受けた特定適格消費者団体(以下この項及び次項において「指定特定適格消費者団体」という。)について、特定認定が、第74条第1項各号に掲げる事由により失効し、若しくは既に失効し、又は前条第1項各号若しくは第2項各号に掲げる事由により取り消される

資料①　消費者の財産的被害の集団的な回復のための民事の裁判手続の特例に関する法律

ときは、指定特定適格消費者団体に係る指定を取り消さなければならない。
5　第１項から第３項までの規定による指定は、指定特定適格消費者団体が受け継ぐことになった手続をその指定前に追行していた者に次のいずれかに掲げる事由が生じたことを理由として取り消すことができない。
　一　特定認定の取消処分、特定認定の有効期間の更新拒否処分若しくは第71条第３項の合併若しくは第72条第３項の事業の全部の譲渡の不認可処分（以下この号において「特定認定取消処分等」という。）が取り消され、又は特定認定取消処分等の取消し若しくはその無効若しくは不存在の確認の判決が確定したとき。
　二　消費者契約法第13条第１項の認定の取消処分、同項の認定の有効期間の更新拒否処分若しくは同法第19条第３項の合併若しくは同法第20条第３項の事業の全部の譲渡の不認可処分（以下この号において「認定取消処分等」という。）が取り消され、又は認定取消処分等の取消し若しくはその無効若しくは不存在の確認の判決が確定したとき。
6　内閣総理大臣は、第１項から第３項までの規定による指定をしたときは、内閣府令で定めるところにより、その旨及びその指定をした日を公示するとともに、その指定を受けた特定適格消費者団体に対し、その旨を書面により通知するものとする。第４項の規定により当該指定を取り消したときも、同様とする。
7　前項前段の場合において、特定適格消費者団体であった法人を当事者とする被害回復裁判手続が現に係属しているときは、内閣総理大臣は、その被害回復裁判手続が係属している裁判所に対しても、その指定をした旨を書面により通知しなければならない。
8　次の各号に掲げる場合には、当該各号の指定を受けた特定適格消費者団体は、遅滞なく、知れている届出消費者に、各別にその旨を通知しなければならない。
　一　第１項の規定による指定がされた場合（特定適格消費者団体であった法人が簡易確定手続（当該特定適格消費者団体であった法人が債権届出をした場合に限る。）又は異議後の訴訟の手続の当事者であったときに限る。）
　二　第３項の規定による指定がされた場合
9　第１項から第３項までの規定による指定がされたときは、特定適格消費者団体であった法人は、遅滞なく、その指定を受けた特定適格消費者団体に対し、その指定の対象となった事件について、対象消費者のために保管する物及び被害回復関係業務に関する書類を移管し、その他被害回復関係業務をその指定を

資料① 消費者の財産的被害の集団的な回復のための民事の裁判手続の特例に関する法律

受けた特定適格消費者団体に引き継ぐために必要な一切の行為をしなければならない。

第4節　補則

(消費者契約法の特例)
第88条　特定適格消費者団体である適格消費者団体に対する消費者契約法の規定の適用については、次の表の上欄に掲げる同法の規定中同表の中欄に掲げる字句は、それぞれ同表の下欄に掲げる字句とする。

第29条第1項	その行う差止請求関係業務	その行う差止請求関係業務及び消費者裁判手続特例法第65条第2項に規定する被害回復関係業務（以下単に「被害回復関係業務」という。）
	、差止請求関係業務	、差止請求関係業務及び被害回復関係業務
第31条第2項	差止請求関係業務その他の業務がこの法律	差止請求関係業務、被害回復関係業務その他の業務がこの法律及び消費者裁判手続特例法
第31条第3項第7号	差止請求関係業務	差止請求関係業務及び被害回復関係業務
第32条第1項	この法律	この法律又は消費者裁判手続特例法

(官公庁等への協力依頼)
第89条　内閣総理大臣は、この法律の実施のため必要があると認めるときは、官庁、公共団体その他の者に照会し、又は協力を求めることができる。

(判決等に関する情報の公表)
第90条　内閣総理大臣は、消費者の財産的被害の防止及び救済に資するため、特定適格消費者団体から第78条第1項（第1号及び第7号を除く。）の規定による報告を受けたときは、インターネットの利用その他適切な方法により、速やかに、共通義務確認訴訟の確定判決（確定判決と同一の効力を有するものを含む。）の概要、当該特定適格消費者団体の名称及び当該共通義務確認訴訟の相手方の氏名又は名称その他内閣府令で定める事項を公表するものとする。
2　前項に規定する事項のほか、内閣総理大臣は、被害回復関係業務に関する情報を広く国民に提供するため、インターネットの利用その他適切な方法によ

資料①　消費者の財産的被害の集団的な回復のための民事の裁判手続の特例に関する法律

り、特定適格消費者団体の名称及び住所並びに被害回復関係業務を行う事務所の所在地その他内閣府令で定める必要な情報を公表することができる。
3　内閣総理大臣は、独立行政法人国民生活センターに、前2項に規定する情報の公表に関する業務を行わせることができる。

（特定適格消費者団体への協力等）
第91条　独立行政法人国民生活センター及び地方公共団体は、内閣府令で定めるところにより、特定適格消費者団体の求めに応じ、当該特定適格消費者団体が被害回復関係業務を適切に遂行するために必要な限度において、当該特定適格消費者団体に対し、消費生活に関する消費者と事業者との間に生じた苦情に係る相談に関する情報で内閣府令で定めるものを提供することができる。
2　前項の規定により情報の提供を受けた特定適格消費者団体は、当該情報を当該被害回復関係業務の用に供する目的以外の目的のために利用し、又は提供してはならない。

（権限の委任）
第92条　内閣総理大臣は、この章の規定による権限（政令で定めるものを除く。）を消費者庁長官に委任する。

第4章　罰則

第93条　特定適格消費者団体の役員、職員又は専門委員が、特定適格消費者団体の被害回復裁判手続に係る相手方から、寄附金、賛助金その他名目のいかんを問わず、当該特定適格消費者団体における次に掲げる行為の報酬として、金銭その他の財産上の利益を受け、又は第三者（当該特定適格消費者団体を含む。）に受けさせたときは、3年以下の懲役又は300万円以下の罰金に処する。
一　共通義務確認の訴えの提起、簡易確定手続の申立て、債権届出、簡易確定手続若しくは異議後の訴訟に関する民事執行の申立て又は第56条第1項の申立てをしないこと又はしなかったこと。
二　第31条第1項又は第53条第1項の授権に係る債権に係る裁判外の和解をすること又はしたこと。
三　被害回復裁判手続を終了させること又は終了させたこと。
2　前項の利益を供与した者も、同項と同様とする。
3　第1項の場合において、犯人又は情を知った第三者が受けた財産上の利益は、没収する。その全部又は一部を没収することができないときは、その価額を追徴する。
4　第1項の罪は、日本国外においてこれらの罪を犯した者にも適用する。

資料①　消費者の財産的被害の集団的な回復のための民事の裁判手続の特例に関する法律

5　第2項の罪は、刑法（明治40年法律第45号）第2条の例に従う。

第94条　次のいずれかに該当する者は、100万円以下の罰金に処する。
　一　偽りその他不正の手段により特定認定、第69条第2項の有効期間の更新又は第71条第3項若しくは第72条第3項の認可を受けた者
　二　第80条の規定に違反して、被害回復関係業務に関して知り得た秘密を漏らした者

第95条　次のいずれかに該当する者は、50万円以下の罰金に処する。
　一　第66条第1項（第69条第6項、第71条第6項及び第72条第6項において準用する場合を含む。）の申請書又は第66条第2項各号（第69条第6項、第71条第6項及び第72条第6項において準用する場合を含む。）に掲げる書類に虚偽の記載をして提出した者
　二　第68条第3項の規定に違反して、特定適格消費者団体であると誤認されるおそれのある文字をその名称中に用い、又はその業務に関し、特定適格消費者団体であると誤認されるおそれのある表示をした者

第96条　法人（法人でない団体で代表者又は管理人の定めのあるものを含む。以下この項において同じ。）の代表者若しくは管理人又は法人若しくは人の代理人、使用人その他の従業者が、その法人又は人の業務に関して、前3条の違反行為をしたときは、行為者を罰するほか、その法人又は人に対しても、各本条の罰金刑を科する。
2　法人でない団体について前項の規定の適用がある場合には、その代表者又は管理人が、その訴訟行為につき法人でない団体を代表するほか、法人を被告人又は被疑者とする場合の刑事訴訟に関する法律の規定を準用する。

第97条　次のいずれかに該当する者は、100万円以下の過料に処する。
　一　第14条の規定に違反して、正当な理由がないのに簡易確定手続開始の申立てを怠った者
　二　第33条第1項の規定に違反して、やむを得ない理由がないのに簡易確定手続授権契約の締結を拒んだ者
　三　第33条第2項の規定に違反して、やむを得ない理由がないのに簡易確定手続授権契約を解除した者

第98条　次のいずれかに該当する者は、50万円以下の過料に処する。
　一　第25条第1項若しくは第26条第3項前段の規定による通知をすることを怠り、又は不正の通知をした者
　二　第26条第1項、第3項前段若しくは第4項の規定による公告をすることを怠り、又は不正の公告をした者

資料① 消費者の財産的被害の集団的な回復のための民事の裁判手続の特例に関する法律

第99条 次のいずれかに該当する者は、30万円以下の過料に処する。
一 第53条第4項の規定に違反して、正当な理由がないのに訴訟授権契約の締結を拒んだ者
二 第53条第5項の規定に違反して、正当な理由がないのに訴訟授権契約を解除した者
三 第68条第2項の規定による掲示をせず、又は虚偽の掲示をした者
四 第70条、第71条第2項若しくは第7項、第72条第2項若しくは第7項又は第73条第1項の規定による届出をせず、又は虚偽の届出をした者
五 第78条第1項前段の規定による通知若しくは報告をせず、又は虚偽の通知若しくは報告をした者
六 第79条第2項の規定に違反して、消費者の被害に関する情報を利用した者
七 第81条の規定に違反して、同条の請求を拒んだ者
八 第87条第9項の規定による被害回復関係業務の引継ぎを怠った者
九 第91条第2項の規定に違反して、情報を同項に定める目的以外の目的のために利用し、又は提供した者

附　則

（施行期日）
第1条 この法律は、公布の日から起算して3年を超えない範囲内において政令で定める日から施行する。ただし、附則第3条、第4条及び第7条の規定は、公布の日から施行する。

（経過措置）
第2条 この法律は、この法律の施行前に締結された消費者契約に関する請求（第3条第1項第5号に掲げる請求については、この法律の施行前に行われた加害行為に係る請求）に係る金銭の支払義務には、適用しない。

（検討等）
第3条 政府は、この法律の趣旨にのっとり、特定適格消費者団体がその権限を濫用して事業者の事業活動に不当な影響を及ぼさないようにするための方策について、事業者、消費者その他の関係者の意見を踏まえて、速やかに検討を加え、その結果に基づいて必要な措置を講ずるものとする。
第4条 政府は、特定適格消費者団体による被害回復関係業務の適正な遂行に必要な資金の確保、情報の提供その他の特定適格消費者団体に対する支援の在り方について、速やかに検討を加え、その結果に基づいて必要な措置を講ずるものとする。

資料①　消費者の財産的被害の集団的な回復のための民事の裁判手続の特例に関する法律

第5条　政府は、この法律の施行後3年を経過した場合において、消費者の財産的被害の発生又は拡大の状況、特定適格消費者団体による被害回復関係業務の遂行の状況その他この法律の施行の状況等を勘案し、その被害回復関係業務の適正な遂行を確保するための措置並びに共通義務確認の訴えを提起することができる金銭の支払義務に係る請求及び損害の範囲を含め、この法律の規定について検討を加え、必要があると認めるときは、その結果に基づいて所要の措置を講ずるものとする。

2　政府は、前項に定める事項のほか、この法律の施行後3年を経過した場合において、この法律の施行の状況について検討を加え、必要があると認めるときは、その結果に基づいて所要の措置を講ずるものとする。

第6条　政府は、第3条第1項各号に掲げる請求に係る金銭の支払義務であって、附則第2条に規定する請求に係るものに関し、当該請求に係る消費者の財産的被害が適切に回復されるよう、重要消費者紛争解決手続（独立行政法人国民生活センター法（平成14年法律第123号）第11条第2項に規定する重要消費者紛争解決手続をいう。）等の裁判外紛争解決手続（裁判外紛争解決手続の利用の促進に関する法律（平成16年法律第151号）第1条に規定する裁判外紛争解決手続をいう。）の利用の促進その他の必要な措置を講ずるものとする。

第7条　政府は、この法律の円滑な施行のため、この法律の趣旨及び内容について、広報活動等を通じて国民に周知を図り、その理解と協力を得るよう努めるものとする。

（登録免許税法の一部改正）

第8条　登録免許税法（昭和42年法律第35号）の一部を次のように改正する。
　　別表第1第50号の次に次のように加える。

五十の二　被害回復裁判手続に係る特定適格消費者団体の認定		
消費者の財産的被害の集団的な回復のための民事の裁判手続の特例に関する法律（平成25年法律第96号）第65条第1項（特定適格消費者団体の認定）の認定（更新の認定を除く。）	認定件数	1件につき1万5000円

（民事訴訟費用等に関する法律の一部改正）

第9条　民事訴訟費用等に関する法律（昭和46年法律第40号）の一部を次のように改正する。
　　第3条第2項中「した者」の下に「（第3号に掲げる場合において消費者の財産的被害の集団的な回復のための民事の裁判手続の特例に関する法律（平成

資料①　消費者の財産的被害の集団的な回復のための民事の裁判手続の特例に関する法律

25年法律第96号）第46条第２項の規定により届出消費者が異議の申立てをしたときは、その届出消費者）」を加え、同項に次の１号を加える。
　　三　消費者の財産的被害の集団的な回復のための民事の裁判手続の特例に関する法律第52条第１項の規定により債権届出の時に訴えの提起があつたものとみなされたとき。
　別表第１の16の項イ中「その他」を「、消費者の財産的被害の集団的な回復のための民事の裁判手続の特例に関する法律第十四条の規定による申立てその他」に改め、同項の次に次のように加える。

| 一六の二 | 消費者の財産的被害の集団的な回復のための民事の裁判手続の特例に関する法律第30条第２項の債権届出 | １個の債権につき1000円 |

（民事執行法の一部改正）
第10条　民事執行法の一部を次のように改正する。
　第22条第３号の２の次に次の１号を加える。
　　三の三　仮執行の宣言を付した届出債権支払命令
　第33条第２項第１号中「次号」の下に「、第１号の３」を加え、同項第１号の２の次に次の１号を加える。
　　一の三　第22条第３号の３に掲げる債務名義並びに同条第７号に掲げる債務名義のうち届出債権支払命令並びに簡易確定手続における届出債権の認否及び和解に係るもの　簡易確定手続が係属していた地方裁判所
　第33条第２項第６号中「第１号の２」の下に「及び第１号の３」を加える。
　第35条第１項中「、第３号の２又は第４号」を「又は第３号の２から第４号まで」に改める。
　第173条第２項中「第１号の２」の下に「、第１号の３」を加える。
　第197条第１項及び第201条第２号中「、第４号」を「から第４号まで」に改める。

（消費者契約法の一部改正）
第11条　消費者契約法の一部を次のように改正する。
　第13条第５項第１号中「この法律」の下に「、消費者の財産的被害の集団的な回復のための民事の裁判手続の特例に関する法律（平成25年法律第96号。以下「消費者裁判手続特例法」という。）」を加え、同項第２号中「第34条第１項各号」の下に「若しくは消費者裁判手続特例法第86条第２項各号」を加え、「同条第３項」を「第34条第３項」に改め、同項第６号イ中「禁錮」を「禁錮」

資料①　消費者の財産的被害の集団的な回復のための民事の裁判手続の特例に関する法律

　に改め、「この法律」の下に「、消費者裁判手続特例法」を加え、同号ロ中「第34条第1項各号」の下に「若しくは消費者裁判手続特例法第86条第2項各号」を加え、「同条第3項」を「第34条第3項」に改める。

　第34条第3項中「除く。)」の下に「若しくは消費者裁判手続特例法第86条第2項各号に掲げる事由」を加え、「関し同項第4号」を「関し第1項第4号」に改める。

　第35条第1項及び第4項第1号中「前条第1項各号」の下に「若しくは消費者裁判手続特例法第86条第2項各号」を加える。

資料②　消費者の財産的被害の集団的な回復のための民事の裁判手続の特例に関する法律新旧対照条文

資料②　消費者の財産的被害の集団的な回復のための民事の裁判手続の特例に関する法律新旧対照条文

※原文は縦書き

○登録免許税法（昭和42年法律第35号）（附則第8条関係）　　（傍線部分は改正部分）

改　正　後	改　正　前
別表第1　課税範囲、課税標準及び税率の表（第2条、第5条、第9条、第10条、第13条、第15条―第17条、第17条の3―第19条、第23条、第24条、第34条―第34条の3関係）	別表第1　課税範囲、課税標準及び税率の表（第2条、第5条、第9条、第10条、第13条、第15条―第17条、第17条の3―第19条、第23条、第24条、第34条―第34条の3関係）

登記、登録、特許、免許、許可、認可、認定、指定又は技能証明の事項	課税標準	税率	登記、登録、特許、免許、許可、認可、認定、指定又は技能証明の事項	課税標準	税率
一～五十　（略）			一～五十　（同上）		
五十の二　被害回復裁判手続に係る特定適格消費者団体の認定			（新設）		
消費者の財産的被害の集団的な回復のための民事の裁判手続の特例に関する法律（平成25年法律第96号）第65条第1項（特定適格消費者団体の認定）の認定（更新の認定を除く。）	認定件数	1件につき1万5000円			
五十一～百六十　（略）			五十一～百六十　（同上）		

○民事訴訟費用等に関する法律（昭和46年法律第40号）（附則第9条関係）

改　正　後	改　正　前
（申立ての手数料） 第3条　（略） 2　次の各号に掲げる場合には、当該各号の申立てをした者（第3号に掲げる場合において消費者の財産的被害の集団的な回復のための民事の裁判手続の特例に関する法律（平成25年法律第96号）第46条第2項の規定により届	（申立ての手数料） 第3条　（同上） 2　次の各号に掲げる場合には、当該各号の申立てをした者は、訴えを提起する場合の手数料の額から当該申立てについて納めた手数料の額を控除した額の手数料を納めなければならない。

資料②　消費者の財産的被害の集団的な回復のための民事の裁判手続の特例に関する法律新旧対照条文

出消費者が異議の申立てをしたときは、その届出消費者）は、訴えを提起する場合の手数料の額から当該申立てについて納めた手数料の額を控除した額の手数料を納めなければならない。	
一　民事訴訟法第275条第2項又は第395条若しくは第398条第1項（同法第402条第2項において準用する場合を含む。）の規定により和解又は支払督促の申立ての時に訴えの提起があつたものとみなされたとき。	一　（同上）
二　労働審判法（平成16年法律第45号）第22条第1項（同法第23条第2項及び第24条第2項において準用する場合を含む。）の規定により労働審判手続の申立ての時に訴えの提起があつたものとみなされたとき。	二　（同上）
三　消費者の財産的被害の集団的な回復のための民事の裁判手続の特例に関する法律第52条第1項の規定により債権届出の時に訴えの提起があつたものとみなされたとき。	（新設）
3・4　（略）	3・4　（同上）

別表第1（第3条、第4条関係）　　　　別表第1（第3条、第4条関係）

項	上　　欄	下　　欄	項	上　　欄	下　　欄
一～一五	（略）		一～一五	（同上）	
一六	イ　仲裁法第12条第2項、第16条第3項、第17条第2項から第5項まで、第19条第4項、第20条、第23条第5項又は第35条第1項の規定による申立て、非訟事件手続法の規定により裁判を求める申立て、配偶者からの暴力の防止及び被害者の保護等に関する法律（平成13年法律第31号）第10条第1項から第4項までの規定による申立て、国際的な子の奪取の民事上の側面に関す	1000円	一六	イ　仲裁法第12条第2項、第16条第3項、第17条第2項から第5項まで、第19条第4項、第20条、第23条第5項又は第35条第1項の規定による申立て、非訟事件手続法の規定により裁判を求める申立て、配偶者からの暴力の防止及び被害者の保護等に関する法律（平成13年法律第31号）第10条第1項から第4項までの規定による申立て、国際的な子の奪取の民事上の側面に関す	1000円

資料② 消費者の財産的被害の集団的な回復のための民事の裁判手続の特例に関する法律新旧対照条文

	る条約の実施に関する法律第122条第1項の規定による申立て、消費者の財産的被害の集団的な回復のための民事の裁判手続の特例に関する法律第14条の規定による申立てその他の裁判所の裁判を求める申立てで、基本となる手続が開始されるもの（第9条第1項若しくは第3項又は第10条第2項の規定による申立て及びこの表の他の項に掲げる申立てを除く。） ロ （略）		る条約の実施に関する法律第122条第1項の規定による申立てその他の裁判所の裁判を求める申立てで、基本となる手続が開始されるもの（第9条第1項若しくは第3項又は第10条第2項の規定による申立て及びこの表の他の項に掲げる申立てを除く。） ロ （同上）	
一六の二	消費者の財産的被害の集団的な回復のための民事の裁判手続の特例に関する法律第30条第2項の債権届出	1個の債権につき1000円	（新設）	
一七～一九 （略）			一七～一九 （同上）	
この表の各項の上欄に掲げる申立てには、当該申立てについての規定を準用し、又はその例によるものとする規定による申立てを含むものとする。			（同上）	

○民事執行法（昭和54年法律第4号）（附則第10条関係）

改　正　後	改　正　前
（債務名義） 第22条　強制執行は、次に掲げるもの（以下「債務名義」という。）により行う。 　一　確定判決 　二　仮執行の宣言を付した判決 　三　抗告によらなければ不服を申し立てることができない裁判（確定しなければその効	（債務名義） 第22条　（同上） 　一　（同上） 　二　（同上） 　三　（同上）

資料②　消費者の財産的被害の集団的な回復のための民事の裁判手続の特例に関する法律新旧対照条文

力を生じない裁判にあつては、確定したものに限る。）	
三の二　仮執行の宣言を付した損害賠償命令	三の二　（同上）
<u>三の三　仮執行の宣言を付した届出債権支払命令</u>	<u>（新設）</u>
四　仮執行の宣言を付した支払督促	四　（同上）
四の二　訴訟費用、和解の費用若しくは非訟事件（他の法令の規定により非訟事件手続法（平成23年法律第51号）の規定を準用することとされる事件を含む。）若しくは家事事件の手続の費用の負担の額を定める裁判所書記官の処分又は第42条第４項に規定する執行費用及び返還すべき金銭の額を定める裁判所書記官の処分（後者の処分にあつては、確定したものに限る。）	四の二　（同上）
五　金銭の一定の額の支払又はその他の代替物若しくは有価証券の一定の数量の給付を目的とする請求について公証人が作成した公正証書で、債務者が直ちに強制執行に服する旨の陳述が記載されているもの（以下「執行証書」という。）	五　（同上）
六　確定した執行判決のある外国裁判所の判決	六　（同上）
六の二　確定した執行決定のある仲裁判断	六の二　（同上）
七　確定判決と同一の効力を有するもの（第３号に掲げる裁判を除く。）	七　（同上）
（執行文付与の訴え） 第33条　（略） ２　前項の訴えは、次の各号に掲げる債務名義の区分に応じ、それぞれ当該各号に定める裁判所が管轄する。	（執行文付与の訴え） 第33条　（同上） ２　（同上）
一　第22条第１号から第３号まで、第６号又は第６号の２に掲げる債務名義並びに同条第７号に掲げる債務名義のうち次号、第１号の３及び第６号に掲げるもの以外のもの　第一審裁判所	一　第22条第１号から第３号まで、第６号又は第６号の２に掲げる債務名義並びに同条第７号に掲げる債務名義のうち次号及び第６号に掲げるもの以外のもの　第一審裁判所
一の二　第22条第３号の２に掲げる債務名義並びに同条第７号に掲げる債務名義のうち損害賠償命令並びに損害賠償命令事件に関する手続における和解及び請求の認諾に係るもの　損害賠償命令事件が係属していた地方裁判所	一の二　（同上）
<u>一の三　第22条第３号の３に掲げる債務名義並びに同条第７号に掲げる債務名義のうち届出債権支払命令並びに簡易確定手続における届出債権の認否及び和解に係るもの</u>	<u>（新設）</u>

資料②　消費者の財産的被害の集団的な回復のための民事の裁判手続の特例に関する法律新旧対照条文

簡易確定手続が係属していた地方裁判所 二　第22条第4号に掲げる債務名義のうち次号に掲げるもの以外のもの　仮執行の宣言を付した支払督促を発した裁判所書記官の所属する簡易裁判所（仮執行の宣言を付した支払督促に係る請求が簡易裁判所の管轄に属しないものであるときは、その簡易裁判所の所在地を管轄する地方裁判所）	二　（同上）
三　第22条第4号に掲げる債務名義のうち民事訴訟法第132条の10第1項本文の規定による支払督促の申立て又は同法第402条第1項に規定する方式により記載された書面をもつてされた支払督促の申立てによるもの　当該支払督促の申立てについて同法第398条（同法第402条第2項において準用する場合を含む。）の規定により訴えの提起があつたものとみなされる裁判所	三　（同上）
四　第22条第4号の2に掲げる債務名義　同号の処分をした裁判所書記官の所属する裁判所	四　（同上）
五　第22条第5号に掲げる債務名義　債務者の普通裁判籍の所在地を管轄する裁判所（この普通裁判籍がないときは、請求の目的又は差し押さえることができる債務者の財産の所在地を管轄する裁判所）	五　（同上）
六　第22条第7号に掲げる債務名義のうち和解若しくは調停（上級裁判所において成立した和解及び調停を除く。）又は労働審判に係るもの（第1号の2及び第1号の3に掲げるものを除く。）　和解若しくは調停が成立した簡易裁判所、地方裁判所若しくは家庭裁判所（簡易裁判所において成立した和解又は調停に係る請求が簡易裁判所の管轄に属しないものであるときは、その簡易裁判所の所在地を管轄する地方裁判所）又は労働審判が行われた際に労働審判事件が係属していた地方裁判所	六　第22条第7号に掲げる債務名義のうち和解若しくは調停（上級裁判所において成立した和解及び調停を除く。）又は労働審判に係るもの（第1号の2に掲げるものを除く。）　和解若しくは調停が成立した簡易裁判所、地方裁判所若しくは家庭裁判所（簡易裁判所において成立した和解又は調停に係る請求が簡易裁判所の管轄に属しないものであるときは、その簡易裁判所の所在地を管轄する地方裁判所）又は労働審判が行われた際に労働審判事件が係属していた地方裁判所
（請求異議の訴え） 第35条　債務名義（第22条第2号又は第3号の2から第4号までに掲げる債務名義で確定前のものを除く。以下この項において同じ。）に係る請求権の存在又は内容について異議のある債務者は、その債務名義による強制執行の不許を求めるために、請求異議の訴えを提起することができる。裁判以外の債務名義の成立について異議のある債務者も、同様とす	（請求異議の訴え） 第35条　債務名義（第22条第2号、第3号の2又は第4号に掲げる債務名義で確定前のものを除く。以下この項において同じ。）に係る請求権の存在又は内容について異議のある債務者は、その債務名義による強制執行の不許を求めるために、請求異議の訴えを提起することができる。裁判以外の債務名義の成立について異議のある債務者も、同様とする。

資料②　消費者の財産的被害の集団的な回復のための民事の裁判手続の特例に関する法律新旧対照条文

る。 2・3　（略） 第173条　（略） 2　前項の執行裁判所は、第33条第2項各号（第1号の2、第1号の3及び第4号を除く。）に掲げる債務名義の区分に応じ、それぞれ当該債務名義についての執行文付与の訴えの管轄裁判所とする。 （実施決定） 第197条　執行裁判所は、次のいずれかに該当するときは、執行力のある債務名義の正本（債務名義が第22条第2号、第3号の2から第4号まで若しくは第5号に掲げるもの又は確定判決と同一の効力を有する支払督促であるものを除く。）を有する金銭債権の債権者の申立てにより、債務者について、財産開示手続を実施する旨の決定をしなければならない。ただし、当該執行力のある債務名義の正本に基づく強制執行を開始することができないときは、この限りでない。 一・二　（略） 2～6　（略） （財産開示事件の記録の閲覧等の制限） 第201条　財産開示事件の記録中財産開示期日に関する部分についての第17条の規定による請求は、次に掲げる者に限り、することができる。 　一　申立人 　二　債務者に対する金銭債権について執行力のある債務名義の正本（債務名義が第22条第2号、第3号の2から第4号まで若しくは第5号に掲げるもの又は確定判決と同一の効力を有する支払督促であるものを除く。）を有する債権者 　三　債務者の財産について一般の先取特権を有することを証する文書を提出した債権者 　四　債務者又は開示義務者	2・3　（同上） 第173条　（同上） 2　前項の執行裁判所は、第33条第2項各号（第1号の2及び第4号を除く。）に掲げる債務名義の区分に応じ、それぞれ当該債務名義についての執行文付与の訴えの管轄裁判所とする。 （実施決定） 第197条　執行裁判所は、次のいずれかに該当するときは、執行力のある債務名義の正本（債務名義が第22条第2号、第3号の2、第4号若しくは第5号に掲げるもの又は確定判決と同一の効力を有する支払督促であるものを除く。）を有する金銭債権の債権者の申立てにより、債務者について、財産開示手続を実施する旨の決定をしなければならない。ただし、当該執行力のある債務名義の正本に基づく強制執行を開始することができないときは、この限りでない。 一・二　（同上） 2～6　（同上） （財産開示事件の記録の閲覧等の制限） 第201条　（同上） 　一　（同上） 　二　債務者に対する金銭債権について執行力のある債務名義の正本（債務名義が第22条第2号、第3号の2、第4号若しくは第5号に掲げるもの又は確定判決と同一の効力を有する支払督促であるものを除く。）を有する債権者 　三　（同上） 　四　（同上）

資料② 消費者の財産的被害の集団的な回復のための民事の裁判手続の特例に関する法律新旧対照条文

○消費者契約法（平成12年法律第61号）（附則第11条関係）

改　　正　　後	改　　正　　前
（適格消費者団体の認定） 第13条　（略） 2〜4　（略） 5　次のいずれかに該当する者は、第1項の認定を受けることができない。 　一　この法律、消費者の財産的被害の集団的な回復のための民事の裁判手続の特例に関する法律（平成25年法律第96号。以下「消費者裁判手続特例法」という。）その他消費者の利益の擁護に関する法律で政令で定めるもの若しくはこれらの法律に基づく命令の規定又はこれらの規定に基づく処分に違反して罰金の刑に処せられ、その刑の執行を終わり、又はその刑の執行を受けることがなくなった日から3年を経過しない法人 　二　第34条第1項各号若しくは消費者裁判手続特例法第86条第2項各号に掲げる事由により第1項の認定を取り消され、又は第34条第3項の規定により同条第1項第4号に掲げる事由があった旨の認定がされ、その取消し又は認定の日から3年を経過しない法人 　三〜五　（略） 　六　（略） 　　イ　禁錮以上の刑に処せられ、又はこの法律、消費者裁判手続特例法その他消費者の利益の擁護に関する法律で政令で定めるもの若しくはこれらの法律に基づく命令の規定若しくはこれらの規定に基づく処分に違反して罰金の刑に処せられ、その刑の執行を終わり、又はその刑の執行を受けることがなくなった日から3年を経過しない者 　　ロ　適格消費者団体が第34条第1項各号若しくは消費者裁判手続特例法第86条第2項各号に掲げる事由により第1項の認定を取り消され、又は第34条第3項の規定により同条第1項第4号に掲げる事由があった旨の認定がされた場合において、その取消し又は認定の日前6月以内に当該適格消費者団体の役員であった者でそ	（適格消費者団体の認定） 第13条　（同上） 2〜4　（同上） 5　次のいずれかに該当する者は、第1項の認定を受けることができない。 　一　この法律その他消費者の利益の擁護に関する法律で政令で定めるもの若しくはこれらの法律に基づく命令の規定又はこれらの規定に基づく処分に違反して罰金の刑に処せられ、その刑の執行を終わり、又はその刑の執行を受けることがなくなった日から3年を経過しない法人 　二　第34条第1項各号に掲げる事由により第1項の認定を取り消され、又は同条第3項の規定により同条第1項第4号に掲げる事由があった旨の認定がされ、その取消し又は認定の日から3年を経過しない法人 　三〜五　（同上） 　六　（同上） 　　イ　禁錮以上の刑に処せられ、又はこの法律その他消費者の利益の擁護に関する法律で政令で定めるもの若しくはこれらの法律に基づく命令の規定若しくはこれらの規定に基づく処分に違反して罰金の刑に処せられ、その刑の執行を終わり、又はその刑の執行を受けることがなくなった日から3年を経過しない者 　　ロ　適格消費者団体が第34条第1項各号に掲げる事由により第1項の認定を取り消され、又は同条第3項の規定により同条第1項第4号に掲げる事由があった旨の認定がされた場合において、その取消し又は認定の日前6月以内に当該適格消費者団体の役員であった者でその取消し又は認定の日から3年を経過しないもの

資料② 消費者の財産的被害の集団的な回復のための民事の裁判手続の特例に関する法律新旧対照条文

の取消し又は認定の日から３年を経過しないもの ハ　（略） （認定の取消し等） 第34条　（略） 　一～七　（略） ２　（略） ３　第12条の２第１項第２号本文に掲げる場合であって、当該他の適格消費者団体に係る第13条第１項の認定が、第22条各号に掲げる事由により既に失効し、又は第１項各号に掲げる事由（当該確定判決等に係る訴訟等の手続に関する同項第４号に掲げる事由を除く。）<u>若しくは消費者裁判手続特例法第86条第２項各号に掲げる事由により既に取り消されている</u>場合においては、内閣総理大臣は、当該他の適格消費者団体につき当該確定判決等に係る訴訟等の手続に関し第１項第４号に掲げる事由があったと認められるとき（前項の規定により同号に掲げる事由があるものとみなすことができる場合を含む。）は、当該他の適格消費者団体であった法人について、その旨の認定をすることができる。 ４・５　（略） （差止請求権の承継に係る指定等） 第35条　適格消費者団体について、第12条の２第１項第２号本文の確定判決等で強制執行をすることができるものが存する場合において、第13条第１項の認定が、第22条各号に掲げる事由により失効し、若しくは前条第１項各号若しくは<u>消費者裁判手続特例法第86条第２項各号に掲げる事由により取り消されるとき</u>、又はこれらの事由により既に失効し、若しくは既に取り消されているときは、内閣総理大臣は、当該適格消費者団体の有する当該差止請求権を承継すべき適格消費者団体として他の適格消費者団体を指定するものとする。 ２・３　（略） ４　（略） 　一　指定適格消費者団体について、第13条第１項の認定が、第22条各号に掲げる事由により失効し、若しくは既に失効し、又は前条第１項各号<u>若しくは消費者裁判手続特例</u>	ハ　（同上） （認定の取消し等） 第34条　（同上） 　一～七　（同上） ２　（同上） ３　第12条の２第１項第２号本文に掲げる場合であって、当該他の適格消費者団体に係る第13条第１項の認定が、第22条各号に掲げる事由により既に失効し、又は第１項各号に掲げる事由（当該確定判決等に係る訴訟等の手続に関する同項第４号に掲げる事由を除く。）により既に取り消されている場合においては、内閣総理大臣は、当該他の適格消費者団体につき当該確定判決等に係る訴訟等の手続に関し同項第４号に掲げる事由があったと認められるとき（前項の規定により同号に掲げる事由があるものとみなすことができる場合を含む。）は、当該他の適格消費者団体であった法人について、その旨の認定をすることができる。 ４・５　（同上） （差止請求権の承継に係る指定等） 第35条　適格消費者団体について、第12条の２第１項第２号本文の確定判決等で強制執行をすることができるものが存する場合において、第13条第１項の認定が、第22条各号に掲げる事由により失効し、若しくは前条第１項各号に掲げる事由により取り消されるとき、又はこれらの事由により既に失効し、若しくは既に取り消されているときは、内閣総理大臣は、当該適格消費者団体の有する当該差止請求権を承継すべき適格消費者団体として他の適格消費者団体を指定するものとする。 ２・３　（同上） ４　（同上） 　一　指定適格消費者団体について、第13条第１項の認定が、第22条各号に掲げる事由により失効し、若しくは既に失効し、又は前条第１項各号に掲げる事由により取り消さ

資料②　消費者の財産的被害の集団的な回復のための民事の裁判手続の特例に関する法律新旧対照条文

法第86条第2項各号に掲げる事由により取り消されるとき。 二　（略） 5～10　（略）	れるとき。 二　（同上） 5～10　（同上）

資料③　消費者の財産的被害の集団的な回復のための民事の裁判手続の特例に関する法律施行令

(平成27年政令第373号)

(法第65条第6項第1号の政令で定める法律)
第1条　消費者の財産的被害の集団的な回復のための民事の裁判手続の特例に関する法律（以下「法」という。）第65条第6項第1号（法第69条第6項、第71条第6項及び第72条第6項において準用する場合を含む。）の政令で定める法律は、次のとおりとする。
　一　担保付社債信託法（明治38年法律第52号）
　二　金融機関の信託業務の兼営等に関する法律（昭和18年法律第43号）
　三　私的独占の禁止及び公正取引の確保に関する法律（昭和22年法律第54号）
　四　農業協同組合法（昭和22年法律第132号）
　五　金融商品取引法（昭和23年法律第25号）
　六　消費生活協同組合法（昭和23年法律第200号）
　七　水産業協同組合法（昭和23年法律第242号）
　八　中小企業等協同組合法（昭和24年法律第181号）
　九　協同組合による金融事業に関する法律（昭和24年法律第183号）
　十　弁護士法（昭和24年法律第205号）
　十一　放送法（昭和25年法律第132号）
　十二　質屋営業法（昭和25年法律第158号）
　十三　司法書士法（昭和25年法律第197号）
　十四　商品先物取引法（昭和25年法律第239号）
　十五　信用金庫法（昭和26年法律第238号）
　十六　宅地建物取引業法（昭和27年法律第176号）
　十七　旅行業法（昭和27年法律第239号）
　十八　労働金庫法（昭和28年法律第227号）
　十九　出資の受入れ、預り金及び金利等の取締りに関する法律（昭和29年法律第195号）
　二十　割賦販売法（昭和36年法律第159号）
　二十一　不当景品類及び不当表示防止法（昭和37年法律第134号）
　二十二　積立式宅地建物販売業法（昭和46年法律第111号）
　二十三　大都市地域における住宅及び住宅地の供給の促進に関する特別措置法

資料③　消費者の財産的被害の集団的な回復のための民事の裁判手続の特例に関する法律施行令

　　（昭和50年法律第67号）
二十四　特定商取引に関する法律（昭和51年法律第57号）
二十五　銀行法（昭和56年法律第59号）
二十六　貸金業法（昭和58年法律第32号）
二十七　電気通信事業法（昭和59年法律第86号）
二十八　特定商品等の預託等取引契約に関する法律（昭和61年法律第62号）
二十九　外国弁護士による法律事務の取扱いに関する特別措置法（昭和61年法律第66号）
三十　商品投資に係る事業の規制に関する法律（平成３年法律第66号）
三十一　ゴルフ場等に係る会員契約の適正化に関する法律（平成４年法律第53号）
三十二　特定優良賃貸住宅の供給の促進に関する法律（平成５年法律第52号）
三十三　不動産特定共同事業法（平成６年法律第77号）
三十四　保険業法（平成７年法律第105号）
三十五　中心市街地の活性化に関する法律（平成10年法律第92号）
三十六　債権管理回収業に関する特別措置法（平成10年法律第126号）
三十七　住宅の品質確保の促進等に関する法律（平成11年法律第81号）
三十八　農林中央金庫法（平成13年法律第93号）
三十九　信託業法（平成16年法律第154号）
四十　株式会社日本政策金融公庫法（平成19年法律第57号）
四十一　株式会社商工組合中央金庫法（平成19年法律第74号）
四十二　株式会社国際協力銀行法（平成23年法律第39号）
四十三　食品表示法（平成25年法律第70号）

（法第65条第６項第３号イの政令で定める法律）
第２条　法第65条第６項第３号イ（法第69条第６項、第71条第６項及び第72条第６項において準用する場合を含む。）の政令で定める法律は、前条各号に掲げるもののほか、無限連鎖講の防止に関する法律（昭和53年法律第101号）とする。

（消費者庁長官に委任されない権限）
第３条　法第92条の政令で定める権限は、法第65条第１項、第69条第２項、第71条第３項、第72条第３項、第86条第１項及び第２項並びに第87条第１項から第４項までの規定による権限とする。

資料③　消費者の財産的被害の集団的な回復のための民事の裁判手続の特例に関する法律施行令

附　則

（施行期日）
1　この政令は、法の施行の日（平成28年10月1日）から施行する。ただし、次項中特定商取引に関する法律施行令（昭和51年政令第295号）別表第2第18号の改正規定は、公布の日から施行する。

（特定商取引に関する法律施行令の一部改正）
2　特定商取引に関する法律施行令の一部を次のように改正する。
　別表第2第18号中「第89条第3項」を「第89条第5項」に改め、同表に次の1号を加える。
　　五十　消費者の財産的被害の集団的な回復のための民事の裁判手続の特例に関する法律（平成25年法律第96号）第2条第10号に規定する特定適格消費者団体が同法第65条第2項に規定する業務として行う役務の提供

（公益通報者保護法別表第8号の法律を定める政令の一部改正）
3　公益通報者保護法別表第8号の法律を定める政令（平成17年政令第146号）の一部を次のように改正する。
　第438号の次に次の1号を加える。
　　438の2　消費者の財産的被害の集団的な回復のための民事の裁判手続の特例に関する法律（平成25年法律第96号）

資料④　消費者の財産的被害の集団的な回復のための民事の裁判手続の特例に関する法律施行規則

$$\begin{pmatrix}平成27年内閣府令第62号\\ 改正：平成28年内閣府令第62号\end{pmatrix}$$

(定義)
第1条　この府令において使用する用語は、消費者の財産的被害の集団的な回復のための民事の裁判手続の特例に関する法律（以下「法」という。）において使用する用語の例による。

(通知の方法)
第2条　法第25条第1項の内閣府令で定める電磁的方法は、電子メール（特定電子メールの送信の適正化等に関する法律（平成14年法律第26号）第2条第1号に規定する電子メールをいう。以下同じ。）を送信する方法とする。

(通知事項等)
第3条　法第25条第1項第7号の内閣府令で定める事項は、次に掲げる事項とする。
　一　消費者からの問合せを受けるための簡易確定手続申立団体の連絡先及びこれに対応する時間帯
　二　簡易確定手続授権契約の締結を拒絶し、又は簡易確定手続授権契約を解除する場合の理由
　三　簡易確定手続申立団体が2以上ある場合（これらの全ての簡易確定手続申立団体が連名で法第25条第1項の規定による通知をするときを除く。）にあっては、連名で同項の規定による通知をしない他の簡易確定手続申立団体が法第14条の規定による簡易確定手続開始の申立てをしていること並びに当該他の簡易確定手続申立団体の名称及び電話番号その他の連絡先
2　簡易確定手続申立団体が法第26条第1項の規定による公告をする場合における前項第3号の規定の適用については、同号中「法第25条第1項の規定による通知」とあるのは「法第26条第1項の規定による公告」と、「同項の規定による通知」とあるのは「同項の規定による公告」とする。

(文書に記載される連絡先)
第4条　法第28条第1項の内閣府令で定める連絡先は、次のとおりとする。
　一　電話番号
　二　ファクシミリの番号
　三　電子メールアドレス（電子メールの利用者を識別するための文字、番号、

資料④　消費者の財産的被害の集団的な回復のための民事の裁判手続の特例に関する法律施行規則

記号その他の符号をいう。第9条及び第16条第2項において同じ。)

(電磁的記録に記録された情報の電磁的方法による提供の方法)
第5条　法第28条第2項の内閣府令で定める電磁的方法による提供は、次に掲げるものとする。
一　ファクシミリ装置を用いて送信する方法による提供
二　電子メールを送信する方法（当該送信を受けた簡易確定手続申立団体が当該電子メールを出力することにより書面を作成することができるものに限る。）による提供
三　磁気ディスクその他これに準ずる方法により一定の情報を確実に記録しておくことができる物をもって調製するファイルに情報を記録したものを交付する方法（当該交付を受けた簡易確定手続申立団体が当該ファイルへ記録された情報を出力することにより書面を作成することができるものに限る。）による提供

(説明の方法)
第6条　法第32条（法第53条第8項において準用する場合を含む。）の規定による説明は、次に掲げる方法のいずれかによるものとする。ただし、法第31条第1項の授権をしようとする者（法第53条第8項の規定において準用する法第32条の規定による説明をする場合にあっては、法第53条第1項の授権をしようとする者。以下この項及び次項において「授権をしようとする者」という。）の承諾がある場合には、法第32条（法第53条第8項において準用する場合を含む。以下この項において同じ。）の書面（以下この項及び第3項において「書面」という。）の交付又は法第32条の電磁的記録（第2号及び第3項において「電磁的記録」という。）の提供による方法をもって足りる。
一　授権をしようとする者と面談を行い、当該授権をしようとする者に対し書面を交付して説明する方法
二　授権をしようとする者に対し交付した書面又はその者に提供した電磁的記録に記録された事項が紙面又は映像面に表示されたものの閲覧を求めた上で、簡易確定手続申立団体及び当該授権をしようとする者が音声の送受信により同時に通話をすることができる方法により説明する方法
三　説明会を開催し、授権をしようとする者に対し書面を交付して説明する方法
2　簡易確定手続申立団体が次に掲げる要件を満たしている場合には、前項の規定にかかわらず、授権をしようとする者に対し、被害回復裁判手続の概要及び事案の内容並びに次条に定める事項（第3号において「説明事項」という。）

資料④　消費者の財産的被害の集団的な回復のための民事の裁判手続の特例に関する法律施行規則

が掲載されている当該簡易確定手続申立団体のホームページの閲覧を求める方法をもって足りる。
一　業務規程において、当該授権をしようとする者からの問合せへの対応に関する体制に関する事項が定められていること。
二　前号の体制が、複数の方法による問合せに対応できるものであり、これに対応する時間が十分に確保されているなど当該授権をしようとする者の便宜に配慮したものであること。
三　当該授権をしようとする者が、当該ホームページを閲覧した後、説明事項を理解したことを確認する措置が講じられていること。
3　前項の場合において、簡易確定手続申立団体は、当該ホームページを閲覧した者から求めがあるときは、書面の交付又は電磁的記録の提供をしなければならない。

（説明事項）
第7条　法第32条の内閣府令で定める事項は、次に掲げる事項とする。
一　法第25条第1項第2号から第6号までに掲げる事項
二　第3条第1項第1号及び第2号に掲げる事項
三　簡易確定手続申立団体が2以上ある場合にあっては、他の簡易確定手続申立団体が法第14条の規定による簡易確定手続開始の申立てをしていること並びに当該他の簡易確定手続申立団体の名称及び電話番号その他の連絡先
四　法第31条第1項の授権により簡易確定手続申立団体が行う業務の範囲
五　個人情報の取扱いに関する事項
六　簡易確定手続授権契約終了時の精算に関する事項
七　仮差押命令に係る仮差押えの執行がされている場合にあっては、その内容及び法第59条の規定に基づき平等に取り扱わなければならないこと。
2　法第53条第8項において準用する法第32条の内閣府令で定める事項は、次に掲げる事項とする。
一　法第25条第1項第2号から第5号までに掲げる事項
二　届出消費者が債権届出団体に対して法第53条第1項の授権をする方法及び期間
三　届出消費者からの問合せを受けるための債権届出団体の連絡先及びこれに対応する時間帯
四　訴訟授権契約の締結を拒絶し、又は訴訟授権契約を解除する場合の理由
五　法第53条第1項の授権により債権届出団体が行う業務の範囲
六　訴訟授権契約終了時の精算に関する事項

資料④　消費者の財産的被害の集団的な回復のための民事の裁判手続の特例に関する法律施行規則

　　七　前項第5号及び第7号に掲げる事項
（業務規程の記載事項）
第8条　法第65条第5項（法第69条第6項、法第71条第6項及び法第72条第6項において準用する場合を含む。）の内閣府令で定める事項は、次のとおりとする。
　一　被害回復関係業務の実施の方法に関する事項として次に掲げる事項
　　イ　被害回復裁判手続に関する業務の実施の方法に関する事項
　　ロ　イの業務の遂行に必要な消費者の被害に関する情報の収集に係る業務の実施の方法に関する事項
　　ハ　イの業務に付随する対象消費者に対する情報の提供に係る業務の実施の方法に関する事項
　　ニ　簡易確定手続授権契約及び訴訟授権契約の内容に関する事項
　　ホ　請求の放棄、和解、債権届出の取下げ、認否を争う旨の申出、簡易確定決定に対する異議の申立て又は上訴若しくは上訴の取下げをしようとする場合において法第31条第1項又は法第53条第1項の授権をした者の意思を確認するための措置に関する事項
　　ヘ　法第65条第4項第4号の検討を行う部門における専門委員からの助言又は意見の聴取に関する措置及び役員、職員又は専門委員が被害回復裁判手続の相手方と特別の利害関係を有する場合の措置その他業務の公正な実施の確保に関する措置に関する事項
　　ト　特定適格消費者団体であることを疎明する方法に関する事項
　二　特定適格消費者団体相互の連携協力に関する事項（法第78条第1項の通知及び報告の方法に関する事項並びに第18条第15号に規定する行為に係る当該通知及び報告の方針に関する事項を含む。）
　三　役員及び専門委員の選任及び解任その他被害回復関係業務に係る組織、運営その他の体制に関する事項
　四　被害回復関係業務に関して知り得た情報の管理及び秘密の保持の方法に関する事項
　五　被害回復関係業務の実施に関する金銭その他の財産の管理の方法に関する事項
　六　その他被害回復関係業務の実施に関し必要な事項
（特定認定の申請書の記載事項）
第9条　法第66条第1項第3号（法第69条第6項、法第71条第6項及び法第72条第6項において準用する場合を含む。）の内閣府令で定める事項は、次に掲げ

資料④　消費者の財産的被害の集団的な回復のための民事の裁判手続の特例に関する法律施行規則

る事項とする。
一　電話番号、ファクシミリの番号及び電子メールアドレス
二　法第66条第1項第2号（法第69条第6項、法第71条第6項及び法第72条第6項において準用する場合を含む。）の事務所の電話番号、ファクシミリの番号及び電子メールアドレス

（特定認定の申請書の添付書類）
第10条　法第66条第2項第6号ロ（法第69条第6項、法第71条第6項及び法第72条第6項において準用する場合を含む。）の内閣府令で定める事項は、役員、職員及び専門委員の電話番号その他の連絡先とする。
2　法第66条第2項第11号（法第69条第6項、法第71条第6項及び法第72条第6項において準用する場合を含む。）の内閣府令で定める書類は、次に掲げる書類とする。
一　役員及び専門委員の住所又は居所を証する次に掲げる書類であって、申請の日前6月以内に作成されたもの
　　イ　当該役員又は専門委員が住民基本台帳法（昭和42年法律第81号）の適用を受ける者である場合にあっては、同法第12条第1項に規定する住民票の写し又はこれに代わる書類
　　ロ　当該役員又は専門委員がイの場合に該当しない者である場合にあっては、当該役員又は専門委員の住所又は居所を証する権限のある官公署が発給する文書（外国語で作成されている場合にあっては、翻訳者を明らかにした訳文を添付したもの）又はこれに代わる書類
二　法第65条第4項第3号ロに定める要件に適合することを証する書類
三　専門委員が消費者契約法施行規則（平成19年内閣府令第17号）第4条及び第5条に定める要件に適合することを証する書類
3　前項各号に掲げる書類については、消費者契約法（平成12年法律第61号）第14条第2項（同法第17条第6項、同法第19条第6項及び同法第20条第6項において準用する場合を含む。）の規定に基づき申請書に添付している当該書類の内容に変更がないときは、法第66条第1項（法第69条第6項、法第71条第6項及び法第72条第6項において準用する場合を含む。）の申請書にその旨を記載して当該書類の添付を省略することができる。

（公告の方法）
第11条　法第67条（法第69条第6項、法第71条第6項及び法第72条第6項において準用する場合を含む。以下この条において同じ。）の規定による公告は、法第67条に規定する事項並びに同条の規定により公衆の縦覧に供すべき書類の縦

資料④　消費者の財産的被害の集団的な回復のための民事の裁判手続の特例に関する法律施行規則

覧の期間及び場所について、消費者庁の掲示板への掲示、インターネットを利用して公衆の閲覧に供する方法その他の方法により行うものとする。
（公示の方法）
第12条　法第68条第1項（法第69条第6項、法第71条第6項及び法第72条第6項において準用する場合を含む。第23条第1号において同じ。）、法第71条第8項、法第72条第8項、法第73条第2項、法第86条第4項及び法第87条第6項の規定による公示は、官報に掲載する方法により行うものとする。
（特定適格消費者団体である旨の掲示）
第13条　法第68条第2項の規定による掲示は、特定適格消費者団体の名称及び「特定適格消費者団体」の文字について、その事務所の入口又は受付の付近の見やすい場所にしなければならない。
（変更の届出）
第14条　法第70条の規定により変更の届出をしようとする者は、次の事項を記載した届出書を提出しなければならない。
　一　名称及び住所並びに代表者の氏名
　二　変更した内容
　三　変更の年月日
　四　変更を必要とした理由
2　前項の届出書には、次の各号に掲げる場合に応じ、当該各号に定める書類を添付しなければならない。
　一　法第66条第2項各号（法第69条第6項、法第71条第6項及び法第72条第6項において準用する場合を含む。次号において同じ。）に掲げる書類に記載した事項に変更があった場合　変更後の事項を記載した当該書類
　二　法第66条第1項各号（法第69条第6項、法第71条第6項及び法第72条第6項において準用する場合を含む。）に掲げる事項又は法第66条第2項各号に掲げる書類に記載した事項の変更に伴い第10条第2項各号に掲げる書類の内容に変更を生じた場合　変更後の内容に係る当該書類（第10条第2項第2号に掲げる書類にあっては、役員又は専門委員が新たに就任した場合（再任された場合を除く。）に限る。）
3　法第70条の内閣府令で定める軽微な変更は、法第66条第2項第6号ロの書類に記載した事項の変更とする。
（通知及び報告の方法等）
第15条　法第78条第1項の規定による通知（同項第7号に掲げる場合に係るものを除く。）は、書面により行わなければならない。

資料④　消費者の財産的被害の集団的な回復のための民事の裁判手続の特例に関する法律施行規則

2　法第78条第1項の規定による報告（同項第7号に掲げる場合に係るものを除く。）は、訴状若しくは申立書、判決書若しくは決定書、請求の放棄若しくは認諾、裁判上の和解又は準備書面その他その内容を示す書面（次条第1項において「内容を示す書面」という。）の写しを添付した書面により行わなければならない。

3　法第78条第1項の規定による通知及び報告（それぞれ同項第7号に掲げる場合に係るものに限る。）は、第17条各号に規定する行為をしようとする日の2週間前までに、次の各号に掲げる事項を記載した書面により行わなければならない。
一　当該行為をしようとする旨
二　当該行為をしようとする日

4　前項に規定する「行為をしようとする日」とは、次の各号に掲げる場合における当該各号に定める日をいう。
一　第17条第1号及び第2号に規定する行為をしようとする場合（次号から第4号までに規定する場合を除く。）　口頭弁論等の期日（民事訴訟法（平成8年法律第109号）第261条第3項に規定する口頭弁論等の期日をいう。第3号及び第5号において同じ。）
二　第17条第2号に規定する行為をしようとする場合であって、民事訴訟法第264条の規定に基づき裁判所又は受命裁判官若しくは受託裁判官から提示された和解条項案を受諾する旨の書面を提出しようとするとき　当該書面を提出しようとする日
三　第17条第2号に規定する行為をしようとする場合であって、口頭弁論等の期日に出頭して前号の和解条項案を受諾しようとするとき　当該口頭弁論等の期日
四　第17条第2号に規定する行為をしようとする場合であって、民事訴訟法第265条第1項の申立てをしようとするとき　当該申立てをしようとする日
五　第17条第3号から第5号までに規定する行為をしようとする場合　口頭弁論等の期日又は期日外においてそれらの行為をしようとする日

5　第3項の通知及び報告の後、確定判決及びこれと同一の効力を有するものが存することとなるまでに、同項各号に掲げる事項に変更があった場合（その変更が客観的に明白な誤記、誤植又は脱字に係るものその他の内容の同一性を失わない範囲のものである場合を除く。）には、その都度、変更後の事項を記載した書面により、改めて通知及び報告をしなければならない。この場合においては、前2項の規定を準用する。

資料④　消費者の財産的被害の集団的な回復のための民事の裁判手続の特例に関する法律施行規則

(通知及び報告に係る電磁的方法を利用する措置)
第16条　法第78条第1項後段の内閣府令で定める措置は、消費者庁長官が管理する電気通信設備の記録媒体に同項前段に規定する事項、内容を示す書面に記載された事項及び前条第3項各号（同条第5項において準用する場合を含む。）に掲げる事項を内容とする情報を記録する措置であって、全ての特定適格消費者団体及び消費者庁長官が当該情報を記録することができ、かつ、当該記録媒体に記録された当該情報を全ての特定適格消費者団体及び消費者庁長官が受信することができる方式のものとする。
2　特定適格消費者団体は、前項の措置を講ずるときは、あらかじめ、又は同時に、当該措置を講じる旨又は講じた旨を全ての特定適格消費者団体及び消費者庁長官に通知するための電子メールを、消費者庁長官があらかじめ指定した電子メールアドレス宛てに送信しなければならない。
3　法第78条第1項の通知及び報告が第1項の措置により行われたときは、消費者庁長官の管理に係る電気通信設備の記録媒体への記録がされた時に全ての特定適格消費者団体及び消費者庁長官に到達したものとみなす。

(被害回復関係業務に関する手続に係る行為)
第17条　法第78条第1項第7号の内閣府令で定める手続に係る行為は、次のとおりとする。
　一　請求の放棄
　二　裁判上の和解
　三　民事訴訟法第284条（同法第313条において準用する場合を含む。）の規定による権利の放棄
　四　控訴をしない旨の合意又は上告をしない旨の合意
　五　控訴、上告又は民事訴訟法第318条第1項の申立ての取下げ
第18条　法第78条第1項第12号の内閣府令で定める手続に係る行為は、共通義務確認訴訟の手続及び簡易確定手続（簡易確定手続開始決定後の手続を除く。）に係る行為であって、次に掲げるものとする。
　一　訴状（控訴状及び上告状を含む。）の補正命令若しくはこれに基づく補正又は却下命令
　二　前号の却下命令に対する即時抗告、特別抗告若しくは許可抗告若しくはその即時抗告に対する抗告裁判所の決定に対する特別抗告若しくは許可抗告又はこれらの抗告についての決定の告知
　三　再審の訴え（法第50条の規定において民事訴訟法第4編の規定を準用する場合を含む。以下この号において同じ。）の提起若しくは第1号の却下命令

資料④　消費者の財産的被害の集団的な回復のための民事の裁判手続の特例に関する法律施行規則

　　　で確定したものに対する再審の申立て又はその再審の訴え若しくは再審の申立てについての決定の告知
　　四　前号の決定に対する即時抗告、特別抗告若しくは許可抗告若しくはその即時抗告に対する抗告裁判所の決定に対する特別抗告若しくは許可抗告又はこれらの抗告についての決定の告知
　　五　再審開始の決定が確定した場合における本案の裁判
　　六　保全異議又は保全取消しの申立てについての決定の告知
　　七　前号の決定に対する保全抗告又はこれについての決定の告知
　　八　訴えの変更、反訴の提起又は中間確認の訴えの提起
　　九　附帯控訴又は附帯上告の提起
　　十　移送に関する決定の告知
　　十一　前号の決定に対する即時抗告、特別抗告若しくは許可抗告若しくはその即時抗告に対する抗告裁判所の決定に対する特別抗告若しくは許可抗告又はこれらの抗告についての決定の告知
　　十二　請求の放棄若しくは認諾又は裁判上の和解の効力を争う手続の開始又は当該手続の終了
　　十三　法第16条の書面の補正命令若しくはこれに基づく補正又は法第19条第2項の決定
　　十四　前号の決定に対する即時抗告若しくは特別抗告若しくはその即時抗告に対する抗告裁判所の決定に対する特別抗告若しくは許可抗告又はこれらの抗告についての決定の告知
　　十五　攻撃又は防御の方法の提出その他の被害回復裁判手続に係る行為であって、当該特定適格消費者団体が被害回復裁判手続の適切な実施又は特定適格消費者団体相互の連携協力を図る見地から法第78条第1項の通知及び報告をすることを適当と認めたもの
（伝達の方法）
第19条　法第78条第2項の内閣府令で定める方法は、次の各号に掲げるものとする。
　　一　全ての特定適格消費者団体及び消費者庁長官が電磁的方法を利用して同一の情報を閲覧することができる状態に置く措置
　　二　書面の写しの交付、磁気ディスクの交付、ファクシミリ装置を用いた送信その他の消費者庁長官が適当と認める方法
（伝達事項）
第20条　法第78条第2項の内閣府令で定める事項は、法第90条第1項の規定によ

る情報の公表をした旨及びその年月日とする。
(被害回復関係業務を行うに当たり明らかにすべき事項)
第21条 法第81条の内閣府令で定める事項は、弁護士の資格その他の自己の有する資格とする。
(公表する情報)
第22条 法第90条第1項の内閣府令で定める事項は、法第78条第1項の規定による報告をした特定適格消費者団体の連絡先とする。
第23条 法第90条第2項の内閣府令で定める必要な情報は、次に掲げる情報とする。
　一　法第68条第1項、法第71条第8項、法第72条第8項、法第73条第2項、法第86条第4項及び法第87条第6項の規定により公示した事項に係る情報
　二　次に掲げる書類に記載された事項に係る情報
　　イ　業務規程
　　ロ　法第66条第2項第8号（法第69条第6項、法第71条第6項及び法第72条第6項において準用する場合を含む。）に規定する書類
(情報の提供の請求)
第24条 法第91条第1項の規定による情報の提供を受けようとする特定適格消費者団体は、次に掲げる事項（当該特定適格消費者団体が、独立行政法人国民生活センター（以下「国民生活センター」という。）から次条第1項第1号ロに掲げる情報の提供を受けようとする場合にあっては、第1号及び第3号から第6号までに掲げる事項。第8項及び第9項において同じ。）を記載した申請書を国民生活センター又は地方公共団体に提出しなければならない。
　一　当該特定適格消費者団体の名称及び住所並びに代表者の氏名
　二　被害回復裁判手続の相手方の氏名又は名称及び住所
　三　申請理由
　四　提供される情報の利用目的並びに当該情報の管理の方法及び当該情報を取り扱う者の範囲
　五　希望する情報の範囲
　六　希望する情報提供の実施の方法
2　前項第3号の申請理由には、当該特定適格消費者団体が収集した情報の概要その他の申請を理由づける事実等を具体的に記載しなければならない。
3　国民生活センター又は地方公共団体は、第1項の申請書の提出があった場合において、当該申請に相当の理由があると認めるときは、次条第1項各号に定める情報のうち必要と認められる範囲内の情報を提供するものとする。

資料④　消費者の財産的被害の集団的な回復のための民事の裁判手続の特例に関する法律施行規則

4　国民生活センター又は地方公共団体は、情報の提供をするに際しては、当該情報が消費者の申出を要約したものであり、事実関係が必ずしも確認されたものではない旨を明らかにするものとする。
5　国民生活センター又は地方公共団体は、情報の提供をするに際しては、利用目的を制限し、提供された情報の活用の結果を報告することその他の必要な条件を付することができる。
6　国民生活センター又は地方公共団体は、第1項の申請に係る情報が、法第91条第2項又は前項の規定により付そうとする制限又は条件に違反して使用されるおそれがあると認められるときは、当該情報を提供しないものとする。
7　国民生活センター又は地方公共団体は、情報の提供に当たっては、消費生活に関する消費者と事業者との間に生じた苦情に係る相談（次条第1項において「消費生活相談」という。）に係る消費者に係る個人情報の保護に留意しなければならない。
8　特定適格消費者団体が、国民生活センターに対し、電子メールを送信する方法（当該送信を受けた国民生活センターが当該電子メールを出力することにより書面を作成することができるものに限る。）により、法第91条第1項の規定による情報の提供を希望する旨及び第1項各号に掲げる事項を通知したときは、第1項の申請書が国民生活センターに提出されたものとみなす。
9　前項の場合において、当該特定適格消費者団体は、第1項各号に掲げる事項についての情報に電子署名（電子署名及び認証業務に関する法律（平成12年法律第102号）第2条第1項に規定する電子署名をいう。）を行い、当該電子署名を行った者を確認するために必要な事項を証する電子証明書（同法第8条に規定する認定認証事業者が作成した電子証明書（電子署名及び認証業務に関する法律施行規則（平成13年総務省・法務省・経済産業省令第2号）第4条第1号に規定する電子証明書をいう。）であって、国民生活センターの使用に係る電子計算機から認証できるものをいう。）と併せてこれを送信しなければならない。

（国民生活センター等が提供する情報）
第25条　法第91条第1項の内閣府令で定める情報は、次の各号の区分に従い、当該各号に定めるとおりとする。
一　国民生活センター　消費生活相談に関する情報であって、次に掲げる情報
イ　全国消費生活情報ネットワークシステム（消費者安全法（平成21年法律第50号）第12条第4項に規定する全国消費生活情報ネットワークシステムをいう。以下この項において同じ。）に蓄積された情報のうち、全国又は

資料④　消費者の財産的被害の集団的な回復のための民事の裁判手続の特例に関する法律施行規則

　　　複数の都道府県を含む区域を単位とした情報（都道府県別の情報その他これに類する情報を除く。）
　　ロ　消費者の被害の実態を早期に把握するための基準に基づき、全国消費生活情報ネットワークシステムに蓄積された情報を利用して作成された統計その他の情報
　二　地方公共団体　消費生活相談に関する情報で全国消費生活情報ネットワークシステムに蓄積されたもののうち、当該地方公共団体から国民生活センターに提供（都道府県を経由して行われる提供を含む。）された情報（以下この号において「当該地方公共団体に係る情報」といい、他の地方公共団体から国民生活センターに提供（都道府県を経由して行われる提供を含む。）をされた情報のうち、当該地方公共団体が当該地方公共団体に係る情報と併せて法第91条第１項の規定による情報の提供を行うことを適当と認め、かつ、当該他の地方公共団体の同意を得ることができたものを含む。）
２　前条及び前項の規定は、国民生活センター又は地方公共団体が、法以外の法令（条例を含む。）の規定により同項各号に定める情報以外の情報を提供することを妨げるものではない。

　　　　附　則

この府令は、法の施行の日（平成28年10月１日）から施行する。

　　　　附　則（平成28年内閣府令第62号）

この府令は、平成28年10月１日から施行する。

資料⑤　諸外国の制度(1)

出典：専門調査会報告書参考10

国名	手続構造	根拠法	手続追行主体	金銭請求における請求内容の要件
米国（連邦民事訴訟規則・b(3)型）	オプト・アウト	連邦民事訴訟規則（b(3)型）	クラス構成員	クラス代表者の請求が75,000ドルを超えているか、100人以上のクラスであって合計額が500万ドルを超えていること（連邦管轄があることが前提となるため）
カナダ（オンタリオ）	オプト・アウト、二段階型	クラス訴訟法（Class Proceedings Act）	クラス構成員 ※代表原告となろうとする者は ①クラスの利益を公正かつ適切に代表するであろうこと ②クラスのために訴訟を遂行し、かつ構成員に対して告知を行うための実効性のある方法を示す計画を提出すること ③クラスの共通争点に関して、他のクラス構成員と対立する利益を有さないこと が必要。	―
カナダ（ケベック）	オプト・アウト、二段階型	民事訴訟法第9編 集団訴訟に関する法律（Loi sur le recours collectif, 1979年1月19日施行）	①クラス構成員 ②私法上の法人、会社又は社団（指定する構成員の1人が、その利益のために集団訴訟を提起しようとするクラスの構成員である場合又は、構成員の利益が法人又は社団が創設された目的に結びついている場合であることを要する。） ※裁判所による審理の結果、集団訴訟提起を認める認可判決が出されると、一定の要件の下で認可申立てを行った構成員がクラス代表者に任命される。	―
デンマーク	オプト・インとオプト・アウトの併用	司法運営法23章a（2008年1月1日施行）	①クラス構成員 ②団体（訴訟がその団体の目的に合致する場合） ③法律の定めた公的機関（消費者オンブズマン） ※オプト・アウト型の場合は③に限る。	（オプト・アウト型について） 少額請求のため個別訴訟が期待できないことが明らかであり、オプト・インを待つことも当該請求の扱いとして不適切である場合 少額とは、法案の理由書等では、1人当たり、2000デンマーククローネ（約3万円）以下の請求とされていたようである。
ノルウェー	オプト・インとオプト・アウトの併用	民事紛争における調停手続及び訴訟手続に関する法律（2005年紛争法、2008年1月1日施行）	①クラス構成員 ②特定の利益の保護を目的とする組織団体（提起される訴訟がその目的に合致するもの） ③特定の利益の保護を目的とする公的機関（提起される訴訟がその目的に合致するもの）	（オプト・アウト型について） 請求金額が非常に小さく、相当多数の者にとって個別訴訟の提起が困難であり、かつ、個別審理の必要がある争点が生じることはないと判断される場合
スウェーデン	オプト・イン	集団訴訟手続法（2003年1月1日施行）	①クラス構成員 ②消費者又は給与生活者の利益擁護を目的とする非営利団体（構成員数や存続期間などに関する要件はなく、アドホックな団体やわずか数人の団体であっても団体による集団訴訟の当事者適格が認められ得る。） ③集団構成員を代表するのに適切な公的機関（現に認められているのは、消費者オンブズマン及び環境保護局のみ）。	―
ブラジル	二段階型	公共的民事訴訟法（1985年制定） 消費者法（1990年制定）	①検察庁 ②連邦・州・市郡および連邦区 ③行政権を直接又は間接に行使する公的機関及び省庁 ④少なくとも1年以上前に合法的に設立された団体であって、その目的が消費者法が定める利益及び権利の保護を含むもの ※上記は消費者法による場合である。	―

資料⑤　諸外国の制度(1)

手続追行の要件 (争点の共通性・支配性、手続の優越性など)	訴訟追行許可の手続	訴訟追行許可に対する上訴
①多数性 ②争点の共通性 ③代表の請求の典型性 ④代表の適切性 ⑤共通争点が他の争点に優越するものであること(支配性) ⑥他の手段よりもクラスアクションが適切と認められること（優越性）	裁判所によるクラス認証。	申立て可能、控訴裁判所が裁量により受理することができる。
①訴答書面（訴状）に訴訟原因が示されていること。 ②構成員が識別可能であること（構成員の特定までは不要） ③代表原告が上記〔左記〕手続追行欄※の要件を具備していること ④クラスに共通の争点が存在すること ⑤クラス訴訟が訴訟手続として望ましいこと	代表原告となろうとする者が提訴後一定期間内に認可の申立てを行い、裁判所が認可要件の具備を審査。	・認可拒否や認可取消しについて当事者は中間上訴裁判所に上訴できる。 ・当事者が不服申立てをしない場合、構成員も、上位裁判所の許可を得て、クラスを代表して上訴することができる。 ・認可決定について当事者は、上位裁判所の許可を得れば中間上訴裁判所に上訴できる。
①各構成員の請求が、同一、類似又は関連する、法律上又は事実上の問題を提起すること ②主張されている事実から結論を正当化すると見られること ③クラスの構成により他の訴訟形態の適用が困難又は実効的でないこと ④裁判官が代表の地位を付与する構成員がすべての構成員の適切な代表者であることを保障できること	集団訴訟を提起しようとするクラスの構成員が申立てを行い、裁判所による事前の認可を得た場合に限り、構成員は集団訴訟を提起することができる。認可のために必要な要件は上欄〔左欄〕①～④のとおり。 認可の可否の判断は判決によってなされる。	・申立てに対し不認可の判決がなされた場合、申立人は控訴できるが、認可された場合の判決は控訴の対象とならない。 ・クラス構成員は控訴院裁判官の許可を得て控訴することができる。
①複数の者に共通する請求であること ②請求の審理のためにクラスアクションが最良の方法であること ③クラスのメンバーが特定可能で、訴訟手続につき適切な方法で通知が可能であること ④クラスの代表者の選任が可能であること	認可手続あり。裁判所は要件が満たされている場合にクラス代表者を指名し、クラス範囲の決定等を行う。	・上訴可能。 ・クラス構成員は、その訴訟に参加し自己の請求につき個別訴訟として訴訟を続行できる。
①複数の者が同じ事実または法的根拠に基づいている請求又は債権があること ②複数の請求が、同一の構成による裁判所によって審理可能であり、かつ、同一の手続規則に基づいて大部分は審理することが可能であること ③当該複数の請求を処理する手段として集合訴訟手続が最も適切であること ④集団の代表を任命する根拠があること	裁判所は、集団訴訟として認可するか否かを可能な限り迅速に決定しなければならない。	集団訴訟として適格でないという判断に対しては、上訴可能。
①当該訴訟が、当該団体の構成員間で共通の、または同様の性質の状況に基づくものであること ②訴訟申立てが、当該集団の構成員による請求の根拠に関して、他の請求から相当程度に一致しないという判断をされないこと ③当該申立ての大部分が、個人的な訴訟によっては同程度に十分には追求され得ないものであること ④当該集団が、その規模、範囲、その他の点を考慮して適切に特定できるものであること ⑤集団代表が集団の構成員を適切に代表するものと判断できること	・要件を満たさないことが判明した時点で却下される。 ・訴訟手続の原告である者は、地方裁判所への申立書面により、当該訴訟事件を集団訴訟の形態に変更すべきことを要請することができる。	不服申立て可能。
同種個別的権利（共通の原因から生じる権利）に関する請求であること。 ※そのほか、拡散的権利、集合的権利の保護を目的とする訴訟も提起し得る。	―	―

資料⑤　諸外国の制度(1)

国名	通知・公告 （主体、方法など）	対象消費者の手続への関与の方法	判決効	判決に対する上訴	和解・取下げの規律
米国（連邦民事訴訟規則・b(3)型）	・クラス代表者が実施。ただし、裁判所は、相手方当事者に通知するように命じることもできる。 ・告知費用は原則原告負担。原告勝訴の場合、裁判所は被告に負担させることができる。	・オプト・アウトしない者は、自己の弁護士を通じて参加可能。	オプト・アウトしなかったクラス構成員に対し、有利にも不利にも及ぶ。	手続に参加していない限り上訴できない。	・裁判所の許可が必要。裁判所はヒアリングをする必要がある。 ・クラス構成員は、和解内容に異議を述べることができる。 ・改めてオプト・アウトの機会を保証する必要がある。
カナダ（オンタリオ）	・裁判所が告知不要とした場合を除き、代表当事者が告知を実施。 ・裁判所は、通知費用について当事者間での分担を命じることを含め適切と考える決定ができる。	・裁判所は、クラス構成員の訴訟参加を許可することができる。	オプト・アウトしなかったクラス構成員に対し、有利にも不利にも及ぶ。	・代表原告が上訴しない場合、クラス構成員による上訴可能（州最高裁判所の許可が必要）。 ・個別の請求に対する決定について、クラス構成員による中間上訴裁判所への上訴可能。	・裁判所の承認が必要。 ・和解は、裁判所の許可を得なければ効力を生ぜず、逆に、裁判所が許可した和解はクラス構成員全員を拘束する。 ・和解を通知するか否かは裁判所が定める。
カナダ（ケベック）	・集団訴訟提起の認可を行った裁判所は、判決により、新聞、ラジオ、宣伝ポスターなどにより、構成員に向けて集団訴訟の内容の説明等について公告を行うよう命じる。 ・通知方法は、裁判所が裁量的判断によって定める。 ・通知の費用についても、集団訴訟に基づいて設立された公法人である集団訴訟支援基金による援助を受けることができる。	構成員は、代表者を補助し、その請求を支えるためにのみ、任意に参加することができる。 裁判所は、構成員の参加がクラスに有用であると認める場合、参加を認める。	オプト・アウトしなかったクラス構成員に対し、有利にも不利にも及ぶ。	・いずれの当事者からも控訴可能。 ・代表者が控訴せず、又はその控訴が棄却された場合、構成員は、控訴院に対し、控訴をし、代表者に代わる旨の許可を求めることができる。	・訴えの取下げは裁判所の許可及び裁判所が認める場合を満たさない限り、認められない。 ・和解の受諾又は認諾については、裁判所の許可を得ることが必要。和解の通知が構成員に対してなされなければ許可は付与されない。
デンマーク	・通知の書式や方法は裁判所が決定する（個別通知に限定されず、公告の方法によることもできる）。 ・通知の実施は代表原告に命じてさせることができ、この場合は裁判所は代表原告に通知のための費用を支払う。	・訴訟が取り下げられ、却下される場合において、構成員は4週間以内に当事者として参加して個人の訴訟として続行することができる。	・オプト・イン型の場合には、参加申出をした者、オプト・アウト型の場合には脱退申出をしなかった者に判決効が及ぶ。	・代表原告が上訴しない場合、代表者となり得る者は上訴し、代表者は上訴した者に変更される。 ・上記の上訴がなされなかった場合、自己の請求について独立の控訴可能。この場合、控訴審は個別訴訟として行われる。	・代表原告による和解は裁判所の認可により効力を生ず。 ・代表原告の訴えの取下げの場合、構成員は4週間以内に当事者として参加して、個人の訴訟として続行することができる。
ノルウェー	・集団訴訟が容認された場合、裁判所は、集団訴訟に参加可能な者（オプト・アウトの場合はクラス構成員）に対し、通達、公示またはその他の方法で集団訴訟が提起されたことを通知する。 ・通知の内容・方法は裁判所が決定することとされ、この決定により、通知・公告の実施者・費用負担者が集団代表者とされることがある（裁判所が通知を行う場合の費用は裁判所が負担）。	―	・判断の時点における集団構成員たる者を拘束する。 ・集団構成員は、判決確定まではオプト・インを撤回できるが、終局判決後・確定前に離脱した場合も判決に拘束される。	・判決後離脱した場合には、離脱した構成員は個人訴訟における上訴の方法により行う。上訴期限は、集団の上訴期限の1か月後、集団が上訴した場合はその後も可能。	・オプト・アウト型の和解は裁判所の認可を要する（オプト・イン型では不要）。
スウェーデン	・団体訴訟手続開始の申立てが却下されない場合、裁判所は適切であるとされる範囲において、通知がなされる。 ・通知は、裁判所により適切であると考えられた方法により行われ、費用は国庫負担。	・クラス構成員は手続に参加して、当事者として行動することが可能である。	オプト・インの届出をしたすべての集団構成員に対して法的効力を有する。	・集団の構成員は、集団のために上訴することができる。 ・集団の構成員は、自己の権利に関する判決又は裁定に対して、自らのために不服申立てをすることができる。	・集団訴訟手続において集団を代表して締結する和解は、裁判によって確認されることにより有効となる。
ブラジル	官報等に公告すれば足りるとされており、クラス構成員に対する個別通知は必要とされていない。	共同訴訟人として参加することができる。	同種個別的権利の保護を目的とする場合、すべての被害者及びその他相手人の利益に適う請求認容判決に限り、対世効を有する。	―	・クラスアクションに特有の規定はない。ブラジル民事訴訟法では、和解には裁判官の許可を要するとされている。

604

資料⑤　諸外国の制度(1)

他の訴訟との関係	訴訟費用・弁護士費用の負担の方法	分配手続の概要
・オプト・アウトするか、個別訴訟を取り下げるかにより調整すべきだが、調整がなされず判決がなされた場合には、判決効の問題として処理される。	・弁護士報酬は各自負担。 ・弁護士報酬額は裁判所が定める。 ・クーポン和解の場合、クーポン付与に起因する部分は償還されるクーポンを基準とする。 ・実費も含め完全成功報酬制。	・当事者が管財人を選定。裁判所の承認を得て、管財人が分配。 ①個々の損害額が確定している場合、直接個々人に支払う。 ②個々の損害額が確定していない場合、クレーム手続を実施。 ③分配が非効率的である場合、クラス構成員の把握が極めて困難な場合等、クラス構成員への分配・交付を行わない場合あり。
・係属中は、構成員の権利の出訴期限の進行が停止。 ・訴訟が係属する裁判所は、職権により、又は当事者もしくはクラス構成員の申立てにより、当該クラス訴訟に関連するいかなる訴訟についても、適切と考える条件の下に手続を停止することができる。	・訴訟費用は敗訴者負担（裁判所の裁量で制限可能）。 ・代表原告と弁護士の間で書面で契約し、裁判所の承認を得なければ拘束力を生じない。 ・実費も含め完全成功報酬契約をする。	①「総額査定」が行われた場合、裁判所は、認容額の全部又は一部がクラスの構成員の一部又は全員に平均的又は割合的に共有されるように充当する旨を定めることができる。 ・裁判所は、判決で認容した額につき、分配方法を指定して被告による直接分配やその他の者による分配を命じることができる。 ・裁判所は、認容額の全部又は一部が裁判所の定めた期限までに分配されずに残った場合、クラス構成員に利益をもたらすと合理的に期待される何らかの方法での使途に充当すべきことを命ずることができる。 ②個別の争点を審理する手続が定められており、また共通争点についての判決をすることができる。
―	・訴訟費用はクラス代表者が負担。このため集団訴訟援助基金による財政的援助が存在している（ただし、原則として法人は財政的援助を受けることができない)。	・終局判決において、構成員の権利が集団的回収により回復されるか、又は個別の請求の対象となるかが命じられる。 ①集団的回収の場合、回収された金員は、個別の請求と同様の方法により個別に清算・配当するか、裁判官の裁量的判断によって、クラス全体に共通する便宜を図るなどの方法による配当措置がとられる。 ②個別的回収の場合、終局判決の通知から1年以内に裁判に自らの権利を届出る。裁判所は自ら、あるいは裁判所が定める方法により判断するよう書記課に命ずる。
―	・弁護士費用も含め敗訴者負担 ・代表原告及びオプト・インした構成員は訴訟費用の負担を命ぜられる。構成員の負担は担保額と利益を受けた額の合計の限度。 ・オプト・アウト型は、オプト・アウトしなかった者も含め、被告に対しても代表原告に対しても訴訟費用の負担が命じられることはない。	・オプト・アウト型の場合共通争点についての確認請求について確認する判決がなされることが想定されている。 ・判決確定後、個々の構成員は個別に支払を求めることになるので、分配手続は存在しない。
・個人訴訟の方法で訴えを提起した者は離脱したものとみなされる。 ・オプト・アウト型の場合は、個人訴訟が却下された時にはこの効果は失効する。	・弁護士費用も含め敗訴者負担 ・訴訟費用はクラス代表者が負担義務を負う。 ・オプト・イン方式の場合、構成員の登録時に、裁判所は、裁判所が定める限度額まで引き受けるべき旨を定める。前払を命じることもできる。 ・オプト・アウト方式の場合負担責任がない。	・総額判決は認められておらず、判決で個々の構成員の金額を明示する必要がある。 ・執行については特別の規定はない。
・同じ当事者間で既に裁判の対象とされている問題について新たに提訴することはできないため、集団の構成員が当事者であると、進行中の個人の訴訟がある場合は係属関係が裁判障害となり、集団訴訟によって同じ内容の請求の裁判をすることができない。	・弁護士費用も含め敗訴者負担 ・代表原告は、自らの訴訟費用を負担するほか、敗訴の場合は被告の訴訟費用も負担する。 ・集団構成員は通常の手続の当事者とならないため、原則として費用の責任負担はない。	執行について特別な規定はない。
個別訴訟が優先するが、当該個別訴訟において、被告から原告に対し、クラスアクションの存在を通知した場合、原告は30日以内に訴訟を継続するか中止するかを決めなければならない。継続するとした場合、その原告はクラスアクション判決による利益を受けられない。	・一般の訴訟においては敗訴者負担であるが、悪意の提訴を除き、被告の弁護士費用等の負担義務をクラスアクション原告は負わない。	・同種個別的権利の保護を目的とする場合は、概括給付判決がなされ、判決清算により個々の消費者の債権額を定める。 ・概括給付判決後1年以内に十分な数のクラス構成員が判決清算を行わない場合には、クラスアクションを提起した原告に概括給付判決を清算する権限が与えられる。

605

資料⑤　諸外国の制度(2)

資料⑤　諸外国の制度(2)

出典：集団的消費者被害回復制度等に関する研究会報告書参考資料17

国名	制度の名称（類型）	根拠法	制度趣旨	主体
アメリカ合衆国	クラス・アクション（オプト・アウト型）	連邦民事訴訟規則第23条（1966年改正）	・裁判所にとっての運営上の能率 ・原告にとっての個人補償 ・抑止	クラス構成員
	パレンスパトリー（オプト・アウト型）	ハート・スコット・ロディーノ法（クレイトン法第4条c-h：15USC15c-h）	・自ら訴訟提起することのできない人のために代わって権利を行使し被害回復を得させるもの。 ・侵害行為をやめさせ、将来にわたり抑止すること。	州司法長官
カナダ（オンタリオ州）	クラス・アクション（オプト・アウト型）	クラス訴訟法（オンタリオ州法、1992年成立）	・裁判所へのアクセス保障（個々人では実際上提訴不可能な埋もれた請求権の復活） ・司法経済（重複審理の回避） ・違反行為者の行動修正（法の不遵守の抑止）	クラス構成員
オーストラリア	代表手続・representative proceedings（オプト・アウト型）	連邦裁判所法第ⅣＡ編（1991年改正により追加）	司法へのアクセスを保障する。	クラス構成員
デンマーク	クラス・アクション（併用型：原則はオプト・イン型、例外としてのオプト・アウト型）	Administration of Justice Actの23章（2007年2月28日成立、2008年1月1日施行）		①クラス構成員 ②団体（訴訟がその団体の目的に合致する場合） ③法律に定めた公的機関（消費者オンブズマン） ※オプト・アウト型の場合は、上記の公的機関に限る。
ノルウェー	クラス・アクション（併用型）	民事紛争における調停手続及び訴訟手続に関する法律（2005年紛争法、2008年1月1日施行）		①共通の利益を有する潜在的集団に属するあらゆる人 ②特定の利益の保護を目的とする組織団体（提起される訴訟がその目的に合致するもの） ③消費者委員会などの公的機関
スウェーデン	集団訴訟手続（オプト・イン型）	集団訴訟手続法（2002年成立、2003年1月1日施行）		①私的集団訴訟；集団訴訟の対象となる請求権を有する者。 ②団体訴訟；消費者又は給与生活者の利益擁護を目的とする非営利団体（構成員数や存続期間などに関する要件はなく、アドホックな団体やわずか数人の団体であっても、団体による集団訴訟の当事者適格が認められうる）。 ③公的集団訴訟；集団構成員を代表するのに適切な公的機関（現在、認められているのは、消費者オンブズマン及び環境保護局のみ。）。 ※訴訟係属中に当事者適格を基礎づける事情の変更が生じても当事者適格は消滅しない。

資料⑤ 諸外国の制度(2)

請求の内容	審判対象	要件			
		多数性	争点の共通性	代表の請求の典型性	代表の適切性
b (1)、(2)類型	・事件類型に限定がない。 ・(b) 2 類型は、差止命令、宣言的判決（ある行為が違法であることを確認するもの。）を求める場合に用いられる。	個別の請求権	○	○	○	○
b (3)類型	・事件類型に限定がない。 ・実際上金銭請求に用いられることが多い。		○	○	○	○
・シャーマン法違反（取引制限、独占） ・3倍賠償金を請求することができる。	個別の請求権				
事件類型に限定がない。	個別の請求権	・識別可能な2人以上	○	―	○
・事件類型に限定がない ・エクイティ上の救済を求めるものや、法律上、事実上の争点の裁定、責任の宣言も可能	個別の請求権	・7人以上の構成員がいること。	○	―	○
事件類型に限定がない。	被告の責任（違法行為の存在及び支払義務）について審理判断する（メンバーの個々の請求権につき審理判断するものではない。）。	(前提としていると思われる。)	○（複数の者に共通する請求であること）	―	
・民事訴訟法における一般制度であり、適用対象に限定はない。 ・差止請求、損害賠償請求、引渡請求など請求方法を問わない。 ・オプト・アウト型が想定しているのは、銀行、保険、電力、ブロードバンドなどの継続的サービスにおける料金の過剰請求など、個々の被害は少額で個別訴訟になじまないうえに、被害形態が均一で個別争点がない事件。	個別の請求権		○（事実上又は法律上の基礎が同一又は実質的に共通である権利又は義務の存在）		―（代表は裁判所が任命することからと思われる。）
事件類型に限定がない。	個別の請求権		○（集団構成員らの請求が共通又は類似する事実に基づくこと）		○（原告が集団構成員を代表するに適切であること）

資料⑤　諸外国の制度(2)

国名	要件			
	共通争点の支配性	手段としての優位性	金額	その他
アメリカ合衆国	—	—	・連邦管轄である必要があるので、クラス代表者の請求が75000ドルを超えているか、100人以上のクラスであって合計額が500万ドルを超えている必要がある。 ・個々のクラス構成員の請求が高額な事案については優位性の要件が問題となりうる。	
	○	○		
			法律上規定はないが、実際の案件としては、少額なものが多い。	州民である自然人のみを代表する。
カナダ（オンタリオ州）	—（ただし、クラス・アクションによることが訴訟手続として望ましいことの判断のなかで事実上要素となる。）	○（クラス・アクションによることが訴訟手続として望ましいこと）	—	訴答書面において訴訟原因を示すこと。
オーストラリア	—	—	—	申立書において、グループ構成員を記述または同定していること、請求の性質および求められている救済が特定されていること、共通の法律上、事実上の争点が特定されていることが必要
デンマーク		○（請求の審理のためにクラス・アクションが最良の方法であること）	（オプト・アウト型について）少額請求のため個別訴訟が期待できないことが明らかであり、オプト・インの手続では請求の審理が適切に行えない場合（立法理由書では、少額とは1人当たり2000クローネ（1クローネ＝約20円）以下の請求をいうとされる。）	クラスのメンバーが特定可能で、訴訟手続につき適切な方法で通知が可能であり、クラスの代表者の選任が可能であること
ノルウェー	—（ただし、オプト・アウト型については、個別審理が必要な個別争点の不存在が要件となる。なお、共通争点と個別争点を分離する手続がある。）	○（クラス・アクションが最も適切な手続であること）	（オプト・アウト型について） ・請求金額が非常に小さく、相当多数の者にとって個別訴訟の提起が困難であること ※金額が小さいこと自体が本質的要素というよりも、そのことによって個別訴訟の提起ができなるかどうかがポイント（したがって、「少額」の具体的な額は明記されていない。事件ごとに幅がある。）	・同一の構成による裁判所による審理が可能であること ・同一の手続規則に基づく審理が可能であること ・集団代表者の選任が可能であること
スウェーデン	○（一部の集団構成員の請求が他の者の請求と本質的に異なることにより、集団訴訟とすることが不適切である場合でないこと）	○（請求の大部分が集団構成員の各自による個別訴訟では集団訴訟と同等の訴訟追行をすることができないこと）	—	・集団の範囲が適切に特定されること ・裁判所は、原告が集団を適切に代表できないと判断したときは、当事者適格を有する他の者（個人、団体、公的機関）を、訴訟を続行するための新たな原告として任命しなければならない。

資料⑤　諸外国の制度(2)

		クラス認証	※スウェーデンにおいては、集団訴訟手続の開始に関する原告の申請が却下されないこと		
時期	判断者	クラスの分割等	クラスの変更	不服申立て	その他
実務上可能な早期の段階	裁判所	サブクラスに分割することや、一部の請求や争点についてクラス認証することも可能。	クラスの範囲の変更や認証の取り消しが可能。	申立可能、控訴裁判所が裁量により受理することができる。	当事者に対するヒアリングが行われている
クラス認証手続はない。					
認証の申し立ては、被告の最終答弁書、防衛意思通知書、出廷通知書が送達された日および最終答弁書、防衛意思通知書、出廷通知の送達のために裁判所規則で定められた期間がそれらの送達のないまま経過した日のいずれか遅い日から90日以内にすることができ、それ以降は裁判所の許可が必要。	裁判所	サブクラスに分割することが可能。	クラス認証の変更や取り消しが可能。	・認証拒否や認証の取り消しについて当事者は中間上訴裁判所に不服申立ができる。 ・認証について、上位裁判所の許可を得て当事者は中間上訴裁判所に不服申立ができる。 ・当事者が不服申立をしない場合、クラス構成員も、上位裁判所の許可を得てクラスを代表して不服申立をすることができる。	認証を拒否した場合や取り消した場合、個別訴訟として継続することを許可することができ、訴答の変更等必要な命令を行うことができる。
裁判所が許可しない限り、代表手続の審理は離脱できる期日よりも前に開始してはならない。		サブクラスに分割することが可能。	・手続開始後に生じた請求についてクラスに含むことを許可できる。 ・グループ構成員への金銭の配分について、配分費用が、支払うべき総額を考慮すれば過大であるときに、裁判所は手続きが続行されないことの命令ができる。この場合、代表者の個別訴訟になり、グループ構成員は参加できる。	申立て可能（代表当事者またはサブグループの代表当事者がする。判決が、構成員の請求に共通の争点に関するものである限り、不服申立ては可能）	
	裁判所			・クラス・アクションの認可決定に対しては、上訴が提起できる（上訴が提起されず、本案の審理が開始した後は、認可を争うことはできない。）。	
可能な限り迅速に行う。	裁判所	サブクラスに分割することが可能。	認可決定の取り消し、変更が可能。この場合集団に含まれなくなった、クラス構成員は自らの請求について個別訴訟としての審理を続行することを求めることができる。	認可決定について上訴可能。	
	裁判所	裁判所は、それが合目的的な取扱いを促進するときは、原告と並んで又は原告の代わりに若干の集団構成員のみに関する問題又は本案の一部について事件を追行する者を任命することができる。	裁判所は、それが事件における判断の著しい遅延を起因することなく、かつその他に被告のために著しい不利益なしに行われるときは、原告が集団訴訟を集団構成員の他の請求または新たな集団構成員を包含するように拡大することを認めることができる。		

609

資料⑤　諸外国の制度(2)

国名	管轄	判決効	通知 主体	通知 時期対象方法
アメリカ合衆国	・連邦裁判所の管轄がある必要がある。 ・土地管轄等は一般原則による。	オプトアウトをしなかったクラス構成員に対し、有利にも不利にも及ぶ。	クラス代表者（ただし、裁判所は相手方当事者に通知するように命じることもできる。）	裁判所は通知を指示することができる（通知を指示しないこともできる。）。 合理的な努力により特定できる構成員に個別の通知が必要。
	被告について管轄のある連邦地裁	オプトアウトしなかった州民に対し有利にも不利にも及ぶ。	州司法長官	新聞、雑誌、ウェブサイト、店頭への掲示などの公告による。裁判所は別の通知の方法を指示することができる。
カナダ（オンタリオ州）	・上位裁判所 ・土地管轄は一般の規定による。 ※オンタリオ州では、上位裁判所が少額訴訟など特殊な訴訟を除いて中核的な役割を果たす裁判所であり、事実審部と中間上訴裁判所に分かれている。	オプトアウトをしなかったクラス構成員にたいし、有利にも不利にも及ぶ。	クラス代表者（裁判所は相手方当事者に通知をするように命ずることもできる。）	・クラス認可、個別争点の審理への移行や、クラス構成員の利益確保のために裁判所が必要とした場合に、通知がなされる。 ・実行可能な通知で足りるとされ、裁判所が方法を定める。個別通知のほか公告による場合もある。 ・裁判所は、通知を免除することも可能。
オーストラリア	連邦裁判所	オプトアウトをしなかったクラス構成員にたいし、有利にも不利にも及ぶ。	裁判所と思われる	・手続の開始、オプトアウトの権利、相手方の却下の申立て、代表当事者の和解による代表当事者でなくなること、そのほか裁判所が必要とした事項に関して通知が必要 ・通知の方法は裁判所が定める。 ・合理的に実行可能であって、過度に費用がかかることはないと確信した場合でない限り、裁判所は個別通知を命じてはならない。 ・裁判所は、損害賠償の請求を含まない場合には通知を免除することができる。
デンマーク		オプト・インをした（オプト・アウトをしなかった）メンバーは、訴訟の当事者ではないが、判決効を受ける。	クラス代表者	・裁判所が書式と内容を決定する。 ・個別通知若しくは宣伝・公告又は両者の併用。 ・メンバーの大多数がクラス・アクションの係属及びオプト・イン又はオプト・アウトの可能性を知ることができるような方法でなければならない。個別通知が可能であり不相当な費用がかからない限りは個別通知によるべきであるが、一般的な宣伝・公告が要件を充たさないとはいえない。
ノルウェー	すべての地方裁判所（管轄の限定はない。）。	その判断の時点における集団構成員たる者を拘束する。	裁判所が定める（裁判所が行う場合、クラス代表者が行う場合がある。）。	・クラス認可後、クラス・メンバーへの通知が必要（オプト・イン、オプト・アウト共通） ・通知の方法は、通知、広告、その他の方法 ・通知内容、通知方法、その他の事項は裁判所が決定する。
スウェーデン	政府が指定した地方裁判所（少なくとも各県に1つ）及び環境裁判所	オプト・インの届出をしたすべての集団構成員に対して法的効力を有する。	裁判所と思われる	・集団訴訟の申立てが却下されないときは、集団構成員に対して手続開始の告知がなされる。 ・裁判所が適切であると考える方法により行う（公告もあり得る。）。

資料⑤　諸外国の制度(2)

離脱の時期・方法 ※スウェーデンについては、オプト・インの時期・方法	他の訴訟との関係、参加等		
	個別訴訟との関係	他の集団訴訟との関係	個人（構成員）による手続参加の可否・方法等
オプトアウトの権利の付与は義務的でない。	オプトアウトをするか、個別訴訟を取り下げるかにより調整すべきだが、調整がなされず判決がなされた場合には、判決効の問題として処理される。	・平行して進行し、判決効の問題として処理される。 ・複数地区訴訟司法委員会の判断で一つの裁判所の元に事件を集中するか、クラス認証において除外するなどの調整がされることがある。	オプトアウトしない者は、自己の弁護士を通じて参加可能
・オプト・アウトの権利の付与は義務的。 ・裁判所の定めた時までに、裁判所に対して行う（特別の手続きを指定することあり）。			
・裁判所の定めた時までに、裁判所に対して行う（15usc1c（b））。	・裁判所は重複する損害を除外しなければならない（15usc15c（a））。 ・オプトアウトをするか、個別訴訟を取り下げるかにより調整すべきだが、調整がなされず判決がなされた場合には、判決効の問題として処理される。	・裁判所は重複する損害を除外することができる（15usc15c（a））。 ・裁判所が事件を併合することや一部の者をクラスから除外して調整する。 ・クラス・アクションが適切に遂行されていれば、あえて州司法長官が訴訟を起こすことは少ない。	
・オプトアウトをすることができる。時期及び方法は、クラス認可の際裁判所が定める。	クラス訴訟が係属する裁判所は、職権により、または当事者もしくはクラス構成員の申立てにより、当該クラス訴訟に関連するいかなる訴訟についても、適切と考える条件の下に、手続を停止することができる。	クラス訴訟が係属する裁判所は、職権により、または当事者もしくはクラス構成員の申立てにより、当該クラス訴訟に関連するいかなる訴訟についても、適切と考える条件の下に、手続を停止することができる。	裁判所は、クラス構成員の訴訟参加を許可することができる。
・裁判所が定めた日までに書面で行う。 ・上訴審では離脱できない。			クラスメンバーにのみ関連する個別争点に関して決定するために手続きに参加することを裁判所が許可することができる。
第一審でしかできない。			
・オプト・インした後の離脱及びオプト・アウトとしての離脱が可能。 ・離脱にはオプト・イン登録の抹消又はオプト・アウトの登録を裁判所に対して行う。 ・離脱の時期は、判決の確定まで可能。判決がなされる前は、実体法上の請求権を失うことなく離脱できる。	・個人訴訟の方法で訴えを提起した者は離脱したものとみなされる。 ・オプトアウト型の場合は、個人訴訟が却下されたときにはこの効果は失効する。		
・裁判所が定める期間内に、書面で裁判所にオプト・インの届出をしない集団構成員は、集団から離脱したものとみなす。 ・いったんオプト・インをしても、届出期間の満了までは、オプト・インを撤回して集団から離脱することができる。 ・届出期間は事件ごとに裁判所が裁量で決定する（通常は2ヶ月ないし3ヶ月）。			集団構成員は、訴訟当事者ではない。しかし、除斥・忌避、訴訟係属、手続の併合、手続中の尋問、及び証拠に関するその他の事項に関し、訴訟手続法の規定の適用にあたっては、当事者と同視される。

資料⑤　諸外国の制度(2)

国名	個別事情と損害賠償額の認定		証拠収集	和解・取り下げ
	総額判決			通知等
アメリカ合衆国	・クラス全体の損害のみ確定し、個々の構成員の損害額はクレーム手続きで確定する方法も行われている。	・裁判所はサブクラスに分けることができる。 ・クラス構成員の損害額が容易に認定できる場合には、すべてのクラス構成員の損害額が認定される。 ・責任判断と損害額の判断を分けて、損害額の判断をスペシャルマスターを選任して行わせることがある。 ・統計的手法や専門家を利用し、クラス全体の損害額を認定することについては、肯定、否定双方の裁判例がある。	・ディスカバリーが認められている。	・すべてのクラス構成員に対し合理的な方法で提案された和解内容を通知をする必要がある。クラス構成員に直接通知が必要か、公告でよいかは、裁判例が分かれている。
	統計的手法やサンプル調査、合理的な推計方法により全体の損害が認定される（15usc15d）。		・州法によりCIDやサピーナが規定されており、提訴以前に、資料の提出や証言を要求できる。 ・訴訟においてディスカバリーを行うこともできる。	和解案は州民に対して公告をする。
カナダ（オンタリオ州）	・責任総額を合理的に算定できるのであれば、総額査定ができる。この場合、クラス構成員の一部又は全員に平均的又は割合的に共有されるように充当する決定ができる。その際、特別手続を定め請求期限を設けて請求させ、配分額を決めることもできる。	・一部のものに共通の争点がある場合にはサブクラスにわけ代表者をおくことができる。 ・共通争点の判断後、裁判官・弁護士等をrefereeに指名し、損害額や因果関係等の個別争点についてADR的手続を実施することができる。	・通常の手続で認められているディスカバリーが認められる。 ・裁判所の許可があれば、クラス構成員に対するディスカバリーが行える。 ・通常訴訟であれば証拠として許容されない統計的情報も証拠として利用可能	・和解の認可に当たってクラス構成員への通知が必要。 ・通知はクラス代表が行いその方法等は裁判所が定める。
オーストラリア	総額について合理的正確な査定が可能な場合には総額認定が可能。	一部のものに共通の争点がある場合には、サブクラスに分け代表者を置くことができる。	・ディスカバリーが認められている。	・裁判所は、クラス構成員に和解案の通知がなされない限り、和解案を承認しないことが可能。
デンマーク				・代表原告による訴えの取り下げは構成員に通知される。
ノルウェー	総額判決はできない。	・裁判所はサブクラスに分けることができる。 ・共通争点から個別争点を分離することが可能。 ・裁判を分割し、一部の者について先行して判断することができる。その後の手続において、特別の理由がない限り裁判所はその判断に拘束される。 ・クラス・アクションの判決では、個々のクラス・メンバーの損害額を特定する。		
スウェーデン		新しいルールは含まれていない。		・裁判所は、確証が求められる和解について、関係する集団構成員に通知しなければならない。

資料⑤　諸外国の制度(2)

和解・取り下げ	分配方法	不服申立て
・裁判所の許可が必要。裁判所はヒアリングをする必要がある。 ・連邦及び地方の司法長官又は監督機関に対して和解案等を通知する必要がある。 ・クラス構成員は、和解内容に異議を述べられる。	・当事者が管財人を選定し裁判所の承認を得て、管財人が賠償金の配分をする。 ・個々の構成員の損害額が認定されているときには小切手を送付 ・個々の損害が確定しない場合にもクレーム手続を行う。残余が生じた場合は、近似的配分をする例や、政府が取得する例がある。 ・クラス構成員の把握がきわめて困難であるとか、配分することが費用対効果の面で非効率である場合には、近似的配分を行う例もあるが、連邦裁判所は否定的。	手続に参加していない限り上訴できない。
・裁判所の許可が必要。裁判所はヒアリングをする必要がある。 ・連邦及び地方の司法長官又は監督機関に対して和解案等を通知する必要がある。 ・クラス構成員は、和解内容に異議を述べられる。 ・改めてオプトアウトの機会を保障する必要がある。		
裁判所の許可が必要（15usc15c（c））。	・分配方法は裁判所が裁量で定める（被告に一度州に入金させ、州あるいは業者に委託して分配することが多いが、被告に直接支払わせることもある。）。 ・被害者は配分額に不服があれば不足分を別個訴訟をすることが可能。 ・得られた金額が少額であったり、被害者の特定困難で配分が困難な事案では、裁判所は、民事制裁金として州の一般会計に帰属させることもできる。近似的配分も行われている。	
裁判所の承認が必要。	・判決で分配方法を指定し、被告による直接分配やその他の者による分配を命じる。 ・分配後残余が生じた場合は、近似的分配が可能、支出した当事者に返還することも可能。 ・分配に要する費用は、判決の果実から支払うことを命ずるか、裁判所がその他適切な方法を定める。	・クラス構成員は、代表原告が上訴しない場合に、州最高裁判所に不服申立についてクラスを代表することの許可を求めることができる。 ・個別の請求についての決定について、クラス構成員は中間上訴裁判所に不服申立できる（3000ドル以下の認容額のものは上位裁判所の許可が必要。）。
裁判所の承認が必要。	・分配方法（争いがある場合の裁定方法や権利の証明方法を含む。）は裁判所が定める。 ・裁判所が相手方に費用を負担させ、基金を設立させることができる。基金の残余は相手方に返還する。	・個別のクラス構成員の請求のみに関する争点については、その構成員と被告が上訴可能。 ・クラス代表が上訴しない場合、クラス構成員が上訴期間経過後21日以内にクラスを代表して上訴することができる。
・代表原告による和解は裁判所の認可により効力を生ずる。 ・代表原告の訴えの取り下げの場合、構成員は4週間以内に当事者として参加して、個人の訴訟として続行することができる。	・クラス・アクションの判決確定後、個々の構成員は、個別に支払いを求めることになるので、分配手続は存在しない。	代表原告、被告どちらも控訴しなかった場合、構成員による控訴ができる。この場合、控訴審は個別訴訟として行われる。
・オプト・アウト型クラス・アクションの和解は裁判所の認可を要する。 ・オプト・イン型は認可不要。		判決後離脱した場合には、離脱した構成員は個人訴訟における上訴の方法により行う。上訴期限は、集団の上訴期限の1ヵ月後、集団が上訴した場合はその後も可能である。
・集団訴訟手続において原告が集団を代表して締結する和解は、判決によって確認されることにより、有効となる。	・原告が勝訴した場合の損害賠償金の分配に関する特別の規定はない。	集団構成員は、集団のために上訴することができる。

613

資料⑤　諸外国の制度(2)

国名	訴訟費用・弁護士報酬		執行	保全
	通知の費用			
アメリカ合衆国	・クラス認証の通知をし費用を負担するのは、原則としてクラス代表であるが、成功報酬制を採用している。 ・裁判所は、相手方当事者にその費用負担をさせることができる。	・弁護士報酬は各自負担。 ・実費も含め完全成功報酬制によっている。 ・弁護士報酬の額は裁判所が定める。 ・クーポン和解の場合は、クーポン付与に起因する部分は償還されるクーポンを基準にする。	・クラス・アクションに特有な制度はない。 ・和解で解決することが多く、執行が必要になる事が少ない。	・クラス・アクションに特有の制度はない。 ・完全成功報酬制であるため、保全が必要になるような事件を提訴することは通常見られない。
	通知費用は被告が負担している例が多い。	・分配費用、司法長官の弁護士報酬・訴訟費用も被告が負担している例が多い。 ・弁護士報酬は裁判所が定める。		
カナダ（オンタリオ州）	・実費についても成功報酬制を採用している。 ・裁判所は通知費用を当事者間に配分することができる。	・弁護士報酬は敗訴者負担（公益に係るテスト・ケース等で裁判所が制限することができるが、あまり機能していない）。 ・弁護士報酬や実費を含め完全成功報酬制によっている。敗訴の場合の相手方の訴訟費用についても補償契約を行う。 ・クラスアクションの弁護士報酬契約は裁判所の承認を得なければ拘束力がない。 ・公的資金でクラス・アクションの費用を援助する制度があるが資金が十分でない。 ・クラス構成員は、自己の個別請求の決定以外の費用を負わない。		
オーストラリア	裁判所が定める。	・弁護士報酬は成功報酬制によっている。 ・クラス代表が支出した費用（被告から回収できるものを除いたもの）について、賠償金から支払うことができる。		
デンマーク		・代表原告及びオプト・インした構成員は訴訟費用の負担を命ぜられるが、構成員の負担は担保の額を上限とする。 ・オプト・アウト型は、オプト・アウトしなかった者も含めて、被告に対しても、代表原告に対しても、訴訟費用の負担を命じられることはない。		
ノルウェー	裁判所が通知する場合は裁判所の負担、クラス代表者が通知する場合はクラス代表者の負担	・クラス・アクションの費用は基本的にはクラス代表者が負う。 ・裁判所は相手方に負担を命じることができる。 ・オプト・イン型クラス・アクションの場合は、裁判所がクラス構成員にオプト・インの条件として費用を分担させる場合もある。 ・クラス代表者は裁判所の決定により報酬を受けられる。	・クラス・アクションは原則として判決手続のみ。執行手続は個別が原則。 ・オプト・アウト型クラス・アクションの場合は、例外的にクラス代表者が執行まで担当できる場合もある。	
スウェーデン	告知の費用は全て国庫により賄われる。	・集団構成員は訴訟当事者ではないため、一定の例外（被告が訴訟費用の負担義務を負うが、それを支払うことができないとき。集団構成員が過失又は懈怠によって発生させた訴訟費用）を除き、訴訟費用を負担しない。 ・原告と訴訟代理人との間の危険契約は、裁判所が認可した場合に限り、集団構成員に対して援用できる（危険契約は、事案の性質上、合理性が認められる場合にのみ認可される）。		通常の民事訴訟と同じ規定が適用される。

資料⑤　諸外国の制度(2)

時効	実績	その他
クラス構成員について時効の進行が停止し、手続から脱退すると時効が再度進行する。	・正確な統計はない。 ・95年から96年までの法律情報データーベースには、1020件のクラス・アクションが登録されており、記事データーベースには3243件が登録されている。証券関係、消費者関係、労働関係、不法行為、公民権訴訟などが多く行われている。	・州法上のクラスアクションも存在する。 ・被告クラス・アクションが可能。
	1980年から2004年までの州及びコロンビア特別区のパレンスパトリーは106件、同期間の州の行った反トラスト訴訟は1267件	・州法により消費者保護、反トラスト、証券取引等の分野に、パレンスパトリーが規定されている場合がある（消費者保護の分野ではあまり利用されていないとされる。）。 ・ハートスコットロディーノ法の制定経緯等について、①直接購入者の賠償と間接購入者の賠償の双方を認めた場合の被告の二重払いの危険への配慮、②連邦のクラス・アクションでは被害者が特定できれば、個別通知を要するので、クラス・アクションの運営が困難になるのでそれに対処することができることが指摘される。 ・連邦司法長官は、反トラストの措置を執る場合に州司法長官がパレンスパトリーを起こしうるときには通知をする（15usc 15f（a））。 ・連邦司法長官は州司法長官を支援するため資料の提供をする（15usc 15f（b））。
構成員の権利の出訴期間も進行を停止する。	・2008年2月までクラス認可の申し立てがあったのは224件、認可されたのは166件、89件が和解し、14件が判決に至っている。 ・米国のような濫用は少ないとされ、その要因として、陪審制がないこと、米国のような広範な懲罰賠償がないこと、敗訴者負担であるので慎重に事案を選ぶことなどが指摘されている。	被告クラスアクションが可能
構成員の権利の期間制限は停止し、オプトアウトするか、手続についての決定（権利を否定しないものに限る）がない限り、進行しない。	92年から97年までの申立件数は30件。	
	2008年9月の時点で、提訴は1件（大銀行による小銀行の吸収合併につき、買取額を不満とする少数株主が適正な買取額との差額の支払を請求した事件。）。	
	2009年3月時点で、提訴件数は不明であるが、FMG protected Masternoteが販売した貯蓄型金融商品が、詐欺であるという請求がオスロ裁判所に係属している。700名がオプト・インして賠償総額は4100万クローネである。	・オプトイン型について、被告クラス・アクションが可能。 ・訴訟手続は通常の民事訴訟と同じ。
	・法施行後、約6年間で12件が提訴された（公的集団訴訟が1件、私的集団訴訟が11件）。 ・公的集団訴訟としては、消費者オンブズマンが電力供給会社に対し、電力の供給を怠り消費者に被害を与えたとして、損害賠償を求めて訴えた事案がある。	

資料⑤　諸外国の制度(3)

資料⑤　諸外国の制度(3)

出典：集団的消費者被害回復制度等に関する研究会報告書参考資料18

国名	ブラジル	フランス
制度の名称	クラス・アクション	グループ訴権
根拠法	1985年公共的民事訴訟法 1990年消費者法（第81条以下において、集団的な権利救済手段について規定） ※なお、1988年連邦憲法において、国の消費者擁護義務及び集団的権利の擁護について規定されている。	2006年11月消費法典改正法案
制度の概要	一定の公的機関又は私的団体が、「集団的権利」の保護のため、裁判所に訴えを提起することができ、その判決の効力は、個人が有する権利を侵害しない限りにおいて第三者にも及ぶというものとなる。なお、同種個別的権利に関し、個人は、事業者の有責性及び抽象的な金銭支払義務の存在が確認された判決に基づき、個別に強制執行を申立てることによって損害額を確定し、被害の回復を図ることができる。	・第一段階として、裁判所は、訴えを提起された事業者に責任があると判断すると、責任についての確認的判決（この判決の効力は、被害者本人には及んでいない。第二段階での手続に参加した段階ではじめてこの消費者は当事者としての地位を得ることとなり、そこで第一の判決の既判力を援用することができる。）を下し、この判決において、有責判決を受けた行為に関係する全ての消費者に、この判決を知らせる方法を示し、消費者に意思を表明する期間を与える。 ※この判決は「混合判決」であり、独立の上訴が可能。 ・第二段階として、各消費者は、問題となっている事業者に対して損害賠償請求書を送付する（実際に被った損害を示す証拠書類を添付しなければならない。）。弁護士による代理は義務付けられていない。
制度趣旨	・違法または不当な行為に対する抑止力 ・司法アクセスまたはその他の方法によっては実現不可能な請求につき、補償を受ける道をもたらす。	
主体　公的機関	・司法長官事務所、連邦政府、州、地方自治体、連邦直轄区、行政機関	―
主体　私的団体	・設立目的が法で保護された利益及び権利の保護を含む法人（行政による事前の認可等は不要。）	・全国レベルの認可消費者団体
請求の対象（典型的な事例）	・集団的権利（拡散的権利、集合的権利、同種個別的権利の三種類に分けられる。） ・拡散的権利；特定の事案の事実状況のみによって結びついた、事前に無関係の不特定の人々の集団に属する、超個人的かつ不可分の権利。例えば、大気や河川の清廉性、広告の真実性、製品の安全性など。 ・集合的権利；超個人的かつ不可分の権利であって、グループのメンバー相互、あるいは相手方当事者との間に、法律関係による連結がある特定の人々に帰属する権利。例えば、銀行、クレジットカード会社、学校などが、過度の又は違法な手数料を顧客に請求する場合や、健康保険会社がある病気の治療に対する保険金支払いを拒否する場合など。 ・同種個別的権利；可分な個別的権利であるが、共通の発生原因を有する権利。例えば、詐欺的広告により消費者が損害を被った場合の損害賠償請求権や、健康保険会社の違法な支払拒否により各顧客が被った損害の損害賠償請求権など。 ・拡散的権利、集合的権利について、差止め、原状回復、特定履行、包括的損害賠償等を請求することがができ、同種個別的権利について、金銭請求の責任の確認を請求することができる。	・同一の事業者による契約上の義務の全部又は部分的な違反に起因して消費者が被った物的な損害及び用益侵害の回復（消費者が個別的に被った人身損害は除かれる。）。 ・対象となる請求権の金額について、デクレで定める一定の上限（2000ユーロに設定される予定であった。）を超えないことが必要。
請求の内容	・拡散的権利、集合的権利；差止め、原状回復、特定履行、クラスとしての包括的損害賠償等を求めることができる。 ・同種個別的権利；被告の責任の確認。ただし、1年以内に個別訴訟を提起しない場合には、クラス代表者がクラス全体の損害額を立証し、判決を執行することができる。	・事業者の消費者に対する責任の原因の確認。

資料⑤ 諸外国の制度(3)

国名		ブラジル	フランス
手続保障	判決効	・拡散的権利、集合的権利：有利にも不利にも集団に判決の効力が及ぶ。ただし、証拠不十分のために理由がないと認定された場合には既判力の効力は及ばない。 ・同種個別的権利；裁判所の判決が集団の利益に反する場合、原則として、集団の構成員の個別的権利には影響を及ぼさないが、有利な場合には集団の構成員が利益を受ける。	・第一段階の判決の効力は、個々の被害者には及ばない。 ・個々の被害者は、第二段階での手続に参加した段階で当事者としての地位を得ることとなり、そこで第一段階の判決（事業者の責任を認める確認の（宣言的）判決）に基づき、具体的な賠償額について履行強制を命じる判決を求めることができる。
	通知・公告	・拡散的権利、集合的権利；通知・公告の義務がない。 ・同種個別的権利；新聞への広告（1回のみ。）	
	離脱	・離脱は認められていない。	
他の訴訟との関係、参加等	個別訴訟との関係	・個別訴訟が優先するが、当該個別訴訟において、被告から原告に対し、クラス・アクションの存在を通知した場合、原告は、30日以内に訴訟を継続するか中止するかを決めなければならない。継続することとした場合、その原告は、クラス・アクション判決による利益を受けられない。	・個々の消費者は、事業者を相手に別の手続で損害の回復を図ることもできる。
	他の集団訴訟との関係	・特段の規定はおかれておらず、一般的ルールにより後訴は却下される。	
	訴訟手続への参加	・同種個別的権利についてのみ、クラス構成員は代表者を補助する目的で参加できる。 ・当事者適格を有する機関や団体は、同種個別的権利以外の場合も含め、手続に参加し原告を補助する権利がある。	・第一段階の確認判決の後、消費者が訴訟に参加する。
損害賠償額の認定		・拡散的権利、集合的権利について包括的損害賠償を求めることができる。 ・同種個別的権利については、有責性及び抽象的な金銭支払義務の有無を判断し有責給付判決をなす。 ※有責給付判決；ブラジルの民事訴訟一般で認められており、判決で被告の有責性及び抽象的な金銭支払義務の有無のみ判断し、強制執行段階で具体的な損害額を審理し確定させることができる。	・第二段階で個別に認定する。 ・裁判所は、消費者が提出した証拠書類のみを根拠として各消費者の損害額を認定する。
和解		・特別の規定はないが、ブラジル民事訴訟法上、裁判官の認可を要する（権利放棄や譲歩になるような和解はできず、履行方法に関してのみ和解がなし得る模様。）。	
不服申立て			
訴訟費用の負担、弁護士の成功報酬制の有無等		・弁護士費用敗訴者負担制度であるが、消費者法による訴訟については、各自負担。 ・消費者法による訴訟については訴訟費用の予納の必要がない。	・第一段階で事業者に責任があると判断した判決を消費者に知らせるために要する費用は、事業者が負担。
執行		・クラス構成員が、有責給付判決の強制執行を申立て、執行手続において損害額を審理する。 ・拡散的権利、集合的権利の包括的損害賠償及び同種個別的権利についてクラス代表が執行した分については、特別基金に組み入れられる。 ・1年以内にクラスメンバーが個別訴訟を提起しない場合には、クラス代表者がクラス全体の損害額を立証し、クラス判決を執行できる。	①裁判所は、第一段階で事業者の責任を認める判決をする場合には、消費者が当該判決を知り得るようにするため、あらゆる適切な方法による周知を命ずる。 ②個々の消費者は、第一段階で事業者の責任を認める判決に基づき、当該判決で定められた期間内に、当該事業者に対し、被害に相当する賠償を請求することができる。 ③事業者は、当該期間内に、消費者に賠償の申入れをするか、賠償拒絶の理由を示さなければならない。 ④事業者の賠償の申入れを拒否するか、期間内に何らの賠償の申入れも受けなかった消費者は、当該裁判所に請求書を送付する。 ⑤裁判所は、期間内に事業者から何ら賠償の申入れがない場合、又は事業者から申し入れられた賠償が明らかに不十分である場合には、割り当てられた賠償額の50%に等しい額を付加した金額を消費者に支払うよう命ずることができる。
実績		・サンパウロ州で2007年に提起された公共的民事訴訟は約1000件であった模様。	―
その他		・司法長官が監督者として手続参加の呼び出しを受ける。 ・被告クラス・アクションの規定はない。 ・各訴訟提起主体間の協同が図られている模様。	・第二段階において、弁護士の代理は義務的ではない。

事項索引

※文脈上、本文中の文言と一致していないものもあります。

〈英字〉

ADR 503
PIO-NET 469, 537

〈あ行〉

相手方のする公表 171, 532
按分説 293
異議後の訴訟 47, 266
　—における費用負担 528
　—の判決 278
異議の申立て 234
　—による訴え提起の擬制 265
　—による訴え提起の手数料 511, 528
　—の効果 238
　—の取下げ 240
異議申立管轄裁判所 237
異議申立期間 237
異議申立権者 236
異議申立権の放棄 240
慰謝料 87, 521
移送 110
著しい損害又は遅滞 116, 268
逸失利益 86
訴え提起の擬制 265
訴え提起の手数料 528
訴えの変更の制限 277
営業所 113, 117, 301

〈か行〉

開示義務 177
開示の対象となる文書 177
開示の方法 179
改善命令 443
ガイドライン 27, 328, 530
　—による費用・報酬基準 343
各自負担の原則 244
拡大損害 80, 277, 524

瑕疵担保責任に基づく損害賠償の請求 43, 73
合併 404, 488
仮差押え 35, 279
　—と時効 291
　—の執行に係る訴訟手続 48
仮執行宣言 47, 230
簡易確定決定 45, 47, 228
　—に対する異議の申立て 235
簡易確定手続 34, 45
　—開始決定 150
　—開始の公告 154
　—開始の申立て 146, 483
　—開始の申立義務 142
　—開始の申立ての取下げ 149
　—における証拠調べの制限 231
　—における費用負担 244, 247
　—における和解 213, 477
　—の開始要件 151
　—の送達の特例 263
　—の重複申立ての禁止 156
　—の費用 244, 247
簡易確定手続授権契約 203, 204, 357, 483
簡易確定手続申立団体 46, 153
管轄（異議後の訴訟） 268
管轄（仮差押え） 299
管轄（共通義務確認の訴え） 110
監督 442, 531
勧誘 93
　—をさせる事業者 93
　—を助長する事業者 93
　—をする事業者 93
関連する請求に係る訴訟手続の中止 319
期間の伸長 157
起訴命令 303
既判力 125, 225, 243
義務履行地 113, 301
強制執行 225, 243

事項索引

共通義務　50
共通義務確認訴訟　32, 45
　――における和解　126, 477, 525
　――の再審判決　323
　――の被告適格　92
共通義務確認の訴え　50
共通性　57
共同訴訟参加　130, 132, 284
業務規程　353
業務の公正な確保に関する措置　362
業務廃止（の届出）　410, 488
虚偽・誇大な広告・表示に関する事案　77, 523
金銭管理責任者　335
金銭その他の財産の管理に係る業務　327
苦情に係る相談に関する情報　468, 489
区分経理　441
経過措置　72, 492
継続性　330
契約上の債務の不履行による損害賠償の請求　43, 73
契約締結義務（簡易確定手続授権契約）　203
契約締結義務（訴訟授権契約）　272
契約締結上の過失　74
契約不成立　71, 494
経理的基礎　339
欠格事由　374, 376, 377
原告適格　6, 63
攻撃防御方法　277, 365, 428
公告（裁判所のする）　158
公告（特定適格消費者団体のする）　167, 485, 526
　――に要する費用　165, 252, 526
公表（相手方のする）　171, 532
公表（判決等に関する情報の）　465
公平義務　207, 273, 306
国際裁判管轄（仮差押え）　300
国際裁判管轄（共通義務確認の訴え）　117
国際裁判管轄（債権届出）　191
個々の消費者の事情によりその金銭の支払請求に理由がない場合　61

個人情報　430, 489
個人情報流出事案　83, 521
個別費用　248
　――の負担の裁判　250

〈さ行〉

債権届出　185
　――の期間　153, 157
　――の却下　210
　――の手数料　248, 512
　――の取下げ　220
　――の取下げの擬制　196, 415, 449
　――の内容の変更　219
債権届出団体　46, 197
債権の割り付け　282
最高裁規則　262, 323
財産権上の訴え　118
財産上の利益の受領の禁止　437, 476
再授権　198, 270
再審　63, 131, 321
裁判外の和解　131
裁判外紛争解決手続　503
財務諸表　386
債務の履行をする事業者　92
債務名義　230, 280, 513
裁量移送　115, 269
詐害再審　132
差額説　295
差止請求関係業務　329
参加　122, 256
事業者　41, 92
事業の譲渡の届出　407, 488
時効の中断　215, 291
事情変更による保全取消し　305
指定特定適格消費者団体　458
支配性　95
司法制度改革推進計画　9
集団的消費者被害回復制度等に関する研究会　15
集団的消費者被害回復に係る訴訟制度案　21
集団的消費者被害回復に係る訴訟制度の骨

619

事項索引

子 20
集団的消費者被害救済制度研究会 16
集団的消費者被害救済制度専門調査会 19
重要消費者紛争解決手続 505
受継 317, 416, 449, 452
授権（異議後の訴訟） 270
授権（簡易確定手続） 46, 194
　―の効力 455
　―の失効 197, 274
　―の取消し 195, 274
　―を欠いた場合 196, 275
授権契約 203, 271, 357
取得する可能性のある債務名義に係る対象債権 286
少額性 65, 529
証拠調べの制限 231
消費者 40
消費者契約に関する 68
消費者裁判手続特例法ガイドライン 27, 328, 530
消費生活相談情報 468, 489
情報開示義務 175
情報開示の対象 177
情報開示の方法 179
情報開示命令 181, 527
情報提供する場合の考慮要素 332, 436
情報の公表 465
情報の提供（国民生活センター及び地方公共団体からの） 469, 537
情報の提供（判決等に関する） 356, 435
知れている対象消費者 161
審尋 142, 183, 229
誠実義務 207, 273
精神的損害 87, 521
製造物責任法 76
正当な理由 143, 160, 168, 272
製品の安全性を欠く事案 76, 522
生命・身体損害 87, 277, 524
施行期日 490
施行前の事案 371, 493, 506
説明（義務） 198, 270, 530
説明すべき事項 201

説明の方法 199
全額説 296
善管注意義務 209, 274
専属管轄 268
選択説 293
専門調査会 19
送達 257, 263
　―の特例 263
送達場所の届出 263
相当期間 330
相当多数の消費者 56
訴額 102
組織体制 331, 369
訴訟授権契約 271, 357, 488
訴訟代理人 275, 318, 424, 453
訴訟代理権 275, 315
訴状の記載事項 103, 186
訴状の添付資料 109
訴訟の目的の価額 101
訴訟物 50
続行命令 275

〈た行〉

大規模事件の特則（管轄） 114
対象債権 33, 43, 103
　―の総額 286
　―の届出 186
対象債権及び対象消費者の範囲 103
対象事案 63, 520
対象消費者 44, 103
対象とされない損害 79, 524
多数性 56
他の特定適格消費者団体への通知義務 365, 420, 426, 488
担保取消し 283
中止 319
中断 317, 415, 449, 452
帳簿書類 378
通知（対象消費者に対する） 158, 485, 526
通知義務（他の特定適格消費者団体への） 365, 420, 426, 488
通知事項 162

事項索引

通知に要する費用　165, 252, 526
提訴手数料（異議後の訴訟）　279, 511, 528
提訴手数料（共通義務確認の訴え）　102
適合命令　443
適正性　330
手続を受け継ぐべき特定適格消費者団体の指定　449, 489
当事者適格　92, 272, 524
同種事件が係属する場合の移送　116
特定適格消費者団体　48, 524
　——の監督　531
　——の欠格事由　374, 376, 377
　——の申請内容の変更　403
　——のする仮差押え　279
　——の責務　99, 416
　——の認定　324, 479
　——の報酬　343, 421, 532
　——の連携協力　420
特定認定　326, 479
　——の（有効期間の）更新　401
　——の失効　197, 274, 283, 406, 411, 480
　——の申請　328, 393
　——の取消し　197, 274, 283, 317, 444
　——の有効期間　400
　——の要件　328
特別の利害関係を有する場合　361
届出期間　153, 157
届出債権　46
　——の認否　223
届出債権支払命令　230, 513
　——の認可　278
届出書　186
　——の記載事項　186
　——の送達　209, 265
届出消費者　187
　——の異議の申立て　236
　——への判決効の拡張　124
届出消費者表　222
　——の記載事項　222
　——の記載の既判力　225
　——の記載の効力　225, 242
　——の更正　223

　——への認否の内容の記載　225
　——への認否を争う旨の申出の記載　228

〈な行〉

任意的口頭弁論　141
認定の要件　328
認否　223
　——を争う旨の申出　226, 241
認否期間　154, 157

〈は行〉

配当要求　308
破産手続開始決定　262
判決効の拡張　124
反訴の禁止　278
被害回復関係業務　326, 331, 416
　——の実施に関し必要な事項　371
被害回復裁判手続　47
被告適格　66, 92, 524
必要的併合　121
被保全債権　281
　——の特定　293
秘密　434, 479
秘密保持義務　433
平等取扱義務　307
費用（特定適格消費者団体が支払いを受ける）　343, 422
費用の予納　148
費用負担（簡易確定手続）　244, 247
費用負担（特定適格消費者団体のする通知・公告）　165, 252, 526
費用負担命令　245
不適法な異議の申立て　237
不適法な債権届出　210
不当な目的でみだりに　417
不当利得に係る請求　70
不法行為地（管轄）　113
不法行為に基づく損害賠償の請求　43, 74, 494
併合（異議後の訴訟）　266
併合（共通義務確認訴訟）　120
変更の届出　402, 488

621

事項索引

弁護士に追行させる義務　423
報告　427, 488
報酬　343, 421, 532
法人格否認の法理　66
補助参加の禁止　122
保全異議　287
保全すべき権利　285
保全取消し　302
保全の必要性　282
本案の訴えの不提起による保全取消し　303
本案の管轄裁判所　301

〈ま行〉

見直し条項　495
民事執行の手続に係る訴訟手続　48, 318
民事訴訟法の準用　253
　：訴えの提起前における証拠収集　257
　：裁判によらない訴訟の完結　260
　：証拠　259
　：訴訟手続　256
　：訴訟費用　256
　：第1審の訴訟手続　257
　：判決　259

〈や行〉

やむを得ない理由　204
有価証券報告書等の虚偽記載に係る事案　75, 521
優先管轄　115
予納義務　148

〈ら行〉

濫訴　418
濫用的な異議申立て　241
理事会　337
理由の要旨　229
連携協力　365, 420
労働契約　43

〈わ行〉

和解（仮差押えにおける）　290
和解（簡易確定手続における）　213, 477
和解（共通義務確認訴訟における）　126, 133, 477, 525
和解（裁判外における）　131

執筆者一覧（50音順）

〈編集委員兼執筆者〉

伊藤　陽児（愛知県弁護士会、消費者契約法部会部会長）
岩城　善之（愛知県弁護士会）
大高　友一（大阪弁護士会）
河原田幸子（大阪弁護士会）
佐々木幸孝（東京弁護士会）
志部淳之介（京都弁護士会）

鈴木　敦士（東京弁護士会、編集委員長）
二之宮義人（京都弁護士会）
野々山　宏（京都弁護士会、消費者問題対策委員会前委員長）
本間　紀子（東京弁護士会）

〈執筆者〉

石田　光史（福岡県弁護士会）
井田　雅貴（大分県弁護士会）
上田　　憲（大阪弁護士会）
上田　孝治（兵庫県弁護士会）
上田　　純（大阪弁護士会）
大橋　賢也（神奈川県弁護士会）
釜谷　理恵（第一東京弁護士会）
北村　純子（兵庫県弁護士会）
城田　孝子（神奈川県弁護士会）
谷山　智光（京都弁護士会）

羽山　茂樹（福井弁護士会）
平尾　嘉晃（京都弁護士会）
舟木　　諒（群馬弁護士会）
前川　直善（金沢弁護士会）
牧野　一樹（愛知県弁護士会）
山本　健司（大阪弁護士会）
吉田　哲郎（香川県弁護士会）
吉野　　晶（群馬弁護士会）
吉村健一郎（第一東京弁護士会）

コンメンタール消費者裁判手続特例法

平成28年11月19日　第1刷発行

定価　本体6100円＋税

編　　者	日本弁護士連合会消費者問題対策委員会	
発　　行	株式会社　民事法研究会	
印　　刷	藤原印刷株式会社	
発行所	株式会社　民事法研究会	

〒150-0013　東京都渋谷区恵比寿3-7-16
〔営業〕TEL 03(5798)7257　FAX 03(5798)7258
〔編集〕TEL 03(5798)7277　FAX 03(5798)7278
http://www.minjiho.com/　　info@minjiho.com

落丁・乱丁はおとりかえします。　ISBN978-4-86556-124-1　C3032　￥6100E
カバーデザイン　鈴木　弘

▶初版より10年間の社会状況・法令・判例・理論・実務の変化を踏まえ大幅改訂！

日弁連消費者問題対策委員会設立30周年記念出版

キーワード式
消費者法事典
〔第2版〕

日本弁護士連合会消費者問題対策委員会　編

A5判・515頁・定価　本体4,200円＋税

本書の特色と狙い

▶消費者問題に関心をもつ方に幅広く支持された初版を、消費者庁発足をはじめとする消費者行政の動向、急増するインターネット取引や高齢社会をめぐる消費者問題など、この10年の間における変化に対応して大幅改訂！

▶日本弁護士連合会消費者問題対策委員会に所属する弁護士が、研究者、消費者団体関係者等の協力も得て、30年にわたる消費者被害救済活動の集大成として、消費者問題にかかわる事項・用語を網羅的に解説し、消費者法の到達点を明らかにした事典！

▶民法改正や消費者裁判手続特例法などの最新法改正情報、100を超える新判例、最新の理論・実務も盛り込み、この1冊で最新の消費者法関連情報が網羅的に把握できる！

▶1項目1頁のキーワード式で、15分野・370項目について簡明な解説を施したうえ、事項索引・判例索引も収録し、すぐに検索でき、理解・応用がしやすく実務・研究に至便！

▶消費者被害救済に携わる実務家、研究者はもちろん、消費者問題に関心のあるすべての方々にとって必携の1冊！

本書の主要内容

Ⅰ　消費者契約法・消費者法理論　[30]
Ⅱ　特定商取引法・悪質商法　[21]
Ⅲ　情報化社会の進展に伴うトラブル　[28]
Ⅳ　金融サービス被害　[43]
Ⅴ　宗教トラブル　[17]
Ⅵ　クレジット契約被害　[23]
Ⅶ　サラ金・ヤミ金・商工ローン被害　[27]
Ⅷ　欠陥商品被害　[24]
Ⅸ　食の安全　[14]
Ⅹ　住宅被害　[27]
Ⅺ　独占禁止法・不公正取引・不当表示　[25]
Ⅻ　消費者訴訟　[21]
ⅩⅢ　消費者行政・消費者政策　[23]
ⅩⅣ　消費者教育　[13]
ⅩⅤ　消費者運動　[34]

参考資料
・《年表》日本弁護士連合会の消費者問題についての取組（1945年〜2013年）
・事項索引
・判例索引
※　[　]内は各分野のキーワード数

発行　**民事法研究会**

〒150-0013　東京都渋谷区恵比寿3-7-16
（営業）TEL. 03-5798-7257　FAX. 03-5798-7258
http://www.minjiho.com/　info@minjiho.com

❈最先端の理論・実務を紹介する専門情報誌❈

現代 消費者法

年4回（3月・6月・9月・12月）発売

年間購読料　7,817円（税・送料込）
B5判・平均120頁　毎号 定価2,006円〜2,376円（税込）

『現代 消費者法』は、理論から実践まで架橋する消費者法の専門誌です！

消費者法を理論・実務の両面から分析・研究！
法令・裁判例・実務状況等を踏まえ、消費者法をめぐる最新の動向に対応した幅広い論考・情報を提供！

≪各号の特集≫

No. 1	動き出した消費者団体訴訟　ほか	No.17	中小事業者の保護と消費者法
No. 2	改正特商法・割販法	No.18	電気通信サービスをめぐる諸問題
No. 3	若者と消費者法	No.19	保証被害の救済に向けて
No. 4	民法改正と消費者法　ほか	No.20	消費者契約法改正への論点整理
No. 5	消費者庁設置と地方消費者行政の充実	No.21	食品表示と消費者法
No. 6	広告と消費者法	No.22	詐欺的悪質商法業者の探知と被害回復
No. 7	多重債務と貸金業法	No.23	集団的消費者被害救済制度　ほか
No. 8	集団的消費者被害の救済制度の構築へ向けて	No.24	制定20周年を迎える製造物責任法の現状と課題
No. 9	不招請勧誘規制	No.25	スマートフォンをめぐる諸問題
No.10	貧困ビジネス被害	No.26	医療と消費者
No.11	事業者破綻と消費者法	No.27	特定商取引法の見直しへ向けて
No.12	集団的消費者利益の実現と実体法の役割	No.28	適合性原則と消費者法
No.13	検証　消費者庁・消費者委員会	No.29	介護サービスと消費者法
No.14	消費者契約法の実務と展望	No.30	相談業務の充実に向けた広域連携　ほか
No.15	高齢者と消費者法	No.31	消費者法からみた民事裁判手続　ほか
No.16	消費者撤回権をめぐる法と政策	No.32	広告と消費者法

発行　民事法研究会

〒150-0013　東京都渋谷区恵比寿3-7-16
（営業）TEL. 03-5798-7257　FAX. 03-5798-7258
http://www.minjiho.com/　info@minjiho.com